Geschlechterungleichheiten im Betrieb

Forschung aus der Hans-Böckler-Stiftung 110

Herausgegeben von der Hans-Böckler-Stiftung, Düsseldorf

Projektgruppe GiB

Juliane Achatz, Miriam Beblo, Silke Bothfeld,
Tatjana Fuchs, Hermann Gartner, Stephan Höyng,
Sebastian Hübers, Christina Klenner, Susanne Kohaut,
Gertraude Krell, Manuela Maschke, Sophie Rouault,
Karin Tondorf, Elke Wolf, Astrid Ziegler

Geschlechterungleichheiten im Betrieb

Arbeit, Entlohnung und Gleichstellung in der Privatwirtschaft

edition sigma

Bibliografische Information der Deutschen Nationalbibliothek

Die Deutsche Nationalbibliothek verzeichnet diese
Publikation in der Deutschen Nationalbibliografie;
detaillierte bibliografische Daten sind im Internet
über http://dnb.d-nb.de abrufbar.

ISBN 978-3-8360-8710-0

Umschlaggestaltung: 3zack Werbeagentur GmbH, Düsseldorf.

Druck: Rosch-Buch, Scheßlitz Printed in Germany

Inhalt

Vorwort

Die WSI-FrauenDatenReporte aus den Jahren 2000 und 2005 sind inzwischen Standardwerke. Viele, die damit arbeiten, formulierten den Bedarf nach einem ergänzenden Buch über die Gleichstellung von Frauen und Männern in der betrieblichen Praxis. Diesem Wunsch kommen wir mit dem vorliegenden Buch nach.

Die Idee des Projektes bestand darin, einen umfassenden empirisch fundierten Überblick über die betrieblichen Geschlechterverhältnisse in der Privatwirtschaft bereitzustellen. Im Rahmen des Projektes sollten der Stand der Forschung und die Datenlage zu wichtigen Themenfeldern – Berufs- und betriebliche Beschäftigungsstrukturen, Arbeitszeiten, Qualität der Arbeit, Entlohnung und geschlechtsspezifische Einkommensdifferenzen, Repräsentanz von Frauen und Männern in Führungspositionen – aufbereitet und durch neue Analysen zu ausgewählten Fragen erweitert werden. Gerahmt werden diese Ausführungen zum einen durch die Einordnung der deutschen betrieblichen Gleichstellungspolitik in die Vielfalt internationaler Politikansätze. Zum anderen stellt dieses Buch Aktivitäten zur betrieblichen Gleichstellungsförderung vor und vermittelt Erfahrungen zur betrieblichen Umsetzung.

Das Projekt wurde von einem internen Team der Hans-Böckler-Stiftung – Silke Bothfeld, Christina Klenner und Astrid Ziegler (Wirtschafts- und Sozialwissenschaftliches Institut WSI) sowie Manuela Maschke (Abteilung Mitbestimmungsförderung) – konzipiert, betreut und koordiniert. Da nicht zu allen Themen innerhalb der Stiftung selbst gearbeitet wird, baten wir ausgewiesene externe ExpertInnen um Mitarbeit in der Projektgruppe. Im Laufe einer mehr als zweijährigen Zusammenarbeit entstand so die „Projektgruppe Gib". Die Kapitelverantwortlichen – Juliane Achatz, Silke Bothfeld, Tatjana Fuchs, Christina Klenner, Gertraude Krell, Manuela Maschke und Astrid Ziegler – bezogen ihrerseits weitere KooperationspartnerInnen mit spezifischem Know-how in die Arbeit ein. Die Projektgruppe GiB beriet nicht nur Konzept und Entwürfe jedes Kapitels, diskutierte übergreifende Fragen und Schlussfolgerungen, sondern erarbeitete auch den weitgehend abgestimmten Aufbau der Kapitel. Er erleichtert die Handhabung des Buches. Die zahlreichen intensiven Projektgruppensitzungen der multidisziplinär zusammengesetzten Gruppe waren fruchtbar und kritisch, so dass wir ein Werk vorlegen können, das mehr „aus einem Guss" ist als ein Sammelband. Die vorliegende Veröffentlichung ist nicht nur das Ergebnis individueller Forschungen, sondern zugleich ein intensiver gemeinsamer Prozess.

Diese Veröffentlichung richtet sich auch diesmal wieder, wie die WSI-FrauenDatenReporte, an VerteterInnen aus Gewerkschaften, Politik, Wissenschaft und Medien, aber auch an interessierte PraktikerInnen in Unternehmen. Auch für die Lehre zu Genderthemen an Universitäten und Hochschulen scheint uns das Buch geeignet.

An dieser Stelle möchten wir allen herzlich danken, die mit ihrer aktiven Unterstützung und ihrem Rat zum Gelingen des Projektes beitrugen und uns zur Seite standen. Zuerst danken wir allen GewerkschafterInnen und WissenschaftlerInnen, die während der Projektlaufzeit in insgesamt drei Workshops mit uns Konzeption und Anliegen diskutiert und uns mit wertvollen Hinweisen unterstützt haben.

Wir danken weiterhin denjenigen, die durch die Begutachtung der einzelnen Kapitel zu deren Qualitätssicherung beigetragen haben. Dies waren Mara Kuhl (Kapitel 1), Stefan Fuchs (Kapitel 2), Nicole Mayer-Ahuja (Kapitel 3), Steffen Lehndorff (Kapitel 4), Reinhard Bispinck (Kapitel 5), Brigitte Stolz-Willig (Kapitel 6), Renate Ortlieb (Kapitel 7) und Christiane Lindecke (Kapitel 8).

Wir danken Birgit Krämer und Marco Geis, die als ProjektmitarbeiterInnen die Projektkoordination tatkräftig unterstützt haben.

Für wertvolle Hinweise und Kommentare sowie Datenauswertungen bedanken wir uns bei Wolfram Brehmer (WSI), Bernd Fitzenberger (Universität Freiburg), Elke Holst (DIW) und Christiane Lindecke sowie den MitarbeiterInnen des Forschungsdatenzentrums der Bundesagentur für Arbeit im Institut für Arbeitsmarkt- und Berufsforschung (IAB), für Recherchearbeiten bei den studentischen Hilfskräften und PraktikantInnen im WSI Senem Ertan, Stefan Kerber, Florian Stege und Dina Temme.

Für die Unterstützung bei der Erstellung von Grafiken, Tabellen und bei der Textgestaltung sei Antje Hoffmann und Gabriele Thieme (Inifes), Renate Anstütz (WSI) und Karin de Graeve (Hans-Böckler-Stiftung) herzlich gedankt.

Last but not least wäre ohne die finanzielle Unterstützung der Hans-Böckler-Stiftung weder die Durchführung noch die Veröffentlichung dieses Projektes möglich gewesen.

Einleitung: Geschlechterungleichheiten im Betrieb

Christina Klenner, Gertraude Krell, Manuela Maschke

Sowohl die Forschung zu Themen wie Gender Pay Gap, Führungspositionen, Arbeitszeiten und Gleichstellungsbemühungen von Betriebsräten als auch die Erfahrung dieser und anderer betrieblicher AkteurInnen verdeutlichen, dass Geschlechterungleichheiten in der Arbeitswelt nicht nur gesellschaftliche Ursachen haben, sondern auch betriebliche. Aus diesem Grund initiierte das WSI in der Hans-Böckler-Stiftung ein Projekt mit dem Ziel, einen umfassenden empirisch-analytischen Überblick über die betrieblichen Geschlechterverhältnisse in privatwirtschaftlichen Unternehmen zu liefern. Die Ergebnisse der Projektgruppe „Geschlechterungleichheiten im Betrieb (GiB)" finden sich in diesem Buch. Untersucht wird, wie sich auf der betrieblichen Ebene die horizontale und vertikale Segregation, die geschlechtstypischen Arbeitszeit- und Einkommensdifferenzen, die Qualität der Arbeit an Arbeitsplätzen von Frauen und Männern, die Repräsentanz und die Situation von Frauen in Führungspositionen sowie Formen der atypischen und prekären Beschäftigung darstellen – und auch welche Erklärungen es für diese Befunde gibt. Datenlage und Forschungsstand werden jeweils systematisch ausgewertet und referiert. Darüber hinaus werden auch neue, bislang noch nicht publizierte, empirische Ergebnisse präsentiert. Zudem werden sowohl internationale Ansätze als auch Praxisbeispiele der betrieblichen Gleichstellungsförderung in deutschen Betrieben vorgestellt und diskutiert.

Betriebe und die dort handelnden Menschen spielen nicht nur eine wichtige Rolle für die Produktion und Reproduktion von Geschlechterungleichheiten. Wenn EigentümerInnen, ManagerInnen, BetriebsrätInnen und Beschäftigte in Betrieben Benachteiligungen erkennen und Chancengleichheit realisieren wollen, dann gibt es dafür auch Handlungsspielräume und -möglichkeiten. Insofern können betriebliche AkteurInnen auch eine Schlüsselrolle bei der Gleichstellung der Geschlechter spielen.

Wenn wir in diesem Buch die betriebliche Einflusssphäre in den Blick nehmen, dann sollte allerdings daraus nicht geschlossen werden, wir seien der Auffassung, jenseits der betrieblichen Ebene seien bereits alle Möglichkeiten und Maßnahmen ausgeschöpft, um Chancengleichheit und Geschlechtergerechtigkeit zum Durchbruch zu verhelfen. Ganz im Gegenteil: Wie auch die beispielhaft vorgenommenen Analysen zu anderen Ländern zeigen, sind die rechtlichen und politischen Rahmenbedingungen von großer Bedeutung für das Handeln der betrieblichen AkteurInnen. Für gleichstellungspolitisch Engagierte können sie – je nach Ausgestaltung – sowohl Hindernisse als auch wichtige Ressourcen sein.

Als eine andere Art von Ressource für die Durchsetzung der Gleichstellung der Geschlechter verstehen wir die in diesem Buch versammelten Erkenntnisse. Die vorgelegten Ist-Analysen bieten zugleich Erklärungsansätze und damit Ansatzpunkte für Veränderungen. Sie bieten Grundlagenwissen und Orientierungshilfen für gleichstellungspolitisch engagierte Frauen und Männer im Betrieb – und darüber hinaus.

Zur besseren Lesbarkeit werden in den einzelnen Kapiteln zu Beginn jeweils die wichtigsten Ergebnisse in Kürze vorgestellt. Ein einführender Überblick über die einzelnen Kapitel erfolgt daher an dieser Stelle nicht. Vielmehr geht es im Folgenden um kapitelübergreifende Fragen und Ergebnisse des Projektes.

Die Rolle der Betriebe für die Gleichstellung von Frauen und Männern

Zahlreiche Untersuchungen zeigen, dass viele betriebliche AkteurInnen die soziale und ökonomische Ungleichheit von Frauen und Männern zwar grundsätzlich erkennen, aber dennoch in ihrer Wahrnehmung das Phänomen selbst sowie seine Ursachen eher „draußen" in der Gesellschaft ansiedeln. Innerhalb der Betriebe herrscht so etwas wie ein Gleichheitsmythos, der sich auf einen „universalistischen Code" (Dölling 2003) stützt, nämlich dass alle Menschen nur als Menschen wahrgenommen werden (sollten). Eine solche „symbolisch-egalitäre Geschlechterkultur" ist geprägt durch die Überzeugung, Geschlecht spiele keine Rolle (Funder et al. 2006, S. 34). Generelle Bekenntnisse zu Gleichstellung gehen, was das eigene Arbeitsumfeld betrifft, oftmals einher mit „interessengeleiteter Nichtwahrnehmung" und Untätigkeit (Höyng/Puchert 1998, S. 256). Selbst in Betrieben, in denen bereits Chancengleichheitspolitik existiert, wird eine „De-Thematisierung von Geschlecht" (Nickel 2008, S. 74)[1] beobachtet und beklagt.

Vorherrschend ist einerseits häufig die Vorstellung, im Betrieb ginge es gerecht zu und differenziert würde allein nach „Leistung". Andererseits werden nicht selten traditionelle Geschlechterstereotypisierungen verwendet. Mit der angeblichen Andersartigkeit von Frauen und Männern werden bestehende Unterschiede gerechtfertigt und erklärt. Diskurse über Gleichheit stehen so unvermittelt neben Annahmen über Differenzen (vgl. auch Nentwich 2004). Der bei aller Unterschiedlichkeit gemeinsame Nenner ist, dass das Handeln für mehr Gleichstellung auf der betrieblichen Ebene nicht dringlich erscheint: Es sei entweder nicht nötig, denn Frauen und Männer würden bereits gleich behandelt, oder nicht möglich, weil die Ungleichheiten durch andere, vom Betrieb nicht be-

1 Nickel bezieht sich hier auf Pasero/Priddat (2004); vgl. auch Pasero (2001).

einflussbare Faktoren, bedingt seien. Angeführt werden hier zum einen *individuelle* bzw. individualisierte[2] Faktoren wie Berufswahl, häusliche Arbeitsteilung und Arbeitszeitpräferenzen oder *gesellschaftliche* Faktoren, wie der Mangel an Kinderbetreuungseinrichtungen.

Auch im öffentlich-politischen Diskurs werden diese Faktoren als Ursachen bestehender Ungleichheiten überbetont, während der betriebliche Einfluss – oder gar die Benachteiligung selbst – heruntergespielt werden. Ein prominentes Beispiel dafür sind die drei bisher vorgelegten Evaluationen, der „Freiwilligen Vereinbarung zur Förderung der Chancengleichheit von Frauen und Männern in der Privatwirtschaft".[3] Sie suggerieren, es handele sich um eine erfolgreiche Strategie zu mehr Gleichstellung. Die Ergebnisse dieser Evaluationen tragen nicht nur zu einer De-Thematisierung des Einflusses der betrieblichen Personalpolitik auf die berufliche (Un-)Gleichstellung von Frauen und Männern bei, sondern auch zur – weiteren – Verhinderung eines Gesetzes zur Gleichstellung in der Privatwirtschaft.

Die hier vorgelegten Analysen zeigen dagegen, dass die betriebliche Personalpolitik für die Reproduktion und die Veränderung von Geschlechterungleichheiten eine zentrale Rolle spielt (vgl. dazu auch Krell 2008). Im Betrieb werden – von Führungskräften und soweit vorhanden und zur Mitbestimmung berechtigt von Betriebsräten – Anforderungsprofile für Stellenbesetzungen und Arbeitsbewertungen festgelegt. Im Betrieb werden Entscheidungen über Einstellungen, Leistungsbeurteilungen, Beförderungen, Entgelte und Entlassungen getroffen. Betriebliche AkteurInnen haben darüber hinaus Einfluss auf Arbeitsgestaltung und Gesundheitsschutz, sie bekämpfen oder tolerieren Mobbing und sexuelle Belästigung. Betriebliche AkteurInnen bestimmen somit maßgeblich die Verteilung von Arbeitsplätzen, Beschäftigungsverhältnissen, Arbeitszeiten, Arbeitsqualität, Status und Einkommen auf Frauen und Männer. Diese Verteilungen haben wiederum Einfluss auf das außerbetriebliche Leben – zum Beispiel darauf, ob Frauen und Männer ihre Arbeitszeitwünsche realisieren und ihre berufliche Arbeit mit ihren weiteren Lebensinteressen in Einklang bringen können, und ob ihr Erwerbseinkommen ihnen (und von ihnen Abhängigen) eine menschenwürdige Existenz ermöglicht und nicht zu Altersarmut führt.

---

2 Mit dem Zusatz „bzw. individualisierte Faktoren" wollen wir den Blick darauf lenken, dass die gängige Bezeichnung „individuelle Faktoren" missverständlich ist, weil die Verantwortung nur den Einzelnen zugeschrieben wird und gesellschaftliche Einflüsse auf deren Verhalten oder Situation vernachlässigt werden.

3 Die „Freiwillige Vereinbarung" wurde im Jahr 2001 zwischen den Spitzenverbänden der Deutschen Wirtschaft und der Bundesregierung anstelle eines seit langem geforderten Gleichstellungsgesetzes für die Privatwirtschaft geschlossen. Die Evaluationen wurden von der Bundesregierung 2003, 2006 und 2008 veröffentlicht.

Die AkteurInnen der betrieblichen Personalpolitik müssen zwar Regelungen wie Gesetze und Tarifverträge beachten. Sie haben aber auch Handlungs- und Entscheidungsspielräume. Ein wichtiger Einflussfaktor auf deren Wahrnehmung und Nutzung ist das „Geschlechter-Wissen der AkteurInnen" (Dölling 2003). Mit anderen Worten: Das bewusste oder unbewusste „doing gender" auf betrieblicher Ebene (vgl. z.B. Gottschall 1998 und Nickel 1999) ist mitentscheidend dafür, ob geschlechtsbezogene Ungleichheiten hergestellt, reproduziert oder abgeschwächt werden.

Kriterien und ausgewählte Ergebnisse der Analysen

Eine Herausforderung für die AutorInnen bestand darin, einerseits der betrieblichen Vielfalt Rechnung zu tragen und andererseits mittels einer geeigneten Systematik Verallgemeinerungen zu ermöglichen. Die nachfolgend vorgestellte Systematik bildet den vereinheitlichenden Rahmen für die in den einzelnen Kapiteln vorgenommenen eigenen Erhebungen sowie Sekundäranalysen bereits vorhandener Studien. Dabei wurden Auswertungen großer Datensätze und andere quantitative Studien (z.B. großzahlige Befragungen) kombiniert mit qualitativen Studien (z.B. Fallstudien, ExpertInnengesprächen und Dokumentenanalysen). So sollte ein möglichst umfassender und systematischer Überblick über die genannten zentralen Felder, inklusive der für Geschlechterungleichheiten, aber auch Gleichstellungsaktivitäten maßgeblichen AkteurInnen, gegeben werden. Die Analysen unterscheiden Betriebe durchgängig nach folgenden Kriterien:

- Betriebsgröße (Beschäftigtenzahl),
- Branchenzugehörigkeit,
- Frauenanteil an den Beschäftigten,
- Tarifbindung,
- Mitbestimmungsstrukturen (Vorhandensein eines Betriebsrates),
- Region Ost/West.

Die Auswahl dieser Kriterien erfolgte auch mit Blick auf die verfügbaren Datensätze, da eigene repräsentative Erhebungen nicht durchgeführt werden konnten. So hätten beispielsweise die Betriebe auch durchgängig nach ihren Aktivitäten für eine Gleichstellung der Geschlechter unterschieden werden können. Für differenziertere Clusterungen der Betriebe fehlen gegenwärtig jedoch sowohl die theoretische Grundlagenforschung als auch die Datenbasis. Dies muss künftiger Forschung vorbehalten bleiben.

In den einzelnen Kapiteln wird jeweils untersucht, inwieweit es einen Zusammenhang zwischen den ausgewählten und oben aufgelisteten Kriterien und dem analysierten Themen- und Handlungsfeld gibt. Hier in der Einleitung sollen nur ausgewählte Ergebnisse vorgestellt werden.

So wird zum Beispiel erkennbar, welchen Einfluss das Vorhandensein von *Betriebsräten* auf die Geschlechterverhältnisse im Betrieb hat. Neu ist hier die Erkenntnis, dass betriebliche Mitbestimmung die Zuweisung von Frauen- und Männerarbeit beeinflusst. Auf welche Weise es Betriebsräten gelingt, die betriebsgebundene Segregation zu reduzieren, ist jedoch noch nicht geklärt. Eine weitere wichtige Erkenntnis ist, dass in Betrieben mit Betriebsrat der Einkommensabstand zwischen Männern und Frauen kleiner ist als in Betrieben ohne Betriebsrat. Auch in Betrieben mit Tarifbindung ist der Einkommensabstand zwischen den Geschlechtern kleiner als in Betrieben ohne Tarifbindung. Das legt die Vermutung nahe, dass institutionalisierte und einem Mitbestimmungsgremium gegenüber offen gelegte Entscheidungen über Eingruppierungen und Einkommen weniger Einfallstore für Diskriminierung auf der betrieblichen Ebene zulassen und damit Entgeltungleichheit verringern. Dennoch existieren weiterhin Einkommensunterschiede, die vermutlich durch Diskriminierung bedingt sind. Das Handlungsfeld Entgeltgleichheit ist daher für Betriebsräte nach wie vor aktuell.

Bezogen auf die Arbeitszeit ist in westdeutschen Betrieben mit Betriebsrat die Wahrscheinlichkeit höher, dass dort nur Vollzeitarbeitsplätze vorhanden sind, während sich in Betrieben ohne Betriebsrat häufiger auch Teilzeitarbeitsplätze finden. Betriebsräte wirken demnach tendenziell dämpfend auf die Verbreitung von Teilzeitarbeit, insbesondere von geringfügiger Teilzeit unter 15 Wochenstunden. Generell zeigt sich, dass Betriebe mit Betriebsrat eher die Standards des Normalarbeitsverhältnisses erfüllen: Beschäftigte erhalten dort häufiger Existenz sichernde Einkommen und sind häufiger unbefristet beschäftigt. Dies gilt sowohl für vollzeit- als auch für teilzeitbeschäftigte Männer und Frauen. Allerdings arbeiten Frauen erheblich häufiger in Unternehmen ohne Betriebsrat.

Bezüglich der Anteile von Frauen in Führungspositionen gibt es widersprüchliche Befunde, ein positiver Einfluss von Betriebsräten ist nicht nachweisbar. Dafür sind hier die Zusammenhänge zur Branche und zum Frauenanteil an allen Beschäftigten eindeutig: Die Anteile weiblicher Führungskräfte sind im Dienstleistungsbereich höher als im produzierenden Gewerbe, und weibliche Führungskräfte finden sich häufiger in solchen Betrieben, die insgesamt viele Frauen beschäftigen.

Fragt man oder frau nach der generellen Tendenz, ob sich geschlechtsspezifische Ungleichheiten abschwächen (Erosion) oder ob sie fortbestehen (Persistenz), dann ergibt sich ein sehr uneinheitliches Bild. Die Analyse der Daten verdeutlicht eine leichte Veränderung in Richtung *Erosion* von Geschlechterungleichheit bei der beruflichen Geschlechtersegregation. Die Befunde zeigen, dass die systematische Segregation innerhalb der Betriebe geringer ist als im Arbeitsmarkt insgesamt. Daraus ist zu folgern, dass die beruflichen Geschlechtergrenzen innerhalb von Betrieben nicht verstärkt, wie bisher angenommen, sondern eher abgeschwächt werden. Auch zeigen die Ergebnisse, dass die als institutionell verfestigt geltende berufliche Trennung langsam aufbricht, wenn auch nur in kleinen Schritten. Allerdings bestehen zwischen den Betrieben große Unterschiede in der Ausprägung der Segregation. So zeigen sich stärker ausgeprägte Trennlinien in kleineren Betrieben und schwächer ausgeprägte in jüngeren[4] Betrieben. Auch besteht ein positiver Zusammenhang zwischen einem hohen Frauenanteil an den Beschäftigten und der Integration von Frauen nicht nur in Führungspositionen, sondern auch in andere quantitativ von Männern dominierte Berufe und Bereiche, wobei die Ursache-Wirkungs-Beziehungen nicht eindeutig geklärt werden können.

Eine *Persistenz* der geschlechtsbezogenen Unterschiede müssen wir beim Einkommen, bei den Arbeitszeiten sowie bei den Führungspositionen feststellen. Der Gender Pay Gap ist in Deutschland besonders groß und verändert sich praktisch nicht. Auch die Frauenanteile in Führungspositionen verharren insgesamt auf einem relativ geringen Niveau – im Top-Management ist die Tendenz sogar sinkend. Bei der Arbeitszeitdauer vergrößert sich ebenfalls im Durchschnitt die Lücke zwischen Frauen und Männern.

Mit Blick auf die Länge der Arbeitzeit wird zugleich erkennbar, dass hier auch die Unterschiede innerhalb der Gruppen der Frauen und Männer sehr groß sind. Zu diesem Ergebnis kommen ebenfalls Studien zur subjektiv wahrgenommenen Qualität der Arbeit. Diese zeigen, dass hier die Unterschiede zwischen vollzeitbeschäftigten Männern und Frauen geringer sind als die zwischen Frauen in Voll- und in Teilzeit. So schätzen Frauen in Teilzeit die Qualität ihrer Arbeit besser ein als vollzeitbeschäftigte Frauen und Männer, obwohl die Einkommens- und Aufstiegschancen von Teilzeitbeschäftigten schlechter sind, wie an anderer Stelle gezeigt wird. Wir nehmen an, dass diese positivere Bewertung durch die geringere Dauer der Arbeitsbelastung bedingt ist – für die die Frauen jedoch den Preis eines geringeren, meist nicht Existenz sichernden Einkommens, zahlen.

Felder und Ziele von Gleichstellungspolitik im Betrieb

Mit Blick auf die einzelnen gleichstellungspolitischen *Felder* beleuchten die Beiträge in diesem Buch nicht nur die betriebliche Ebene hinsichtlich der relativ intensiv diskutierten Themen wie Gender Pay Gap oder Unterrepräsentation von Frauen in Führungspositionen. Darüber hinaus werden auch andere, bisher weniger unter Gleichstellungsaspekten betrachtete Themen wie zum Beispiel Beschäftigungsverhältnisse oder Qualität der Arbeit geschlechts- und betriebsbezogen analysiert. Und schließlich ermöglicht die in einem einheitlichen Rahmen vorgenommene Analyse der einzelnen Themen- und Handlungsfelder in der Zusam-

4 Jüngere bezieht sich hier auf das Datum der Gründung des Betriebes und nicht auf die Beschäftigtenstruktur.

menschau wichtige Einsichten in wechselseitige und übergreifende Zusammenhänge, die in dieser Einleitung nur beispielhaft angesprochen werden können.

Mit Blick auf die *Ziele* betrieblicher Gleichstellungspolitik gilt einmal mehr, dass sich hier kein einheitliches und eindeutiges Bild ergibt. Es gibt Felder, in denen das Ziel von Gleichstellungspolitik eindeutig ist: Der Gender Pay Gap muss reduziert und letztlich aufgehoben werden. Die Barrieren, die Frauen den Zugang zu Führungspositionen erschweren, müssen beseitigt werden. Dass das mit Blick auf Führungspositionen aber nicht das einzige Ziel sein kann, zeigen die Befunde zu den Benachteiligungen weiblicher Führungskräfte (z.B. beim Entgelt). Und schließlich stellt sich die Frage, ob es nicht auch ein Ziel sein sollte, die bestehenden Führungskulturen zu verändern – und zwar nicht nur aus gleichstellungspolitischen Gründen.

Weniger klar ist das Ziel von Gleichstellungspolitik, wenn die Geschlechtertrennung nach Berufen und Tätigkeiten insgesamt in den Blick genommen wird. Zwar ist die berufliche Segregation ein Indikator dafür, dass beim Zugang zu beruflichen Tätigkeiten geschlechtsbezogene Barrieren bestehen. Auch zeigt der Forschungsstand einen engen Zusammenhang zwischen beruflicher Trennung und Entgeltungleichheit. Allerdings wissen wir noch zu wenig darüber, ob eine geringere berufliche Segregation auch tatsächlich die Entgeltungleichheit beseitigt. Insgesamt ist noch zu wenig erforscht, für welche Beschäftigtengruppen längerfristig betrachtet mit Segregation oder Integration eher Besser- oder Schlechterstellungen einhergehen.

Zu den Feldern von Gleichstellung, bei denen das Ziel nicht eindeutig ist, gehört auch die Arbeitszeit. So wird Teilzeitbeschäftigung nicht selten gerade als Chance zur besseren Vereinbarkeit von beruflicher Arbeit und Privatleben angesehen. Aus dieser Perspektive wäre das gleichstellungsförderliche Ziel die Schaffung von mehr Teilzeitbeschäftigung. Wenn man aber berücksichtigt, dass überwiegend Frauen in Teilzeit arbeiten und sie für diese Abweichung von der Norm des Normalarbeitsverhältnisses erhebliche Benachteiligungen in Kauf nehmen müssen, dann wird die Sache komplizierter. So betrachtet, muss problematisiert werden, ob Teilzeit gleichstellungsförderlich ist und ebenso das Normalarbeitsverhältnis als Norm, die davon ausgeht, dass Beschäftigte frei von außerberuflichen Verpflichtungen sind und eher dem Ideal der männlichen Normalbiographie entsprechen. Auf der einen Seite bewirken Teilzeitarbeitsverhältnisse eine Reproduktion beruflicher Ungleichheiten zwischen Frauen und Männern und ermöglichen – insbesondere im Fall der geringfügigen Beschäftigung – keine eigenständige Existenzsicherung. Auf der anderen Seite sind Normalarbeitszeiten für Frauen und Männer in Phasen intensiver Familienarbeit zu lang und belastend. Hinsichtlich der Gleichstellung in der Arbeitszeitpolitik könnte das Ziel einer lebensphasenspezifischen Differenzierung von Arbeitszeitstandards unabhängig vom Geschlecht zukunftsweisend sein.

Neue Herausforderungen für die betriebliche Gleichstellungspolitik

Gut qualifizierte Menschen haben auf dem Arbeitsmarkt gute Chancen und Zukunftsperspektiven, ganz anders hingegen gering qualifizierte Beschäftigte. Für letztere reduzieren sich die Chancen und Möglichkeiten zunehmend. Die Beschäftigtengruppen driften immer weiter auseinander, es entsteht eine Polarisierung, die auch Geschlechterbezüge aufweist. Hoch qualifizierte Frauen können für sich Spielräume auch in Bezug auf Vereinbarkeitsfragen erreichen und unter günstigen Bedingungen allmählich stärker individuelle Chancen des beruflichen Aufstieges nutzen. Für Frauen in prekärer Beschäftigung ändert sich wenig zum Positiven. Für sie bleibt der Konflikt zwischen Fürsorge, Erwerbstätigkeit und Arbeitsqualität oft nahezu unverändert bestehen. Die Gefahr, in prekäre Arbeitsverhältnisse und -bedingungen zu geraten oder darin zu verharren, hat sich aber auch für eine größere Zahl von männlichen Beschäftigten erhöht.

Das bedeutet, dass betriebliche Gleichstellungspolitik einerseits geschlechtergerecht sein muss, andererseits aber nicht nur schematisch nach Frauen und Männern differenzieren darf, sondern auch den unterschiedlichen Erwerbs- und Lebenslagen verschiedener Gruppen von Frauen und Männern Rechnung tragen muss.

Neue Herausforderungen für die Gleichstellungspolitik können schließlich auch durch die Finanz-, Wirtschafts- und Arbeitsmarktkrise auf die Tagesordnung kommen. Wie in früheren Zeiten besteht auch jetzt die Gefahr, dass Fragen der Geschlechtergerechtigkeit vor der scheinbar allgemeinen Betroffenheit in den Hintergrund treten. Diese allgemeine Betroffenheit hat sich jedoch in früheren Krisen bereits allzu oft als ebenfalls geschlechtsbezogen erwiesen. Die künftige Forschung muss klären, inwiefern die aktuelle Krise jeweils Frauen und Männer betrifft. Die Lasten der Krise dürfen nicht einseitig verteilt werden. Dafür tragen auch die betrieblichen AkteurInnen die Verantwortung.

Wie weiter mit der Gleichstellungspolitik im Betrieb?

Bei einer systematischen Betrachtung und mit Blick auf andere Länder wird erkennbar, dass eine erfolgreiche Gleichstellungspolitik das Zusammenwirken unterschiedlicher Regelungs- und Handlungsebenen sowie AkteurInnen berücksichtigen und gestalten muss.

Angestoßen durch die Aktivitäten der Europäischen Union gibt es in vielen EU-Ländern eine Fortentwicklung der Gleichstellungspolitik. In Deutschland stellt seit 2006 das Allgemeine Gleichbehandlungsgesetz (AGG) sicherlich einen Meilenstein dar. Es schafft erstmals eine substanzielle gesetzliche Basis für Antidiskriminierungsklagen. Ob jedoch das in § 1 festgeschriebene Ziel, Benachteiligungen unter anderem aus Gründen des Geschlechts „zu verhindern oder zu beseitigen“ mit diesem Gesetz tatsächlich erreicht werden kann, muss sich erst noch erweisen. Auch mit der Novellierung des Betriebsverfassungsgesetzes (BetrVG) hat es eine neue Betonung von Gleichstellungsfragen gegeben, doch dieses rechtliche Potenzial wird bisher nicht ausgeschöpft.

Länder wie Schweden, Frankreich, Schweiz und die USA, in denen es Verpflichtungen und Orientierungshilfen zur Erstellung von Gleichstellungsplänen und -berichten sowie umfassende Monitoring- und Mediationsverfahren gibt, sind interessante Vorbilder zur Entwicklung Erfolg versprechender Strategien.

Was sind vor dem Hintergrund der Analysen vordringliche Schritte?

Nicht Erfolg versprechend ist es, bei der Durchsetzung von Gleichstellung auf mehr oder weniger vage formulierte Selbstverpflichtungen zu setzen. Gleichstellungsförderung muss stärker verbindlich in den Unternehmenszielen und -strukturen verankert sein. Führungskräfte aller Ebenen müssen einbezogen und verpflichtet werden, gleichstellungspolitische Ziele umzusetzen.

Damit Erfolge erreichbar und messbar sind, müssen Ziele klar formuliert und zu deren Umsetzung geeignete Maßnahmen institutionalisiert werden:

- Es werden mehr *verbindliche Absprachen und konkrete Zielvereinbarungen* zwischen den Interessenvertretungen (Betriebsräte, Mitarbeitervertretungen etc.) und Arbeitgebervertretern benötigt, um Geschlechtergleichstellung in den unterschiedlichen Feldern im Unternehmen konkret voranzubringen, insbesondere um
  - Männer im Gleichstellungskontext häufiger als bisher anzusprechen und sie zur Verantwortungsübernahme zu motivieren,
  - gute Praxis in Bezug auf die Verringerung der Einkommensdifferenz mehr als bisher in den betrieblichen Handlungsfokus zu rücken,
  - Teilzeitarbeit zu entdiskriminieren und männlich geprägte Arbeitszeitkulturen mit Vollzeitorientierung und überlangen Arbeitszeiten zu überwinden,
  - mehr Frauen in Führungspositionen zu bringen und der Benachteiligung weiblicher Führungskräfte entgegenzuwirken,
  - Programme anzubieten, die neben der gezielten „Spitzenförderung" zugleich Qualifizierungsangebote für alle Frauen gewährleisten.
- Es werden verbindliche adäquate *Personalstatistiken und Gleichstellungsberichte* in den Unternehmen benötigt, die nach Geschlecht differenzieren und für die handelnden AkteurInnen wesentliche Indikatoren für Gleichheit abbilden, um mehr Transparenz und Gleichstellungscontrolling auf Unternehmensebene zu erreichen.
- Schließlich werden *kollektive Vereinbarungen* benötigt, in denen die Ergebnisse der auf Unternehmens- und Branchenebene vorgenommenen Aus-

handlungen zur Förderung der Geschlechtergleichstellung und Chancengleichheit festgeschrieben werden – und damit Rahmenbedingungen im deutschen System industrieller Beziehungen gesetzt werden. Zudem muss gewährleistet sein, dass solche Vereinbarungen selbst, und das gilt auch und insbesondere für *Tarifverträge*, diskriminierungsfrei sind.

Interessenvertretungen im Betrieb haben eine gleichstellungspolitische Verantwortung. Sie beeinflussen die Geschlechterverhältnisse im Betrieb. Sie können Motoren für mehr Gleichstellung sein, brauchen dafür aber auch Unterstützung und Anregung, zumal ihre Aufgaben infolge von Verbetrieblichung, Flexibilisierung und schließlich der aktuellen Krise in den vergangenen Jahren stetig angewachsen sind. Auf der ArbeitnehmerInnenseite sind gleichzeitig die Beschäftigten selbst und die *Gewerkschaften* als kollektive AkteurInnen gefordert. Das gilt insbesondere dort, wo keine betrieblichen Interessenvertretungen existieren.

Um Prozesse der Geschlechtergleichstellung anzuregen, Entwicklungen selbst voranzubringen und zu steuern, müssen alle betrieblichen AkteurInnen (BetriebsrätInnen, Führungskräfte, Personalverantwortliche etc.) einen adäquaten Handlungsrahmen vorfinden. Nicht zuletzt kommt es daher auf die Zusammenarbeit der AkteurInnen innerhalb und außerhalb des Betriebes an. Berücksichtigt werden sollte auch, dass die Handlungskorridore betrieblicher AkteurInnen auf Arbeitgeber- und Arbeitnehmerseite veränderbar sind (Bednarz-Braun 2000). Kosten-Nutzen-Abwägungen betrieblicher Gleichstellungsförderung, der demographische Wandel, Frauen als Kundinnen können Argumente dafür liefern, scheinbar feststehende betriebswirtschaftliche Gesetzmäßigkeiten an veränderte Realitäten anzupassen und andere Prioritäten zu setzen.

Verbesserte gesetzliche Vorgaben, stärkere Planerstellungs- und Berichtspflichten, verbesserte Datengrundlagen und nicht zuletzt verhandlungsstarke Akteure mit dem für Gleichstellungspolitik erforderlichen Wollen und Wissen sind wesentliche Faktoren, um Diskriminierungen abzubauen sowie geschlechtergerechte Teilhabe und Gleichstellung in der deutschen Privatwirtschaft voranzubringen.

Literatur

Bednarz-Braun, I. 2000: Gleichstellung im Konflikt mit Personalpolitik. Opladen

Bundesregierung 2003: Bilanz 2003 der Vereinbarung zwischen der Bundesregierung und den Spitzenverbänden der deutschen Wirtschaft zur Förderung der Chancengleichheit von Frauen und Männern in der Privatwirtschaft. Berlin

Bundesregierung 2006: 2. Bilanz Chancengleichheit. Frauen in Führungspositionen. Berlin

Bundesregierung 2008: 3. Bilanz Chancengleichheit. Europa im Blick. Berlin

Dölling, I. 2003: Das Geschlechter-Wissen der Akteur/e/innen. In: Andresen, S./Dölling, I./Kimmerle, Ch.: Verwaltungsmodernisierung als soziale Praxis. Geschlechterwissen und Organisationsverständnis von Reformakteuren. Opladen, S. 113-165

Funder, M./Dörhöfer, St./Rauch, Chr. 2006: Geschlechteregalität – mehr Schein als Sein. Geschlecht, Arbeit und Interessenvertretung in der Informations- und Telekommunikationsindustrie. Berlin

Gottschall, K. 1998: Doing gender while doing work? Erkenntnispotenziale konstruktivistischer Perspektiven für eine Analyse des Zusammenhangs von Arbeitsmarkt, Beruf und Geschlecht. In: Geissler, B./Maier, F./Pfau-Effinger B. (Hg.): FrauenArbeitsMarkt. Der Beitrag der Frauenforschung zur sozio-ökonomischen Theoriebildung. Berlin, S. 63-94

Höyng, S./Puchert, R. 1998: Die Verhinderung der beruflichen Gleichstellung. Männliche Verhaltensweisen und männerbündische Kultur. Bielefeld

Krell, G. (Hg.) 2008: Chancengleichheit durch Personalpolitik. Gleichstellung von Frauen und Männern in Unternehmen und Verwaltungen. Rechtliche Regelungen – Problemanalysen – Lösungen (5. Auflage). Wiesbaden

Nentwich, J. C. 2004: Die Gleichzeitigkeit von Differenz und Gleichheit. Neue Wege für die Gleichstellungsarbeit. Königstein/Taunus

Nickel, H. M. 1999: Erosion und Persistenz. Gegen die Ausblendung des gesellschaftlichen Transformationsprozesses in der Frauen- und Geschlechterforschung. In: Nickel, H. M./Völker, S./Hüning, H. 1999: Transformation – Unternehmensreorganisation – Geschlechterforschung. Opladen, S. 9-33

Nickel, H. M. 2008: Transformation von Arbeit – Persistenz von betrieblichen Geschlechterverhältnissen? In: Zeitschrift für Frauen- und Geschlechterforschung, Jg. 26/Heft 3 und 4, S. 72-87

Pasero, U. 2001: Dethematisierung von Geschlecht. In: Pasero, U./Braun F. (Hg.): Konstruktion von Geschlecht (2. Auflage). Herbolzheim, S. 50-66

Pasero, U./ Priddat, B. P. (Hg.) 2004: Organisationen und Netzwerke: Der Fall Gender. Wiesbaden

1. Gleichstellungspolitische Rahmenbedingungen für das betriebliche Handeln

Ein internationaler Vergleich

Silke Bothfeld, Sebastian Hübers, Sophie Rouault

Kapitel 1 **Das Wichtigste in Kürze**

- Im internationalen Vergleich mit Schweden, der Schweiz, Frankreich und den USA werden die Defizite der deutschen Gleichstellungspolitik deutlich: Seit Einführung des Allgemeinen Gleichbehandlungsgesetzes (AGG) gibt es vor allem eine „hierarchisch-passive“ Regulierung (Ver- und Gebote), die durch Maßnahmen der Vereinbarkeitpolitik ergänzt wird. Die „hierarchisch-aktivierende“ Regulierung hingegen, die Handlungsanforderungen an die Betriebe formuliert (Berichte, Pläne, Aktivitäten), und Monitoringinstrumente, die der Bewertung und Kontrolle der Entwicklungen in der beruflichen Gleichstellung dienen, sind kaum entwickelt.
- Im internationalen Vergleich zeigen sich erhebliche Varianzen hinsichtlich des Standes der erreichten beruflichen Gleichstellung. So zeichnet sich die Schweiz, ebenso wie Schweden, durch hohe Frauenerwerbstätigenquoten aus. In den USA ist der im Fünf-Ländervergleich größte Fortschritt beim Rückgang des ‚Gender Pay Gap' zu beobachten, wobei die Entgeltdifferenzen in Schweden in dieser Länderauswahl am geringsten sind; andererseits ist hier die Arbeitsmarktsegregation vergleichsweise hoch. Frankreich erreicht den im EU-Vergleich höchsten Grad der Beteiligung von Frauen an Führungspositionen.
- Die gleichstellungspolitischen Erfahrungen in der Schweiz und den USA zeigen, dass es auch ohne die durch die EU-Gleichstellungspolitik betriebene Harmonisierung zu durchaus substanziellen und vorbildlichen Entwicklungen kommt, an denen sich die deutsche Gleichstellungspolitik orientieren könnte: Das schweizerische liberale Antidiskriminierungsmodell bietet interessante Beispiele für ein fortschrittliches Prozessrecht (Beweislasterleichterung und Untersuchungsmaxime); das ebenfalls liberale Modell der USA zeichnet sich durch das in dieser Form einzigartige Verbandsklagerecht und die hohen Entschädigungssummen aus, die eine hohe Sanktionswirkung entfalten.
- Das französische Beispiel macht die Notwendigkeit der Verknüpfung von Berichts- und Planpflichten mit substanziellen Sanktionsregelungen auf der einen und Informations- und Beratungsstrukturen auf der anderen Seite deutlich. Gleichstellungspolitische Erfolge in Frankreich sind nämlich vor allem auf die Regulierung des Arbeitsmarktes und den frühzeitigen Ausbau der Kinderbetreuung, weniger auf die Gleichstellungspolitik zurückzuführen.

- Das schwedische Gleichstellungsrecht setzt vor allem auf Mediation, Information und Beratung. Diese umfassende, ausdifferenzierte und konsensorientierte Strategie basiert auf einem historisch und kulturell gewachsenen starken gesellschaftlichen Engagement für Geschlechtergleichheit und der großen Autonomie der Sozialpartner. Dieses stellt die wichtigste landesspezifische Kontextbedingung dar und muss bei der Orientierung am schwedischen Beispiel bedacht werden.
- Die deutsche Strategie zur beruflichen Gleichstellung zeigt Defizite hinsichtlich der drei identifizierten Instrumententypen. Die hierarchisch-passive Regulierung kann ohne substanzielle Sanktions- und Kontrollmechanismen (wie sie in den USA existieren) nicht effektiv sein, gleichzeitig fehlen sowohl Ansätze zur strukturellen Bekämpfung von Ungleichheit als auch ein allgemeines Monitoringsystem wie etwa in Schweden. Vor allem aber sind die Handlungsanforderungen (im Betriebsverfassungsgesetz) zwar gegeben, insgesamt jedoch unverbindlich formuliert und werden kaum durch institutionalisierte Beratungs- und Informationsnetzwerke unterstützt.
- Offen ist bislang, inwiefern eine Ausdehnung des Zuständigkeitsbereichs der gleichstellungspolitischen Strukturen für Frauen und Männer durch die neue Diversity-Strategie und die Einbeziehung anderer Diskriminierungstatbestände die Wirksamkeit der Gleichstellungspolitik unterläuft.
- Sozialpolitische Rahmenbedingungen (z.B. Kinderbetreuung) und arbeitsrechtliche Regelungen (z.B. Arbeitszeit) bilden das ‚gleichstellungspolitische Hinterland' einer effektiven Strategie zur beruflichen Gleichstellung. Sie sind eine notwendige, wenngleich keine hinreichende Bedingung zur Realisierung eines höheren Maßes beruflicher Gleichheit zwischen den Geschlechtern.

1.1 Einleitung

Im Betrieb werden die konkreten Arbeitsbedingungen von Frauen und Männern im Rahmen der geltenden gesetzlichen oder tarifvertraglichen Regulierung vereinbart, und hier wird – durch die Eingruppierung oder die einzelvertragliche Vereinbarung von Löhnen – die differenzierte Bewertung von Arbeit vorgenommen. Als eine soziale Praxis ist die betriebliche Praxis dabei von den gegenläufigen materiellen Interessen der Arbeitgeber- und der Arbeitnehmerseite ebenso geprägt wie von stereotypen Vorstellungen oder Vorurteilen der Akteure beider Seiten. Als Bedingungsfaktor kommen außerdem die Machtverhältnisse zwischen unterschiedlichen Beschäftigtengruppen hinzu. Die Beeinflussung betrieblichen Handelns ist daher ein zentraler Ansatzpunkt für staatliche Gleichstellungspolitik, auch wenn die berufliche Ungleichheit ein mehrdimensionales Phänomen und damit auf das Zusammenwirken vieler unterschiedlicher gesellschaftlicher sowie sozial- und wirtschaftspolitischer Faktoren zurückzuführen ist (Wahl 1999).

Das Verhalten der betrieblichen Akteure kann jedoch von staatlicher Seite weder erzwungen, noch kann ihr regelkonformes Verhalten flächendeckend kontrolliert werden. Aber auch die Diversität von Branchen und Berufsfeldern und deren spezifischen Problemlagen (z.B. Heterogenität der Tätigkeiten, Marktstellung, Organisationsgrad, Frauenanteile) machen eine allgemeine Gleichbehandlung bzw. ihre Erreichung durch bloße hierarchische Regulierung unmöglich (Bothfeld/Kuhl 2008). Dieser sozialen Realität muss die politische Regulierung der beruflichen Gleichstellung Rechnung tragen und dementsprechend umfassende, aber differenzierte und in sich konsistente Strategien entwickeln. Effektive gleichstellungspolitische Strategien zeichnen sich dadurch aus, dass Instrumente unterschiedlicher Wirkungsweisen möglichst gut miteinander abgestimmt sind. Der internationale Vergleich macht die Bandbreite potenzieller gleichstellungspolitischer Strategien sichtbar, wobei deutlich wird, dass ähnliche Ergebnisse (z.B. gleiche Karrierechancen für Frauen) durch unterschiedlichen Politikstrategien erzielt werden können. Bei der Entwicklung von gleichstellungspolitischen Strategien sollten darum unterschiedliche, aber funktionell äquivalente Regulierungen in Betracht gezogen werden, statt einfach in anderen Kontexten erprobte Instrumentarien zu übernehmen.

Die Gleichstellung in der Privatwirtschaft steht in Deutschland derzeit nicht auf der politischen Agenda, vielmehr hat sich die Debatte auf familien- und vereinbarkeitspolitische Aktivitäten verengt, die lediglich einen kleinen Ausschnitt einer umfassenden betrieblichen Gleichstellungspolitik darstellen (Bothfeld 2008; vgl. auch Kapitel 8). Gleichzeitig eröffnet jedoch das Allgemeine Gleichbehandlungsgesetz (AGG), das, wie in einigen anderen Ländern, in Folge der EU-Rechtsanpassung eingeführt wurde, neue Wege für die Gleichbehandlung von

Frauen und Männern auf der betrieblichen Ebene (vgl. Kapitel 8; für einen Vergleich siehe OECD 2008a). Jedoch stehen in der deutschen gleichstellungspolitischen Diskussion Strategien, die zuallererst auf die betrieblichen Praktiken zielen, wie Berichtspflichten, Gleichstellungspläne oder Monitoringinstrumente (Colclough 2004), nicht (mehr) so stark im Mittelpunkt.

Wenn betriebliches Handeln als soziale Praxis verstanden wird, in der unterschiedliche Problem- und Interessenlagen und damit auch Handlungsrationalitäten aufeinandertreffen, so liegt auf der Hand, dass es eines ausdifferenzierten Instrumentariums bedarf, um nicht nur individuelle Fälle von Ungleichbehandlung auf dem Rechtsweg zu eliminieren, sondern auch längerfristige, strukturelle und damit nachhaltige Veränderungen betrieblicher Praktiken zu bewirken. Die betrieblichen Handlungsbedingungen bei der beruflichen Gleichstellung sind durch verschiedene Formen staatlicher Intervention geprägt: durch die *gesetzlichen Ge- und Verbote,* die eine Gleichbehandlung mehr oder weniger konkret vorschreiben und Verfahrensregeln für die Anwendung dieser Vorschriften etablieren (hierarchisch-passive Regulierung), durch *Vorschriften und Verfahren* der Prozesssteuerung die sich – entweder mit oder ohne spezifischen Bezug auf das Gleichstellungsthema – auf die betriebliche Praxis direkt richten und die ‚Spielregeln' für die betriebliche Praxis sowie Anreize zu deren Anwendung festschreiben (hierarchisch-aktivierende Regulierung), sowie durch Maßnahmen, die sich auf die Erfassung und Analyse des erreichten Standes der Gleichstellung richten und auf deren Basis Instrumente zum Abbau von Ungleichheiten entwickelt werden *(Monitoringinstrumente)*. Das *Sozialstaatsarrangement,* welches kulturell vermittelte Vorstellungen über Geschlechterbeziehungen enthält und der Gestaltung der Arbeits- und Lebensbedingungen durch die Standardisierung der Beschäftigungsverhältnisse und sozialen Sicherungssysteme zugrunde liegt, prägt zudem die individuellen Spielräume zur Verwirklichung eigener Lebensentwürfe von Frauen und Männern, die auch jenseits des Erwerbslebens liegen. Auch wenn die arbeitsmarkt- und sozialpolitischen Regulierungen als ‚gleichstellungspolitisches Hinterland' für die berufliche Gleichstellung betrachtet werden müssen (vgl. auch die Argumente von Kurz-Scherf 2007), und erst die Zusammenschau der genannten vier Formen staatlicher Einflussnahme ein Gesamtbild der Kontextbedingungen für das betriebliche Handeln bietet, sollen hier die rechtlichen Regelungen und Prozessvorgaben zur Gleichstellungspolitik *im Betrieb* im Mittelpunkt stehen.

Der folgende zweite Abschnitt (1.2) widmet sich daher zunächst der Darstellung der beruflichen Gleichstellung in Deutschland. Im dritten Abschnitt (1.3) werden die wissenschaftlich-methodischen Möglichkeiten und Grenzen des internationalen Vergleichs von Gleichstellungspolitik dargestellt, um im vierten Abschnitt (1.4) den Blick auf vier ausgewählte Länderfallstudien zu richten, die sich durch interessante Regelungen auszeichnen. Im letzten Abschnitt (1.5) werden die Ergebnisse dieses Vergleichs zusammengefasst und mit der Analyse der deutschen Strategie zur beruflichen Gleichstellung kontrastiert.

1.2 Die Politik zur beruflichen Gleichstellung in Deutschland: Welchen Fortschritt bringt das Allgemeine Gleichbehandlungsgesetz?

Im europäischen Vergleich zeigt sich für die berufliche Gleichstellung in Deutschland ein gemischtes Bild. Zwar hat Deutschland 2006 mit einer Erwerbstätigenquote[1] bei Frauen in Höhe von 63,2% das Lissabon-Ziel erreicht (vgl. Tab. 1.3 im Kapitelanhang), jedoch lässt sich hier noch keine Aussage über die Qualität der Beschäftigung von Frauen ableiten. Tatsächlich liegt die auf Basis von Vollzeitäquivalenten berechnete Quote aufgrund des hohen Anteils an geringfügig und teilzeitbeschäftigten Frauen mit 47,7% deutlich darunter (vgl. ausführlicher zur geschlechtsspezifischen Verteilung der Beschäftigungsverhältnisse Kapitel 3). Gerade die geringfügige Beschäftigung, die im Dezember 2007 3,3 Mio. Frauen (und nur 1,6 Mio. Männer) ausschließlich ausgeübt haben (Bundesagentur für Arbeit 2008), ist problematisch, da Lücken in der Alterssicherung entstehen und damit Altersarmut vorprogrammiert ist.

Auffällig ist außerdem der große Unterschied zwischen den Erwerbstätigenquoten von Frauen mit Kindern unter drei Jahren: Die Erwerbstätigenquote dieser Frauen ist hierzulande mit nur 36,1% extrem niedrig und liegt damit nicht nur deutlich unter dem europäischen Durchschnitt (51,1%), sondern zudem weit hinter unseren Vergleichsländern Schweden (71,8%), der Schweiz (58,3%), den USA (54,2%) und Frankreich (53,7%).

Aber auch bei der Entgeltdifferenz – berechnet als Differenz zwischen den durchschnittlichen Bruttostundenlöhnen von Frauen und Männern – gehörte Deutschland 2007 mit 23% zu den europäischen Schlusslichtern (vgl. ausführlicher u.a. zur Entgeltdifferenzierung Kapitel 5). Bei den Arbeitslosenquoten gibt es keine signifikanten Unterschiede, doch sind Frauen von Langzeitarbeitslosigkeit wiederum etwas stärker betroffen als Männer (43% gegenüber 38% von allen Arbeitslosen). Dementsprechend ist auch die durchschnittliche Arbeitslosendauer von Frauen mit 45,7 Wochen (2007) deutlich höher als bei Männern (39,1 Wochen) (Bundesagentur für Arbeit 2008, Tab. 5.4 und 5.5) und schließlich schaffen Männer auch öfter als Frauen den Übergang aus der Arbeitslosigkeit zurück in Beschäftigung (43% zu 33%) (ebd.). Nicht überraschend, aber bezeichnend ist, dass das Altersarmutsrisiko[2] bei Frauen über 65 Jahren in Deutschland mit 18%

1 Oder auch: Beschäftigtenquote. Vgl. zur Definition von Messkonzepten der Erwerbstätigkeit Bothfeld 2005b.

2 Das Konzept des Armutsrisikos bezeichnet den Anteil der Männer oder Frauen an der Wohnbevölkerung der gleichen Altersgruppe, deren monatliches Einkommen unter 50%

vergleichsweise hoch und der Unterschied zu den Männern (12%) dabei erheblich ist. Am besten schneiden im europäischen Vergleich die Niederlande ab: Hier liegt das Armutsrisiko von Frauen bei 6% und von Männern bei 5%.

Die Erwerbs- und Verdienstchancen von Frauen scheinen sich dabei im Zeitverlauf kaum zu verändern. So haben sich sektorale und berufliche Segregation, d.h. die geschlechterspezifische Verteilung von Frauen und Männern auf Branchen und Berufe, die eine wichtige Ursache geschlechterspezifischer Einkommensdifferenzen darstellt (vgl. Achatz 2008, S. 120; Plantenga/Remery 2006, S. 28), zwischen 2001 und 2006 wenig verändert. Dabei ist die sektorale Segregation geringer ausgeprägt als die berufliche: Der in der EU-Statistik angegebene Segregationsindex[3] lag in Deutschland mit 18,2% im Jahr 2006 im europäischen Durchschnitt und damit etwa gleichauf mit den Niederlanden und Frankreich. Schweden lag hier mit einem Wert von 21,6% an der Spitze. Beim Anteil von Frauen an Führungskräften lag Deutschland mit 27% deutlich unter dem Durchschnitt von 31% und etwa zehn Prozentpunkte hinter Frankreich (vgl. Tab. 1.3), womit in Deutschland die vertikale Segregation deutlich ausgeprägter als in anderen Ländern ist (vgl. detaillierter für die Situation in der BRD Kapitel 7) – ein weiterer wichtiger Grund für die ungleiche Verteilung von Einkommen.

Der Stand bei der beruflichen Gleichstellung in Deutschland erweist sich also nur vordergründig als zufriedenstellend. Schon ein genauerer Blick zeigt, dass Deutschland bei der Erwerbstätigenquote, der Bezahlung und dem Anteil von Frauen in Führungspositionen recht weit hinter den europäischen Durchschnitt zurückfällt.

1.2.1 Die deutsche Gesetzgebung zur beruflichen Gleichstellung: Mut zur Lücke

Bis zum Beginn der rot-grünen Koalition gab es in der Bundesrepublik praktisch keine aktive und klar umrissene politische Strategie zur beruflichen Gleichstellung, vielmehr beruhte diese auf Einzelmaßnahmen oder beschränkte sich auf die Gleichstellung im Landes- und Bundesdienst (Wahl 1999). Die schmale gesetzliche Grundlage, auf der gegen Ungleichbehandlung in der Privatwirtschaft geklagt werden konnte, bestand allein in dem 1980 in den im Zuge der EU-Rechtsanpassung ins Bürgerliche Gesetzbuch (BGB) eingefügten § 611a und § 612 Absatz 3 (vgl. Kapitel 5). Während § 612 Absatz 3 geschlechterdiskrimi-

---

des Medianeinkommens liegt. Das Armutsrisiko ist nicht mit faktischer Armut gleichzusetzen, weil möglicherweise bei der Berechung des Einkommens nicht alle Einkommensbestandteile oder Wohneigentum erfasst sind.

3 Berufliche bzw. sektorale Segregation wird hier als die durchschnittliche Differenz zwischen Frauen und Männeranteilen an den einzelnen Berufsgruppen (ISCO-Klassifizierung) bzw. den einzelnen Sektoren (NACE-Klassifizierung) angegeben.

nierende Unterschiede in der Vergütung verbot, schrieb der § 611a die Gleichbehandlung bei der Einstellung vor und erlaubte das Erstreiten der Bewerbungskosten. Hierbei wurde allerdings allein der entstandene geldwerte Schaden (z.B. die Ausgaben für Porto) anerkannt, wenn der Tatbestand der Diskriminierung in einem Einstellungsverfahren nachgewiesen werden konnte. Aus diesem Grund wurde die Regelung auch ‚Portoparagraph' genannt (Berghahn 1997). Erst später, 1989, wurde den KlägerInnen im Falle des Erfolgs eine Entschädigung von mehreren Monatsgehältern zugestanden (Wahl 1999, S. 110). Die Klageaktivitäten waren auf Basis dieses Paragraphen außerordentlich bescheiden: Zwischen 1980 und 2005 wurden nur 112 Diskriminierungsklagen geführt, die große Mehrheit (82) – aber längst nicht alle – von Frauen (Hans-Böckler-Stiftung 2005).

Das frauenpolitische Programm der SPD von 1998 („Frau und Beruf") war das erste umfassende Programm, mit dem eine Bundesfrauenministerin antrat, um in vielen Bereichen des Arbeitsmarktes (Handwerk, technische Berufe, Wissenschaft, vor allem aber in der Privatwirtschaft) die Gleichstellung von Frauen voranzubringen (Deutscher Bundestag 1999). In der Tat trat in der Folge eine Reihe von Gleichstellungsregeln in Kraft, von denen das Gleichstellungsdurchsetzungsgesetz für den Bundesdienst (DGleiG 2001) besonders interessant ist: Seine Entwicklung erfolgte auf der Basis früherer Erfahrungen mit der Gleichstellung im Bundesdienst und schließt differenzierte Vorschriften für das Verfahren bei Stellenbesetzungen ein (Bothfeld 2005a, S. 271f.). Der erste Erfahrungsbericht von 2006 sowie zusätzliche Berechnungen dokumentieren den Erfolg dieser Strategie: Der Anteil von Frauen an den Referatsleitungen stieg von 13,5% im Jahr 2000 auf 20% im Jahr 2005 (BMFSFJ 2007).[4] Des Weiteren verordnete die Bundesregierung sich selbst im Juli 2001 das Prinzip des Gender Mainstreaming und fügte es als Handlungsprinzip in die Geschäftsordnung der Bundesregierung ein (Schweikert 2002). Seine Umsetzung erfordert eigentlich eine systematische Prüfung von Politikinhalten in nahezu allen Politikbereichen, z.B. auch in der Arbeitsmarktpolitik (vgl. dazu Müller/Kurtz 2004). Eine klare Wirkung des Gender Mainstreaming ist in der Arbeitsmarktpolitik jedoch nicht nachweisbar (Maier/Carl 2003; Maier 2006).

Das ebenfalls im frauenpolitischen Programm von 1998 vorgesehene Gesetz für die Privatwirtschaft erwies sich nach zähen Kämpfen (siehe z.B. Koch 2003; Pfarr 2001) als nicht durchsetzbar, obwohl ein umfassender Entwurf mit vielversprechenden Maßnahmen auf Basis der Eckpunkte des Bundesfrauenministeriums von 2001 (siehe Kasten 1.1) erarbeitet worden war. Anstelle eines

---

4 Ähnliche Wirkungen zeigt auch das schon 1994 eingeführte Bundesgremienbesetzungsgesetz (BGremBG), mit dem die Repräsentation von Frauen in den Spitzenpositionen von Verbänden und den von der Bundesregierung einberufenen Gremien verbessert werden sollte.

Gesetzes wurde 2001 eine ‚Freiwillige Vereinbarung' *(Vereinbarung zwischen der Bundesregierung und den Spitzenverbänden der deutschen Wirtschaft zur Förderung der Chancengleichheit von Frauen und Männern in der Privatwirt-*

Kasten 1.1: Eckpunkte des Entwurfs eines Gleichstellungsgesetzes für die Privatwirtschaft der ExpertInnengruppe

- Ziel: Umsetzung des Gender Mainstreaming-Prinzips und Herstellung von Geschlechtergerechtigkeit (§§ 1 und 3)
- Pflicht zur alljährlichen Bestandsaufnahme der Beschäftigung im Betrieb und zur Erstellung einer „Gleichstellungskonzeption" sowie zur Einrichtung einer betrieblichen „Koordinierungsstelle" zur Beratung der betrieblichen Akteure in Gleichstellungsfragen (§ 4)
- Verpflichtung der Unternehmen zur Entwicklung einer bestimmten, nach der Betriebsgröße gestaffelten Anzahl von betrieblichen gleichstellungspolitischen Handlungsfeldern (max. fünf) (§ 5)
- Definition von 13 verschiedenen Handlungsfeldern, u.a. Personalstruktur, Entgeltgerechtigkeit, Elternzeit, sexuelle Diskriminierung (§ 5)
- Verpflichtung der Unternehmen zur Definition gleichstellungspolitischer Ziele und deren Überarbeitung bei Nichterreichen nach einem Zeitraum von höchstens 24 Monaten (§ 5)
- Verpflichtende Maßnahmen für Unternehmen, die den selbst definierten Gleichstellungszielen nach § 5 nicht nachkommen, gemäß einem Maßnahmenkatalog (u.a. Benennung einer Gleichstellungsbeauftragten mit umfassenden Aufgaben, Regelungen zur Arbeitszeit, zum Entgelt, zum beruflichen Aufstieg, zur Qualifizierung etc.) (§ 6)
- Beweislastumkehr bei Klagen nach § 611a BGB sowie Festlegung einer Entschädigung von drei Monatsgehältern (§ 7)
- Verpflichtung des Betriebsrates zur Mitwirkung an der Entwicklung von Gleichstellungsmaßnahmen (§ 8)
- Gleichstellungsverpflichtungen für Unternehmen, die öffentliche Aufträge übernehmen (§§ 16-20)
- Einrichtung einer Gleichstellungsauditierungsstelle und die Vergabe von Zertifikaten bei Einhaltung der Diskriminierungsverbote für die Dauer von einem Jahr (§ 21-25)
- Einführung eines Verbandsklagerechts (§ 26) sowie Möglichkeit der Klage gegen diskriminierende Strukturen (§ 27)
- Einführung des Prinzips der mittelbaren Diskriminierung durch Änderung des § 611a BGB

Quelle: Pfarr 2001

schaft vom 2. Juli 2001) zwischen der Arbeitgeberseite und der Regierung (ohne die Beteiligung der Gewerkschaften) geschlossen (siehe dazu Klenner 2004), in der sich die Arbeitgeber verpflichteten, Maßnahmen zur Förderung von Frauen in ihren Betrieben zu ergreifen (Bundesregierung 2001). Zweijährliche „Bilanzen" untersuchen seitdem die Lage im Hinblick auf vier Ziele: die Vereinbarkeit von Berufs- und Familienleben, die Ausbildung von Mädchen, die Förderung von Frauen in Führungspositionen und die Entgeltgleichheit (vgl. auch Kapitel 8). Die dritte Bilanz stellte im April 2008 fest, dass in den beiden letztgenannten Bereichen noch Defizite bestünden – ohne jedoch effektive Maßnahmen vorzuschlagen (Bundesregierung 2008).

Im Jahr 2006 wurde im Zuge der europäischen Rechtsangleichung mit dem Allgemeinen Gleichbehandlungsgesetz (AGG) zumindest die Lücke in den Rechtsgrundlagen geschlossen und damit erstmals eine breite Basis für Klagen gegen indirekte und direkte Diskriminierung, nicht nur aufgrund des Diskriminierungsmerkmals Geschlecht, geschaffen: Das Gesetz verlagert die Beweislast auf den Arbeitgeber, fixiert das Entschädigungsniveau und sieht die Einrichtung einer Antidiskriminierungsstelle mit Beratungs-, Informations- und juristischen Beistandsfunktionen vor.[5] Anders als der Entwurf von 2001 enthält das Gesetz jedoch keine Kollektiv- und auch keine Stellvertreterklage, d.h. weder ein Behörden- noch ein Verbandsklagerecht. Außerdem wurde auf die Formulierung einer Klausel für eine gleichstellungsorientierte Vergabepraxis öffentlicher Aufträge verzichtet. Dabei gibt es in Deutschland in einigen Landesvergabegesetzen Tariftreueregelungen, die zum Schutze des Flächentarifvertrags die privaten Unternehmen bei der Vergabe öffentlicher Aufträge zur Einhaltung der geltenden Tarifverträge verpflichten. Nach deren Vorbild könnte eine verbindliche Gleichstellungsvorschrift formuliert werden – wie sie etwa in der Schweiz und den USA existieren. Mit dem AGG sind in Deutschland rechtliche Grundlagen für die Klage gegen Ungleichbehandlung geschaffen worden. Wie wirksam kann dieses Gesetz jedoch sein, da, anders als in dem Gesetzentwurf von 2001 vorgesehen, keine Handlungsvorschriften für die Betriebe festgeschrieben wurden?

---

5 Die Antidiskriminierungsstelle wird seit August 2006 von der Betriebswirtin Dr. Martina Köppen geleitet und verfügt über ein Budget von 2,7 bis 2,9 Mio. € und 24 MitarbeiterInnen. Sie ist jedoch bislang noch nicht in der Öffentlichkeit in Erscheinung getreten und der Leiterin wird vorgeworfen, nicht engagiert für die Gleichstellung einzutreten. Zudem würde der wissenschaftliche Beirat nicht angemessen über die Aktivitäten informiert. Nach eigener Aussage setzt die Leiterin zur Förderung der Gleichstellung auf die Kooperation mit der Wirtschaft. Dazu berichtete die Süddeutsche Zeitung: „Halbherziger Kampf. Die Wirtschaft war schon immer misstrauisch, jetzt gerät die vor zweieinhalb Jahren eingerichtete Antidiskriminierungsstelle auch bei SPD und Grünen in die Kritik" (vgl. Süddeutsche Zeitung vom 30.4./1.5.2009, S. 19).

1.2.2 Vorschriften für betriebliches Handeln: Große Freiheit in Sachen Gleichstellung

Seit Mitte der 1990er Jahre hat die Bundesregierung eine Reihe von Instrumenten entwickelt, die die freiwillige Selbstkontrolle der Betriebe im Hinblick auf die berufliche Gleichstellung der Geschlechter fördern sollen. So dienen Wettbewerbe und Audits zur Selbstevaluierung und Entwicklung von familienfreundlichen Praktiken, die von Vereinen („total equality e.V." mit ihrem gleichnamigen „Prädikat", seit 1996), Stiftungen (z.B. die gemeinnützige Hertie-Stiftung und ihr audit berufundfamilie, seit 1998) und der Bundesregierung (Bundeswettbewerb familienfreundlicher Betrieb und das gleichnamige „Prädikat") ausgelobt werden (vgl. Kapitel 8). Wenngleich die Anzahl der teilnehmenden Betriebe relativ gering ist, kann die Zertifizierung von Unternehmen doch eine wichtige Signal- und Symbolwirkung haben: Die zertifizierten Betriebe manifestieren ein gleichstellungspolitisches Bewusstsein und definieren sich als attraktive Arbeitgeber für Eltern und insbesondere für Frauen, gleichzeitig werden selbst definierte Qualitätsmaßstäbe entwickelt und verbreitet. Allerdings sind diese Strategien, die erst über die Mobilisierung der Öffentlichkeit funktionieren, auch anfällig für personalpolitische Modeerscheinungen, sodass die Effekte nicht immer gleichstellungspolitisch nachhaltig sind (vgl. auch die Fallstudie zu den USA in diesem Kapitel). Von der ‚Aktivierung' der Betriebe zur Gleichstellungsförderung abgesehen, trägt die Bundesregierung auch noch im Rahmen der ‚Allianz für die Familie' seit 2003 zur Koordination der unterschiedlichsten Akteure bei, indem sie im Rahmen des Programms mittelfristig angelegte Initiativen zur Vereinbarkeit von Beruf und Familie fördert. Mit Hilfe des Unternehmensprogramms ‚Erfolgsfaktor Familie' versucht sie zudem seit 2008 Familienfreundlichkeit zu einem Managementthema zu machen, um damit gezielt Personalverantwortliche anzusprechen (BMFSFJ 2009a).

Eine in Europa einzigartige Regelung, die ein gewisses Potenzial für betriebliche Gleichstellung aufweist, ist das Betriebsverfassungsgesetz (BetrVG). Denn zahlreiche betriebliche Aktivitäten, wie die betriebliche Lohngestaltung und die Bestimmung von Entlohnungsgrundsätzen – und damit auch die Eingruppierung und Bewertung der Arbeit von Frauen und Männern –, sind grundsätzlich Gegenstand der betrieblichen Mitbestimmung und damit der (Mit-)Gestaltung durch den Betriebsrat (§ 87 BetrVG). Durch die Reform des BetrVG im Juli 2001 wurden außerdem spezifische gleichstellungsrelevante Regelungen eingefügt, nach denen

- beide Geschlechter entsprechend ihren Anteilen im Betrieb im Betriebsrat vertreten sein sollen (§ 15),
- Gleichstellungs- und Vereinbarkeitsfragen als Gegenstand von Betriebsversammlungen behandelt werden können (§ 45),

- der Unternehmer in der Betriebsversammlung (§ 43), aber auch in der jährlichen Betriebsräteversammlung über den Stand der Gleichstellung von Frauen und Männern im Unternehmen zu berichten hat (§ 53),
- der Betriebsrat die allgemeine Aufgabe hat, die Gleichstellung von Frauen und Männern, insbesondere bei der Einstellung, Beschäftigung, Aus-, Fort- und Weiterbildung sowie beim beruflichen Aufstieg zu fördern (§ 80), und, ganz allgemein,
- dem Betriebsrat die Möglichkeit eingeräumt wird, dem Unternehmen im Rahmen der Personalplanung Vorschläge für die Gleichstellung von Frauen und Männern zu unterbreiten (§ 92).

Im Prinzip besteht damit eine gute rechtliche Grundlage oder sogar Verpflichtung für gleichstellungspolitische Aktivitäten der betrieblichen Akteure – der Betriebsräte ebenso wie der Geschäftsführungen –, die durchaus konstruktive Anwendung findet (siehe dazu Kapitel 8). Weil eine gesetzliche Verpflichtung der betrieblichen Akteure zur Behandlung gleichstellungspolitischer Themen jedoch fehlt, hängt die tatsächliche Praxis vom Engagement und der Persönlichkeit der Betriebsräte und Geschäftsführungen, den konkreten Problemkonstellationen im Betrieb, aber auch von der – durch den Unternehmer maßgeblich determinierten – Unternehmenskultur ab (Schumm 2000).

Im Großen und Ganzen sind die hier dargestellten prozeduralen Maßnahmen für die betrieblichen Akteure nicht bindend, und auch die Selbstverpflichtung im Rahmen der ‚Freiwilligen Vereinbarung' hat bislang zu keinem substanziellen Fortschritt bei den betrieblichen Aktivitäten zur Gleichstellung geführt. Insofern besteht für die Betriebe nicht nur eine ‚große Freiheit' zu gleichstellungspolitischen Aktivitäten, sondern auch eine ‚große Freiheit' von der Verpflichtung, im Sinne der betrieblichen Gleichstellung tätig zu werden. Die Anreize für die betrieblichen Akteure sind, wie Untersuchungen zeigen, zu schwach: Nach wie vor sind Betriebsvereinbarungen zum Gleichstellungsthema sehr selten (vgl. Kapitel 8).

1.2.3 Beratung und Beobachtung des gleichstellungspolitischen Fortschritts

Bei der Entgeltgleichstellung beschränken sich die Aktivitäten der Bundesregierung auf Instrumente zur Beratung und zum (Selbst-)Monitoring. Sie hat 2003 einen *Leitfaden zur Entgeltgleichheit* erstellen lassen und auf der Website des Bundesministeriums für Familie, Senioren, Frauen und Jugend (BMFSFJ) bereitgestellt, den Betriebe und Beschäftigte zur Überprüfung der tariflichen und betrieblichen Lohnstrukturen nutzen können (Tondorf/Ranftl 2003). Zudem stellte die Familienministerin von der Leyen anlässlich des „Equal Pay Day" 2009 das Selbsttestinstrument „Logib-D" vor. Dabei handelt es sich um eine herunterladbare ‚Excel'-Matrix, die in Anlehnung an das von der schweizerischen Gleichstellungsbehörde entwickelte „logib“ (das „D“ steht für Deutschland) entwickelt wurde und mit der Unternehmen ihre Lohnstruktur auf Entgeltungleichheiten zwischen Frauen und Männern und deren Ursachen überprüfen sollen. Die Anwendung des Instruments ist freiwillig (siehe auch Fallstudie Schweiz in diesem Kapitel; BMFSFJ 2009b).[6] Das BMFSFJ fördert ebenso den „Führungskräfte-Monitor“ – eine Analyse der Entwicklung des Frauenanteils an Führungspositionen auf Basis vor allem des Sozio-Ökonomischen Panels (Holst 2009).

Eine übergreifende Evaluierung des Standes der betrieblichen Gleichstellung fehlt jedoch bislang, ebenso wie Instrumente und Daten zur Analyse der Situation: Im Sommer 2008 wurde schließlich eine Sachverständigenkommission für den Gleichstellungsbericht der Bundesregierung unter der Leitung von Prof. Dr. Marion Schick eingesetzt, die 2010 den ersten Bericht der Bundesregierung zu diesem Thema vorlegen soll. Insgesamt hat sich der Fokus der gleichstellungspolitischen Aktivitäten des BMFSFJ unter der Leitung der Ministerin von der Leyen jedoch auf die Familienpolitik verschoben.

1.2.4 Das deutsche Sozialstaatsarrangement: Für moderne Beschäftigungsziele kaum gerüstet

Die arbeits- und sozialrechtliche Regulierung des Arbeitsmarktes ist ursächlich für die Koexistenz paralleler Erwerbspraktiken und -muster von Frauen und Männern. Der Anstieg der Frauenerwerbstätigkeit wird allseits positiv hervorgehoben. Das Absinken der durchschnittlichen Wochenarbeitszeiten und der Anstieg der geringfügigen Beschäftigung (vgl. dazu die Kapitel 3 und 4; Bothfeld et al. 2005, S. 187f.) werden hingegen außerhalb der gewerkschaftlichen Frauenpolitik kaum als gleichstellungspolitisches Problem thematisiert.

Die Vereinbarung von beruflichen und familiären Anforderungen wird in Deutschland vor allem durch die Verbesserung der Teilzeitmöglichkeiten erzielt. Nach dem neuen Gesetz zur Elternzeit und zum Elterngeld von 2006 können der Vater und die Mutter gleichzeitig eine Reduzierung der wöchentlichen Arbeitszeit auf 15 bis 30 Stunden verlangen, was der Arbeitgeber nur aus ‚dringenden betrieblichen Gründen’ (§ 15 [7] BEEG) verwehren kann. Das Elterngeld wird dann entsprechend proportional gewährt. Allerdings wurde die Anzahl der mög-

6 Das Wirtschafts- und Sozialwissenschaftliche Institut (WSI) in der Hans-Böckler-Stiftung wurde vom Bundesministerium für Arbeit und Soziales (BMAS) beauftragt, ein wissenschaftliches Gutachten zur Übertragbarkeit der Methode auf Deutschland zu erstellen. Dabei wurden grundsätzliche methodische Fragen offenbar, sowie die die Frage nach der Verfügbarkeit und der Qualität für die Analyse notwendiger Daten (vgl. Ahlers et al. 2009).

lichen Monatsbeträge (14 Monatsbeträge) auch durch die Neuregelung im März 2009 nicht erhöht. Insofern ist eine egalitäre Arbeitsteilung zwischen Frauen und Männern – d.h. die gleichzeitige teilzeitige Inanspruchnahme des Elterngeldes – ökonomisch ungünstiger, weil dann insgesamt ein geringerer Gesamtbetrag ausbezahlt wird (Bothfeld 2006).[7] Zusätzlich wurde durch das Teilzeit- und Befristungsgesetz (TzBfG) vom Dezember 2000 ein Rechtsanspruch auf Teilzeitarbeit eingeführt und die Diskriminierung von Teilzeitbeschäftigten gesetzlich verboten. Die Rückkehr zur Vollzeitarbeit muss jedoch lediglich gewährt werden, sofern ein entsprechender Arbeitsplatz vorhanden und der Arbeitgeber keine ‚dringenden betrieblichen Gründe' für die Bevorzugung eines anderen Arbeitnehmers geltend macht (§ 9 TzBfG). Schon im ersten Jahr nach der Einführung zeigte sich, dass die große Mehrheit der Anträge (75%) von Frauen gestellt wurde (Magvas/Spitznagel 2002), und dass seitdem die Teilzeitquote von Frauen (und Männern) weiter angestiegen ist – von 39,5% im Jahr 2002 auf 45,8% im Jahr 2007 (bzw. von 5,8% auf 9,4%) (Europäische Kommission 2008a). Nach wie vor ist Teilzeitarbeit jedoch aufgrund der Struktur der sozialen Sicherung problematisch, da Teilzeitarbeit in der gesetzlichen Rentenversicherung auch nur proportional angerechnet wird und damit zu unterdurchschnittlichen Rentenwerten führt. Eine Ausnahme bilden allerdings erziehungsbedingte Teilzeitphasen, für deren Dauer (max. bis zum zehnten Lebensjahr des Kindes) der Rentenwert auf den Durchschnittswert aufgestockt wird. In der Praxis zeigt sich, dass in Deutschland an die Stelle des dominierenden Alleinverdiener-Modells das Anderthalb-Verdiener-Modell (ein vollzeiterwerbstätiger Mann und eine teilzeiterwerbstätige Partnerin) getreten ist und nun die dominierende Paarkonstellation darstellt (Bothfeld 2005b). Die Regulierung des Arbeitsmarktes und auch das Ehegattensplitting im Einkommenssteuerrecht begünstigen dieses Modell noch immer. Im Prinzip entspricht der Gesetzgeber damit den konkreten Bedürfnissen erwerbstätiger Eltern; allerdings führt Teilzeitarbeit nicht nur zu Lücken in der sozialen Sicherung, sondern auch zu Problemen beim beruflichen Aufstieg (Koch 2007; vgl. auch Kapitel 7). So bleibt die Förderung von Teilzeitarbeit, zumindest in Deutschland, eine ambivalente Strategie der beruflichen Gleichstellung.

Die beschäftigungspolitische Strategie der Europäischen Union, die auf die Erhöhung der Frauenerwerbstätigkeit setzt und den Ausbau der Kinderbetreuungsinfrastruktur fördert, ist nur mittelbar auf die Gleichstellung der Geschlechter ausgerichtet. Einerseits setzte die EU-Strategie in Deutschland wichtige Impulse und hatte substanzielle gesetzliche Anpassungsreaktionen zur Folge

---

7 Im Frühjahr 2009 hat die Bundesfrauenministerin allerdings angekündigt, diese Regelung zugunsten der gleichzeitigen teilzeitigen Inanspruchnahme durch beide Elternteile zu verändern.

(MacRae 2006). Andererseits unterläuft die EU-Strategie mit ihrer Erwerbszentrierung die zunehmende Tendenz zu Erwerbsbiographien jenseits des ununterbrochenen Vollzeiterwerbsverhältnisses. Sie verringert damit die Spielräume für soziale Sicherung bei nicht-standardisierten Erwerbsverläufen. Die bessere Vereinbarkeit von Beruf und Familie, die Realisierung individueller Erwerbsverläufe, die Absicherung neuer sozialer Risiken durch veränderte Arbeitsbedingungen sowie der wachsende Anteil von Geringverdienenden durch die zunehmende Lohnspaltung erfordern jedoch die Lockerung der Bindung sozialer Sicherungsleistungen an das Erwerbseinkommen. Neben dem geplanten flächendeckenden Ausbau von Kinderbetreuungseinrichtungen, der Verbesserung der Pflegedienstleistungen sowie der Schaffung von Freistellungen zur Pflege von Angehörigen wären auch eine Entkopplung von Beiträgen und Rentenhöhe, insbesondere für Geringverdienende, flexiblere Zugangsregelungen beim Arbeitslosengeld, ein breiterer Zugang zu Maßnahmen der aktiven Arbeitsmarktpolitik, insbesondere zu jenen für die berufliche Fort- und Weiterbildung, sowie die Einführung einer gesetzlichen Mindestlohnregelung notwendig, von der insbesondere Frauen profitieren würden. Die Neuausrichtung sozialstaatlicher Reformen an einem Paradigma des präventiven Sozialstaats, der auf die Steigerung der individuellen Autonomie seiner BürgerInnen setzt anstatt diese zu überfordern, wäre für die berufliche Gleichstellung in Deutschland positiv.

Es ist deutlich geworden, dass es in Deutschland verschiedene gleichstellungspolitische Aktivitäten und Ansätze zur Reduzierung der beruflichen Ungleichheit zwischen Männern und Frauen auf unterschiedlichen Ebenen gibt, diese bislang jedoch noch keine hohe Wirksamkeit gezeigt haben. Eine Fokussierung auf Bildungs- und Familienpolitik, wie sie das BMFSFJ (2009c) vorschlägt, greift angesichts der Vielschichtigkeit des Problems jedoch ganz sicher zu kurz. Im Folgenden soll nun gezeigt werden, auf welche Weise rechtliche Instrumente in die betrieblichen und gesellschaftlichen Prozesse der Herstellung von Geschlechtergleichheit eingreifen und dort substanzielle Wirkungen erzielen können.

1.3 Das Politikfeld der beruflichen Gleichstellung in der vergleichenden Forschung

1.3.1 Die Interdependenzen im Politikfeld der beruflichen Gleichstellung

Das Politikfeld der beruflichen Gleichstellung ist nicht klar umrissen. Zwar bildet die Gleichstellungsgesetzgebung seinen Kern, tatsächlich bestehen jedoch Wechselwirkungen mit den angrenzenden Bereichen wie der Familienpolitik, dem Ehe- und Unterhaltsrecht, der Arbeitsmarktpolitik und anderen arbeitsrechtlichen Regelungen (siehe auch Wahl 1999). Insofern entsteht berufliche Ungleichheit aus einem Geflecht von sozialen Wechselverhältnissen, die durch ganz unterschiedliche Regulierungen beeinflusst werden. Die drei wichtigsten Aspekte beruflicher Gleichstellung sind der *Zugang* zu Beschäftigung, die Qualität von Beschäftigung sowie die berufliche und sektorale Durchmischung von Beschäftigungssegmenten.

Der Zugang zu bezahlter Beschäftigung wird in der Regel anhand der Erwerbstätigen- oder Beschäftigungs- sowie der Arbeitslosenquote gemessen. Aussagekräftiger für die Erfassung geschlechterspezifischer Unterschiede sind jedoch Indikatoren, die etwa die Erwerbsbeteiligung von typischen Gruppen ausweisen (Erwerbstätigenquoten von Müttern oder Alleinerziehenden) oder den Arbeitszeitumfang berücksichtigen (z.B. die Vollzeitäquivalenzquote; vgl. dazu Tab. 1.3 im Kapitelanhang). Auch die Muster von Erwerbsverläufen, deren Erfassung jedoch aufwändiger sozialwissenschaftlicher Analysen bedarf (siehe z.B. Schmidt/Schmitt 2005), wären ein weiterer interessanter Indikator. Die *Qualität* der Arbeitsverhältnisse lässt sich anhand des Entgelts und weiterer objektiver Merkmale (Arbeitszeitumfang, Flexibilität, Entscheidungs- und Führungsverantwortung) ausweisen (vgl. Kapitel 4, 6, 7). Aber auch die subjektive Bewertung der Beschäftigung ist ein wichtiger Indikator (vgl. Kapitel 6). Die beiden ersten Dimensionen sind mit der dritten, der *Segregation* des Beschäftigungssystems, eng verknüpft. So kann der Zugang zu Beschäftigung – z.B. aus der Arbeitslosigkeit heraus – zu bestimmten Sektoren, in denen die Arbeitsbedingungen generell schlechter sind (z.B. die Bezahlung, flexible Arbeitszeiten wie im Einzelhandel), für Frauen leichter sein, vor allem wenn sie nicht direkt mit Männern konkurrieren. Hier spielen die betrieblichen Akteure bei der Rekrutierung als „Gatekeeper“ eine zentrale Rolle (vgl. Kapitel 2). Die Konzentration der Frauenbeschäftigung in bestimmten Branchen bzw. Sektoren korreliert zudem mit den Möglichkeiten des Berufswechsels und -aufstiegs, vor allem in einem berufsfachlich gegliederten Arbeitsmarkt wie dem deutschen – aber auch dort, wo sich Frauen (neben Männern) in Führungspositionen befinden, zeigen sich segregierte Strukturen (vgl. Kapitel 7). Zudem werden Tätigkeiten, die Frauen zugeschrieben werden (z.B. die sozialen Dienstleistungs- und Pflegeberufe) oftmals geringer bewertet und entlohnt. Das geringere Maß an sozialer Anerkennung von Frauenberufen ist zudem meist verbunden mit einem verengten Zugang zu gesellschaftlichen Statuspositionen.

Aufgrund dieser Wechselwirkungen bedarf es zur Verminderung der beruflichen Ungleichheit jeweils unterschiedlicher Instrumente und Ansatzpunkte, wobei eine nachhaltige Wirkung nur durch eine hohe Konsistenz und Kohärenz bei der Koordination zwischen den Instrumenten erzielt werden kann (Bothfeld 2008). So müssen die sozialstaatlichen Arrangements, die arbeitsrechtliche und die einkommenssteuerliche Regulierung mit Maßnahmen kombiniert werden, die die Arbeitsverhältnisse regulieren und die das Verhalten der leitenden betrieblichen Akteure beeinflussen. Letzteres wird sowohl durch ‚weiche', appellative Instrumente und Förderprogramme als auch durch klare gesetzliche Handlungsvorschriften bewirkt.

1.3.2 Die Governance-Perspektive als Analyserahmen

Standardisierte Vergleiche von Gleichstellungs- oder Antidiskriminierungsgesetzen (vgl. dazu Europäische Kommission 2008a; OECD 2008a) oder Vergleiche der Politiken zur Vereinbarkeit von Beruf und Familie (OECD 2007) erfassen jeweils nur eine Fragestellung des komplexen Politikfeldes der beruflichen Gleichstellung. Gleichstellungspolitische Strategien sind jedoch keine eindimensionalen, auf Vereinbarkeit *oder* Entgeltgleichheit ausgerichtete Steuerungsstrategien, sondern mehrdimensionale Strategien, die der Komplexität und den Wechselwirkungen zwischen den gesellschaftlichen Teilbereichen Rechnung tragen. Für die Untersuchung komplexer Steuerungsaktivitäten des Staates bietet die Politik- und Verwaltungswissenschaft den Blickwinkel der „Governance" an. Unter dem Begriff der Governance wird ein analytisches Konzept verstanden, das staatliche Steuerungsversuche durch gesetzliche (‚hierarchische') Regulierung als lediglich ein Element einer ganzen Bandbreite staatlicher (und nichtstaatlicher) Regelungsformen und ihrer Kombinierbarkeit begreift (vgl. Mayntz 2004). Der Übergang der politikwissenschaftlichen Forschung von einem hierarchischen Steuerungsbegriff zum Governance-Konzept spiegelt die Anerkennung der Tatsache wider, dass die Komplexität der sozialen Realität an Bedeutung gewonnen hat. Hieraus folgt, dass soziale Praktiken nun nicht (mehr) als durch einfache „Top-Down-Interventionen" steuerbar betrachtet werden, sondern dass politische Steuerung ein Zusammenspiel unterschiedlicher Akteure auf verschiedenen Ebenen erfordert. Beides gilt im besonderen Maße für die Gleichstellungspolitik (vgl. dazu ausführlich Bothfeld/Kuhl 2008; Stiegler 2005).

Für den internationalen Vergleich von Gleichstellungspolitiken ist dieser Ansatz interessant, weil damit die Aspekte der Wechselwirkungen unterschiedlicher Instrumente sowie das Zusammenspiel der Akteure der unterschiedlichen Ebenen berücksichtigt werden. Die Governance-Perspektive macht deutlich, dass Antidiskriminierungsstrategien als eine hierarchische Form der Regulierung nicht die einzigen und auch keine hinreichenden Strategien zur Herstellung von beruflicher Gleichstellung darstellen. Damit relativiert sich die Feststellung der Ineffektivität *einzelner* Maßnahmen und es richtet sich der Blick auf Konstellationen bzw. auf die Kombination verschiedener Maßnahmen und Instrumente. In dieser Perspektive wird also die Komplementarität der verschiedenen Instrumente und Maßnahmen sichtbar, weil sie jene Funktionen und Wirkungsbereiche systematisch unterscheidbar machen, welche die jeweiligen Akteure

(Arbeitgeberverbände, Gewerkschaften, Gesetzgeber, Betriebsleitungen, Personalchefs, Betriebsräte etc.) auf den verschiedenen Ebenen einnehmen und ausfüllen.

Eine der wenigen Studien, die dieser Grundidee folgt, ist die Studie von Marie-Thérèse Chicha im Auftrag der International Labour Organization (ILO), in der sie die nationalen Strategien zur Herstellung von Entgeltgleichheit am Beispiel Frankreichs, Québecs, Großbritanniens, Schwedens, der Schweiz und der Niederlande untersucht (Chicha 2006). Sie befasst sich mit den Wechselwirkungen zwischen der staatlichen Regulierung und der Steuerung der betrieblichen Praxis. Diese Studie unterscheidet zwischen klaren, auf die Entgeltpraxis bezogenen (engen) Antidiskriminierungsregelungen und ergänzenden, in die betrieblichen Abläufe intervenierenden Durchführungsregelungen. Damit werden Länder nach *der Verbindlichkeit und der Reichweite* der Gleichstellungsstrategien unterscheidbar. So gelten die schwedische Gleichstellungsregelung und jene in Québec als ‚umfassend' *(comprehensive approach)*, da hier die direkte Entgeltdiskriminierung anhand effektiver und verbindlicher Rechtsinstrumente und die indirekte Diskriminierung anhand eines breiten Instrumentariums bekämpft werden. Bei diesem Modell werden geschlechterneutrale Arbeitsbewertungsmethoden verbindlich angewandt: Typische Frauen- und Männerberufe werden verglichen und die unterschiedliche Bezahlung gleichwertiger Arbeit wird erfasst. Hiervon unterscheidet Chicha die britische oder niederländische ‚Teilstrategie' *(partial approach)*, die auf die Freiwilligkeit der Akteure setzt. Das dritte, ‚gemischte Modell', zu dem Frankreich und die Schweiz zählen, zeichnet sich dadurch aus, dass in beiden Ländern zwar spezifische und verbindliche Methoden zur Erhebung der Entgeltungleichheit bestehen, eine Arbeitsbewertungsmethode oder entsprechende Richtlinien jedoch nicht verbindlich vorgeschrieben werden (Chicha 2006). Dieser Analyseansatz, der die Reichweite der Ausdifferenzierung – und implizit auch der Verbindlichkeit eines spezifischen gleichstellungspolitischen Instruments – sowie die Reichweite der Planerstellungspflichten vergleichend untersucht, eignet sich unseres Erachtens auch für die Analyse der gesamten Strategie der beruflichen Gleichstellung.

1.3.3 Drei Kernaspekte der Strategien der beruflichen Gleichstellung

Der Fokus auf den *betrieblichen* Strategien bedarf einer umfassenden Vorgehensweise, in der (prozedurale) Rahmen- und Verfahrensvorgaben mit den zu untersuchenden (hierarchischen) Antidiskriminierungsvorschriften zusammen betrachtet werden, um das ganze Potenzial betrieblicher Handlungsmöglichkeiten sichtbar zu machen. Dabei sind vor allem drei Aspekte zu unterscheiden (vgl. Tab. 1.1):

- die jeweilige Antidiskriminierungsvorschrift inklusive ihrer Implementationsbedingungen *(hierarchisch-passive Regulierung)*, die Gleichstellung und ihre Durchsetzung als politisches Ziel rechtlich verankert;
- die Handlungsverpflichtungen zur aktiven und individuellen Umsetzung des gesetzlichen Gleichstellungsziels auf der betrieblichen Ebene *(hierarchisch-aktivierende* Regulierung);
- das Instrumentarium, das die Gleichstellungsentwicklung in den Betrieben auf aggregiertem Niveau verfolgt, um daraus Pflichten für späteres Handeln der Betriebe, möglicherweise aber auch des Gesetzgebers abzuleiten *(Monitoring)*.

Das spezifische Sozialstaatsarrangement mit den arbeitsrechtlichen und sozialstaatlichen Rahmenbedingungen wird dabei als Kontextbedingung berücksichtigt.

Die Grundannahme dieser Vorgehensweise ist, dass bei gleichstellungspolitischen Strategien diese Instrumente nicht substitutiv, sondern komplementär zueinander stehen und somit die Grundelemente staatlicher Steuerungsstrategien betrieblicher Gleichstellungspolitik darstellen. Im internationalen Vergleich lassen sich Strategien der beruflichen Gleichstellung jedoch nicht nur im Hinblick auf die Instrumentenprofile, sondern zusätzlich im Hinblick auf folgende drei Kriterien bewerten: den Grad der *Verbindlichkeit* (bei der hierarchisch-passiven und hierarchisch-aktivierenden Regulierung), der Ausdifferenziertheit (hierarchisch-aktivierende Regulierung und Monitoring) und der *Reichweite* (hierarchisch-passive Regulierung und Monitoring).

Die *hierarchisch-passive* Regulierung hat demnach die Funktion, konkrete Ziele für das Handeln individueller oder kollektiver Akteure zu institutionalisieren und bezeichnet die gesetzlichen sanktionsbewehrten Antidiskriminierungs- und Gleichstellungsvorschriften, die sich nach dem Grad der Verbindlichkeit und der Reichweite unterscheiden können. Unterschiedliche Reichweiten hierarchisch-passiver Regelungen ergeben sich aus der Substanz einer Regel (z.B. dem Prinzip der gleichen oder gleichwertigen Arbeit), dem im Gesetz definierten Geltungsbereich (z.B. durch die Festlegung einer Beschäftigtengrenze) sowie durch Quotenregelungen oder Regelungen zur öffentlichen Auftragsvergabe. Die Verbindlichkeit hängt dagegen von der Art und dem Umfang der Sanktionen oder der Festlegung der Klageverfahren (Individual- oder Kollektivklage, Möglichkeit zur Stellvertreterklage) ab.

Wenn Gleichstellungsgesetze Regelungen wie z.B. die Pflicht zur Erstellung eines Plans für betriebliche Gleichstellungsmaßnahmen vorschreiben oder, zur Überprüfung eines Sachverhalts, Dritten (Gewerkschaften oder Gerichten) ein Informationsrecht einräumen, sind sie nicht mehr nur passiv. Vielmehr setzen sie Akteuren, unabhängig von individuellen Fallkonstellationen, Anreize

Tab. 1.1: Aspekte reflexiver Gleichstellungspolitik für die betriebliche Ebene

	Funktion	Beispiele	Bewertungskriterien mit Beispielen
Hierarchisch-passiv	Schreibt substanzielles Ziel für konkretes *individuelles* Verhalten betrieblicher Akteure und die Regeln für dessen Einhaltung/Wiederherstellung vor	Antidiskriminierungs- bzw. Gleichstellungsvorschriften Quotenregelungen	*Reichweite* z.B. Prinzip der gleichen oder gleichwertigen Arbeit Geltungsregeln (z.B. Beschäftigtengrenzen) *Verbindlichkeit* Sanktionsbewehrtheit, Formen der Implementation (Klagearten, Mediation, abgestufte Verfahren)
Hierarchisch-aktivierend	Installiert die Regeln zur Überprüfung und Offenlegung betrieblicher Strukturen („gleichstellungspolitisches Pflichtenheft")	Gesetzliche Berichts- und Planerstellungspflichten Frauenförderpläne Regelung bei öffentlicher Auftragsvergabe	*Verbindlichkeit* Freiwilligkeit vs. Pflicht Informationsbefugnis Dritter *Differenziertheit* Regelmäßigkeit (Jahresabstand) Rolle des Betriebsrats (konsultativ bis partizipativ)
Monitoring	Beobachtung betrieblichen Handelns	Monitoring-Instrumente (Berichtspflicht) Beratung und Information Leitfäden Betriebliche Gleichstellungsbeauftragte und andere gleichstellungspolitische Organisationen	*Differenziertheit* nach Unternehmensgröße/nach der ‚Angemessenheit' der Begleitung/nach ‚Tiefe' des Instruments *Reichweite* Geografische Nähe der Beratung (Vertretungen/Netzwerke) Personal- und Budgetkapazitäten der beratenden Organisationen

zum Tätigwerden und zwingen die betrieblichen Akteure zur Aktivität bzw. Reaktion. Insofern zielt die *hierarchisch-aktivierende* Regulierung auf die Veränderung betrieblicher Strukturen und bezeichnet Vorschriften, die Betriebe zu gleichstellungspolitischen Aktivitäten auffordern. Das prominenteste gleichstellungspolitische Instrument sind Plan- oder Berichtspflichten, die auf die Erfassung und Offenlegung betrieblicher Beschäftigungsstrukturen zielen und – je nach Sanktionsfähigkeit oder Nachweispflicht – mehr oder weniger verbindlich ausgestaltet sein können. Sie können als eine regelmäßige Pflicht oder eine unverbindliche Aufforderung auftreten und Gewerkschaften oder betrieblichen ArbeitnehmerInnenvertretungen Informations- und Auskunftsbefugnisse übertragen. Die Differenziertheit der Regelungen ergibt sich daraus, wie detailliert Informationen abgefragt werden. Damit steht die hierarchisch-aktivierende Regulierung an der Schnittstelle zwischen der hierarchisch-passiven Regulierung und dem Monitoring, weil sie zur betrieblichen Aktivität verpflichtet und die Nichterfüllung mit Sanktionen belegen kann, nicht aber die Inhalte festschreibt.

Informations- bzw. Kontrollinstrumente sollen hingegen das betriebliche Handeln im Hinblick auf ein vordefiniertes substanzielles Ziel (z.B. Mitbestimmung, Gleichstellung) unterstützen und Lernprozesse anregen. Hier wird anhand von ‚weichen' Instrumenten auf die nachhaltige Veränderung betrieblicher Strukturen und Akteursverhalten hingewirkt. Insofern geht es hier um die Erfassung und Bewertung der Wirkungen betrieblichen Handelns. Beispiele hierfür sind die Einrichtung betrieblicher Instanzen und die öffentlichen Beratungs- und Informationsdienstleistungen, die oftmals über öffentliche Einrichtungen, Gleichstellungsbehörden oder -beauftragte bereitgestellt werden. In der Regel beinhaltet diese Instrumentenart keine Verbindlichkeit für die Betriebe, sondern wirkt über Orientierung und Beratung auf das betriebliche Handeln. Die Verfahren können sich aber anhand ihrer Reichweite (national/regional) unterscheiden und auf unterschiedliche Themen oder Betriebsarten (öffentlich/privat) beziehen. Wie bei der hierarchisch-passiven Regulierung können sie sich auch anhand der Differenziertheit unterscheiden, indem sie mehr oder weniger detaillierte und spezifische Informationen abfragen oder bereitstellen (Tiefe der Informationen bzw. maßgeschneiderte Begleitung). Zudem sind auch die Beratungsinfrastruktur, die aus öffentlichen (abhängigen oder unabhängigen) Behörden bestehen kann, oder die Partizipations- und Beratungsrechte von Betriebsräten mehr oder weniger ausdifferenziert und erlauben eine mehr oder weniger differenzierte Anpassungsleistung der Unternehmen.

1.3.4 Datenquellen für den Vergleich nationaler Gleichstellungspolitiken

Die berufliche Gleichstellung ist in den vergangenen zehn Jahren zum Berichtsgegenstand zahlreicher internationaler Organisationen geworden. Allerdings bezieht sich die Berichterstattung entweder auf den Stand der beruflichen Ungleichheit anhand ausgewählter *statistischer* Indikatoren oder auf die *institutionellen* Rahmenbedingungen (siehe Tab. 1.4 im Kapitelanhang).

Bei den statistischen Darstellungen dominieren – je nach Ausrichtung der jeweiligen Organisation – ökonomische oder soziale Indikatoren und Regelungsbereiche. Die großen internationalen Organisationen (UN, OECD) z.B. haben zusammengesetzte Indikatoren entwickelt, anhand derer sehr grob der Stand der ökonomischen und sozialen Gleichstellung gemessen werden soll und die meist im Kontext der Entwicklungszusammenarbeit verwandt werden.[8] Die ökonomische Ungleichheit wird im Länderranking des „World Economic Forum"

8 Für einen Überblick siehe auch den Artikel auf der wikigender-website: http://www.wikigender.org/wiki/index.php?title=Composite_indicator.

fokussiert. Dieser Index ist jedoch wenig aussagekräftig, da er nur Differenzen ausweist (und damit das erreichte Niveau in den verschiedenen Bereichen ausblendet) und die Indikatoren nicht im nationalen Kontext betrachtet werden, was teilweise zu verwirrenden Ergebnissen führt.

Für einen Vergleich der beruflichen Gleichstellung in der EU ist der mittlerweile jährlich erscheinende Bericht der Direktion Beschäftigung der EU-Kommission „Bericht zur Gleichstellung von Frauen und Männern" die wichtigste Datenquelle. Auch der jährlich erscheinende Bericht „Beschäftigung in Europa", der auf einer Auswertung der „Europäischen Arbeitskräftestichprobe" beruht und in jedem Jahr unterschiedliche Schwerpunktthemen behandelt, bietet in seinem umfassenden Tabellenteil[9] rund 30 nach Geschlechtern getrennt dargestellte Indikatoren, u.a. die Erwerbstätigenquote in Vollzeitäquivalenten, die, anders als die reguläre, dem unterschiedlichen Arbeitszeitvolumen von Frauen und Männern Rechnung trägt (siehe Tab. 1.3 im Kapitelanhang). Thematische Schwerpunkte im Textteil des Berichts nehmen zudem in unregelmäßiger Folge genderrelevante Fragen in den Blick.

Bei der Beobachtung der Gesetzgebung finanziert die Europäische Kommission verschiedene ExpertInnennetzwerke, die in Form von thematischen Berichten oder periodischen Kommentierungen Wissen zu den institutionellen Regelungen bereitstellen. Die wichtigsten Netzwerke sind das seit November 2007 bestehende EGGSIE („Expert Group in the fields of employment, social inclusion and gender equality issues"), das neben thematischen Berichten (z.B. „Gender Mainstreaming in Employment policies" oder „Pay Gap", vgl. EGGSIE 2007) die seit 1998 jährlich erscheinenden ‚Nationalen Aktionspläne' bzw. die ab 2006 erstellten ‚Nationalen Reformprogramme' aus der Genderperspektive kommentiert. Weitere ExpertInnennetzwerke sind das „European Commission's Network of legal experts in the fields of employment, social affairs and equality between women and men" (JuristInnennetzwerk, siehe z.B. „Legal Aspects of the Gender Pay Gap", 2007) und das EGGSI („Expert group in the fields of gender equality, social inclusion, health and long-term care"). Ein Vorläufer dieser ExpertInnennetzwerke war das EGGE („Expert Group on Gender and Employment"), das von 1998 bis 2004 bestand und dann in das EGGSIE überführt wurde. In diesen Netzwerken stellt jedes Mitgliedsland der EU sowie die in der European Free Trade Association (EFTA) assoziierten Staaten eine/n ExpertIn. In Folge der EU-Osterweiterung fand eine erneute Vergrößerung dieser ExpertInnen-Gremien statt.

Auch die Organisation for Economic Co-operation and Development (OECD) berichtet in unregelmäßiger Folge über den Fortschritt der ökonomischen Gleichstellung in ihren Mitgliedstaaten. Vor allem aber stellt sie eine ver-

9 Auch als Exceltabelle im Internet zugänglich.

gleichende Datenbank bereit, die eine Vielzahl statistischer Beschäftigungsindikatoren enthält und jährlich aktualisiert wird. Neben dieser Infrastruktur wurde ein differenziertes Berichtswesen zur gesetzlichen Entwicklung von Gleichstellungsgesetzen entwickelt, das zuletzt in einem Kapitel des Employment Outlook 2008 der OECD zur Antidiskriminierungsgesetzgebung dokumentiert wurde (siehe Tab. 1.4 im Kapitelanhang) (OECD 2008a). Ferner beauftragt die OECD thematische Untersuchungen, vgl. z.B. die Berichte zur Vereinbarkeitspolitik (OECD 2007) oder zur beruflichen und allgemeinen Ausbildung (OECD 2008b). Eine weitere internationale Organisation, die im Rahmen ihrer verschiedenen Kampagnen über den internationalen Stand der beruflichen Gleichstellung berichtet, ist die International Labour Organization (ILO). Die ILO gibt z.B. spezifische Studien in Auftrag, z.B. die oben genannte Studie von Marie-Thérèse Chicha (2006) zur Entgeltgleichheit.

Eine weitere wichtige Quelle für regelmäßige Analysen der beruflichen Gleichstellungspolitik ist das Online-Berichtssystem der Sozialpartner (European Industrial Relations Observatory on-line, EIROnline) der Europäischen Stiftung für die Verbesserung der Lebens- und Arbeitsbedingungen in Dublin, das in den vergangenen Jahren auf der Basis von ExpertInnenberichten vergleichende Analysen zu unterschiedlichen Aspekten erstellt hat (siehe Tab. 1.4). Die einschlägigste Untersuchung ist hier die Studie von Colclough (2004), in der die Instrumente zur Herstellung der Gleichstellung in den Betrieben vergleichend untersucht werden. Auch hier – wie im Falle der EU-ExpertInnennetzwerke – beruht die zusammenfassende Analyse auf nationalen Einzelberichten, die jedoch nicht vollständig online zugänglich sind.

Zusammengenommen kann die Informationslage im Hinblick auf gleichstellungspolitisch relevante Statistiken und rechtliche Berichtssysteme inzwischen als ausreichend bezeichnet werden; in manchen Bereichen vielleicht sogar als unüberschaubar. Was jedoch fehlt, ist eine systematische und kritische Analyse der nationalen Politikstrategien. Am nächsten kommt dieser Aufgabe derzeit das Berichtswesen der UN-Konvention zur Eliminierung jeder Form von Diskriminierung der Frau (CEDAW), in deren Rahmen die Regierungen der 185 unterzeichnenden Staaten regelmäßig, ungefähr alle vier Jahre, einen Bericht über den Stand der Gleichstellung und Gleichstellungspolitik vorlegen müssen. Diese Berichterstattung wird in der Regel von einer kritischen Kommentierung durch die nationalen Frauenverbände, einem so genannten ‚Schattenbericht', begleitet. Die vergleichenden deutschsprachigen Untersuchungen des Gunda-Werner-Instituts (GWI) der Heinrich-Böll-Stiftung (GWI 2007) oder des GenderKompetenzZentrums an der Humboldt-Universität in Berlin (GenderKompetenzZentrum 2009) sind informativ, bieten aber keine eigene *analytische* Perspektive. Wissenschaftlich-analytisch arbeiten Forschungsnetzwerke zu staatlicher Gleichstellungspolitik und ihre jeweiligen Mitglieder im Research Network on Gender and the State (RNGS) und dessen Nachfolgeprojekt Quality in Gender and Equality Policies (QUING),[10] die jedoch nicht die *berufliche* Gleichstellungspolitik behandelt.

1.4 Die nationalen Strategien beruflicher Gleichstellung

Im Folgenden werden vier Fallstudien nationaler Gleichstellungspolitiken vorgestellt: Schweden weist dabei die am weitesten ausdifferenzierte Strategie auf; Frankreich ist interessant, weil dort schon früh (1983) eine Planerstellungs- und Berichtspflicht eingeführt wurde. Die USA bieten ein spannendes Beispiel, weil hier die Antidiskriminierungsregelungen sehr effektiv zu sein scheinen. Die Schweiz ist ein interessanter Fall, weil dort die Ansätze von analytischen Arbeitsbewertungsmethoden sowie elektronische Prüfinstrumente entwickelt wurden. Wie aber sind diese Merkmale in der Gesamtschau der nationalen Gleichstellungsinstrumente zu bewerten?

1.4.1 Schweden: Geht dem Vorreiter bei der Förderung der beruflichen Gleichstellung die Puste aus?

Zwar gilt der schwedische Wohlfahrtsstaat als einer der egalitärsten, doch zeigen sich auf den zweiten Blick auch spezifische Geschlechterdifferenzen. In der Tat liegt Schweden mit einer Frauenbeschäftigungsquote von 72% gemeinsam mit Dänemark an der Spitze der EU-Mitgliedstaaten. Allerdings lag diese in den 1980er Jahren, vor der ökonomischen Rezession, sogar bei 82% (1990), bevor sie bis zum Jahr 2000 auf 72% sank und sich seitdem nicht wieder erholte (Löfström 2003, S. 251). Die Vollzeitäquivalenzquote, die Teilzeitarbeit berücksichtigt, liegt in Schweden allerdings auch um zehn Prozentpunkte unter der normalen Erwerbstätigenquote, wenngleich die Teilzeitquote der Frauen unter dem europäischen Durchschnitt liegt (vgl. Tab. 1.3 im Kapitelanhang). Auffällig ist, dass der Männeranteil an der Teilzeitarbeit mit 35% deutlich über dem EU-Durchschnitt liegt. Vielleicht erklärt dies auch die schwedische Besonderheit, dass ‚unfreiwillig' Teilzeitbeschäftigte als ‚Teilzeitarbeitslose' gelten und es Arbeitsmarktprogramme zur Förderung von Übergängen in Vollzeitbeschäftigung gibt. Der Anteil von Teilzeitarbeitslosen an allen Arbeitslosen wird 2005 auf rund ein Drittel beziffert (CEDAW 2006a, S. 43).

Die Einkommensdifferenz zwischen Frauen und Männern ist in Schweden zwar vergleichsweise niedrig, hat sich in den vergangenen 20 Jahren jedoch kaum verändert (Schwedische Regierung 2007, S. 74). 2006 lag sie bei 16%. Aber

---

10 Vgl. http://libarts.wsu.edu/polisci/rngs, www.mageeq.net, www.quing.eu

auch bei den Beschäftigungsverhältnissen und der Beschäftigungsstruktur zeigen sich weitere typische Merkmale. So ist der Unterschied bei der befristeten Beschäftigung zwischen Frauen und Männern im EU-Vergleich mit fast fünf Prozentpunkten einer der größten (19,9% zu 15%, Tab. 1.3) und bei der sektoralen Segregation liegt Schweden sogar in der Spitzengruppe der EU-Mitgliedstaaten (EU 2008a, S. 16).

Das ausdifferenzierte schwedische gesetzliche Instrumentarium

Zum 1.1.2009 sind das frühere schwedische Gleichstellungsgesetz von 1991 und das Antidiskriminierungsgesetz von 2003, das jenseits des Geschlechts bereits andere Diskriminierungstatbestände umfasste, mit fünf weiteren Gesetzen zum neuen Antidiskriminierungsgesetz zusammengefasst worden. Zuvor gab es sehr ausdifferenzierte Schutzvorschriften u.a. im Elternzeit- (seit 1974) und Teilzeitgesetz (1979) sowie spezielle Gesetze für SchülerInnen und Studierende (siehe GWI 2007, S. 160f., Schwedisches Institut 2007).

Das Gleichstellungsgesetz forderte die Betriebe explizit zur Kooperation bei der Herstellung von Gleichheit auf, wurde 2001 um das Prinzip der gleichwertigen Arbeit und das der indirekten Entgeltdiskriminierung ergänzt und enthielt eine jährliche Pflicht zur detaillierten Berichterstattung und zur Aufstellung von Gleichstellungsplänen (Numhauser-Henning 2007, S. 90; CEDAW 2006a, S. 6). Schon durch die erste Fassung des Gesetzes (1980) wurde die Ombudsstelle für Geschlechtergleichstellung *(Jämställdhetsombudsmannen, JämO)* eingerichtet, die die Umsetzung des Gesetzes überwachen sollte. Die Neuregelung von 2009 dehnt nun den Anwendungsbereich des Diskriminierungsverbots u.a. auf die soziale Sicherung und die Lohnersatzleistungen aus und führt – mit dem expliziten Ziel der Abschreckung – die Verhängung von Entschädigungszahlungen im Falle des Nachweises von Diskriminierung ein. Für die berufliche Gleichstellung bringt die Neuregelung jedoch auch Lockerungen, indem die Frist der Entgeltberichterstattung und Planerstellungspflicht von einem auf drei Jahre verlängert und die Beschäftigtengrenze, die den Geltungsbereich des Gesetzes definiert, von zehn auf 25 Beschäftigte angehoben wird. Ein Untersuchungsausschuss soll bis Ende 2009 über die Möglichkeit der Verknüpfung von Gleichstellungsmaßnahmen und Antidiskriminierungsvorschriften berichten (Regeringskansliet 2009).

Nach dem Gleichstellungs- bzw. Antidiskriminierungsgesetz können Fälle individueller Diskriminierung auch von Dritten vor das Arbeitsgericht gebracht werden. So haben die Ombudsstelle und die Gewerkschaften, sofern sie Tarifpartner des Unternehmens sind, die Möglichkeit, rechtliche Schritte einzuleiten und die ArbeitnehmerInnen gerichtlich zu vertreten.[11] Die Gewerkschaften können das Verfahren entweder übernehmen oder die Vertretung der Ombudsstelle überlassen; im letzteren Fall beginnt diese ein Vermittlungsverfahren, um den Konflikt im Vorfeld eines Arbeitsgerichtsverfahrens beizulegen. Gelingt ihr das, sind ihre Entscheidungen rechtsverbindlich. Im Zweifelsfall kann die Ombudsperson zur Durchsetzung ihrer Anliegen den Gleichstellungsausschuss *(Jämställdhetsnämnden,* seit 1980) anrufen, eine Regierungsbehörde, die rechtliche Schritte zur Einforderung von Gleichstellungsmaßnahmen gegen die Betriebe einleiten kann. Andersherum gibt es keinen Automatismus, nach dem die Ombudsstelle über Diskriminierungsverfahren unterrichtet werden muss.

Das Vermittlungsverfahren stellt einen weitgehenden Eingriff in die innerbetrieblichen Prozesse in privaten Unternehmen dar: Bei der Konfliktregulierung haben die Ombudsstelle oder die Gewerkschaften das Recht, Informationen über betriebliche Strukturen einzuholen, um indirekte Diskriminierung nachweisen zu können. Bei begründetem Verdacht der Diskriminierung liegt die Beweislast dann beim Arbeitgeber (Numhauser-Henning 2007, S. 92). In Vermittlungs- oder Gerichtsverfahren kann die Einstellung bzw. Rücknahme einer Kündigung erwirkt werden. Wie in Deutschland besteht für den Arbeitgeber jedoch die Möglichkeit, stattdessen einen Ausgleich zu zahlen (OECD 2008b, S. 233). Der Umfang der Entschädigung zum Ausgleich des entgangenen Lohnes beträgt zwischen sechs und 32 Monatsgehältern; bei einer ungerechtfertigten Kündigung ist die Entschädigung von der bisherigen Beschäftigungsdauer abhängig, beträgt aber maximal 32 Monatsgehälter (bei einer mindestens zehnjährigen Beschäftigungsdauer; ebd.).

In der Zeit zwischen 2001 und 2004 wurden von der Ombudsstelle 575 Fälle behandelt, die sich vor allem auf ungleiche Bezahlung und Beförderung sowie die Diskriminierung Schwangerer bezogen (CEDAW 2006a, S. 10). 2007 behandelte die Ombudsstelle 317 Beschwerden, von denen sich 184 auf das Gleichstellungsgesetz und 72 auf das Elternzeitgesetz bezogen (JämO 2008). Die Mehrzahl der Beschwerden (2007: 233 von 317) wurden durch die Ombudsstelle erledigt. Ein Teil (45) wurde an die zuständige Gewerkschaft übertragen (OECD 2008b, S. 237; JämO 2008). Nur sehr wenige Fälle, jährlich etwa zwei bis drei Klagen, landen schließlich vor dem schwedischen Arbeitsgericht (Berg 2001:4).

Das schwedische Arbeitsgericht, in dem die Sozialpartner paritätisch vertreten sind, erweist sich als wenig geeignete Institution zur Beilegung dieser Streitigkeiten (Numhauser-Henning 2007, S. 92). Obwohl die Kriterien für die Überprüfung des Prinzips der Gleichwertigkeit von Arbeit im Gesetz explizit benannt

11 Das neue Gesetz hat dieses Recht auf alle relevanten Non-Profit-Organisationen ausgedehnt.

sind (Qualifikation, Verantwortung, Belastung, Arbeitsbedingungen), wird die indirekte Geschlechterdiskriminierung als nicht nachweisbar betrachtet. Vielmehr verweist das Arbeitsgericht regelmäßig auf die mangelnde Vergleichbarkeit von Tätigkeiten und die unterschiedlichen „Marktpreise" der von Frauen und Männern ausgeführten Tätigkeiten (Berg 2001, S. 5). Das Arbeitsgericht ist bereits dafür kritisiert worden, dass es entsprechende Klagen abweist oder zugunsten des Betriebs entscheidet. In einem Fall wurde ein Streit vor dem Europäischen Gerichtshof (EuGH) ausgetragen (Numhauser-Henning 2007, S. 92). In den wenigen Fällen, in denen Gerichtsentscheidungen getroffen werden, ziehen diese eine große mediale Aufmerksamkeit auf sich; Arbeitgeber versuchen dies nach Möglichkeit zu vermeiden.

Insofern setzt das Implementationsverfahren der schwedischen Gleichstellungsgesetzgebung auf Konsens und Lernprozesse; die Verbindlichkeit des Gesetzes wird hier nicht über substanzielle Sanktionen hergestellt, sondern eher durch die offenbar niedrigschwelligen und flächendeckenden Zugriffsmöglichkeiten auf Beschwerde- und Mediationsmechanismen. Insgesamt ist der schwedische Gesetzgeber somit eher zurückhaltend, was den hierarchischen und sanktionsbewehrten Eingriff in die betrieblichen Prozesse anbelangt, und er überlässt es weitgehend den Tarifpartnern oder den Gleichstellungsbehörden, Streitigkeiten zu beheben.[12] Insofern bleibt es interessant abzuwarten, inwiefern die im neuen Antidiskriminierungsgesetz angekündigten Sanktionsinstrumente zum Einsatz kommen werden und dann tatsächlich eine Wirkung entfalten werden.

Einforderung betrieblicher Gleichstellungsaktivitäten

Die wichtigsten Instrumente zur Umsetzung von Geschlechtergleichheit in den schwedischen Betrieben sind die umfassende Berichts- und Planerstellungspflichten. Diese Regelungen nehmen nach Ansicht von ExpertInnen im europäischen Vergleich eine Vorreiterrolle ein (Colclough 2004, S. 18; Plantenga/Remery 2006, S. 37). Die Vorschrift zur Berichtspflicht wurde 1994 in das Gleichstellungsgesetz eingefügt: Danach müssen Betriebe mit mehr als zehn Beschäftigten einen jährlichen Gleichstellungsbericht erstellen, in dem sie über die Entgelt- und Beschäftigtenstruktur sowie (seit 2004) über den Stand der Gleichstellung bei den Führungskräften und Vorständen berichten (CEDAW 2006a, S. 31).

Durch eine Ergänzung des Gleichstellungsgesetzes ist die Erstellung von Gleichstellungs*plänen* seit 2001 verpflichtend. Ein Grund für diese Planpflicht ist die Erkenntnis, dass die horizontale Segregation und die unterschiedliche Bewertung von männlichen und weiblichen Tätigkeiten als die wichtigsten Ursachen für die Entgeltdifferenzen gesehen werden (Plantenga/Remery 2006). Die

12 Dementsprechend gibt es in Schweden bislang auch keine Quotenregelungen im Bereich der beruflichen Gleichstellung.

Pflicht erstreckte sich vor der jüngsten Reform auf rund 34.000 private Betriebe mit etwa zwei Mio. Beschäftigten (JämO 2005, S. 19). Sie verlangt eine Auflistung von Maßnahmen zur Behebung von Ungleichheit, die im aktuellen und im kommenden Jahr geplant sind, eine statistische Illustration der Situation von Frauen und Männern im Betrieb sowie eine Bewertung der Effektivität derjenigen Maßnahmen, die im vorangegangenen Jahr durchgeführt wurden. Auch hier prüft die Ombudsperson die Einhaltung der Pflichten (zum Verfahren siehe ausführlich JämO 2005). Die Gewerkschaften können seit 2001 auch die Entrichtung von Strafgebühren bei Nichteinhaltung der Planpflicht beim JämO beantragen. Eine erste Stichprobenuntersuchung von 500 Betrieben im Oktober 2002 zeigte, dass immerhin 420 Betriebe einen Plan vorlegten und mehr als die Hälfte von ihnen (227) gute oder sogar sehr gute Ergebnisse vorweisen konnten (Berg 2003). Im Jahr 2004, also zehn Jahre nach der Einführung der Berichtspflicht, wurde in einer zweiten Untersuchung auf Basis einer repräsentativen Stichprobe deutlich, dass insgesamt bereits rund 34% der befragten Betriebe – sowohl private als auch öffentliche – über Gleichstellungspläne verfügten (JämO 2005, S. 6). Durch das neue Antidiskriminierungsgesetz wurde die Berichts- und Planpflicht auf Unternehmen mit mehr als 25 Beschäftigten eingeschränkt und die Frist für die Planerstellung auf drei Jahre verlängert.

Die Ombudsstelle betont, dass sie die Aktivitäten der relevanten Akteure nicht ersetzen, sondern diese nur im Hinblick auf das Gleichstellungsziel unterstützen will. Verstöße gegen diese Vorschriften werden darum nicht streng geahndet. Durch die Berichtspflicht und die gesetzliche Pflicht zur Planerstellung ermöglicht die schwedische Gesetzgebung prinzipiell weitgehende Eingriffe in die betrieblichen Prozesse. Die Umsetzung der Planpflicht beschränkt sich jedoch weitgehend auf die Bereitstellung von Informations- und Beratungsinstrumenten und sieht in der Regel von Sanktionen ab (Berg 2003). Das entspricht dem allgemein akzeptierten Leitbild der Geschlechtergerechtigkeit, das substanzielle Konflikte über die Geschlechterrollen ausschließt.

Kooperative Kontroll- und Prüfmechanismen

Schon mit der Verabschiedung des Gleichstellungsgesetzes 1980 wurde die Ombudsstelle *(Jämställdhetsombudsmannen, JämO)* eingerichtet und dieser, nach und nach, weitreichende Kompetenzen übertragen. Heute bildet sie die wichtigste Säule für die Überwachung der Einhaltung der Gleichstellungsvorschriften, die Vermittlung zwischen Konfliktparteien und ihre Beratung. Die Ombudsperson wird von der Regierung ernannt, ist aber unabhängig und kann freie Entscheidungen treffen (OECD 2008b, S. 236). In ihrem Sekretariat arbeiten 35 Personen und sie verfügt über einen Jahresetat von SEK 28,1 Mio. (ca. EUR 2,5 Mio.). Die Ombudsstelle für Geschlechterfragen arbeitet in drei Bereichen: der

Behandlung von Diskriminierungsbeschwerden, der Aufsicht und Unterstützung geschlechtergerechter Beschäftigung und der Information und Bildung der Öffentlichkeit. Seit 2009 deckt die Ombudsarbeit jedoch alle Merkmale ab, die das neue Antidiskriminierungsgesetz nennt, d.h. Ethnizität, Religion, Behinderungen, sexuelle Orientierung; eine spezielle Ombudsperson für Geschlechterfragen gibt es nicht mehr (JämO 2008), und es steht zu befürchten, dass die Geschlechtergleichstellung damit tendenziell an Durchsetzungsfähigkeit verliert (vgl. auch Kuhl 2007, S. 194). Das Gesetz betont, dass die Ombudsperson auf die freiwillige Umsetzung der Vorschriften hinwirken und Lernprozesse bei den Betrieben und den Sozialpartnern anregen soll. Daher unterhält der JämO ein Netzwerk und lädt regelmäßig zu Treffen ein. Diese Strategie enthält auch die implizite Absicht, dass die Gewerkschaften sich die notwendigen Kenntnisse zur Erstellung von jenen Übersichten aneignen, die die Lohn- und Beschäftigtenstruktur widerspiegeln, um damit die von der Ombudsstelle eingeforderten Berichte und Übersichten über den Stand der Gleichstellungspläne zu ergänzen (CEDAW 2006a, S. 7). So berichtete der JämO 2005 von sechs Beispielen, in denen Gewerkschaften – u.a. die Metallgewerkschaft – eine Befragung der ihrer Branche zugehörigen Betriebe durchgeführt hätten (JämO 2005, S. 33). Zudem entwickelte eine Gemeinschaft von fünf Einzelgewerkschaften eine politische Strategie, die (analog zur Arbeitszeitregulierung) explizit nicht auf eine dichtere gesetzliche Regulierung, sondern auf die Möglichkeit der Gewerkschaften setzt, in einem stärkeren Maße mit den Arbeitgebern und dem JämO zu kooperieren (JämO 2005, S. 35).

1997 wurde die Ombudsperson explizit mit dem Monitoring der Entgeltentwicklung und der Erstellung eines Leitfadens zur Entgeltgleichheit beauftragt; sie veranlasste eine Sonderauswertung des nationalen Amtes für Statistik, die zeigte, dass 1999 erst rund 25% der privaten und 75% der öffentlichen Betriebe über Gleichstellungspläne in dieser Frage verfügten (Berg 2003: 5). Seitdem erstellt die im Jahr 2000 gegründete nationale Mediationsstelle *(Medlingsinstitutet)* eine jährliche nationale Analyse zur Entgeltstruktur. Neben der Erstellung und Auswertung von Entgeltstatistiken zwischen Frauen und Männern sowie der Lohnkosten (Löfström 2003, S. 271; GWI, S. 169) prüft die Mediationsstelle auch zentrale Tarifverträge und untersucht die Eingruppierungsraster im Hinblick der Gewährleistung diskriminierungsfreier Eingruppierung (JämO 2005, S. 34).

Arbeits- und Lebensbedingungen im schwedischen Wohlfahrtsstaat

Eine tragende Säule des egalitären schwedischen wohlfahrtsstaatlichen Leitbildes ist die egalitär geprägte Vereinbarkeitspolitik mit der Elternversicherung, der relativ hohen Lohnersatzleistung (70%) und den zwei ‚Pappa-Monaten' (CEDAW 2006a, S. 23). Seit 2008 soll außerdem ein so genannter ‚Gleichheitsbonus' (eine Steuererleichterung im Wert von bis zu EUR 3.000) die egalitäre Teilung des Elternurlaubs noch weiter begünstigen. Gleichzeitig wird Teilzeitarbeit in Schweden – ebenso wie in Frankreich – eher kritisch betrachtet, da in Schweden die Ansicht vorherrscht, jeder Bürgerin und jedem Bürger solle eine zur Unabhängigkeit befähigende, durchgehende und langfristige Existenzsicherung garantiert werden (ebd., S. 42).[13] Dementsprechend investiert die schwedische Regierung in Programme zum Abbau von Teilzeitarbeit (ebd., S. 9; Gonäs 2003, S. 13).

Ein substanzielles Hindernis für die Entgeltgleichheit liegt jedoch in der schleichenden Erosion des Tarifsystems, die sich in einer seit etwa 15 Jahren zu beobachtenden wachsenden allgemeinen Lohnungleichheit niederschlägt. Zudem wächst die Diskrepanz zwischen der Entlohnung in der Privatwirtschaft und im öffentlichen Dienst (rd. 50% der Frauen, aber nur 20% der Männer arbeiten im öffentlichen Dienst). Eine Mindestlohnregelung, die diese Tendenz abmildern würde, gibt es in Schweden nicht; und auch die wenigen tariflichen „Vereinbarungen zur Geschlechtergleichheit" enthalten nur generelle Bekenntnisse zum Grundsatz des gleichen Lohns für gleichwertige Arbeit, und keine detaillierten Maßnahmen zum Abbau der Entgeltunterschiede (Berg 2003, S. 7). Insofern kann man von einem *institutionellen gender gap* sprechen, das aus der Delegation von Verantwortlichkeit für die berufliche Gleichstellung an die Tarifpartner entsteht, die ihrerseits diesem Thema – sei es aus politischen, ideologischen oder strategischen Gründen – ein geringes Interesse entgegen bringen – ein Phänomen, das auch in Frankreich und in Deutschland zu beobachten ist.

Insgesamt ist fraglich, wie resistent das schwedische Modell gegen die jüngeren ökonomischen Entwicklungen ist. Schon in den 1990er Jahren hatte sich gezeigt, dass die angespannte Arbeitsmarktsituation besonders negative Auswirkungen auf Frauen hatte – bei der Erwerbsbeteiligung, der Entgeltdifferenz, aber auch bei der Segregation –, die seitdem nicht mehr rückgängig gemacht werden konnten. So wird sich die aktuelle Finanzkrise wohl als ein zusätzlicher Prüfstein für das konsensorientierte schwedische Modell erweisen. Gerade angesichts der Krise und der Schwächung der Gewerkschaften bleibt die staatliche Regulierung der beruflichen Gleichstellung sowie Analyse und Kontrolle der betrieblichen Praxis eine unentbehrliche Komponente einer umfassenden und effektiven Gleichstellungsstrategie.

13 EU-Statistiken zeigen, dass trotz der Existenz einer Mindestrentenregelung das Risiko der Altersarmut bei schwedischen Frauen tatsächlich um ein Vielfaches höher ist als das der Männer (14% gegenüber 6% bei Männern) (Europäische Kommission 2008a).

1.4.2 Die Politik zur beruflichen Gleichstellung in der Schweiz – Aufholprozess im beschleunigten Schneckentempo

Die Frauenbeschäftigungsquote in der als konservativ geltenden Schweiz übersteigt seit Jahren den OECD-Durchschnitt (BFS 2008; BFS/EBG 2008, S. 12). Dieser positive Aspekt relativiert sich jedoch bei genauerer Betrachtung: Die schweizerische Frauenerwerbstätigenquote ist mit 71,6% (2007; Männer: 85,6%) zwar sehr hoch, gleichzeitig ist aber auch die Teilzeitquote der beschäftigten Frauen mit 45,6% (2007) überdurchschnittlich (vgl. Tab. 1.3 im Kapitelanhang). Im OECD-Vergleich ist die Teilzeitquote der weiblichen Beschäftigten damit nur in den Niederlanden noch höher (BFS 2008, S. 18). Die Einkommensdifferenz zwischen den Geschlechtern hat sich in den letzten Jahren deutlich verringert: von 21,3% im Jahr 2000 auf 18,9% im Jahr 2006 (Fuchs 2008a, S. 4). Die ausgeprägte horizontale und vertikale Arbeitsmarktsegregation blieb hingegen weitgehend stabil (CEDAW 2008, S. 7ff.): Frauen arbeiten weiterhin hauptsächlich im Dienstleistungssektor und haben, bei gleicher Qualifikation, im Allgemeinen eine niedrigere berufliche Stellung als männliche Beschäftigte.

Diskriminierungsverbot und Gleichstellungsvorschriften: Einige positive Aspekte und Verfahren

Die Schweiz galt lange als gleichstellungspolitisches „Entwicklungsland“: Frauen bekamen das aktive und passive Wahlrecht erst 1971 und die Gleichberechtigung von Frau und Mann wurde letztendlich 1981 in die Verfassung aufgenommen (Fuchs 2008a, S. 1). 1995 wurde ein Gleichstellungsgesetz *(Bundesgesetz zur Gleichstellung von Frau und Mann, GlG)* verabschiedet, das an EU-Recht angelehnt ist und es „autonom“ nachvollzieht (ebd., S. 4f.). Der Grundsatz der *‚gleichwertigen Arbeit'* ist im Gesetz enthalten. Doch auch in der Schweiz bestehen in der gerichtlichen Praxis in Bezug auf die Prüfung der Gleichwertigkeit von typischen Frauen- und Männerberufen und des Lohngleichheitsgrundsatzes erhebliche Probleme (ebd., S. 10): Zum einen gibt es zu wenige unabhängige ExpertInnen zur Erstellung von Arbeitsgutachten, um die „Gleichwertigkeit“ von Tätigkeiten festzustellen, zum anderen ordnen die Gerichte die Herausgabe von Informationen und Unternehmensdaten für die Erstellung der Gutachten nur unter bestimmten Bedingungen und eher selten an. Dies hat zur Folge, dass sich die Prozesse in die Länge ziehen und die Beweisführung besonders bei Klagen bezüglich der Gleichwertigkeit von Tätigkeiten schwierig ist (vgl. ebd.).

Das Gleichstellungsgesetz sieht die Möglichkeit der *Verbandsklage* vor, wenn angenommen wird, dass sich ein Urteil auf mehrere ArbeitnehmerInnen auswirken könnte (Fuchs 2008a, S. 6, 8). Verbandsklagen können von Gewerkschaften und Frauenorganisationen initiiert werden, sind jedoch auf die Feststellung von Diskriminierungstatbeständen beschränkt, sodass Entschädigungen bzw. Lohnnachzahlungen danach gesondert und individuell eingeklagt werden müssen. Insgesamt machten die Gewerkschaften machten vom Verbandsklagerecht relativ häufig Gebrauch: Bis Ende 2003 nutzten sie es 32 mal, vor allem bei Beschwerden zu Lohnungleichheit (28 Klagen), was in einigen Fällen große finanzielle Auswirkungen hatte (CEDAW 2008, S. 122).[14] Insofern stellt es zwar prinzipiell ein effektives Mittel zur Bekämpfung von Diskriminierung dar, wird im privaten Sektor jedoch nur selten genutzt: Bis 2005 entfielen von 32 Urteilen auf Grundlage des Verbandsklagerechts 29 auf den öffentlich-rechtlichen und lediglich drei auf den privatwirtschaftlichen Bereich (Arbeitsgemeinschaft 2005, S. XI).[15]

Die einzelnen Beschäftigten können sich mit ihren Beschwerden an regionale Schlichtungsstellen in den Kantonen wenden, die daraufhin ein *Vermittlungsverfahren* einleiten. Ob sich ein/e BeschwerdeführerIn vor der Klageerhebung zwingend an eine Schlichtungsstelle wenden bzw. ein Vermittlungsverfahren einer Klage zwingend vorgeschaltet sein muss oder nicht, ist je nach Kanton unterschiedlich. Die Vermittlungsverfahren sind kostenlos, einfach zugänglich und die Ergebnisse im Falle einer Einigung rechtskräftig. Im Falle einer Nichteinigung muss innerhalb von drei Monaten Klage eingereicht werden. Der Erfolg der Vermittlungsverfahren war bisher je nach Kanton sehr unterschiedlich: Die durchschnittliche Einigungsquote der bis Ende 2003 abgeschlossenen 328 Vermittlungsverfahren (dies entspricht einem Fall auf 10.200 abhängig Beschäftigte) lag bei 40%, schwankte jedoch je nach Kanton zwischen 19% und 58%. Auch die Qualität der Ergebnisse variierte stark und hing von der jeweiligen personellen Ausstattung der Schlichtungsstellen der Kantone und den dort gültigen Fristen ab (Fuchs 2008a, S. 9).

Damit ein Klageverfahren vor Gericht eröffnet wird, muss eine Diskriminierung – dem EU-Recht entsprechend – durch die BeschwerdeführerIn nur glaubhaft gemacht und nicht bewiesen werden *(Beweislasterleichterung)*. Der Arbeitgeber hat daraufhin die Möglichkeit, die Ungleichbehandlung zu rechtfertigen, wobei nur wenige Gerichte die Argumente der Arbeitgeber für die Ungleichbehandlung überprüfen oder Beweise verlangen (Fuchs 2008a, S. 8). Werden vom Gericht Beweise gefordert, werden diese in der Regel durch Zeugenbe-

---

14 Die Entschädigungssummen bei Verbandsklagen können enorm sein und die Neueinstufungen von Berufen können zu dauerhaft höheren Löhnen für Frauen führen: Vier Verbandsklagefälle im öffentlichen Sektor im Kanton Zürich hatten Lohnnachzahlungen in Höhe von CHF 280 Mio. (ca. EUR 180 Mio.) und jährliche Zahlungen von CHF 70 Mio. (ca. EUR 45 Mio.) zur Folge (Fuchs 2008a, S. 8).

15 Die seit 2003 gesunkene Anzahl der von den Gewerkschaften initiierten Verbandsklagen erklärt sich dadurch, dass diese seit 2003 verstärkt auf politische Kampagnen gegen die Lohnungleichheit setzen (Fuchs 2008b).

fragung und Erstellung arbeitswissenschaftlicher Gutachten erhoben (ebd., S. 7f.). Die so genannte *Untersuchungsmaxime* wurde zwar (noch) relativ selten angewendet – erst in 44% der Lohngleichheitsklagen ließ das Gericht ein Gutachten erstellen –, jedoch folgten die Gerichte zumeist dem Urteil des erstellten Gutachtens. In Fällen, in denen die Untersuchungsmaxime von den Gerichten angewendet wurde, stellten diese häufiger eine Diskriminierung fest als wenn sie darauf verzichteten (ebd.). Somit sind die arbeitsrechtlichen Prozesse für die Durchsetzung des Gleichstellungsrechts in der Schweiz insgesamt von enormer Bedeutung – ganz anders als z.B. in Schweden.

In Vermittlungs- oder Gerichtsverfahren kann im Fall von diskriminierenden betrieblichen Praktiken auf Zahlung der entgangenen Lohndifferenz oder auf Entschädigung geklagt werden. Im ersten Fall bezieht sich die Klagesumme auf die Zeit – rückwirkend bis zu fünf Jahre –, in der die Lohnungleichheit bestand. Im Falle einer Entschädigungsklage beschränkt sich die Summe auf maximal sechs durchschnittliche schweizerische Monatslöhne (Fuchs 2008a, S. 6) und stellt damit keine substanzielle Sanktionsdrohung für Betriebe dar, zumal das schweizerische Gleichstellungsgesetz keine zusätzlichen Geld- und Gefängnisstrafen vorsieht. Die Zahlung der entgangenen Lohndifferenz, besonders im Fall von mehreren anhängigen Klagen in einem Betrieb und für eine lange bestandene Lohnungleichheit, kann sich dagegen zu einer erheblichen finanziellen Belastung für den Arbeitgeber entwickeln. Für die Dauer von sechs Monaten besteht zudem ein Schutz vor Kündigungen (CEDAW 2008, S. 137).

Auf Grundlage des GlG wurden zwischen 1996 und Ende 2003 insgesamt 176 Klagen eingereicht und es erfolgten 269 Gerichtsurteile. Die höhere Zahl an Urteilen gegenüber Klagen erklärt sich dadurch, dass häufig eine zweite und weitere Instanz von den BeschwerdeführerInnen angerufen wurde und 20% der Fälle vor dem Bundesgericht verhandelt werden mussten. Dies weist auf eine schlechte Qualität der erstinstanzlichen Urteile hin und ist hinsichtlich der richterlichen Praxis bedenklich (Fuchs 2008a, S. 9). Die Klagen bezogen sich zumeist auf Entgeltdiskriminierung, sexuelle Diskriminierung oder ungesetzliche Kündigung (ebd., S. 4f.). Insgesamt zeichnet sich das Implementationsverfahren der schweizerischen Gesetzgebung aufgrund seines umfassenden Klagerechts durch eine hohe direkte Verbindlichkeit aus, wobei der Mechanismus des Vermittlungsverfahrens hier gleichzeitig als Alternative offen steht.

Quotenregelungen sind im Gesetz nicht enthalten und Initiativen zur Einführung von Quotenregelungen in der Privatwirtschaft wurden in den letzten Jahren mehrmals durch das schweizerische Parlament und die Regierung abgelehnt (OECD 2008a, S. 175f.).

Aufforderung zu betrieblichen Gleichstellungsaktivitäten nur in der Vergabepraxis des Beschaffungswesens

In der Schweiz besteht, anders als in Schweden oder Frankreich, für die Betriebe keine Berichtspflicht über den Stand der Gleichstellung und auch keine Pflicht zur Erstellung von Gleichstellungsplänen. Hingegen wird, wie in den USA, die betriebliche Praxis bei der Einhaltung des Grundsatzes der Lohngleichheit zwischen Frau und Mann überwacht, sofern die Betriebe Auftragnehmer im Rahmen des öffentlichen Beschaffungswesens sind. Gemäß dem *Bundesgesetz über das öffentliche Beschaffungswesen (vom 16.12.1994)* dürfen öffentliche Beschaffungsstellen seit dem 1.1.1996 nur einen Auftrag an einen Betrieb vergeben, der den Lohngleichheitsgrundsatz beachtet. Dazu können staatliche Behörden Kontrollen bei den privatwirtschaftlichen Auftragsnehmern veranlassen (EBG 2008). Wird in einem Betrieb eine Verletzung des Lohngleichheitsgrundsatzes festgestellt, so können öffentliche Aufträge entzogen oder eine Konventionalstrafe ausgesprochen werden. Des Weiteren kann der Betrieb von öffentlichen Aufträgen ausgeschlossen werden, solange die Lohnungleichheit zwischen weiblichen und männlichen Beschäftigen fortbesteht. In der Praxis wurde die Bestimmung für das Beschaffungswesen seit der Einführung im Jahr 1996 jedoch kaum angewendet (CEDAW 2008, S. 137, s. auch folgender Abschnitt). Die ersten relevanten Kontrollen bezüglich der Einhaltung der Lohngleichheit bei Auftragnehmern im Beschaffungswesen wurden 2006 durchgeführt.

Kaum Kontrollmechanismen und freiwillige Aktivitäten

Zwischen 1989 und 1996 wurden auf regionaler und bundesstaatlicher Ebene zahlreiche Gleichstellungsbüros eingerichtet, die öffentliche und private Akteure beraten, Öffentlichkeitsarbeit leisten sowie Projekte und Studien zur Gleichstellung fördern (Fuchs 2008a, S. 2). Die Aufgabe des Gleichstellungsbüros ist es u.a., das Gleichstellungsgesetz zu evaluieren, die Lohngleichheit bei der Vergabe von öffentlichen Aufträgen zu überwachen, Empfehlungen an die Regierung zu geben und die Erstellung von Studien zur Gleichstellung zu fördern (CEDAW 2008, S. 33). Auf Bundesebene ist der bedeutendste Gleichstellungsakteur das 1988 geschaffene Bundesgleichstellungsbüro *(Eidgenössisches Büro für die Gleichstellung von Frau und Mann, EBG)*. Zum Aufgabenbereich des EBG gehört es, die Gesetzgebung auf mögliche diskriminierende Elemente zu überprüfen und die Erstellung von Expertisen und Gleichstellungsprojekte zu fördern. Das Bundesgleichstellungsbüro wird zwar von der Regierung finanziert, ist jedoch in seinen Entscheidungen unabhängig. Im Büro arbeiten 17 Personen und es verfügte 2006 über ein Budget von ca. CHF 7 Mio. (entspricht in etwa EUR 4,7 Mio.). Von diesem Budget wurde ein größerer Anteil (CHF 4,3 Mio., entspricht in etwa EUR 2,9 Mio.) Betrieben für so genannte Finanzhilfen zur Förderung von Gleichstellungsprojekten zur Verfügung gestellt (CEDAW 2008, S. 33). Durch diese Förderprogramme sollen u.a. betriebsinterne Gleichstellungsprojekte gefördert werden, die z.B. die Chancengleichheit bei der Personalrekrutierung gewährleisten, den Stand der Chancengleichheit im Unternehmen dokumentieren und Maßnahmen zur Verbesserung formulieren, sowie Projekte, die Teilzeitarbeit und Jobsharing in Führungspositionen ermöglichen (EBG 2008).

Im Allgemeinen setzt das schweizerische EBG somit auf Unterstützung, Sensibilisierung und die Selbstverantwortung der Unternehmer (CEDAW 2008, S. 137), allerdings kann es auch die Einhaltung des Lohngleichheitsgrundsatzes prüfen. So wurde bei einer stichprobenartigen Untersuchung von fünf Betrieben zwischen 2001 und 2003 bei zwei Betrieben eine erhebliche geschlechtsspezifische Lohnungleichheit festgestellt. Daraufhin wurde im Auftrag des EBG und der Beschaffungskommission des Bundes (BKB) ein Kontrollinstrument entwickelt, welches die Überprüfung der Einhaltung der Lohngleichheitsbestimmungen in den einzelnen Betrieben ermöglichen sollte. Jedoch erfordert die Anwendung des Kontrollinstruments vertiefte statistische Kenntnisse. Daher vermittelt das EBG den Unternehmen ExpertInnen, welche die Betriebe bei der Analyse ihrer Lohnstruktur unterstützen.

Die Erfahrungen im Rahmen des öffentlichen Beschaffungswesens ließen einige Lücken in den rechtlichen Bestimmungen deutlich werden. Die Regierung beabsichtigt daher, das Kontrollverfahren zu verbessern (CEDAW 2008, S. 138). Des Weiteren wird den Unternehmen ein Selbsttestinstrument auf Microsoft-Excel-Basis *(Lohngleichheitsinstrument Bund, Logib)* zur Verfügung gestellt, mit dessen Hilfe die Betriebe ihre Lohnstruktur auf geschlechtsspezifische Lohnungleichheiten überprüfen können (ebd., S. 137). Die dahinterstehende Methode (statistische Regressionsanalyse) kann sich dem Anspruch, *Entgeltgleichheit* zu überprüfen, nur annähern, da sie die Verwertung des Humankapitals und nicht die Bewertung und Eingruppierung der unterschiedlichen Tätigkeiten überprüft. Das Ergebnis kann damit Beschäftigungs- wie Entgeltdiskriminierung beinhalten, so dass tatsächlich vorhandene Diskriminierung eher verschleiert wird, wenn dem Selbsttest keine qualitative Analyse folgt (vgl. Ahlers et al. 2009). Die Betriebe sind außerhalb der öffentlichen Auftragsvergabe nicht dazu verpflichtet, die Ergebnisse zu veröffentlichen oder entsprechende Korrekturen ihres Eingruppierungsrasters vorzunehmen. Das Selbsttestinstrument Logib wurde mittlerweile von der deutschen Bundesregierung kopiert (das so genannte „Logib-D“, siehe Abschnitt 1.2.3), das von einzelnen deutschen Unternehmen gerade getestet wird (BMFSFJ 2009b).

Insgesamt greift der Staat in der Schweiz kaum präventiv im Sinne der hierarchisch-aktivierenden Steuerung in die betrieblichen Prozesse ein, sondern überlässt es den Betrieben selbst, ihre innerbetrieblichen Prozesse auf die Einhaltung der Gleichstellungsvorschriften zu überprüfen. Das Selbsttestinstrument

Logib, aber auch die Instrumente der analytischen Arbeitsbewertung – wie z.B. das im Auftrag des EBG schon 1996 entwickelte *Abakaba*-Konzept (Analytische Bewertung von Arbeitstätigkeiten nach Katz und Baitsch), die eine diskriminierungsfreie und gerechte Lohnfindung ermöglichen sollen (Katz/Baitsch 1997, 2006, S. 28) und auf denen auch die gerichtlich angeforderten Gutachten basieren, werden von den Betrieben nur selten freiwillig angewendet (Katz/ Baitsch 2006, S. 8). Zudem werden die Gleichstellungsvorschriften in den Betrieben durch die Behörden nicht kontrolliert, es sei denn, sie sind Auftragnehmer im Beschaffungswesen. Für die Verbesserung der Gleichstellung von Frauen im Erwerbsleben ist das relativ umfassende (individualisierte) Klagerecht, besonders das Verbandsklagerecht, von weitaus größerer Bedeutung (Fuchs 2008a, S. 11).[16]

Berufliche Gleichstellung im schweizerischen konservativen Wohlfahrtsstaat

Insgesamt stellt sich der schweizerische Wohlfahrtsstaat als ein liberal-konservatives Modell dar, in dem die Vereinbarkeit von Familie und Beruf weitestgehend den Familien überlassen bleibt (Adema/Thévenon 2004, S. 6). Erst Mitte 2005 trat eine bundeseinheitliche Regelung zur Mutterschaftsentschädigung in Kraft, wobei es vorher schon in einigen Kantonen und auch in privaten Betrieben Regelungen zum, teilweise unbezahlten, Mutterschaftsurlaub gab. Insgesamt überlässt es der Staat weitgehend den Betrieben, Maßnahmen zur Vereinbarkeit von Familie und Beruf zu ergreifen. Die Betriebe erbrachten 2004 Leistungen in Höhe von 1,1% des Bruttoinlandsprodukts, um Familien bei der Vereinbarkeit von Familie und Beruf zu unterstützen (ebd.). Zur Verbesserung der Gleichstellung von Frau und Mann hat jedoch eine Mehrheit der Betriebe gar keine Maßnahmen getroffen (CEDAW 2008, S. 121). Die Versorgung mit Kinderbetreuungsplätzen ist weiterhin schlecht (Fuchs 2008a, S. 3): In der Mehrzahl der Paarhaushalte hat sich daher ein *Anderthalb-Verdienermodell* verfestigt, nach dem der Vater Vollzeit, die Mutter hingegen Teilzeit erwerbstätig ist und zugleich einen Großteil der Haus- und Betreuungsarbeit übernimmt (47% der Haushalte mit Kindern). Das traditionelle Ernährermodell, nach dem Männer Vollzeit arbeiten und die Frauen sich um Haushalt und Kinder kümmern, wird „nur" noch in etwa einem Drittel der Familien gelebt. Dass beide Elternteile Vollzeit arbei-

16 Die AutorInnen des Evaluationsberichts des Gleichstellungsgesetzes schlussfolgern bezüglich der Umsetzungsverantwortung des Staates: „Das GlG ist darauf angelegt, Missständen abzuhelfen, indem es Einzelpersonen (oder ihren Verbänden) erleichtert, gegen Diskriminierung vorzugehen. Damit wird trotz Hilfestellung die Verantwortung für die Umsetzung der tatsächlichen Gleichstellung praktisch ausschließlich den von Diskriminierungen Betroffenen selber übertragen. Die Diskriminierenden dagegen laufen kaum ein Risiko: Die Sanktionen sind nicht so hoch, dass sie abschreckend wirken. Der Staat als solcher übernimmt kaum Umsetzungsverantwortung." (Arbeitsgemeinschaft 2005, S. V).

ten, bleibt dabei jedoch ebenso die Ausnahme (9%) wie zwei teilzeiterwerbstätige Elternteile (1,6%) und in 90% der Haushalte mit Kindern kümmert sich weiterhin hauptsächlich die Frau um die Haus- und Erziehungsarbeit (BFS 2003, S. 39, 78f.). Das Tarifsystem ist in der Schweiz stark *dezentralisiert* und die Tarifverhandlungen erfolgen weitestgehend auf Betriebsebene. Dies hat u.a. zur Folge, dass der tarifpolitische Einfluss der Gewerkschaften sehr beschränkt und die Vereinbarung von tariflichen Schutznormen mit branchenweiter Gültigkeit erheblich erschwert ist (Straubhaar/Werner 2003, S. 71). Einen bundesweit einheitlichen Mindestlohn, der den begrenzten Einfluss der Gewerkschaften teilweise aufwiegen würde, gibt es nicht. Die Gewerkschaften berichten zwar von einem positiven Einfluss des Gleichstellungsgesetzes auf die Aushandlung von Gesamtarbeitsverträgen im öffentlichen Sektor, der tatsächliche Einfluss auf Tarifverträge in der Privatwirtschaft kann jedoch (noch) nicht eindeutig bestimmt werden (Fuchs 2008a, S. 11; CEDAW 2008, S. 134f.).

Insgesamt setzt die schweizerische Regierung auf ein *reaktives liberales Antidiskriminierungsmodell*, das die Gründe für die Diskriminierung auf individueller Ebene verortet (Fuchs 2008a, S. 2). Verschärfungen des Gleichstellungsgesetzes, ein behördliches Kontroll- und Klagerecht sowie die Verpflichtung der Betriebe zur Erstellung von Gleichstellungsberichten und -plänen werden von der Regierung abgelehnt (ebd., S. 5, 12). Das an sich fortschrittliche und mit interessanten Prozeduren ausgestattete Gleichstellungsgesetz kann die strukturelle Ungleichheit von Frauen und Männern im Erwerbsleben ohne die Schaffung von gleichstellungsförderlichen Rahmenbedingungen im Bereich der Vereinbarkeitspolitik und der Arbeitsmarktregulierung zwar nicht beseitigen, einzelne Vorschriften, insbesondere das Verbandsklagerecht oder die Regeln im öffentlichen Beschaffungswesen, erweisen sich aber als effektive Hebel zur Förderung betrieblicher Geschlechtergleichheit.

1.4.3 Die gleichstellungspolitische Strategie in Frankreich – Verschiebebahnhof der betrieblichen Gleichstellung

Die Frauenbeschäftigung in Frankreich liegt mit einer Erwerbstätigenquote von 64,6% etwa gleichauf mit Deutschland (Europäische Kommission 2008, S. 15) und um etwa zehn Prozentpunkte höher als 30 Jahre zuvor (54,3% in 1976). Bei der Vollzeitbeschäftigung bewegt sich Frankreich mit einer Differenz zwischen Frauen und Männern von nur zwölf Prozentpunkten (2002) in der europäischen Spitzengruppe, dementsprechend höher liegt auch die in Vollzeitäquivalenten gemessene Erwerbstätigenquote (54% im Vergleich zu 48% in Deutschland). Die Arbeitslosenquote war 2007 bei den französischen Frauen mit 10,7% etwas höher als bei den Männern (8,8%). Die Einkommensdifferenz zwischen Männern und Frauen ist in den letzten 30 Jahren deutlich gesunken, stagniert aber seit Anfang der 1990er Jahre (Silvera 2006, S. 3). Ein Fünftel dieser Differenz konnte nicht durch strukturelle Faktoren erklärt werden und ist somit auf Entgeltdiskriminierung zurückzuführen (Silvera 2006, S. 10f.). Frankreich wies 2006 mit nur 12% die mit Abstand niedrigste Entgeltdifferenz im europäischen Vergleich auf, der deutsche Wert lag bei 23% (vgl. Tab. 1.3 im Kapitelanhang).

Wie in den anderen westlichen Industriestaaten konzentriert sich die Frauenbeschäftigung in bestimmten Berufsgruppen: Die meisten der Berufe, die mehrheitlich Frauen ausüben, gehören zu nur zehn von 84 Berufsgruppen, die anhand einer Skala *(liste FAP, 2003)* des französischen nationalen Statistikamtes (Institut national de la statistique et des études économiques, INSEE) unterschieden werden. Diese Berufe erfordern oft ein geringes Qualifkationsniveau, führen zu diskontinuierlicher Tätigkeit und werden nur geringfügig entlohnt. Frauen besetzen ca. zwei Drittel der unqualifizierten Arbeitsplätze, 11% der Frauen (im Vergleich zu 6% der Männer) sind befristet beschäftigt und knapp 20% der weiblichen Beschäftigen, etwa doppelt so viele wie männliche Beschäftigte, beziehen den Mindestlohn (Ministère du travail 2007, S. 5). Der Anteil von Teilzeitbeschäftigten ist bei den französischen Frauen mit 30% fünfmal so groß wie bei den französischen Männern (5,7%), obwohl Teilzeitarbeit als Erwerbsform eigentlich auch von Frauen abgelehnt wird. Die sektorale Segregation war zwischen 2001 und 2006 stabil, während die berufliche Segregation leicht gestiegen ist (Europäische Kommission 2008a, S. 35). Im Unterschied zur Politik, wo die Parität gesetzlich vorgeschrieben ist, sind Frauen in der Wirtschaft unterrepräsentiert. Gemäß der französischen Statistik haben in den Privatunternehmen mit mehr als zehn Beschäftigten nur 15% der Frauen eine leitende Funktion inne – gegenüber 23% der Männer; außerdem werden nur 12% der Unternehmen von einer Frau geführt und in den Aufsichtsräten sitzen weniger als 6% Frauen (Ministère du travail 2007, S. 13). Dennoch ist Frankreich, im europäischen Vergleich, bezüglich des Frauenanteils an Führungspositionen mit 38,5% eines der führenden Länder – nur Litauen und Lettland weisen höhere Frauenanteile in Managerpositionen auf (Europäische Kommission 2008a, S. 34).

Umfassende gesetzliche Verbote, jedoch keine Tradition des individuellen Klagerechts

Frankreichs Verfassung verbietet seit 1946 jegliche Diskriminierung aufgrund des Geschlechts. Das Prinzip des gleichen Lohns für gleiche Arbeit wurde 1972 in das Arbeitsgesetzbuch aufgenommen und das Prinzip der gleichwertigen Arbeit 1983 durch das erste Gleichstellungsgesetz (Loi n° 83-635 du 13 juillet 1983, *„Loi Roudy"*) eingeführt. Frankreich zeichnet sich hiermit im europäischen Vergleich durch eine relativ frühe und kontinuierliche gesetzliche Aktivität im Bereich beruflicher Gleichstellung aus. Es besteht kein allgemeines Verbands-

und Behördenklagerecht, aber das Gleichstellungsgesetz etablierte eine Berichtspflicht. 2001 wurde durch das zweite Gesetz zur Beruflichen Gleichstellung (Loi n° 2001-397 du 9 mai 2001, *„Loi Génisson"*) zudem eine sanktionsbewehrte Pflicht der Sozialpartner zur Verhandlung über die Erstellung betrieblicher Gleichstellungspläne eingeführt. Im gleichen Jahr wurde außerdem das Antidiskriminierungsgesetz *(Loi relative à la lutte contre les discriminations)* in Kraft gesetzt (CEDAW 2006b).

Insgesamt führen die gesetzlichen Vorschriften jedoch sehr selten zu individuellen Gerichtsverfahren und Sanktionen, denn einerseits entsprechen gerichtliche Verfahren nicht der Kultur der französischen Arbeitsbeziehungen (Silvera 2006, S. 15), und andererseits sind in Frankreich die Kosten eines Verfahrens vor dem Strafgericht – und damit auch das finanzielle Risiko für die Klagenden – relativ hoch. Ein weiteres Risiko für die KlägerInnen bestand bisher darin, dass die Arbeitsgerichte zumeist den Argumenten der Arbeitgeber folgten, obwohl nach dem Prinzip der Beweislast der Arbeitgeber diese zum Nachweis einer diskriminierungsfreien Praxis verpflichtet sind, so z.B. auch die höchste Instanz der Arbeitsgerichte (La Cour de Cassation). Im Jahr 2008 wurden die Arbeitsgerichte deswegen offiziell von der höchstrichterlichen Instanz ermahnt, die gesetzlichen Bestimmungen korrekt umzusetzen (Semaine sociale Lamy 2009, S. 12-14; s. oben zu ähnlichen Problemen in der richterlichen Praxis der Schweiz).

Hohe Handlungsanforderungen an die Betriebe – jedoch ohne Konsequenzen

Anstelle der Entwicklung einer konsistenten Gesetzgebung und klarer Implementationsregeln haben die französischen Regierungen, ob sozialistisch oder rechtskonservativ, immer wieder das Prinzip der Delegation der Umsetzung der Geschlechtergleichstellung an die Kollektivverhandlungen und Betriebe bekräftigt, jedoch mit wenig Erfolg. Die Berichtspflicht von 1983 gilt zwar für Unternehmen mit mehr als 50 Beschäftigten, sie wird jedoch bis heute von der großen Mehrheit der betroffenen Betriebe ignoriert. Aus diesem Grund wurden mit dem Genisson-Gesetz (2001) alle Betriebe (ab 50 Beschäftigten) verpflichtet, über das Thema der beruflichen Gleichstellung jährlich zu verhandeln und dabei insbesondere die Bereiche der Rekrutierung, Entlohnung, Arbeitsbedingungen, Weiterbildung und Karriereentwicklung zu behandeln. Die Nichtbefolgung dieser Verpflichtung kann mit einer Gefängnisstrafe von einem Jahr und/oder einer Geldstrafe von EUR 3.750 geahndet werden. Das Gesetz verpflichtet außerdem die Sozialpartner der Branchenebene, alle drei Jahre über das Gleichstellungsthema zu verhandeln – allerdings ohne Sanktionsdrohung.

Seit 1983 haben nur 28% der Unternehmen die Berichtspflicht erfüllt (Stand Herbst 2007), und selbst bei den großen Unternehmen mit mehr als 300 Beschäftigten kamen nur 53% dieser Pflicht nach (Ministère du travail 2007). Dabei liegt das Versäumnis der Politik darin, dass den Betrieben und Sozialpartnern kein geeignetes Instrumentarium (wie etwa Leitfäden oder beratende AnsprechpartnerInnen) zur Verfügung gestellt wurde und 20 Jahre lang auch keine Kontrollverfahren entwickelt wurden. Es wurden lediglich finanzielle Anreize geschaffen, wie etwa die Gleichstellungsverträge *(contrats égalité, contrats mixité)*, in deren Rahmen der Staat einen Teil der Kosten übernimmt, die für die Umsetzung der Gleichstellungspläne nötig sind. So können 50% der Kosten für betriebliche Untersuchungen, Weitbildungsmaßnahmen für gering qualifizierte weibliche Angestellte oder für die Anpassung der Arbeitsplätze für Frauen übernommen werden. Zudem kann ein Zuschuss in Höhe von 30% des Lohnes dieser Frauen während ihrer Weiterbildung beantragt werden. Aber auch diese Möglichkeiten wurden sehr wenig genutzt: Zwischen 1983 und 2004 wurden nur 22 Gleichstellungsverträge *(contrats égalité)* und 1.500 Frauenförderverträge *(contrats mixité)* abgeschlossen – die letzteren betrafen aber nur einzelne weibliche Angestellte, die sich in traditionell männlichen Berufen weiterbilden ließen (Meilland 2004).

Ende 2007 hat der (rechtskonservative) Arbeitsminister eine Konkretisierung der seit 2001 gesetzlich verankerten Sanktionsmöglichkeiten angekündigt und die Kreispräfekte mit einer Informationskampagne beauftragt, die über die neuen Berichtsinstrumente (siehe unten) informieren soll. Im Anschluss daran soll Ende 2009 eine Kontrollkampagne durch die Arbeitsinspektion, einer nachgeordneten Behörde des Arbeitsministeriums, folgen, um die Erfüllung der Berichtspflicht sowie die Eröffnung paritätischer betrieblicher Verhandlungen zu erzwingen.

Die HALDE als neue Aufsichtsbehörde

Die Verpflichtung der betrieblichen Akteure zur eigenständigen Entwicklung gleichstellungspolitischer Strategien kann, wie deutlich wurde, bisher als gescheitert bezeichnet werden. Ein Grund für das Scheitern liegt vermutlich darin, dass es trotz der (zum Teil sanktionsbewehrten) Berichts- und Verhandlungspflichten keine unabhängige Instanz gab, die bei den innerbetrieblichen Prozessen und in Kollektivverhandlungen den Akteuren beratend zur Seite stand und die Einhaltung der Bestimmungen in den Betrieben kontrollierte (vgl. hierzu auch Chicha 2006, S. 22). Im Jahr 2004 wurde daher eine unabhängige Gleichstellungsbehörde *(Haute autorité de lutte contre les discriminations et pour l'égalité, HALDE)* geschaffen, um unter dem Dach eines Diversitätsansatzes alle Diskriminierungsfälle zu untersuchen. Diese Behörde ist mit einem Haushalt von EUR 12,37 Mio. und einem Personalbestand von 73 Vollzeitäquivalenten ausgestattet. Die HALDE kann sowohl bei individuellen als auch kollektiven

Beschwerden die Klagevertretung übernehmen, hat jedoch nur eine geringe Sanktionsmacht: Sie kann lediglich ein Mediationsverfahren zwischen zwei Parteien veranlassen, Untersuchungen der Betriebsberichte vornehmen, diskriminierende betriebliche Praktiken in der Öffentlichkeit anprangern, KlägerInnen vor Gericht vertreten, eine Geldbuße gegen den Beklagten verhängen, oder selbst eine Klage einleiten, wenn KlägerInnen nicht über ausreichende finanzielle Mittel für eine Klage verfügen. Die Statistiken zeigen aber, dass die HALDE nur in sehr wenigen Fällen BeschwerdeführerInnen vor Gericht vertritt (in weniger als 3% der Diskriminierungsklagen im Jahr 2006), obwohl sie als „Hilfskraft der Justiz" konzipiert wurde (OECD 2008a, S. 139ff.). Zwar werden im Rahmen dieser Regelung immer mehr Fälle eingereicht (2007: 6.622; 53% mehr als 2006), allerdings betrafen nur die Hälfte der registrierten Fälle berufliche Diskriminierungen und nur 6% Diskriminierungen aufgrund des Geschlechts (27% die Herkunft; 22% die Gesundheit). Überraschenderweise wurde die Hälfte der Klagen gegen Geschlechterdiskriminierung von Männern eingereicht. Insofern zeigt sich, dass die neue Diversity-Strategie zwar der beruflichen Gleichstellung von Frauen zugute kommen kann, die (berufliche) Gleichstellung der Geschlechter in der neuen Antidiskriminierungspolitik jedoch insgesamt an Gewicht verloren hat (HALDE 2008, S. 7f.). Abgesehen von dem jährlichen Bericht über die eigene Tätigkeit und stichprobenartiger Unternehmensbefragungen erfasst die HALDE jedoch nicht den erreichten Stand bei der beruflichen Gleichstellung auf aggregiertem Niveau; insofern ist sie in ihrer Reichweite kaum mit den schwedischen Institutionen zu vergleichen.

Angesichts der Ineffektivität dieser Gleichstellungsregelungen hat die rechtskonservative Regierung die Entwicklung eines Monitoring-Prozesses sowie die Konkretisierung von Sanktionsmöglichkeiten geplant. Im Januar 2009 wurden die Vorschriften zu den Gleichstellungsplänen *(Plans pour l'égalité professionnelle)* von 1983 durch ein neues Instrument, den vergleichenden Situationsbericht *(Rapport de situation comparée),* ersetzt, in dem die Betriebe ihre Praktiken bezüglich der Arbeitsbedingungen, Entlohnung, Weiterbildung, Arbeitszeitorganisation, Urlaubungsregelungen, Vereinbarkeit qualitativ und quantitativ nach Geschlecht getrennt darlegen müssen. Im August 2008 waren hierfür eine Reihe von standardisierten Pflichtkriterien und ausführlichen methodologischen Werkzeugen vorgestellt worden, z.B. interaktive Leitfäden mit Listen von präzise definierten Indikatoren, Beispieltabellen und „Schritt-für-Schritt-Anleitungen". Sie sollen den Unternehmen dabei helfen, die Arbeitsplatzbewertung geschlechtergerecht zu gestalten. Die dafür zuständige Arbeitsgruppe hat außerdem spezifische Instrumente für kleinere Unternehmen (50 bis 299 Angestellte) entwickelt.

Der französische Sozialstaat und die historische Doppellast der Vollzeitnorm für Frauen

In den Typologien der Wohlfahrtsstaaten zählt Frankreich mit Deutschland, Belgien und Finnland zum „modifizierten männlichen Ernährermodell", bei dem beide Partner als potenzielle Erwerbstätige gelten. Die in der Gesellschaft dominierende Norm des Zweiverdienerehepaars wird auch vom Staat seit Ende des 19. Jahrhunderts unterstützt – zunächst durch die arbeitsrechtliche Regulierung (Arbeitszeit, Arbeitsvertragsrecht etc.) und später durch Maßnahmen im Bereich der Kinderbetreuung. Ebenso zielt die heutige französische Familienpolitik darauf, Müttern die Berufstätigkeit zu erleichtern; typisch ist daher die relativ gut ausgebaute Kleinkindbetreuung. Allerdings gibt es hier durchaus Defizite, denn tatsächlich wurden 2007 „nur" 27% der Kinder unter drei Jahren überwiegend – entweder von einer zertifizierten Tagesmutter oder in einer Krippe – betreut (Service du Droit des Femmes 2008). Geschlechterdifferenzen ergeben sich in der Praxis zudem aus dem Umstand, dass Männer meist das höhere Einkommen haben und das Familiensplitting – wie in Deutschland das Ehegattensplitting – bei der Einkommenssteuer die ungleiche Arbeitsteilung zusätzlich begünstigt.

Da die Familienarbeit immer noch überwiegend den Frauen zugeschrieben wird, prägt eine tendenzielle Doppelbelastung die weibliche Lebensrealität in vielen Fällen. Arbeitsrechtliche Maßnahmen zur Vereinbarkeit von Beruf und Familie zeichnen sich dadurch aus, dass sie der individuellen (und gewünschten) Flexibilität der Erwerbstätigkeit und -zeiten kaum Spielräume eröffnen (Klammer/Letablier 2007), dagegen aber auf die Betreuung durch öffentliche Einrichtungen setzen. Die französische Elternzeitregelung wird heute kritisch bewertet, da es keine Lohnersatzleistung während der Freistellungsphase gibt, sondern nur eine niedrige Pauschalsumme (177,95€, Stand 2009) bezahlt wird, die auf der Krankengeldregelung basiert. Ein Recht auf Teilzeitarbeit gibt es in Frankreich nur für Eltern mit Kindern unter drei Jahren, wobei ein Arbeitgeber diesen Anspruch relativ leicht mit dem Hinweis auf betriebsbedingte Gründe ablehnen kann. Teilzeitarbeit gilt in Frankreich generell mehr als eine Verlegenheitslösung für Frauen, die keine Kinderbetreuung oder Vollzeitstelle finden können, und nicht als geschlechtergerechtes Instrument zur Vereinbarung von Familie und Beruf.

Der Fall Frankreich ist hinsichtlich der beruflichen Gleichstellung höchst ambivalent: Einerseits gab es schon früh klare hierarchisch-aktivierende Regelungen zum Abbau von Geschlechterdiskriminierung im Betrieb, andererseits wird die Umsetzung dieser Regelungen erst in jüngster Zeit betrieben. Von den Sozialpartnern und den betrieblichen Akteuren wurde erwartet, dass sie sich ohne institutionelle Unterstützung und ohne zusätzliche Anreize das Gleichstellungsziel zu Eigen machen würden. Diese Absicht scheiterte jedoch an dem fehlenden Interesse, das sicherlich auch auf die schwache Präsenz der Frauen auf allen Ebenen der gewerkschaftlichen Aktivitäten zurückzuführen ist (Conseil économique et social 2000; Assemblée nationale 2004). Seit zehn Jahren etwa wächst die Beteiligung von Frauen in den zentralen Gremien der großen Gewerkschaften kontinuierlich an, was schließlich zu mehreren Initiativen im Bereich Gleichstellung geführt hat. Was die für 2009 angekündigten Reformen tatsächlich leisten werden, bleibt jedoch abzuwarten. Die im EU-Vergleich überdurchschnittlich guten französischen Werte bei der Lohndifferenz oder dem Anteil von weiblichen Führungskräften erklären sich somit weniger aus einer konsistenten Strategie zur beruflichen Gleichstellung, sondern aus einer Kombination familienpolitischer Maßnahmen und der generell starken Regulierung des Arbeitnehmerstatus, der prinzipiell für beide Geschlechter gilt.

1.4.4 Die USA: Berufliche Gleichstellungspolitik im liberalen Regime – Wiederbelebung möglich?

Im liberalen Wohlfahrtsmodell der USA zeigen sich einige interessante Aspekte bei der beruflichen Gleichstellung. Zwar lag die Erwerbstätigenquote von Frauen 2007 mit 65,9% nur etwas höher als in Deutschland, aber deutlich unter der amerikanischer Männer (77,8%) (vgl. Tab. 1.3 im Kapitelanhang). Zudem stagniert sie seit Mitte der 1990er Jahre auf diesem Niveau (1994: 65,2%) und liegt weiterhin deutlich unter den Frauenbeschäftigtenquoten der skandinavischen Länder und Kanada.

Doch ist erstaunlich, dass sich die Einkommensdifferenz zwischen vollzeitbeschäftigten Frauen und Männern (16 Jahre und älter) von 1979 (38,7%) bis 2004 halbiert hat (19,6%); allerdings stagniert sie seitdem auf diesem Niveau. Aber auch in den USA sind deutlich mehr Frauen als Männer 2007 teilzeitbeschäftigt (24,7% gegenüber 10,5%). Frauen gelangen eher in niedrig entlohnten Branchen in Führungspositionen und Spitzenpositionen bleiben fast ausschließlich Männern vorbehalten (NWLC 2009).

Starke Diskriminierungsverbote und Klagebefugnisse

Bereits Mitte der 1960er Jahre wurden Gesetze zum Schutz vor beruflicher Diskriminierung für verschiedene Bevölkerungsgruppen (Frauen, AfroamerikanerInnen und ethnische Minderheiten) erlassen (Bednarz-Braun 2000): 1963 trat zunächst das Lohngleichstellungsgesetz *(Equal Pay Act, EPA)* in Kraft, das Arbeitgebern untersagt, Männern und Frauen innerhalb eines Betriebes unterschiedliche Löhne für gleiche Arbeit zu bezahlen. Das Prinzip der gleichwertigen Arbeit wurde bis heute jedoch nicht in ein Gesetz aufgenommen. Ein Jahr später wurde das Bürgerrechtsgesetz *(Civil Rights Act)* erlassen (zuletzt novelliert:

1991), das jegliche Diskriminierung am Arbeitsplatz verbietet (festgelegt im so genannten *Title VII*). 1965 erließ Präsident Lyndon B. Johnson eine Verordnung, mittels derer Gleichstellungsvorschriften *(Affirmative Action)* eingeführt wurden. Diese sollten die Erwerbsintegration vor allem von ethnischen Minderheiten sowie von Frauen aktiv fördern.

Die Implementation der Gesetze erfolgt in den USA überwiegend durch ein umfassendes Klagerecht. Die Bundesgleichstellungsbehörde EEOC *(U.S. Equal Employment Opportunity Commission)* hat seit 1972 die Befugnis, auf Beschwerden von Beschäftigten hin selbsttätig ein Verfahren gegen diskriminierende Arbeitgeber einzuleiten *(Behördenklagerecht)*; für Gewerkschaften und Nichtregierungsorganisationen besteht zudem ein *Verbandsklagerecht* (EEOC 2009a). Bei Beschwerden wird jedoch zunächst ein Schlichtungsverfahren von der EEOC eingeleitet. Allein im Jahr 2007 behandelte die EEOC 24.826 Beschwerden (1997: 27.728) aufgrund von geschlechterbezogener Diskriminierung. Durch Schlichtungsverfahren konnte ein Großteil der Fälle (rund 80%) gelöst werden. Insgesamt wurde eine bedeutende Entschädigungssumme für die betroffenen ArbeitnehmerInnen in Höhe von USD 135,4 Mio. (EUR 102,4 Mio.) erzielt (ebd.). Pro Fall bedeutete dies eine durchschnittliche Entschädigungssumme in Höhe von USD 6.159 (EUR 4.657), wobei die Entschädigungshöhe je nach Fall stark schwankte. Konflikte, die nicht in Schlichtungsverfahren gelöst werden, werden an die Arbeitsgerichte weitergeleitet. Wenn ein besonders eklatanter Fall diskriminierender betrieblicher Praxis vorliegt – in etwa 40% der Fälle – übernimmt die EEOC die Klagevertretung (OECD 2008a, S. 178). Eine Klage stellt eine *substanzielle Sanktionsdrohung* für die Arbeitgeber dar, da sie, neben der (Wieder-)Einstellung und der Nachzahlung von ausgebliebenen Löhnen, zur Zahlung von Entschädigungen in Höhe von bis zu USD 300.000 (rd. EUR 225.000) verurteilt werden können (ebd., S. 171). In Ausnahmefällen können Gerichte Arbeitgeber über eine bestimmte Dauer zur Aufstellung von Gleichstellungsplänen verpflichten. Die Gerichte fällten zahlreiche bedeutende Urteile, die Verstöße gegen die Antidiskriminierungsgesetze und das Lohngleichstellungsgesetz mit Entschädigungszahlungen in Millionenhöhe ahndeten und zudem zu negativer Berichterstattung über die verurteilten Arbeitgeber führten (vgl. Kalev/Dobbin 2006; EEOC 2009a; Bednarz-Braun 2000; Wahl 1999).

Einzelne Klagen führten jedoch nur selten zu dauerhaften Veränderungen der innerbetrieblichen Praxis und ihre abschreckende Wirkung bei den verklagten Unternehmen ließ nach einiger Zeit nach. Erst bei wiederholten gerichtlichen Auseinandersetzungen sahen verklagte Arbeitgeber dauerhaft von diskriminierenden Praktiken, z.B. bei der Entlohnung, Beförderung und Einstellung von MitarbeiterInnen, ab (Kalev/Dobbin 2006, S. 890). Insgesamt betrachtet ist das Implementationsverfahren der Gleichstellungs- und Antidiskriminierungsgesetze eher konfliktorientiert: Die Verbindlichkeit wird hier über die hohe Sanktionsandrohung erzwungen.

Allgemeine Berichtspflicht und Gleichstellungsvorschriften in der Vergabepraxis

Seit 1966 besteht eine allgemeine *Berichtspflicht (Employer Information Report, EEO-1)* über den Frauen- und Minderheitenanteil an der Belegschaft für privatwirtschaftliche Betriebe mit mehr als 100 Beschäftigten. Bei privatwirtschaftlichen Vertragspartnern öffentlicher Aufträge (ab einem Vertragsvolumen von USD 50.000) besteht diese Berichtspflicht schon ab 50 Beschäftigten. Die jährlich zu übermittelnden Berichte enthalten Informationen über die Hautfarbe *(Race),* die ethnische Herkunft und das Geschlecht der Beschäftigten. Wird von einem unter die Berichtspflicht fallenden Arbeitgeber kein Bericht an die Gleichstellungsbehörde übermittelt, so kann ein Ermittlungsverfahren gegen den Arbeitgeber eingeleitet werden (Kalev/Dobbin 2006, S. 870).

Öffentliche Arbeitgeber und privatwirtschaftliche Vertragspartner öffentlicher Aufträge (ab 50 MitarbeiterInnen und einem Auftragsvolumen ab USD 10.000) sind seit 1971 über die allgemeine Berichtspflicht hinaus verpflichtet, *Gleichstellungspläne* aufzustellen. Sie müssen jährlich die Zusammensetzung ihrer Belegschaft evaluieren und Ziele für einen gerechten bzw. adäquaten – basierend auf ihren eigenen Arbeitsmarktanalysen – Anteil von Frauen und Minderheiten an der Belegschaft aufstellen sowie Zeitpläne zur Erreichung dieser Ziele festsetzen (ebd., S. 866). Die Vergabe von öffentlichen Aufträgen an Betriebe ist an die Einhaltung dieser Gleichstellungspläne gekoppelt, die jedoch nicht an die Bundeskontrollbehörde für die öffentliche Vergabepraxis *(Office of Federal Contract Compliance Programs, OFCCP)* übermittelt werden müssen. Die Einhaltung der Gleichstellungsvorschriften und der Gleichstellungspläne in Betrieben wird prinzipiell durch die Bundeskontrollbehörde (OFCCP) – eine Unterabteilung im Arbeitsministerium – überwacht. Die von der OFCCP eingeleiteten Verfahren können ebenfalls zur Zahlung von beträchtlichen Entschädigungssummen führen. Im Jahr 2008 wurden aufgrund von Verstößen gegen Gleichstellungsvorschriften 24.508 Beschäftigte mit Zahlungen in Höhe von insgesamt rund USD 67,5 Mio. (ca. EUR 51 Mio.) entschädigt (OFCCP 2009). Pro Fall bedeutet dies eine durchschnittliche Entschädigungssumme in Höhe von USD 2.754 (EUR 2.082), wobei die individuelle Entschädigungshöhe stark variiert. Damit sind die von der OFCCP in Fällen von Nichtbeachtung der Gleichstellungsvorschriften verhängten Entschädigungssummen nur etwas mehr als halb so hoch wie die von der Gleichstellungsbehörde EEOC verhängten Entschädigungen in Fällen von allgemeiner Diskriminierung. Durch ein verbessertes Fallmanagement und die Konzentration auf besonders eklatante Diskriminierungsfälle hat sich die Summe der Entschädigungszahlungen und der entschädigten Beschäftigten seit 2001 mehr als verdoppelt. Als schärfste Sanktion steht dem OFCCP der (zeitlich befristete) Ausschluss eines privatwirtschaftlichen Auftragnehmers von der Vergabepraxis bis zur Erreichung der entsprechenden Gleichstellungsziele zur Verfügung. Jedoch werden nur sehr selten Arbeitgeber (stets unter zehn pro Jahr) von öffentlichen Aufträgen ausgeschlossen (ebd.). Und zudem bleibt die Ausgestaltung der Gleichstellungspläne den Personalverantwortlichen der Betriebe selbst überlassen (Bednarz-Braun 2000, S. 38). Dementsprechend ergaben Untersuchungen, dass kaum ein Arbeitgeber die selbst gesetzten Gleichstellungsziele erfüllt (Kalev/Dobbin 2006, S. 866).

Viele privatwirtschaftliche Betriebe (ca. 20%) führen freiwillig Fördermaßnahmen für Frauen und Minderheiten ein, um die Diversität ihrer Belegschaft zu erhöhen (ebd.). Besonders gleichstellungsorientierte Arbeitgeber werden von der EEOC ausgezeichnet und ihr Status wird veröffentlicht. Der größte Nachteil der *freiwilligen Regelungen* liegt jedoch darin, dass diese Fördermaßnahmen nicht bindend sind und je nach Arbeitsmarktlage und infolge von betrieblichen Rationalisierungs- und Reorganisationsmaßnahmen jederzeit wieder gestrichen werden können (Bednarz-Braun 2000, S. 40).

Kein generelles Monitoring und nur selektive Kontrollen

Im Zuge der Verabschiedung der Bürgerrechtsgesetze wurde 1965 die Bundesgleichstellungsbehörde EEOC (siehe oben) eingerichtet. Die EEOC überwacht unter einem breiten Diversitätsansatz alle Bereiche, die vom Antidiskriminierungsgesetz und durch das Lohngleichstellungsgesetz abgedeckt werden. Die Hauptaufgaben der EEOC bestehen darin, individuelle Beschwerden entgegenzunehmen, Verstöße zu registrieren und zwischen Arbeitnehmern und Arbeitgebern zu schlichten (Wahl 1999, S. 138). Die Behörde hatte 2007 ein Budget von ca. USD 328 Mio. (ca. EUR 248 Mio.) und einen Personalbestand von 2.157 Vollzeitäquivalenten (EEOC 2009a).

Das Monitoring ist in den USA auf öffentliche Arbeitgeber und privatwirtschaftliche Vertragspartner öffentlicher Aufträge beschränkt.

Jährlich werden von der OFCCP nur etwa 4.000 Auftragnehmer auf die Umsetzung der Gleichstellungspläne hin überprüft (OFCCP 2002). Das bedeutet, dass nur die allerwenigsten der mehr als 200.000 privatwirtschaftlichen Vertragspartner öffentlicher Aufträge (mit ca. 26 Mio. Beschäftigten) mit einer Überprüfung rechnen müssen (Wahl 1999, S. 143). Das *eingeschränkte Monitoring* im Rahmen der Vergabepraxis erklärt sich u.a. aus der mangelhaften Personalausstattung der OFCCP: In den 1980er Jahren wurde die Mitarbeiterzahl gegenüber den 1970er Jahren auf rund 850 MitarbeiterInnen halbiert (Kalev/Dobbin 2006, S. 891) und seitdem nicht wieder erhöht. Außerdem wurde 1983 die Mindestzahl der Beschäftigten, ab der ein privatwirtschaftlicher Vertragspartner öffentlicher Aufträge Gleichstellungspläne aufstellen und die konkreten Ziele und Zeitpläne einhalten muss, von 25 auf 50 verdoppelt (ebd., S. 862f.). Aufgrund der leicht zu erfüllenden Auflagen und der wenigen Kontrollen werden die Wirkungen dieser Regelung für die Vergabepraxis nur als moderat eingeschätzt (Bednarz-Braun 2001, S. 38; Wahl 1999, S. 142f.).

Es hat sich zudem gezeigt, dass die Implementation der Gleichstellungsregelungen und das Monitoring seit den 1980er Jahren vom gleichstellungspolitischen Engagement der jeweiligen Regierung in den USA abhingen (Wahl 1999, S. 137f.): Die Gleichstellungsbehörde (EEOC) und die Kontrollbehörde für die Vergabepraxis (OFCCP) sind zwar formal in ihren Entscheidungen unabhängig, jedoch wird die Entscheidungsfreiheit dadurch eingeschränkt, dass das Budget, die Personalausstattung und DirektorInnen von der amtierenden Regierung bestimmt werden. Unter denjenigen DirektorInnen, die seit 1981 jeweils von konservativen Regierungen eingesetzt wurden, übernahm die EEOC deutlich seltener die Klagevertretung und die OFCCP prüfte deutlich weniger Betriebe auf die Erfüllung der Gleichstellungsziele als es unter der Leitung von DirektorInnen, die von einer demokratischen Regierung eingesetzt worden waren, der Fall war (Kalev/Dobbin 2006, S. 862f.).

Berufliche Gleichstellungspolitik im liberalen Wohlfahrtsstaat

Sowohl Männer als auch Frauen orientieren sich in den USA an der stark institutionalisierten Norm der Vollzeitarbeit. Ein von Frauen dominiertes Teilzeitmuster ist in den USA eher schwach ausgeprägt (BLS 2008, S. 70). Die dominierende Norm des Zweiverdienermodells lässt sich hauptsächlich durch den leichten Zugang zum Arbeitsmarkt und durch den hohen Druck zur Aufnahme einer Erwerbsarbeit, der aus dem niedrigen Lohnniveau und dem wenig entwickelten Sozialstaat resultiert, erklären. Die geringe Absicherung bei Nichterwerbstätigkeit, die kaum vorhandene Arbeitsmarktregulierung sowie die überwiegend marktlich organisierte Kinderbetreuung führen zu einer starken Doppelbelastung vieler Frauen.[17] Problematisch ist zudem, dass in vielen Kinderbetreuungseinrichtungen die Qualitätsstandards nicht überprüft werden.

Zusammen mit der Schweiz verfügen die USA über eine der *schwächsten Elternzeitregelungen* der OECD-Mitgliedstaaten, denn es gibt kein nationales Gesetz, das bezahlten Eltern- oder Mutterschaftsurlaub vorschreibt (OECD 2007). Zudem gibt es erst seit 1993 überhaupt einen gesetzlichen Mutterschaftsurlaub, der Betriebe mit mehr als 50 Beschäftigten dazu verpflichtet, ihren Mit-

17 Vgl. dazu die grundlegende Studie von Arlie Hochschild und Anne Machung über Doppelverdienerpaare mit Kindern in den USA (Hochschild/Machung 1989).

arbeiterInnen einen zwölfwöchigen unbezahlten Elternurlaub zu gewähren. Aufgrund weiterer Vorbedingungen – Beschäftigte müssen mindestens ein Jahr lang beim gleichen Arbeitgeber beschäftigt gewesen sein und mindestens 1250 Stunden im letzten Jahr gearbeitet haben sind immer noch 40% der Erwerbstätigen von der Elternurlaubsregelung ausgeschlossen (NWLC 2009). Allerdings gewährt die Mehrheit der Arbeitgeber ihren Beschäftigten darüber hinaus (bescheidene) Möglichkeiten zur Erwerbsunterbrechung (OECD 2007, S. 182). Bezahlter Elternurlaub wird nur von sehr wenigen Arbeitgebern gewährt und auch ein Recht auf Teilzeitarbeit besteht in den USA nicht (Wahl 1999, S. 171f.). Viele Frauen sind dadurch gezwungen, sofort nach der Geburt wieder zu arbeiten. Hinzu kommt, dass die Regulierung des Beschäftigungsschutzes schwach ausgeprägt ist (OECD 2004). Einen gesetzlichen Kündigungsschutz gibt es nicht und die Kündigungsfristen sind sehr kurz. Insofern sind ArbeitnehmerInnen dem Marktprozess in sehr viel stärkerem Maße ausgesetzt als etwa in Deutschland. Die Verantwortung für Kinder erweist sich in diesem Zusammenhang als substanzielle Barriere für die Wiedereinstellung, wodurch sich auch die – angesichts des hohen Erwerbsdrucks – relativ niedrige Frauenerwerbstätigenquote, insbesondere von Müttern kleiner Kinder, erklärt (vgl. Tab. 1.3 im Kapitelanhang; BLS 2008). Auch die Gewerkschaften erweisen sich nicht gerade als Advokatinnen bei der Förderung der beruflichen Gleichstellung. Das liegt zum einen daran, dass nur etwa 8% der im privaten Sektor Beschäftigten tarifvertraglich entlohnt werden (2005) (BLS 2008, S. 3), der gewerkschaftliche Einfluss also ohnehin marginal ist. Zudem zeigen die Gewerkschaften kein besonderes Interesse an der Gleichstellung von Frauen (Kalev/Dobbin 2006, S. 867; Wahl 1999, S. 90). Die Entgeltdifferenz wird daher vor allem durch den *nationalen Mindestlohn und seine stetige Erhöhung* (seit Juli 2008: USD 6,55, ab Juli 2009: USD 7,25) abgefangen; insgesamt trägt der kaum regulierte ArbeitnehmerInnenstatus in den USA jedoch dazu bei, dass persönliche Merkmale sehr viel stärker auf die individuelle Beschäftigungssituation und -chance durchschlagen können als in Systemen, in denen gesetzliche Regelungen das Beschäftigungsverhältnis stärker regulieren.

Insgesamt zeichnet sich das US-amerikanische residuale Wohlfahrtsmodell durch eine liberale Rechtstradition aus, in der *strukturelle* Eingriffe in den Arbeitsmarkt und den Betrieb abgelehnt und die Schutzrechte des Individuums betont werden. Allerdings hat sich gezeigt, dass die, unter den ‚neo-konservativen' Regierungen in den 1980er Jahren stark eingeschränkte, hierarchische Regulierung – in Zusammenhang mit mangelhaften Kontrollmechanismen – kaum noch Fortschritte bei der beruflichen Gleichstellung von Frauen bewirken konnte. Maßnahmen für eine bessere Implementation bestehender Regelungen werden als notwendig erachtet (Kalev/Dobbin 2006; Tomaskovic-Devey 2007; NWLC 2009). Der 2008 gewählte Präsident Barack Obama hat angedeutet, der Gleichstellungspolitik wieder einen höheren Stellenwert einzuräumen, die Ausstattung der Gleichstellungsbehörden zu verbessern sowie ihre Kontrollfunktion und das Monitoring (wieder) auszuweiten (NWLC 2009). Die starke Erwerbszentrierung des US-amerikanischen Beschäftigungssystems sowie die geringe soziale Absicherung und fehlende (geschweige denn qualitativ hochwertige und bezahlbare) Kinderbetreuung werden jedoch auch in Zukunft die Chancen für Personen mit Sorgepflichten auf dem Arbeitsmarkt weiterhin einschränken.

1.4.5 Bilanz der nationalen Strategien

Zwar erweist sich in unserem Ländervergleich die schwedische Politik zur beruflichen Gleichstellung als die umfassendste, wenngleich nicht unbedingt effektivste, es wird aber auch deutlich, dass die nationalen Strategien jeweils sehr unterschiedlich ausgerichtet und daher in gewissem Sinne komplementär sind. So haben die Schweiz und die USA interessante Regelungen im Bereich der Klagemöglichkeiten zu bieten. Die französische Situation erweist sich gleichstellungspolitisch zwar als eine Enttäuschung, hebt aber die Bedeutung arbeitsrechtlicher Regulierung und vereinbarkeitspolitischer Policies für die berufliche Gleichheit zwischen Frauen und Männern hervor. Die vergleichende Analyse zeigt die unterschiedlichen Länderprofile noch einmal deutlich (siehe Tab. 1.2).

Die hierarchisch-passive Regulierung, d.h. die gesetzlichen Gleichstellungs- und Antidiskriminierungsvorschriften, sind in ihrer Reichweite in den europäischen Ländern ähnlich: Sie schreiben das Prinzip der ‚gleichwertigen Arbeit' als Gegenstand der Prüfung von Ungleichheitstatbeständen für alle Betriebe – unabhängig vom Sektor und der Beschäftigtenzahl – fest. In Deutschland hat das AGG mit der Verankerung dieses Prinzips in diesem Bereich eine wichtige Angleichung an die Regelungen in den anderen Ländern herbeigeführt. Die Verbindlichkeit gesetzlicher Regelungen sowie die Formen der Implementation weisen in unseren vier Länderstudien jedoch eine große Varianz auf. In der Schweiz und den USA liegen die Stärken der gleichstellungspolitischen Strategien in der Implementation und Sanktionierfähigkeit sowie in den Klage- und Kontrollverfahren. In beiden Ländern existiert zudem ein, unterschiedlich weitreichendes, Verbandsklagerecht, das zur Veränderung struktureller Ungleichheit genutzt werden kann. Die Fälle mit den stärksten monetären Sanktionen sind zudem in den USA aufzufinden (und für den öffentlichen Sektor auch in der Schweiz). In der Schweiz erweisen sich die gerichtlichen Prüfbefugnisse der betrieblichen Lohnstrukturen dann als effektiv, wenn diese auch angewendet werden – was anscheinend (noch) zu selten der Fall ist. Schweden und Frankreich stehen hierzu im Kontrast, weil die durchaus vorhandenen rechtlich verankerten Klage- und Sanktionsmöglichkeiten in der Praxis kaum genutzt werden – mit unterschiedlichen Ergebnissen: Während in Schweden die Schwäche der hierarchisch-passiven Regulierung durch die hierarchisch-aktivierende kompensiert wird, bietet die französische Regelung keine entsprechende Ausweichstrategie. Für beide Länder gilt jedoch, dass die Klagemechanismen offensichtlich nicht zur korporatistischen Tradition der Aushandlung gegenläufiger Interessen und möglicherweise auch nicht zur Tradition des Arbeitsrechts in diesen beiden Ländern passen, und daher nur in Ausnahmefällen zur Anwendung kommen. Beide Systeme sind eher konfliktavers und zielen auf (korporatistische) Konsensfindungs- und Lernprozesse. In Schweden setzt der Gesetzgeber mit der Beauftragung der Ombudsstelle explizit auf die Mediation zwischen den Konfliktparteien und hat hierfür ein hochgradig ausdifferenziertes System von Organisationen und Verfahren entwickelt. In Frankreich adressiert der Gesetzgeber – wenngleich bislang vergeblich – die Tarifpartner und delegiert damit die Verantwortung an diese Akteure. Das Fehlen einer mit substanziellen Kompetenzen ausgestatteten Schiedsstelle erklärt die Wirkungslosigkeit dieser Strategie. Allerdings sind in allen vier Ländern früher (USA: 1965) oder später (Frankreich: 2004) Gleichstellungsbehörden eingerichtet worden, die sich an der Konfliktbeilegung beteiligen können, wenngleich deren Befugnisse unterschiedlich weit reichen; vor allem in den USA sind die Gleichstellungsbehörden wichtig, da sie Beschwerdefälle stellvertretend für die Betroffenen aufgreifen und vor Gericht bringen können.

Im Bereich der gesetzlich verankerten Handlungsanforderungen (hierarchisch-aktivierende Regulierung) lassen sich Berichts- und Planpflichten unterscheiden; diese sind, wie sich zeigt, in sehr unterschiedlichem Maße ausdifferenziert und sanktionsbewehrt. Berichtspflichten, nach denen die Betriebe den staatlichen Behörden gegenüber bezüglich der Geschlechterstruktur in ihrer Belegschaft rechenschaftspflichtig sind, existieren in den USA (seit 1966), Frankreich (seit 1983) und Schweden (seit 1994). Die Pflicht zur Aufstellung und zum Nachweis von Gleichstellungsaktivitäten bzw. -plänen ist in Frankreich gleichzeitig und in Schweden erst später (2001) eingeführt worden; in den USA gilt diese nur für Betriebe, die sich an der öffentlichen Auftragsvergabe beteiligen. In der Schweiz gibt es weder wesentliche Berichts- noch Planpflichten. Die Verbindlichkeit dieser Regelungen sowie deren Umsetzung sind jedoch der Dreh- und Angelpunkt: Prinzipiell kann die Einhaltung der Plan- und Berichtspflichten kontrolliert und gegebenenfalls sanktioniert werden. Die Länderfallstudien haben jedoch gezeigt, dass nur in Schweden eine hohe Erfüllung *(Compliance)* dieser Auflage zu beobachten ist, die sich vermutlich mit dem – historisch und kulturell bedingten – Engagement aller gesellschaftlichen Akteure für Gleichheit und damit auch für die Gleichstellung von Frauen und Männern begründen lässt. In den USA wird die Erfüllung der Auflagen durch die Androhung gerichtlicher Verfahren und hoher Strafen erzwungen. Allerdings ist die Kontrolle aufgrund der begrenzten Ressourcen der zuständigen Behörden nur selektiv möglich. In Frankreich existierten bislang keine Mechanismen zur Kontrolle und Erzwingung der Einhaltung der Vorschriften; aus diesen Erfahrungen hat die französische Regierung mittlerweile die Konsequenz gezogen und 2009 damit begonnen, die Kontroll- und Sanktionsverfahren für die Einhaltung der Berichtspflicht zu verschärfen.

Monitoringsysteme und -instrumente bilden vor allem in Schweden, aber auch in der Schweiz und seit Neuestem auch in Frankreich die dritte wichtige Komponente in den gleichstellungspolitischen Policy-Regimen. In Schweden erweist sich das Monitoringsystem mit der Ombudsstelle, die für konkrete Konfliktmediation zuständig ist, und der Mediationsstelle, die die Entwicklung der Entgeltgleichheit erhebt und untersucht, als hochgradig ausdifferenziert und kompetent in der Beobachtung der Entwicklungen im Bereich der Geschlechtergleichheit. In der Schweiz sind die Aktivitäten der Gleichstellungsstelle auf die Entwicklung von Handreichungen konzentriert: In diesem Zusammenhang wurde ein – in Europa als Referenzinstrument geltendes – Verfahren der analytischen Arbeitsbewertung (nach Katz und Baitsch, *Abakaba*) genutzt, das auch die Basis für die Überprüfung mittelbarer Diskriminierungstatbestände in Gerichtsverfahren darstellt. In Frankreich wurde die Notwendigkeit einer Begleitung und Unterstützung der Betriebe erst spät erkannt; jedoch wurden hier, vor allem seit der Gründung einer eigenständigen Gleichstellungsbehörde HALDE, einige neue Instrumente und Initiativen entwickelt. Letztendlich zeigt sich gerade am Beispiel der USA, dass ein effektives Monitoring – im Sinne der Erfassung und Überprüfung des Standes der beruflichen Gleichheit auf aggregiertem und individuellem Niveau – sehr stark von den Ressourcen, den Kompetenzen und dem politischen Willen in der Leitung der Behörden abhängig ist und damit, trotz formaler Unabhängigkeit, politischen Konjunkturen unterliegen kann.

1.5 Fazit: Perspektiven für die Entwicklung der Politik zur beruflichen Gleichstellung in Deutschland

Die berufliche Gleichstellungspolitik stellt – neben der arbeitsrechtlichen und sozialpolitischen Regulierung – die dritte Säule der nationalen Strategien zur beruflichen Gleichstellung dar. Auf diese richtet sich die vorliegende Analyse. Sie verdeutlicht anhand der Governance-Perspektive, dass mehrere ineinandergreifende, auf Akteure unterschiedlicher Herkunft und Handlungsebenen zielende Instrumententypen die hierarchische Top-Down-Steuerung ergänzen müssen, wenn berufliche Gleichstellungspolitik wirksam sein soll. Entsprechend den unterschiedlichen Funktionen und in Anlehnung an frühere Analysen beruflicher Gleichstellungspolitik muss innerhalb dieser dritten Säule zwischen hierarchisch-

Tab. 1.2: Policy-Regime der beruflichen Gleichstellungspolitik im Vier-Ländervergleich

	Schweden	Frankreich	Schweiz	USA
Hierarchisch-passiv	Gleichstellungsgesetz (1980); seit 2001 Prinzip der Anerkennung gleichwertiger Arbeit; ausdifferenziertes Vermittlungsverfahren; Informationsrechte von Ombudsstelle und Gewerkschaften zur Feststellung von indirekter Diskriminierung; Entschädigungen	Gleichstellungsgesetz (1946/1972); frühe Anerkennung des Prinzips der gleichwertigen Arbeit (1983); schwache Tradition des individuellen Klageverfahrens	Gleichstellungsgesetz (1996); seitdem auch Anerkennung des Prinzip der gleichwertigen Arbeit; Vermittlungsverfahren; Verbandsklagerecht; Entschädigung, aber keine Geldstrafen	Antidiskriminierungs- und Gleichstellungsgesetzgebung (1960er Jahre); Prinzip der gleichwertigen Arbeit nicht gesetzlich verankert; umfassendes Klagerecht; vorgelagerte Schlichtungsverfahren; Verbandsklagerecht und behördliches Klagerecht; hohe Entschädigungssummen und Geldstrafen möglich
Hierarchisch-aktivierend	Berichtspflicht seit 1994 (Betriebe ab zehn Beschäftigte); Planerstellungspflicht seit 2001 (unter Androhung von Geldstrafe) Hohe Compliance	Berichtpflicht seit 1983 (Betriebe ab 50 Beschäftigte); Geldstrafe und Gefängnisstrafe 2001 eingeführt; Niedrige Compliance	Keine Berichts- und Planerstellungspflicht Niedrige Compliance	Berichtspflicht seit 1966 Planerstellungspflicht nur für Vertragspartner öffentlicher Aufträge ab 50 Beschäftigten (Sanktionsmöglichkeiten) Moderate Compliance
Monitoring	Starke Position der Ombudsstelle (mit sanktions- und rechtsverbindlichen Vermittlungsrechten ausgestattet); Monitoring der Entgeltgleichheit durch Mediationsstelle	Seit 2004 Antidiskriminierungsbehörde (mit einer starken Mediationsrolle, aber wenig Sanktionsmacht) Schwaches Monitoring und keine Kontrollen (bisher)	Schwache Position der Gleichstellungsbehörde (Kontrollfunktionen für öffentliche Stellen nur im Beschaffungswesen); schwaches Monitoring	Starke Position der Gleichstellungsbehörden (mit sanktions- und rechtsverbindlichen Vermittlungsrechten ausgestattet); schwaches Monitoring

chisch-passiven und hierarchisch-aktivierenden Regulierungen und Monitoring-Instrumenten unterschieden und deren Zusammenwirken untersucht werden. Dabei wurde deutlich, dass nicht allein die Existenz eines Instruments auf die Effektivität der Strategie schließen lässt, sondern dass die Funktionalität anhand der Verbindlichkeit, der Reichweite und der Differenziertheit bewertet werden muss. Da vergleichende Evaluierungen nicht zur Verfügung standen, steht hier die vergleichende Institutionenanalyse im Fokus, die es erlaubt, einige interessante – und für den deutschen Fall kontrastierende – Ergebnisse herauszuarbeiten.

Erstens besteht Grund zur Skepsis gegenüber der Reichweite des neuen AGG bzw. dessen Nutzung. Möglicherweise erweisen sich die neuen Klagemöglichkeiten aufgrund der geringen Fallzahlen – und darauf verweist die kleine Analyse der Hans-Böckler-Stiftung (vgl. Abschnitt 1.2.1; Hans-Böckler-Stiftung 2005) – als ein zwar durchaus notwendiges, in seiner Reichweite jedoch begrenztes Instrument. Vermutlich werden Diskriminierungsfälle – wie in Frankreich oder Schweden – nur sehr selten vor Gericht gebracht, sodass die Reduzierung öffentlicher Gleichstellungspolitik auf das Instrument der individuellen Klage in Deutschland hinterfragt werden muss. Der Vergleich eröffnet jedoch zwei interessante Einsichten: Einerseits könnte die Reichweite der Klageregelung durch die Einführung eines Verbandsklagerechts erhöht werden; zumindest in der Schweiz hat sich dies (im öffentlichen Dienst) als ein effektives Instrument zum Abbau diskriminierender Strukturen erwiesen. Diese Idee ist nicht neu, sondern war bereits Bestandteil der Eckpunkte für ein deutsches Gleichstellungsgesetz für die Privatwirtschaft im Jahr 2001 (vgl. Abschnitt 1.2.1, Kasten 1.1). *Zweitens* wäre zu überlegen, wie – nach schwedischem Vorbild – niedrigschwellige *Konfliktlösungsstrategien*, d.h. Mediationsverfahren installiert werden könnten, welche die – einem Klageverfahren inhärente – Zerstörung des Vertrauensverhältnisses zwischen ArbeitnehmerIn und Arbeitgeber im Vorfeld vermeiden. Die deutsche Antidiskriminierungsstelle hat bislang keine vergleichbaren Kompetenzen und wäre möglicherweise aufgrund der fehlenden Verknüpfung mit den Sozialpartnern und betrieblichen Akteuren dazu auch wenig geeignet. Überhaupt ist überraschend, dass sich die politischen Aktivitäten der Bundesregierung in den vergangenen Jahren weitgehend unter Ausschluss der Gewerkschaften – und damit eines wichtigen gleichstellungspolitischen Partners – entwickelt. Die Institutionalisierung von Vermittlungsverfahren müsste vielmehr bei einem Gremium oder einer Behörde angesiedelt sein, das respektive die mit VertreterInnen der Tarifparteien besetzt ist bzw. (mit-)gesteuert werden kann. Eine prominent besetzte Ombudsstelle existierte zeitweise für die Begleitung der Implementation der Grundsicherung für Arbeitslose und hat zur Bündelung von Beschwerdeverfahren und zur Formulierung von Verbesserungsvorschlägen geführt. Nach diesem Vorbild könnte ein Gremium eingesetzt werden, das zusätzlich mit Kompetenzen der Schlichtung und Mediation auszustatten wäre.

Drittens ist die Erstellung von betrieblichen Gleichstellungsberichten zwar im Betriebsverfassungsgesetz vorgesehen, die Erstellung ist jedoch nicht verbindlich vorgeschrieben und ihre Erfüllung wird auch nicht dokumentiert. Auch die ebenfalls vorgesehene Mitwirkung des Betriebsrats an der Entwicklung gleichstellungspolitischer betrieblicher Aktivitäten ist nicht sanktionsbewehrt. Hier liegt jedoch möglicherweise ein großes, bisher für die berufliche Gleichstellungspolitik in Deutschland ungenutzte Potenzial, wenngleich die Betriebsräte natürlich auch über begrenzte Ressourcen verfügen. Eine Entlastung könnte erzielt werden, wenn den Geschäftsführungen eine der schwedischen Strategie vergleichbare Verpflichtung zum Bericht und zur Erstellung von Gleichstellungsplänen – unabhängig vom Vorhandensein eines Betriebsrats – auferlegt würde, wobei den Betriebsräten durchaus Kontroll- und Beratungsfunktionen übertragen werden könnten. Dafür spräche, dass die Betriebsräte als Interessenvertretung der Beschäftigten eine gute Kenntnis betrieblicher Strukturen haben. Das Problem der prinzipiell begrenzten Zeitressourcen der Betriebsräte könnte durch die Entwicklung eines Netzwerkes regionaler Beratungsstellen (eventuell nach dem Vorbild der gewerkschaftlichen Technologieberatungsstellen) unter Einbeziehung von Gewerkschaftssekretariaten und Handelskammern erfolgen, die mit der gleichstellungspolitischen Beratung und Unterstützung der Betriebe zu beauftragen wären. Hierdurch könnten eine größere Transparenz über die Handlungschancen und -grenzen von gleichstellungspolitischen Aktivitäten vor dem Hintergrund regionaler Besonderheiten geschaffen und Lernprozesse unterstützt werden. Die Voraussetzung dafür wäre jedoch eine Förderung durch Landes- bzw. Bundesmittel. Diese Beratungsstrukturen würden auch denjenigen Betrieben offen stehen, die über keinen Betriebsrat verfügen.

Viertens zeigt sich schließlich im Vergleich, insbesondere mit Schweden und der Schweiz, dass auch das Monitoring-System in Deutschland bislang unterentwickelt ist. Bis vor Kurzem gab es eine offizielle regierungsamtliche Bestandsaufnahme der Gleichstellungspolitik in Deutschland nur im Rahmen der CEDAW-Berichterstattung, bis – angeregt durch die Aktivitäten der Hans-Böckler-Stiftung und an deren Format angelehnt – 2005 der erste „Genderbericht“ der Bundesregierung durch das Deutsche Jugendinstitut erstellt wurde (BMFSFJ 2005). Zuvor waren die jährlich erscheinenden Europäischen Beschäftigungsberichte (Europäische Kommission 2008b), die nationalen Berichte der Europäischen ExpertInnengruppen (EGGSIE 2007) sowie der WSI-Frauendatenreport (Bothfeld et al. 2005; Klammer et al. 2000) die Referenzen für die Beurteilung des Standes der beruflichen Gleichstellung in Deutschland. Vor allem durch die Thematisierung der beruflichen Gleichstellung durch die EU (MacRae 2006) sind mittlerweile mehrere Beratungs- und Analyseinstrumente zur Überprüfung einzelner Gleichheitsaspekte entwickelt und über das Internet bereitgestellt worden, ihre Anwendung ist jedoch nicht verbindlich geregelt.

Insgesamt wird deutlich, dass, im Vergleich mit den anderen Ländern, das Profil der deutschen Strategie zur beruflichen Gleichstellung zwar ähnlich umfassend ist, dass „Selbststeuerungspotenziale" der nicht-staatlichen Akteure (Betriebsräte, Gewerkschaften) aber bislang kaum genutzt werden. Dieser institutionelle ‚gender gap' wird ebenso am schwedischen und französischen Beispiel deutlich.

Die Fortentwicklung der deutschen Politik zur beruflichen Gleichstellung sollte daher in sehr viel stärkerem Maße den Governance-Charakter der beruflichen Gleichstellungspolitik beachten, der verschiedene Steuerungsinstrumente und Akteure systematischer miteinander kombiniert. Denn berufliche Gleichstellung ist nicht durch ein einfaches Steuerungsmodell nach dem Prinzip ‚one size fits all' zu erreichen. Vielmehr bedarf es eines ausdifferenzierten Instrumentariums, das auf umfassender sozialwissenschaftlicher Evaluation und Berichterstattung aufbauen sollte. Zu einer umfassenden Strategie gehören die Entwicklung von sanktionsbewehrten rechtlichen Vorschriften und Geboten, verbindliche und ausdifferenzierte prozedurale Regelungen sowie die Verbesserung des allgemeinen Informationsniveaus und eine systematischere Kommunikation und Beratung. Der internationale Vergleich hat einzelne und recht detaillierte Regulierungen aufgezeigt – so z.B. die starke U.S.-amerikanische Sanktionsbewehrung, die schweizerischen Prüfmöglichkeiten im Rahmen von Gerichtsverfahren, die schwedische Monitoringstrategie und die französische Arbeitsmarktregulierung. Weitere wissenschaftliche wie gleichstellungspolitische Aktivitäten sollten darauf gerichtet sein, nach weiteren guten Praktiken und deren Wirksamkeit zu forschen und schließlich den ‚Import' dieser guten Praktiken in den deutschen Kontext zu begleiten.

Literatur

Achatz, J. 2008: Die Integration von Frauen in Arbeitsmärkten und Organisationen. In: Wilz, S. M. (Hg.): Geschlechterdifferenz – Geschlechterdifferenzierungen. Ein Überblick über gesellschaftliche Entwicklungen und theoretische Positionen. Wiesbaden, S. 105-138

Achatz, J./Allmendinger, J./Hinz, T. 2000: Sex Segregation in Organizations. A Comparison of Germany and the U.S. ASA 2000 Meeting. Washington D.C., München

Adema, W./Thévenon, O. 2004: Babys und Arbeitgeber – die Schweiz im Vergleich zu anderen OECD-Ländern. In: Die Volkswirtschaft, 11/2004, S. 5-9

Ahlers, E./Klenner, Ch./Ziegler, A. 2009 (i.E.): Studie zur Anwendbarkeit der statistischen Regressionsanalyse („Schweizer Lohnmessmethode"). Wissenschaftliches Gutachten im Auftrag des Bundesministeriums für Arbeit und Soziales (BMAS). Berlin

Arbeitsgemeinschaft (Hg.) (2005): Evaluation der Wirksamkeit des Gleichstellungsgesetzes. Synthesebericht. Im Auftrag des Bundesministeriums für Justiz. Bern, Binningen

Baumann, B./Stremlow, J./Strohmeier, R. 2006: Rescaling Social Welfare Policies in der Schweiz. Nationaler Hintergrundbericht. Luzern

Bednarz-Braun, I. 2000: Berufliche Gleichstellungspolitik für Frauen in den USA, Großbritannien und Deutschland. Unterschiede, Gemeinsamkeiten, politische Schlußfolgerungen. Das Forschungsjahr 2000. München

Berg, A. 2001: EIRO comparative study on gender pay equity: The case of Sweden, www.eurofound.europa.eu/eiro/2002/01/word/se0110104s.doc, 9.1.2009

Berg, A. 2003: Questionnaire for EIRO comparative study on gender equality plans at the workplace – the case of Sweden (www.eurofound.europa.eu/eiro/2004/02/word/ se0310102s.doc, 8.1.2009)

Berghahn, S. 1997: Die Verrechtlichung des Privaten – allgemeines Verhängnis oder Chance für bessere Geschlechterverhältnisse? In: Kerchner, B./Wilde, G. (Hg.): Staat und Privatheit. Aktuelle Studien zu einem schwierigen Verhältnis. Opladen, S. 189-222

Betzelt, S. 2008: Activation Policies From a Gender-Sensible Citizenship Perspective. A Tentative Analytical Framework. Bremen

Bothfeld, S. 2005a: Vom Erziehungsurlaub zur Elternzeit. Politisches Lernen im Reformprozess. Frankfurt/M., New York

Bothfeld, S. 2005b: Arbeitsmarkt. In: Bothfeld et al. 2005, S. 111-188

Bothfeld, S. 2006: Das Elterngeld. Einige Anmerkungen zum Unbehagen mit der Neuregelung. In: femina politica, Jg. 15/Heft 2, S. 102-107

Bothfeld, S. 2008: Under reconstruction: Die Fragmentierung des deutschen Geschlechter regimes durch die neue Familienpolitik. Zentrum für Sozialpolitik (ZeS)-Arbeitspapier Nr. 1/2008 (http://www.zes.uni-bremen.de/ccm/content/veroeffentlichungen/arbeitspapiere.de;jsessionid=3B372EFC019138FCF00A8D3988351D3B?id=272, 18.6.2009)

Bothfeld, S./Klenner, C./Leiber, S./Thiel, A./Ziegler, A. 2005: Der WSI-FrauenDatenReport 2005. Handbuch zur wirtschaftlichen und sozialen Situation von Frauen. Berlin

Bothfeld, S./Kuhl, M. 2008: Gleichstellungspolitik und feministische Politikwissenschaft – eine „unsichtbare Avantgarde" der Governance-Forschung? In: Schuppert, G. F./Zürn, M. (Hg.): Governance-Forschung. Sonderheft der Politischen Vierteljahresschrift. Wiesbaden, S. 330-351

Bundesagentur für Arbeit 2008: Analyse des Arbeitsmarktes für Frauen und Männer. Nürnberg

Bundesamt für Statistik (BFS) 2003: Auf dem Weg zur Gleichstellung? Frauen und Männer in der Schweiz. Dritter statistischer Bericht. Neuchâtel

Bundesamt für Statistik (BFS) 2008: Gleichstellung von Frau und Mann: Der Arbeitsmarkt im internationalen Vergleich. Eine Auswahl von Gleichstellungsindikatoren in den Bereichen Bildung, Arbeit und Politik (www.bfs.admin.ch/bfs/portal/de/index/themen/20/05/blank/key/int_vergleiche.html, 20.11.2008)

Bundesamt für Statistik (BFS)/Eidgenössisches Büro für die Gleichstellung von Frau und Mann (EBG) 2008: Auf dem Weg zur Gleichstellung von Frau und Mann. Stand und Entwicklung (www.bfs.admin.ch/bfs/portal/de/index/themen/20/22/publ.html?publicationID=3375, 20.11.2008)

Bundesministerium für Familie, Senioren, Frauen und Jugend (BMFSFJ) 2005: Genderbericht. Berlin

Bundesministerium für Familie, Senioren, Frauen und Jugend (BMFSFJ) 2007: Gleichstellung im öffentlichen Dienst (www.bmfsfj.de/bmfsfj/generator/BMFSFJ/gleichstellung, did=98562.html, 20.2.2009)

Bundesministerium für Familie, Senioren, Frauen und Jugend (BMFSFJ) 2009a: Erfolgsfaktor Familie (www.erfolgsfaktor-familie.de/, 12.3.2009)

Bundesministerium für Familie, Senioren, Frauen und Jugend (BMFSFJ) 2009b: Lohngleichheitsinstrument Bund für Deutschland. Berlin

Bundesministerium für Familien, Senioren, Frauen und Jugend (BMFSFJ) 2009c: Dossier. Entgeltungleichheit zwischen Frauen und Männern in Deutschland. Berlin

Bundesregierung 2001: Bericht der Bundesregierung zur Berufs- und Einkommenssituation von Frauen und Männern. Berlin

Bundesregierung 2008: 3. Bilanz Chancengleichheit – Europa im Blick. Berlin

Chicha, M.-T. 2006: A comparative analysis of promoting pay equity: models and impacts. ILO Working Paper No. 49. Geneva

Colclough, C. 2004: Gender equality plans at the workplace (http://www.eurofound.europa.eu/eiro/2004/02/study/tn0402101s.htm, 23.10.2008)

Committee on the Elimination of Discrimination against Women (CEDAW) 2006a: Consideration of reports submitted by states parties under article 18 of the Convention on the Elimination of All Forms of Discrimination against Women. Combined sixth and seventh periodic report of state parties. Sweden. New York

Committee on the Elimination of Discrimination against Women (CEDAW) 2006b: Sixth periodic report on implementation of the Convention on the Elimination of All Forms of Discrimination against Women. France. New York

Committee on the Elimination of Discrimination against Women (CEDAW) 2008: Dritter Bericht der Schweiz über die Umsetzung des Übereinkommens zur Beseitigung jeder Form von Diskriminierung der Frau. New York

Deutscher Bundestag 1999: Antrag der Fraktion der SPD und der Fraktion BÜNDNIS 90/DIE GRÜNEN: Neue Initiativen zur Frauenbeschäftigung. Drucksache 14/1195. Berlin

Eidgenössisches Büro für die Gleichstellung von Frau und Mann (EBG) 2008: Gleichstellung im Erwerbsleben. Gleichstellung in der Familie (www.ebg.admin.ch/index.html?lang=de, 12.11.2008)

European Foundation for the Improvement of Living and Working Conditions (EFILWC) 2006: Fourth European Working Conditions Survey. Dublin

Europäische Kommission 2008a: Report on Equality between Women and Men 2008. Brüssel

Europäische Kommission 2008b: Employment in Europe. Hrsg. vom Directorate Employment, Social Affairs and Equal Opportunities. Brüssel

Eurostat o.J.: Indikatoren für Beschäftigungs- und Sozialpolitik. Europäische Kommission (Hg.) (http://epp.eurostat.ec.europa.eu/portal/page/portal/employment_and_social_policy_indicators/ introduction, 18.1.2009)

Expert Group on Gender, Social Inclusion and Employment (EGGSIE) 2007: Selbstdarstellung (www.mbs.ac.uk/research/europeanemployment/projects/gendersocial/index.aspx, 23.11.2008)

Fuchs, G. 2008a: Das schweizerische Gleichstellungsgesetz – ein liberaler Weg zur Gleichheit? In: Chronique Internationale, Heft 113, Version provisoire (http://www.gesine-fuchs.net/dokumente/Fuchs-GlG-Schweiz2008.pdf, 14.11.2009)

Fuchs, G. 2008b: Legal Opportunity Structures und Lohngleichheit: Die Schweiz und Deutschland im Vergleich. Pay Equity by Law Working Paper No. 1 (www.gesine-fuchs.net/ dokumente/payequity/WP1-schweiz-deutschland-2008.pdf, 3.2.2009)

GenderKompetenzZentrum 2009: Länderstudien zur Gleichstellungspolitik (www.gender-kompetenz.info/gendermainstreaming/strategie/gleichstellungspolitik/laenderstudien/, 2.3.2009)

Gonäs, L. 2003: Comments to Sweden's Action Plan for Employment 2003 (http://www.mbs.ac.uk/research/europeanemployment/projects/gendersocial/documents/NAP2003_SE.pdf, 13.1.2009)

Gunda-Werner-Institut der Heinrich-Böll-Stiftung (GWI) 2007: Europäische Geschlechterpolitiken – EU-Ländervergleich (www.gwi-boell.de/europa/eulaender.htm, 22.2.2009)

Hans-Böckler-Stiftung 2005: Antidiskriminierungsgesetz: Sorgen vor Klageflut sind unbegründet. Pressemittleilung der Hans-Böckler-Stiftung vom 11.2.2005 (www.boeckler.de/ 88363_32100.html, 2.3.2009)

Hochschild, A./Machung, A. 1989: The Second Shift: Working Parents and the Revolution at Home. New York

Holst, E. 2009: Führungskräfte-Monitor 2001-2006. Hrsg. vom BMFSFJ. Berlin

Jämställdhetsombudsmannen (JämO) 2005: Survey, Analysis and Action plan for equal pay. An in depth analysis on effects of the regulation of 2001. Stockholm

Kalev, A./Dobbin, F. 2006: Enforcement of Civil Rights Law in Private Workplaces. The Effects of Compliance Reviews and Lawsuits Over Time. In: Law & Social Inquiry, Vol. 31/no. 4, S. 855-903

Katz, C./Baitsch, C. 1997: Lohngleichheit für die Praxis: zwei Instrumente zur geschlechtsunabhängigen Arbeitsbewertung. Hrsg. vom EBG. Zürich

Katz, C./Baitsch, C. 2006: Arbeit bewerten – Personal beurteilen. Lohnsysteme mit Abakaba. Zürich

Killingsworth, M. R. 2002: Comparable Worth and Pay Equity. Recent Developments in the United States. In: Canadian Public Policy, Vol. 18/No. 1, S. 171-186

Klammer, U./Klenner, C./Radke, P./Ochs, C./Ziegler, A. 2000: WSI-FrauenDatenReport. Berlin

Klammer, U./Letablier, M.T. 2007: Family Policies in Germany and France: The Role of Enterprises and Social Partners. In: Social Policy & Administration, Vol. 41/No. 6, S. 672-692

Klenner, C. 2004: „Bilanz 2003“: Brauchen wir wirklich kein Gleichstellungsgesetz? In: femina politica, Jg. 13/Heft 1, S. 91-96

Koch, A. 2003: Equal Employment Policy in Germany. Limited Results and Prospects for Reform. In: Review of Policy Research, Vol. 20, S. 443-457

Koch, A. 2007: Teilzeitregelung in Führungspositionen für Beschäftigte mit Kindern. In: Aus Politik und Zeitgeschichte, Heft 7, S. 21-26

Kuhl, M. 2007: Umsetzungsbedingungen für eine europäische Gleichstellungsstrategie im post-kommunistischen Kontext: Gender Mainstreaming in Estland. Diss., Univ. Potsdam (http://opus.kobv.de/ubp/volltexte/2007/1515, 15.5.2009)

Kurz-Scherf, I. 2007: Soziabilität – auf der Suche nach neuen Leitbildern der Arbeits- und Geschlechterpolitik. In: Aulenbacher, B./Funder, M./Jacobsen, H./Völker, S. (Hg.): Arbeit und Geschlecht im Umbruch der modernen Gesellschaft. Wiesbaden, S. 269-284

Leicht, K. T. 2008: Broken Down by Race and Gender? Sociological Explanations of New Sources of Earnings Inequality. In: Annual Review of Sociology, Vol. 34, S. 237-255

Löfström, A. 2003: Overcoming barriers to equal pay in Sweden: monitoring gender mainstreaming. In: Magnusson, L./Mósesdóttir, L./Serrano Pascual, A. (Hg.): Equal pay and gender mainstreaming. Brussels, S. 247-277

MacRae, H. 2006: Rescaling Gender Relations. The Influence of European Directives on the German Gender Regime. In: Social Politics, Vol. 13, S. 522-550

Magvas, E./Spitznagel, E. 2002: Teilzeitarbeit. Neues Gesetz bereits im ersten Jahr einvernehmlich umgesetzt. IAB Kurzbericht, 23/2002

Maier, F. 2006: The Gender Pay Gap in Germany. Origins and policy responses. External report commissioned by and presented to the EU Directorate-general Employment, Social Affairs and Equal Opportunities, Unit G.1 ‚Equality between women and men'. Berlin

Maier, F./Carl, A.-H. 2003: The Costs of Non-Equality. German Report (final version). Manchester

Mayntz, R. 2004: Governance im modernen Staat. In: Benz, A. (Hg.): Governance – Regieren in komplexen Regelsystemen. Eine Einführung. Wiesbaden, S. 65-76

Meilland, C. 2004: Questionnaire for EIRO comparative study on gender equality plans at the workplace – the case of France (www.eurofound.europa.eu/eiro/2004/02/word/fr0310107s.doc, 25.1.2009)

Ministère du travail 2007: Dossier de presse – Conférence sociale tripartite: égalité professionnelle et salariale hommes-femmes. Pressemitteilung vom 26.11.2007

Müller, P./Kurtz, D. 2004: Gender Mainstreaming als ‚roter Faden' der aktiven Arbeitsförderung durch die Bundesagentur für Arbeit? In: Zeitschrift für Evaluation, Heft 2, S. 265-295

National Women's Law Center (NWLC) 2008: A Platform for Progress. Building a Better Future for Women and Their Families (www.nwlc.org/details.cfm?id=3317&section=infocenter, 12.12.2008)

National Women's Law Center (NWLC) 2009: President Obama's FY 2010 Budget. A New Direction for Women and Families (www.nwlc.org/details.cfm?id=3484&section=tax, 27.2.2009)

Numhauser-Henning, A. 2007: Sweden. In: Network of legal experts in the fields of employment, social affairs and equality between men and women. Brussels, S. 90-93

Office for Federal Contract Compliance Programs (OFCCP) 2002: Facts on Executive Order 11246 – Affirmative Action (https://www.dol.gov/esa/ofccp/regs/compliance/aa.htm, 10.1.2009)

Office for Federal Contract Compliance Programs (OFCCP) 2009: Higher and Higher. Record Financial Remedies for a Record Number of American Workers in FY 08 (www.dol.gov/esa/ofccp/regs/compliance/FY2008_Accomp.html, 11.1.2009)

Organisation for Economic Co-operation and Development (OECD) 2004: Employment Outlook 2004. Paris

Organisation for Economic Co-operation and Development (OECD) o.J.: OECD.Stat Extracts (http://stats.oecd.org/, 23.1.2009)

Organisation for Economic Co-operation and Development (OECD) 2007: Babies and Bosses. Reconciling Work and Family Life. Paris

Organisation for Economic Co-operation and Development (OECD) 2008a: Employment Outlook 2008. Paris

Organisation for Economic Co-operation and Development (OECD) 2008b: Education at a Glance 2008. Paris

Pascall, G./Manning, N. 2000: Gender and social policy: comparing welfare states in Central and Eastern Europe and the former Soviet Union. In: Journal of European Social Policy, Vol. 10/No. 3, S. 240-266

Pfarr, H. 2001: Ein Gesetz zur Gleichstellung der Geschlechter in der Privatwirtschaft. Düsseldorf

Plantenga, J./Remery, Ch. 2006: The gender pay gap – Origins and policy responses. A comparitive review of 30 European countries. Europäische Kommission, Generaldirektion Beschäftigung, Soziales und Chancengleichheit (Hg.). Brüssel

Regeringskansliet 2008: More time for young children. Stockholm

Regeringskansliet 2009: New anti-discrimination and a new agency. The Equality Ombudsman. Stockholm

Reuter, S./Mazur, A.M. 2003: Paradoxes of Gender-Biased Universalism: The Dynamics of French Equality Discours. In: Liebert, U. (Hg.): Gendering Europeanisation. Frankfurt/M., S. 47-82

Schmidt, T./Schmitt, C. 2005: Erwerbsverläufe. Berichterstattung zur sozio-ökonomischen Entwicklung in Deutschland. In: Soziologisches Forschungsinstitut (SOFI)/Institut für Arbeitsmarkt- u. Berufsforschung (IAB)/Institut für Sozialwissenschaftliche (ISF)/Internationales Institut für empirische Sozialforschung (INIFES) (Hg.): Berichterstattung zur sozio-ökonomischen Entwicklung in Deutschland – Arbeit und Lebensweisen. Wiesbaden, S. 303-322

Schumm, W. 2000: Geschlechterpolitik in Unternehmen. Analyse zur betrieblichen Frauenförderung in der Bundesrepublik. Frankfurt/M., New York

Schwedische Regierung 2007: National Reform Plan. European Employment Strategy. Stockholm

Schwedisches Institut 2007: Gleichstellung in Schweden. Tatsachen. Stockholm (http://www.sweden.se/upload/Sweden_se/german/factsheets/SI/Gleichstellung_in_Schweden_TS82n_Low.pdf)

Schweikert, B. 2002: Alles Gender – oder? Die Implementierung von Gender Mainstreaming auf Bundesebene. In: Bothfeld, S./Gronbach, S./Riedmüller, B. (Hg.): Gender Mainstreaming – Ein innovatives Instrument der Gleichstellungspolitik. Zwischenberichte aus der politischen Praxis. Frankfurt/M., S. 83-195

Semaine sociale Lamy 2009: Discrimination, égalité de traitement: où en est-on? H. 1381, 6.1.2009, S. 12-14

Service du droit des femmes 2008: L'égalité entre les femmes et les hommes – Chiffres clefs 2007 (www.travail-solidarite.gouv.fr/espaces/femmes-egalite/rubrique-technique/chiffres-cles- 2007- egalite-entre-femmes-hommes.html, 22.2.2009)

Silvera, R. 2006: The gender pay gap in France. Origins and policy responses. EGGSIE-Report. Manchester

Straubhaar, Th./Werner, H. 2003: Arbeitsmarkt Schweiz – Ein Erfolgsmodell? In: Mitteilungen aus der Arbeitsmarkt- und Berufsforschung (MittAB), H. 1/2003, S. 60-76

Stiegler, B. 2005: Antidiskriminierung: Erschöpfung in der Geschlechterpolitik? Friedrich-Ebert-Stiftung, Expertisen zur Frauenforschung. Bonn (http://library.fes.de/pdf-files/asfo/03016x.pdf, 21.2.2009)

Tomaskovic-Devey, D./Stainback, K. 2007: Discrimination and Desegregation. Equal Opportunity Progress in U.S. Private Sector Workplaces since the Civil Rights Act. In: The Annals of the American Academy of Political and Social Science, No. 609, S. 49-84

Tondorf, K./Ranftl, E. 2003: Leitfaden zur Anwendung des Grundsatzes der Entgeltgleichheit von Männern und Frauen bei gleichwertiger Arbeit. Berlin

U.S. Bureau of Labor Statistics (BLS) 2008: Women in the Labor Force. A Databook (2008 Edition) (http://www.bls.gov/cps/wlf-databook-2008.pdf, 9.1.2009)

U.S. Equal Employment Opportunity Commission (EEOC) 2009a: Sex-Based Charges FY 1997-FY 2007 (www.eeoc.gov/stats/sex.html, 18.12.2008)

Wahl, A. v. 1999: Gleichstellungsregime. Berufliche Gleichstellung von Frauen in den USA und in der Bundesrepublik Deutschland. Opladen

Women's Bureau 2008: Quick Facts on Women in the Labor Force in 2007. Washington D.C.

Anhang

Tab. 1.3: Indikatoren zur beruflichen Gleichstellung[1)]

			DE	CH	FR	SW	US	EU-15	OECD
1. Zugang zu bezahlter Beschäftigung	Erwerbstätigenquote[a]	Männer (2007)	74,7	85,6	68,6	78,0	77,8	74,3	76,0
	Erwerbstätigenquote[a]	Frauen (2007)	63,2	71,6	59,4	73,2	65,9	59,6	57,5
	Differenz zwischen ETQ der Frauen und Männer[a]	1995	23,5	24,7	21,9	3,5	17,6		
	Differenz zwischen ETQ der Frauen und Männer[a]	2005	15,2	16,3	16,1	6,4	17,2		
	ETQ (Kinder u. 3 J.)[a]	Frauen (2005)	36,1	58,3	53,7	71,9	54,2	51,1	51,9
	ETQ (Kinder 3-5 J.)[a]	Frauen (2005)	54,8	61,7	63,8	81,3	62,8	58,2	61,3
	ETQ (Kinder 6-16 J.)[a]	Frauen (2005)	62,7	77,0	61,7	76,1	73,2	63,2	63,2
	ETQ (Kinder u. 12 J.)[b]	u. 12 J. (2005)	62,7		65,9				
	ETQ (alleinerz.)[b]	Frauen (2005)	62,0	83,8	70,1	81,9	73,8		70,6
	AloQ[a]	Männer (2007)	8,6	3,0	7,5	5,9	4,8	6,4	5,5
	AloQ[a]	Frauen (2007)	8,9	4,6	8,6	6,4	4,6	7,9	6,0
	Langzeit AloQ (12 Mon. u. länger)[a]	Männer (2007)	57,5	37,9	42,8	14,5	10,7	42,8	29,3
	Langzeit AloQ (12 Mon. u. länger)[a]	Frauen (2007)	55,6	43,0	41,7 (2006)	11,4	9,0	41,9	29,4
2. Qualität der bezahlten Beschäftigung	Gender wage gap[b, 2)]	1997	24,0	25,0 (1996)	10,0	17,0	24,0		21,0
	Gender wage gap[b, 2)]	2007	23,0 (2005)	19,0 (2006)	12,0 (2005)	15,0 (2004)	20,0		18,0
	Teilzeitquote[a]	Männer (2007)	7,9	8,7	5,0	9,5	7,6	7,2	7,5
	TZ-Anteil an allen Beschäftigten[a]	2007	19,3	18,7	19,7	35,0	31,6	22,0	27,2
	TZ-Anteil an allen Beschäftigten[a]	Frauen (2007)	39,2	45,6	23,1	19,7	17,9	31,7	25,3
	TZ-Anteil an allen Beschäftigten[a]	2007	80,7	81,3	80,3	65,0	68,4	78,0	72,8
	Unfreiwillige Teilzeit ETQ[a]	Männer (2007)	27,1	6,4	24,1	18,9			17,7
	Anteil Unfreiwillige TZA ETQ[a]	Frauen (2007)	16,3	5,2	27,9	22,1			15,3
	Armutsrisiko, >65 J.[b]	Frauen (2007)	18,0		18,0	14,0			
	Anteil befristeter Beschäftigung[a]	Männer (2007)	14,2	12,8	12,4	15,0	4,2	13,9	12,8
	Anteil befristeter Beschäftigung[a]	Frauen (2007)	14,2	13,2	14,9	19,9	4,2	15,7	19,9
	Anteil der Frauen an den befristet Beschäftigten[a]		47,1	47,2	53,3	56,9	48,2	49,8	51,5

Tab. 1.3: (Fortsetzung)

			DE	CH	FR	SW	US	EU-15	OECD
3. Horizontale und vertikale Arbeitsmarktsegregation	Anteil der Frauen (in % der Männer) in tertiärer Ausbildung[a]	Frauen (2004)		80,0	128,0	155,0	139,0		
	Leitende Position[a] (Management)	Frauen (2000)		21,2			30,0		
	Leitende Position[b] (Management)	Frauen (2001)	27,0		35,6	30,3			
	Leitende Position[b] (Management)	Männer (2001)	73,0		64,4	69,7			
	Leitende Position[b] (Management)	Frauen (2006)	27,4		38,5	31,8			
	Leitende Position[b] (Management)	Männer (2006)	72,6		61,5	68,2			
	Horizontale Segregation[b]	2001	27,0		26,6	28,0			
	Horizontale Segregation[b]	2006	26,5		26,6	26,8			
	Sektorale Segregation[b]	2001	18,2		17,4	21,2			
	Sektorale Segregation[b]	2006	18,2		18,1	21,6			

1) Alle Angaben, wenn nicht anders vermerkt, in Prozent.
2) Der gender wage gap ist nicht bereinigt und wird berechnet als die Differenz zwischen den standardisierten Bruttolöhnen (Median) von Männern und Frauen im Verhältnis zu den standardisierten Bruttolöhnen (Median) der Männer. Für weitere Informationen zu den nationalen Datenquellen, Erhebungs- und Berechnungsmethoden des gender wage gap, siehe: www.oecd.org/els/employment/outlook. Quelle: OECD database on earnings distribution.

Quellen:

a OECD.stat, OECD database on earnings distributions, Labour Force Statistics, OECD Employment and Labour Market Statistics; Paris.
b Eurostat, European Labour Force Survey, European Working Conditions Survey, European Survey of Income and Living Conditions; Luxemburg

Tab. 1.4: Internationales Berichtswesen

Organisation		Name des Berichts/der Studie	Hauptindikatoren/Methode	Länder/Periodizität	Quellen/Methoden	Info unter
Vereinte Nationen (UN)	A	Human Development Report, zwei genderrelevante Indizes: – Gender-related Development Index (GDI) – Gender Empowerment Measure (GEM)	Grundlegende genderrelevante Indikatoren (Wirtschaft, Bildung, Politik) zum Entwicklungsstand des jeweiligen Landes	Alle Mitgliedsländer der UN/jährlich	Aus genderrelevanten Basisindikatoren werden genderrelevante Indizes berechnet	http://hdr.undp.org/en/
	B	Einzelne Staatenberichte der unterzeichnenden Regierungen über den Stand der Gleichstellungsgesetzgebung (seit 1980) im Rahmen der CEDAW-Implementation	Soziale, ökonomische, rechtliche Gleichstellung sowie Schutz vor Gewalt	Alle Unterzeichnerländer der CEDAW berichten/min. alle vier Jahre	Regierungsbericht, „Schattenberichte" der gleichstellungspolitischen Nichtregierungsorganisationen; Beratung in CEDAW-Sitzungen des entsprechenden UN-Sachverständigenausschusses, der Empfehlungen an nationale Regierungen formuliert	http://un.org/womenwatch/daw/cedaw/
World Economic Forum (private Stiftung)	A	Global Gender Gap Report	(Sehr grober) Gleichstellungsindex für die Bereiche Wirtschaft, Bildung, Politik und Gesundheit	128 Länder (Deutschland 2008 auf Rang 11)/jährlich seit 2005	Ein Indikator aus eigener Erhebung, weitere Indikatoren zur Berechnung des Index stammen aus öffentlich zugänglichen Datenbanken internationaler Organisationen und nationaler Statistikämter	http://www.weforum.org/en/Communities/Women%20Leaders%20and%20Gender%20Parity/index.htm

Tab. 1.4: (Fortsetzung)

Organisation		Name des Berichts/der Studie	Hauptindikatoren/Methode	Länder/Periodizität	Quellen/Methoden	Info unter
Organisation für wirtschaftliche Zusammenarbeit und Entwicklung (OECD)	A	OECD.stat: statistische Datenbank, enthält genderrelevante Indikatoren	Breites Bündel ökonomischer und sozialer Indikatoren	OECD-Mitgliedsstaaten, unregelmäßig; statistische Informationen/jährlich	Eigene Berechnungen der OECD-Statistikabteilung auf Grundlage von nationalen Erhebungen	http://webnet.oecd.org/wbos/
	B	1. Keine speziellen Gender-Berichte, aber genderrelevante Kapitel in den Employment Outlooks (bes. 2001, 2002, 2008), sowie: – Education at a Glance (2008) – Babies and bosses (2007)	Einzelne Aspekte der Beschäftigungsfähigkeit von Frauen (Antidiskriminierung, Kinderbetreuung, Ausbildung)		Berichte von LänderexpertInnen und MitarbeiterInnen der OECD-Zentrale, Sekundäranalysen	Gender-Broschüre unter: http://www.oecd.org/dataoecd/44/52/37962502.pdf
Europäische Union (EU)	A	– Beschäftigung in Europa (seit 1998) – Bericht zur Gleichstellung von Frau und Mann (seit 2000)	Zugang zu Beschäftigung, Umfang der Beschäftigung, Arbeitslosigkeit, besondere Beschäftigungsformen, Arbeitszeit	EU 27/jährlich	Auswertung der europäischen Arbeitskräftestichprobe	EU-Kommission, Generaldirektion Beschäftigung, soziale Angelegenheiten und Chancengleichheit: http://ec.europa.eu/social/home.jsp?langId=de
	B	Verschiedene genderrelevante Analysen, z.B.: – Gender Mainstreaming of Employment Policies (2008) – The Gender Pay Gap (2006)	Einzelne, für die berufliche Gleichstellung relevante, Aspekte	EU 27, Norwegen, Liechtenstein, Island/unregelmäßig	Einzelne thematische Länderberichte durch die ExpertInnen der EGGSIE-Gruppe	http://www.mbs.ac.uk/research/european employment/projects/gender-social/index.aspx

Tab. 1.4: (Fortsetzung)

Organisation		Name des Berichts/der Studie	Hauptindikatoren/Methode	Länder/Periodizität	Quellen/Methoden	Info unter
Europäische Stiftung zur Verbesserung der Lebens- und Arbeitsbedingungen (Eurofound, EFILWC)	A	European Working Conditions Survey (EWCS: 2005), verschiedene Auswertungen, z.B.: – Women at Work: Paths to Equality (2008)	Geschlechtersegregation, Arbeitszeit, Physische Arbeitsbelastung, objektive und subjektive Beschäftigungssicherheit	EU 27, Schweiz, Norwegen, Türkei, Kroatien; EWCS/ alle fünf Jahre, Auswertungen unregelmäßig	Datenerhebung und -auswertung durch EFILWC-Zentrale (EU-Einrichtung), LänderexpertInnen	http://www.eurofound.europa.eu/ 4. Bericht unter: http://www.eurofound.europa.eu/ pubdocs/2006/98 / en/2/ef0698en. pdf (S.10-13)s
	B	Verschiedene Gleichstellungsanalysen durch das European Industrial Relations Observatory online (EIROnline), z.B.: – Gender Pay Equity in Europe (2002) – The Adoption of Gender Equality Plans at the Workplace (2004) – Gender Mainstreaming in Industrial Relations (2005) – Gender and Career Development (2007)	Industrielle Beziehungen: Gesetzliche und tarifvertragliche Regelungen, Arbeitsmarktsegregation, Entgeltdifferenzen, Gleichstellungspläne usw.	EU-27/unregelmäßig	Analysen durch Netzwerk von nationalen Forschungsinstituten in den EU-Mitgliedsländern; zentrales EU-weites Institut in Dublin (EFILWC)	http://www.eurofound.europa.eu/ eiro/

Tab. 1.4: Internationales Berichtswesen

Organisation		Name des Berichts/der Studie	Hauptindikatoren/Methode	Länder/Periodizität	Quellen/Methoden	Info unter
Nationale Regierungen	A, B	– Nationale Aktionspläne (bis 2004) – Nationale Reformpläne (seit 2005) im Rahmen der Europäischen Beschäftigungsstrategie (EBS)	– Beschäftigungspolitik generell im Hinblick auf die Leitlinien – Einzelne genderrelevante Aspekte: Zugang zu Beschäftigung, Führungspositionen, Equal Pay	Jedes EU-Mitglied im Rahmen der Berichtspflicht/zunächst jährlich (NAP), nun dreijährlich (NRP)	Darstellung der eigenen Regierungspolitik entlang der EU-Leitlinien für die jeweilige Berichtsperiode	http://ec.europa.eu/employment_social/employment_strategy/national_de.htm
Gunda-Werner-Institut der Heinrich Böll Stiftung (GWI)	B	Verschiedene genderrelevante Analysen, z.B.: – EU-Geschlechterpolitik – Gleichberechtigung und Gender in Europa (2007)	Gesetzliche Rahmenbedingungen für soziale und ökonomische Gleichstellung sowie Übersicht über relevante Akteure	EU-27/unregelmäßig	Dokumentenrecherche, Sekundäranalyse	http://www.gwi-boell.de/de/web/432.htm
McKinsey	A, B)	Zwei gleichstellungsrelevante Analysen: – Women Matter (2007) – A Wake-Up Call for Female Leadership in Europe (2007)	Frauen in Führungspositionen, Diversität in Betrieben	EU-15, EU-25/einmalig	EU-Datenanalyse, Interviews	http://www.mckinsey.com/locations/paris/home/womenmatter/pdfs/Women_matter_oct2007_english.pdf http://www.mckinsey.com/careers/women/making_a_difference/social_sector_impact/~/media/Reports/Women/Mckinsey_women_wakeupcall.ashx

A = Statistische Analysen; *B* = Regulierung (Eigene Recherche)

2. Berufliche Segregation

Juliane Achatz, Miriam Beblo, Elke Wolf

Kapitel 2 **Das Wichtigste in Kürze**

- Wie auf dem gesamten Arbeitsmarkt gibt es auch innerhalb von Betrieben eine ausgeprägte Trennung von Frauen- und Männerarbeit mit jeweils unterschiedlichen Aufgaben, Berufsfeldern und hierarchischen Positionen.
- Die berufliche Trennung von Frauen und Männern ist von politischem und gesellschaftlichem Interesse, weil eine ungleiche Verteilung der Geschlechtergruppen auf verschiedene Berufe mit beruflichen Vor- wie auch mit Nachteilen verbunden sein kann.
- Die berufliche Segregation auf dem Arbeitsmarkt zeigt sich am deutlichsten bei der Überrepräsentation von Männern in handwerklichen, gewerblich-technischen und Ingenieurberufen und der Überrepräsentation von Frauen in Büro-, Verkaufs- und Dienstleistungsberufen.
- Betriebe spielen bei der Verteilung von Frauen- und Männerarbeit eine zentrale Rolle, da sie über Einstellungen, Beförderungen und Entlassungen entscheiden sowie Anforderungs- und Aufgabenprofile für Stellenbesetzungen festlegen.
- In derartige Zuweisungsentscheidungen fließen stereotype Annahmen über Geschlechterunterschiede bei Wertvorstellungen, Neigungen, Fähigkeiten wie auch über die häusliche Rollenteilung ein.
- Innerhalb von Betrieben ist die berufliche Geschlechtertrennung zwischen 1996 und 2005 gesunken.
- Im Vergleich zur Segregation auf dem Arbeitsmarkt werden die beruflichen Geschlechtergrenzen in Betrieben tendenziell eher abgeschwächt. Allerdings bestehen zwischen den Betrieben große Unterschiede in der Ausprägung der Segregation.
- In Betrieben mit durchschnittlich höheren Beschäftigtenzahlen, jüngeren Belegschaften und mit höheren Anteilen von Personen mit Hochschulabschluss oder Personen ohne Berufsausbildung ist die Segregation geringer ausgeprägt.
- Das Vorhandensein einer betrieblichen Interessenvertretung geht ebenfalls mit einer geringeren beruflichen Trennung einher.
- Gleichstellungspolitische Maßnahmen sollten vor allem auf den Abbau der vertikalen Segregation und die damit in Zusammenhang stehende Lohnungleichheit gerichtet sein.

2.1 Betriebliche Arbeitsteilung aus Geschlechterperspektive

Betriebe spielen bei der Verteilung von Erwerbsarbeit eine zentrale Rolle. Sie stellen Arbeitsplätze bereit und legen die dafür erforderlichen Aufgaben- und Qualifikationsprofile fest. Betriebliche Akteure gestalten die Vertragsbeziehungen mit den ArbeitnehmerInnen und entscheiden über Einstellungen, Beförderungen und Entlassungen. Gleichermaßen bieten betriebliche Arrangements wie Arbeitszeitregelungen, Gratifikationen oder Karrierepfade den Beschäftigten auch Anreize für den Einstieg in das und den Verbleib im Unternehmen. Als Organisationen der Erwerbsarbeit haben sie einen wesentlichen Einfluss auf die Berufs- und Einkommensmöglichkeiten und somit auf die soziale Positionierung von Menschen (Lengfeld 2007).

In Betrieben wird Erwerbsarbeit selten geschlechtsneutral organisiert. Wir sehen das an der geschlechtstypischen Arbeitsteilung in Unternehmen: Es gibt eine ausgeprägte Trennung von Frauen- und Männerarbeitsbereichen mit jeweils unterschiedlichen Aufgaben, Berufen und hierarchischen Ebenen (u.a. Beblo et al. 2008; Heintz et al. 1997; Hinz/Schübel 2001; Kleinert et al. 2007; Kapitel 7). Diese Teilung der beruflichen Welten von Frauen und Männern ist vor allem deshalb von Interesse, weil Vor- oder Nachteile hinsichtlich der Möglichkeiten zur Vereinbarkeit von Familie und Beruf, der Einstiegs- und Aufstiegsmöglichkeiten oder der Entlohnung daran geknüpft sind (Achatz et al. 2004; Barnett et al. 2000; Gorman/Kmec 2009; Heinze/Wolf 2009; Reskin et al. 1999).

Auch wenn die Grenzziehung zwischen Frauen- und Männerarbeit ein charakteristisches Merkmal von vielen Betrieben ist, variiert das Ausmaß, in dem die Erwerbsarbeit nach Geschlecht strukturiert wird. Betriebe unterscheiden sich hinsichtlich ihrer Struktureigenschaften, Regeln und Praktiken, mit denen die Geschlechtertrennung wie auch die damit verbundenen Vor- oder Nachteile verstärkt oder abgeschwächt werden (Nelson/Bridges 1999; Tomaskovic-Devey et al. 1996; Reskin et al. 1999).

Wie solche Trennlinien in Betrieben entstehen und welche Faktoren die inner- und zwischenbetrieblichen Unterschiede der Geschlechtersegregation begleiten, ist Thema dieses Kapitels. Nach einer kurzen Erläuterung von zentralen Analysekonzepten im zweiten Abschnitt geht es im darauf Folgenden zunächst um die Frage, ob sich die berufliche Geschlechtertrennung im Lauf der Zeit verändert hat. Da die betriebsgebundene Geschlechtertrennung in Deutschland bislang noch wenig erforscht ist, betrachten wir zunächst die Entwicklung auf dem gesamten Arbeitsmarkt (Abschnitt 2.3). Im Anschluss daran werden Erklärungsansätze der beruflichen Trennung von Frauen und Männern sowie wichtige empirische Befunde vorgestellt und diskutiert. Abschnitt 2.4 erörtert sowohl den Einfluss der individuellen Berufswahlentscheidungen und des Ausbildungssystems, als auch die Frage, wie Geschlechterverteilungen in Betrieben erzeugt, aufrecht erhalten oder auch abgeschwächt werden. Im fünften Abschnitt werden dazu Befunde aus einer eigenen aktuellen Studie vorgestellt. Es wird gezeigt, in welchem Ausmaß Betriebe berufliche Geschlechtergrenzen ziehen und welche Merkmale damit assoziiert sind. Der letzte Abschnitt (2.6) zeigt den weiteren Forschungsbedarf auf und diskutiert gleichstellungspolitische Implikationen.

2.2 Berufliche Segregation: Begriffsklärung und Analysekonzepte

Frauen und Männer arbeiten in der Berufswelt zwar Seite an Seite, sie üben aber oft unterschiedliche Tätigkeiten aus (Beblo et al. 2008; Bielby/Baron 1984; Hinz/Schübel 2001). Diese Tendenz der Ungleichverteilung der Geschlechtergruppen auf Berufe wird mit dem Begriff der Segregation bezeichnet (Siltanen et al. 1995). Abbildung 2.1 veranschaulicht die beruflichen Trennlinien am Beispiel der 30 häufigsten von insgesamt 298 Berufsbezeichnungen.[1] Sie zeigt die Anteile weiblicher Beschäftigter im Jahr 2005 in diesen Berufen, die hier nach der Höhe des Frauenanteils sortiert sind. Auch wenn es sich um eine Auswahl von Berufen handelt, so gibt sie doch Aufschluss über die wesentlichen Charakteristiken einer nach Geschlecht strukturierten Berufswelt. Unter den 30 häufigsten Berufen finden wir 17, die überwiegend von Männern ausgeübt werden, mit einem Frauenanteil unter 30%. Dazu zählen vor allem gewerblich-technische Berufe wie Schlosser. Der Frauenteil liegt hier unter einem Prozent. Zu den häufigsten Männerberufen gehören auch mehrere Ingenieurberufe mit einem Frauenanteil von höchstens zwölf Prozent. Betrachten wir die quantitativ von Frauen dominierten Berufe, so ist festzustellen, dass sie auf ein weitaus engeres Berufespektrum konzentriert sind. Es gibt nur sechs Berufe mit einem Frauenanteil von 70% und mehr. In erster Linie handelt es sich um soziale Berufe und um Schreibkräfte. Vorschulische Kinderbetreuung, einfache Büro- und Reinigungstätigkeiten sind mit einem Frauenanteil von über 90% fast reine Frauenbastionen. Eher selten sind auch Mischberufe – insgesamt sieben –, in denen der Frauenanteil zwischen 31% und 69% liegt. Die Berufsstruktur des deutschen Arbeitsmarktes unterscheidet sich im Wesentlichen nicht von der in vielen EU-Ländern beobachteten typischen Trennung in so genannte Frauen- und Männerberufe (Steinmetz 2006). Frauen sind in vielen Ländern überproportional in nicht-manuellen Berufen, insbesondere in den Büro-, Verkaufs- und Dienstleistungsberufen, vertreten, deren Status zudem oft niedriger ist als der von nicht-manuellen Männerberufen. In Deutschland sind das beispielsweise Geschäftsführer. Manuelle Berufe (Handwerk, gewerblich-technische Berufe) werden in

1 Die Datenbasis ist in Beblo et al. (2008) genauer beschrieben.

Deutschland wie in zahlreichen anderen Ländern überproportional von Männern ausgeübt (Charles/Grusky 2004).

Abb. 2.1: Frauenanteile in den 30 häufigsten Berufen, 2005

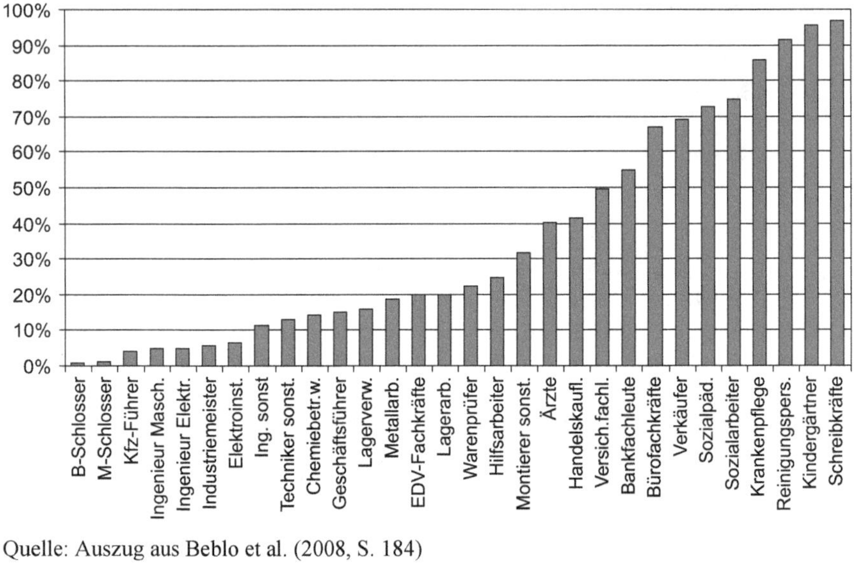

Quelle: Auszug aus Beblo et al. (2008, S. 184)

Um das Ausmaß der beruflichen Segregation quantitativ zu bestimmen, wurde eine Vielzahl von Maßzahlen entwickelt.[2] Die Geschlechtsgebundenheit von *einzelnen* Berufen wird wie in Abbildung 2.1 mit dem Anteilswert einer Geschlechtergruppe dargestellt, z.B. um hoch segregierte Berufe zu identifizieren, oder um die Präsenz von Frauen in statushohen Tätigkeiten wie Führungsfunktionen darzustellen (vgl. hierzu Kapitel 7).

Um die Tendenz der beruflichen Segregation von Frauen und Männern in einer *Vielzahl von Berufen* beschreiben zu können, wurden zusammenfassende Indexmaße entwickelt. In empirischen Arbeiten wird häufig der Dissimilaritätsindex von Duncan und Duncan (1955) verwendet, der im Vergleich zu anderen Indexmaßen anschaulich zu interpretieren ist. Der Index variiert zwischen Null und Eins und beschreibt den Anteil der Frauen oder Männer, die ihren Beruf wechseln müssten, damit die Verteilung von Männern und Frauen innerhalb der Berufe ihrer Verteilung in der Gesamtbeschäftigung entspräche.

---

2 Ein kurzer Überblick findet sich bei Achatz (2005), für eine ausführliche Herleitung vgl. Flückiger/Silber (1999).

Kasten 2.1: Der Dissimilaritätsindex (Duncan-Index)

... ist formal so definiert:

$$I_D = \frac{1}{2}\sum_{i=1}^{n} |m_i - f_i|$$

f_i = Anzahl der Frauen in Beruf *i* im Verhältnis zur Anzahl beschäftigter Frauen insgesamt,
m_i = Anzahl der Männer in Beruf *i* im Verhältnis zur Anzahl beschäftigter Männer insgesamt
n = Anzahl der Berufe

Der Index erreicht den Wert null, wenn Frauen und Männer gleichmäßig über alle Berufe verteilt sind, und den Wert eins, wenn in allen einbezogenen Berufen ausschließlich eine Geschlechtergruppe vertreten ist. Neben der verbreiteten Anwendung und anschaulichen Interpretation hat diese Maßzahl auch den Vorteil, das Ausmaß der berufsgebundenen Geschlechtersegregation im Aggregat von Arbeitsmärkten, Branchen oder – wie in Abschnitt 5 dieses Kapitels – von Betrieben abbilden zu können. Ein Nachteil liegt darin, dass damit zwar das gesamte Ausmaß der Ungleichverteilung von Frauen und Männer auf Berufe erfasst wird, nicht aber die darin enthaltenen Dimensionen (Hakim 1996). Wie zu Beginn des Abschnitts gezeigt, üben Frauen zum einen mehrheitlich andere Berufe aus als Männer und sie konzentrieren sich auf ein engeres Berufespektrum *(horizontale Segregation)*. Zum anderen sind sie in den gleichen Berufen oder Berufsfeldern aber auch häufiger auf rangniedrigeren Positionen platziert, was mit dem Begriff der *vertikalen Segregation* bezeichnet wird (Blackburn et al. 2001; Jacobs 1999; Padavic/Reskin 2002).

Die Geschlechtstypik von Tätigkeiten kann darüber hinaus auch qualitativ, anhand von geschlechtsbezogenen Nebenbedeutungen, die Berufen anhaften, beschrieben werden. Solche Konnotationen beinhalten Annahmen, wonach Männlichkeit und Weiblichkeit mit unterschiedlichen Fähigkeiten, Kompetenzen und Qualitäten einhergeht, die als *normal* und *natürlich* angesehen werden und denen in der Berufsarbeit eine Bedeutung beigemessen wird (Lorber 1999). So werden beispielsweise soziale und pflegerische Berufe oft mit vermeintlich weiblichen Eigenschaften wie Fürsorglichkeit in Verbindung gebracht. Die quantitative Geschlechterzusammensetzung und die Geschlechtstypik von Berufen müssen nicht notwendigerweise zusammenfallen, wie Britton (2000) am Beispiel des Aufsichtspersonals in Frauengefängnissen in den USA zeigt. Obwohl hier mehrheitlich Frauen beschäftigt sind, ist unter dem Aufsichtspersonal die Vorstellung verbreitet, dass die Berufsarbeit überwiegend männlich konnotierte Eigenschaften erfordert.

Der nun folgende Überblick über den Forschungsstand informiert über vielfältige Facetten der beruflichen Geschlechtertrennung: Neben der quantitativen Entwicklung der Gesamtsegregation und einzelner Berufsbereiche werden sowohl betriebliche Einflussfaktoren wie auch qualitative Aspekte der Geschlechtertrennung wie kulturell verankerte Annahmen über männliche und weibliche Eigenschaften und Handlungsmuster und ihre Bedeutung für die Konstruktion von beruflichen Trennlinien erläutert. Die eigenen empirischen Ergebnisse zur betriebsgebundenen Geschlechtertrennung basieren auf einer statistischen Analyse der Gesamtsegregation. Der Aspekt der vertikalen Segregation wird in einem eigenen Kapitel vertieft (vgl. Kapitel 7).

2.3 Berufliche Segregation auf dem deutschen Arbeitsmarkt

Der Hauptstrang der bisherigen Forschung über das Ausmaß und den Wandel der beruflichen Segregation in Deutschland bezieht sich auf den gesamten Arbeitsmarkt. Im Folgenden werden die wichtigsten Befunde über die Entwicklung der beruflichen Segregation kurz skizziert. Dabei ist zu berücksichtigen, dass die Ergebnisse auf unterschiedlichen Datengrundlagen und Berufsklassifikationen basieren und somit nicht immer direkt vergleichbar sind.

Die historisch am weitesten zurückreichende Studie stammt von Willms-Herget (1985). Sie beschreibt die Entwicklung der beruflichen Segregation von 102 Berufsfeldern in den Jahren von 1925 bis 1982. Über den langen Zeitraum von 60 Jahren zeichnet sich nur wenig Veränderung ab. Zu Beginn wie auch zum Ende der untersuchten Zeitspanne sind Frauen auf ein engeres berufliches Spektrum konzentriert als Männer. Im Jahr 1925 arbeiten fast 82% aller erwerbstätigen Frauen, aber nur 54% der erwerbstätigen Männer in nur zehn Berufen. Während Frauen im Laufe der Jahre in mehr Berufsfelder vordringen, stabilisiert sich die Konzentration von Männern auf dem Ausgangsniveau: Im Jahr 1982 beträgt der Anteilswert der erwerbstätigen Frauen in den zehn häufigsten Berufen immer noch 70%. Der Vergleichswert der Männer liegt mit 55% weit darunter.

Auch die asymmetrische Verteilung von Frauen und Männern über das gesamte Berufespektrum verändert sich im gesamten Zeitraum nicht. Der Dissimilaritätsindex schwankt nur geringfügig um einen Wert von annähernd 58% (Willms-Herget 1985, S. 220). Die berufliche Trennung bleibt auch in späteren Dekaden unverändert hoch. Brückner (2004) errechnet für den westdeutschen Arbeitsmarkt auf der Basis einer differenzierteren Klassifikation von 330 Berufsbezeichnungen einen im Zeitraum von 1975 bis 1995 über die Jahre gleich bleibend hohen Indexwert von 0,63.[3] Um eine Gleichverteilung von Frauen und Männern auf Berufe zu erreichen, müssten demnach 63% der Frauen (oder Männer) den Beruf wechseln.

Aus den geringen Schwankungen der Segregationskennziffern könnte gefolgert werden, dass sich die Geschlechterstrukturen in der Erwerbswelt kaum wandeln. Allerdings kann eine Veränderung der beruflichen Segregation über die Zeit theoretisch durch zwei verschiedene Entwicklungen bedingt sein. Zum einen kann sich die Geschlechterzusammensetzung einzelner Berufe ändern. Zum anderen kann die Anzahl der Beschäftigten in segregierten oder eher geschlechtsgemischten Berufen im Zuge des berufsstrukturellen Wandels steigen oder fallen. Wie sich zeigt, ist die hohe Stabilität der Segregationsmaße das Ergebnis von zwei gegenläufigen Entwicklungen: Hochgradig typisierte Berufe verlieren im Laufe der Zeit an Bedeutung und werden von im Durchschnitt weniger stark typisierten Berufen abgelöst (Willms-Herget 1985, S. 228f.). Es sind vor allem die qualifizierten Dienstleistungsberufe, insbesondere im Bildungs- und Gesundheitswesen, in die Frauen zunehmend einmünden können. Analysen einzelner Berufe belegen darüber hinaus, wie Größenverschiebungen die berufliche Teilung verfestigen oder aufweichen, wenngleich auch immer einzelne Berufsfelder vom dominanten Entwicklungsmuster abweichen. Tendenziell vertieft sich die Geschlechtstypisierung von Berufen, wenn sich die Anzahl der BerufsinhaberInnen verringert. Unter den Frauenberufen betrifft dies beispielsweise Schneiderinnen und Näherinnen, unter den Männerberufen Metall- oder Bauarbeiter. Bei sinkenden Beschäftigtenzahlen werden jedoch auch für einige Männerberufe wie Glasmacher, Bäcker und Konditoren verstärkt Frauen rekrutiert. Von einer beruflichen Expansion profitieren dabei insgesamt die bis dahin unterrepräsentierten Beschäftigtengruppen.

Neuere Studien untersuchen die Entwicklung der Geschlechtersegregation unter den unterschiedlichen Rahmenbedingungen des ost- und westdeutschen Teilarbeitsmarktes. Aus Analysen von Volkszählungsdaten aus den 1980er Jahren geht hervor, dass das Niveau der beruflichen Geschlechtersegregation in der damaligen DDR etwas höher lag als in der Bundesrepublik. Dies ist auf einen höheren Anteil von stark frauendominierten Tätigkeiten wie auch auf einen insgesamt höheren Anteil von erwerbstätigen Frauen in diesen Berufen zurückzuführen. Zudem waren ostdeutsche Frauen etwas stärker als westdeutsche in administrativen, leitenden und professionellen Tätigkeiten (z.B. Mathematik, Natur- und Ingenieurwissenschaften, Medizin) und in der industriellen Produktion beschäftigt (Trappe/Rosenfeld 2001). Nach der Wiedervereinigung besteht zwischen den Indexwerten für den ost- und westdeutschen Arbeitsmarkt ein Ab-

3 Als Datenbasis diente die Beschäftigtenstichprobe des Instituts für Arbeitsmarkt- und Berufsforschung der Bundesagentur für Arbeit.

stand von fünf Prozentpunkten. Im Jahr 1991 hätten in den neuen Bundesländern 62% und in den alten 57% der Frauen oder Männer den Beruf wechseln müssen, um eine Gleichverteilung der Geschlechtergruppen zu erreichen (Falk 2002, S. 48). Wie schon in den vorherigen Perioden bleibt das westdeutsche Segregationsniveau auch in der letzten Dekade unverändert hoch, obwohl sich die Geschlechterzusammensetzung in einzelnen Berufsbereichen wandelt. Die Präsenz von Frauen nimmt im gesamten Dienstleistungssektor weiter zu, insbesondere in einigen akademischen Berufen wie beispielsweise in der Medizin und in den Rechtsberufen. In den neuen Bundesländern kommt es im Zuge der politischen und institutionellen Transformationsprozesse zu einem tiefgreifenden berufsstrukturellen Wandel, der sich auch in der beruflichen Geschlechtersegregation niederschlägt. Bis Mitte der 1990er Jahre vertieft sich zunächst die bereits stark ausgeprägte berufliche Spaltung weiter. Der Dissimilaritätsindex steigt bis 1996 auf 0,66 an und sinkt danach bis zum Jahr 2000 auf 0,64 ab. Dieser Rückgang ist hauptsächlich dem Zustrom von beiden Geschlechtergruppen in stärker durchmischte Berufe geschuldet. Ein detaillierter Blick auf Veränderungen in einzelnen Berufssparten verrät darüber hinaus, wie sich berufliche Optionen in den neuen Bundesländern entwickelt haben: Während Männer stärker in geschlechtsgemischten oder frauendominierten Berufen (Sozialarbeit, Bankangestellte) Fuß fassen können, finden Frauen sowohl zu männerdominierten Berufen wie auch zu qualifizierten Dienstleistungsberufen schwerer Zugang (Falk 2002; Rosenfeld/Trappe 2001). Beblo et al. (2008) bestätigen mit einer aktuellen Analyse unterschiedliche Entwicklungen der Arbeitsmarktsegregation in den beiden Landesteilen. Der Dissimilaritätsindex sinkt in Westdeutschland zwischen 1996 und 2005 um drei Prozentpunkte und in Ostdeutschland um nur einen Prozentpunkt. In Westdeutschland hat die Segregation innerhalb der Berufe abgenommen. Gleichermaßen ist die Anzahl der Beschäftigten in stark segregierten Berufen zurückgegangen. In Ostdeutschland hingegen nimmt die Segregation innerhalb von Berufen weiter zu, während die Beschäftigungszahlen in stark segregierten Berufen ebenfalls rückläufig sind.

Können wir von der aktuellen Entwicklung in Richtung einer stärkeren Durchmischung von Berufen erwarten, dass sich die beruflichen Optionen für Frauen und Männer im Laufe der Zeit angleichen? Auf lange Sicht lässt sich das schwer prognostizieren. Es gibt Hinweise, dass sich im Zuge einer Veränderung der Geschlechterzusammensetzung neue innerberufliche Trennlinien herausbilden können, also eine Re-Segregation von Tätigkeiten stattfindet. Diese betrifft oft auch das Statusgefüge des Berufes, etwa wenn neue hierarchische Abstufungen entstehen. So berichtet beispielsweise Teubner (1989), dass sich bei Industriekaufleuten die Tätigkeit der Sachbearbeitung ausdifferenziert hat in standardisierte Arbeitsabläufe, die eher Frauen ausüben, und spezielle Arbeitsaufträge, die eher Männern zugewiesen werden und ihnen zudem Optionen eröffnen, in Leitungspositionen zu gelangen.

Aus den empirischen Befunden zur Arbeitsmarktsegregation können zwei Schlussfolgerungen gezogen werden: Erstens ist aus der Entwicklung der Gesamtsegregation zu ersehen, dass Frauen und Männer immer schon in überwiegend getrennten Berufswelten arbeiten. Von Bestand ist allerdings nur die Intensität der Segregation. Die beruflichen Trennlinien hingegen verschieben sich im Zuge des sozioökonomischen Wandels immer wieder, sind also historisch variabel. Die Geschlechtstypik von Tätigkeiten ist wandelbar und mit sehr verschiedenen Arbeitsinhalten kompatibel. Zweitens haben der steigende Arbeitskräftebedarf im Dienstleistungssektor und die Angleichung der Bildungsniveaus zwischen den Geschlechtern maßgeblich dazu beigetragen, dass sich die Geschlechterzusammensetzung von einzelnen Berufen langfristig verändert, da Frauen verstärkt Zugang zu qualifizierten Berufsfeldern gefunden haben (Blossfeld 1987). Der im Zuge des berufs- und wirtschaftsstrukturellen Wandels gestiegene Bedarf an qualifizierten Arbeitskräften mag ein Grund dafür sein, dass sich die berufliche Geschlechtersegregation in westlichen Industriegesellschaften zwischen Alterskohorten und Bildungsgruppen mittlerweile unterschiedlich entwickelt. So zeigen Dolado et al. (2002) für die EU-Mitgliedstaaten und die USA, dass die Segregation bei Beschäftigten mit Hochschulabschluss in den jüngeren Kohorten sinkt, während sie bei den formal geringer Qualifizierten über alle Alterskohorten stabil bleibt.

2.4 Erklärungsansätze

2.4.1 Berufsentscheidungen

Auch wenn in diesem Kapitel die betrieblichen Bestimmungsgründe der beruflichen Trennung im Vordergrund stehen, kann nicht ausgeblendet werden, dass Frauen und Männer durch ihre Ausbildungsentscheidungen und die Arbeitsplatzwahl selbst zu den beruflichen Trennlinien beitragen.[4] Es gibt im Wesentlichen zwei Erklärungsstränge, die den Einfluss der Bildungs- und Berufsentscheidungen auf die berufliche Segregation betonen.

Kosten-Nutzen-Abwägung

Ökonomische Theorien begründen Berufsentscheidungen mit einem rationalen Kosten-Nutzen-Kalkül. Theoriegemäß entscheiden sich Personen für Berufe oder Tätigkeiten, indem sie den zu erbringenden Aufwand wie Bildungsinvesti-

---

4 Umfassende Darstellungen von Berufswahl- und Diskriminierungstheorien finden sich bei Binder (2007) und Kreimer (1999).

tionen, Leistungsanforderungen und zeitliche Belastungen gegen die zu erzielenden Erträge wie Löhne und Aufstiegsmöglichkeiten und alternative Möglichkeiten der Zeitverwendung abwägen und sich dann für eine Tätigkeit entscheiden, mit der der Nutzen über den gesamten Lebenszyklus maximiert werden kann. Vorausgesetzt wird, dass Arbeitskräfte über die relevanten Rahmenbedingungen des Arbeitsmarktes vollständig informiert sind, dass ihre beruflichen Präferenzen dauerhaft sind und dass sie ihre Erwerbstätigkeit langfristig planen. Es existieren verschiedene Varianten zur Erklärung der beruflichen Geschlechtersegregation. Allen gemeinsam ist die Annahme einer traditionellen familiären Arbeitsteilung, die es für Frauen rational erscheinen lässt, Berufe mit spezifischen Lohnstrukturen zu bevorzugen. Polachek (1981) etwa argumentiert, dass Frauen familienbedingte Erwerbsunterbrechungen erwarten und deshalb Berufe wählen, die weniger Bildungsinvestitionen erfordern und in denen Berufserfahrung und kontinuierliche Erwerbstätigkeit eine geringere Rolle spielen. Um das Erwerbseinkommen im gesamten Berufsverlauf zu maximieren, streben Frauen Berufe an, die höhere Eintrittslöhne, dafür aber niedrigere Lohnsteigerungsraten aufweisen.

Eine weitere Variante zur Erklärung der beruflichen Spaltung geht auf Becker (1985) zurück, der ebenfalls auf die familiäre Arbeitsteilung Bezug nimmt. Demnach investieren Männer aufgrund der in einer traditionellen häuslichen Rollenteilung angelegten Spezialisierungsvorteile[5] mehr Zeit und Energie in Berufsarbeit und steigern damit ihre auf dem Arbeitsmarkt verwertbare Produktivität, für die sie von den Arbeitgebern entsprechend entlohnt werden. Frauen hingegen spezialisieren sich auf Familienarbeit und haben somit nur begrenzte Zeit- und Energieressourcen zur Verfügung, die sie in der Erwerbsarbeit einsetzen können. Becker folgert deshalb, dass Frauen berufliche Tätigkeiten mit geringeren Leistungsanforderungen bevorzugen, die dafür aber mit den familiären Aufgaben vereinbar sind. Auf dem Arbeitsmarkt führt dies zum einen zu der beschriebenen Spaltung in männer- und frauendominierte Bereiche und zum anderen zu einem durchschnittlich geringeren Lohnniveau von Frauen. Die Nutzenmaximierung zielt hier nicht auf das Lebenseinkommen, sondern auf die Möglichkeit, die Anforderungen aus Erwerbs- und Familienarbeit zu koordinieren.

---

5 Weiterentwicklungen der neoklassischen Theorie stellen allerdings Beckers Annahme von Spezialisierungsvorteilen der familiären Rollenteilung in Frage. Ott (1993) argumentiert, dass keine gemeinsame Nutzenfunktion des Haushalts unterstellt werden kann, sondern von zwei Nutzenfunktionen auszugehen ist, weshalb Partner die Aufteilung von Erwerbs- und Familienarbeit aushandeln müssen. Durch die Spezialisierung auf Hausarbeit entstehen für die Frauen langfristig Nachteile, da sich ihre Einkommenserzielungskapazitäten verschlechtern.

Die skizzierten Erklärungsmuster sind häufig kritisiert worden (vgl. hierzu Kreimer 1999). Bei Beckers Ansatz bleibt ungeklärt, wieso es innerhalb von Berufen mit unterschiedlichem Qualifikationsniveau ebenfalls geschlechtsbasierte Segregationslinien gibt. Außerdem kann nicht ohne Weiteres unterstellt werden, dass gering qualifizierte Tätigkeiten per se besser mit familiären Verpflichtungen vereinbar sind. Auch die vorliegenden empirischen Ergebnisse sind widersprüchlich. Befunde aus amerikanischen Studien widersprechen zum Teil den theoretischen Vorhersagen. Demnach führen Erwerbsunterbrechungen in männer- wie auch in frauendominierten Berufen zu Lohneinbußen und die Lohnabschläge sind nach einer Erwerbsunterbrechung in Frauenberufen nicht geringer als in Männerberufen (England 1982; England et al. 1988; Corcoran et al. 1984). Genau diesen letzten Zusammenhang – zwischen der Lohnentwertung und der Frauen- bzw. Männerdominanz in einem Beruf – weisen in einer deutschen Studie allerdings Görlich und de Grip (2009) mit Daten des Soziooekonomischen Panels (SOEP) für Berufe mit einem hohen Qualifikationsbedarf nach und untermauern damit die ökonomische Argumentation.

Weitere Untersuchungen zeigen, dass erwartete Erwerbsunterbrechungen keinen Einfluss auf die Geschlechtstypik des später tatsächlich ausgeübten Berufes haben (Okamoto/England 1999). Ferner unterscheiden sich in einer Studie von Blau/Ferber (1991) männliche und weibliche College-Absolventen nicht hinsichtlich ihres erwarteten Anfangsgehalts, wobei Absolventinnen mit einer niedrigeren Lohnentwicklung im weiteren Berufsverlauf rechnen, selbst wenn sie eine kontinuierliche Erwerbstätigkeit planen. Tatsächlich werden Frauen aber häufiger auf Arbeitsplätzen mit niedrigen Eintrittsgehältern eingestellt (Baron/ Newman 1989, 1990; Engelbrech/Nagel 2002; England 1992).

Empirische Ergebnisse lassen somit Zweifel daran aufkommen, ob Frauen durch die Entscheidung für bestimmte Tätigkeitsbereiche tatsächlich das Lebenseinkommen maximieren wollen und ob ihnen dies im Erwerbsverlauf gelingt. Zudem ist der behauptete ursächliche Zusammenhang zwischen der Berufswahl und dem erzielbaren Einkommen nicht zwingend. Die geschlechtsspezifischen Lohnunterschiede (vgl. hierzu Kapitel 5) bieten ja ihrerseits einen starken ökonomischen Anreiz für eine innerfamiliäre Rollenspezialisierung nach dem traditionellen Schema (Ott/Rinne 1994). Entscheidungen über die Bildungsinvestition und die Rollenteilung stehen also in einem wechselseitigen Zusammenhang. Männer wie Frauen erhöhen ihr berufliches Engagement dann, wenn sie angenehme Arbeitsbedingungen, Eigenständigkeit im beruflichen Handeln und gute Beförderungschancen vorfinden (Cassirer/Reskin 2000). Die Geschlechtergruppen unterscheiden sich auch nicht hinsichtlich ihrer Anforderungen an die Qualität ihrer Arbeit (vgl. Kapitel 6).

Ein weiterer Kritikpunkt zielt darauf ab, dass die ökonomischen Erklärungsperspektiven Entwicklungen wie die Annäherung des tatsächlichen Bildungs-

und Erwerbsverhaltens von Frauen und Männern, die sich in allen fortgeschrittenen Industriegesellschaften abzeichnen, zu wenig berücksichtigen (Anker 1998). Obwohl Frauen zunehmend in Bildung investieren und ihre Erwerbsbeteiligung steigt, verändert sich die berufliche Geschlechtersegregation nur sehr langsam. Alternative Erklärungsansätze verweisen deshalb auf die Bedeutung von geschlechtstypischen Wertvorstellungen und Neigungen, die im Sozialisationsprozess vermittelt werden.

Geschlechtsspezifische Sozialisation

Der zweite Theoriestrang, der die berufliche Segregation auf Unterschiede in den Präferenzen von Frauen und Männern zurückführt, betrachtet Berufsentscheidungen als Ergebnis eines geschlechtsspezifischen Sozialisationsprozesses (Marini/Brinton 1984). Die Sozialisationsforschung geht davon aus, dass sich bereits in der frühen Kindheit geschlechtstypische Dispositionen, Überzeugungen und Neigungen herausbilden, die als relativ stabil angenommen werden und auch berufliche Orientierungen und Ziele umfassen (Padavic/Reskin 2002). Mädchen und Jungen lernen, welche Rollen, Verhaltensweisen und Normen in einer Gesellschaft für die Geschlechtergruppen als typisch, angemessen und akzeptiert gelten. Aus den Sozialisationstheorien kann die Annahme hergeleitet werden, dass in Gesellschaften, in denen geschlechtsspezifische Familien- und Berufsrollen vorherrschen, Frauen und Männer unterschiedliche Erwartungen und Berufsorientierungen entwickeln und Berufe bevorzugen, die sie als geschlechtskonform wahrnehmen. Dabei signalisiert die bestehende Aufteilung von Frauen- und Männerberufen symbolisch-kulturelle Grenzen der Geschlechtsangemessenheit von Berufen, wie auch existierende Zugangsbarrieren für die Geschlechtergruppen (Heintz et al. 1997). So werden Merkmale und Anforderungen für Berufe, die überwiegend von einem Geschlecht ausgeübt werden, als geschlechtstypisch wahrgenommen und interpretiert (Cejka/Eagly 1999). Dies trägt dazu bei, dass bei der Berufswahl geschlechtsatypische Berufe weniger in Betracht gezogen werden.

Die Aufteilung des Arbeitsmarktes in Frauen- und Männerberufe resultiert in dieser Sicht aus den Berufsentscheidungen, die Individuen nicht völlig frei, sondern im Kontext der in einer Gesellschaft vorherrschenden Geschlechterrollen, -bilder und -normen treffen (Correll 2004; Jacobs 1989). In der ökonomischen Theorie werden die beschriebenen Mechanismen deshalb gelegentlich als gesellschaftliche Diskriminierung bezeichnet (Blau et al. 2002; Kreimer 1999).

Die These, wonach die berufliche Geschlechtersegregation auf den Berufsentscheidungen von Frauen und Männern beruht, kann von ökonomischen und soziologischen Forschungsarbeiten nur teilweise abgesichert werden. Die Annahme, dass sich die Berufswahl an den geplanten Erwerbsunterbrechungen und dem erzielbaren Lebenseinkommen orientiert, wird durch empirische Befunde nur zum Teil gestützt. Dass Frauen, insbesondere Mütter verstärkt in Frauenberufen und in Teilzeitjobs konzentriert sind, spricht eher für den Mechanismus einer lebensphasenspezifischen Koordination und Anpassung. Frauen wählen Tätigkeiten beziehungsweise behalten jene Jobs bei, die eine Vereinbarkeit von Erwerbs- und Familienarbeit ermöglichen (Born 2000; Okomoto/England 1999; weiterführend Kapitel 4 in diesem Band).

2.4.2 Der Einfluss von Bildungsinstitutionen

In Deutschland wird die berufliche Geschlechtersegregation auch im System der beruflichen Bildung produziert. Noch vor dem Berufseinstieg absolvieren junge Frauen und Männer mehrheitlich geschlechtstypische Ausbildungsgänge (BMBF 2008). Aufgrund der engen Kopplung von Ausbildungsabschlüssen und Berufsstruktur übersetzt sich die geschlechtsbezogene Segmentierung des Bildungssystems direkt in die beschriebenen beruflichen Spaltungen von Frauen- und Männerberufen (Solga/Konietzka 2000). Die einmal eingeschlagene Richtung prägt dann den weiteren beruflichen Werdegang. Wie Trappe und Rosenfeld (2004) feststellen, spielten die erworbenen Berufszertifikate in der DDR sogar eine noch größere Rolle als in der BRD.

Die Autorinnen untersuchten den Berufseintritt in geschlechtstypische Berufe[6] und die nachfolgenden Berufswechsel von jungen Erwachsenen vor der Wiedervereinigung. In Ost- wie in Westdeutschland ergreifen Männer mit einer höheren Wahrscheinlichkeit einen geschlechtstypischen Beruf als Frauen. Dieser Befund steht in Einklang mit Ergebnissen qualitativer Studien, die darauf hinweisen, dass Männer stärker dazu tendieren, sich im Berufsleben gegenüber dem anderen Geschlecht abzugrenzen (Heintz et al. 1997). Schlüsselt man die Gruppe der männlichen Berufseinsteiger nach dem Bildungsniveau auf, dann zeigt sich, dass junge Männer mit einem universitären Abschluss und auch solche ohne Ausbildungsabschluss etwas flexibler sind als der Durchschnitt ihrer Geschlechtsgenossen. Die Wahrscheinlichkeit, in einen gemischtgeschlechtlichen oder geschlechtsatypischen Beruf einzumünden, ist für diese Gruppen etwas höher. Daraus folgt, dass in den mit einem mittleren Bildungsniveau zugänglichen Ausbildungsberufen Geschlechtergrenzen eine besonders große Rolle spielen.

Trappe und Rosenfeld (2004) beschäftigen sich auch mit der Frage, ob die Familienbildung und eine Rollenspezialisierung auf Erwerbsarbeit einerseits und Familienarbeit andererseits Entscheidungen für geschlechtstypische Berufe begünstigen. Ihren Ergebnissen zufolge wechseln ArbeitnehmerInnen ihre Tätig-

---

6 Die Berufswahl wurde als geschlechtstypisch definiert, wenn im Erstberuf mindestens 80% der BerufsinhaberInnen demselben Geschlecht angehörten.

keit zwar häufig nach Eheschließungen und nach der Geburt von Kindern, zu einem Zeitpunkt also, wenn familiäre und berufliche Belange stärker aufeinander abgestimmt werden müssen. Für sich genommen sind familiäre Ereignisse aber kein Anlass für die Einmündung in einen geschlechtstypischen Beruf. Den Autorinnen zufolge widersprechen ihre Befunde eher der Argumentation ökonomischer Theorien. Sie interpretieren ihre Befunde als Hinweis darauf, dass im Kontext des eng gekoppelten deutschen Bildungs- und Beschäftigungssystems bereits Ausbildungsangebote, -wege und -kapazitäten Weichenstellungen beinhalten, die im weiteren Lebensverlauf zu einer Aufrechterhaltung geschlechtstypischer Tätigkeiten beitragen (vgl. auch Trappe 2006).

2.4.3 Betriebe als Schaltstellen beruflicher Geschlechtertrennung

Wenn nun individuelle Berufswahlentscheidungen und die institutionellen Rahmenbedingungen des Bildungssystems zur beruflichen Geschlechtertrennung beitragen, stellt sich als nächstes die Frage, in welcher Weise Erwerbsorganisationen wie Unternehmen oder einzelne Betriebe als Schaltstellen beruflicher Differenzierung funktionieren. Die geschlechtsbezogene Organisations- und Arbeitsmarktforschung beantwortet diese Frage aus vielfältigen Forschungsperspektiven. Untersucht werden sowohl Interaktion und Kommunikation im betrieblichen Alltag, betriebsinterne Regeln, Routinen und formale Strukturen wie auch außerbetriebliche Institutionen und Strukturen, in die Betriebe eingebettet sind.

Die Bedeutung von Geschlecht in der Alltagsinteraktion

Um überhaupt mit anderen erfolgreich kommunizieren zu können, basiert das alltägliche Interaktionsgeschehen auf Typisierung und Klassifikation. Bei solchen Vereinfachungen handelt es sich um Erwartungen über Verhaltensregelmäßigkeiten und der Situation angemessene Handlungsmuster. Diese wechselseitigen Erwartungen helfen den Interaktionspartnern, sich zu orientieren und die Interaktionssituation vorzustrukturieren. Die Geschlechtszugehörigkeit ist ein einfaches und grundlegendes Klassifikationsschema, das in alltäglichen Interaktionen eine besondere Rolle spielt. Im Prozess der geschlechtlichen Kategorisierung wird das jeweilige Gegenüber als männlich oder weiblich klassifiziert und mit spezifischen Eigenschaften oder Handlungsmustern in Verbindung gebracht. Menschen erwarten, dass Frauen und Männer unterschiedliche Eigenschaften und Neigungen besitzen und dass sie dies im Alltagshandeln auch darstellen. Deshalb ist die Geschlechtszuordnung auch im beruflichen Alltag von besonderer Bedeutung. So argumentiert Wetterer (2002), dass Frauen und Männer erst zu Verschiedenen werden, indem sie tatsächlich Unterschiedliches tun und die Arbeit, die sie verrichten, als Frauen- bzw. Männerarbeit deuten.

Geschlechtliche Etikettierungen und Stereotypisierungen beinhalten auch Überzeugungen hinsichtlich eines überlegenen Status von Männern auf Arbeitsmärkten und in Organisationen. Geschlechtsbezogene Verhaltenserwartungen beeinflussen das Verhalten der Akteure direkt, wenn das Geschlecht für den Interaktionszweck und den sozialen Kontext relevant ist. Sie können zur Fortschreibung ungleicher Arbeitsmarkterträge von Frauen und Männern aber auch dann beitragen, wenn die Geschlechtszugehörigkeit weniger im Vordergrund steht als andere für die Tätigkeit relevante Merkmale, wie beispielsweise die Zugehörigkeit zu einer Berufs- oder Arbeitsgruppe. Das Geschlecht wirkt dann wie eine „Hintergrund-Identität" (Ridgeway 2001, S. 255), wenn die im jeweiligen sozialen Kontext wichtige Identität geschlechtlich aufgeladen wird, etwa wenn sich Verhaltenserwartungen gegenüber weiblichen Vorgesetzten sowohl an ihrer Berufsrolle als auch an ihrer Geschlechtszugehörigkeit orientieren. Durchsetzungsvermögen kann zum Beispiel bei Männern als qualifizierende Eigenschaft für Führungsfunktionen gewertet werden, bei Frauen hingegen als ein unangemessenes Verhalten (Gmür 2004).

Die ständige Verwendung der Geschlechtszugehörigkeit als Ordnungskategorie in sozialen Interaktionen ist eine Basis für die Aufrechterhaltung von stereotypen Annahmen über geschlechtstypische Verhaltensweisen (Ridgeway 2001). Ein Grund, warum sich die Intensität der beruflichen Segregation auch über lange Zeiträume hinweg so wenig verändert, liegt diesem Ansatz zufolge darin, dass Überzeugungen, wonach Frauen und Männer von Natur aus unterschiedliche Neigungen und Fähigkeiten besitzen, in den alltäglichen Interaktionen – somit auch in der Berufswelt – immer wieder neu erzeugt und bekräftigt werden.

Praxis der Geschlechterunterscheidung in Organisationen

Ansätze, die explizit Praktiken der Geschlechterdifferenzierung in Organisationen in den Mittelpunkt rücken, berücksichtigen zudem die Bedeutung des gesellschaftlichen Geschlechterverhältnisses, die Trennung von Produktions- und Reproduktionssphäre und die damit einhergehenden geschlechtsspezifischen Zuordnungen. Demnach etablieren Organisationen Normen und Regeln, welche die Doppelung von Verpflichtungen aus der Berufs- und Privatsphäre ausblenden und auf diese Weise einseitig an der Lebensrealität von Männern ausgerichtet sind. Im Anschluss an Acker (1990, 1992) wird argumentiert, dass Zweigeschlechtlichkeit ein konstitutives Element jeder Organisation sei, das in allen Organisationsstrukturen und -prozessen fortwährend (re-)produziert wird. Geschlechtsbezogene Trennlinien werden etwa zwischen Tätigkeiten und Einkommensstufen konstruiert und auf der symbolischen Ebene legitimiert. Ebenso tragen hierarchische Interaktionen zwischen Frauen und Männern und verallgemeinernde Annahmen über geschlechtstypische Identitäten und Verhaltensweisen zu einer geschlechtlichen Substruktur bei, die alle Organisationsbereiche durchzieht.

Diese mit dem Begriff des *gendering* von und in Organisationen bezeichneten Praktiken wurden bisher in qualitativen Studien erforscht, von denen hier aus Platzgründen nur eine Auswahl vorgestellt wird (vgl. auch Kapitel 7).[7] Acker (1994) selbst weist in einer Untersuchung von schwedischen Banken auf die Unterschiede in der Förderung und Unterstützung von Männern und Frauen durch Vorgesetzte hin. Männer werden von männlichen Vorgesetzten aktiv als potenzielle Führungskräfte identifiziert und in Weiterbildungsmaßnahmen auf höhere Positionen vorbereitet und gefördert. Frauen hingegen sind darauf angewiesen, selbst auf sich aufmerksam zu machen. Gleichzeitig wird Frauen der Zugang zu Weiterbildungsmaßnahmen eher verwehrt, weshalb die berufliche Entwicklung von Männern und Frauen langfristig unterschiedlich verläuft. Ein ähnliches Resultat berichten Benschop und Dooreward (1998) aus einer Studie über zwei niederländische Großbanken. Die Banken erwarten ebenfalls von ihren Mitarbeitern und Mitarbeiterinnen, sich auf attraktive Stellen aktiv zu bewerben. Es existiert jedoch eine unausgesprochene Regel, wonach statushohe Personen zu den Bewerbungen gezielt aufgefordert werden. Auch hier geraten Männer eher als potenzielle Kandidaten in den Blick, da Frauen unterstellt wird, sich kaum für diese Positionen zu interessieren. Die Praxis des „gezielten Aufforderns“ (ebd., S. 796) hat in den untersuchten Banken einen wesentlichen Anteil an der asymmetrischen Besetzung von Führungsfunktionen.

Solche vergeschlechtlichten Praktiken der Personalentwicklung stehen in Zusammenhang mit Grundsätzen und Anforderungsprofilen, die für Stellen oder BewerberInnen festgelegt werden und geschlechtsspezifische Konnotationen beinhalten. Das Idealbild eines Managers ist häufig ein paternalistisches: Manager sind männlich, verheiratet und haben Kinder (Halford et al. 1997). Führungsaufgaben werden oft als unvereinbar mit familiären Verpflichtungen konstruiert. Dies wird aber erst relevant, wenn sich Frauen bewerben. Unter der Annahme einer traditionellen familiären Rollenteilung kann die Ablehnung der Beförderung von Frauen mit einem unvermeidlichen organisatorischen Sachzwang legitimiert werden (Wilz 2002). Organisatorische Gestaltungsalternativen zur besseren Vereinbarung von Familie und Beruf geraten dann gar nicht erst in den Blick. Von Führungskräften wird erwartet, dass sie ihre Emotionen kontrollieren und im Sinne der Organisation instrumentalisieren, etwa indem sie freundlich gegenüber KundInnen und KollegInnen sind und gleichzeitig auch beherrscht, belastbar und stressresistent agieren. Eigenschaften wie Emotionalität oder Ra-

7 Eine umfassendere Rezeption der einschlägigen Arbeiten ist in Heintz et al. (1997), Wetterer (2002) und Wilz (2002) zu finden.

tionalität haften geschlechtsspezifische Nebenbedeutungen an; Frauen gelten als emotionaler und weniger rational als Männer. Wie Wilz (2002) zeigt, fallen Beförderungsentscheidungen eher zugunsten von Männern aus, wenn solche Zuschreibungen mit den konstruierten Anforderungsprofilen der Organisation gekoppelt sind (vgl. auch Kapitel 7 zum Thema Führungspositionen). Ein weiteres Beispiel sind Aufstiegsvoraussetzungen wie hohe Anforderungen an regionale Mobilität, die für Frauen mit Familienpflichten nur schwer zu erfüllen sind (Rudolph 2004). Als sozial konstruiert lassen sich solche Qualifikationserfordernisse auch deshalb bezeichnen, weil ihnen beliebig geschlechtsbezogene Konnotationen angeheftet werden können. So beschreibt etwa Holtgrewe (2003), wie die in Callcentern geforderte Sensibilität gegenüber Kunden – einer oft weiblich konnotierten Eigenschaft – in männerdominierten Einsatzfeldern wie technischen Hotlines oder im Vertrieb gerahmt wird. Neben männlich konnotierten Eigenschaften wie Mut und Hartnäckigkeit wird hier ein *besonders* dickes Fell und im Vergleich zu anderen Einsatzfeldern *noch mehr* Sensibilität gegenüber den Kunden gefordert. Dieses Anforderungsprofil unterscheidet sich von den anderen Arbeitsbereichen im Call Center insofern, es als anspruchsvoller konstruiert wird, was sich dann auch in einer besseren Bezahlung dieser Tätigkeit niederschlägt.

Aus einigen qualitativen Fallstudien geht aber auch hervor, dass die Geschlechtszugehörigkeit nicht durchgängig relevant wird. So finden sich in gemischtgeschlechtlichen Berufsfeldern wie in der Sachbearbeitung in Versicherungsunternehmen keine stellen- oder aufgabenbezogenen Trennlinien zwischen Frauen und Männern (Heintz et al. 1997; Wilz 2002). Dennoch existiert auch in diesen Erwerbsorganisationen eine ausgeprägte hierarchische Segregation mit einer männerdominierten Führungsspitze. Diese Ergebnisse relativieren die Annahme, wonach die berufliche Trennung von Frauen- und Männerarbeit eine Voraussetzung für die Geschlechterungleichheit in der Erwerbswelt schafft, so beispielsweise Padavic und Reskin (2002). Nach den zuvor skizzierten Befunden stellt die Geschlechterdifferenz in beruflicher Hinsicht eher „ein latent verfügbares Angebot für die Konstruktion von Hierarchien und ungleichen Chancen dar, das aber nicht zwangsweise in diesem Sinn genutzt werden muss und auch nicht mehr bedingungslos genutzt werden kann“ (Kuhlmann et al. 2002).

Diese Bewertung der Ergebnisse führt zurück zu der Frage, unter welchen Rahmenbedingungen eine Veränderung der geschlechtsbezogenen Trennlinien zu erwarten ist. Eine Reihe von Fallstudien hat sich damit beschäftigt, wie sich technologische, personalpolitische und arbeitsorganisatorische Veränderungen auf die betrieblichen Geschlechterstrukturen auswirken. Umstrukturierungen bringen meist eine Neuschneidung von Arbeitsprozessen und Stellen mit sich und schaffen darüber eine Gelegenheit, verfestigte geschlechtsbezogene Strukturmuster aufzubrechen. Wie sich zeigt, führen betriebliche Neuerungen zu sehr unterschiedlichen Ergebnissen, von denen hier wiederum nur einige exemplarisch wiedergegeben werden. Im Bereich der angelernten Arbeit in der industriellen Produktion verschwindet nach der Einführung von Gruppenarbeit teilweise die Geschlechtstypisierung von Tätigkeiten. Teilweise verfestigen sich aber auch Grenzen, indem Männer ihre angestammten Tätigkeitsfelder abschotten (Kutzner 1999).

Eine Neubesetzung und Neuschneidung von Stellen kann die Integrationschancen von Frauen auch verbessern. Empirische Ergebnisse weisen darauf hin, dass für neue Stellen nicht nur ein Qualifikationsprofil, sondern oft auch ein Geschlechterprofil festgelegt wird, etwa indem spezifische Kompetenzen wie Kundenorientierung eher von Frauen erwartet werden und die Arbeitszeitgestaltung mehr Kompatibilität mit familiären Erfordernissen ermöglicht (Rasmussen 2001; Skuratowicz/Hunter 2004). Ferner handelt es sich oft um Bereiche, die an Attraktivität verlieren, weil sich Arbeitsbedingungen, Aufstiegschancen oder Einkommensmöglichkeiten verändern (Gottschall 1990; Halford et al. 1997; Peinl 1999). Tienari et al. (2002) weisen dies am Beispiel der Besetzung der Leitung von Zweigstellen von deutschen Banken nach. Im Zuge einer Organisationsreform wurden diese Positionen abgewertet und das Anforderungsprofil wurde stärker auf soziale Kompetenzen und Verkaufsorientierung ausgerichtet. Diese Leitungsfunktionen wurden zunächst wieder mit männlichen Nachwuchskräften besetzt, die diese Position allerdings gehäuft als Sprungbrett für einen weiteren Aufstieg nutzten. Frauen kamen als potenzielle Kandidatinnen für diese Funktionen erst in den Blick, nachdem die Banken Lösungen finden mussten, die hohe Fluktuation wieder auszugleichen.

Die ausgewählten Befunde aus vorwiegend qualitativen Studien haben gezeigt, wie geschlechtsbezogene Trennlinien innerhalb von Erwerbsorganisationen hergestellt, bekräftigt und gelegentlich auch modifiziert werden. Die Beispiele illustrieren, wie in betrieblichen Abläufen und Entscheidungen auf das gesellschaftliche Geschlechterverhältnis und die darin verankerten Normen und Vorstellungen Bezug genommen wird. Charles und Grusky (2004) argumentieren, dass diese fundamentalen Überzeugungen, wonach Frauen und Männer von Natur aus andere Wertvorstellungen, Neigungen und Fähigkeiten aufweisen, dazu beitragen, die horizontalen beruflichen Trennlinien in modernen Industriegesellschaften auch dann zu bewahren, wenn sich Frauen und Männer hinsichtlich des Erwerbsverhaltens und der Bildungsbeteiligung angleichen.

Einflussfaktoren der betriebsgebundenen beruflichen Segregation

Während die bislang dargestellten Befunde Aufschluss darüber geben, wie Geschlechterunterschiede in der Arbeitswelt konstruiert werden, geht es im Folgenden um die Frage, welche Zusammenhänge zwischen der Geschlechtersegregation und den formalen Strukturmerkmalen von Betrieben, ihrer demografischen

Zusammensetzung, Personalpolitik und ihrem institutionellen Umfeld bestehen. Die im Folgenden skizzierten Studien zur organisationsgebundenen Geschlechtersegregation basieren auf quantitativen statistischen Analysen. Die Forschung wurde in den USA entscheidend durch die Arbeit von Bielby und Baron (1984) angestoßen. Sie haben festgestellt, dass sich die berufliche Trennung von Frauen und Männern über nahezu alle Arten von Arbeitsplätzen erstreckt und mit Betriebsmerkmalen wie Gewerkschaftsbindung, Grad der Formalisierung, Spezialisierung, Qualifikationsniveau und Tätigkeitsmerkmalen wie manuelle Arbeit einhergeht. Diese Ergebnisse wurden in einer Folgestudie über geschlechtsintegrierte Berufe weiter spezifiziert: Wie sich zeigte, wurden in verschiedenen Unternehmen auch vergleichbare Tätigkeiten teils eher Frauen und teils eher Männern zugewiesen, wobei Männer eher in großen oder gewerkschaftlich organisierten Firmen mit formalen Verhandlungsprozeduren beschäftigt waren (Bielby/Baron 1986). Die Autoren zeigen weiterhin, dass sich verallgemeinernde Annahmen über die Eignung von Frauen und Männern für bestimmte Tätigkeiten in der betrieblichen Personalpraxis institutionell festigen. Zu den weit verbreiteten Geschlechterstereotypen zählt beispielsweise, dass Frauen und Männer auf Grund physischer Eigenschaften für unterschiedliche Arbeitsaufgaben geeignet seien. So wurden Tätigkeiten, die als körperlich anstrengend eingestuft wurden, eher Männern, und Routinetätigkeiten, die „Fingerfertigkeit" erforderten, eher Frauen zugewiesen. Aus der detaillierten Analyse von Stellenbezeichnungen innerhalb von Betrieben ging zudem hervor, dass auch Tätigkeiten mit gemischten Anforderungsprofilen unter verschiedenen Stellenbezeichnungen geführt wurden: Männer arbeiteten als „technicians" und Frauen als „operators", obwohl sich ihre Tätigkeit nicht wesentlich unterschied. Diese Trennlinien wurden von den Betrieben auch noch aufrecht erhalten, nachdem Rechtsvorschriften über körperlich schwere Arbeiten gelockert wurden.

Eine deutsche Studie über die berufliche Segregation auf Betriebsebene kann hier anknüpfen. Hinz und Schübel (2001) zeigen, dass die Frauenanteile in Berufen zwischen Betrieben erheblich variieren, vor allem in den Mischberufen und in den Frauenberufen. Dies kann als weiterer Hinweis dafür gelten, dass die von Männern dominierten Berufsbereiche stärker gegen den Zustrom von Frauen abgeschottet sind, als es umgekehrt der Fall ist.

Auch wenn die Befunde aus frühen amerikanischen Studien nicht einfach auf die aktuellen Verhältnisse in deutschen Betrieben übertragen werden können, so sind sie doch in zweierlei Hinsicht relevant: Erstens wurde gezeigt, dass sich das tatsächliche Ausmaß der Geschlechtertrennung nur erschließt, wenn differenzierte Stellenbezeichnungen der Betriebe vorliegen. Studien zur Arbeitsmarktsegregation, die Berufsklassifikationen verwenden, unterschätzen vermutlich das Ausmaß der Segregation, da diese Klassifikationssysteme in der Regel mehrere Tätigkeitsprofile in einer Berufsbezeichnung bündeln. Wenn allerdings aufgrund der Datenverfügbarkeit mit Berufsklassifikationen vorlieb genommen werden muss, so sollten diese zumindest einheitlich für Vergleiche zwischen Betrieben oder einen Vergleich der Segregation auf dem Arbeitsmarkt insgesamt mit der Segregation innerhalb einzelner Betriebe herangezogen werden. Zweitens bleibt festzuhalten, dass komplexe Formen der Arbeitsteilung, wie die Einrichtung von spezialisierten Abteilungen, Tätigkeiten und hierarchisch gestuften Zuständigkeiten, mit denen Betriebe das Problem der Kontrolle und Koordination lösen, die betriebsgebundene Geschlechtersegregation verstärken können.

Aus den frühen Studien zur Geschlechtersegregation in Betrieben können auch Annahmen über die Wirkung der beruflichen Trennung auf nachfolgende Stellenbesetzungen hergeleitet werden. Wenn Positionen und Arbeitsinhalte in Betrieben als Frauen- bzw. Männerarbeit typisiert werden, dann sollte dies die Wahrscheinlichkeit, dass spätere Neubesetzungen in Einklang mit der Geschlechtsbezeichnung der Position erfolgen, erhöhen (Baron/Pfeffer 1994; Perry et al. 1994). Studien belegen, dass ein höherer Anteil von Frauen in den Belegschaften in die erwartete Richtung wirkt.[8] Haben Frauen in Arbeitsbereichen erst einmal Fuß gefasst, dann rücken weitere nach. Cohen et al. (1998) können zudem zeigen, dass Frauen eher für statushöhere Ränge eingestellt oder befördert werden, wenn in den niedrigeren Positionen ebenfalls mehr Frauen beschäftigt sind. Eine alternative Erklärung ist, dass Tätigkeiten für BewerberInnen attraktiver sind, wenn sie mehrheitlich von GeschlechtsgenossInnen ausgeübt werden. Diese Annahme wird durch organisationsdemografische Studien gestützt, wonach Menschen Interaktionen mit Personen bevorzugen, die sie als ähnlich wahrnehmen (Williams/O'Reilly 1998).

Die Frage nach dem Einfluss der betrieblichen Arbeitsteilung auf die Segregation von Berufen und Tätigkeiten wurde im Anschluss an die Arbeiten von Bielby und Baron später erneut aufgegriffen. Im Mittelpunkt stehen Analysen über Effekte der Bürokratisierung (Tomaskovic-Devey/Skaggs 2001). Mit diesem Begriff wird die Einrichtung von spezialisierten Abteilungen, von Befehlshierarchien sowie die berufliche Spezialisierung und Formalisierung der Beziehungen zwischen Betrieben und Beschäftigten bezeichnet.

Neuere Befunde bestätigen den segregationsverstärkenden Effekt der betrieblichen Arbeitsteilung. Die Etablierung von funktional spezialisierten Abteilungen erhöht die Segregation insbesondere durch die Zunahme von männlich dominierten Tätigkeiten. Die Formalisierung von Arbeitsbeziehungen durch schriftlich fixierte Regeln und Verfahren (z.B. Arbeitsplatzbeschreibungen und Einstellungs- und Bewertungsverfahren) sollte geschlechtsbasierten Personalentscheidungen entgegenarbeiten. Je formalisierter die Regelungen, Verfahren und Kriterien der Stellenbesetzung und Beförderung sind, so die Annahme, desto

8 Dies gilt in gleicher Weise für Angehörige ethnischer Gruppen.

weniger Raum bleibt für „das Ausagieren der Geschlechterdifferenz" in alltäglichen Interaktionen (Heintz et al. 1997, S. 234) und desto weniger Einfluss sollten geschlechtstypische Zuschreibungen und männliche Seilschaften auf Personalentscheidungen haben (Collinson et al. 1990; Reskin/McBrier 2000). Dies gilt jedoch nicht generell, wie Reskin und McBrier (2000) in einer Analyse über die Beschäftigung von Frauen und Männern in Managementberufen zeigen. Der erwartete Effekt stellt sich nur in großen Firmen ein. Nach dieser Studie sind es hingegen vor allem offene Rekrutierungsverfahren, welche die Integration von Frauen in Managementfunktionen begünstigen. Erfolgt dagegen die Personalsuche über informelle Netzwerke, dann sinkt der Frauenanteil im Management. Tomaskovic-Devey und Skaggs (2001) kommen zwar zu dem Ergebnis, dass Formalisierung für Frauen den Zugang zu Führungspositionen erleichtert, wenn diese überwiegend von Männern besetzt sind. Grundsätzlich ändert dies aber nichts an der „geschlechtlichen Natur von Organisationen". Betrachtet man nicht Führungspositionen, sondern ein breites Spektrum von Berufen, dann scheint Formalisierung die Segregation sogar zu verstärken (ebd., S. 329).[9]

Bürokratisierung geht auch einher mit einer institutionellen Verfestigung von Regeln und Verfahren. Um Koordinations- und Kontrollprobleme zu bewältigen, müssen Abläufe und Routinen dauerhaft implementiert sein. Die Institutionalisierung von Verhaltensweisen und Strukturen macht Betriebe gleichzeitig träge gegenüber Veränderungen (Zucker 1987). Vor dem Hintergrund dieser theoretischen Annahmen gingen Baron et al. (1991) der Frage nach, welche Rahmenbedingungen von staatlichen Verwaltungseinrichtungen die Geschlechterintegration im zeitlichen Verlauf fördern. Ältere und größere Verwaltungseinheiten erwiesen sich in dieser Studie als veränderungsresistenter als jüngere und kleinere. Diese waren schneller in der Lage, Frauen zu integrieren.

Die betriebsgebundene Geschlechtersegregation kann darüber hinaus von Merkmalen der Organisationsumwelt abhängig sein. Durch die Tendenz zur institutionellen Verfestigung können die historischen Verhältnisse bei der Betriebsgründung die betrieblichen Strukturen langfristig prägen (Hannan/Freeman 1984). Dies kann der Fall sein, wenn GründerInnen kulturell verankerte Geschlechternormen und Rollenerwartungen in die Strukturen und Routinen übernehmen. So zeigen beispielsweise Baron et al. (2007), dass solche „kulturellen Blaupausen" einen Einfluss darauf haben, in welchem Maß GründerInnen von Hightechfirmen für die Beschäftigung von Frauen aufgeschlossen sind.

Rechtliche Regulierungen und politischer Druck sind weitere wichtige Elemente der institutionellen Umwelt von Betrieben. Mit Blick auf die Geschlechtersegregation geht es vor allem um die Frage, wie sich gleichstellungspolitische

9 Die Autoren dieser Studie haben eine Zufallsstichprobe US-amerikanischer Berufe aus dem Jahr 1991 verwendet (Tomaskovic-Devey/Skaggs 2001).

Auflagen auf die Integration von Frauen auswirken. In den USA können staatliche Institutionen die Aufstellung von geschlechtsbezogenen Personalstatistiken, Förderplänen und Quoten einleiten und deren Einhaltung auch kontrollieren (Wahl 1999). Baron et al. (1991) zeigen, dass Einrichtungen, die solchen Zwängen in erhöhtem Maße ausgesetzt sind, Zielvorgaben zur Integration von Frauen etwas schneller umsetzen. Auch Hirsh (2009) belegt in einer aktuellen Studie, dass Betriebe in den USA die berufliche Segregation reduzieren, weil sie auf Gleichstellungsnormen, die sich in ihrer institutionellen Umwelt gefestigt haben, reagieren. In Deutschland ist der gleichstellungspolitische Druck auf privatwirtschaftliche Betriebe eher schwach (vgl. Kapitel 8 und Kapitel 1). Empirische Untersuchungen zur Wirkung von betrieblichen Gleichstellungsmaßnahmen auf die Geschlechtersegregation in deutschen Betrieben stehen allerdings noch aus.

Die Tendenz, Frauen und Männer beruflich zu trennen, kann ferner von der Geschlechterzusammensetzung im Pool der verfügbaren Arbeitskräfte abhängen, aus dem die Betriebe rekrutieren. Wenn sich unter den potenziell in Frage kommenden Arbeitskräften überwiegend Frauen oder Männer befinden, kann dies dazu beitragen, dass verstärkt die dominierende Geschlechtergruppe rekrutiert wird (Reskin et al. 1999; Bygren/Kumlin 2005). Dies zeigt sich beispielsweise in einer durchschnittlich höheren Frauenbeschäftigungsquote beziehungsweise einer höheren Quote von Frauen bei Neueinstellungen in Betrieben, die zu einem frauendominierten Industriezweig gehören (Carrington/Troske 1995; Konrad/Pfeffer 1991). Für deutsche Forschungseinrichtungen konnte gezeigt werden, dass ein Zusammenhang besteht zwischen dem institutseigenen Frauenanteil und dem Frauenanteil an Hochschulabsolventen, aus denen sich der Nachwuchspool zusammensetzt. Allerdings schöpfen nur solche Institute das weibliche Arbeitskräfteangebot in vollem Umfang aus, bei denen die Quote der Hochschulabsolventinnen sehr niedrig liegt (Achatz/Hinz 2001). Eine neuere Studie über den Einfluss der Geschlechterzusammensetzung des Arbeitskräftepools auf Rekrutierungsentscheidungen stammt aus Schweden (Bygren/Kumlin 2005). Sie stellt fest, dass betriebsgebundene Segregation vorwiegend von der Geschlechterzusammensetzung des Berufepools abhängt, aus dem die Arbeitgeber rekrutieren. Große und expandierende Betriebe neigen eher zu geschlechtsatypischen Rekrutierungen, während Rekrutierungskanäle und die Formalisierung dieser Verfahren keinen Einfluss haben. Die Autoren führen dieses Ergebnis darauf zurück, dass große Betriebe mehr Ressourcen für die Personalsuche einsetzen und die BewerberInnen umfassender in Augenschein nehmen als kleinere Betriebe. Geschlechtsbasierte Zuschreibungen etwa von Kompetenzen oder Produktivitätserwartungen können unter diesen Rahmenbedingungen eine geringere Rolle spielen.

Wie die Forschungsübersicht zur betriebsgebundenen Geschlechtersegregation zeigt, liegen bislang kaum quantitative Befunde für Deutschland vor. Die beschriebenen Einflussfaktoren und Mechanismen können im Kontext der jeweils spezifischen Arbeitsmarktbedingungen und des institutionellen Umfeldes der Betriebe unterschiedliche Wirkungen entfalten, so dass aus den Befunden nicht ohne Weiteres auf das Geschehen in deutschen Betrieben geschlossen werden kann. International vergleichende Untersuchungen zur Arbeitsmarktsegregation belegen beispielsweise eine große Variation zwischen länderspezifischen Rahmenbedingungen (Charles/Grusky 2004). Die nun folgende empirische Analyse erarbeitet auf Basis eines fortentwickelten Segregationsindex eine neue Grundlage für die Analyse der betriebsbezogenen Trennung der Berufswelten von Frauen und Männern und zeigt deren Zusammenhang zu ausgewählten Merkmalen deutscher Betriebe auf.

2.5 Berufliche Geschlechtertrennung in deutschen Betrieben: eine Bestandsaufnahme

2.5.1 Bisherige Befunde

Dieser Abschnitt beinhaltet eine Bestandsaufnahme zum Ausmaß und zu den Bedingungsfaktoren der beruflichen Geschlechtersegregation auf der Ebene von Betrieben. Die Befunde schließen sowohl an die schon erwähnte Studie von Hinz und Schübel (2001) als auch an eine Studie von Beblo et al. (2008) zur Geschlechtersegregation in deutschen Betrieben an. Die Studie von Hinz und Schübel präsentierte für das Jahr 1994 erstmalig eine Analyse der beruflichen Segregation auf Betriebsebene im Vergleich zur Arbeitsmarktebene auf Grundlage einer repräsentativen Datenbasis. Wie vorher schon US-amerikanische Studien (siehe u.a. Bielby/Baron 1984, 1986) stellten auch Hinz und Schübel (2001) für Deutschland fest, dass die berufliche Segregation innerhalb der Betriebe weitaus größer ist als in der Wirtschaft insgesamt. In der nun folgenden Analyse berechnen wir ein korrigiertes Segregationsmaß, das nur die *systematische* Segregation innerhalb eines Betriebs quantifiziert (vgl. Kasten 2.2) und kommen damit zu dem gegenteiligen Ergebnis: Die innerbetriebliche Segregation fällt im Mittel über alle Betriebe geringer als diejenige im gesamten Arbeitsmarkt aus. Darüber hinaus stellen wir auch eine große Variation zwischen den Betrieben fest.

2.5.2 Daten und Indikatoren

Die Analyse der betriebsspezifischen Segregation basiert auf verknüpften Betriebs- und Beschäftigtendaten, den Linked-Employer-Employee-Daten des IAB (LIAB).[10] Unsere Datengrundlage bilden diejenigen Betriebe, die in den Jahren

10 Dieser Datensatz ist im methodischen Anhang beschrieben.

1996, 2000 und 2005 an einer Betriebsbefragung im Rahmen des IAB-Betriebspanels teilgenommen haben. Auf der Beschäftigtenseite werden alle sozialversicherungspflichtig Beschäftigten (also ab 1999 auch alle „Mini-JobberInnen") berücksichtigt, die an den jahresbezogenen Stichtagen zum 30. Juni in diesen Firmen tätig waren. In die Analyse gehen nur Betriebe mit mindestens fünf Beschäftigten ein, da die Messung beruflicher Segregation in noch kleineren Betrieben wenig aussagekräftig erscheint. Eine weitere Einschränkung ist, dass nur Betriebe berücksichtigt werden, in denen sowohl Frauen als auch Männer tätig sind und in denen mehr als ein Beruf ausgeübt wird, da sich nur dann betriebliche Segregationsmaße berechnen und interpretieren lassen.[11] Die Stichprobe enthält insgesamt 6.296 Betriebe im Jahr 1996, 9.585 Betriebe in 2000 und 9.552 Betriebe in 2005 mit jeweils über zwei Millionen Beschäftigten.[12] Um die disproportionale Ziehung der Stichprobe aus der Grundgesamtheit aller Betriebe zu korrigieren, wurden alle Auswertungen auf Betriebsebene mit dem Hochrechnungsfaktor der Querschnittsversion des LIAB gewichtet.[13]

Das Ausmaß der betriebsgebundenen Geschlechtersegregation wird mit dem in Abschnitt 2.2 beschriebenen und im Kasten 2.1 formal definierten Dissimilaritätsindex, auch Duncan-Index (I_D) genannt, gemessen. Bei der Berechnung der betriebsspezifischen Segregation wird hier nun als Referenz nicht die Verteilung in der Gesamtbeschäftigung am Arbeitsmarkt, sondern der Frauenanteil innerhalb des jeweiligen Betriebs zugrunde gelegt. I_D wird also größer, je mehr die Geschlechterzusammensetzungen in den verschiedenen Berufen eines Betriebs vom Anteil der Frauen in der gesamten Belegschaft abweichen.

Da beim Vergleich der Segregation auf Arbeitsmarktebene und betrieblicher Ebene verschiedene Aggregationsniveaus herangezogen werden, ist eine Besonderheit des Duncan-Index von Bedeutung: Selbst bei zufälliger Verteilung von Frauen und Männern auf die Berufe und Betriebe, kann der Index eine positive Segregation anzeigen (Carrington/Troske 1997): Man stelle sich vier Betriebe mit jeweils vier Beschäftigten – zwei männlichen und zwei weiblichen – vor, die in nur zwei Berufen tätig sind. Dann wären auch bei zufälliger Vertei-

11 In etwa zehn Prozent der beobachteten Betriebe sind nur Männer beschäftigt und in weiteren knapp acht Prozent nur Frauen. Da diese vollkommen segregierten Betriebe aus der Analyse ausgeschlossen werden, unterschätzen unsere Ergebnisse das tatsächliche Ausmaß der Segregation.

12 Unsere Vorgehensweise ist detaillierter in Beblo et al. (2008) beschrieben.

13 Der Hochrechnungsfaktor korrigiert die Verzerrung, die dadurch entsteht, dass bei disproportionaler Ziehung der Stichprobe nach Branchen und Betriebsgrößenklassen aus der Betriebsdatei (etwa zwei Mio. Betriebe) die Auswahlwahrscheinlichkeit mit der Betriebsgröße steigt, so dass große Betriebe überrepräsentiert sind. Der endgültige Hochrechnungsfaktor des LIAB wird durch iterative Anpassung an weitere Merkmale verfeinert (Städele/Müller 2006).

lung die männlichen und weiblichen Beschäftigten in 50% der Fälle, also in zwei Betrieben, beruflich vollkommen segregiert und in den anderen beiden Betrieben vollkommen integriert. Der resultierende Dissimilaritätsindex von 0,50 würde Segregation anzeigen, die aber eben zufällig entstanden wäre. Da dieser verzerrte Ausschlag insbesondere bei seltenen Berufen oder kleinen Betrieben auftritt, ist ein Vergleich über verschiedene Betriebsgrößen hinweg systematisch verzerrt. Deshalb wird eine Korrektur des Duncan-Index vorgenommen. Er wird um diejenige Segregation korrigiert, welche bei einer rein zufälligen Verteilung von Frauen und Männern auf die Berufe innerhalb eines Betriebs entstehen würde (siehe Kasten 2.2).

Kasten 2.2: Dissimilaritätsindex der systematischen Segregation

Ein Vergleich des Duncan-Index ID mit dem Index IZ, der auf einer zufälligen Zuordnung beruht, liefert das Ausmaß der systematischen Segregation IS nach folgender Formel:

$I_S = (I_D - I_Z) / (1 - I_Z)$, wenn $I_D \geq I_Z$ und
$I_S = (I_D - I_Z) / I_Z$, wenn $I_D < I_Z$

Der Index der systematischen Segregation gibt also an, welcher Anteil der über die zufällige Segregation möglichen Ungleichverteilung von Frauen und Männern auf die Berufe realisiert ist – je nach Datenverfügbarkeit auf dem Arbeitsmarkt insgesamt oder in jedem einzelnen Betrieb. Wenn die beobachtete Segregation gleich der zufälligen ist ($I_D = I_Z$), liegt die systematische Dissimilarität bei Null. Und nur wenn bei zufälliger Verteilung der Beschäftigten auf die vorhandenen Berufe und Betriebe der Dissimilaritätsindex gleich Null ist (I_Z=0), besteht kein Unterschied zwischen der beobachteten Segregation und dem Dissimilaritätsindex der systematischen Segregation. Im Unterschied zum Duncan-Index kann der korrigierte Index Werte zwischen 1 und –1 annehmen. Dabei repräsentieren Werte größer als Null eine positive systematische Segregation und Werte kleiner als Null eine negative, d.h. die beobachtete Dissimilarität unterschreitet sogar die bei zufälliger Zuordnung mögliche Segregation.

Die zufällige Segregation I_Z ermitteln wir durch Simulationsrechnungen, bei denen wir die männlichen und weiblichen Beschäftigten innerhalb der Betriebe mit einem Zufallsgenerator in 200 Wiederholungsrunden in die Berufe sortieren. Dieses Verfahren ist eine Erweiterung der Methodik, die von Carrington/ Troske (1998) vorgeschlagen und u.a. von Vieira et al. (2005) angewendet wurde, da bei unserer Simulation nicht nur die Verteilung der Betriebsgrößen, sondern auch die Verteilung der Berufe innerhalb der Betriebe konstant gehalten wird.

2.5.3 Empirische Ergebnisse

2.5.3.1 Berufliche Segregation auf dem Arbeitsmarkt und innerhalb der Betriebe

Tabelle 2.1 beschreibt die Segregation auf dem Arbeitsmarkt insgesamt und innerhalb der einzelnen Betriebe anhand des Frauenanteils (P) und des Duncan-Index (I_D). Wegen der besseren Vergleichbarkeit zwischen Arbeitsmarkt- und Betriebsebene und über unterschiedliche Betriebsgrößen hinweg betrachten wir darüber hinaus das Segregationsmaß bei zufälliger Verteilung von Frauen und Männern auf die Berufe (I_Z) und die daraus resultierende systematische Segregation (I_S).[14]

Tab. 2.1: Segregation auf dem Arbeitsmarkt und innerhalb der Betriebe

	Arbeitsmarkt gesamt	Innerhalb der Betriebe	
		Mittelwert	Standardabw.
		1996	
Frauenanteil (P)	0,4011	0,4095	0,2785
Duncan-Index (I_D)	0,6014	0,7516	0,2744
Zufällige Dissimilarität (I_Z)	0,0068	0,4463	0,1965
Systematische Dissimilarität (I_S)	0,5986	0,5651	0,4540
		2000	
Frauenanteil (P)	0,3895	0,4195	0,2729
Duncan-Index (I_D)	0,5835	0,7350	0,2779
Zufällige Dissimilarität (I_Z)	0,0072	0,4647	0,2039
Systematische Dissimilarität (I_S)	0,5805	0,5243	0,4685
		2005	
Frauenanteil (P)	0,3817	0,4313	0,2731
Duncan-Index (I_D)	0,5831	0,7227	0,2805
Zufällige Dissimilarität (I_Z)	0,0073	0,4653	0,2071
Systematische Dissimilarität (I_S)	0,5800	0,5082	0,4625

Anmerkung: Da sich die Hochrechnungsfaktoren des LIAB nur auf die Betriebe, nicht aber auf die Individuen beziehen, sind die Kennziffern für den gesamten Arbeitsmarkt, denen die Verteilung der Beschäftigten auf die Berufe zugrunde liegt, ungewichtet. Die Segregation auf Betriebsebene ist gewichtet dargestellt.

Quelle: Eigene Berechnungen auf Basis des LIAB 1996, 2000 und 2005.

14 Die Segregation auf Arbeitsmarktebene ist ungewichtet, die auf Betriebsebene gewichtet dargestellt. Zur besseren Vergleichbarkeit mit der gesamtwirtschaftlichen Segregation wird im Text auch auf die ungewichteten Maßzahlen verwiesen.

Den Werten in Tabelle 2.1 zufolge, ist der Anteil weiblicher Beschäftigter im deutschen Arbeitsmarkt zwischen 1996 und 2005 von 40 auf 38% gesunken.[15] Die Frauenanteile an den Beschäftigten in den Betrieben liegen dagegen im Durchschnitt zwischen einem und fünf Prozentpunkten höher. Eine Erklärung hierfür ist, dass mehr Personen insgesamt, und damit auch mehr Frauen, in kleineren Betrieben beschäftigt sind – zu unterscheiden ist also zwischen dem Frauenanteil im Betrieb und der Beschäftigungswirkung verschiedener Betriebsgrößenklassen für Frauen –, so dass der höhere Frauenanteil in Großbetrieben im Aggregat weniger zu Buche schlägt.[16] Da der betriebliche Frauenanteil nicht mit der Betriebsgröße gewichtet wird, ist er im Mittel höher als der über den Arbeitsmarkt aggregierte Wert. Außerdem zeigt er einen Anstieg über die Zeit, von 41% im Jahr 1996 auf 43% im Jahr 2005.

Der Wert des Duncan-Index (I_D) gibt an, dass im Jahr 1996 60% aller beschäftigten Frauen und Männer und im Jahr 2005 58% ihren Beruf hätten wechseln müssen, damit in jedem Beruf der Frauenanteil genauso groß gewesen wäre wie der Anteil der weiblichen Beschäftigten auf dem Arbeitsmarkt insgesamt. Die Mittelwerte über die Betriebe fallen mit 75 und 72% deutlich größer aus. Dieser auch in anderen Studien ermittelte Unterschied zwischen der Arbeitsmarkt- und der Betriebsebene wird üblicherweise darauf zurückgeführt, dass die Segregation in kleineren Betrieben größer ist als in Großbetrieben (Beblo et al. 2008; Hinz/Schübel 2001).[17]

Zum einen zeigen aber die großen Standardabweichungen, dass das Ausmaß der Segregation stark zwischen den Betrieben schwankt. Zum anderen ist die zufällige Segregation auf Betriebsebene deutlich höher als auf dem Arbeitsmarkt insgesamt. Daraus folgt, dass der Index der systematischen Dissimilarität (I_S) im betrieblichen Durchschnitt sogar unter dem des Arbeitsmarktes insgesamt liegt. Die so genannte Überschusssegregation – d.h. jene gemessene Segregation, die über die zufällige Ungleichverteilung hinausgeht – ist also in den einzelnen Betrieben zumindest im Mittel geringer als auf dem Arbeitsmarkt insgesamt. Der Grund hierfür ist, dass Männer und Frauen umso häufiger auch zufällig in getrennten Berufen arbeiten, je kleiner der Betrieb ist. Im Arbeitsmarkt hingegen ist die zufällige Ungleichverteilung wegen der großen Zahl Beschäf-

---

15 Ein Grund für diese von anderen Arbeitsmarktstatistiken abweichenden Werte liegt darin, dass in unserer Auswertung nur Betriebe mit mindestens fünf sozialversicherungspflichtig Beschäftigten berücksichtigt werden (können).

16 Bauer et al. (2008) zeigen beispielsweise anhand der Beschäftigten-Historik-Datei, dass im Jahr 2005 fast 70% der sozialversicherungspflichtig Beschäftigten in Betrieben mit weniger als 250 Mitarbeitern arbeiten.

17 Das ungewichtete Maß deutet sogar auf eine noch höhere innerbetriebliche Segregation hin.

tigter nahezu Null und die systematische Segregation unterscheidet sich somit kaum von der beobachteten.

Kasten 2.3: Rechenbeispiel

Nehmen wir zur Illustration das folgende Beispiel: Im Jahr 1996 betrug der Duncan-Index I_D für den Arbeitsmarkt 0,6014. Die Segregation bei zufälliger Verteilung der Beschäftigten hätte bei 0,0068 gelegen, so dass ein Index der systematischen Dissimilarität von I_S = (0,6014 – 0,0068) / (1 – 0,0068) = 0,5986 resultiert. Bei den betriebsspezifischen Maßen fallen die Unterschiede wegen der stärkeren zufälligen Ungleichverteilung erwartungsgemäß viel größer aus und folglich ist die systematische Segregation geringer: im Jahr 1996 knapp 57% und im Jahr 2005 51%.

Dieser Befund stellt die bisherigen Schlussfolgerungen, wonach die berufliche Segregation innerhalb der Betriebe weitaus größer ist als in der Wirtschaft insgesamt, offensichtlich in Frage (vgl. Hinz/Schübel 2001). Die bisherigen Ergebnisse lassen sich vielmehr auf eine methodisch verursachte Verzerrung zurückführen. Die neuen Befunde sprechen sogar dafür, dass die beruflichen Geschlechtergrenzen in Betrieben der Tendenz nach eher abgeschwächt und nicht verstärkt werden – wie z.B. noch von Bielby und Baron (1986) angenommen. Deren Annahme beruhte möglicherweise darauf, dass die Autoren vergleichbare Tätigkeiten in verschiedenen Unternehmen auf Grundlage differenzierter Stellenbezeichnungen identifizierten, und lässt sich daher gar nicht auf einen Vergleich von Arbeitsmarkt- und Betriebsebene mit Hilfe von Berufsbezeichnungen, in denen Tätigkeiten zusammengefasst sind, übertragen.

Ein wichtiges Ergebnis ist aus unserer Sicht die hohe Standardabweichung der betriebsspezifischen Segregationskennziffern, d.h. dass der systematische Dissimilaritätsindex stark über die Betriebe streut. Wie sich Betriebe mit einer stark oder geringer ausgeprägten Segregation unterscheiden, soll im Folgenden näher untersucht werden.

2.5.3.2 Regionale und branchenspezifische Unterschiede

Angesichts der geänderten Segregationsmuster in den neuen Bundesländern und der in der Vergangenheit höheren Erwerbstätigkeit von Frauen in Ostdeutschland[18] wird in diesem Abschnitt zunächst untersucht, ob sich die berufliche Se-

18 Während die Erwerbstätigenquote Anfang der 1990er Jahre in Ostdeutschland noch mehr als zehn Prozentpunkte über jenem Anteil in den alten Bundesländern lag, haben sich die regionalen Anteile der Erwerbstätigen an der Bevölkerung im erwerbsfähigen Alter bis

gregation zwischen ost- und westdeutschen Betrieben weiterhin unterscheidet oder ob auch hier eine Angleichung zu beobachten ist. Die Ergebnisse von Falk (2002) weisen darauf hin, dass zumindest bis zum Jahr 2000 keine Angleichung der Segregation im Arbeitsmarkt insgesamt stattgefunden hat.

Während der Anteil weiblicher Beschäftigter (P) in den westdeutschen Betrieben der Stichprobe zwischen 1996 und 2005 um nur einen Prozentpunkt steigt, erhöht sich der Frauenanteil in den ostdeutschen Betrieben um fünf Prozentpunkte (siehe Abb. 2.2). Somit gleichen sich die zur Mitte der 1990er Jahre noch bestehenden regionalen Unterschiede im Laufe der Zeit nahezu aus. Im Einklang mit den Ergebnissen von Falk (2002) zeigt sich, dass die Segregationskennziffern für Ostdeutschland geringfügig höher ausfallen. Zu Beginn der Beobachtungsperiode (1996) liegt die systematische Dissimilarität (I_S) in Ostdeutschland sieben Prozentpunkte über dem Niveau von Westdeutschland. Bis zum Jahr 2005 hat sich diese Differenz auf vier Prozentpunkte verringert. Bei der Integration von Frauen in Männerberufe und umgekehrt handelt es sich demnach zwar um einen nur langsam voran schreitenden, aber keinesfalls regional begrenzten Prozess.

Als weiteres wichtiges Unterscheidungskriterium für das Ausmaß der beruflichen Trennung von männlichen und weiblichen Beschäftigten vermuten wir die *Branchenzugehörigkeit* der Betriebe. Tabelle 2.2 gibt die einzelnen Segregationsmaße für verschiedene Branchen wieder.

Abb. 2.2: Mittelwerte des Frauenanteils (P) und der systematischen Segregation (IS) nach Region (1996 und 2005)

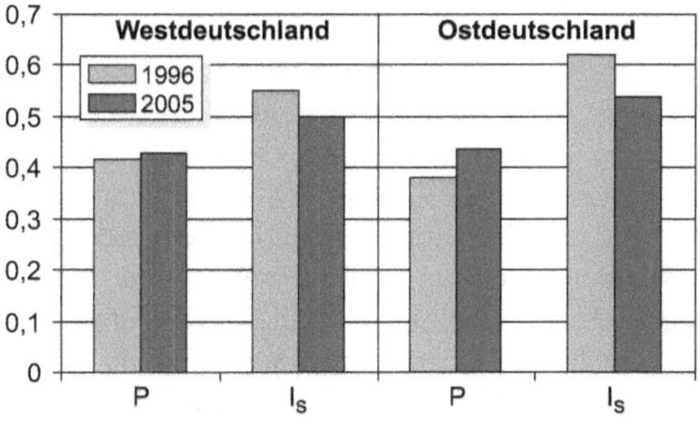

Quelle: Eigene Berechnungen auf Basis des LIAB 1996 und 2005. Gewichtung mit dem Hochrechnungsfaktor des LIAB

heute nahezu vollständig angeglichen. Die Erwerbsorientierung ostdeutscher Frauen (gemessen an der Erwerbsquote) ist allerdings immer noch deutlich höher als im Westen (Cornelißen 2005).

Tab. 2.2: Mittlere betriebliche Segregation nach Branche (2005)

Branchen	P	I_D	I_Z	I_S
Land- und Forstwirtschaft, Bergbau	0,29	0,76	0,48	0,53
Verarbeitendes Gewerbe 1	0,42	0,78	0,48	0,60
Verarbeitendes Gewerbe 2	0,28	0,82	0,52	0,65
Baugewerbe	0,17	0,97	0,50	0,93
Handel und Reparatur	0,43	0,74	0,49	0,51
Verkehr und Nachrichten	0,25	0,72	0,34	0,57
Banken und Versicherungen	0,57	0,27	0,24	-0,03
DL für Unternehmen	0,46	0,68	0,50	0,41
Sonstige DL	0,65	0,59	0,43	0,28

Anmerkung: Verarbeitendes Gewerbe 1 umfasst die Nahrungs- und Genussmittelherstellung, Textil- und Bekleidungsgewerbe, Papier- und Druckgewerbe, Verlage, Holzgewerbe, Chemische Industrie, Herstellung von Gummi- und Kunststoffwaren, Glasgewerbe, Keramik, Verarbeitung von Steinen und Erde, Metallerzeugung und -bearbeitung sowie das Recycling. Das Verarbeitende Gewerbe 2 enthält die Herstellung von Metallerzeugnissen, Maschinenbau, Herstellung von Kraftwagen und sonstigen Fahrzeugen, Elektrotechnik, Feinmechanik und Optik sowie die Herstellung von Möbeln, Schmuck, Musikinstrumenten u.a.

Quelle: LIAB-Daten, Welle 2005. Gewichtung mit dem Hochrechnungsfaktor des LIAB.

Generell liegt die systematische Segregation (I_S) deutlich unterhalb der beobachteten (I_D), d.h. in allen Branchen spielt die zufällige Ungleichverteilung eine wichtige Rolle. Die einzige Ausnahme bildet dabei das Baugewerbe, in welchem sowohl der traditionelle als auch der systematische Index mit 0,97 bzw. 0,93 eine fast vollständige berufliche Trennung von Männern und Frauen aufweist. Wenig überraschend ist damit die Segregation in der Baubranche insgesamt am ausgeprägtesten und der Frauenanteil am geringsten. Im Gegensatz dazu fällt die Segregation bei Banken und Versicherungen mit einem Indexwert von 0,27 mit Abstand am geringsten aus. Auffallend ist insbesondere, dass der korrigierte Index (I_S) hier sogar einen leicht negativen Wert annimmt. Dies bedeutet, dass das tatsächliche Ausmaß der beruflichen Trennung in der Banken- und Versicherungsbranche sogar noch geringer ist, als bei einer rein zufälligen Verteilung der Geschlechter der Fall wäre.[19] Die hohe Integration von Frauen in dieser Branche zeigt sich auch am relativ hohen Frauenanteil (P). Im Einklang mit Falks Ergebnissen (2002) bestätigt sich außerdem, dass im Banken- und Versiche-

19 Überraschend ist zunächst, dass trotz des negativen korrigierten Index der Duncan-Index höher ausfällt als die zufällige Segregation. Dieser Zusammenhang lässt sich auf die Gewichtung zurückführen. Der ungewichtete korrigierte Index bewegt sich zwischen –1 und 1 und beträgt im Mittel 0,0446. Da kleine Betriebe durch die Hochrechnungsfaktoren stärker gewichtet werden und diese im Durchschnitt stärker segregiert sind, kehrt sich das Vorzeichen dieser Kennziffer um.

rungsgewerbe der Frauenanteil in ostdeutschen Betrieben deutlich höher ist als in westdeutschen.

Die branchenspezifischen Unterschiede in der zufälligen Segregation lassen sich in erster Linie auf Differenzen in der durchschnittlichen Betriebsgröße zurückführen. So wäre die berufliche Trennung in Betrieben des Verarbeitenden Gewerbes 2 auch bei zufälliger Verteilung der Beschäftigten auf die Berufe eines Betriebs am höchsten. Die systematische Segregation in dieser Branche beträgt somit „nur" knapp 65% der maximal möglichen, während der traditionelle Dissimilaritätsindex 82% ausmacht. Die größte Differenz zwischen der beobachteten und der systematischen Segregation zeigt sich in den sonstigen Dienstleistungen. Neben dem Bank- und Versicherungssektor liegt hier also, relativ gesehen, die größte zufällige Ungleichverteilung vor.

2.5.3.3 Der Einfluss betrieblicher Merkmale

Wie schon mit Blick auf die Standardabweichungen in Tabelle 2.1 deutlich wurde, bestehen zwischen den Betrieben große Unterschiede in der Ausprägung der Segregation. Ziel der betriebsspezifischen Analyse ist daher auch zu bestimmen, welche Merkmale von Betrieben mit Segregation in Zusammenhang stehen. Zunächst werden Betriebe mit unter- und überdurchschnittlicher Segregation unterschieden. Zusätzlich werden noch diejenigen mit besonders geringer Segregation betrachtet (I_S kleiner als Null, d.h. die innerbetriebliche Segregation ist sogar geringer als aufgrund rein zufälliger beruflicher Zuordnungen zu erwarten wäre). Eine nähere Betrachtung dieser „best practice"-Beispiele soll zeigen, durch welche Strukturmerkmale diejenigen Betriebe gekennzeichnet sind, deren Belegschaft besonders gut durchmischt ist.

In den Tabellen 2.3 und 2.4 sind ausgewählte Charakteristika der drei Gruppen getrennt für West- und Ostdeutschland dargestellt. Dabei handelt es sich um die Beschäftigungsstruktur (Größe, Alterstruktur, Qualifikationsstruktur, Arbeitszeitstruktur, Frauenanteil, Anteil ausländischer Beschäftigter) und institutionelle Merkmale (betriebliche Interessenvertretung, Tarifbindung, Rechtsform, Gründungsjahr), da diese als wichtige Bestimmungsgrößen der betriebsgebundenen Segregation angesehen werden (siehe u.a. Charles/Grusky 2004).

Die Abgrenzung von Betrieben mit unter- und überdurchschnittlicher Segregation ergibt sich aus den jeweiligen Mittelwerten des korrigierten Dissimilaritätsindex für Ost- bzw. Westdeutschland. Die Einteilung der Gruppen ist somit abhängig von den Verteilungen innerhalb der Regionen. Da sich diese nicht stark unterscheiden, sind die tatsächlichen Schwellen in Ost- und Westdeutschland sehr ähnlich. Betriebe mit außerordentlich geringer Segregation weisen einen Index I_S von Null oder kleiner auf, d.h. die gemessene Segregation liegt sogar unterhalb der zufälligen beruflichen Ungleichverteilung von Frauen und

Männern innerhalb von Betrieben. Die definitorische Grenze ist in diesem Fall somit in beiden Regionen identisch.

Tab. 2.3: Merkmale von Betrieben mit höherer und geringerer beruflicher Segregation in Westdeutschland (im Jahr 2005)

Merkmale von Betrieben mit ...	... überdurchschnittliche Segregation ($I_S \geq \varnothing$)	... unterdurchschnittliche Segregation ($I_S < \varnothing$)	... besonders geringe Segregation ($I_S < 0$)
Durchschnittliche Anzahl der Beschäftigten	46	59	23
Durchschnittlicher Anteil der Beschäftigten < 30 Jahre (in %)	20	20	17
Durchschnittlicher Anteil der Beschäftigten > 50 Jahre (in %)	22	22	23
Durchschnittlicher Anteil der Beschäftigten ohne Berufsausbildung (in %)	19	18	15
Durchschnittlicher Anteil der Beschäftigten mit Hochschulabschluss (in %)	19	27	13
Durchschnittlicher Anteil der Beschäftigten in Teilzeit (in %)	16	23	27
Durchschnittlicher Anteil weiblicher Beschäftigter (in %)	32	51	56
Durchschnittlicher Anteil ausländischer Beschäftigter (in %)	0,6	0,6	0,7
Anteil Betriebe mit Betriebsrat (in %)	28	35	35
Anteil Betriebe mit Tarifbindung (in %)	70	58	46
Anteil Betriebe mit Gründung nach 1990 (in %)	20	21	30
Anzahl Beobachtungen (mind.)	4.430	4.648	559

Anmerkung: Die Mittelwerte sind gewichtet mit dem Hochrechnungsfaktor des LIAB. Die Abgrenzung von Betrieben mit unter- und überdurchschnittlicher Segregation ergibt sich aus dem Mittelwert des korrigierten Dissimilaritätsindex für Ost- bzw. Westdeutschland (siehe Abb. 2.2).

Quelle: Eigene Berechnungen auf Basis des LIAB 2005

Aus diesen Analysen ergibt sich, dass Betriebe mit überdurchschnittlich hoher Segregation im Schnitt kleiner sind als Betriebe, in denen weniger berufliche Geschlechtergrenzen bestehen. Am geringsten ist die Beschäftigtenzahl allerdings bei außerordentlich wenig segregierten Betrieben.

Während wir bezüglich der Altersstruktur und des Beschäftigtenanteils ohne Berufsausbildung nur geringfügige Unterschiede feststellen können, beschäftigen unterdurchschnittlich segregierte Betriebe deutlich mehr Personen mit Hochschulabschluss (27% gegenüber 19% im Westen und 28% versus 15% im Osten). Dieses Ergebnis steht in Einklang mit den Befunden von Trappe und Rosenfeld (2004), die zumindest bei Männern ein nach Qualifikation unterschiedliches Berufswahlverhalten erkennen. Unklar bleibt jedoch, ob hochqualifizierte Frauen und Männer sich eher in Betrieben mit einer (bezüglich der horizontalen beruflichen Segregation) egalisierenden Personalpolitik finden, oder ob sich die betrieblichen Voraussetzungen für eine geschlechterunabhängige Verteilung der Tätigkeiten mit dem Qualifikationsniveau verbessern. Aussagen über Ursache und Wirkung können aus den vorliegenden Befunden nicht hergeleitet werden. Dies gilt ebenso für die weiteren beschriebenen Zusammenhänge (vgl. zum Zusammenhang von geschlechtersensibler Personalpolitik allgemein und Hochqualifizierten Kapitel 8).

Tab. 2.4: Merkmale von Betrieben mit höherer und geringerer beruflicher Segregation in Ostdeutschland (im Jahr 2005)

Merkmale von Betrieben mit ...	... überdurchschnittliche Segregation ($I_S \geq \varnothing$)	... unterdurchschnittliche Segregation ($I_S < \varnothing$)	... besonders geringer Segregation ($I_S < 0$)
Durchschnittliche Anzahl der Beschäftigten	34	51	22
Durchschnittlicher Anteil der Beschäftigten < 30 Jahre (in %)	17	16	17
Durchschnittlicher Anteil der Beschäftigten > 50 Jahre (in %)	21	25	28
Durchschnittlicher Anteil der Beschäftigten ohne Berufsausbildung (in %)	10	11	10
Durchschnittlicher Anteil der Beschäftigten mit Hochschulabschluss (in %)	15	28	22
Durchschnittlicher Anteil der Beschäftigten in Teilzeit (in %)	10	16	26
Durchschnittlicher Anteil weiblicher Beschäftigter (in %)	28	53	59
Durchschnittlicher Anteil ausländischer Beschäftigter (in %)	0,01	0,12	0,04
Anteil Betriebe mit Betriebsrat (in %)	17	30	30
Anteil Betriebe mit Tarifbindung (in %)	51	52	47
Anteil Betriebe mit Gründung nach 1990 (in %)	71	78	77
Anzahl Beobachtungen (mind.)	3.322	3.293	312

Anmerkung: Die Mittelwerte sind gewichtet mit dem Hochrechnungsfaktor des LIAB. Die Abgrenzung von Betrieben mit unter- und überdurchschnittlicher Segregation ergibt sich aus dem Mittelwert des korrigierten Dissimilaritätsindex für Ost- bzw. Westdeutschland (siehe Abb. 2.2).

Quelle: Eigene Berechnungen auf Basis des LIAB 2005

Auch Betriebe mit einem hohen Anteil an Teilzeitkräften weisen häufiger unterdurchschnittliche Segregationsmaße auf. Ausgehend von der Beobachtung, dass Teilzeitbeschäftigungen häufiger in typischen Frauenberufen ermöglicht werden[20], wäre einerseits zu erwarten, dass Betriebe mit einer hohen Teilzeitquote tendenziell auch höhere Segregationskennziffern aufweisen. Andererseits kann das Angebot an Teilzeitstellen in männlich geprägten Kontexten für Frauen auch integrierend wirken (vgl. auch Kapitel 4). Dieser Befund muss deshalb in Zusammenhang mit dem Frauenanteil interpretiert werden: Eine hohe Teilzeitquote geht in der Regel auch einher mit einem höheren Frauenanteil, welcher wiederum eher in wenig segregrierten Betrieben zu beobachten ist. Dies bestätigen auch die Merkmalswerte für Betriebe mit einem negativen systematischen Dissimilaritätsindex, in denen der Frauenanteil sogar 56% (West) bzw. 59% (Ost) beträgt. Solange die Effekte der Arbeitszeit und des Frauenanteils nicht simultan berücksichtigt werden, kann also der vermutete segregierende Effekt der Teilzeitarbeit nicht identifiziert werden.

Sowohl in Ost- wie auch in Westdeutschland existiert eine betriebliche Interessenvertretung häufiger in Betrieben mit unterdurchschnittlicher Segregation. Dieses Ergebnis ist angesichts der Mitsprachemöglichkeit bei Stellenausschreibungen und -besetzungen dann plausibel, wenn der Betriebsrat selbst eine Geschlechterdurchmischung der Berufe unterstützt. Denkbar wäre auch, dass Betriebe mit Betriebsräten engagierter bei der Einrichtung von Gleichstellungsstellen sind, welche ein größeres Augenmerk auf segregierende Einstellungspraxen haben, wobei die berufliche Segregation in der betrieblichen Praxis ein eher seltenes Thema ist (vgl. Kapitel 8). Tarifbindung liegt dagegen eher bei stärker trennenden Betrieben vor (nur in Westdeutschland). Dieser Befund könnte mit den Branchenunterschieden hinsichtlich der Tarifbindung zusammen hängen. Eine weitere Erklärung hierfür könnte im Betriebstypus liegen: Junge Betriebe mit integrierten Berufen sind seltener tarifgebunden. In ganz Deutschland sind unterdurchschnittlich segregierte Betriebe eher jünger, d.h. nach 1990 gegründet.

2.5.3.4 Multivariate Zusammenhangsanalyse

Mit Hilfe einer multivariaten Regressionsanalyse wollen wir nun prüfen, inwieweit die im oben diskutierten bivariaten Vergleich festgestellten Zusammenhänge zwischen der Segregation und den betrieblichen und institutionellen Merkmalen auch bei gleichzeitiger Berücksichtigung aller potentiellen Einflussfaktoren bestehen bleiben. Neben den ausgewiesenen Unternehmensmerkmalen wurde mit Hilfe von neun Dummy-Variablen auch die Branchenzugehörigkeit berücksich-

20 Binder (2007) zeigt beispielsweise auf Basis des SOEP für das Jahr 2003, dass Beschäftigte in Frauenberufen in etwa sechsmal so häufig in Teilzeit arbeiten wie in Männerberufen.

tigt. Tabelle 2.5 zeigt die geschätzte Wirkungsrichtung der Einflussfaktoren für West- und Ostdeutschland. (Die vollständigen Schätzergebnisse sind in Tabelle 2.6 im Anhang dargestellt.)

Tab. 2.5: Multivariate Analyse der beruflichen Segregation (im Jahr 2005) (Tobit-Modell)

Variablen	Zusammenhang mit Segregation	
	West	Ost
20-49 Beschäftigte	–	–
50-99 Beschäftigte	–	–
100-199 Beschäftigte	–	–
200-499 Beschäftigte	–	–
500-999 Beschäftigte	–	–
1.000-4.999 Beschäftigte	–	–
≥ 5000 Beschäftigte	–	–
Anteil der Beschäftigten < 30 Jahre	–	–
Anteil der Beschäftigten > 50 Jahre	+	.
Anteil der B. ohne Berufsausbildung	–	–
Anteil der B. mit Hochschulabschluss	–	–
Anteil der Beschäftigten in Teilzeit	.	.
Anteil weiblicher Beschäftigter	–	–
Anteil ausländischer Beschäftigter	–	.
Betriebsrat (0 = Nein/1 = Ja)	–	.
Tarifbindung (0 = Nein/1 = Ja)	+	.
Gründung nach 1990	–	–
Anzahl der Beobachtungen	3.250	

Anmerkung: Ein Minus-/Pluszeichen deutet darauf hin, dass dieses Betriebsmerkmal mit geringerer/höherer Segregation (im Vergleich zur Segregation in Betrieben der Referenzkategorie) korrespondiert. Statistisch nicht signifikante Werte sind als Punkt dargestellt. Zur Referenzgruppe gehören Personengesellschaften mit fünf bis 19 Beschäftigten, die dem Verarbeitenden Gewerbe zugerechnet werden, vor 1990 gegründet wurden, keinen Betriebsrat haben und nicht der Tarifbindung unterliegen. Da der korrigierte Dissimilaritätsindex der systematischen Segregation zwischen 1 und -1 variiert, wenden wir eine beidseitig zensierte Tobit-Schätzung an. Vollständige Regressionsergebnisse: vgl. Tabelle 2.6 .

Die Ergebnisse der multivariaten Analyse bestätigen den im vorherigen Abschnitt aufgezeigten Zusammenhang zwischen der *Betriebsgröße* und dem Ausmaß der innerbetrieblichen Segregation. Der korrigierte Dissimilaritätsindex, d.h. die systematische Segregation, sinkt mit der Anzahl der Beschäftigten. In kleinen Betrieben ist also der über die zufällige (in diesen Betrieben vergleichsweise hohe) Segregation hinausgehende Anteil sehr hoch. In Ostdeutschland ist dieser Effekt besonders ausgeprägt. Dieser Befund steht in Einklang mit der Hypothese, dass formalisierte Regeln, Prozesse und Entscheidungswege bei der Rekrutierung neuer MitarbeiterInnen – welche in Großunternehmen in der Regel ausgeprägter sind – den Spielraum für stereotyp-geleitete Personalentscheidungen eingrenzen und so zur Auflösung von Geschlechtergrenzen beitragen (Collinson et al. 1990, Reskin/McBrier 2000). Weiterhin ist denkbar, dass diese Betriebe mehr Zeit und Geld in die Auswahl ihrer MitarbeiterInnen investieren und deshalb seltener auf geschlechtsbezogene Zuschreibungen bei der Einschätzung von Fähigkeiten und erwarteten Leistungen zurückgreifen (Bygren/Kumlin 2005). Schließlich ist anzunehmen, dass große Betriebe – grundsätzlich oder aufgrund ihrer Teilnahme an Zertifizierungen etc. (vgl. Kapitel 8) – eher der öffentlichen Kritik ausgesetzt sind und sich deshalb stärker an politischen Zielvorgaben etwa zur Verbesserung der Gleichstellung von Frauen und Männern orientieren (Baron et al. 1991). Während sich im Gruppenvergleich hinsichtlich der *Alterstruktur* keine nennenswerten Unterschiede zwischen über- und unterdurchschnittlich stark segregierten Betrieben ergeben haben, deuten die Ergebnisse der multivariaten Analyse darauf hin, dass ein hoher Anteil jüngerer Beschäftigter mit einer geringeren betrieblichen Segregation einher geht. Eventuell überschreiten neu eintretende Kohorten häufiger die unsichtbaren Grenzen zwischen Männer- und Frauenberufen. Betriebe mit einem hohen Anteil von über 50-Jährigen weisen zumindest in Westdeutschland höhere Segregationsmaße auf.

Erstaunlich ist hingegen, dass sowohl der *Anteil der Beschäftigten ohne Berufsausbildung* als auch der *Anteil der Hochqualifizierten* einen egalisierenden Effekt auf die berufliche Trennung von Männern und Frauen innerhalb der Betriebe haben. Dies könnte als Folge eines segregierenden Ausbildungssystems unterhalb des Hochschulniveaus interpretiert werden, wie in Abschnitt 2.4.2 diskutiert. Die Koeffizienten der Qualifikationsgruppen sind in Ostdeutschland größer als in Westdeutschland. Zudem zeigen auch Trappe und Rosenfeld (2004), dass junge Männer mit einem universitären Abschluss oder ohne Ausbildungsabschluss mit höherer Wahrscheinlichkeit in einen gemischtgeschlechtlichen oder geschlechtsatypischen Beruf eintreten.

Mit Hilfe der multivariaten Analyse zeigt sich nun auch, dass bei Berücksichtigung des *Frauenanteils* kein statistisch signifikanter Zusammenhang zwischen dem Anteil der Teilzeitbeschäftigten und der systematischen Segregation mehr messbar ist. Das heißt ein höherer Anteil an Teilzeitjobs steht in keinem Zusammenhang zur innerbetrieblichen Segregation. Der vorher festgestellte scheinbare Zusammenhang ist allein auf den Einfluss des Frauenanteils zurückzuführen. Zwischen dem Anteil weiblicher Beschäftigter und der systematischen Segregation besteht gemäß unseren Schätzergebnissen sogar ein starker Zusammenhang.[21] Die Beschäftigungswahrscheinlichkeit von Frauen in Berufen, in denen typischerweise mehr Männer arbeiten, scheint somit in Betrieben mit hohem Frauenanteil größer zu sein. Auch der AusländerInnenanteil geht mit einer geringeren beruflichen Ungleichverteilung innerhalb der Betriebe einher (in Ostdeutschland ist dieser Zusammenhang allerdings nicht statistisch signifikant). Wir interpretieren diese Ergebnisse als Bestätigung der oben angeführten Überlegungen und Befunde aus organisationsdemografischen Studien, wonach Frauen (bzw. ethnische Gruppen), haben sie in Arbeitsbereichen erst einmal Fuß gefasst, auch weitere nachrücken lassen.

Die geschätzten Effekte des *Betriebsrats* sowie der *Tarifbindung* bestätigen die Ergebnisse der bivariaten Analyse für Westdeutschland. Wenig segregierte Betriebe haben bei simultaner Berücksichtigung weiterer Einflussgrößen mit höherer Wahrscheinlichkeit einen Betriebsrat – möglicherweise ist hier ein kausaler Zusammenhang aufgrund formalisierterer Stellenbesetzungsverfahren zu sehen. Gleichzeitig unterliegen sie aber seltener der Tarifbindung. Ein Grund hierfür könnte im höheren Ausmaß der Tarifbindung in gewerblich-technisch dominierten Branchen liegen (Ellguth/Kohaut 2008).

Folgt man der Argumentation von Baron et al. (1991), dann sind Firmen nachhaltig durch die zur *Zeit der Gründung* herrschenden gesellschaftlichen Normvorstellungen geprägt. Somit erscheint es plausibel, dass die Segregation in nach 1990 gegründeten Betrieben signifikant geringer ist, da deren Stellenprofile zu einer Zeit institutionalisiert wurden, in der traditionelle Geschlechterrollen an Bedeutung verloren. Ein nach 1990 gegründeter Betrieb hat in Westdeutschland einen um 2,7 Prozentpunkte niedrigeren Index. In Ostdeutschland beträgt der Abschlag sogar 8,2 Prozentpunkte.

2.5.3.5 Zusammenfassung der empirischen Befunde

Die horizontale berufliche Segregation von Frauen und Männern in deutschen Betrieben hat auf Grundlage des klassischen Duncan-Index (I_D) zwischen 1996 und 2005 nur geringfügig abgenommen. Der korrigierte Dissimilaritätsindex (I_S), der nur die *systematische* Segregation innerhalb der Betriebe misst, zeigt dagegen eine deutliche Abnahme um fast sechs Prozentpunkte. Zwischen Regionen und ausgewählten Branchen bestehen Unterschiede, sowohl im Niveau als auch in der zeitlichen Entwicklung.

Vergleicht man den durchschnittlichen *korrigierten* Dissimilaritätsindex deutscher Betriebe mit jenem für den Arbeitsmarkt insgesamt, so zeigt sich, dass die systematische Segregation innerhalb der Betriebe – anders als bisher angenommen – sogar geringer ist als im Arbeitsmarkt insgesamt. Daraus folgern wir,

21 Bielby und Baron (1984) erkennen diesen Zusammenhang auch für kalifornische Betriebe für die Zeit zwischen 1959 und 1979.

dass die beruflichen Geschlechtergrenzen innerhalb von Betrieben eher abgeschwächt werden – eventuell vermittelt durch bestimmte Strukturmerkmale.

Ein wichtiges Ergebnis unserer Studie ist, dass sich stark segregierte Betriebe hinsichtlich ihrer Beschäftigungsstruktur und weiterer institutioneller Merkmale deutlich von Betrieben mit einer eher proportionalen Verteilung von Männern und Frauen auf die Berufe unterscheiden. Wie erwartet sind Betriebe mit geringer Segregation durchschnittlich größer als Betriebe, in denen Männer und Frauen sehr unähnliche Berufe ausüben. Die Belegschaften von weniger segregierten Betrieben sind außerdem jünger und haben zu größeren Teilen einen Hochschulabschluss oder gar keine Berufsausbildung. Auch höhere Anteile an weiblichen und ausländischen Beschäftigten und das Vorhandensein einer betrieblichen Interessenvertretung scheinen mit einer geringeren berufliche Trennung von Männern und Frauen zusammenzuhängen. Letzteres gilt nur für Westdeutschland, ebenso wie der Befund, dass Betriebe mit Tarifbindung eine höhere systematische Segregation aufweisen.

2.6 Diskussion und gleichstellungspolitische Implikationen

Neue Ergebnisse zur betriebsgebundenen Geschlechtersegregation in Deutschland bestätigen zum Teil Ergebnisse aus früheren Studien aus anderen Ländern. Dies kann als Hinweis dafür gelten, dass einige Mechanismen der beruflichen Trennung in unterschiedlichen institutionellen Umwelten in gleicher Art und Weise wirken. So finden wir stärker ausgeprägte Trennlinien horizontaler Segregation in kleineren und älteren Betrieben. Ebenso bestätigt sich, dass ein hoher Frauenanteil im Betrieb die Integration von Frauen in quantitativ von Männern dominierte Berufe erleichtert.

Andere Befunde sind neu und informieren über mögliche Entwicklungen im zeitlichen Verlauf. Trotz der großen Beharrungskraft der institutionell gefestigten beruflichen Trennung bricht diese langsam auf, wenn auch nur in kleinen Schritten. Ob diese Entwicklung bereits auf einen Rückgang von Geschlechterdifferenzierungen in der Arbeitswelt hinweist, ist eine empirisch noch offene Frage. Zu beachten ist dabei, dass in dieser Studie die Entwicklung der Gesamtsegregation, nicht aber die darin enthaltenen vertikalen Trennlinien und die Zuweisung von manuellen und nicht-manuellen Tätigkeiten untersucht wurde.

Neu ist auch die Erkenntnis, dass das System der betrieblichen Mitbestimmung einen Einfluss auf die Abgrenzung von Frauen- und Männerarbeit hat. Offen bleibt an dieser Stelle allerdings, durch welche Mechanismen die berufliche Segregation in diesen Betrieben durchbrochen wird, etwa durch Mitsprache bei Stellenbesetzungen oder durch das Engagement für Gleichstellungsbelange. Wir wissen bislang, dass Betriebsräte Geschlechterungleichheit mindern, indem sie zu einer Reduzierung der Lohnungleichheit zwischen Frauen und Männer beitragen (zuletzt Heinze/Wolf 2009). Es kann daher vermutet werden, dass Betriebsräte vor allem auf die vertikale Dimension der Geschlechtersegregation Einfluss nehmen, da Entlohnung und hierarchische Stellung im Betrieb eng gekoppelt sind. Ob es Betriebsräten tatsächlich gelingt – und wenn ja: auf welche Weise genau –, die berufliche Segregation zu reduzieren, könnte ein Thema zukünftiger Forschung sein.

Schließlich bleibt festzuhalten, dass mit den verfügbaren Datenbeständen eine Reihe von möglichen Faktoren, die sich in Studien aus anderen Ländern als einflussreich erwiesen haben, nicht untersucht werden konnten. Dies gilt vor allem für die Wirkung von Rekrutierungsverfahren und von gleichstellungspolitischen Maßnahmen. Ebenfalls war es mit den verfügbaren Daten nicht möglich, die berufliche Trennung anhand konkreter Stellenbeschreibungen (dem Beispiel Barons und Bielbys 1986 folgend) zu analysieren. Insofern unterschätzen unsere Ergebnisse vermutlich das Ausmaß der Segregation, da sie auf Berufsklassifikationen basieren, welche zum Teil mehrere Tätigkeitsprofile in einer Berufsbezeichnung bündeln. (Nach dem Grundsatz: Je feiner man misst, desto mehr Segregation findet man.) Allerdings betrifft diese Einschränkung hinsichtlich des absoluten Niveaus der Segregation nicht den Vergleich zwischen Betrieben oder zwischen der Arbeitsmarkt- und der Betriebsebene, da es hier nur auf die Relation der Maße zueinander ankommt.

Die berufliche Trennung von Frauen und Männern ist von politischem und gesellschaftlichem Interesse, weil eine ungleiche Verteilung der Geschlechtergruppen auf verschiedene Berufe mit beruflichen Vor- wie auch mit Nachteilen verbunden sein kann. Die sich daraus ergebenden gleichstellungspolitischen Implikationen sollen deshalb abschließend thematisiert werden. Auf Seiten der *Nachteile* ist vor allem auf den Zusammenhang zwischen beruflicher Segregation und geschlechtsspezifischem Lohnabstand hinzuweisen (vgl. auch Kapitel 5). So sinkt beispielsweise der durchschnittliche Lohn von Vollzeitbeschäftigten, wenn der Frauenanteil in dem von den Beschäftigten ausgeübten Beruf innerhalb von Betrieben ansteigt (u.a. Achatz et al. 2004). Heinze (2009) zeigt, dass mit einem höheren Frauenanteil im Betrieb insgesamt der Lohn von Frauen und Männern in Westdeutschland sinkt. Der Einfluss des Frauenanteils ist allerdings weniger ausgeprägt, wenn man weitere Arbeitsplatzmerkmale berücksichtigt. Wie sich zeigt, sind Frauen stärker in Firmen beschäftigt, die eine familienfreundliche Arbeitsumgebung schaffen, etwa indem sie Maßnahmen zur besseren Vereinbarkeit von Familie und Beruf ergreifen. Dafür werden offenbar Lohnabschläge in Kauf genommen. *Vorteile* der beruflichen Spaltung werden beispielsweise in der Krisenfestigkeit von bestimmten frauendominierten Beschäftigungsfeldern gesehen (aktuell Heckmann et al. 2009). So argumentiert Hakim (1998), dass etwa eine Beschäftigung im öffentlichen Dienst einen gewissen

Schutz gegen konjunkturbedingte Krisen bietet. Auch Blackburn et al. (2001) führen das zugegeben etwas protektionistische Argument an, dass Frauen in Arbeitsmärkten mit einer ausgeprägten beruflichen Segregation in einigen Bereichen bessere berufliche Chancen haben als in Berufen, in denen sie mit Männern konkurrieren und in denen sie eher mit Ab- und Ausgrenzungsmechanismen rechnen müssen (vgl. hierzu Williams/O'Reilly 1998).

Abgesehen von Analysen zum Zusammenhang von beruflicher Segregation und Entlohnung sind die individuellen Erträge der Beschäftigung in segregierten Berufen allerdings noch wenig untersucht. Trappe (2006) zeigt, dass die Ausbildung in einem Frauenberuf nicht generell zu beruflichen Nachteilen führt. Arbeitsmarktrelevante Risiken einer Ausbildung in einem geschlechtstypischen Beruf werden durch strukturelle Rahmenbedingungen und durch die Bildungsinstitutionen vermittelt. So führt beispielsweise eine Ausbildung in einem Frauenberuf im Vergleich zu anderen Berufen westdeutsche Frauen in geringerem Umfang in eine ausbildungsfremde Tätigkeit, jedoch in einem höheren Ausmaß in eine unterwertige Beschäftigung, wohingegen ostdeutsche Frauen hinsichtlich Statuserhalt und berufsfachliche Kontinuität profitieren (ebd., S. 74).

Aus der Forschung zur Arbeitsmarktbenachteiligung von Frauen wird oft gefolgert, dass die berufliche De-Segregation eine Vorbedingung für die Erreichung der Gleichstellung von Frauen und Männern im Arbeitsmarkt darstellt. Die Bemühungen, mehr junge Frauen in gewerblich-technischen Berufen auszubilden, waren bislang allerdings wenig erfolgreich. Die geschlechtsspezifische berufliche Segregation in der dualen Berufsausbildung ist seit den 1990er Jahren nahezu unverändert (BMBF 2008). Ob die Ausbildungspräferenzen von jungen Menschen mit gleichstellungspolitischen Bemühungen zu beeinflussen sind, ist angesichts dieser Entwicklung zweifelhaft.

Ob eine stärkere Integration von Frauen in Männerberufe längerfristig Ungleichheit reduziert, ist ebenfalls eine empirisch noch offene Frage. So zeigen Mavromaras und Rudolph (2002), dass Veränderungen der beruflichen Segregation den Lohnabstand zwischen Frauen und Männern auf komplexe Weise beeinflussen: In männerdominierten und schnell wachsenden Berufen erhöht die berufliche De-Segregation den geschlechtsspezifischen Lohnabstand; in geschlechtsgemischten und in frauendominierten wie auch in nur langsam wachsenden Berufen haben Veränderungen in der Geschlechterzusammensetzung keinen Einfluss. Die zitierte Studie gibt keine Auskunft darüber, auf welche Weise eine berufliche De-Segregation zu einer höheren Lohnkluft zwischen Frauen und Männern führt. Eine Interpretation dieses Ergebnisses kann sich aber auf theoretische Überlegungen stützen. Denkbar ist, dass Betriebe im Zuge einer stärkeren Durchmischung von Berufsbereichen ihre Stellenprofile ausdifferenzieren und Frauen und Männern unterschiedliche Aufgaben oder hierarchische

Positionen zuweisen. Wenn frauentypische Tätigkeiten im Durchschnitt geringer entlohnt würden als männertypische, würde sich der Lohnabstand vergrößern.

Umgekehrt bestehen für Männer nur Anreize, sich stärker in die bislang frauentypischen Berufsfelder zu integrieren, wenn diese hinsichtlich Status und Gratifikationen entsprechend ertragreich erscheinen. Eine häufig geforderte Aufwertung von Frauenberufen könnte jedoch nicht beabsichtigte Nebeneffekte mit sich bringen. Empirische Fallstudien über den Geschlechtswechsel einzelner Berufsfelder zeigen, dass der durch eine berufliche Aufwertung[22] in Gang gesetzte Zustrom von Männern in frauentypische Berufsfelder nur vorübergehend zu einer ausgewogenen Geschlechterbesetzung führt. Langfristig können solche Berufe ihre Geschlechterdominanz wechseln, das heißt aus Frauenberufen werden im Laufe der Zeit Männerberufe (vgl. Wetterer 2002). Zudem wirken Frauenberufe für Männer wie ein *glass-escalator*. Im Vergleich zu ihren Berufskolleginnen gelingt Männern eher ein Aufstieg in Führungsfunktionen oder qualifizierte Tätigkeitsfelder (Heintz et al. 1997; Williams 1992). Der Abbau der horizontalen Segregation könnte also durchaus mit dem Fortbestand einer vertikalen Segregation Hand in Hand gehen. Insofern sind Zweifel berechtigt, dass eine größere berufliche Durchmischung auch die Geschlechterungleichheit in der Erwerbswelt beseitigt.

Gleichstellungspolitische Maßnahmen sollten deshalb „zweigleisig" ausgerichtet sein: Zum einen sollten sich gleichstellungspolitische Maßnahmen auf ungleichheitsrelevante Aspekte wie den Abbau der vertikalen Segregation und Lohnungleichheit zwischen Frauen und Männern konzentrieren. Zum anderen sollten Frauen, die sich für Männerberufe interessieren, bei der Berufseinmündung, aber auch beispielsweise nach Abschluss einer entsprechenden Berufsausbildung bei der Übernahme in ein Beschäftigungsverhältnis unterstützt werden.

Abschließend bleibt festzuhalten, dass die Forschung über die betriebsgebundene Geschlechtersegregation wesentlich zum Verständnis der auf der Geschlechtszugehörigkeit basierenden Trennlinien und deren Veränderung in der Erwerbswelt beiträgt. Sie zeigt, wie die Segregationsmuster generiert und aufrecht erhalten werden, etwa indem Geschlechternormen und -stereotypen mit Anforderungsprofilen für Stellen und Personal gekoppelt werden und dadurch als legitimierte Sachzwänge erscheinen. Die Arbeiten über gemischtgeschlechtliche Berufsfelder sind hier besonders aufschlussreich, da sie belegen, dass die Geschlechtszugehörigkeit nicht in allen betrieblichen Kontexten relevant wird. Diese Befunde haben eine Debatte darüber angestoßen, ob Geschlechtergrenzen in der Erwerbswelt insgesamt offener und flexibler werden und sich die Integra-

22 Eine Aufwertung von Berufsfeldern ist häufig die Folge technologischer Innovationen, welche die Arbeitsbedingungen verbessern oder die qualifikatorischen Voraussetzungen und damit das Lohnniveau erhöhen.

tionschancen von Frauen dadurch verbessern. Auf der Grundlage der bislang vorliegenden Arbeiten zeichnet sich hier allerdings noch kein eindeutiges Bild ab. Es ist noch zu wenig erforscht, ob die Integration von Frauen etwa in neue Beschäftigungsbereiche langfristig von Bestand ist, für welche Beschäftigtengruppen die berufliche Segregation oder Integration eher von Vorteil oder von Nachteil ist und ob damit eine Besser- oder Schlechterstellung von Frauen relativ zu Männern einhergeht und ob gleichstellungspolitische Maßnahmen darauf einwirken können.

Literatur

Achatz, J. 2005: Geschlechtersegregation im Arbeitsmarkt. In: Abraham, M./Hinz, Th. (Hg.): Arbeitsmarktsoziologie. Wiesbaden, S. 263-302

Achatz J./Hinz Th. 2001: Wandel einer Wissenschaftsorganisation und die Integration von Frauen. In: Zeitschrift für Soziologie, Jg. 30, S. 323-340

Achatz, J./Gartner, H./Glück, T. 2004: Bonus oder Bias? Mechanismen geschlechtsspezifischer Entlohnung. In: Kölner Zeitschrift für Soziologie und Sozialpsychologie, Jg. 57, S. 466-493

Acker, J. 1990: Hierarchies, Jobs, Bodies: A Theory of Gendered Organizations. In: Gender and Society, Vol. 4, S. 139-158

Acker, J. 1992: Gendering Organizational Theory. In: Mills, A. J./Tancred, P. (Hg.): Gendering Organizational Analysis. London, S. 248-260

Acker, J. 1994: The Gender Regime of Swedish Banks. In: Scandinavian Journal of Management, Vol. 10, S. 117-130

Anker, R. 1998: Gender and Jobs. Sex Segregation of Occupations in the World. Geneva

Bauer, T. K./Schmucker, A./Vorell, M. 2008: KMU und Arbeitsplatzdynamik – eine Analyse auf Basis der Beschäftigten-Historik-Datei. IAB Discussion Paper Nr. 2

Barnett, W. P./Baron, J. N./Stuart, T. E. 2000: Avenues of Attainment: Occupational Demography and Organizational Careers in the California Civil Service. In: American Journal of Sociology, Vol. 106, S. 88-144

Baron, J. N./Hannan, M. T./Hsu, G./Kocak, Ö. 2007: In the Company of Women. Gender Inequality and the Logic of Bureaucracy in Start-Up Firms. In: Work and Occupations, Vol. 34, S. 35-66

Baron, J. N./Mittman B. S./Newman A. E. 1991: Targets of Opportunity: Organizational and Environmental Determinants of Gender Integration within the California Civil Service. In: American Journal of Sociology, Vol. 96, S. 1362-1401

Baron, J. N./Newman, A. E. 1989: Pay the Man: Effects of Demographic Composition on Prescribed Wage Rates in the California Civil Service. In: Michael, R./Hartmann, H./ O'Farrell, B. (Hg.): Pay Equity: Empirical Inquiries. Washington, S. 107-130

Baron, J. N./Newman, A. E. 1990: For what it's Worth. Organizations, Occupations and the Value of Work Done by Women and Nonwhites. In: American Sociological Review, Vol. 55, S. 155-175

Baron, J. N./Pfeffer, J. 1994: The Social Psychology of Organizations and Inequality. In: Social Psychology Quarterly, Vol. 57, S. 190-209

Beblo, M./Heinze, A./Wolf, E. 2008: Entwicklung der beruflichen Segregation von Männern und Frauen zwischen 1996 und 2005 – eine Bestandsaufnahme auf betrieblicher Ebene. In: Zeitschrift für ArbeitsmarktForschung, Jg. 41, S. 181-196

Becker, G. 1985: Human Capital, Effort, and the Sexual Division of Labor. In: Journal of Labor Economics, Vol. 3, S. 33-58

Benschop, Y./Dooreward, H. 1998: Covered by Equality: The Gender Subtext of Organizations. In: Organization Studies, Vol. 19, S. 787-805

Bielby, W. T./Baron, J. N. 1984: A Women's Place is with Other Women: Sex Segregation within Organizations. In: Reskin B. F. (Hg.): Sex Segregation in the Workplace: Trends, Explanations, Remedies. Washington/D.C., S. 27-55

Bielby, W. T./Baron, J. N. 1986: Men and Women at Work: Sex Segregation and Statistical Discrimination. In: American Sociological Review, Vol. 55, S. 155-175

Binder, N. 2007: Zwischen Selbstselektion und Diskriminierung. Eine empirische Analyse von Frauenbenachteiligung am deutschen Arbeitsmarkt anhand alternativer Indikatoren unter besonderer Berücksichtigung der Berufswahl. Berlin

Blackburn, R. M./Brooks, B./Jarman, J. 2001: Occupational Stratification: The Vertical Dimension of Occupational Segregation. In: Work, Employment and Society, Vol. 15, S. 511-538

Blau, F. D./Ferber, M. A. 1991: Career Plans and Expectations of Young Women and Men. The Earnings Gap and Labor Force Participation. In: Journal of Human Resources, Vol. 26, S. 581-607

Blau, F. D./Ferber, M. A./Winkler; A. E. 2002: The Economics of Women, Men, and Work (4. Auflage). Upper Saddle River

Blossfeld, H. 1987: Labour Market Entry and the Sexual Segregation of Careers in the Federal Republic of Germany. In: American Journal of Sociology, Vol. 93, S. 89-118

Born, C. 2000: Erstausbildung und weiblicher Lebenslauf: Was (nicht nur) junge Frauen bezüglich der Berufswahl wissen sollten. In: Zeitschrift für Soziologie der Erziehung und Sozialisation, Jg. 3, Beiheft 20, S. 50-65

Bundesministerium für Bildung und Forschung (BMBF) 2008: Berufsbildungsbericht 2008. Bonn, Berlin

Britton, D. M. 2000: The Epistemology of the Gendered Organization. In: Gender & Society, Vol. 14, S. 418-434

Brückner, H. 2004: Gender Inequality in the Life Course. Social Change and Stability in West Germany 1975-1995. New York

Bygren, M./Kumlin, J. 2005: Mechanisms of Organizational Sex Segregation. Organizational Characteristics and the Sex of Newly Recruited Employees. In: Work and Occupations. Vol. 32, S. 39-65

Carrington, W. J./Troske K. R. 1995: Gender segregation in small firms. In: Journal of Human Resources, Vol. 30/No. 3, S. 503-533

Carrington, W. J./Troske K. R. 1997: On Measuring Segregation in Small Unit Samples. In: Journal of Business and Economic Statistics, Vol. 15/No. 4, S. 402-409

Carrington, W. J./Troske K. R. 1998: Sex segregation in the U.S. Manufacturing. In: Industrial and Labor Relations Review, Vol. 51/No. 3, S. 445-464

Cassirer, N./Reskin, B. F. 2000: High Hopes: Organizational Location, Employment Experiences, and Women's and Men's Promotion Aspirations In: Work and Occupations, Vol. 27, S. 438-463

Cejka, M. A./Eagly, A. H. 1999: Gender-Stereotypic Images of Occupations Correspond to the Sex Segregation of Employment. In: Personality and Social Psychology Bulletin, Vol. 25, S. 413-423

Charles, M./Grusky, D. B. 2004: Occupational Ghettos. The Worldwide Segregation of Men and Women. Stanford

Cohen, L. E./Broschak, J. P./Haveman, H. A. 1998: And then there were More? The Effect of Organizational Sex Composition on the Hiring and Promotion of Women Managers. In: American Sociological Review, Vol. 63, S. 711-727

Collinson, D./Knights, D./Collinson, M. 1990: Managing to Discriminate. London

Corcoran, M. E./Duncan, G. J./Brinton, M. 1984: Work Experiences, Job Segregation and Wages. In: Reskin, B. F. (Hg.): Sex Segregation in the Workplace: Trends, Explanations, Remedies. Washington, S. 171-191

Cornelißen, W. 2005: Gender Datenreport: 1. Datenreport zur Gleichstellung von Frauen und Männern in der Bundesrepublik Deutschland. Hrsg. vom Bundesministerium für Familie, Senioren, Frauen und Jugend (BMFSFJ). Baden-Baden

Correll, S. J. 2004: Constraints into Preferences: Gender, Status, and Emerging Career Aspirations. In: American Sociological Review, Vol. 69, S. 93-113

Dolado, J. J./Felgueroso, F./Jimeno, J. F. 2002: Recent Trends in Occupational Segregation by Gender: A Look Across the Atlantic. IZA Diskussionspapier Nr. 524. Bonn

Duncan, O. D./Duncan, B. 1955: A Methodological Approach of Segregation Indexes. In: American Sociological Review, Vol. 20, S. 210-217

Ellguth, P./Kohaut, S. 2008: Tarifbindung und betriebliche Interessenvertretung. Aktuelle Ergebnisse aus dem IAB-Betriebspanel 2007. In: WSI-Mitteilungen, Jg. 61, S. 515-519

Engelbrech, G./Nagel, E. 2002: Einkommen von Männern und Frauen beim Berufseintritt, betriebliche Ausbildung und geschlechtsspezifische berufliche Segregation in den 90er Jahren. IAB Werkstattbericht Nr. 17. Nürnberg

England, P. 1982: Failure of Human Capital Theory to Explain Occupational Segregation. In: Journal of Human Resources, Vol. 17, S. 338-350

England, P. 1984: Wage Appreciation and Depreciation: A Test of Neoclassical Economic Explanations of Occupational Sex Segregation. In: Social Forces, Vol. 62, S. 726-749

England, P. 1992: Comparable Worth: Theories and Evidence. New York

England, P./Farkas, G./Stanek, B./Dou, Th. 1988: Explaining Occupational Sex Segregation and Wages: Findings from a Model with Fixed Effects. In: American Sociological Review, No. 53, S. 544-558

Falk, S. 2002: Geschlechtsspezifische berufliche Segregation in Ostdeutschland zwischen Persistenz, Verdrängung und Angleichung: ein Vergleich mit Westdeutschland für die

Jahre 1991-2000. In: Mitteilungen aus der Arbeitsmarkt- und Berufsforschung (MittAB), Jg. 35, S. 37-59

Flückiger, Y./Silber, J. 1999: The Measurement of Segregation in the Labor Force. Heidelberg

Gmür, M. 2004: Was ist ein ‚idealer Manager' und was eine ‚ideale Managerin'? Geschlechtsrollenstereotypen und ihre Bedeutung für die Eignungsbeurteilung von Männern und Frauen in Führungspositionen. In: Zeitschrift für Personalforschung, Jg. 18, S. 396-417

Gorman, E. H./Kmec, J. A. 2009: Hierarchical Rank and Women's Organizational Mobility: Glass Ceilings in Corporate Law Firms. In: American Journal of Sociology, Vol. 115, S. 1428-1474

Görlich, D./de Grip, A. 2009: Human Capital Depreciation During Hometime. In: Oxford Economic Papers, Vol. 61 (im Erscheinen)

Gottschall, K. 1990: Frauenarbeit und Bürorationalisierung. Zur Entstehung geschlechtsspezifischer Trennungslinien in großbetrieblichen Verwaltungen. Frankfurt/M.

Hakim, C. 1996: Theoretical and Measurement Issues in the Analysis of Occupational Segregation. In: Beckmann, P. (Hg.): Gender Specific Occupational Segregation. Beiträge zur Arbeitsmarkt- und Berufsforschung (BeitrAB) Nr. 179. Nürnberg, S. 67-88

Hakim, C. 1998: Social Change and Innovation in the Labour Market. Oxford

Halford, S./Savage, M./Witz, A. 1997: Gender, Careers and Organisations. Current Developments in Banking, Nursing and Local Government. London

Hannan, M. T./Freeman, J. 1984: Structural Inertia and Organizational Change. In: American Sociological Review, Vol. 49, S. 149-164

Heckmann, M./Kettner, A./Rebien, M. 2009: Einbruch in der Industrie – Soziale Berufe legen zu. IAB-Kurzbericht Nr. 11. Nürnberg

Heintz, B./Nadai, E./Fischer, R./Ummel, H. 1997: Ungleich unter Gleichen. Studien zur geschlechtsspezifischen Segregation des Arbeitsmarktes. Frankfurt/M., New York

Heinze, A. 2009: Earnings of Men and Women in Firms with a Female Dominated Workforce. What Drives the Impact of Sex Segregation on Wages? ZEW Discussion Paper No. 09-012

Heinze, A./Wolf, E. 2009 (i.E.): The Intra-Firm Gender Wage Gap: A New View on Wage Differentials Based on Linked Employer-Employee Data. In: Journal of Population Economics

Hinz, Th./Schübel, Th. 2001: Geschlechtersegregation in deutschen Betrieben. In: Mitteilungen aus der Arbeitsmarkt- und Berufsforschung (MittAB), Jg. 34, S. 286-301

Hirsh, C. E. 2009: The Strength of Weak Enforcement: The Impact of Discrimination Charges, Legal Environments, and Organizational Conditions on Workplace Segregation. In: American Sociological Review, Vol. 74, S. 245-271

Holtgrewe, U. 2003: Geschlechtergrenzen in der Dienstleistungsarbeit – aufgelöst und neu gezogen. Das Beispiel Callcenter. In: Kuhlmann, E./Betzelt, S. (Hg.): Geschlechterverhältnisse im Dienstleistungssektor – Dynamiken, Differenzierungen und neue Horizonte. Baden-Baden, S. 147-160

Jacobs, J. A. 1989: Revolving Doors: Sex Segregation and Women's Careers. Stanford

Jacobs, J. A. 1999: The Sex Segregation of Occupations. Prospects for the 21st Century. In: Powell, G. N. (Hg.): Handbook of Gender & Work. Thousand Oaks, S. 125-141

Kleinert, C./Kohaut, S./Brader D./Lewerenz, J. 2007: Frauen an der Spitze. Arbeitsbedingungen und Lebenslagen weiblicher Führungskräfte. Frankfurt/M., New York

Konrad, A. M./Pfeffer, J. 1991: Understanding the Hiring of Women and Minorities. In: Sociology of Education, Vol. 64, S. 141-157

Krüger, H. 1996: Die andere Bildungssegmentation: Berufssysteme und soziale Ungleichheit zwischen den Geschlechtern. In: Bolder, A./Heid, H./Heinz, W. R./Kutscha, G./Krüger, H./Meier, A./Rodax, K. (Hg.): Die Wiederentdeckung der Ungleichheit. Aktuelle Tendenzen. Jahrbuch Bildung und Arbeit 1996. Opladen, S. 195-219

Kreimer, M. 1999: Arbeitsteilung als Diskriminierungsmechanismus. Theorie und Empirie geschlechtsspezifischer Arbeitsmarktsegregation. Frankfurt/M.

Kuhlmann, E./Kutzner, E./Müller, U./Riegraf, B./Wilz, S. 2002: Organisationen und Professionen als Produktionsstätten der Geschlechter(a)symmetrie. In: Schäfer, E./Fritzsche, B./ Nagode, C. (Hg.): Geschlechterverhältnisse im sozialen Wandel. Interdisziplinäre Analysen zu Geschlecht und Modernisierung. Opladen, S. 221-249

Kutzner, E. 1999: Die Un-Ordnung der Geschlechter. Industrielle Produktion, Gruppenarbeit und Geschlechterpolitik in partizipativen Arbeitsformen. München, Mering

Lengfeld, H. 2007: Organisierte Ungleichheit. Wie Organisationen Lebenschancen beeinflussen. Wiesbaden

Lorber, J. 1999: Gender-Paradoxien. Opladen

Marini, M. M./Brinton, M. C. 1984: Sex Typing in Occupational Socialization. In: Reskin, B. F. (Hg.): Sex Segregation in the Workplace: Trends, Explanations, Remedies. Washington/D.C., S. 192-232

Mavromaras, K. G./Rudolph, H. 2002: Occupational Segregation and the Male Female Wage Gap in Germany between 1985 and 1995. In: Cahiers Économiques de Bruxelles, Vol. 45, S. 71-89

Mittman, B. 1992: Theoretical and Methodological Issues in the Study of Organizational Demography and Demographic Change. In: Tolbert, P./Bacharach, S. S. (Hg.): Research in the Sociology of Organizations 10. Greenwich, S. 3-53

Nelson, R. L./Bridges, W. P. 1999: Legalizing Gender Inequality. Courts, Markets and Unequal Pay for Women in America. Cambridge

Okamoto, D./England, P. 1999: Is there a Supply Side to Occupational Sex Segregation? In: Sociological Perspectives, Vol. 42, S. 557-582

Ott, N./Rinne, K. 1994: Was können ökonomische Theorien zur Erklärung der geschlechtsspezifischen Arbeitsteilung beitragen? In: Donhauser, K./Irrgang, J./Klawitter J. (Hg.): Frauen-fragen, Frauen-perspektiven, Forum für interdisziplinäre Forschung, Bd. 12. Dettelbach, S. 141-182

Padavic, I./Reskin, B. 2002: Women and Men at Work. Second Edition. Thousand Oaks

Peinl, I. 1999: Das Ende der Eindeutigkeiten. Zu Gelegenheitsstrukturen weiblicher Erwerbsarbeit in der Landesbank Berlin und der Deutschen Bahn AG. In: Nickel, H. M./Völker, S./Hüning, H.: (Hg.): Transformation – Unternehmensreorganisation – Geschlechterforschung. Opladen, S. 131-154

Perry, E. L./Davis-Blake, S./Kulis, C. T. 1994: Explaining Gender Based Selection Decisions: A Synthesis of Contextual and Cognitive Approaches. In: Academy of Management Review, Vol. 19, S. 786-820

Polachek, S. W. 1981: Occupational Self-Selection: A Human Capital Approach to Sex Differences in Occupational Structure. In: Review of Economics and Statistics, Vol. 63, S. 60-69

Prendergast, C. 1999: The Provision of Incentives in Firms. In: Journal of Economic Literature, Vol. 37, S. 7-63

Rasmussen, B. 2001: Corporate Strategy and Gendered Professional Identities: Reorganization and the Struggle for Recognition and Positions. In: Gender, Work and Organization, Vol. 8, S. 291-310

Reskin, B. F./McBrier, D. B. 2000: Why not Ascription? Organizations' Employment of Male and Female Managers. In: American Sociological Review, Vol. 65, S. 210-233

Reskin, B. F./McBrier, D. B./Kmec, J. A. 1999: The Determinants and Consequences of Workplace Sex and Race Composition. In: Annual Review of Sociology, Vol. 25, S. 335-361

Ridgeway, C. L. 2001: Interaktion und die Hartnäckigkeit der Geschlechter-Ungleichheit in der Arbeitswelt. In: Heintz, B. (Hg.): Geschlechtersoziologie. Sonderheft 41 der Kölner Zeitschrift für Soziologie und Sozialpsychologie. Opladen, S. 250-275

Rosenfeld, R. A./Trappe, H. 2002: Occupational Sex Segregation in State Socialist and Market Economies: Levels, Patterns, and Change in East and West Germany, 1980s and 1998. In: Leicht, K. T. (Hg.): The Future of Market Transition. Research in Social Stratification and Mobility, Vol. 19. Oxford, S. 231-267

Rosenfeld, R. A./Trappe, H./Gornick, J. C. 2004: Gender and Work in Germany: Before and After Reunification. In: Annual Review of Sociology, Vol. 30, S. 103-124

Rudolph, H. 2004: Zu Risiken und Nebenwirkungen. Frauenbeschäftigung in den Transformationsprozessen der deutschen Versicherungswirtschaft. In: Oppen, M./Simon, D. (Hg.): Verharrender Wandel. Institutionen und Geschlechterverhältnisse. Berlin, S. 221-246

Siltanen, J./Jarman, J./Blackburn, R. M. 1995: Gender Inequality in the Labour Market. Occupational Concentration and Segregation. Geneva

Skuratowicz, E./Hunter, L. W. 2004: Where Do Women's Jobs Come From? Job Resegregation in an American Bank. In: Work and Occupations, Vol. 31, S. 73-110

Solga, H./Konietzka, D. 2000: Das Berufsprinzip des deutschen Arbeitsmarktes: Ein geschlechtsneutraler Allokationsmechanismus? In: Schweizerische Zeitschrift für Soziologie, Jg. 26, S. 111-147

Städele, D./Müller, D. 2006: Codebuch zum IAB Betriebspanel, FDZ Datenreport Nr. 6/2006, Nürnberg

Steinmann, S. 2000: Bildung, Ausbildung und Arbeitsmarktchancen in Deutschland. Eine Studie zum Wandel der Übergänge von der Schule in das Erwerbsleben. Opladen

Steinmetz, S. 2006: Frauen im Abseits? Die geschlechtsspezifische Arbeitsmarktsegregation im europäischen Vergleich. In: Lemke, M./Ruhe, C./Woelki, M./Ziegler, B. (Hg.): Tagungsband Genus Oeconomicum – Zur Ökonomie der Geschlechterverhältnisse, Universität Zürich und Universität Konstanz, S. 263-278

Teubner, U. 1989: Neue Berufe für Frauen. Modelle zur Überwindung der Geschlechterhierarchie im Erwerbsbereich. Frankfurt/M., New York

Tienari, J./Quack, S./Theobald, H. 2002: Organizational Reforms, 'Ideal Workers' and Gender Orders: A Cross-societal Comparison. In: Organization Studies, Vol. 23, S. 249-279

Tomaskovic-Devey, D./Kalleberg, A. L./Marsden, P. V. 1996: Organizational Patterns of Gender Segregation. In: Kalleberg, A. L./Knoke, D./Marsden, P. V./Spaeth, J. L. (Hg.): Organizations in America. Analyzing their Structures and Human Resource Practices. Thousand Oaks, S. 276-301

Tomaskovic-Devey, D./Skaggs, S. 2001: Führt Bürokratisierung zu geschlechtsspezifischer Segregation? In: Heintz, B. (Hg.): Geschlechtersoziologie. Sonderheft 41 der Kölner Zeitschrift für Soziologie und Sozialpsychologie. Opladen, S. 308-331

Trappe, H. 2006: Berufliche Segregation im Kontext. Über einige Folgen geschlechtstypischer Berufsentscheidungen in Ost- und Westdeutschland. In: Kölner Zeitschrift für Soziologie und Sozialpsychologie, Jg. 58, S. 50-78

Trappe, H./Rosenfeld, R. A. 2001: Geschlechtsspezifische Segregation in der DDR und der BRD. Im Verlauf der Zeit und im Lebensverlauf. In: Heintz, B. (Hg.): Geschlechtersoziologie. Sonderheft 41 der Kölner Zeitschrift für Soziologie und Sozialpsychologie. Opladen, S. 152-181

Trappe, H./Rosenfeld, R. A. 2004: Occupational Sex Segregation and Family Formation in the Former East and West Germany. In: Work and Occupations, Vol. 31, S. 155-192

Vieira, J. A. C./Cardoso, A. R./Portela, M. 2005: Gender Segregation and the Wage Gap in Portugal: An Analysis at the Establishment Level. In: Journal of Economic Inequality, Vol. 3/No. 2, S. 145-168

von Wahl, A.: 1999: Gleichstellungsregime. Berufliche Gleichstellung von Frauen in den USA und in der Bundesrepublik Deutschland. Opladen

Wetterer, A. 2002: Arbeitsteilung und Geschlechterkonstruktion. „Gender at Work" in theoretischer und historischer Perspektive. Konstanz

Wharton, A. 2002: Geschlechterforschung und Organisationssoziologie. In: Allmendinger, J./Hinz, Th. (Hg.): Organisationssoziologie. Sonderheft 42 der Kölner Zeitschrift für Soziologie und Sozialpsychologie. Wiesbaden, S. 188-202

Willms-Herget, A. 1985: Frauenarbeit. Zur Integration der Frauen in den Arbeitsmarkt. Frankfurt/M., New York

Williams, C. 1992: The Glass Escalator: Hidden Advantages for Men in the ‚Female' Professions. In: Social Problems, Vol. 39, S. 253-267

Williams, K. Y./O'Reilly, C. A. 1998: Demography and Diversity in Organizations. A Review of 40 Years of Research. In: Research in Organizational Behavior, Vol. 20, S. 77-140

Wilz, S. M. 2002: Organisation und Geschlecht. Strukturelle Bindungen und kontingente Kopplungen. Opladen

Zucker, L. 1987: Institutional Theories of Organizations. In: American Sociological Review, Vol. 13, S. 443-464

Anhang

Tab. 2.6: Multivariate Analyse der beruflichen Segregation (in 2005) (Tobit-Modell)

Variablen		West Koeffizient	West t-Statistik	Ost Koeffizient	Ost t-Statistik
Konstante		0,887	31,25	1,105	26,15
20-49	Beschäftigte	–0,089	–5,55	–0,154	–6,78
50-99	Beschäftigte	–0,122	–6,95	–0,220	–8,39
100-199	Beschäftigte	–0,127	–6,68	–0,181	–6,41
200-499	Beschäftigte	–0,128	–6,73	–0,215	–7,18
500-999	Beschäftigte	–0,125	–5,37	–0,202	–4,93
1.000-4.999	Beschäftigte	–0,093	–3,77	–0,249	–4,56
≥ 5.000	Beschäftigte	–0,143	–2,57	–0,747	–1,83
Anteil der Beschäftigten < 30 Jahre		–0,111	–2,24	–0,192	–2,49
Anteil der Beschäftigten > 50 Jahre		0,178	4,19	–0,011	–0,19
Anteil der B. ohne Berufsausbildung		–0,077	–3,49	–0,255	–6,00
Anteil der B. mit Hochschulabschluss		–0,214	–7,45	–0,354	–8,99
Anteil der Beschäftigten in Teilzeit		0,003	0,09	0,073	1,87
Anteil weiblicher Beschäftigter		–0,434	–16,45	–0,514	–13,71
Anteil ausländischer Beschäftigter		–1,434	–2,38	–3,190	–1,78
Betriebsrat (0 = Nein/1 = Ja)		–0,060	–4,67	–0,000	–0,02
Tarifbindung (0 = Nein/1 = Ja)		0,036	3,07	0,013	0,70
Gründung nach 1990		–0,027	–2,06	–0,082	–4,48
Sigma		0,353		0,408	
Anzahl der Beobachtungen		6082		3250	
Likelihood Ratio Test $\chi^2(30)$		2125,04		1144,09	
Korrigiertes R^2		0,2730		0,2294	

Anmerkung: Als weitere Kontrollvariablen werden die Branchenzugehörigkeit und die Rechtsform berücksichtigt. Zur Referenzgruppe gehören Personengesellschaften mit fünf bis 19 Beschäftigten, die dem Verarbeitenden Gewerbe zugerechnet werden. Da der korrigierte Dissimilaritätsindex der systematischen Segregation zwischen 1 und –1 variiert, wenden wir eine beidseitig zensierte Tobit-Schätzung an.

Quelle: Eigene Schätzungen auf Basis des LIAB 2005

3. Beschäftigungsverhältnisse

Tatjana Fuchs

Das Wichtigste in Kürze

- Die zunehmende Frauenerwerbsbeteiligung geht mit einem deutlich wachsenden Anteil von atypischen und auch prekären Beschäftigungsverhältnissen einher: Sowohl die Anteile von befristeten und Leiharbeitsverhältnissen, von Minijobs als auch von Teil- und Vollzeitarbeit im Niedrigeinkommensbereich haben im Zeitverlauf zugenommen.
- Diese Beschäftigungsverhältnisse entbehren in verschiedener Hinsicht sozialer Rechte sowie ArbeitnehmerInnenrechte, unterschreiten finanzielle Mindestbedingungen und begründen damit – in unterschiedlichem Ausmaß – ein prekäres Potential.
- Dieses Phänomen betrifft auch immer häufiger die Beschäftigungsbedingungen von Männern, jedoch nicht im selben Maß wie die von Frauen. Männer arbeiten noch häufiger als Frauen in so genannten Normalarbeitsverhältnissen, also in unbefristeten Beschäftigungsverhältnissen mit einem Einkommen oberhalb der Prekaritätsgrenze.
- In der privaten Wirtschaft sind sowohl atypische als auch prekäre Beschäftigungsverhältnisse erheblich häufiger verbreitet als im öffentlichen Dienst. Von diesem Gefälle zwischen den Beschäftigungsbedingungen sind Frauen stärker als Männer betroffen: Lediglich 41% der vollzeitbeschäftigten Frauen im Vergleich zu 59% der vollzeitbeschäftigten Männer in der privaten Wirtschaft sind unbefristet beschäftigt und beziehen ein Bruttoeinkommen von 2.000 Euro und mehr, d.h. ein Einkommen deutlich oberhalb der Grenze zur Prekarität.
- Von den teilzeitbeschäftigten Frauen erhalten nur sieben Prozent eine vergleichbare finanzielle und arbeitsvertragliche Absicherung in der privaten Wirtschaft, sie stellen also eine absolute Ausnahme dar. Selbst der Anteil von unbefristeten Teilzeitverhältnissen mit Entgelten von mindestens 1.500 Euro liegt in der privaten Wirtschaft lediglich bei 16%.
- Betriebsräte schränken die Verbreitung von prekären Beschäftigungsverhältnissen im Betrieb ein. Die Beschäftigungsbedingungen in mitbestimmten Betrieben erfüllen erheblich häufiger die oben genannten Standards des Normalarbeitsverhältnisses. Dies gilt grundsätzlich für voll- und teilzeitbeschäftigte Männer und Frauen. Jedoch arbeiten Frauen erheblich seltener in Betrieben mit Betriebsrat.

3.1 Problemkontext und Fragestellung

In Westdeutschland drücken sich die veränderten Erwerbsmuster und Lebensplanungen von Frauen seit den 1970er Jahren in einer erhöhten und kontinuierlichen Erwerbsbeteiligung von vor allem verheirateten Frauen und Müttern aus (vgl. Gottschall 2005). Jedoch ist diese Integration in (überwiegend) lohnabhängige Beschäftigung nicht mit einer Angleichung in den Erwerbsformen von Männern und Frauen einhergegangen, denn die erhöhte Erwerbsbeteiligung von Frauen beruht wesentlich auf einer Ausweitung von sozialversicherungspflichtiger und insbesondere „geringfügiger"[1] Teilzeitarbeit (vgl. dazu auch Kapitel 4). Diese Entwicklung und die Zunahme von befristeten Beschäftigungsverhältnissen und Leiharbeit (wenn auch auf niedrigem Niveau) haben im Ergebnis zu einer deutlichen Ausweitung von Arbeitsverhältnissen geführt, die nicht mehr dem so genannten Normalarbeitsverhältnis entsprechen (begriffliche Erläuterungen vgl. unten): Während 1985 in Westdeutschland noch knapp die Hälfte aller erwerbstätigen Frauen unbefristet und auf Vollzeitstellen für einen Betrieb tätig waren, galt dies 2006 nur noch für 35% der erwerbstätigen Frauen. Unter den erwerbstätigen Männern reduzierte sich im selben Zeitraum die Verbreitung von unbefristeter betrieblicher Vollzeitarbeit von 65% auf 61%. Das heißt, in Westdeutschland ist die Verbreitung dieser so genannten Normalarbeitsverhältnisse insbesondere unter den erwerbstätigen Frauen zurückgegangen, während sie für erwerbstätige Männer noch immer die dominante Form der Erwerbstätigkeit darstellt (vgl. Abb. 3.1).

Auch in Ostdeutschland hat sich die Struktur der Beschäftigungsverhältnisse verändert – jedoch anders als in Westdeutschland und für Männer anders als für Frauen: Während 1995 noch rund 70% der erwerbstätigen Männer und 60% der erwerbstätigen Frauen in einem unbefristeten Vollzeit-Arbeitsverhältnis abhängig beschäftigt waren, galt dies 2006 nur noch für knapp unter 60% der Männer und knapp 50% der Frauen. Demnach hat sich auch in Ostdeutschland die Landschaft der Beschäftigungsverhältnisse verändert, wobei die Unterschiede zwischen den Geschlechtern geringer ausfallen. Vor allem aber ist für erwerbstätige Frauen in Ostdeutschland, im Gegensatz zu Westdeutschland, das Normalarbeitsverhältnis noch immer die dominierende Beschäftigungsform.

Die Entwicklung der Beschäftigungsverhältnisse wurde und wird vor allem durch drei Faktoren beeinflusst: Zum einen durch die Erwerbsorientierung von

1 Der Begriff „geringfügige Teilzeit" ist nicht unumstritten: Minijobs mögen aus Sicht der Sozialversicherungsträger geringfügig sein – da sie allenfalls geringe Einnahmen und Ansprüche generieren. Für viele Frauen sind sie die einzig verfügbare Erwerbsoption und damit alles andere als „geringfügig". Da jedoch die Bezeichnungen „geringfügige Teilzeit" oder „Minijobs" etabliert sind, werden sie auch in diesem Kapitel verwendet.

Frauen und Männern im erwerbsfähigen Alter sowie deren Arbeitsteilung im Haushaltskontext. Zum anderen durch staatliche Regulierung, d.h. unter anderem durch die gesetzliche Regelung von Beschäftigungsverhältnissen, die Steuerpolitik, die ein bestimmtes Erwerbsmodell fördern oder sanktionieren kann, sowie durch den Staatskonsum, z.B. über die Organisation der öffentlichen bzw.

Abb. 3.1: Entwicklung der Erwerbsformen in Westdeutschland

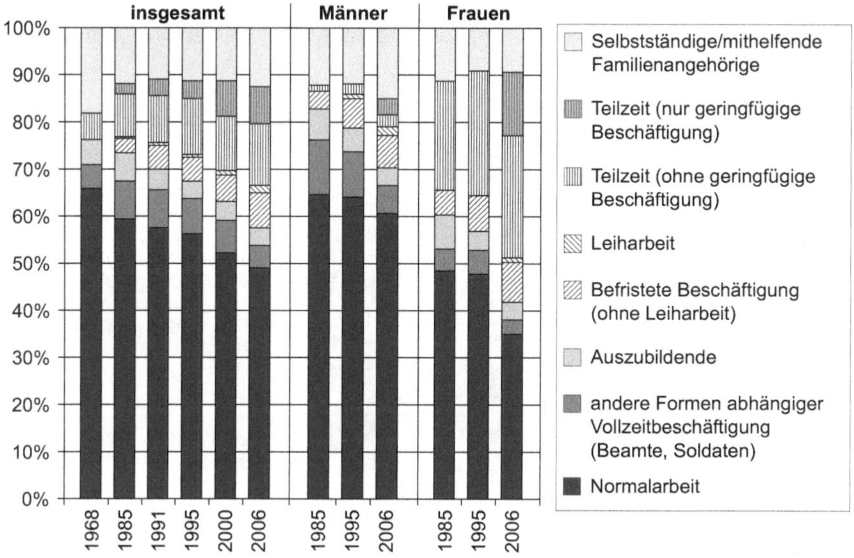

Quelle: bis 2000: aus SOFI et al. 2005, 2006: Mikrozensus 2006, eigene Berechnungen

öffentlich vergebenen Arbeit. Drittens wird die Entwicklung der Beschäftigungsverhältnisse in sehr hohem Maß durch die Unternehmen bestimmt: Die einzelnen Unternehmen entscheiden im Rahmen ihrer Einstellungs- und Personalpolitik, ob sie ArbeitnehmerInnen fest einstellen oder befristet, ob sie Leiharbeitskräfte beschäftigen oder die Arbeit im Unterauftrag z.B. durch freie MitarbeiterInnen erledigen lassen. Und über die Tarif- und Verbandspolitik machen Unternehmen ihren Einfluss auf die gesetzliche oder tarifvertragliche Regulierung von Beschäftigungsverhältnissen geltend.

Im Zentrum dieses Kapitels steht die betriebliche Praxis von Beschäftigung (insbesondere) in der privaten Wirtschaft im Kontext staatlicher Regulierung. Dabei stehen ungleichheitsrelevante qualitative Aspekte der Erwerbsintegration durch abhängige Beschäftigung im Vordergrund: Wie sieht die arbeitsvertragliche Landschaft in der privaten Wirtschaft aus? Welche Risikokumulationen entlang der Achsen Beschäftigungs- und Einkommenssicherheit zeigen sich – und in welchem Ausmaß sind Männer und Frauen davon betroffen? Anders formuliert: Ist ‚atypisch beschäftigt' (z.B. befristet, in Leiharbeit) gleichbedeutend mit ‚prekär beschäftigt' – oder kann trotz arbeitsvertraglicher Unsicherheit dennoch relative Beschäftigungsstabilität und/oder kompensatorische Sicherheit durch ein entsprechend hohes Einkommen erreicht werden? Und umgekehrt: Welches Prekaritätspotential birgt das so genannte Normalarbeitsverhältnis, wenn die individuellen Bruttoeinkommen als ungleichheitsrelevante Dimension mitgedacht werden?

Abb. 3.2: Entwicklung der Erwerbsformen in Ostdeutschland

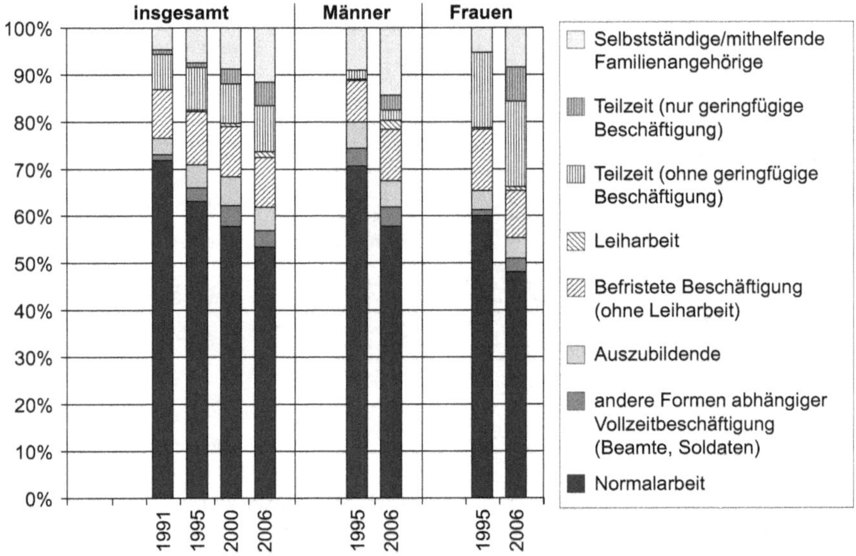

Quelle: bis 2000: aus SOFI et al. 2005, 2006: Mikrozensus 2006, eigene Berechnungen

Da die Regulierung von Erwerbsarbeit immer an historisch veränderbare Standards und Normalitätsvorstellungen anknüpft, geht es im nächsten Abschnitt zunächst um die Frage, welche Normalitätsannahmen der Regulierung von Erwerbsarbeit zu Grunde liegen und wie sich davon einerseits „atypische" und andererseits „prekäre" Beschäftigungsverhältnisse abgrenzen (3.2). Es folgt eine empirische Bestandsaufnahme der betrieblichen Beschäftigungsstrukturen in der privaten Wirtschaft sowie des Spannungsfelds von Unsicherheit und Sicherheit, das durch Beschäftigungsverhältnisse vermittelt wird (3.3). Zuletzt werden die wichtigsten politischen und wissenschaftlichen Erklärungsansätze, die sich mit dem Wandel der Beschäftigungsverhältnisse auseinandersetzen, vorgestellt und unter Berücksichtigung ihrer geschlechtsspezifischen Implikationen kritisch gewürdigt (3.4).

3.2 Beschäftigungsverhältnisse zwischen „Normalarbeitsverhältnis" und „Prekarität" – Begriffsbestimmungen

3.2.1 Normalarbeitsverhältnisse

Unter einem Normalarbeitsverhältnis (NAV) wird ein Arbeitsverhältnis verstanden, bei dem durch einen Arbeitsvertrag die Art und Dauer der zu leistenden Arbeit und die Entlohnung verbindlich geregelt sind und das darüber hinaus besondere Merkmale der Stabilität und Dauerhaftigkeit aufweist. In der sozialwissenschaftlichen Forschung gelten folgende Merkmale als weitgehend unstrittig (vgl. Dombois 1999; Walwei 1999; Mückenberger 1985; Schröer 2001):

- Vollzeiterwerbstätigkeit: Der/die Beschäftigte widmet seine/ihre gesamte verfügbare Arbeitszeit einem Arbeitsverhältnis und bestreitet mit dem Einkommen seinen/ihren gesamten Lebensunterhalt oder den größten Teil davon;
- das Arbeitsverhältnis ist zeitlich unbefristet;
- der/die Beschäftigte arbeitet kontinuierlich für einen Arbeitgeber, unterliegt bei seiner/ihrer Arbeit dauerhaft dessen Weisung und ist in die betrieblichen Strukturen des jeweiligen Unternehmens eingegliedert;
- Arbeitsplatz und Wohnung des/der Arbeitnehmers/in sind räumlich voneinander getrennt.
- Es besteht in vollem Umfang Sozialversicherungspflicht. Dieser Aspekt gilt aufgrund der unterschiedlichen Ausgestaltung der Sozialsysteme nur für Deutschland und vergleichbar ausgestaltete Wohlfahrtsstaaten; darüber hinaus wird in Deutschland auch ein Beamtenverhältnis, das die obigen Kriterien erfüllt, als Normalarbeitsverhältnis angesehen.

Mückenberger, der den Begriff „Normalarbeitsverhältnis" geprägt hat, bezeichnete 1985 eine bestimmte Variante von politisch regulierter Lohnarbeit als „normal" – weil sie damals empirisch dominierte, aber auch, weil sie als Norm für die Gestaltung von Arbeitsverhältnissen allgemein akzeptiert war (vgl. dazu Mayer-Ahuja 2003, 2006): Das Normalarbeitsverhältnis galt als Garant für gesetzliche Schutz- und Teilhaberechte, Tarif- und betriebliche Leistungen sowie für den vollen Schutz der Sozialversicherung. In der darauf folgenden sozialwissenschaftlichen Debatte um das Normalarbeitsverhältnis werden bis heute den

Aspekten Stabilität und Einkommen die höchste Bedeutung eingeräumt (vgl. Dombois 1999; Schröer 2001), da – so die Argumentation – für viele ArbeitnehmerInnen das Normalarbeitsverhältnis die einzige Einkommensquelle darstellt und sie daher vom Arbeitgeber besonders abhängig sind. Erheblich umstrittener ist, ob eine Definition des Normalarbeitsverhältnisses auch Kriterien wie die werktägliche „Normalarbeitszeit" und den Anspruch auf kollektive Vertretung umfassen sollte.

Dieser Kriterienkatalog zeigt, dass sich der sozialwissenschaftliche Diskurs zunächst vor allem auf männliche Arbeitsverhältnisse in der Stammbelegschaft von Großunternehmen bezog. Dennoch stand und steht das Normalarbeitsverhältnis als Orientierungspunkt für die Gesetzgebung, aber auch als Inbegriff gesellschaftlicher Normalitäts-Vorstellungen im Fokus zeitgenössischer Auseinandersetzung über die Regulierung abhängiger Beschäftigung (Mayer-Ahuja 2003).[2] Dabei zeigt sich z.B. für Bosch (2005) die wesentliche Bedeutung des Normalarbeitsverhältnisses darin, dass die gesamte soziale Sicherung nur in vollem Umfang erhält, wer das Kriterium „Normalarbeit" erfüllt: „Die soziale Sicherung, also die Dekommodifizierung, macht den Kern des Normalarbeitsverhältnisses aus [...] (Bosch 2005: 94)". Mit ‚Dekommodifizierung' ist nicht eine völlige Abkopplung von Marktkräften gemeint, aber eine teilweise Abkopplung sozialer Sicherheit von der aktuellen Arbeitsmarktintegration. Dekommodifizierung umfasst Eingriffe in den Arbeitsmarkt, die den Warencharakter von Arbeitskraft („Ware" = commodity), auf deren Verkauf sich die materielle Existenz von abhängig Beschäftigten gründet, zwar keineswegs aufhebt (wie der Begriff vermuten ließe), aber modifiziert und sozial einbettet: Durch Kündigungsschutz und betriebliche Mitbestimmung werden Unternehmen veranlasst, längerfristige Arbeitsbeziehungen einzugehen. Beschäftigte erhalten unter bestimmten Bedingungen – etwa während Urlaub, Krankheit und Weiterbildung – auch Geld, wenn sie nicht arbeiten, und die Nutzung der Ware Arbeitskraft ist nach Vertragsabschluss an bestimmte Regeln gebunden, die etwa die Beachtung von zeitlichen Grenzen oder die Achtung von Schutzvorschriften betreffen. Die Verbreitung des Normalarbeitsverhältnisses ist in dieser Logik ein Ausdruck der Dekommodifizierung von Arbeit.

Diese Argumentation macht deutlich, dass das Normalarbeitsverhältnis – das bei der Beobachtung des Wandels von Beschäftigungsverhältnissen stets eine zentrale Referenzgröße darstellt – nicht einfach mit unbefristeter Vollzeitarbeit gleichsetzt werden darf, sondern dass mindestens das Entgelt, die darauf aufbauenden Ansprüche sozialer Sicherung, die theoretische und faktische Gül-

---

2 Mayer-Ahuja (2003) illustriert den Verlauf dieser Auseinandersetzung am Bespiel des Reinigungsgewerbes in Westdeutschland.

tigkeit des Arbeits- und Sozialrechts, die Erwerbsperspektiven und der Grad der betrieblichen Einbindung mitgedacht werden müssen.

3.2.2 Atypische Beschäftigungsverhältnisse

Atypische Beschäftigungsverhältnisse werden in aller Regel rein formal in einer negativen Abgrenzung zum so genannten Normalarbeitsverhältnis definiert (Keller/Seifert 2007). Ausgehend von dieser Definition (siehe oben) lassen sich Teilzeit, Minijobs, befristete Beschäftigung, Leiharbeit, Scheinselbständigkeit und Werkvertragsarbeit als atypische Beschäftigungsformen bezeichnen. Sie erfüllen mindestens eines der genannten Kriterien des Normalarbeitsverhältnis nicht – wobei der Akzent auf abhängiger Beschäftigung liegt. Es handelt sich demnach um eine Sammelkategorie heterogener Beschäftigungsformen, die äußerlich nur wenige Gemeinsamkeiten und eine sehr unterschiedliche Entwicklungsdynamik aufweisen. Eine eindeutige Zuordnung – z.B. im Hinblick auf ihre Funktionslogik am Arbeitsmarkt – ist schwierig (vgl. dazu Keller/Seifert 2007).

3.2.3 Prekäre Beschäftigung

Welche Merkmale Arbeit als prekär erscheinen lassen, ist in der Literatur nicht einheitlich definiert, denn je nach der analytischen Perspektive variieren die zugrunde gelegten Kriterien (Brehmer/Seifert 2008: 503): Ein verbreiteter Ansatz geht davon aus, dass sich prekäre Beschäftigungsverhältnisse durch einen vergleichsweise geringen Grad an Arbeitsplatzsicherheit, eingeschränkten Schutz bzw. eingeschränkte Absicherung durch Gesetz oder Tarifverträge, einen bedingten Zugang zu den sozialen Sicherungssystemen sowie durch ein geringes Einkommen auszeichnen (Rodgers 1989, Mayer-Ahjua 2003). Andere Ansätze beziehen auch subjektive und psychologische Faktoren ein (Salengros et al. 1989; Brinkmann et al. 2006). Zusammengefasst verweist jedoch das Gros der Forschungsarbeiten darauf, dass so unterschiedliche Beschäftigungsformen wie befristete Beschäftigungsverhältnisse, Leiharbeit, Minijobs oder sozialversicherte Teilzeitbeschäftigung eine wesentliche Gemeinsamkeit haben: Sie gehen mit einem höheren Unsicherheitspotential einher als das klassische Normalarbeitsverhältnis. Beschäftigte in diesen Arbeitsverhältnissen beziehen überdurchschnittlich häufig ein nicht existenzsicherndes oder zumindest ein deutlich niedrigeres Einkommen für gleiche bzw. gleichwertige Arbeit (vgl. Abschnitt 3.3). Zudem gelten viele soziale Rechte und Arbeitsrechte, wie z.B. Kündigungs-, Sozialversicherungs-, Mutterschutz und einige Mitbestimmungsrechte, nicht oder nur eingeschränkt. Vor dem Hintergrund wachsender Arbeitslosigkeit kann dies für Beschäftigte erhöhte Unsicherheit bzw. Verunsicherung, Rechtlosigkeit und einen Mangel an längerfristiger Planungssicherheit für das eigene Leben bedeuten – beginnend bei der Schwierigkeit, auf Grundlage von befristeter Beschäftigung oder Leiharbeit einen Urlaub fest zu planen, bis hin zu den Möglichkeiten für Familiengründung, Wohnungsbau oder planbare Qualifikationsphasen. Letztlich spitzt sich die Unsicherheit im Erwerbsverlauf zu, da die oft geringen Einkommen insbesondere im Alter in die Armut führen können.

Tab. 3.1: Atypische Beschäftigung und soziale Sicherung

Beschäftigungsform	*Teilzeit*	*Geringfügigkeit*	*Befristet*	*Leiharbeit*	*Ich-AG*
Krankenversicherung	X	Keine eigenständigen Ansprüche	X	X	Freiwillig
Arbeitslosenversicherung	Anteilig	Nein	Ansprüche erst ab 12 Monaten	X	Begrenzte Aufrechterhaltung Versicherungsschutz sowie freiwillige Versicherung (2006)
Rentenversicherung	Im Prinzip anteilig	Anteilig	X	X	Pflichtversichert mit reduziertem Beitrag

Quelle: Keller/Seifert 2006: 238 – mit Zustimmung der Redaktion der WSI-Mitteilungen

Entsprechend werden Leiharbeit, Befristungen und Minijobs, aber unter bestimmten Bedingungen auch sozialversicherte Teilzeitarbeitsverhältnisse aufgrund des geringen Einkommens und der daraus resultierenden reduzierten individuellen Versorgungsansprüche (wie Rente, Arbeitslosengeld etc.) auch als *prekär* bezeichnet. Weil diese Arbeitsverhältnisse häufig – wenn auch in unterschiedlich starkem Ausmaß – mit den genannten Risiken einher gehen (vgl. Kasten 3.1), befinden sich zwar die betroffenen Beschäftigten nicht automatisch in einer prekären Lebenssituation, doch haben die Arbeitsverhältnisse selbst unzweifelhaft ein prekäres Potential (Mayer-Ahuja 2003, S. 29; Dörre 2003, S. 24), das sich unter bestimmten Rahmenbedingungen entfalten kann.

Ein prekäres Potential haben bei genauerer Betrachtung vielfach auch unbefristete Vollzeitarbeitsverhältnisse: Insbesondere der wachsende Teil von Vollzeitbeschäftigten mit sehr niedrigem Einkommen befindet sich ebenfalls häufig in einer unsicheren Lebenssituation, da ein niedriges Nettoeinkommen eine Teilhabe am gesellschaftlichen Leben oder Vorsorge gegen Lebensrisiken erheblich erschwert. Zudem verunsichern betriebliche Rationalisierungsstrategien, die auf immer größere flexible Randbelegschaften setzen, auch die scheinbar sicher Beschäftigten und können zu einer Re-Kommodifizierung von Arbeitskraft beitragen: Den Beschäftigten wird vor Augen geführt, dass ihre Arbeitskraft gegen eine andere ersetzbar ist. Nicht zuletzt aus diesem Grund hat vor allem Castel (2000) betont, dass Prekarität bis in die Mitte der Erwerbsgesellschaft reicht.

Kasten 3.1: Prekarität

Das Wort *prekär,* mit dem vor allem atypische Arbeitsverhältnisse oft bezeichnet werden, beschreibt in seiner lateinischen Ursprungsbedeutung die Situation von befristet Beschäftigten oder LeiharbeitnehmerInnen teilweise treffend. Es stammt von zwei Wortbedeutungen ab, nämlich:

precarius = bedenklich, peinlich, unangenehm, unsicher, heikel, schwierig

und *precere = um etwas bitten müssen, etwas durch Bitten erlangen*

Quelle: Wahrig (1974): Fremdwörter-Lexikon, Stichwort „prekär", S. 508

Vor allem Letzteres, der Umstand, *„um alles bitten zu müssen"* (im Gegensatz zu *„Rechtsanspruch auf etwas haben"*), bezeichnet einen charakteristischen Unterschied zwischen der Situation z.B. einer schwangeren Frau in einem befristeten und in einem unbefristeten Arbeitsverhältnis. Die eine hat einen Rechtsanspruch auf Mutterschutz, die andere kann allenfalls um eine Rückkehr auf ihren Arbeitsplatz bitten.

Abb. 3.3: Erwerbsformen zwischen Integration, Gefährdung und Ausgrenzung

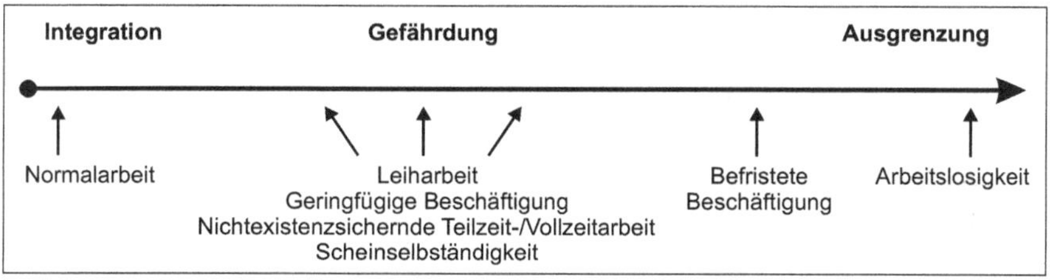

Quelle: Eigene Darstellung in Anlehnung an Oschmiansky/Oschmiansky 2003, Vogel 2003

Im Zentrum der nächsten beiden Abschnitte steht eine empirische Bestandsaufnahme des prekären Potentials von Beschäftigungsverhältnissen in der privaten Wirtschaft. Dabei wird zunächst ein Überblick über die Verbreitung der Beschäftigungsverhältnisse (nach arbeitsvertraglichen Standards) auf verschiedene Betriebsformen gegeben (3.3.1). Die empirische Basis hierfür ist der Mikrozensus 2006. Anschließend (3.3.2) werden die Beschäftigungsverhältnisse im Zusammenhang mit den aktuellen Bruttoarbeitseinkommen und der relativen Sicherheit, die sie aus Sicht der Beschäftigten vermitteln, diskutiert. Basis hierfür ist die DGB-Index-Erhebung 2007/2008.

3.3 Empirische Bestandsaufnahme der Beschäftigungsverhältnisse in der privaten Wirtschaft

3.3.1 Arbeitsvertragliche Beschäftigungsstruktur

Insbesondere für weibliche Beschäftigte bedeutet Arbeit in der privaten Wirtschaft erheblich häufiger als im öffentlichen Dienst Arbeit in *Minijobs* (vgl. Abb. 3.4):[3] Während 2006 im öffentlichen Dienst lediglich 6,5% der westdeutschen und 1,2% der ostdeutschen Arbeitnehmerinnen in „geringfügigem" Umfang beschäftigt waren, betraf dies in der privaten Wirtschaft in Westdeutschland 18,7% und in Ostdeutschland 10,8% der Frauen. Im Gegensatz dazu ist der Anteil *sozialversicherungspflichtiger Teilzeitarbeit* in der privaten Wirtschaft erheblich geringer als im öffentlichen Dienst. Etliche Untersuchungen (z.B. Mayer-Ahuja 2003 für das Reinigungsgewerbe) deuten darauf hin, dass der hohe und im Zeitverlauf gewachsene Anteil geringfügiger Beschäftigungsverhältnisse u.a. das Ergebnis eines Verdrängungsprozesses von ehemals sozialversicherungspflich-

Abb. 3.4: Beschäftigungsverhältnisse im öffentlichen Dienst und in der privaten Wirtschaft, Westdeutschland, 2006

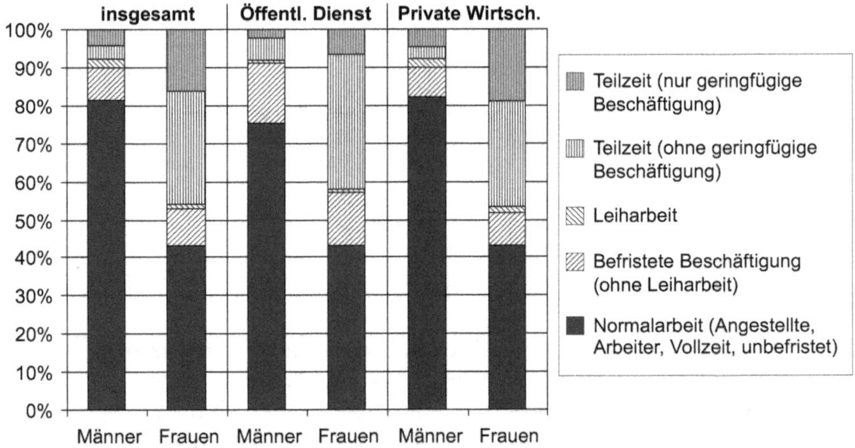

Quelle: Mikrozensus 2006, eigene Berechnungen; (vgl. Tab. 3.5 im Kapitelanhang)

3 Alle Angaben in diesem Kapitel beziehen sich auf abhängig beschäftigte Arbeitnehmerinnen und Arbeitnehmer. Wenn fallweise die Bezeichnung „Frauen" oder „Männer" gewählt wird, geschieht dies aus sprachlichen Gründen. Gemeint sind stets weibliche oder männliche Beschäftigte im Arbeitnehmerstatus.

tiger Teilzeitarbeit ist (vgl. dazu auch Abschnitt 3.5 und Kapitel 4). Für abhängig beschäftigte Männer bedeutet Arbeit in der privaten Wirtschaft hingegen häufiger Arbeit als Leiharbeiter: Während der Anteil von *Leiharbeit* im öffentlichen Dienst bei knapp einem Prozent liegt, arbeiten Männer in privatwirtschaftlichen Unternehmen 2,5-mal so häufig in dieser Beschäftigungsform. Im Gegensatz dazu sind *befristete Arbeitsverhältnisse* in der privaten Wirtschaft weniger verbreitet als im öffentlichen Sektor: Dies beruht zum einen darauf, dass befristete Arbeitsverhältnisse im öffentlichen Dienst sehr häufig geförderte Arbeitsverhältnisse sind, die gerade auf Grund der Förderung einer zeitlichen Befristung unterliegen. Zum anderen werden wegen der Finanzmittelknappheit vieler Kommunen etliche Stellen nur noch befristet ausgeschrieben.

Abb. 3.5: Beschäftigungsverhältnisse im öffentlichen Dienst und in der privaten Wirtschaft, Ostdeutschland, 2006

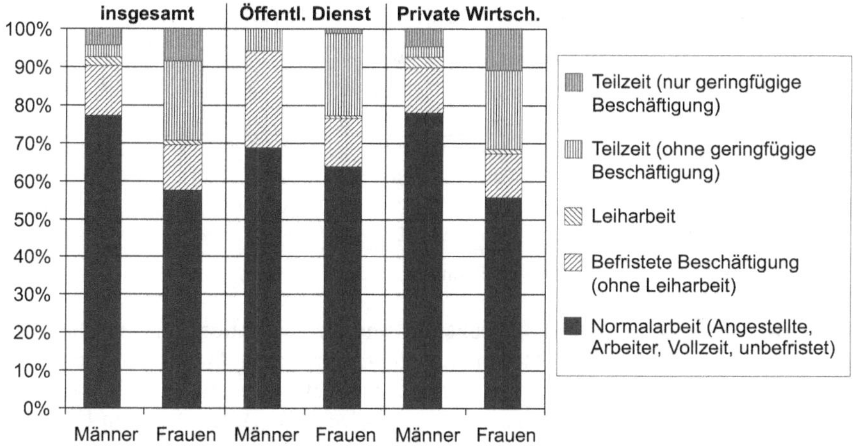

Quelle: Mikrozensus 2006, eigene Berechnungen; (vgl. Tab. 3.5 im Kapitelanhang)

Insgesamt zeigt die Bilanzierung, dass Männer und Frauen im Hinblick auf ihre Beschäftigungsverhältnisse vor allem in der privaten Wirtschaft in zwei getrennten Welten arbeiten: Lediglich 43% der westdeutschen und knapp 56% der ostdeutschen Arbeitnehmerinnen sind unbefristet und in Vollzeit beschäftigt. In Westdeutschland ist der Anteil der unbefristet vollzeitbeschäftigten Arbeitnehmer nahezu doppelt so hoch (82%), in Ostdeutschland liegt er bei 78%.

Betriebsgrößeneffekte

Bezogen auf alle Beschäftigten in der privaten Wirtschaft zeigt der Mikrozensus (2006), dass in Westdeutschland rund 13% und in Ostdeutschland rund 16% der Frauen in Kleinstbetrieben mit bis zu vier Beschäftigten arbeiten. Rund 32% sind in Kleinbetrieben mit bis zu 19 MitarbeiterInnen beschäftigt. Auch wenn der Mikrozensus die örtliche Betriebseinheit (und nicht das Unternehmen) in den Blick nimmt, sind diese Angaben ein Indiz dafür, dass ein großer Teil dieser Frauen in Kleinstbetrieben ohne formellen Kündigungsschutz arbeitet und keine Möglichkeit hat, über die Wahl eines Betriebsrates ein Mitbestimmungsrecht auszuüben. Männer sind von dieser Ungleichbehandlung durch die Betriebsgröße mit einem Anteil von rund sieben Prozent in Kleinstbetrieben nicht halb so häufig betroffen. Sie arbeiten erheblich häufiger in größeren, mitbestimmten Betrieben.

Tab. 3.2: Beschäftigte nach Betriebsgröße (private Wirtschaft), 2006

Frauen bzw. Männer arbeiten zu ... % in Unternehmen mit ... Beschäftigten	Westdeutschland (inkl. Westberlin)				Ostdeutschland (inkl. Ostberlin)			
	Männer		Frauen		Männer		Frauen	
	N	%	N	%	N	%	N	%
bis unter 5 Beschäftigte	9.120	6%	17.620	13%	2.507	8%	4.271	16%
5-19 Beschäftigte	31.105	19%	41.933	32%	9.168	28%	8.691	32%
20-49 Beschäftigte	21.513	13%	17.112	13%	6.801	21%	4.444	16%
50 und mehr Beschäftigte	98.660	62%	56.122	42%	14.643	44%	9.982	36%

Quelle: Mikrozensus 2006, eigene Berechnungen

Über die Betriebsgröße werden nicht nur ungleiche Chancen im Hinblick auf Kündigungsschutz oder Mitbestimmungsrechte vermittelt. Auch die zu beobachtende Struktur der Beschäftigungsverhältnisse differiert stark nach Betriebsgröße – und auch dies trifft Frauen stärker als Männer: Beschäftigte in Kleinbetrieben arbeiten erheblich seltener in einem *unbefristeten Vollzeitarbeitsverhältnis* als solche in mittleren oder größeren Betrieben – und gerade hier sind Frauen besonders stark vertreten. Zudem sind lediglich 29% der westdeutschen Frauen, die in privaten Kleinstbetrieben (bis vier Beschäftigte) arbeiten, unbefristet in Vollzeit beschäftigt, im Gegensatz dazu sind jedoch 72% der Männer in dieser Betriebsgröße in Vollzeit beschäftigt. Mit zunehmender Betriebsgröße steigt der Anteil der Normalarbeitsverhältnisse (hier definiert als unbefristete Vollzeitarbeit) unter den westdeutschen Frauen auf 54% und unter den Männern auf 85% an. Spiegelbildlich dazu nimmt der Gesamtanteil der *atypischen Arbeitsverhältnisse* an allen Beschäftigten mit zunehmender Betriebsgröße ab, jedoch verbergen sich dahinter völlig unterschiedliche Befunde für die einzelnen Beschäftigungsformen: Während *Minijobs* mit einem Anteil von 34% die statistisch häufigste und damit dominante Beschäftigungsart für westdeutsche Frauen in Kleinstbetrieben darstellen, nimmt ihre Bedeutung unter den weiblichen Beschäftigten in größeren Betrieben ab. Unter den westdeutschen Arbeitnehmerinnen, die in privaten Betrieben mit mindestens 50 Beschäftigten arbeiten, sind nur noch knapp zehn Prozent im Rahmen eines Minijobs beschäftigt. Dieselbe Tendenz ist bei den ostdeutschen Frauen zu beobachten, jedoch auf einem nahezu halbiertem Niveau: 18% der ostdeutschen Arbeitnehmerinnen, die in privaten Kleinstbetrieben arbeiten, sind in Minijobs beschäftigt, aber nur knapp 6% von jenen, die in Betrieben mit 50 und mehr Beschäftigten arbeiten. Bei Männern in Ost- und Westdeutschland zeigt sich ein nahezu identisches Muster, nur auf einem wiederum deutlich reduzierten Niveau.

Im Gegensatz zur Verbreitung von Minijobs ist der Anteil von *sozialversicherungspflichtig Teilzeitbeschäftigten* unter den Arbeitnehmerinnen in verschiedenen Betriebsgrößen nahezu konstant: er schwankt in Westdeutschland zwischen 26% und 30% und in Ostdeutschland zwischen 18% und 24%.

Auch bezogen auf die Verbreitung von *Leiharbeit* und *befristeten Arbeitsverträgen* zeigt sich ein Betriebsgrößeneffekt: Ihre Verbreitung unter den Beschäftigten steigt mit zunehmender Betriebsgröße, wobei sich bei befristeten Arbeitsverträgen ein markanter Unterschied zwischen Beschäftigten in Betrieben unter bzw. ab fünf Beschäftigten zeigt: Während z.B. die Befristungsquote unter den westdeutschen Frauen in privaten Kleinstbetrieben (bis zu vier Beschäftigte) bei sechs Prozent liegt, erreicht sie in der nächst größeren Betriebsgrößenklasse einen Anteil von acht Prozent und schließlich unter den Frauen in Betrieben zwischen 20 und 49 Beschäftigten einen Anteil von zehn Prozent. Das heißt, unter den Beschäftigten, die tendenziell im Geltungsbereich des Kündigungsschutzgesetzes beschäftigt sind, arbeitet ein erheblich höherer Anteil in befristeten Verträgen. Während Männer, die in Kleinbetrieben arbeiten, häufiger befristet eingestellt sind als ihre Kolleginnen, zeigt sich unter den Beschäftigten in Betrieben mit 50 und mehr MitarbeiterInnen ein gegenteiliger Befund: Frauen, die in größeren Betrieben arbeiten, sind häufiger befristet als Männer. Leiharbeit ist eine Beschäftigungsform, die einen relativ geringen Anteil an der Gesamtbeschäftigung einnimmt, jedoch in den letzten Jahren starke Wachstumsraten aufwies (vgl. Promberger et al. 2006). Ihre Verbreitung wächst mit zunehmender Betriebsgröße an, und sie ist unter Männern weiter verbreitet als unter Frauen: Rund ein Prozent der Beschäftigten in Kleinstbetrieben arbeiten als Leiharbeitnehmer, aber knapp drei Prozent der westdeutschen Arbeitnehmer und zwei Prozent der Arbeitnehmerinnen in größeren Betrieben mit mindestens 50 Beschäftigten. In Ostdeutschland sind Männer, die in größeren Betrieben arbeiten, mit einem Anteil von vier Prozent noch häufiger als Leiharbeitnehmer beschäftigt.

Abb. 3.6: Beschäftigungsverhältnisse nach Betriebsgröße, private Wirtschaft – Westdeutschland, 2006

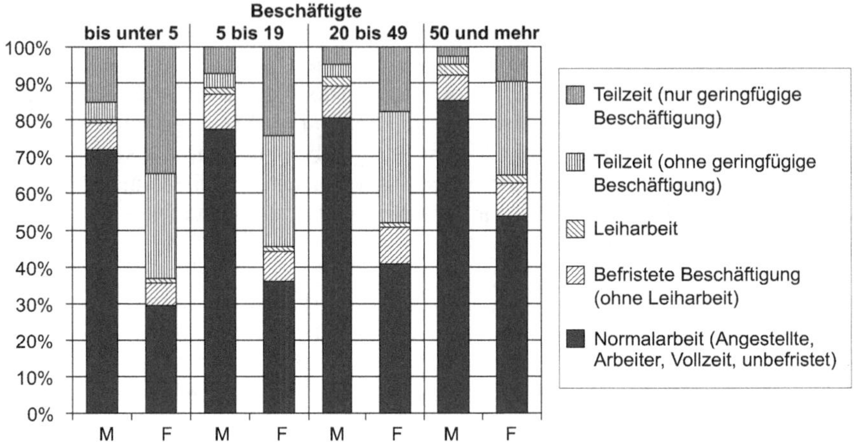

Quelle: Mikrozensus 2006, eigene Berechnungen; (vgl. Tab. 3.6 im Kapitelanhang)

Abb. 3.7: Beschäftigungsverhältnisse nach Betriebsgröße, private Wirtschaft – Ostdeutschland, 2006

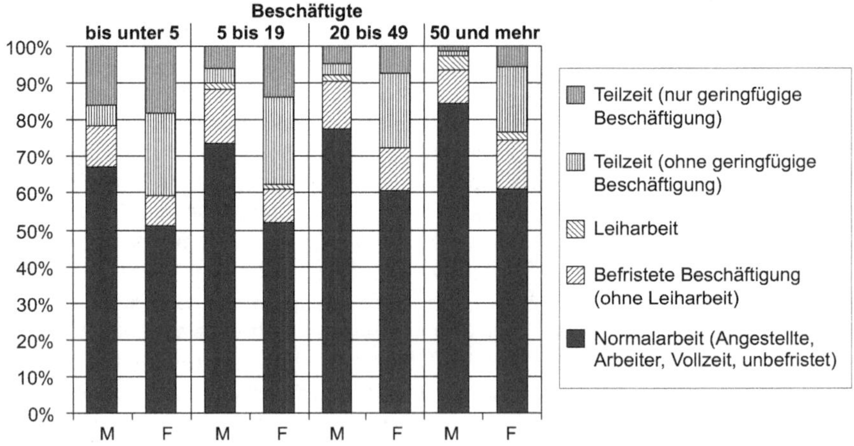

Quelle: Mikrozensus 2006, eigene Berechnungen; (vgl. Tab. 3.6 im Kapitelanhang)

Zusammengefasst zeigen sich – entlang der Betriebsgröße – folgende Phänomene: Für westdeutsche Frauen ist unbefristete Vollzeitarbeit lediglich in größeren Betrieben (50 Beschäftigte und mehr) eine dominante Beschäftigungsform. In den anderen Betriebsgrößenklassen dominiert die sozialversicherte Teilzeitbeschäftigung, in Kleinstbetrieben die geringfügige Teilzeitbeschäftigung. Ostdeutsche Frauen arbeiten in jeder Betriebsgröße mindestens zur Hälfte in unbefristeter Vollzeit, in größeren Betrieben gilt dies für zwei Drittel der Frauen. Männer arbeiten in allen Betriebsgrößen zu mindestens zwei Dritteln in unbefristeten Vollzeitarbeitsverhältnissen, in größeren Betrieben liegt der Anteil bei rund 85%. Während die Verbreitung von geringfügiger Beschäftigung mit zunehmender Betriebsgröße abnimmt, nimmt die Verbreitung von Leiharbeit und Befristungen mit der Betriebsgröße zu. Von Befristungen sind Frauen häufiger betroffen als Männer, bei Leiharbeit ist es umgekehrt.

Brancheneffekte

Die Struktur der Beschäftigungsverhältnisse differiert nicht nur nach Betriebsgröße, sondern auch nach Branchen (vgl. Abb. 3.8 und 3.9). Trotz erheblicher Unterschiede zeigt sich jedoch für fast alle Wirtschaftszweige, dass in Ost- und Westdeutschland Frauen erheblich häufiger in atypischen Beschäftigungsverhältnissen arbeiten als Männer. Eine Ausnahme bildet das Gastgewerbe in Ostdeutschland. Hier arbeiten Männer häufiger in geringfügiger Teilzeit oder in befristeten Arbeitsverhältnissen als Frauen. Besonders große Unterschiede zwischen den Beschäftigungsbedingungen von Männern und Frauen bestehen in der Land- und Forstwirtschaft, im Baugewerbe, in der Energie- und Wasserversorgung, in Teilen des Produzierenden Gewerbes (Nahrungs- und Genussmittelerzeugung, Verbrauchsgüterindustrie), im Handel sowie im Kredit- und Versicherungsgewerbe und bei den unternehmensnahen sowie den sonstigen Dienstleistungen. In diesen Wirtschaftszweigen arbeiten Frauen erheblich häufiger in atypischen Beschäftigungsverhältnissen als Männer. Dagegen sind die Unterschiede in Teilen der Investitions- und Gebrauchsgüterindustrie, im privaten Erziehungs- und Bildungswesen sowie im privaten Gesundheits- und Sozialbereich erheblich geringer.

In allen Wirtschaftszweigen (bis auf das ostdeutsche Gastgewerbe) arbeiten Frauen häufiger in *Minijobs* und in *sozialversicherter Teilzeit*. Der Anteil *befristeter Arbeitsverhältnisse* streut dagegen erheblich stärker zwischen den Branchen und Geschlechtern. Es lässt sich kein Muster feststellen. In einigen Produktionsbereichen werden Frauen häufiger befristet eingestellt, in anderen die männlichen Beschäftigten. Ebenso variiert die Befristungspraxis im Dienstleistungsbereich und zwischen Ost- und Westdeutschland. Die Verbreitung von Leiharbeit konzentriert sich in Ostdeutschland überwiegend auf den Produktions-

Abb. 3.8: Beschäftigungsverhältnisse nach Wirtschaftszweigen, private Wirtschaft – Westdeutschland, 2006

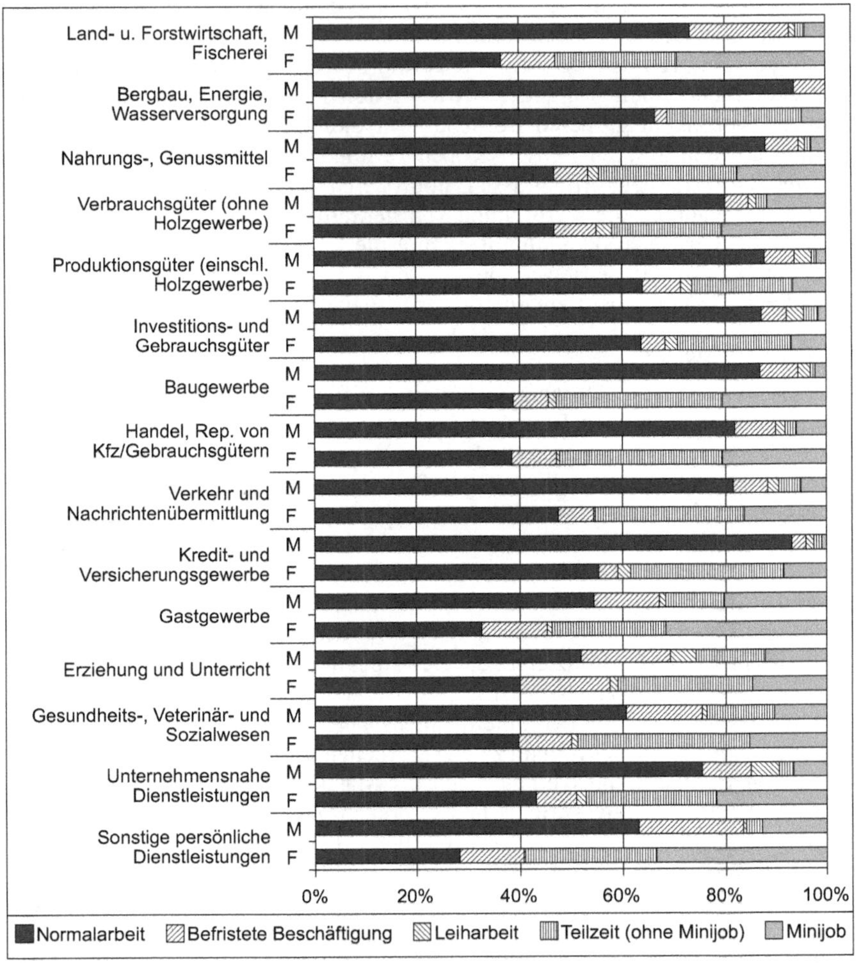

Quelle: Mikrozensus 2006, eigene Berechnungen; (vgl. Tab. 3.7 im Kapitelanhang)

Abb. 3.9: Beschäftigungsverhältnisse nach Wirtschaftszweigen, private Wirtschaft – Ostdeutschland, 2006

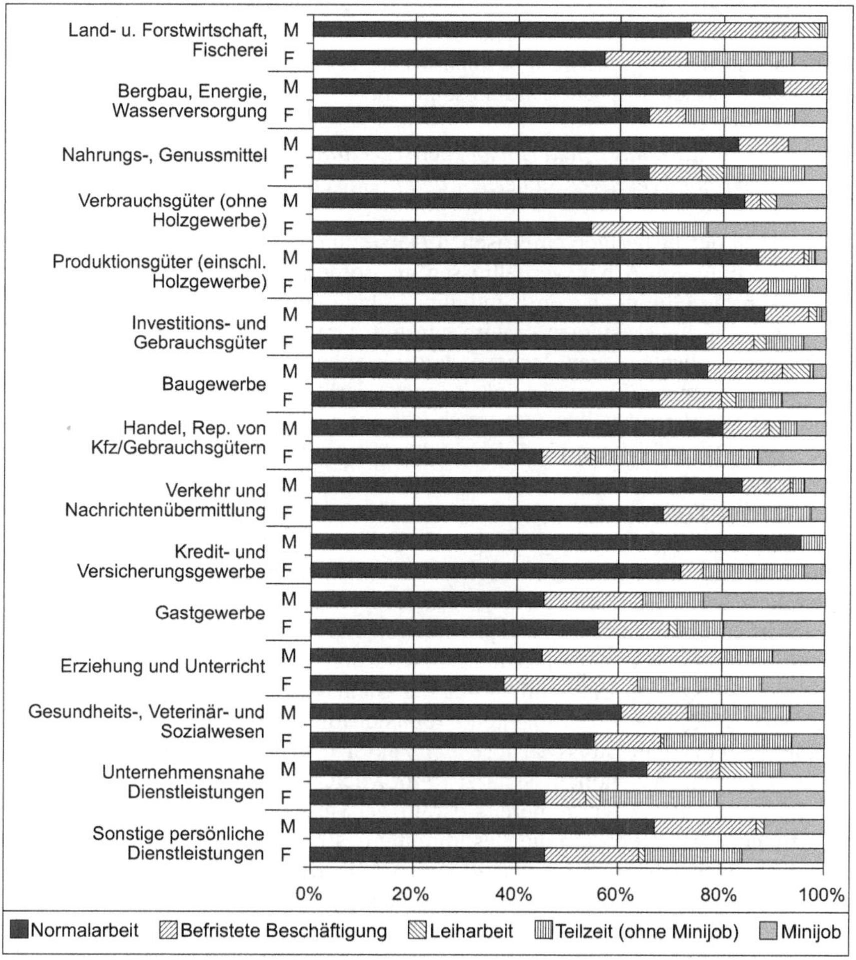

Quelle: Mikrozensus 2006, eigene Berechnungen; (vgl. Tab. 3.7 im Kapitelanhang)

und Fertigungsbereich und auf die unternehmensnahen Dienstleistungen. In den meisten dieser Branchen – bis auf die Nahrungs- und Genussmittelindustrie und die Investitions- und Gebrauchsgüterherstellung – arbeiten Männer häufiger in Leiharbeitsverhältnissen als Frauen. In Westdeutschland erfolgt der Einsatz von Leiharbeitsbeschäftigten häufiger auch im Dienstleistungsbereich, insbesondere im privaten Erziehungs- und Bildungsbereich.

3.3.2 Beschäftigungs- und Einkommensverhältnisse im Spannungsfeld zwischen relativer Sicherheit und prekärem Potential

Während in der bisherigen empirischen Darstellung ausschließlich die vertragliche Gestaltung von Arbeitsverhältnissen im Vordergrund stand – und damit implizit auch die Gültigkeit von Kündigungsschutz, betrieblicher Integration oder sozialen Sicherungssystemen –, wird nun mit dem Bruttoeinkommen ein weiteres Merkmal hinzugezogen. Insbesondere für abhängig Beschäftigte entscheidet das Einkommen *aus Erwerbstätigkeit* zentral darüber, ob sie am gesellschaftlich erreichten Wohlstand teilhaben oder ob ihnen wesentliche Ebenen sozialer Teilhabe verschlossen bleiben: Noch immer lässt sich ein enger Zusammenhang zwischen dem verfügbaren Einkommen, dem Gesundheitszustand, der Ernährungsqualität, den Freizeitmöglichkeiten sowie den eigenen Bildungsmöglichkeiten (und denen der Kinder) zeigen (vgl. u.a. Wilkinson 2001; SOFI et al. 2005). Eine unzureichende Einkommenssituation stellt einen gewichtigen Unsicherheitsfaktor dar: Finanzielle Sorgen werden häufig als Form von existenzieller Unsicherheit und Bedrohung erlebt. Andererseits bildet das Arbeitsentgelt auch eine wichtige Form der Anerkennung bzw. bringt ein Anerkennungsdefizit zum Ausdruck: Wenn das Einkommen aus der Sicht von Erwerbstätigen in keinem adäquaten Verhältnis zur erbrachten Arbeitsleistung steht, gilt dies als wichtiger demotivierender und Stress auslösender Faktor (vgl. zum Zusammenhang von Einkommen und Gesundheit: Siegrist 1996; Mielck 2000).

In Abschnitt 3.2 wurde bereits darauf verwiesen, dass auch in der wissenschaftlichen Diskussion um die Bestimmung des Normalarbeitsverhältnisses ein „ausreichendes“ Einkommen als weitgehend unstrittiges Merkmal gelten kann (Dombois 1999; Schröer 2001) – gleichwohl wird es in empirische Untersuchungen nur selten einbezogen (Ausnahme: Mayer-Ahuja 2003). Aus diesem Grund sind zunächst geeignete Bezugsgrößen und Schwellenwerte zu diskutieren: Je nach Fragestellung kommen als Bezugsgröße das Netto-Äquivalenzeinkommen (gewichtetes Pro-Kopf-Einkommen, das die Anzahl der Einkommen und der Personen im Haushalt der Erwerbstätigen berücksichtigt) oder das individuelle Brutto- bzw. Nettoeinkommen in Frage. Für das *Netto-Äquivalenzeinkommen* spricht, dass damit der Fokus auf die aktuelle *soziale Absicherung* der Person gelegt wird, die maßgeblich von der Beschäftigungsdauer und dem familiären

Kontext bestimmt ist (vgl. Klammer/Leiber 2006). Dagegen spricht, dass damit die *individuellen* Möglichkeiten der Existenzsicherung vernachlässigt werden. Niedrige Einkommen werden möglicherweise im Haushaltkontext kompensiert, doch es bleibt ein prekäres Verwiesen-Sein auf ein weiteres (ausreichendes) Einkommen sowie auf die Stabilität von Haushaltsgemeinschaft und zweitem Erwerbseinkommen. Da insbesondere Frauen häufiger in Teilzeit, Minijobs oder niedrig entlohnten Arbeitsverhältnissen tätig sind, würde die Bezugnahme auf das Nettoäquivalenzeinkommen ihre überproportionale Abhängigkeit von einem weiteren Einkommen verschleiern. Zudem geht es in diesem Kapitel vor allem um die Frage, welche Sicherheiten *über das Beschäftigungsverhältnis* vermittelt werden, wobei der Familienzusammenhang keine explizite Berücksichtigung findet. Angesichts dessen scheint die Bezugnahme auf das *individuelle Arbeitseinkommen* angemessen. Für das *Bruttoeinkommen* als geeignete Bezugsgröße spricht, dass damit die Reproduktionsfunktion des Lohns in den Blick genommen wird: Vom Bruttoeinkommen wird einerseits – nach Abzug von Steuern und Sozialabgaben – der größte Teil des Lebensunterhalts von Beschäftigten (und damit auch die Wiederherstellung der Arbeitskraft) bestritten. Andererseits sichern die vom Lohn abgeführten Sozialabgaben (inkl. des Arbeitgeberanteils) die Reproduktion bei Arbeitslosigkeit, längerer Krankheit und über die aktive Erwerbsphase hinaus. Anders gesagt: Das Bruttoeinkommen entscheidet zu einem beträchtlichen Teil über den Lebensstandard – während der aktiven Erwerbsphase, danach (im Alter) und davor (weil es den Lebensstandard der Kinder von Beschäftigten bestimmt).

Schwellenwerte in der Diskussion

Zu bestimmten bleibt, welcher Schwellenwert eine geeignete Abgrenzung zum prekären Einkommensbereich markiert. Mit Bezug auf die Definitionen der OECD[4] werden Niedriglöhne häufig im Verhältnis zum so genannten Median bestimmt. Danach sind Niedriglöhne Arbeitsentgelte von weniger als zwei Dritteln des nationalen Medianbruttolohns. Der Medianbruttolohn ist der Wert, der die Beschäftigten in zwei Hälften teilt: die eine Hälfte hat einen Lohn unter dem Medianlohn, die andere Hälfte einen Lohn darüber. Laut Institut für Arbeitsmarkt- und Berufsforschung (IAB) lag der so definierte monatliche Niedriglohn von sozialversicherungspflichtig Vollzeitbeschäftigten im Jahr 2005 in Westdeutschland bei 1.779 Euro und in Ostdeutschland bei 1.323 Euro (Schank et al. 2008). Die Autoren berücksichtigen mit der Wahl von zwei getrennten Schwellenwerten für Ost- und Westdeutschland das große Lohngefälle zwischen beiden Landesteilen.

4 Organisation for Economic Co-operation and Development, http://www.oecd.org/

Ein weiterer Schwellenwert für Niedriglöhne wird von Bispinck/Schäfer (2006) diskutiert, der auf die im Kontext der europäischen Sozialcharta diskutierte Lohnuntergrenze von 60% des Durchschnittseinkommens verweist (für Gesamtdeutschland rund 1.420 Euro brutto). Davon ausgehend wird mit 75% des Durchschnittsbruttoeinkommens der so genannte prekäre Einkommensbereich definiert, der zwar oberhalb der Niedriglohn- bzw. Armutslohnschwelle liegt, jedoch langfristig nicht oder nur unzureichend vor Lebensrisiken (wie Arbeitslosigkeit oder den Folgen von Krankheit) schützt oder für die Finanzierung des Alters ausreicht. Der Schwellenwert zum prekären Einkommensbereich liegt bei rund 1.970 Euro.

Vor dem Hintergrund der vorgestellten Schwellenwerte und der im DGB-Index vorhandenen Datenrestriktionen[5] werden im Folgenden die Schwellen 1.500 Euro für die Abgrenzung zum Niedriglohnbereich und 2.000 Euro für die Abgrenzung zum prekären Einkommensbereich verwendet und folgende Einkommensbereiche betrachtet: Unter 1.500 Euro und 1.501 bis 2.000 Euro sowie 2.001 Euro und mehr Bruttoeinkommen. Die Berücksichtigung des Bruttoeinkommens ermöglicht es, die oft implizite Annahme, dass unbefristete Vollzeitarbeit pauschal mit einem Normalarbeitsverhältnis gleichzusetzen sei, zu differenzieren. Zudem kann damit eine angemessenere Einordnung von sozialversicherungspflichtiger Teilzeitarbeit geleistet werden. Die kontroverse Diskussion, ob Teilzeitarbeit als atypisch oder als prekär zu beurteilen sei, kann durch die Berücksichtigung der arbeitsbezogenen Einkommen etwas versachlicht werden: Wenn Teilzeitarbeit mit einem Einkommen oberhalb der Niedriglohnschwelle (rund 1.500 Euro) vergütet wird, ist ein zentraler Normalitätsstandard erfüllt. Die Bedeutung der Stundenzahl tritt auf diese Weise etwas in den Hintergrund.

Arbeitsverträge und Einkommen in der privaten Wirtschaft

Die empirischen Ergebnisse auf der Basis der repräsentativen DGB-Index-Erhebungen (2007/2008) unterstreichen die eingangs beschriebenen Befunde, dass die Beschäftigungsverhältnisse in der privaten Wirtschaft seltener den Normalitätsstandards genügen als die Beschäftigungsverhältnisse im öffentlichen Dienst (Abb. 3.10): Während 43% der Frauen im öffentlichen Dienst in einem unbefristeten Arbeitsverhältnis ein Bruttoeinkommen von mindestens 2.000 Euro und 15% ein Einkommen zwischen 1.500 und 2.000 Euro beziehen, gilt dies lediglich für 25% (2.000 Euro) bzw. 12% (1.500 Euro) der Frauen, die in der privaten Wirtschaft beschäftigt sind. Spiegelbildlich dazu sind Minijobs, Leiharbeit und

5 In den DGB-Befragungen wird das Bruttoeinkommen mit Hilfe von Einkommensklassen ermittelt. Möglich sind Abgrenzungen unter 400 €, 401-800 €, 801-1.500 €, 1.501-2.000 €, 2.001-2.500 €, usw.

Abb. 3.10: Beschäftigungs- und Einkommensverhältnisse von Frauen im öffentlichen Dienst und der privaten Wirtschaft (2007/8)

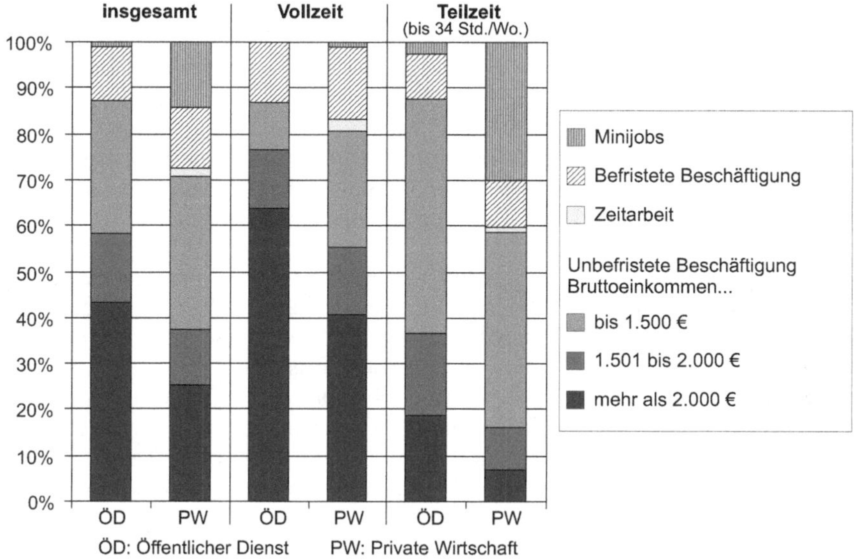

Quelle: DGB-Index-Erhebungen (Kumulierter Datensatz 2007/8), eigene Berechnungen

niedrig entlohnte Arbeit unter Frauen in der privaten Wirtschaft erheblich weiter verbreitet als in öffentlichen Diensten. Differenziert nach Voll- und Teilzeitbeschäftigung ergibt sich ein noch deutlicheres Bild: In der privaten Wirtschaft sind lediglich 41% der vollzeitbeschäftigten Frauen unbefristet beschäftigt und beziehen ein Bruttoeinkommen von 2.000 Euro, während 15% ein Bruttoeinkommen zwischen 1.501 und 2.000 Euro erhalten. Demgegenüber gilt dies für 63% bzw. 13% der vollzeitbeschäftigten Frauen im öffentlichen Dienst. Auf Dauer angelegte Beschäftigungsverhältnisse und ein angemessenes Einkommen gehören demnach für das Gros der vollzeitbeschäftigten Frauen im öffentlichen Dienst zur Normalität – in der privaten Wirtschaft gilt dies hingegen nicht. Am häufigsten weichen die Vollzeitbeschäftigungen von Frauen in der privaten Wirtschaft durch ein niedriges Einkommen vom Normalitätsstandard ab: Jede vierte Vollzeitbeschäftigte arbeitet in einem unbefristeten Arbeitsverhältnis, bezieht jedoch ein Bruttoeinkommen von unter 1.500 Euro pro Monat. Darüber hinaus arbeiten 16% der vollzeitbeschäftigten Frauen in einem befristeten Arbeitsverhältnis und knapp 3% sind in der Zeitarbeit tätig. Auch diese Anteile sind höher als im öffentlichen Dienst. Ebenso unterscheidet sich die Struktur der Teilzeitarbeit in der privaten Wirtschaft gravierend vom öffentlichen Dienst: Ein Drittel der

Teilzeitarbeitsverhältnisse von Frauen in der privaten Wirtschaft sind Minijobs – aber nur drei Prozent im öffentlichen Dienst. Lediglich 16% der in Teilzeit arbeitenden Frauen in der privaten Wirtschaft sind unbefristet beschäftigt und beziehen ein Einkommen von mindestens 1.500 Euro brutto (darunter 7% mit einem Bruttoeinkommen von 2.000 Euro und mehr). Im öffentlichen Dienst gilt dies für immerhin 36% der teilzeitbeschäftigten Frauen (darunter 18% mit einem Bruttoeinkommen von 2.000 Euro und mehr). Teilzeitarbeit bedeutet demzufolge für Frauen in der privaten Wirtschaft vielfach, dass sie kein existenzsicherndes Einkommen beziehen und zwingend auf ein weiteres Einkommen angewiesen sind. Im öffentlichen Dienst hingegen ist die Chance auf ein nicht prekäres Teilzeiteinkommen erheblich höher.

Unter Männern ist das Normalarbeitsverhältnis sehr viel häufiger verbreitet – dies gilt auch, wenn das Einkommen mit berücksichtigt wird (vgl. Abb. 3.11). Dennoch ist auch für vollzeitbeschäftigte Männer die Wahrscheinlichkeit erheblich höher, im öffentlichen Dienst in einem unbefristeten Arbeitsverhältnis ein mittleres oder höheres Einkommen zu beziehen, als in der privaten Wirtschaft: Lediglich 59% der Männer verfügen hier über einen unbefristeten Arbeitsvertrag und beziehen ein Bruttoeinkommen von mindestens 2.000 Euro. Zwölf Prozent erhalten Einkommen, die zwischen 1.501 und 2.000 Euro liegen, und 13% bezie-

Abb. 3.11: Beschäftigungs- und Einkommensverhältnisse von Männern im öffentlichen Dienst und der privaten Wirtschaft (2007/8)

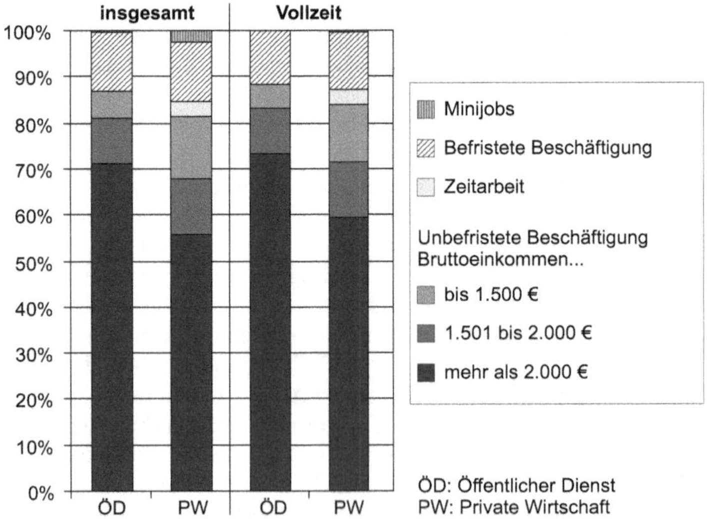

Quelle: DGB-Index-Erhebungen (Kumulierter Datensatz 2007/8), eigene Berechnungen

hen Niedrig- oder Armutslöhne, obwohl ihr Beschäftigungsverhältnis „äußerlich“ dem Normalarbeitsverhältnis gleicht.

Zusammenfassend zeigt sich, dass Frauen stärker als Männer von Arbeit im öffentlichen Dienst profitieren oder anders formuliert: Die Beschäftigungsverhältnisse von Frauen in der privaten Wirtschaft weichen noch stärker von Normalarbeitsstandards ab als diejenigen von Männern.

Befristete Beschäftigungsverhältnisse und Zeitarbeit im Spiegel der Einkommensverhältnisse

In der Debatte um das Normalarbeitsverhältnis wird der Prekaritätsgrad bei befristeter Beschäftigung und Zeitarbeit höher eingeschätzt als in einem unbefristeten Arbeitsverhältnis. Das wird – wie eingangs erwähnt – zum einen mit der rechtlichen oder faktischen Dauerhaftigkeit dieser Arbeitsverhältnisse begründet. Zum anderen wird auf die meist niedrigeren Einkommen verwiesen, die Zeitarbeits- und befristet Beschäftigte beziehen. Diese Annahme wird von unseren Auswertungen für die private Wirtschaft bestätigt: 73% der Frauen, die in einem Zeitarbeitsverhältnis arbeiten, und 68% der befristet beschäftigten Frauen beziehen – trotz Vollzeitarbeit – ein Bruttoeinkommen im Niedriglohnbereich. Dies gilt ebenfalls für 62% der männlichen Zeitarbeits- und 48% der befristet Beschäftigten mit Vollzeitverträgen. Nur eine Minderheit dieser Beschäftigten erhält ein Einkommen von mindestens 2.000 Euro, das auch im Fall von Arbeitslosigkeit, längerer Krankheit oder Rente finanzielle Sicherheit vermittelt (vgl. Tab. 3.3). Somit weisen beide atypischen Beschäftigungsformen auch bezogen auf ihre Einkommensdimension ein erhöhtes prekäres Potential auf, das Frauen noch häufiger als Männer betrifft.

Tab. 3.3 Bruttoeinkommensverteilung von befristet oder in Zeitarbeit beschäftigten Frauen und Männern in der privaten Wirtschaft (2007/8)

	Frauen				Männer			
	Zeitarbeit		Befristet Beschäftigte		Zeitarbeit		Befristet Beschäftigte	
	Anzahl N	Spaltenprozent	Anzahl N	Spaltenprozent	Anzahl N	Spaltenprozent	Anzahl N	Spaltenprozent
bis 1.500 €	67	79	451	75	111	63	358	50
1.501-2.000€	17	21	72	12	26	15	163	23
mehr als 2.000€			76	13	39	22	202	28
	Vollzeitbeschäftigte Frauen				Vollzeitbeschäftigte Männer			
bis 1.500 €	46	73	262	68	103	62	307	48
1.501-2.000€	17	27	56	15	25	15	147	23
mehr als 2.000€			69	18	39	24	191	30

Quelle: DGB-Index-Erhebungen (Kumulierter Datensatz 2007/8), eigene Berechnungen

Zu diesem Ergebnis kommen auch Bremer und Seifert (2009) in ihrer Untersuchung auf der Basis des Sozioökonomischen Panels (SOEP), das sie für die Jahre 1989 bis 2007 ausgewertet haben: Der systematische Vergleich von atypischen und Normalarbeitsverhältnissen zeigt, dass nahezu alle atypischen Beschäftigungsformen durch eine schlechtere Bezahlung (hier auf der Basis von Stundenlöhnen) gekennzeichnet sind als unbefristete Vollzeitarbeit. Demnach beziehen knapp 34% der atypisch Beschäftigten insofern einen „Prekaritätslohn", als ihr Stundenlohn unterhalb von zwei Dritteln des Medianlohns liegt, derzeit also weniger als 9,45 Euro im Westen und 6,94 im Osten beträgt. Unter den in einem Normalarbeitsverhältnis Beschäftigten müssen sich 9,5% mit vergleichbar geringen Löhnen begnügen (ebd.). Indem die Forscher in dieser Untersuchung Stundenlöhne in den Blick nehmen, können auch Minijobs und Teilzeitbeschäftigung in die Analyse einbezogen werden. Es zeigt sich, dass insbesondere Beschäftigte in Minijobs für prekäre Stundenlöhne arbeiten, gefolgt von LeiharbeitnehmerInnen und befristet Vollzeitbeschäftigten. Beschäftigte mit einer unbefristeten Teilzeitstelle erhalten zwar seltener einen Niedriglohn, allerdings sind auch bei ihnen immerhin knapp ein Viertel davon betroffen (23%). Von dieser Einkommensdiskriminierung sind Männer und Frauen in atypischen Arbeitsverhältnissen unterschiedlich stark betroffen: Für Frauen ist das Risiko, im Rahmen eines befristeten Arbeitsverhältnisses einen Prekärlohn zu beziehen, 3,4-mal so hoch wie in einem unbefristeten Vollzeitverhältnis, für Männer hingegen „nur" 2,6-

Abb. 3.12: Einkommensrisiken von atypisch Beschäftigten

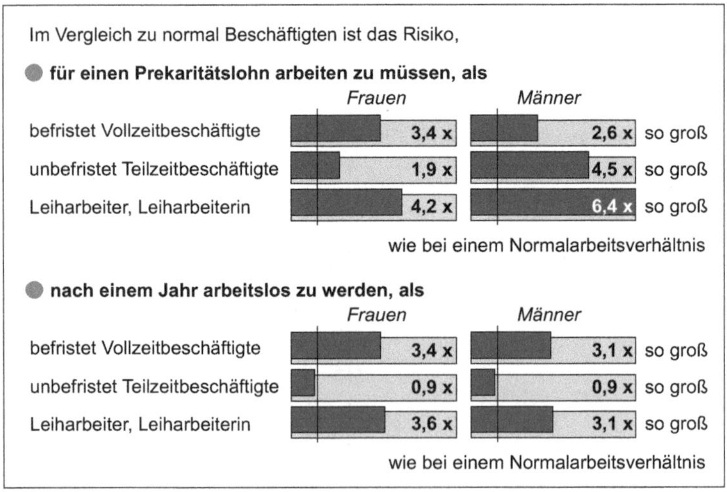

Quelle: Böckler Impuls 3/2009: 6

mal so hoch. Im Rahmen von Teilzeitarbeit einen prekären Stundenlohn zu erhalten, ist für Männer 4,5-mal und für Frauen 1,9-mal wahrscheinlicher als bei unbefristeter Vollzeitarbeit. Hier muss jedoch hinzugefügt werden, dass Frauen absolut erheblich häufiger von diesem – wenn auch relativ geringeren Risiko – betroffen sind, da sie erheblich häufiger in Teilzeit arbeiten. Das gilt nicht für die Einkommensdiskriminierung von Leiharbeitsbeschäftigten: Diese liegt mit dem Faktor 6,4 bei den Männern erheblich über dem Risiko der Frauen (Faktor 4,2), und gleichzeitig arbeiten Männer auch häufiger als Leiharbeiter.

Demgegenüber ist das Risiko, nach einem Jahr arbeitslos zu werden, für Frauen durchgängig etwas höher als für Männer: Befristet Beschäftigte Frauen tragen ein 3,4-mal höheres Risiko als Festbeschäftigte, bei Leiharbeiterinnen ist das Risiko 4,2-mal so hoch.

Beschäftigungsverhältnisse im Spiegel der betrieblichen Mitbestimmung

Welchen Einfluss hat nun der Betriebstyp – also die Kombination aus Betriebsgröße und der Mitbestimmung durch einen Betriebsrat – auf die Struktur der Beschäftigungsverhältnisse in der privaten Wirtschaft? Die folgenden Ergebnisse deuten darauf hin, dass größere Belegschaftszahlen, noch mehr jedoch die Existenz eines Betriebsrates die Verbreitung von Normalarbeitsverhältnissen fördern. Abbildung 3.13 zeigt, dass knapp 38% der vollzeitbeschäftigten Frauen und ca. 61% der vollzeitbeschäftigten Männer in Kleinbetrieben mit Betriebsrat (bis 199 Beschäftigte im Unternehmen) in einem unbefristeten Arbeitsverhältnis arbeiten und ein Einkommen von mindestens 2.000 Euro beziehen. Fehlt die betriebliche Mitbestimmung, so liegt der Anteil nur noch bei ca. 28% (vollzeitbeschäftigte Frauen) bzw. bei 44% (vollzeitbeschäftigte Männer).

Bezogen auf die Beschäftigten, die in größeren Unternehmen (mit einer Beschäftigtenzahl von 200 und mehr) arbeiten, ergibt sich folgendes Bild (vgl. Abb. 3.14): In Betrieben mit Betriebsrat entsprechen die Beschäftigungsverhältnisse von 55% der vollzeitbeschäftigten Frauen und 73% der Männer weitgehend dem Normalitätsstandard (unbefristete Vollzeitarbeit, mindestens 2.000 Euro Brutto). Fehlt die betriebliche Mitbestimmung, berichten lediglich 36% der vollzeitbeschäftigten Frauen und 52% der Männer von vergleichbaren Standards. Noch deutlicher ist der Unterschied im Hinblick auf die Beschäftigungsverhältnisse von teilzeitbeschäftigten Frauen: Sie arbeiten – nach eigenen Angaben – in mitbestimmten Kleinbetrieben rund doppelt so häufig wie in Kleinbetrieben ohne Betriebsrat in unbefristeten Arbeitsverhältnissen mit einem Einkommen von mindestens 1.500 Euro (20% zu 11%). In größeren Betrieben ist der Unterschied noch stärker (26% zu 9%). Betriebsräte schränken demnach die Verbreitung von prekären Beschäftigungsverhältnissen im Betrieb ein. Wenn Beschäf-

Abb. 3.13: Beschäftigungs- und Einkommensverhältnisse in privatwirtschaftlichen Betrieben (bis 199 Beschäftigte) mit und ohne Betriebsrat (2007/8)

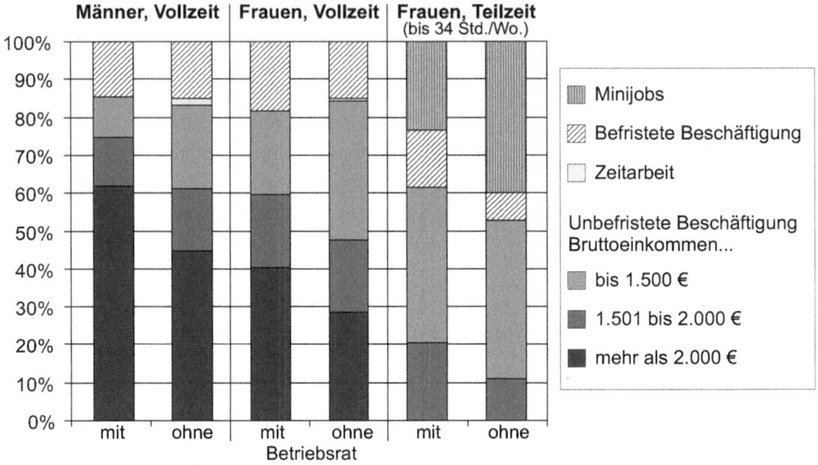

Abb. 3.14: Beschäftigungs- und Einkommensverhältnisse in privatwirtschaftlichen Betrieben (200 Beschäftigte u. mehr) mit und ohne Betriebsrat (2007/8)

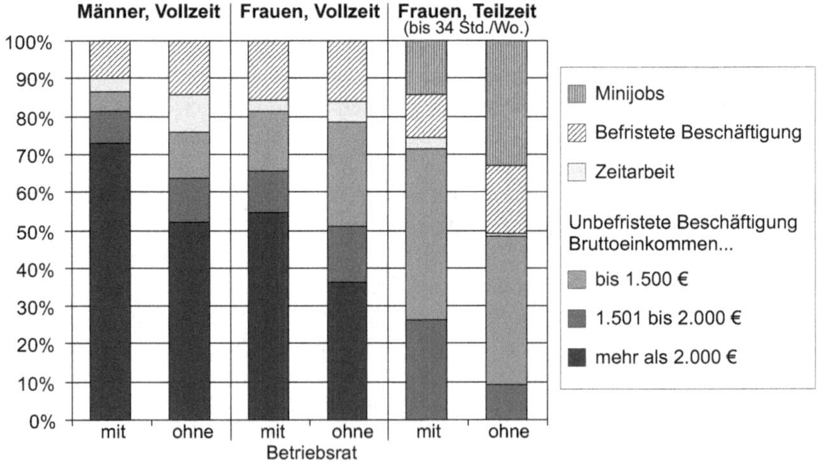

Bei teilzeitbeschäftigten Frauen wurden – auf Grund der geringen Fallzahlen – die Anteile der unbefristet Beschäftigten mit einem Einkommen von über 2.000 Euro der Kategorie unbefristet mit einem Einkommen zwischen 1.500 und 2.000 Euro zu gerechnet.

Quelle: DGB-Index-Erhebungen 2007/8, eigene Berechnungen

tigte in privatwirtschaftlichen Betrieben mit Betriebsrat arbeiten, erfüllen ihre Beschäftigungsbedingungen erheblich häufiger die oben genannten Standards des Normalarbeitsverhältnisses: Sie beziehen häufiger existenzsichernde Bruttoeinkommen, sind häufiger unbefristet und sozialversichert beschäftigt. Dies gilt grundsätzlich für voll- und teilzeitbeschäftigte Männer und Frauen. Jedoch sind Frauen seltener in betrieblich mitbestimmten Unternehmen beschäftigt (vgl. Tab. 3.4).

Tab. 3.4: Verteilung von Männern und Frauen auf privatwirtschaftliche Betriebe mit und ohne Betriebsrat (2007/8)

	Männer		Frauen	
	N	Spalten-prozent	N	Spalten -prozent
Betrieb mit Betriebsrat	3.266	55	2.097	45
Betrieb ohne Betriebsrat	2.653	45	2.548	55
Darunter:				
Kleinbetrieb *mit Betriebsrat* (bis 199 Beschäftigte deutschlandweit)	525	9	370	8
Kleinbetrieb *ohne Betriebsrat* (bis 199 Beschäftigte deutschlandweit)	2.087	36	1.960	44
Mittelständischer Betrieb *mit Betriebsrat* (200-1.999 Beschäftigte deutschlandweit)	863	15	574	13
Mittelständischer Betrieb *ohne Betriebsrat* (200-1.999 Beschäftigte deutschlandweit)	275	5	258	6
Großbetrieb *mit Betriebsrat* (2.000 Beschäftigte und mehr deutschlandweit)	1.795	31	1.069	24
Großbetrieb *ohne Betriebsrat* (2.000 Beschäftigte und mehr deutschlandweit)	211	4	257	6

Quelle: DGB-Index-Erhebungen (Kumulierter Datensatz 2007/8), eigene Berechnungen; Rundungsdifferenzen

3.4 Die politische und wissenschaftliche Thematisierung des Wandels der Beschäftigungsverhältnisse

Die Veränderung der Beschäftigungsverhältnisse ist seit Langem ein bedeutendes Thema der wissenschaftlichen Forschung und politischen Auseinandersetzung. Die dabei verfolgten Ansätze lassen sich danach unterscheiden, ob sie die betrieblichen Anforderungen, das Arbeitsmarktverhalten von Frauen oder die arbeitsmarktpolitischen Veränderungen als Treiber dieser Entwicklung betonen. Im Folgenden werden die impliziten und expliziten Annahmen dieser Erklärungsansätze in Bezug auf das Geschlechterverhältnis diskutiert und abschließend das Flexicurity-Konzept als arbeitsmarktpolitischer Ansatz kritisch gewürdigt. Dieser bemüht sich um eine Integration der Unternehmensanforderungen nach einer flexiblen Nutzung von Arbeitskraft in Übereinstimmung mit wechselnden betrieblichen Erfordernissen auf der einen, und den Anforderungen der Beschäftigten nach sozialer Sicherheit auf der anderen Seite.

3.4.1 Betriebe als Treiber der Veränderung von Beschäftigungsverhältnissen

Erklärungsansätze, die den Wandel der Beschäftigungsverhältnisse ausgehend vom Betrieb diskutieren, nehmen in der Regel Bezug auf die Theorie der „Arbeitsmarktsegmentation", die von Burkhart Lutz, Werner Sengenberger und anderen Anfang der 1970er Jahre entwickelt wurde (vgl. u.a. Lutz/Sengenberger 1974). Mit dieser Theorie ist die Vorstellung verbunden, dass ein Gesamtarbeitsmarkt in verschiedene Teilmärkte oder Segmente unterteilt ist. Diese Strukturierung ist weder zufällig noch dauerhaft stabil, sondern Ergebnis der Durchsetzung politischer und ökonomischer Interessen, die sich ändern können. Für die Abgrenzung von Rand- und Kernbelegschaften ist die Dimension der Beschäftigungsstabilität strukturprägend, die u.a. auch Mückenberger (1985) als zentrales Kriterium eines Normalarbeitsverhältnisses definierte. Diese Theorie stellt bis heute einen Bezugspunkt für viele neuere Ansätze dar (Köhler et al. 2006): Danach versuchten viele Unternehmen, ihre Belegschaftsgröße durch atypische Beschäftigungsverhältnisse flexibel an die sich verändernden betrieblichen Erfordernisse anzupassen, während die betriebsspezifisch qualifizierten Arbeitskräfte eher an das Unternehmen gebunden würden. Aus diesem Grund werden die wachsenden Randbelegschaften auch häufig auf so genannten „Jedermanns-Arbeitsmärkten" verortet. Die Frauenforschung hat allerdings vielfach darauf hingewiesen (so z.B. Mayer-Ahuja 2003; Satilmis/Baatz 2005; Stolz-Willig 2005), dass vor allem Frauen in diesen Arbeitsmärkten beschäftigt sind, auf denen keinesfalls Jedermanns- oder Jedefrau-Qualifikationen verlangt würden und wo eine große Diskrepanz zwischen den Anforderungen an „frauentypische" Tätigkeiten und deren materieller und immaterieller Honorierung bestehe (vgl. Kapitel 5). Diese Geringschätzung entstehe insbesondere dadurch, dass die materielle Anerkennung von Arbeit aus ihrer Produktivität abgeleitet würde – und diese bemesse sich vor allem am Output (z.B. am geschaffenen Mehrwert) und nicht am Input (z.B. am Anspruch der Tätigkeit oder dem durch sie gedeckten gesellschaftlichen Bedarf). So genannte niedrigproduktive Tätigkeiten erführen folglich wenig Wertschätzung und würden schlechter entlohnt. Dem unterliege ein „Gender Bias" mit einer „höchst problematischen Verquickung der Faktoren Geschlecht, Qualifikation und Tätigkeit" (Satilmis/Baatz 2005, S. 209):

> „Wenngleich heutzutage nicht mehr explizit auf die wesensgemäße Bestimmung von Frauen oder Männern rekurriert wird, fungiert die Kategorie Geschlecht dennoch – nach wie vor – als ein zentrales Kriterium für Zuweisungsprozesse auf bestimmte Tätigkeitsfelder und berufliche Positionen."

Insofern kann man zugespitzt argumentieren, dass Stammbelegschaften in der Tendenz männlich, Randbelegschaften hingegen weiblich sind.[6]

Untersuchungen, die den Einfluss von betriebsinternen Faktoren auf die Bildung von Rand- und Kernbelegschaften und die damit verbundene Beschäftigungsstabilität oder -instabilität untersuchen, kommen außerdem zu dem Ergebnis, dass die Beschäftigtenfluktuation durch Betriebsräte geringer wird und sich gleichzeitig die Flexibilisierung der Arbeitszeit erhöht (vgl. Dilger 2003; Abraham 2004). Dieses Ergebnis wurde durch eine Analyse von Baron (2007) klar bestätigt: Betriebsräte dämmen Personalfluktuation ein und erhöhen gleichzeitig die Wahrscheinlichkeit für den Einsatz von Arbeitszeitkonten. Darüber hinaus fand Baron Hinweise dafür, dass Betriebsräte den Einsatz von atypischer Beschäftigung, d.h. den Aufbau von Randbelegschaften, eindämmen, und zwar unabhängig von der Ertragslage des Betriebes (ebd.). Da Männer häufiger in Betrieben mit Betriebsrat beschäftigt sind, kann aus diesen Ergebnissen geschlossen werden, dass sie häufiger von dieser stabilisierenden Rolle der Betriebsräte profitieren. Explizit thematisieren die genannten Untersuchungen diesen Aspekt jedoch nicht. Auch bleibt offen, ob die geschlechtliche Zusammensetzung der Belegschaften eine Rolle spielt.

3.4.2 Das Arbeitsmarktverhalten von Frauen als Treiber der Veränderung von Beschäftigungsverhältnissen

Neoklassisch geprägte Arbeitsmarkttheorien gehen davon aus, dass die (in Abschnitt 3.3 dargestellte) Beschäftigungsstruktur ein Ergebnis des unterschiedlichen Arbeitsmarktverhaltens von Frauen und Männern sei. Sie argumentieren, dass weibliche Arbeitskräfte ein anderes Arbeitsmarktverhalten und andere Arbeitskrafteigenschaften als Männer hätten (vgl. u.a. Becker 1993; kritisch: Kurz-Scherf et al. 2006). Die „Humankapital“-Theorie unterstellt beispielsweise Frauen, dass sie aufgrund der Rollenverteilung zwischen den Geschlechtern grundsätzlich eher familien- als erwerbsorientiert seien. Daher antizipierten sie eine diskontinuierliche Erwerbsbiographie und investierten oftmals nur wenig in Aus- und Weiterbildung. Außerdem führten häufige und oftmals längere Erwerbsunterbrechungen dazu, dass sie weniger Berufserfahrung besäßen und zuvor erworbene Fähigkeiten und Erfahrungen partiell wieder entwertet würden. Deshalb sei es – aus Sicht der Frauen – rational, jene Berufsfelder und Tätigkeitsbereiche anzustreben, die geringere Anforderungen mit sich brächten und

6 Des Weiteren tragen beschäftigungsdiskriminierende Mechanismen im Betrieb zur Stabilisierung der „gläsernen Decke“ bei, d.h. Frauen gelangen weniger oft in Führungspositionen (vgl. Kapitel 7). Auch ist die horizontale und vertikale Segmentation ein oft verschränktes Phänomen (vgl. Kapitel 2).

folglich auch Unterbrechungen ermöglichten, ohne dass daraus Beschäftigungshindernisse entstünden. Darüber hinaus führe das Interesse von Frauen an guten Bedingungen für die Vereinbarkeit von Familie und Beruf dazu, dass sie sich auf jene Erwerbsbereiche konzentrierten, in denen Teilzeitarbeit und flexiblere Arbeitsbedingungen vorherrschten. Diese Vorteile kompensierten das vergleichsweise geringe Einkommen und die Akzeptanz von anderen Nachteilen – wie z.B. einen geringeren Kündigungsschutz (vgl. Trappe/Rosenfeld 2001, S. 160). Ergebnis dieser als „rational" bezeichneten individuellen Entscheidungen – so die neoklassische Argumentation – sei eine Konzentration auf bestimmte „frauendominierte" Berufe und Tätigkeitsbereiche.

Die Annahmen dieser Ansätze wurden immer wieder in Frage gestellt, zuletzt insbesondere in US-amerikanischen Studien, die gezeigt haben, dass zahlreiche frauendominierte Tätigkeiten gar nicht die Flexibilität aufweisen, die ihnen zugeschrieben wird (vgl. Trappe/Rosenfeld 2001, S. 160). Zudem haben Frauen, ebenso wie Männer, Ansprüche an die Qualität von Arbeit, die den Annahmen der neoklassischen Theorie widersprechen (vgl. Kapitel 6). Auch das Bildungs- und Ausbildungsverhalten von Frauen spricht gegen die Annahmen dieser Theorien: Schließlich treten Frauen seit mittlerweile fast zwei Jahrzehnten mit besseren Schulabschlüssen und längeren Ausbildungen auf den Arbeitsmarkt – in der Logik dieser Ansätze also mit einem „höheren Humankapital". Darüber hinaus wurde die implizite Verknüpfung von Ausbildung, Produktivität und Einkommen, welche die Humankapitaltheorie vornimmt, vielfach angezweifelt (vgl. Engelhardt 2000; Keller 1999).

Zahlreiche Ansätze insbesondere der Frauenforschung verweisen darauf, dass es nicht nur um individuelle – wenngleich gesellschaftlich vorgeprägte – Wahlentscheidungen von jungen Frauen und Männern geht, sondern dass strukturelle Rahmenbedingungen starken Einfluss auf die Erwerbsorientierung und den Erwerbsverlauf von Frauen nehmen (vgl. u.a. Granato/Schittenhelm 2004; Klammer 2005). Diese Untersuchungen zeigen, dass im Lebensverlauf von Frauen und Männern zwei Momente entscheidend zur Herausbildung von beruflicher Segregation beitragen: die Phase des Berufseinstiegs und die Phase der Familiengründung. Insbesondere die Phase der (tatsächlichen oder von Arbeitgeberseite antizipierten) Familiengründung erweist sich als Wendepunkt in der beruflichen Biografie von Frauen, der sich verstärkt in der Struktur der Beschäftigungsverhältnisse widerspiegelt: In dem Moment, in dem zur Erwerbsarbeit – tatsächlich oder potentiell – Familienarbeit hinzutritt, werden Barrieren für die berufliche Entwicklung wirksam. Da Frauen im Fall einer Familiengründung meist weit reichende Verantwortung für Haus- und Familienarbeit übernehmen, reduzieren sie oftmals ihre Arbeitszeit. Teilzeitbeschäftigung „hilft" also dabei, die nach wie vor traditionelle Arbeitsteilung in Partnerschaften sowie die unzureichenden Rahmenbedingungen für eine verbesserte Vereinbarkeit von Beruf und Familie zu kompensieren. Die für viele Erwerbsbiografien von Frauen typischen diskontinuierlichen Erwerbsverläufe sowie Teilzeitbeschäftigungen stellen jedoch andererseits eine zentrale Barriere für die berufliche Entwicklung dar. Insgesamt muss von einer Akkumulation von Benachteiligungseffekten im Verlauf der Berufsbiografie von Frauen gesprochen werden, da sich z.B. familienbedingte Einkommenseinbußen über die Lebensjahre potenzieren (vgl. Klammer 2005).

Die erheblichen Schwierigkeiten vor allem von Frauen in Paarbeziehungen oder von Alleinerziehenden, die familiären Anforderungen im Rahmen einer kontinuierlichen (Doppel-)Erwerbstätigkeit auf Vollzeitbasis zu bewältigen, haben viel zur feministischen Kritik des Normalarbeitsverhältnisses beigetragen. Diese Kritik richtet sich teilweise gegen die Bezeichnung „atypisch" für alle Arbeitsverhältnisse, die vom Standard kontinuierlicher Vollzeitarbeit abweichen, und reicht teilweise bis hin zu einer völligen Ablehnung entsprechender Standards für Beschäftigungsverhältnisse, da das Normalarbeitsverhältnis mit dem Alleinverdienermodell gleichgesetzt wird. So fordert beispielsweise Orloff (1993) ein „right to be commodified" – und damit sinngemäß ein „Recht auf warenförmige Arbeit" für Frauen. Ihre Kritik zielt damit auch auf die historischen Versuche, Arbeit in gesellschaftliche Standards einzubetten, um damit ihren Warencharakter und ihre völlige Unterordnung unter die Logik von Märkten abzuschwächen (vgl. 3.2) – immerhin wird aus dieser Perspektive die Abhängigkeit vom Mann durch die Abhängigkeit vom Markt ersetzt. Andere ForscherInnen, wie z.B. Bosch (2001) und Wagner (2000), fordern eine Reform des Normalarbeitsverhältnisses, erkennen aber dessen historische Bedeutung an: Die Dekommodifizierung von Arbeitskraft, die das Normalarbeitsverhältnis markiert habe, sei gegenüber der totalen Kommodifizierung der Familie zu Beginn der industriellen Revolution ein erheblicher historischer Fortschritt – und dies keineswegs exklusiv für Männer, sondern selbstverständlich auch für jene Frauen, die unter dem Schutz dieser Standards arbeiteten (Bosch 2005). Empirisch belegt wurde die Bedeutung der an Beschäftigung geknüpften Standards und Normalitätsvorstellungen für die (davon zunehmend ausgeschlossenen) Frauen im Reinigungsgewerbe von Mayer-Ahuja (2001, 2003), die insbesondere die Einkommensdimension des Normalarbeitsverhältnisses in ihre Analyse einbezogen hat. Zusammenfassend verweisen diese Forschungsergebnisse eher auf die Notwendigkeit einer Etablierung neuer Standards für ein Normalarbeitsverhältnis – etwa durch die Förderung existenzsichernder, reduzierter Vollzeitarbeit im Rahmen von Arbeitszeitverkürzung, die Stärkung individueller Ansprüche auf soziale Absicherung oder eine bessere Moderation von familien- oder qualifikationsbedingten Unterbrechungen.

3.4.3 Arbeitsmarktpolitik als Treiber der Veränderung von Beschäftigungsverhältnissen

Die (geschlechtsspezifische) Strukturierung der Beschäftigungsverhältnisse lässt sich ohne eine Analyse der entsprechenden arbeitsmarktpolitischen Voraussetzungen nicht erklären. Arbeitsmarktpolitische Entscheidungen sind stark von dominierenden Unternehmensstrategien beeinflusst und reflektieren teilweise auch das veränderte Arbeitsmarktverhalten der Erwerbsfähigen. Dennoch zeigen die unterschiedlichen Arbeitsmarktpolitiken in Europa, dass sehr wohl verschiedene Entwicklungspfade möglich sind, die jeweils mit einer spezifischen, geschlechtlich geprägten Beschäftigungsstruktur einhergehen. Insbesondere die Frauenforschung verweist in diesem Zusammenhang darauf, dass arbeitsmarktpolitische Maßnahmen nicht für sich stehen, sondern im Kontext anderer Politikfelder (wie insbesondere der Familien-, Sozial- und Steuerpolitik) betrachtet werden müssen. Zusammen bilden sie den politischen und institutionellen Rahmen, in den „Geschlecht" eingelassen ist und der damit zugleich auch eine normierende Funktion für die konkrete Ausgestaltung der Geschlechterverhältnisse einnimmt (vgl. u.a. Scheele 2008; Gottschall 2005). Das System der sozialen Sicherung ist in Deutschland so gestaltet, dass über die Lohnarbeit nicht nur die Erwerbstätigen selbst, sondern auch deren Familien „mitversorgt" werden – die abgeleitete soziale Sicherung macht bis heute einen wichtigen Teil der sozialen Sicherung vor allem von Frauen in Deutschland aus (vgl. Riedmüller 2005). Dieses Prinzip der sozialen Sicherung in Deutschland – statt auf Individuen und deren Bedürfnisse blickt man auf den Haushalt bzw. die Bedarfsgemeinschaft und deren Erwerbseinkommen – wurde durch die Arbeitsmarktpolitik der vergangenen Jahre weiter zementiert: Nicht mehr der oder die einzelne Arbeitslose, sondern die so genannte Bedarfsgemeinschaft ist Adressat von Arbeitsmarktpolitik – und an ihrer Ausstattung bemisst sich die neue Zumutbarkeit von Arbeit (vgl. Stolz-Willig 2005). Frauen sind davon in doppelter Weise betroffen, da die Arbeits- und Sozialpolitik sie in die Rolle der Zuverdienerinnen drängt und ihnen das Recht auf eine eigenständige Existenzsicherung abspricht. Insbesondere die *Förderung von Minijobs* durch die letzte Novellierung der Arbeitsmarktpolitik („Hartz-Gesetze") ist vor diesem Hintergrund zu sehen (mehr dazu im Kapitel 4 in diesem Band). Angeregt durch die erklärte Strategie der Hartz-Kommission, „Arbeitsverhältnisse im Niedriglohnbereich zu fördern" (Kommission 2002, S. 170), wurde durch das Zweite Gesetz für Moderne Dienstleistungen am Arbeitsmarkt (2003) die Geringfügigkeitsgrenze für alle Wirtschaftsbereiche von 325 € auf 400 € angehoben, und die Begrenzung auf weniger als 15 Wochenstunden wurde abgeschafft. Die Minijobs sind für die Beschäftigten vollständig steuer- und abgabenfrei. Der Arbeitgeber hat eine pauschale Abgabe in Höhe von 25% des Verdienstes zu entrichten. Dies gilt auch für geringfügige

Zweit- bzw. Nebenbeschäftigungen. Durch diese arbeitsmarktpolitische Förderung der Minijobs und ihre steuerliche Privilegierung werden diese Arbeitsverhältnisse wie keine andere Beschäftigungsform subventioniert.

Eine weitere Beschäftigungsform, die durch die jüngste Arbeitsmarktreform gefördert wird, ist die *Leiharbeit*. Diese wurde von der „Hartz-Kommission“ zum „Herzstück des Abbaus der Arbeitslosigkeit“ (Kommission 2002, S. 148) stilisiert. Mit Hinweis darauf wurden fast alle der noch verbliebenen Beschränkungen des Arbeitnehmerüberlassungsgesetzes (AÜG) aufgehoben. Der Gleichbehandlungsgrundsatz, der im Gegenzug verankert wurde und nach dem die Beschäftigten einer Zeitarbeitsfirma das Recht auf die gleichen Arbeits- und Entlohnungsbedingen wie die Beschäftigten im Entleihbetrieb haben, existiert fast ausnahmslos lediglich auf dem Papier. Denn von diesem Grundsatz kann durch einen entsprechenden Tarifvertrag in der Leiharbeitsbranche abgewichen werden – wovon nahezu alle Zeitarbeitsfirmen Gebrauch machen.

Wie oben geschildert sind derzeit Männer stärker als Frauen von der gesetzlichen Förderung der Leiharbeit betroffen. Dabei liegt die Vermutung nahe, dass Leiharbeit insbesondere in männerdominierten Branchen mit höherem Lohnniveau zum Einsatz kommt. Leiharbeit erfüllt hier vielfach die Funktion, Branchentarifverträge durch die erheblich kostengünstigeren Leiharbeitstarifverträge zu umgehen (zu den Funktionen von Leiharbeit vgl. Brehmer/Seifert 2008). Dabei sollte jedoch nicht übersehen werden, dass es das übergeordnete Ziel der jüngsten arbeitsmarktpolitischen Veränderungen war, vor allem die Wettbewerbsfähigkeit im angeblich niedrigproduktiven Dienstleistungsbereich (z.B. im Bereich von Pflege, Gesundheit, Freizeit etc.) zu stärken (siehe unten). Langfristig geht es den Protagonisten der aktuellen Arbeitsmarktpolitik demnach darum, auch das Instrument der Leiharbeit insbesondere für frauendominierte Arbeitsmarktbereiche fruchtbar zu machen – und damit deren Aufwertung zu verhindern.

Auch die Möglichkeit, *Arbeitsverhältnisse zu befristen*, wurde seit 1985 kontinuierlich erweitert. Seit 2001 werden diese Beschäftigungsverhältnisse durch das Gesetz über Teilzeitarbeit und befristete Arbeitsverträge (TzBfG) geregelt: Danach können Arbeitsverträge *ohne sachlichen Grund* bis zu einer Höchstdauer von zwei Jahren (und bei höchstens dreimaliger Verlängerungsmöglichkeit in diesem Zeitraum) befristet werden (erleichterte Befristung). Darüber hinaus sind befristete Verträge ohne zeitliche Begrenzung zulässig, wenn die Befristung durch einen sachlichen Grund erfolgt. Diese „sachlichen Gründe“ sind sehr vage und nicht abschließend im Gesetz formuliert. Als Sachgrund gilt beispielsweise die Eigenart der Arbeitsleistung. Diese Ausführung eröffnet Interpretationsspielraum und ermöglicht es Betrieben, unter Umständen auch dauerhaft zu befristen.

Empirisch sind Frauen und Männer von dieser Regelung nahezu ähnlich häufig betroffen –Frauen haben allerdings zusätzlich daran zu tragen, dass durch befristete Arbeitsverträge der Kündigungsschutz für Schwangere und Mütter vollständig ausgehebelt werden kann.

Um die Wirkung der Arbeitsmarktpolitik auf Männer und Frauen abschätzen zu können, muss darüber hinaus die kontinuierliche *Verschärfung der Zumutbarkeitskriterien* mitgedacht werden. Durch diese wird Druck auf arbeitslose Personen ausgeübt, Leiharbeitsverhältnisse einzugehen und neuerdings auch Minijobs anzunehmen. Eine Verweigerung würde zunächst Kürzungen beim Arbeitslosengeld und schließlich den völligen Entzug der finanziellen Unterstützung zur Folge haben. Auch auf diese Weise wurde eine gewisse Nachfrage nach diesen Arbeitsverhältnissen sichergestellt.

Begründet wurden die skizzierten Gesetzesnovellen in der Regel mit dem Hinweis, durch Leiharbeit, Befristungen oder geringfügige Beschäftigungsverhältnisse könnten arbeitslose Menschen leichter wieder in das Erwerbsleben integriert werden. Nach Auffassung der arbeitsmarktpolitischen Berater im Bündnis für Arbeit, Streeck und Heinze, liegt das eigentliche Beschäftigungsdefizit der deutschen Volkswirtschaft nicht im industriellen Sektor und nicht in erster Linie bei den hochqualifizierten Dienstleistungen, sondern im Bereich niedrigproduktiver Dienstleistungsarbeit. „Die Wettbewerbsfähigkeit der deutschen Industrie steht außer Zweifel (…). Ähnliches gilt für die industrienahen Dienstleistungen. Die wirklichen Schwierigkeiten bestehen dort, wo es um die Expansion geringproduktiver Beschäftigung geht, deren Entlohnung notwendigerweise ebenfalls niedrig sein muss“ (Streeck/Heinze 2000, S. 255). Dienstleistungen, so wird gefolgert, brauchen ein anderes Arbeitsregime als industrielle Arbeit, andere Entlohnungsformen, andere Arbeitszeiten und andere Formen der sozialen Sicherung. Qualifizierte Berufsarbeit, Flächentarifvertrag und Kündigungsschutz seien einem industriellen Beschäftigungsmodell zugehörig, das keine universelle Gültigkeit beanspruchen könne (kritisch dazu: Stolz-Willig 2005). Beschäftigungspotenziale für einen weitgehend deregulierten Niedriglohnsektor werden bei den personenbezogenen Diensten gesehen, d.h. in den Bereichen Pflege, Gesundheit, Bildung und Freizeit. Die Frage nach der Qualität der Dienstleistungen und deren qualifikatorischen Voraussetzungen wird nicht gestellt. Ausgegangen wird offensichtlich davon, dass es sich bei den personennahen Diensten um Jedermann-/Jedefrau-Tätigkeiten handele, die allen eine berufliche Perspektive bieten können – solange Beschäftigte nur flexibel und billig genug ihre Arbeitskraft anbieten würden. Die geschlechtsspezifische Relevanz dieser Niedriglohn-Strategie ist unschwer zu erkennen: Vor allem personennahe Dienstleistungen gelten als nur bescheidener Beitrag zur Wertschöpfung.

> „Als reproduktionsnah und daher frauenspezifisch definiert, haftet ihnen seit jeher der Ruf ‚quasi-natürlicher' Befähigungen an, die mehr zu Gotteslohn zu verrichten sind, als dass sie der Wertbestimmung der Ware Arbeitskraft gemäß entsprechend der gesellschaftlich bestimmten Reproduktionskosten zu entlohnen wären." (Stolz-Willig 2005: 645)

Zusammenfassend begünstigen gerade die jüngsten arbeitsmarktpolitischen Veränderungen den Aufbau von flexiblen Randbelegschaften in Unternehmen und damit die Ausweitung des Niedriglohnsektors. Zielsetzung dieser Novellierungen ist dabei die noch stärkere Marktförmigkeit von frauendominierte Tätigkeiten – also genau das Gegenteil einer modifizierten Universalisierung des Normalarbeitsverhältnisses. Der häufig verwendete Begriff der Deregulierung ist hier dementsprechend auch eher irreführend: Die Ausweitung der Befristungsmöglichkeiten, der Zeitarbeit, der Minijobs usw. wurde durch die Etablierung von veränderten gesetzlichen Rahmenbedingungen politisch – im Interesse der Unternehmen – geschaffen. Diese Beschäftigungsverhältnisse sind das Ergebnis einer spezifischen Form gesetzlicher Regulierung und nicht das Ergebnis von weniger Regulierung.

3.4.4 Das Flexicurity-Konzept: Die Quadratur des Kreises?

Im Gegensatz zur realen Arbeitsmarktpolitik wird mit dem Konzept „Flexicurity" ein Politikansatz propagiert, der Flexibilität und Sicherheit im Rahmen einer beschäftigungsorientierten Unternehmensstrategie verbinden soll. Dieser Ansatz hat in den letzten Jahren vor allem als politische Strategie der Europäischen Kommission Bekanntheit erlangt – in fast keinem Programm fehlt der Hinweis, dass gleichgewichtig die Flexibilität des Arbeitsmarktes und der sozialen Sicherheit gefördert werden soll.

Seifert und Tangian (2008), die das Flexicurity-Konzept auf dessen empirische Umsetzung geprüft haben, kommen jedoch zu dem Ergebnis, dass die europäische wie die deutsche Wirklichkeit von diesem Ziel weit entfernt ist. Die Forscher konnten in einer empirischen Untersuchung für die 27 Mitgliedsländer der EU zeigen, dass zwischen extern-numerischer Flexibilität (d.h. vor allem Flexibilität durch flexible Beschäftigungsverhältnisse) und Einkommen sowie Beschäftigungsstabilität ein negativer Zusammenhang besteht: Der Prekaritätsgrad steigt mit externer Flexibilität. Atypische Beschäftigungsformen (Befristung, Leiharbeit, Dauer der Arbeitsverträge) bergen ein hohes Risiko, ein reduziertes Einkommen gegenüber einer Normalarbeit zu erzielen und zudem instabiler beschäftigt zu sein (OECD 2006). So kommen die Autoren zu folgendem Schluss:

„In keinem der EU-Mitgliedsländer ist bislang ein hoher Grad der Arbeitsflexibilität mit einem niedrigen Grad der Arbeitsprekarität bzw. einem hohen Grad an sozialer Sicherheit verwirklicht. Von Flexicurity kann in den EU-Mitgliedsländern also längst noch nicht die Rede sein. Die relativen Werte für Prekarität übertreffen die für Flexibilität. Angesichts dieser Befunde sollten zukünftige Flexicurity-Strategien vorrangig den Prekaritätsproblemen Aufmerksamkeit schenken und die soziale Sicherheit in eine bessere Balance zur Flexibilität bringen." (Seifert/Tangian 2008: 634)

3.5 Fazit

In diesem Kapitel konnte gezeigt werden, dass die Struktur der Beschäftigungsverhältnisse – insbesondere in der privaten Wirtschaft – unvermindert stark geschlechtlich geprägt ist. Erheblich stärker als im öffentlichen Dienst weicht die Beschäftigungsstruktur in der privaten Wirtschaft von den Standards des „Normalarbeitsverhältnisses" ab – und dies gilt häufiger für Frauen als für Männer. Von einer Abschwächung oder „Zähmung" des Warencharakters von Arbeit kann hier nicht gesprochen werden, im Gegenteil: Frauen in der privaten Wirtschaft sind auf Grund ihrer stärkeren Betroffenheit von geringen Einkommen, befristeten Verträgen, Minijobs sowie durch ihre häufigere Beschäftigung in nicht mitbestimmten Betrieben besonders stark dem Konkurrenzdruck der Märkte ausgesetzt. Die zunehmende Arbeitsmarktbeteiligung von Frauen erfolgt demnach sehr häufig in atypischer, oft sogar in prekärer Form.

Die Arbeitsmarktpolitik der vergangenen Jahrzehnte, insbesondere die gezielte Neu-Regulierung der Beschäftigungsverhältnisse und die forcierte Etablierung eines Niedriglohnsektors, hat diese Entwicklung begünstigt. Das heißt, diese Beschäftigungsverhältnisse sind das Ergebnis einer spezifischen Form gesetzlicher Regulierung und nicht das Ergebnis von weniger Regulierung. Das Flexicurity-Konzept, das Flexibilität für die Unternehmen mit Beschäftigungs- oder gar sozialer Sicherheit für die Beschäftigten verbinden möchte, bleibt bisher eine Absichtserklärung ohne empirisch belegbare Umsetzung. Im Gegensatz dazu leisten Betriebsräte nicht selten einen Beitrag zu mehr Normalarbeit und weniger atypischen Arbeitsverhältnissen im Unternehmen – oder anders gesagt: Betriebsräte üben ihren Einfluss dahingehend aus, die Ausweitung von Arbeitsverhältnissen mit hohem prekärem Potential zu begrenzen, indem sie auf die Durchsetzung und Einhaltung von sozial- und tarifrechtlichen Standards achten. Inwieweit dies direkt die geschlechtliche Struktur der Beschäftigungsverhältnisse beeinflusst, ist noch nicht untersucht, jedoch kann von einem indirekten Einfluss ausgegangen werden.

Literatur

Abraham, M. 2004: Betriebliche Determinanten der Beschäftigungsstabilität: Wandel oder Stabilität? In: Köhler, Ch./Struck, O. (Hg.): Beschäftigungsstabilität im Wandel? Befunde und Erklärungen für West- und Ostdeutschland. München, Mering, S. 107-124

Baron, St. 2007: Der Einfluss des Betriebsrates auf die Segmentation innerbetrieblicher Arbeitsmärkte. Verwaltungswissenschaftliche Diplomarbeit, Universität Konstanz

Becker, G. S. 1993: Human Capital: A Theoretical and Empirical Analysis with Special Reference to Education (3. Auflage). Chicago

Bispinck, R./Schäfer, C. 2006: Niedriglöhne und Mindesteinkommen. Daten und Diskussionen in Deutschland. In: Schulten, T./Bispinck, R./Schäfer C. (Hg.): Mindestlöhne in Europa. Hamburg, S. 269-297

Böckler Impuls 2009: Atypisch Beschäftigte. In der Krise schlecht geschützt. Nr. 3/2009

Bosch, G. 2001: Konturen eines neuen Normalarbeitsverhältnisses. In: WSI-Mitteilungen, Heft 4, S. 219-230

Bosch, G. 2005: Das deutsche Beschäftigungsmodell zwischen Dekommodifizierung und Vermarktlichung. In: Kurz-Scherf, I./Correll, L./Janczyk, St. (Hg.): In Arbeit: Zukunft: die Zukunft der Arbeit und der Arbeitsforschung liegt in ihrem Wandel. Münster, S. 86-102

Brehmer, W./Seifert, H. (2008): Sind atypische Beschäftigungsverhältnisse prekär? Eine empirische Analyse sozialer Risiken. In: Zeitschrift für Arbeitsmarktforschung, 4 , S. 501-531

Brehmer, W./Seifert, H. 2009: Wie prekär sind atypische Beschäftigungsverhältnisse? Eine empirische Analyse sozialer Risiken (http://doku.iab.de/zaf/2008/2008_4_zaf_Brehmer_Seifert.pdf; 13.5.2009)

Brinkmann, U./Dörre, K./Röbenack, S. 2006: Prekäre Arbeit. Ursachen, Ausmaß, soziale Folgen und subjektive Verarbeitungsformen unsicherer Beschäftigungsverhältnisse (hrsg. von der Friedrich-Ebert-Stiftung). Bonn

Castel, R. 2000: Die Metamorphosen der sozialen Frage. Eine Chronik der Lohnarbeit. Konstanz

DGB-Index Gute Arbeit GmbH 2007: DGB-Index Gute Arbeit 2007 – Der Report. Wie die Beschäftigten die Arbeitswelt in Deutschland beurteilen, was sie sich von Guter Arbeit erwarten. Berlin

DGB-Index Gute Arbeit GmbH 2008: DGB-Index Gute Arbeit 2008 – Der Report. Wie die Beschäftigten die Arbeitswelt in Deutschland beurteilen. Berlin

Dilger A. 2003: Sind Betriebsräte effizient? In: Industrielle Beziehungen, 10, S. 512-527

Dombois, R. 1999: Auf dem Weg zu einem neuen Normalarbeitsverhältnis? Die Erosion des Normalarbeitsverhältnisses und neue Strategien der Erwerbsarbeit. Arbeitspapier Nr. 36 der Zentralen wissenschaftlichen Einrichtungen der Universität Bremen. Bremen

Dörre, K. 2003: Neubildung von gesellschaftlichen Klassen. Zur Aktualität des Klassenbegriffs. In: Bischoff, J./Boccara, P./Castel, R./Dörre, K. (Hg.): Klassen und soziale Bewegungen. Strukturen im modernen Kapitalismus. Hamburg, S.18-32

Engelhardt, W. 2000: Zu den Grundlagen wissenschaftlicher Sozialpolitiklehre. In: Sozialpolitik und Sozialökonomik. Festschrift für Lothar F. Neumann. Marburg, S. 11-27

Gottschall, K. 2005: Gender: Erwerbsbeteiligung von Frauen und Verdienermodell des Haushalts. In: SOFI et al. 2005, S.71-77

Gottschall, K./Betzelt, S. 2005: Flexible Bindungen – prekäre Balancen. Ein neues Erwerbsmuster bei hochqualifizierten Alleindienstleistern. In: Kronauer, M./Linne, G. (Hg.): Flexicurity. Die Suche nach Sicherheit in der Flexibilität. Berlin, S. 275-294

Granato, M./Schittenhelm, K. 2004: Junge Frauen: Bessere Schulabschlüsse – aber weniger Chancen beim Übergang in die Berufsausbildung. In: Aus Politik und Zeitgeschichte (APuZ); Nr. 28, S. 31-39

Heinze, R. G./Streeck, W. 2000: Institutionelle Modernisierung und Öffnung des Arbeitsmarktes: Für eine neue Beschäftigungspolitik. In: Kocka, J./Offe, C. (Hg.): Geschichte und Zukunft der Arbeit. Frankfurt/M., New York, S. 234-261

Keller, B. 1999: Einführung in die Arbeitspolitik. München u.a.O.

Keller, B./Seifert, H. 2006: Atypische Beschäftigungsverhältnisse: Flexibilität, soziale Sicherheit und Prekarität. In: WSI-Mitteilungen, Heft 5, S. 235-240

Keller, B./Seifert, H. (Hg.) 2007: Atypische Beschäftigung – Flexibilisierung und soziale Risiken. Berlin

Klammer, U. 2005: Flexicurity aus der Perspektive des Lebenslaufs. In: Kronauer, M./Linne, G. (Hg.): Flexicurity. Die Suche nach Sicherheit in der Flexibilität. Berlin, S. 249-273

Klammer, U./Leiber, S. 2006: Atypische Beschäftigung und soziale Sicherung. In: WSI-Mitteilungen, Heft 5, S. 287-292

Köhler, Ch./Struck, O./Götzelt, I./Grotheer, M./Schröder, T. 2006: Die Ausweitung von Instabilität: Beschäftigungsdauern und betriebliche Beschäftigungssysteme (BBSS). In: Zeitschrift für Arbeitsforschung, Arbeitsgestaltung und Arbeitspolitik. Schwerpunktheft „Arbeitsmarkt und Beschäftigung – Unsicherheit in sich globalisierenden Arbeitsgesellschaften“, Heft 3, S. 167-180

Kommission 2002: Moderne Dienstleistungen am Arbeitsmarkt. Bericht der Kommission. Broschüre A 306 des Bundesministeriums für Arbeit und Sozialordnung. Berlin

Kurz-Scherf, I./Dzewas, I./Lieb, A./Reusch, M. 2006: Reader Feministische Politik und Wissenschaft. Königstein/Taunus

Lutz, B./Sengenberger, W. 1974: Arbeitsmarktstrukturen und öffentliche Arbeitsmarktpolitik. Eine kritische Analyse von Zielen und Instrumenten. Göttingen

Mayer-Ahuja, N. 2001: Von Sprungbrettern und Rutschbahnen. Prekäre Frauenbeschäftigung in der Bundesrepublik Deutschland (1973-1998) als Prüfstein für die Arbeitsmarktstrategien der „Neuen Sozialdemokratie“. In: Zeitschrift für Sozialreform, 1, S. 27-54

Mayer-Ahuja, N. 2003: Wieder dienen lernen? Vom westdeutschen ‚Normalarbeitsverhältnis' zu prekärer Beschäftigung. Berlin

Mayer-Ahuja, N. 2006: Normalarbeitsverhältnis in Internetfirmen? Zur schleichenden Entwertung eines Konzeptes. In: WSI-Mitteilungen, Heft 6, S. 335-340

Mielck, A. 2000: Soziale Ungleichheit und Gesundheit. Empirische Ergebnisse, Erklärungsansätze, Interventionsmöglichkeiten. Bern u.a.O

Mückenberger, U. 1985: Die Krise des Normalarbeitsverhältnisses. In: Mitteilungsblatt der Zentralen wissenschaftlichen Einrichtung „Arbeit und Betrieb“, Nr. 11/12, S. 4

Organisation for Economic Co-operation and Development (OECD) 2006: Employment outlook. Paris

Orloff, A. 1993: Gender and the Social Rights of Citizenship: State Policies and Gender Relations in Comparative Research. In: American Sociological Review, Vol. 58/No. 3, S. 303-328

Oschmiansky, H./Oschmiansky, F. 2003: Erwerbsformen im Wandel. Berlin: Wissenschaftszentrum Berlin für Sozialforschung (WZB), WZB-Paper SP I 2003-106.

Promberger, M./Bellmann, L./Dreher, Ch./Sowa, F./Schramm, S./Theuer, S. 2006: Leiharbeit im Betrieb. Strukturen, Kontexte und Handhabung einer atypischen Beschäftigungsform. Nürnberg

Riedmüller, B. 2005: Soziale Sicherung der Frau – ein neues Leitbild. In: DBB Bundesfrauenvertretung (Hg.): Umbau der sozialen Sicherungssysteme – bleiben Frauen auf der Strecke? Dokumentation zur 4. Frauenpolitischen Fachtagung der DBB Bundesfrauenvertretung, 30. Mai 2005. Berlin, S. 57-65.

Rodgers G., 1989: Precarious work in Western Europe. The State of the Debate. In: Rodgers, G. und Rodgers J.: Precarious Jobs in Labour Market Regulation. The Growth of Atypical Employment in Western Europe. Geneva: International Institute for Labour Studies. S. 1-16

Salengros, P./van de Leemput, C./Mukibangiey, L. 1989: Psychological and sociological perspectives on precarious employment in Belgium. In: Rodgers, G. und Rodgers J.: Precarious Jobs in Labour Market Regulation. The Growth of Atypical Employment in Western Europe. Geneva: International Institute for Labour Studies, S. 197-223

Satilmis, A./Baatz, D. 2005: Einfach, geringfügig, gelegentlich? – Aktuelle Arbeitsmarktpolitik und ihre geschlechterpolitischen Implikationen am Beispiel von Dienstleistungsarbeit. In: Janczyk, S. (Hg.): In Arbeit: Zukunft – Die Zukunft der Arbeit und der Arbeitsforschung liegt in ihrem Wandel. Münster, S. 205-223

Schank, T./Schnabel, C./Stephani, J. 2008: Geringverdiener: Wem und wie gelingt der Aufstieg? IAB-Discussion Paper, 14/2008. Nürnberg

Scheele, A. 2008: Arbeit als politisches Feld. Politikwissenschaftliche Perspektiven für die feministische Arbeitsforschung. Münster

Schröer, E. 2001: Der Einfluss der Regulierung auf die Verbreitung der Arbeitnehmerüberlassung und ihre arbeitsmarktpolitische Bedeutung. Dissertation, Universität zu Köln

Seifert, H./Brehmer, W. 2008: Leiharbeit: Funktionswandel einer flexiblen Beschäftigungsform. In: WSI-Mitteilungen, Heft 6, S. 335-342

Seifert, H./Tangian, A. 2007: Flexibility: Reconciling Social Security with Flexibility – Empirical Findings for Europe. Düsseldorf.

Seifert, H./Tangian, A. 2008: Flexicurity – Gibt es ein Gleichgewicht zwischen Arbeitsmarktflexibilität und sozialer Sicherheit? In: WSI-Mitteilungen, Heft 11+12/2008, S. 627-635.
Siegrist, J. 1996: Soziale Krisen und Gesundheit. Göttingen

Soziologisches Forschungsinstitut (SOFI)/Institut für Arbeitsmarkt- und Berufsforschung (IAB)/Institut für Sozialwissenschaftliche (ISF)/Internationales Institut für empirische Sozialforschung (INIFES) 2005: Berichterstattung zur sozio-ökonomischen Entwicklung in Deutschland – Arbeit und Lebensweisen. Erster Bericht. Wiesbaden

Stolz-Willig, B. 2005: Geschlechterdemokratie und Arbeitsmarktreform. Ein neues Leitbild. In: Uotpie kreativ, Heft 177/178, Juli/August 2005, S. 644-650.

Streeck, W. 2000: Möglichkeiten zur Verbesserung der Beschäftigungschancen gering qualifizierter Arbeitnehmer. Bericht der Wissenschaftler der Arbeitsgruppe Benchmarking des Bündnisses für Arbeit, Ausbildung und Wettbewerbsfähigkeit. Berlin

Trappe, H./Rosenfeld, R. A. 2001: Geschlechtsspezifische Segregation in der DDR und der BRD: Im Verlauf der Zeit und im Lebensverlauf. In: Heintz, B. (Hg.): Geschlechtersoziologie, Sonderheft 41/2001 der Kölner Zeitschrift für Soziologie und Sozialpsychologie. Opladen, Wiesbaden, S. 152-181

Vogel, B. 2003: Leiharbeit und befristete Beschäftigung – Neue Formen sozialer Gefährdung oder Chance auf Arbeitsmarktintegration? In: Linne, G./Vogel, B. (Hg.): Leiharbeit und befristete Beschäftigung. Arbeitspapier 68 der Hans-Böckler-Stiftung, Düsseldorf, S. 39-46

Wahrig, G. (Hg.)1974: Fremdwörter-Lexikon, Gütersloh, Berlin, München, Wien

Wagner, A. 2000: Krise des „Normalarbeitsverhältnisses"? Über eine konfuse Debatte und ihre politische Instrumentalisierung. In: Schäfer, C. (Hg.): Geringe Löhne – mehr Beschäftigung? Niedriglohn-Politik. Hamburg, S. 200-246

Walwei, U. 1999: Subventionierung von niedrigen Löhnen: Zu den Vorschlägen einer Senkung der Sozialversicherungsbeiträge bei Geringverdienern. In: Mitteilungen aus der Arbeitsmarkt- und Berufsforschung (MittAB), Jg. 32/Heft 4, S. 514-535.

Wilkinson R. G.: 2001: Kranke Gesellschaften. Soziales Gleichgewicht und Gesundheit. Wien

Anhang

Tab. 3.5: Beschäftigungsverhältnisse im öffentlichen Dienst und in der privaten Wirtschaft, West- und Ostdeutschland 2006 (Angaben in %)

	ArbeitnehmerInnen in Westdeutschland		darunter: Öffentlicher Dienst		darunter: Private Wirtschaft	
	Männer	Frauen	Männer	Frauen	Männer	Frauen
Normalarbeit (Angestellte, Arbeiter, Vollzeit, unbefristet)	81	43	75	43	82	43
Befristete Beschäftigung (ohne Leiharbeit)	9	10	15	14	8	9
Leiharbeit	2	1	1	1	3	1
Teilzeit (ohne geringfügige Beschäftigung)	3	29	6	36	3	28
Teilzeit (nur geringfügige Beschäftigung)	4	16	2	6	5	19
	ArbeitnehmerInnen in Ostdeutschland		darunter: Öffentlicher Dienst		darunter: Private Wirtschaft	
	Männer	Frauen	Männer	Frauen	Männer	Frauen
Normalarbeit (Angestellte, Arbeiter, Vollzeit, unbefristet)	77	58	69	64	78	56
Befristete Beschäftigung (ohne Leiharbeit)	13	12	25	13	12	12
Leiharbeit	2	1		1	3	1
Teilzeit (ohne geringfügige Beschäftigung)	3	21	6	21	3	21
Teilzeit (nur geringfügige Beschäftigung)	4	9		1	5	11

Tab. 3.6: Beschäftigungsverhältnisse in der privaten Wirtschaft nach Betriebsgröße, West- und Ostdeutschland 2006 (Angaben in %)

	bis unter 5 Beschäftigte		5-19 Beschäftigte		20 bis 49 Beschäftigte		50 und mehr Beschäftigte	
	Männer	Frauen	Männer	Frauen	Männer	Frauen	Männer	Frauen
				Westdeutschland				
Normalarbeit (Angestellte, Arbeiter, Vollzeit, unbefristet)	72	29	77	36	80	41	85	54
Befristete Beschäftigung (ohne Leiharbeit)	7	6	9	8	9	10	7	9
Leiharbeit	1	1	2	1	3	1	3	2
Teilzeit (ohne geringfügige Beschäftigung)	5	29	4	30	3	30	2	26
Teilzeit (nur geringfügige Beschäftigung)	15	34	8	24	5	18	2	9
				Ostdeutschland				
Normalarbeit (Angestellte, Arbeiter, Vollzeit, unbefristet)	67	50	74	52	77	60	85	61
Befristete Beschäftigung (ohne Leiharbeit)	11	8	15	9	13	12	9	14
Leiharbeit	*	*	2	1	2	*	4	2
Teilzeit (ohne geringfügige Beschäftigung)	6	22	4	24	3	20	1	18
Teilzeit (nur geringfügige Beschäftigung)	16	18	6	14	5	7	1	6

* = zu geringe Fallzahl

Quelle: Mikrozensus 2006, eigene Berechnungen

Tab. 3.7: Beschäftigungsverhältnisse in der privaten Wirtschaft nach Branche, West- und Ostdeutschland 2006 (Angaben in %)

		Normal-arbeit[a]	Befristete Beschäftigung[b]	Leih-arbeit	Teilzeit[c]	Teilzeit[d]
		Westdeutschland				
Land- u. Forstwirtschaft, Fischerei	M	73	20	1	2	4
	F	37	11	0	24	29
Bergbau, Energie, Wasserversorgung	M	94	6	0	0	0
	F	67	2	0	26	5
Nahrungs- ,Genussmittel	M	88	7	1	1	3
	F	47	7	2	27	17
Verbrauchsgüter(ohne Holzgewerbe)	M	80	5	1	2	11
	F	47	8	3	21	21
Produktionsgüter (einschl. Holzgewerbe)	M	88	6	3	1	2
	F	64	8	2	20	6
Investitions- und Gebrauchsgüter	M	87	5	3	3	2
	F	64	4	3	22	7
Baugewerbe	M	87	7	3	1	2
	F	39	7	2	32	20
Handel, Reparatur von Kfz/Gebrauchsgütern	M	82	8	2	2	6
	F	39	9	1	32	20
Verkehr und Nachrichtenübermittlung	M	82	7	2	4	5
	F	48	7	0	29	16
Kredit- und Versicherungsgewerbe	M	93	3	2	2	1
	F	55	4	2	30	8
Gastgewerbe	M	54	13	1	11	20
	F	33	13	1	22	32
Erziehung und Unterricht	M	52	17	5	14	12
	F	40	17	2	26	15
Gesundheits- Veterinär- und Sozialwesen	M	61	15	1	13	10
	F	40	10	1	34	15
Unternehmensnahe Dienstleistungen	M	75	10	5	3	7
	F	43	8	2	25	22
Sonstige persönliche Dienstleistungen	M	63	21	0	3	13
	F	28	12	0	25	34

Tab. 3.7: (Fortsetzung)

		Normal-arbeit[a]	Befristete Beschäftigung[b]	Leih-arbeit	Teilzeit[c]	Teilzeit[d]
				Ostdeutschland		
Land- u. Forstwirtschaft, Fischerei u. Fischzucht	M	74	21	4	2	0
	F	57	16	0	20	7
Bergbau, Energie und Wasserversorgung	M	92	8	0	0	0
	F	*	*	*	*	*
Nahrungs- und Genussmittel	M	83	9	0	0	8
	F	65	10	4	15	4
Verbrauchsgüter (ohne Holzgewerbe)	M	84	3	3	0	9
	F	54	10	3	10	23
Produktionsgüter (einschl. Holzgewerbe)	M	87	9	1	1	2
	F	85	4	0	8	3
Investitions- und Gebrauchsgüter	M	88	8	2	1	1
	F	77	9	3	7	4
Baugewerbe	M	77	15	5	1	3
	F	68	12	3	9	8
Handel, Instandhaltung und Reparatur von Kfz/ Gebrauchsgütern	M	80	9	2	3	5
	F	45	10	1	32	13
Verkehr und Nachrichtenübermittlung	M	84	10	1	2	4
	F	69	13	0	16	3
Kredit- und Versicherungsgewerbe	M	95	0	0	5	0
	F	72	4	0	20	4
Gastgewerbe	M	45	19	0	12	23
	F	56	14	2	9	20
Erziehung und Unterricht	M	45	35	0	10	10
	F	38	26	0	24	12
Gesundheits- Veterinär- und Sozialwesen	M	60	13	0	20	7
	F	55	13	0	25	6
Unternehmensnahe Dienstleistungen	M	65	14	6	5	9
	F	46	8	3	23	21
Sonstige persönliche Dienstleistungen	M	67	20	1	0	11
	F	46	18	1	19	16

* = zu geringe Fallzahl

a Angestellte, ArbeiterIn, Vollzeit, unbefristet
b ohne Leiharbeit
c ohne geringfügige Beschäftigung
d nur geringfügige Beschäftigung

Quelle: Mikrozensus 2006, eigene Berechnungen

Tab. 3.8 Beschäftigungs- und Einkommensverhältnisse im öffentlichen Dienst und der privaten Wirtschaft (Angaben in %)

	Öffentlicher Dienst			Private Wirtschaft		
	Männer, Vollzeit	Frauen, Vollzeit	Frauen, Teilzeit[a]	Männer, Vollzeit	Frauen, Vollzeit	Frauen, Teilzeit[a]
	Alle ArbeitnehmerInnen					
Minijobs	*	*	2,5	0,4	1,1	30,1
Zeitarbeit	*	*	*	3,2	2,5	1,0
Befristet Beschäftigte	11,7	13,0	9,8	12,5	15,8	10,3
Unbefristet Beschäftigte, Bruttoeink. bis 1.500 €	4,9	10,4	50,7	12,5	25,2	42,5
Unbefristet Beschäftigte, Bruttoeink. 1.501-2.000 €	10,0	12,9	17,9	12,2	14,7	9,1
Unbefristet Beschäftigte, Bruttoeink. mehr als 2.000 €	72,9	63,4	18,4	59,1	40,7	7,0
	Alle ArbeitnehmerInnen in Westdeutschland					
Minijobs	*	*	3,0	*	*	31,7
Zeitarbeit	*	*	*	3,0	2,3	1,1
Befristet Beschäftigte	10,7	13,4	9,3	11,4	14,6	9,4
Unbefristet Beschäftigte, Bruttoeink. bis 1.500 €	4,1	8,7	52,9	9,1	20,8	41,3
Unbefristet Beschäftigte, Bruttoeink. 1.501-2.000 €	9,4	12,8	18,4	10,8	15,7	9,3
Unbefristet Beschäftigte, Bruttoeink. mehr als 2.000 €	75,2	64,7	15,5	65,2	45,4	7,2
	Alle ArbeitnehmerInnen in Ostdeutschland					
Minijobs	*	*	*	*	*	23,4
Zeitarbeit	*	*	*	4,2	3,4	
Befristet Beschäftigte	16,0	11,7	12,3	17,3	19,9	13,9
Unbefristet Beschäftigte, Bruttoeink. bis 1.500 €	8,0	16,1	39,1	27,2	40,7	47,9
Unbefristet Beschäftigte, Bruttoeink. 1.501-2.000 €	12,5	13,3	15,6	18,3	11,1	7,9
Unbefristet Beschäftigte, Bruttoeink. mehr als 2.000 €	63,5	58,9	33,1	32,8	24,3	6,3

* zu geringe Fallzahl

a bis 34 Std./Wo.

Quelle: DGB-Index-Erhebungen 2007/8, eigene Berechnungen

Tab. 3.9: Beschäftigungs- und Einkommensverhältnisse in verschiedenen Betriebstypen in der privaten Wirtschaft (Angaben in %)

	Mitbestimmter Kleinbetrieb (bis 199 Beschäftigte)			Kleinbetrieb ohne Betriebrat (bis 199 Beschäftigte)			Mitbestimmter Betrieb (200 und mehr Beschäftigte)			Betrieb ohne Betriebsrat (200 und mehr Beschäftigte)		
	Männer, Vollzeit	Frauen, Vollzeit	Frauen, Teilzeit [a]	Männer, Vollzeit	Frauen, Vollzeit	Frauen, Teilzeit [a]	Männer, Vollzeit	Frauen, Vollzeit	Frauen, Teilzeit [a]	Männer, Vollzeit	Frauen, Vollzeit	Frauen, Teilzeit [a]
	Alle ArbeitnehmerInnen in der privaten Wirtschaft											
Minijobs	*	*	23,4	*	*	39,8	*	*	14,3	*	*	33,0
Zeitarbeit	*	*		1,8	0,8		3,6	2,8	3,0	9,8	5,3	0,8
Befristet Beschäftigte	14,7	17,5	15,1	14,7	14,8	7,4	9,9	15,9	11,3	14,4	15,9	17,8
Unbefristet Beschäftigte, Bruttoeink. bis 1.500 €	10,5	20,9	41,1	22,0	36,0	41,6	5,3	15,8	45,2	12,1	27,3	39,3
Unbefristet Beschäftigte, Bruttoeink. 1.501-2.000 €	12,5	18,6	20,4	16,2	18,7	10,9	8,2	10,7	26,3	11,5	14,4	9,0
Unbefristet Beschäftigte, Bruttoeink. mehr als 2.000 €	61,4	38,2		44,3	28,2		72,9	54,6		52,1	36,0	
	Westdeutsche ArbeitnehmerInnen in der privaten Wirtschaft											
Minijobs	*	*	21,9	*	*	41,5	*	*	15,9	*	*	32,7
Zeitarbeit	*	*	*	1,3	*	0,2	3,5	2,4	3,5	10,0	5,1	
Befristet Beschäftigte	13,4	13,4	13,4	12,6	14,0	5,9	9,6	15,7	11,5	12,7	10,3	17,9
Unbefristet Beschäftigte, Bruttoeink. bis 1.500 €	8,9	21,0	43,8	16,9	29,1	39,9	3,6	12,2	42,5	7,2	24,6	39,6
Unbefristet Beschäftigte, Bruttoeink. 1.501-2.000 €	11,0	21,5	20,7	15,4	20,9	12,5	7,0	11,0	26,5	11,1	14,7	9,2
Unbefristet Beschäftigte, Bruttoeink. mehr als 2.000 €	66,0	39,0		52,6	33,5		76,1	58,7		59,0	44,5	

Tab. 3.9: (Fortsetzung)

	Ostdeutsche ArbeitnehmerInnen in der privaten Wirtschaft											
Minijobs	*	*	*	*	*	31,1	*	*	8,4	*	*	34,1
Zeitarbeit	*	*	*	3,5	*	*	3,8	4,5	1,1	9,3	5,9	1,6
Befristet Beschäftigte	*	*	*	21,0	17,1	15,6	11,6	16,9	10,3	20,1	29,2	17,6
Unbefristet Beschäftigte, Bruttoeink. bis 1.500 €	*	*	*	37,8	57,7	50,9	15,1	30,4	54,8	28,3	33,5	38,2
Unbefristet Beschäftigte, Bruttoeink. 1.501-2.000 €	*	*	*	19,0	11,7		15,7	9,6		12,9	13,7	
Unbefristet Beschäftigte, Bruttoeink. mehr als 2.000 €	*	*	*	18,4	11,5	2,3	53,8	38,1	25,5	29,4	16,0	8,5

a bis 34 Std./Wo.; * zu geringe Fallzahl

Quelle: DGB-Index-Erhebungen 2007/8, eigene Berechnungen

4. Vollzeit, Teilzeit, Minijobs

Mit einem Exkurs „Männer zwischen Beruf und privatem Leben“

Christina Klenner, Susanne Kohaut,
Stephan Höyng (Exkurs)

Das Wichtigste in Kürze

- Die durchschnittlichen Arbeitszeiten von Frauen sind beträchtlich kürzer als die von Männern. Fast jede zweite Frau in Deutschland arbeitet Teilzeit, unter Müttern sind es sogar fast vier Fünftel. Männer dagegen leisten nicht nur fast immer Vollzeitarbeit, sondern arbeiten auch viel häufiger als Frauen noch über die vertragliche Arbeitszeit hinaus. Die geschlechtsspezifische Lücke bei den durchschnittlichen Arbeitszeiten beträgt infolgedessen etwa neun Stunden pro Woche (2007). Die unterschiedliche Dauer der Arbeitszeit folgt dem Grundmuster polarisierter Geschlechterrollen und einer geschlechtsspezifischen Arbeitsteilung.
- Teilzeitarbeit ist zwar weit verbreitet, aber nicht in jedem Betrieb eine Selbstverständlichkeit. Der Anteil der Betriebe, die Teilzeitbeschäftigung anbieten, liegt in der Privatwirtschaft bei 71% (im öffentlichen Sektor bei 86%). Nur rund 66% der Kleinstbetriebe unter zehn Beschäftigte haben mindestens eine/n Teilzeitbeschäftigte/n.
- Im Durchschnitt sind 29% der Beschäftigten im Betrieb Teilzeitkräfte. Im Gesundheits- und Sozialwesen sowie im Gastgewerbe sind es jedoch weit mehr, im Bauwesen sowie in den industriellen Branchen deutlich weniger.
- Individuelle Gründe für die Teilzeitarbeit sind bei Frauen vor allem familiäre Verpflichtungen, bei Männern überwiegen Aus- und Fortbildung, gesundheitliche und andere Gründe. Von unfreiwilliger Teilzeitarbeit ist rund jede fünfte Frau und jeder dritte Mann unter den Teilzeitbeschäftigten betroffen.
- Betriebliche Gründe für Teilzeitarbeit sind ökonomischer Natur – Senkung der Lohnkosten, Bedarf an flexibler Arbeit, Vermeidung von wenig ausgelasteten Arbeitszeiten –, aber auch das Eingehen auf Wünsche der Beschäftigten nach kürzeren Arbeitszeiten. Aus Managersicht überwiegen ökonomische Gründe (39% der Betriebe) gegenüber den Beschäftigtenwünschen (25%; Rest: beides gleich wichtig/andere Gründe).
- In westdeutschen Betrieben ist die Wahrscheinlichkeit, dass es im Betrieb nur Vollzeitarbeitsplätze gibt, dort höher, wo ein Betriebsrat existiert. In Ostdeutschland hat der Betriebsrat keinen signifikanten Einfluss auf das Angebot an Teilzeitarbeit. Allerdings arbeiten in Ostdeutschland in Betrieben mit Betriebsrat anteilig mehr Teilzeitkräfte in vollzeitnahen Beschäftigungsverhältnissen (15%), während die übrigen Teilzeitmodelle dort nur eine sehr geringe Rolle spielen. Betriebsräte wirken hier offenbar auf die

Realisierung der im Osten verbreiteten Wünsche nach längeren Teilzeitarbeitszeiten hin.

- Die marginale Teilzeit (unter 15 Wochenstunden) hat in westdeutschen Betrieben mit Betriebsrat einen geringen Anteil (4%) – in Betrieben ohne Betriebsrat ist er drei Mal so hoch. Auch hier scheinen Betriebsräte ihren Einfluss gegen allzu kurze Arbeitszeiten geltend zu machen.
- Je höher der Frauenanteil im Betrieb, desto höher auch der Anteil an Minijobs. Der Anteil der Betriebe mit Minijobs ist im Handel mit 53% am höchsten, gefolgt von sonstigen Dienstleistungsbetrieben (51%). Im Produzierenden Gewerbe werden Minijobs dagegen selten genutzt. Mit Minijobs knüpfen Betriebe an die traditionelle weibliche Geschlechterrolle an und nutzen die abgeleitete Sicherung verheirateter Frauen. Minijobs sind für Diskriminierungen besonders anfällig.
- In der multivariaten Analyse stehen die Betriebsgröße sowie der Frauenanteil an den Beschäftigten in positivem Zusammenhang mit dem Angebot von Teilzeitarbeit im Betrieb. Zwischen den Branchen ergeben sich keine wesentlichen Unterschiede, nur in Ostdeutschland ist der Anteil der Betriebe mit Teilzeit im Gesundheits-/Veterinär- und Sozialwesen signifikant höher als in anderen Branchen.
- Die betriebliche Personalpolitik nimmt Einfluss darauf, wie Arbeitszeiten mit Einkommen, Aufstiegs- und Entwicklungschancen verbunden werden. Betriebe knüpfen mit ihren Personleinsatzstrategien an die bestehenden Geschlechterrollen an.
- Die Dauer der Arbeitszeit erweist sich auch im Betrieb als wichtiger ungleichheitsrelevanter Faktor, der häufig zulasten der Gleichstellung von Frauen geht. Teilzeitbeschäftigte erhalten im Durchschnitt einen um 4,27 Euro pro Stunde niedrigeren Stundenlohn als Vollzeitbeschäftigte. Dies ist neben Brancheneffekten nicht in erster Linie auf direkte Einkommensdiskriminierung von Teilzeitbeschäftigten zurückzuführen, sondern vorwiegend auf unterschiedlichen Zugang zu bestimmten Arbeitsplätzen.
- Die Höhe der Wochenarbeitszeit und die Position in den Hierarchieebenen hängen zusammen. Teilzeitbeschäftigte haben geringere Chancen auf eine Führungsposition und sind dort auch weit weniger als im Gesamtdurchschnitt aller Beschäftigten vertreten. Überproportional viele Führungskräfte arbeiten 41 Stunden oder mehr. Überlange Arbeitszeiten sind in der Langzeitbetrachtung auch mit beträchtlichen Einkommenszuwächsen verbunden.
- In jüngster Zeit tragen einige wohlfahrtstaatliche Rahmungen dazu bei, den Geschlechterrollenwandel zu unterstützen und die Teilhabe von Frauen an der Erwerbstätigkeit und die Fürsorgebeteiligung von Vätern zu fördern. Betriebe haben daher einige Gesetze wie das Teilzeit- und Befristungsge-

setz (2001), die Gesetze zur Elternzeit sowie zum Elterngeld (zuletzt novelliert 2007) und das Pflegezeitgesetz (2008) konkret umzusetzen.

- Für Veränderungen in den Betrieben ist es notwendig, beide Geschlechter in den Blick zu nehmen. Hier könnten sich neue gleichstellungspolitische Koalitionen zwischen Frauen und Männern ergeben, die gemeinsame lebenslagenspezifische Bedarfe an Veränderungen haben. Für einen Teil der Männer ist mit dem Wandel des Vaterseins auch ein Vereinbarkeitsproblem von Beruf und Kinderbetreuung entstanden.
- Männer unterscheiden sich nach verschiedenen Männlichkeiten. Die „Karrieremänner" und die „guten Ernährer" stützen das bisherige männerdominierte betriebliche Geschehen und haben an kürzeren Arbeitszeiten kaum Interesse. Doch daneben haben sich andere, auch auf Fürsorge orientierte Männlichkeiten entwickelt.

4.1 Problemkontext und Fragestellungen des Kapitels

Geschlechtsspezifische Unterschiede als Gleichstellungsproblem?

Die durchschnittlichen Arbeitszeiten von Frauen sind beträchtlich kürzer als die von Männern. Fast jede zweite Frau in Deutschland arbeitet Teilzeit, unter westdeutschen Müttern sind es sogar fast vier Fünftel (StBA 2008a). Männer dagegen leisten nicht nur fast immer Vollzeitarbeit, sondern arbeiten auch viel häufiger als Frauen noch über die vertragliche Arbeitszeit hinaus. Während hinsichtlich einer unterschiedlichen Arbeitszeitdauer von Frauen und Männer früher kritische Stimmen dominierten, die vor allem die gleichstellungspolitischen Gefahren von Teilzeitarbeit betonten (stellvertretend Klein 1993), werden in der letzten Zeit die geschlechtsspezifischen Unterschiede bei der Arbeitszeit weniger als Gleichstellungsproblem betrachtet. Betont werden stärker die Chancen, die insbesondere Teilzeitarbeit für eine bessere Work-Life-Balance, insbesondere zur Vereinbarkeit von Familie und Beruf, bietet.[1]

Unbestreitbar ist auf gesellschaftlicher Ebene die unterschiedliche Arbeitszeitdauer von Frauen und Männern mit der sozialen Ungleichheit der Geschlechter verknüpft. Der bezahlten Erwerbsarbeit kommt eine Schlüsselrolle für die Existenzsicherung zu, die mit Teilzeitarbeit oft nicht zu erreichen ist. Daher ist Teilzeitarbeit meist mit der ökonomischen Abhängigkeit vom Partner, aber auch mit einem erhöhten Armutsrisiko verbunden. In den sozialen Sicherungssystemen führt das verringerte Einkommen aus einer kürzeren Arbeitszeit zu verminderten Ansprüchen in der Alterssicherung, bei Krankheit, Arbeitslosigkeit oder Erwerbsunfähigkeit.[2] Im Ergebnis verfügen Teilzeitbeschäftigte in vielen Lebenslagen über weniger Ressourcen sowie geringere Chancen zu ihrer Entfaltung. Die kürzeren Arbeitszeiten von Frauen sind also für ihre ökonomische und soziale Position in der Gesellschaft nicht neutral.

Lässt sich daraus aber schlussfolgern, dass es für die Gleichstellung von Frauen und Männern um die Schließung der geschlechtsspezifischen Lücke bei den Arbeitszeiten geht (wie es beim Einkommen gilt, die geschlechtsspezifische Lücke zu schließen)? Lassen sich die längeren Arbeitszeiten der Männer als gleichstellungspolitischer Vorsprung interpretieren? Kann Gleichstellung bedeuten, dass die längeren Männerarbeitszeiten – die der bisherigen Normalarbeitszeit entsprechen – den Maßstab bilden, an den die Arbeitszeiten der Frauen angeglichen werden sollten?

---

1 Hierzu gibt es zahlreiche Broschüren und Ratgeber, z.B. Rürup/Gruescu 2005.

2 Allerdings hat sich die Erkenntnis, dass Frauen oft Teilzeit arbeiten, weil sie sich dem unbezahlten Bereich von Fürsorgearbeit widmen, ansatzweise in einigen besonderen Rechtsansprüchen niedergeschlagen, etwa der Renten steigernden Regelung für Teilzeitarbeit wegen Kindererziehung.

Eindeutig ist, dass die Angleichung der Arbeitszeiten von Frauen an die der Männer zurzeit die Arbeitszeitpräferenzen zahlreicher Frauen (Holst 2007) verletzen würde. Zwar wollen Frauen und Männer in der Tendenz ihre Arbeitszeiten einander annähern (ebd.; Klenner/Pfahl 2008), aber auch zwischen den gewünschten Arbeitszeiten besteht noch eine große Lücke. Weder wollen Männer deutlich unter dem gegenwärtigen Vollzeitstandard arbeiten, der je nach Branche zwischen 35 und 41 Stunden pro Woche liegt (WSI Tarifhandbuch 2008), noch wollen alle Frauen ihre Arbeitszeit auf diesen aufstocken. Da allgemeine, für alle ArbeitnehmerInnen geltende Arbeitszeitverkürzungen seit längerer Zeit nicht mehr realisiert worden sind und sich die Entwicklung wieder ins Gegenteil verkehrt, können kürzere Arbeitszeiten nur über die individuelle Verkürzung – als individuelle Notlösung (Kurz-Scherf 1993) – in Form von Teilzeit erreicht werden.

Die unterschiedlichen Arbeitszeiten von Frauen und Männern sind eng mit der geschlechtsspezifischen Arbeitsteilung und den polarisierten Geschlechterrollen verbunden. Viele Frauen streben kürzere Arbeitszeiten als die Normalarbeitszeit[3] an, da die Länge der normalen Vollzeitarbeit schwer mit der Fürsorge für Kinder und andere Menschen zu vereinbaren ist. Dies ist nicht verwunderlich, ist das Normalarbeitsverhältnis doch auf den männlichen Familienernährer zugeschnitten und eng mit der traditionellen Familienform verbunden, in der Frauen für die Familienarbeit zuständig sind (Holst/Maier 1998; Wagner 2000).

Wohlfahrtstaatliche Rahmenbedingungen

Geschlechterrollen und Familienformen sind in den letzten Jahrzehnten in Bewegung geraten.[4] Die Zweiverdienerfamilie ist auf dem Vormarsch, das Hausfrauenmodell hat schwindende Bedeutung (Leitner et al. 2004). Der Beitrag von Frauen zum Haushaltseinkommen hat zugenommen, ein Teil der Frauen ist inzwischen selbst in der Rolle der Familienernährerin (Klenner/Klammer 2009).[5] Nachdem sozialstaatliche Rahmenbedingungen lange Zeit das traditionelle Familienmodell (Hausfrauenmodell der Ehe mit männlichem Familienernährer) gefördert haben (Berghahn et al. 2007), orientieren neue wohlfahrtsstaatliche Regelungen nun teilweise auf ein neues Geschlechtermodell, bei dem beide,

---

3 Als Normalarbeitszeit bezeichnet man meist durch Tarifverträge festgelegte Vollzeitarbeit, die gleichmäßig auf die Wochentage Montag bis Freitag verteilt ist und nur tagsüber geleistet wird.

4 In Westdeutschland vollziehen sich die Wandlungen seit etwa zwei bis drei Jahrzehnten, in Ostdeutschland bereits seit den 1960er Jahren.

5 Nicht nur als Singles sorgen Frauen selbst für ihren Lebensunterhalt. Auch fast jede fünfte Frau in Mehrpersonenhaushalten ist heute die Haupteinkommensbezieherin, darüber hinaus erwirtschaften 25% der westdeutschen und 39% der ostdeutschen Frauen etwa die Hälfte das Haushaltseinkommens in Paarhaushalten (Klenner/Klammer 2009).

Frauen und Männer, erwerbstätig und zugleich familienaktiv sein können (vgl. Krüger 2006). Einige wohlfahrtsstaatliche Rahmungen tragen in jüngster Zeit dazu bei, den Geschlechterrollenwandel zu unterstützen und die Teilhabe von Frauen an der Erwerbstätigkeit zu fördern. In diesem Zusammenhang ist auch Teilzeitarbeit gefördert worden, die für Frauen als Scharnier zum Eintritt in den Arbeitsmarkt fungiert hat (Klammer/Tillmann 2001). Auf der anderen Seite geht es um die stärkere Fürsorgebeteiligung von Männern. Die „Partnermonate" beim Elterngeldbezug orientieren explizit darauf, dass Väter kindbedingte Erwerbsunterbrechungen beanspruchen.

Gleichzeitig sind aber die Regelungen, die das traditionelle Geschlechtermodell fördern, nach wie vor in Kraft. Dies wirkt sich auch auf die Verteilung der Arbeitszeiten aus. Da Verdienstunterschiede – und damit indirekt auch Arbeitszeitunterschiede – von Frau und Mann in der Ehe beispielsweise durch das Ehegattensplitting belohnt werden, können Teilzeitarbeit und Minijobs steuerlich attraktiv sein.

Ungelöste Fürsorgefrage

Frauen sind zunehmend erwerbstätig, ohne dass sich an der geschlechtsspezifischen Aufteilung der Familienarbeit im Grundsatz etwas geändert hätte. Dies bringt heute vor allem Frauen in Konflikt. Mit dem sich ausbildenden neuen Geschlechtermodell, dem „adult worker model" (vgl. Leitner et al. 2004), nach dem alle erwachsenen Männer *und* Frauen erwerbstätig sind, ist die grundlegende Frage verbunden, wie in Zukunft die notwendige Fürsorgearbeit organisiert werden soll, wer Kinder betreut und Alte pflegt (Lewis 2004). Diese gesellschaftliche „Fürsorgefrage" ist bisher nicht gelöst. Mit einer Kinderbetreuungsinfrastruktur allein, selbst wenn sie flächendeckend wäre, kann der Betreuungsbedarf nicht gedeckt werden. Die Fürsorgefrage hat auch eine zeitliche Dimension, denn ein großer Teil der Betreuung und Erziehung verbleibt bei den Eltern.

Zur Milderung der Vereinbarkeitsschwierigkeiten sind zwar eine Reihe von Gesetzen erlassen worden, die auch Arbeitszeitfragen berühren, so das Teilzeit- und Befristungsgesetz (2001), die Gesetze zur Elternzeit sowie zum Elterngeld (zuletzt novelliert 2007) und das Pflegezeitgesetz (2008). Diese Gesetze ermöglichen Frauen und Männern, ihre Arbeitszeit zu reduzieren und ihre Erwerbstätigkeit mit Rückkehrrecht an den Arbeitsplatz zu unterbrechen. Wie aber Arbeitszeiten mit der Fürsorgearbeit über den ganzen Lebensverlauf hinweg vereinbar gemacht werden können und dabei zugleich geschlechtergerecht wirken, ist bisher nicht geklärt (Klenner/Pfahl 2008). Vorschläge zur Gestaltung der Lebensläufe, die Fürsorge und Erwerb sowie Karriere integrieren, werden diskutiert (vgl. Sachverständigenkommission 2005; BMFSFJ 2005), sind aber bisher nicht umgesetzt worden.

Bedeutung der betrieblichen Ebene

Worin besteht in der Arbeitszeitfrage die *Rolle der Betriebe?* Wenn es in diesem Band um Geschlechterungleichheit im Betrieb geht, steht nicht die gesellschaftliche Benachteiligung von Frauen aufgrund ihrer kürzeren Arbeitszeiten im Mittelpunkt. Auch die gesellschaftliche Lösung der Fürsorgefrage ist nicht an erster Stelle betriebliche Aufgabe. Worum es im Betrieb geht, ist dreierlei: Als Frage stellt sich erstens, ob kürzere Arbeitszeiten *innerhalb des Betriebes gleichstellungsneutral* oder *mit Diskriminierung verbunden* sind. Gesetzlich ist die Diskriminierung von Teilzeitbeschäftigten verboten (§ 4 Absatz 1 TzBfG 2001), aber wie sieht es in der Realität aus? Die Betriebe müssen zweitens *die Gesetze umsetzen, die eine bessere Work-Life-Balance ermöglichen und ein egalitäreres Geschlechtermodell fördern sollen.* Betriebe dürfen die Inanspruchnahme entsprechender Ansprüche nicht behindern und können darüber hinaus beispielsweise Väter ermutigen, in Elternzeit zu gehen. Schließlich können die Betriebe drittens *mit eigenen Initiativen weitere gesellschaftliche Veränderungen anstoßen.* Einige Betriebe haben gleichstellungspolitische Initiativen entfaltet und hierbei auch die Arbeitszeiten verändert (Pfahl/Reuyß 2008).

Betriebe sind Schaltstellen für die Gleichstellung, denn sie reproduzieren oftmals mit ihren betrieblichen Entscheidungen und Strukturen, dem „betrieblichen doing gender" (Nickel 1999) auch die Geschlechterungleichheit. Hierzu gehören nicht zuletzt Entscheidungen über Arbeitszeiten. Betriebe entscheiden durch ihre Arbeitsorganisation, welche Tätigkeiten mit welchen Arbeitszeiten angeboten werden, und damit über den Zugang von Frauen und Männern mit bestimmten Arbeitszeitwünschen zu den jeweiligen Positionen. Betriebe sind auch der Ort, an dem Arbeitszeitwünsche von Frauen und Männern realisierbar sind oder nicht. Gerade Frauen mit Fürsorgeaufgaben können an einer Arbeitsmarktteilhabe gehindert werden, wenn ihren Teilzeitwünschen nicht entsprochen wird, oder vereinbarkeitsfeindliche betrieblichen Bedingungen zwingen Frauen zur Suche nach einem anderen Arbeitsplatz.

Arbeitszeiten werden durch Tarifverträge, Gesetze[6] und EU-Recht[7] reguliert. Doch die betriebliche Gestaltungsebene von Arbeitszeiten hat in den letzten Jahren an Gewicht gewonnen, hier werden Arbeitszeiten durch Betriebsvereinbarungen konkretisiert und ausgestaltet. Betriebe haben vielfach ihre eigene ökonomische Logik der Veränderung von Arbeitszeitregimen. Arbeitszeiten sind stärker entstandardisiert und flexibilisiert worden. Mitunter kommt die betriebliche Logik dem gesellschaftlichen Wandel entgegen, etwa wenn manche Flexi-

6 Z.B. das Arbeitszeitgesetz (1994) mit seinen Regelungen zu Höchstarbeitszeiten und Wochenendarbeit.

7 Vgl. die EU-Arbeitszeitrichtlinie.

bilisierungen der Arbeitszeit zufällig zu den Bedürfnissen der Beschäftigten nach mehr selbst bestimmter Zeiteinteilung passen. Teilweise haben sich jedoch betriebliche Entwicklungen konträr zu den gesellschaftlichen Wandlungsprozessen vollzogen. Die den privaten Raum schützenden Grenzziehungen zwischen Arbeit im Betrieb und dem Leben danach sind in den letzten Jahren stark unter Druck geraten. Die Arbeitsanforderungen greifen auf das gesamte Leben über, es kommt zur „Entgrenzung" der Arbeit (Gottschall/Voß 2003). Diese lässt sich als betriebliches Rationalisierungsprojekt verstehen, dessen Ziel darin besteht, Zugriff auf weitere Potenziale der Arbeitskraft zu gewinnen, darunter „die bislang gegen den Betrieb abgegrenzten zeitlichen, räumlichen und sozialen Ressourcen der Lebenswelt der Beschäftigten" (Kratzer 2003, S. 39). Die Flexibilisierung der Arbeitszeiten[8] ist eines der arbeitsorganisatorischen Instrumente, diesen erweiterten Zugriff durchzusetzen.

Männer und Vereinbarkeit von Familie und Beruf

Mit den „Partnermonaten" beim Elterngeldbezug (seit der Gesetzesnovellierung 2007), häufig auch „Vätermonate" genannt, die für den zweiten Elternteil reserviert sind und nicht übertragen werden können, wird die Frage der Fürsorgebeteiligung von Vätern direkter in die Betriebe getragen als je zuvor. Die Betriebe sind seitdem mit einer deutlich gestiegenen Zahl von Vätern, die seither Elternzeit in Anspruch genommen haben, konfrontiert. Erwerbsarbeit gehört zur männlichen Identität (Meuser 1998), und nach klassischer Rollenaufteilung müssen Männer Erwerbsarbeit nicht mit Fürsorge verbinden. Insofern besteht zwischen Männlichkeit, der Identifikation von Männern mit Erwerbsarbeit und ihren längeren Arbeitszeiten ein enger Zusammenhang. Doch die Geschlechterrollen sind heute nicht mehr eindeutig. Ebenso wie Frauen sich hinsichtlich ihrer beruflichen Orientierungen und Arbeitszeitwünsche unterscheiden, haben sich differenzierte Vorstellungen von Männlichkeit entwickelt, mit denen auch das Verhältnis der jeweiligen Männer zu ihrer Arbeitszeit variiert.

Fragestellungen und Aufbau des Kapitels

In diesem Kapitel soll untersucht werden, ob und inwiefern die unterschiedlichen Arbeitszeiten zwischen Frauen und Männern Bedeutung für die Gleichstellung der Geschlechter im Betrieb haben. Dabei beschränken wir uns hier auf eine Dimension der geschlechtsspezifischen Unterschiede: die der Arbeitszeit-

---

8 Auch die Flexibilisierung der Arbeitszeiten weist geschlechtsspezifische Unterschiede auf. Männer haben häufiger als Frauen Arbeitszeiten, die von der Lage her über den Rahmen der Normalarbeitszeit hinausgehen, etwa in Form von Schicht-, Nacht- oder Wochenendarbeit. Und unter Männern sind Arbeitszeitkonten stärker verbreitet als unter Frauen (vgl. WSI-Frauendatenreport 2005, Kapitel 4).

dauer[9], weil die Unterschiede zwischen Frauen und Männern in Bezug auf die Arbeitszeitdauer am größten sind, und weil sie eng mit polarisierten Geschlechterrollen zusammenhängen. Die Arbeitszeitdauer spielt für die Vereinbarkeit von Arbeit und allen anderen Lebensbereichen eine zentrale Rolle (European Foundation 2003), wohingegen die Bedeutung flexibler Arbeitszeiten für die Work-Life-Balance häufig überschätzt wird (Klenner/Schmidt 2007).

In diesem Kapitel wird nach einem Überblick über den Stand der Forschung zunächst das Ausmaß der geschlechtsspezifischen Lücke bei den Arbeitszeiten dargestellt (4.3).[10] Danach wird die Frage behandelt, ob und inwieweit auch die *Betriebe* zu den unterschiedlichen Arbeitszeitdauern von Frauen und Männern beitragen (4.4). In welchem Ausmaß Betriebe heute Teilzeitarbeit anbieten, und zwar unterschieden nach Minijobs, substanzieller und vollzeitnaher Teilzeitarbeit, wird dann auf der Basis von Daten des IAB-Betriebspanels empirisch untersucht (4.5). Des Weiteren wird gefragt: Geht mit den Unterschieden in den Arbeitszeiten von Frauen und Männern *Ungleichheit* im Betrieb – z.B. hinsichtlich des Einkommens und der Karriere – einher? Tragen Betriebe dazu bei, dass über Unterschiede in den Arbeitszeiten von Frauen und Männern weitere soziale Ungleichheiten im Betrieb zwischen den Geschlechtern vermittelt werden oder bieten Betriebe den Beschäftigten mit unterschiedlichen Arbeitszeiten gleiche Bedingungen (4.6)? Schließlich geht es im Abschnitt 4.7 in einem Exkurs von Stephan Höyng um den Zusammenhang von Männlichkeit, Arbeitszeitdauer und Work-Life-Balance. Das Kapitel schließt mit einem Fazit (4.8).

4.2 Datenlage und Stand der Forschung

Arbeitszeiten sind unter verschiedenen Aspekten eingehend erforscht worden. Unterschiedliche Schwerpunkte der Arbeitszeitforschungen waren im Laufe der Zeit

– menschengerechte, sozialverträgliche Arbeitszeitgestaltung, vor allem bei Schicht- und Nachtarbeit,

---

9 Arbeitszeiten werden im Allgemeinen nach verschiedenen Dimensionen analysiert: Sie haben eine bestimmte *Dauer* (pro Tag, pro Woche, im Jahresverlauf), sie zeichnen sich durch eine bestimmte *Lage* aus (wann liegen Beginn und Ende der täglichen Arbeitszeit, an welchen Tagen der Woche wird gearbeitet?) und weisen eine bestimmte *Verteilung* auf (wird die Arbeitszeit gleichmäßig über die Arbeitswoche verteilt oder schwankt die Verteilung?).

10 Die ausführliche Präsentation und Interpretation von Daten steht jedoch hier nicht im Mittelpunkt. Für viele Dimensionen der Arbeitszeit und ihre geschlechtsspezifischen Unterschiede (vgl. WSI-Frauendatenreport 2005, Kapitel 4).

- Beschäftigungswirkungen von Arbeitszeitverkürzungen,
- Zusammenhänge von Arbeitszeiten und Betriebszeiten sowie Rationalisierungseffekte bestimmter Arbeitszeiten,
- Chancen und Risiken der Arbeitszeitflexibilisierung,
- Zusammenhänge von Arbeitszeiten, Work-Life-Balance und familiengerechter Arbeitswelt,
- Regulierung von Arbeitszeiten,
- Arbeitszeitwünsche und Arbeitszeitverkürzungspotenziale.

Bei vielen Themen wurde auch die Geschlechtsspezifik von Arbeitszeiten berücksichtigt (vgl. stellvertretend Jurczyk/Rerrich 1993; Bauer et al. 1994; Stolz-Willig 1995; Bundesmann-Jansen et al. 2000; Holst/Schupp 1998, 2002; Holst 2007, 2009; Jürgens/Reinecke 1998, Seifert 2005, Jürgens 2006). Das gilt auch für Studien zur Zeitverwendung (vgl. u.a. StBA 2004; Kratzer et al. 2005). Der Zusammenhang von Arbeitszeiten und Geschlechterverhältnissen wurde früh von der feministischen Forschung thematisiert (Becker-Schmidt et al. 1985). Beck-Gernsheim prägte die Formel vom „Eineinhalb-Personen-Beruf": hinter einem Vollzeit beschäftigten Mann müsse eine Frau stehen, die sich um die unbezahlte Arbeit kümmert (Beck-Gernsheim 1980, S. 68f.). Die feministische Kritik am Normalarbeitsverhältnis führte zur Begründung für eine deutlich verkürzte Arbeitszeit als Voraussetzung für Geschlechtergleichstellung (Kurz-Scherf/Breil 1987; Kurz-Scherf 1993). Geschlechterfragen wurden auch in der Lebenslaufperspektive der Arbeitszeitforschung behandelt (Klammer/Tillmann 2001; Naegele et al. 2003; Anxo/Boulin 2006). Die Arbeitszeitpolitik aus Geschlechterperspektive analysierte Auth (2002).

Teilzeitarbeit wurde bereits seit den 1960er Jahren in West und Ost kontrovers diskutiert (von Oertzen/Rietzschel 1997) und zunehmend zum Gegenstand der Forschung (vgl. u.a. Müller-Wichmann 1987; Holst/Schupp 1994; Klein 1995; Blossfeld/Hakim 1997; Holst/Trzcinski 2003). Zu den Folgen von Teilzeitarbeit für das Einkommen gibt es einige Studien (für einen Überblick: Schwarze 2001). Phasen von Teilzeitarbeit wurden in ihren Konsequenzen für den weiteren Erwerbsverlauf, für das Lebenserwerbseinkommen und die Renten untersucht. Doch insgesamt ist der Forschungsstand zur Frage, ob und inwiefern Teilzeitbeschäftigte im Betrieb diskriminiert werden, nicht ausreichend. Zu Arbeitszeiten und ihrem Einfluss auf die Work-Life-Balance sowie Familienfreundlichkeit im Betrieb gibt es eine breite Debatte (für einen Überblick vgl. Sachverständigenkommission 2005). Arbeitszeiten und ihre Rolle für die Geschlechterungleichheit auf der betrieblichen Ebene thematisieren auch Nickel (2008; Nickel et al. 1999) und Voss-Dahm (2009).

Arbeitszeiten werden differenziert statistisch erfasst (ausführlich zur Datenlage vgl. WSI-Frauendatenreport 2005, S. 195ff.).[11] Allerdings ist nur ein kleiner Teil der Daten auf Betriebe bezogen. Die wichtigsten betriebsbezogenen Datensätze – das IAB-Betriebspanel sowie der Linked-Employer-Employee-Datensatz des IAB (LIAB) – enthalten nur grobe Angaben über die Arbeitszeitdauer der Beschäftigten. Im Rahmen der Arbeitszeitberichterstattung des Landes Nordrhein-Westfalen (vgl. Groß/Schwarz 2007) wurden regelmäßig auch Betriebe befragt. Die WSI-Betriebsrätebefragungen erfassen seit mehr als zehn Jahren die Arbeitszeiten in Betrieben mit Betriebsrat. Auf europäischer Ebene lieferte die eingehende Betriebsbefragung „Establishment Survey on Working Time" wichtige Daten (Riedmann et al. 2006; European Foundation 2007). Andere repräsentative Erhebungen, wie der Mikrozensus und das Sozioökonomische Panel (SOEP), sind Personen- bzw. Haushaltsbefragungen und enthalten kaum Angaben über den Betrieb, in dem die Befragten arbeiten.[12] Umgekehrt lassen die Betriebsbefragungen meist keinen Bezug zu den hier beschäftigten Frauen und Männern zu. Dadurch lassen sich individuelle Daten und Daten zu den Betrieben kaum zusammenbringen. Insgesamt ist für die hier verfolgten Fragestellungen die Datenlage trotz der vielen Statistiken unzureichend. Für die Analyse der Zusammenhänge zwischen Arbeitszeiten und Gleichstellung auf der betrieblichen Ebene müssten die personenbezogenen Daten im LIAB auch genaue Angaben über vertragliche und tatsächliche Arbeitszeiten enthalten.[13]

4.3 Der „Gender gap" bei den Arbeitszeiten

Der „Gender gap" bei den Arbeitszeiten, also die Differenz zwischen den durchschnittlichen Arbeitszeiten von Frauen und Männern, ist in Deutschland relativ groß (EU-Kommission 2009).[14] Er beträgt etwa neun Stunden pro Woche (2007). Abhängig beschäftigte Männer arbeiten normalerweise durchschnittlich 38,6 Stunden pro Woche, Frauen hingegen nur 29,8 Stunden (StBA 2007).[15] Diese geschlechtsspezifische Arbeitszeitlücke ist in den letzten Jahren immer größer

11 Daten zu Arbeitszeiten von Frauen und Männern, deren Dauer als auch Lage und Flexibilität sind im WSI-Frauendatenreport 2005, Kapitel 4, sowie auf der zugehörigen CD-Rom ausführlich dokumentiert.

12 Vgl. zu allen Datensätzen und Befragungen auch den Methodischen Anhang.

13 Dies könnte nur vom Gesetzgeber geändert werden, der die Meldepflichten der Arbeitgeber zu den Sozialversicherungen regelt. Auf diesen Meldungen beruhen die Personendaten, die in den LIAB eingehen.

14 In Großbritannien, den Niederlanden, Griechenland und Irland ist der „Gender gap" noch größer. Die Daten sind auf der Basis der Zeitbudgetstudien errechnet.

15 Normalerweise geleistete Arbeitsstunden pro Woche laut Mikrozensus

geworden (Kümmerling et al. 2008, S. 3f). Sie ist in Westdeutschland etwa doppelt so groß wie in Ostdeutschland (ebd.).

Betrachtet man die tatsächliche Arbeitszeit, die durch Überstunden meist länger ist als die vertraglich vereinbarte, dann ist der „Gender gap" noch größer. Er erreichte 2007 sogar 11,4 Stunden. Frauen arbeiteten durchschnittlich tatsächlich 31,9, Männer 43,3 Stunden pro Woche (auf Basis des SOEP, Holst 2009).

Diese Arbeitszeitlücke ist überwiegend durch die hohe Teilzeitquote unter Frauen bedingt, während Männer fast immer Vollzeit arbeiten. Von den westdeutschen erwerbstätigen Frauen arbeitet nahezu die Hälfte (49%) Teilzeit, von den ostdeutschen Frauen 35%. Die männliche Teilzeitquote beläuft sich im Westen auf 8%, im Osten auf 11% (StBA 2007).[16] In Deutschland insgesamt arbeiten 46% der erwerbstätigen Frauen und knapp 9% der erwerbstätigen Männer Teilzeit.

Abb. 4.1: Arbeitszeiten 2006 (Durchschnitt pro Woche, Teilzeit- und Vollzeitbeschäftigte)

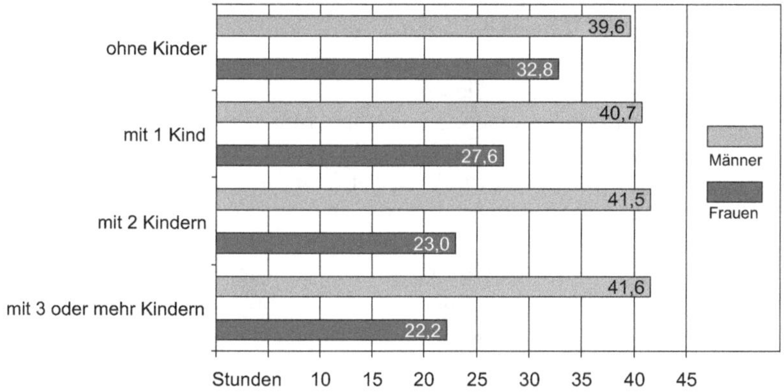

Quelle: Kümmerling et al. 2008, S. 5

Kinder im Haushalt vergrößern in besonderem Maße die Arbeitszeitlücke. Während zum Beispiel Frauen mit zwei Kindern im Durchschnitt 23 Stunden erwerbstätig sind, arbeiten Männer mit zwei Kindern 41,5 Stunden pro Woche im Beruf (2006, vgl. Abb. 4.1). Ein weiterer Einflussfaktor auf die unterschiedliche Arbeitszeitdauer sind die in Tarifverträgen geregelten Normen für die Vollzeitarbeit. So liegt die Arbeitszeit von *vollzeit*beschäftigten Frauen nur bei rund 91% der Arbeitszeit der Männer; dies ist vor allem auf die unterschiedliche Berufs-

16 Angaben des Mikrozensus 2007.

und Branchenstruktur zurückzuführen (Wanger 2006, S. 14).[17] Dieser Effekt ist aber von geringerem Gewicht als die Teilzeitarbeit.

Ob die Arbeitszeit überhaupt durch einen Tarifvertrag geregelt ist, unterscheidet sich nach Branchen. Wo Tarifverträge gelten, ist der Standard der Vollzeitarbeit kürzer als in tariffreien Betrieben. Im Durchschnitt gilt für abhängig Beschäftigte in Westdeutschland, sofern sie unter einen Tarifvertrag fallen, die 37,4-Stunden-Woche. In Ostdeutschland liegt die tarifliche Wochenarbeitszeit bei 38,8 Stunden und damit etwa 1,5 Stunden höher (WSI-Tarifhandbuch 2008, S. 114). Von Tarifverträgen profitieren Männer in deutlich stärkerem Maße als Frauen (WSI-Lohnspiegeldatenbank 2008), Westdeutsche stärker als Ostdeutsche.[18] Viele Beschäftigte ohne Tarifbindung arbeiten mit Arbeitsverträgen, die eine deutliche längere Vollzeitarbeitszeit als die in Tarifverträgen geregelte Arbeitszeit aufweisen. Auch die Dienstvorschriften für Beamte schreiben höhere Vollzeitnormen von bis zu 42 Wochenstunden vor. Neben den vertraglichen unterscheiden sich die tatsächlichen Arbeitszeiten. Viele Männer haben durch Überstunden gegenüber der Vollzeit deutlich längere Arbeitszeiten (Bauer et al. 2004). All diese Faktoren tragen zum „Gender Gap" bei den Arbeitszeiten bei.

Die Durchschnittswerte der Arbeitszeiten reichen allerdings allein nicht aus, um die Arbeitszeitrealität zu erfassen. Gerade die Arbeitszeiten von Frauen streuen erheblich um den Durchschnitt. Sie reichen von marginaler Teilzeit bis hin zu überlanger Vollzeit mit Überstunden. Auch unter Männern gibt es eine Differenzierung. Nicht mehr alle Männer erfüllen die traditionelle Familienernährerrolle mit überlanger Vollzeitarbeit (vgl. Volz/Zulehner 2009). Doch ist die Spannweite der Arbeitszeiten unter Männern bei weitem nicht so groß wie unter Frauen (Klenner/Pfahl 2008).

Der Faktor mit dem stärksten Gewicht auf die im Durchschnitt unterschiedlichen Arbeitszeiten von Frauen und Männern ist die Teilzeitarbeit. Sowohl ihre Verbreitung – gemessen an der Teilzeitquote, d.h. Anteil der Teilzeitbeschäftigten an allen ArbeitnehmerInnen – als auch das Stundenvolumen der Teilzeitarbeit beeinflussen die Durchschnittsarbeitszeiten von Frauen. In Deutschland kombiniert sich eine hohe Teilzeitquote mit sehr kurzen Teilzeitarbeitszeiten.[19]

---

17 Da Männer und Frauen sich unterschiedlich auf verschiedene Branchen verteilen, wirken sich die differenzierten tariflichen Arbeitszeiten auf die Arbeitszeitdifferenz zwischen Frauen und Männern aus.

18 In Westdeutschland gilt für 63% der Beschäftigten ein Tarifvertrag, in Ostdeutschland für 54% (Ellguth/Kohaut 2008, S. 515).

19 In Deutschland weisen teilzeitbeschäftigte Frauen die europaweit kürzesten durchschnittlichen Arbeitszeiten auf (Lehndorff et al. 2009).

4.4 Die Ursachen der geschlechtsspezifischen Unterschiede der Arbeitszeitdauer

Die unterschiedliche Dauer der Arbeitszeit von Frauen und Männern ist Ausdruck der tradierten geschlechtsspezifischen Arbeitsteilung zwischen den Geschlechtern, nach der Männer vorwiegend für den Erwerb des Lebensunterhalts, Frauen für Haus- und Fürsorgearbeit zuständig sind. Kürzer erscheinen die Arbeitszeiten von Frauen nur insoweit, als man ausschließlich die *bezahlte* Erwerbsarbeit in den Blick nimmt. Bezieht man hingegen alle Formen von Arbeit, auch die Fürsorgearbeit zur Versorgung von Kindern und Pflegebedürftigen mit ein, so gleichen sich die geschlechtsspezifischen Unterschiede wieder aus: In der Summe (Erwerbsarbeitszeit plus Zeit für Haus- und Familienarbeit) sind die Zeiten für Arbeit für Frauen und Männer etwa gleich lang (WSI Frauendatenreport 2005).[20] Somit sind die kürzeren Erwerbsarbeitszeiten von Frauen das Spiegelbild ihrer höheren Belastung mit unbezahlter Fürsorge- sowie Hausarbeit.

Teilzeitarbeit ist historisch zunächst als eine Arbeitszeitform entstanden, die eng mit der traditionellen Ehe verbunden war. Eine verheiratete Frau muss gemäß den traditionellen Vorstellungen kein Geldeinkommen erwerben, sondern ihre Existenzsicherung erfolgt abgeleitet über die Ehe. Teilzeitarbeit – mit einer gegenüber der Normalarbeitszeit deutlich reduzierten Arbeitszeitdauer – stellte sich für verheiratete Frauen als Möglichkeit dar, in den Arbeitsmarkt einzutreten, um bezahlte und unbezahlte Arbeit zu kombinieren. Dadurch hat Teilzeitarbeit für viele Frauen als Scharnier fungiert (Klammer/Tillmann 2001), das ihnen die Ablösung von der Hausfrauenrolle ermöglichte.

Kasten 4.1: Entwicklung von Teilzeitarbeit im Zeitverlauf

Die Verbreitung von Teilzeitarbeit in Deutschland nahm im Laufe der Zeit immer mehr zu. Teilzeitarbeit stieg in der Bundesrepublik (West) von einer marginalen Verbreitung in den 1950er Jahren (1950: 6%) rasch auf knapp ein Viertel aller Frauen (24%) 1970 an (Blossfeld/Rohwer 1997). Inzwischen arbeitet fast jede zweite westdeutsche Arbeitnehmerin in einer Teilzeittätigkeit (49%). In der DDR erreichte die Verbreitung von Teilzeitarbeit unter Frauen 1975 ihren Höhepunkt (Teilzeitquote: 33%) und nahm dann bis 1989 wieder etwas ab (27%) (WSI-Frauendatenreport 2000, S. 168). Nach einem transformationsbedingten Einbruch der Teilzeitquote ist sie seither in Ostdeutschland wieder kontinuierlich auf 35% (2007) angestiegen, liegt aber damit noch deutlich niedriger als unter westdeutscher Frauen.

---

20 Die Angabe bezieht sich auf Deutschland und die allgemeinen geschlechtsspezifischen Durchschnittswerte.

Heute hat sich Teilzeitarbeit aus dieser historischen Bestimmtheit – als Arbeit für einen „Zuverdienst" der familienarbeitenden Ehefrau – teilweise gelöst. Damit sind andere Interessen an Teilzeitarbeit sowohl aus individueller als auch betrieblicher Sicht auf den Plan getreten. Auch unverheiratete Frauen, Singles, zum kleineren Teil auch Männer arbeiten heute in Teilzeit. Ein Teil von ihnen muss aus einem Teilzeiteinkommen die Existenzsicherung bestreiten. Heute gibt es keinen eindeutigen Zusammenhang zwischen Teilzeitarbeit und einer hohen Belastung mit unbezahlter Arbeit mehr. Nicht nur Teilzeitarbeit von familiär nicht belasteten ArbeitnehmerInnen belegt dies. Auch umgekehrt gilt: Nicht jede doppelt belastete Mutter arbeitet Teilzeit (Klenner/Pfahl 2008). Für beides mag es individuelle Gründe geben, aber auch betriebliche Einflüsse können eine Rolle spielen. Im Hinblick auf die Betriebe fragt sich: Welche Rolle spielen sie für die Verbreitung von Teilzeitarbeit, die nicht mit der Familienarbeit korrespondiert? Und umgekehrt: Halten auch betriebliche Gründe Menschen mit Fürsorgepflichten davon ab, Teilzeit zu arbeiten? Zuerst werden die individuellen Gründe, anschließend die betrieblichen Gründe für Teilzeitarbeit betrachtet.

4.4.1 Gründe für Teilzeitarbeit aus individueller Sicht

Teilzeitarbeit ist zwar im Allgemeinen Ausdruck herrschender Geschlechterverhältnisse. Doch inzwischen hat sich die Teilzeitarbeit als eigenständige Arbeitszeitform fest etabliert, so dass Teilzeit auch aus anderen als familiären Gründen gearbeitet wird (Abb. 4.2). Bei Frauen überwiegen familiäre Verpflichtungen, mehr als die Hälfte der Frauen gibt diesen Grund an. Unter den wenigen Männern, die Teilzeit arbeiten, nennen nur 8% diesen Grund. Ein Viertel der Männer arbeitet wegen Aus- und Fortbildung in Teilzeit, 34% geben gesundheitliche Gründe an oder sagen, dass Vollzeit nicht gewünscht wird. Auch knapp ein Viertel der Teilzeit arbeitenden Frauen nennt für Teilzeitarbeit diese Gründe. Ein Teil der Teilzeitarbeit ist unfreiwillig, 23% der Teilzeitarbeitenden geben dies an (StBA 2009). Dieser Anteil hat sich im Vergleich zu 1998 nahezu verdoppelt. Rund jede fünfte Frau und jeder dritte Mann arbeitet Teilzeit, weil Vollzeitarbeit nicht zu finden war (Abb. 4.2). Erzwungen ist Teilzeitarbeit besonders in Ostdeutschland: 65% gehen einer Teilzeitarbeit nach, weil eine Vollzeittätigkeit nicht zu finden war (ebd.). Betriebe setzen Teilzeitarbeit aus betrieblichen Gründen also auch dort ein, wo dem betrieblichen Kalkül keine Teilzeitwünsche von Beschäftigten gegenüberstehen. Doch auch unter denjenigen, die die Teilzeitarbeit angestrebt haben, ist sie nicht unbedingt Ausdruck einer freien Entscheidung. Das kann gerade dann gelten, wenn familiäre Gründe angegeben werden. Wenn die infrastrukturellen Rahmenbedingungen zur Betreuung der Kinder keine andere Wahl zulassen, ist der Teilzeitwunsch eher eine Widerspiegelung der unzureichenden Vereinbarkeitsbedingungen als eine Präferenz der betreffenden

Frauen. Nur ein Teil der Frauen akzeptiert die traditionelle Aufgabenteilung[21]; diese Frauen wollen familiäre Verantwortung überwiegend selbst wahrnehmen. Hier unterscheiden sich die Ansichten zwischen West- und Ostdeutschen, ostdeutsche Frauen wollen deutlich häufiger Vollzeit arbeiten als westdeutsche.

Abb. 4.2: Gründe der Teilzeitarbeit aus individueller Sicht, Deutschland 2006

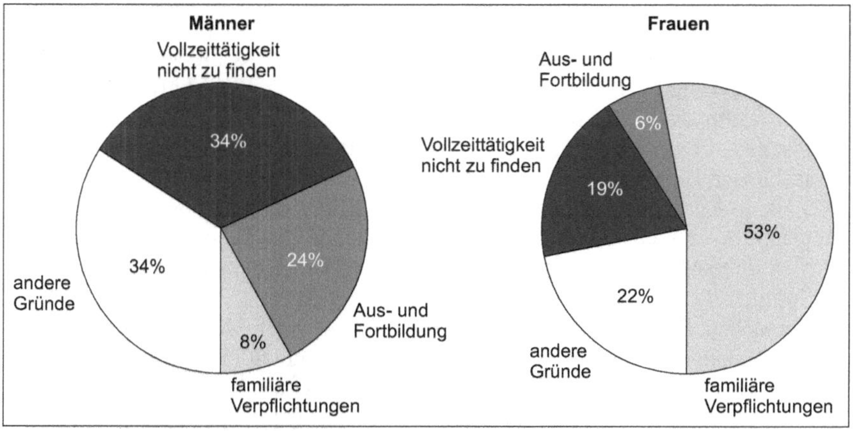

Quelle: Statistisches Bundesamt 2007

Inwieweit die Zustimmung zu unterschiedlichen Geschlechterrollen die Entscheidung für Teilzeitarbeit bedingt (Hakim 1997, S. 38ff.), oder inwieweit hierfür vielmehr die Zwänge aufgrund der gegebenen Rahmenbedingungen eine Rolle spielen, ist schwer eindeutig zu trennen. Die augenfälligen Ost-West-Unterschiede in den Arbeitszeitpräferenzen (Holst 2009) sprechen dafür, dass ohnehin die jeweiligen Verhältnisse und die Vereinbarkeitsbedingungen die Einstellungen in gewissem Umfang mitprägen: So schlägt sich ein Mangel an Kinderbetreuungsplätzen, wie in Westdeutschland, in den Präferenzen nach kürzeren Arbeitszeiten nieder. Umgekehrt prägen eine gute Infrastruktur, die ökonomische Notwendigkeit, aber auch die gelebte Normalität von Vollzeitarbeit von Müttern in Ostdeutschland die Wünsche nach längeren Arbeitszeiten. Während sich in Westdeutschland die gewünschten Arbeitszeiten von Frauen über ein breites Spektrum verteilen, sind in Ostdeutschland die 40-Stunden-, aber auch eine 30- bis 34-Stunden-Woche sehr beliebt (ebd.). Doch die Frauen, die Teilzeit arbeiten und dies auch wollen, sind oftmals mit der realisierten Stundenzahl der

21 40% aller westdeutschen Frauen, darunter 21% der erwerbstätigen Frauen unter ihnen, stimmen der traditionellen Aufgabenteilung zu (Datenbasis ALLBUS, in: Statistisches Bundesamt 2006, S. 520)

Teilzeitbeschäftigung nicht zufrieden. Die sehr kurzen Arbeitszeiten von weniger als 20 Stunden werden seltener gewünscht (14%) als tatsächlich ausgeübt (19%) (Holst 2007). Auch unter Müttern gilt, dass viele Teilzeitbeschäftigte lieber längere Teilzeitarbeitszeiten hätten (Klenner/Pfahl 2008).

4.4.2 Gründe für Teilzeit aus betrieblicher Sicht

Drei Hauptgründe gibt es für Betriebe, Teilzeit einzuführen: *erstens* Senkung der Lohnkosten bei Bedarf nach flexibler Arbeit, *zweitens* die Vermeidung von wenig ausgelasteten Arbeitszeiten, die sich bei Vollzeitbeschäftigten ergeben können, wenn der Arbeitsanfall nur wenige Stunden am Tag hoch ist, wenn er stark schwankt oder die Betriebszeiten ausgedehnt werden, sowie *drittens* die Wünsche der Beschäftigten nach kürzeren Arbeitszeiten (vgl. Allart/Bellmann 2005 zit. in European Foundation 2007, S. 10). Der Einsatz von Teilzeitkräften verspricht Arbeitgebern mehr Flexibilität, um auf den Konjunkturverlauf und auf plötzliche Marktveränderungen zu reagieren. Unter Umständen werden dann die Stunden der Beschäftigten arbeitgeberseitig gekürzt.[22] 2004 hatte die Hälfte der deutschen Betriebe, die in den vergangenen zwölf Monaten Teilzeitarbeit geschaffen hatten, Vollzeitjobs in Teilzeitjobs verwandelt (Wanger 2006).[23]

Im Rahmen des europäischen „Establishment Survey on Working Time 2004-2005" wurden Manager über die Gründe für Teilzeitarbeit im Betrieb befragt. Deutschland gehört zu den Ländern, in denen aus Managersicht betriebliche Gründe ein überdurchschnittlich starkes Gewicht haben: Sie überwiegen hier mit 39% gegenüber den Beschäftigtenwünschen (weniger als 25%; Rest: beides gleich wichtig/andere Gründe) (European Foundation 2007, S. 32).[24] Betriebe mit Teilzeitarbeit lassen sich danach zu drei Gruppen zusammenfassen (ebd., S. 60f.):

1. Rund ein Drittel der Betriebe in Europa hat einen niedrigen Teilzeitanteil (weniger als 20% der Belegschaft). Teilzeitbeschäftigung steht hier mit der Flexibilisierung der Arbeitszeiten im Zusammenhang. Hier gibt es wenig Chancen für Übergänge zwischen Vollzeit und Teilzeit und umgekehrt. Hier spielen die Unternehmensgründe auch die Hauptrolle für die Einführung von Teilzeit und mehr Männer sind in Teilzeit beschäftigt.

---

22 Das ergaben auch eigene Recherchen bei GewerkschafterInnen der Vereinten Dienstleistungsgewerkschaft (ver.di).

23 Dies muss nicht allein auf die wirtschaftliche Rezession zurückgeführt werden, die schon vor 2003 begonnen hatte, es kann auch eine Auswirkung der seit 2001 neuen Gesetzgebung zur Teilzeitarbeit sein.

24 Die Ergebnisse beziehen sich auf dieselbe Befragung, doch bei Riedmann et al. 2006 sind überwiegend europäische Durchschnittswerte veröffentlicht, während die jüngere Veröffentlichung der European Foundation mehr Ländergebnisse zur Verfügung stellt.

2. Reichlich die Hälfte der Betriebe, die Teilzeitbeschäftigte haben, gehört zur zweiten Gruppe, mit ebenfalls niedrigen Teilzeitraten. Die Teilzeitarbeit ist hier aber auf der Basis fester Teilzeitpläne organisiert. Zwei Drittel der Unternehmen berichten, dass sie die Teilzeit vor allem wegen der Wünsche der Beschäftigten – besonders von Müttern mit kleinen Kindern – eingeführt haben. Der Wechsel von Vollzeit zu Teilzeit ist generell leichter und die Einstellung der Manager positiver als bei der ersten Gruppe.
3. Betriebe im dritten Cluster haben einen bedeutend höheren Anteil von Teilzeitbeschäftigten. Es gibt in diesen Betrieben unterschiedliche Typen von Teilzeitbeschäftigten – neben Müttern auch Frauen ohne Kinder und junge Menschen. Die Haltung der Manager zum Wechsel in Teilzeit ist positiv. Meist sind es sowohl betriebliche wie auch Gründe der Beschäftigten, die zu Teilzeitarbeit führen.

Das Vordringen der Teilzeitarbeit ist in starkem Maße mit dem Ausbau des Dienstleistungssektors verbunden. Ein Teil des gewachsenen Teilzeitanteils geht auf das Konto des Strukturwandels, indem solche Branchen besonders stark gewachsen sind, die bereits überproportional viel Teilzeit anbieten, wie Banken, Versicherungen sowie private, soziale und öffentliche Dienstleistungen (Klinger/Wolf 2008). Die genannten betrieblichen Strategien werden nicht unabhängig von den Geschlechterverhältnissen angewandt. Wenn Betriebe z.B. zur flexiblen Anpassung von Arbeitszeiten an Kundenströme – etwa im Handel – bestimmte Tätigkeiten ausschließlich in Teilzeit und dazu mit variabler Lage anbieten, knüpfen solche betrieblichen Strategien auch an Geschlechterstereotype an, indem solche kurzen Arbeitszeiten als für Frauen geeignet angesehen werden.

Eine besondere Form der Teilzeit ist durch das Altersteilzeitgesetz (1989, Neufassungen 1999, 2000 und 2004) geschaffen worden, das eine verkürzte Arbeitszeit vor dem Ruhestand ermöglicht. Die Ergebnisse verschiedener Studien zusammenfassend kommen Lindecke et al. (2007) zu dem Ergebnis, dass Altersteilzeit als personalpolitisches Instrument überwiegend für einen vorzeitigen Übergang in den Ruhestand genutzt wird. Hiermit wurden betriebliche Interessen des Personalabbaus oder der Verjüngung der Belegschaft mit den Wünschen vieler älterer Beschäftigter nach vorzeitigem Ausstieg aus dem Berufsleben verknüpft. Die „echte" Teilzeit, im Sinne reduzierter Arbeitsstunden pro Tag oder Woche, wird nur in einem verschwindend geringen Teil der Betriebe umgesetzt. Stattdessen dominiert das so genannte „Blockmodell", bei dem einer Vollzeitphase von in der Regel zweieinhalb Jahren eine Freistellungsphase folgt. In kleineren Betrieben, insbesondere im Handwerk, wurde dagegen die Grundidee der Altersteilzeit – ältere Beschäftigte vermitteln Wissen und Erfahrung an junge Beschäftigte, während sie ihre Arbeitsbelastung durch eine reduzierte Arbeitszeit senken – überdurchschnittlich häufig umgesetzt (ebd.). Die Altersteilzeitregelung läuft 2009 aus. Sie wurde überproportional häufig von Männern in Anspruch genommen (Kaldybajewa/Kruse 2007).

4.4.3 Spezialfall Minijobs – Allianz von Arbeitgeberinteressen und traditionellem Geschlechtermodell

In Deutschland sind die durchschnittlichen Arbeitszeiten von Teilzeitbeschäftigten besonders kurz (Lehndorff et al. 2009). Ein Grund dafür sind viele Minijobs mit einer Arbeitszeitdauer von unter 15, teilweise unter zehn Stunden wöchentlich. Zwar entsprechen Minijobs nicht mehr automatisch einer Teilzeittätigkeit, seit 2003 die vorherige Arbeitszeitbegrenzung der Geringfügigkeitsregelung aufgehoben wurde. Seitdem gibt es „geringfügig entlohnte Beschäftigung" unabhängig vom Stundenumfang. Diese wird aber oft mit wenigen Stunden pro Woche ausgeübt. Durch eine spezifische Regulierung dieser Beschäftigungsverhältnisse werden Arbeitgeber von Zahlungen zur Arbeitslosenversicherung befreit, sie zahlen pauschal Steuern und Sozialabgaben. Für ArbeitnehmerInnen ist diese Form der subventionierten Beschäftigung steuer- und abgabenfrei, soweit der Arbeitgeber die von ihm pauschal zu entrichtenden Abgaben nicht auf die Arbeitnehmerin überwälzt (siehe Kasten 4.2).

Kasten 4.2: Rechtliche Rahmenbedingungen der geringfügigen Beschäftigung in Deutschland

- Mit dem Zweiten Gesetz für moderne Dienstleistungen am Arbeitsmarkt wurde zum 1. April 2003 die Geringfügigkeitsgrenze von 325 € auf 400 € monatlich angehoben, die Wochenstundengrenze von 15 Stunden wurde abgeschafft.
- Der Arbeitgeber zahlt 30,1% pauschale Abgaben (15% Gesetzliche Rentenversicherung, 13% Gesetzliche Krankenversicherung und 2% Steuern, 0,1% Beitrag zur Umlage Krankheit/Mutterschaftsgeld).
- Geringfügig Beschäftigte, für die der Arbeitgeber pauschale Beiträge zur Rentenversicherung zahlt, haben die Möglichkeit, den pauschalen Arbeitgeberbeitrag auf den vollen Pflichtbeitrag aufzustocken, um Ansprüche auf das volle Leistungsspektrum der Gesetzlichen Rentenversicherung zu erhalten. Dazu zahlen sie seit 1. Januar 2007 einen Eigenanteil, der 4,9% des Arbeitsentgelts beträgt.
- Bei den sog. Midijobs steigt der Arbeitnehmerbeitrag linear von rund 9% am Anfang der Gleitzone bis zum vollen Arbeitnehmeranteil, d.h. bis zur Hälfte des individuellen Gesamtsozialversicherungsbeitrages, an.

Quellen: BMAS (2007, 2008), Minijobzentrale 2008b

Seit der Gesetzesänderung 2003 ist eine starke Zunahme der Zahl der geringfügig entlohnten Beschäftigungsverhältnisse zu verzeichnen.[25] Im März 2008 gab es rund 6,7 Millionen geringfügig beschäftigte Personen in Deutschland, davon 4,2 Millionen Frauen – das ist ein Frauenanteil von 64% (Minijobzentrale 2008a).[26] Zuvor war die Zahl im Jahr nach der Neuregelung sprunghaft von 4,8 Millionen auf 6,2 Millionen (März 2004) angestiegen (Brandt 2006). Diese Zunahme spricht dafür, dass Betriebe seitdem Personaleinsatzstrategien nutzen, die vermehrt auf Minijobberinnen setzen. 40% der Betriebe mit Betriebsrat nutzten Minijobs (WSI-Betriebsrätebefragung 2007[27]). Trotz der höheren pauschalen Abgaben sind Minijobs offenbar aus betrieblicher Sicht wirtschaftlich interessant. Das hat wahrscheinlich dazu geführt, dass vormals sozial versicherte Vollzeit- oder Teilzeitstellen abgebaut und durch kostengünstige, aber für die Betroffenen riskante Minijobs ersetzt wurden. Nach einer Analyse des Deutschen Instituts für Wirtschaftsforschung (DIW) ist diese Praxis nicht auszuschließen (Steiner 2008).

Je höher der Frauenanteil, desto höher auch der Anteil an Minijobs (Tab. 4.1). Nach der WSI-Betriebsrätebefragung 2007 ist der Anteil der Betriebe mit Minijobs im Handel mit 53% am höchsten, gefolgt von sonstigen Dienstleistungsbetrieben (51% der Betriebe). Im Handel ist mit über eine Million auch die größte Zahl von MinijoberInnen tätig. Der Frauenanteil an diesen Jobs ist hier mit 70% überdurchschnittlich hoch (Minijobzentrale 2008a). Im Produzierenden Gewerbe werden Minijobs dagegen bedeutend seltener genutzt, z.B. setzen in der Investitionsgüter- und Gebrauchsgüterindustrie 22% der Betriebe Minijobs ein. Minijobs gibt es dort seltener, wo ein Tarifvertrag gilt und Betriebe somit stärker in regulierte Arbeitsbeziehungen einbezogen sind (WSI-Betriebsrätebefragung 2007[28]). Das spricht dafür, dass Minijobs in erster Linie eine Beschäftigungsform sind, die Betriebe gezielt für ökonomische Zwecke wie Flexibilisierung und Kostensenkung nutzen.

Viele Beschäftigte in Minijobs sind mangels Alternativen gezwungen, diese Beschäftigungsform zu nutzen. Das gilt besonders für Frauen in Ostdeutschland.[29] Doch sind ArbeitnehmerInnen in bestimmten Lebenslagen auch freiwillig

---

25 Zwar ist in den letzten beiden Jahren die Zahl leicht gesunken, doch entspricht der Stand 2008 dem von 2005.

26 Dies gilt ohne die in Privathaushalten Beschäftigten (rund 152.000).

27 Es handelt sich bei dieser Befragung um eine repräsentative Erhebung unter Betrieben mit Betriebsrat und ab 20 Beschäftigte. Wir danken Christiane Lindecke und Wolfram Brehmer für Sonderauswertungen der WSI-Betriebsrätebefragung (unveröff. Auswertung des WSI, 2008).

28 Siehe Fußnote 27.

29 In Ostdeutschland ist Teilzeitarbeit von 65% der Teilzeitarbeitenden ungewollt (StBA 2009).

Tab. 4.1: Betriebe, die Minijobs nutzen, nach dem Frauenanteil an den Beschäftigten, Deutschland 2007[a]

	Gruppierter Frauenanteil an den Beschäftigten (in %)					
	0 bis 19	20 bis 39	40 bis 59	60 bis 79	80 bis 100	Gesamt
Anteil der Betriebe, die Minijobs nutzen	27,7	32,8	41,6	52,8	70,8	40,0

a Betriebe mit Betriebsrat ab 20 Beschäftigte

Quelle: WSI-Betriebsrätebefragung 2007

bereit, sich auf diese Minijobs einzulassen, weil mit der Regelung Anreizwirkungen verbunden sind: Unter bestimmten Bedingungen stehen den Nachteilen dieser Jobs aus individueller Perspektive auch (zumindest scheinbare) Vorteile gegenüber. Die sehr geringe, meist von Arbeitgebern getragene pauschale Besteuerung und die Sozialversicherungsfreiheit für die Arbeitnehmerin lassen für letztere den Minijob attraktiv erscheinen. Für Ehepaare gilt, dass der durch das Ehegattensplitting erzielbare erhebliche Steuervorteil für den Mann umso größer ist, je größer die Einkommensdifferenz zwischen den Ehepartnern ist. Auch hiermit werden Fehlanreize zur Aufnahme eines Minijobs gesetzt.

Der Nachteil mangelnder eigener sozialer Absicherung im Falle der Arbeitslosigkeit und bei der Rente wiegt für verheiratete Frauen weniger schwer, wenn sie dem traditionellen Geschlechterrollenleitbild folgen, nach dem sie keine eigenständige soziale Absicherung benötigen, solange ihre Versorgung über die Ehe gesichert ist. Der Krankenversicherungsschutz ist für diese Gruppe von Frauen über die kostenfreie Mitversicherung in der gesetzlichen Krankenversicherung ohnehin gegeben. So scheint es, dass – trotz damit verbundener Nachteile für die Betroffenen – die Aufnahme eines Minijobs an eine Interessenallianz zwischen Arbeitgebern, die Lohnkosten sparen, und denjenigen Frauen und Männern anknüpft, die gewollt oder ungewollt an der geschlechtsspezifischen Arbeitsteilung festhalten (vgl. auch Voss-Dahm 2009).[30] Doch lässt eine solche Betrachtung außer Acht, dass Frauen dies mehrfach mit Benachteiligung, Diskriminierung und Prekarität des Jobs bezahlen (vgl. dazu Abschnitt 4.6.4).

30 Westdeutsche Befragte, die wegen familiärer Verpflichtungen geringfügig beschäftigt waren, hatten angegeben, dass sie zwar länger, aber immer noch im Bereich unter 15 Stunden arbeiten wollten (Infratest Sozialforschung 2003, S. 131f.).

4.5 Strukturen der Teilzeitarbeit in Betrieben der Privatwirtschaft in Deutschland – eine empirische Analyse

4.5.1 Annahmen und Fragestellungen der Analyse

Teilzeitarbeit spielt wie gezeigt eine Doppelrolle: Sie kann die gewünschte Arbeitszeitform sein, so dass ihre Verbreitung anzeigt, wo diesen Wünschen entsprochen wird. Auf betrieblicher Ebene stellt sich die Frage, ob Betriebe die *unterschiedlichen gewünschten Arbeitszeiten möglich machen* oder ob sie die Arbeit ausschließlich gemäß dem Vollzeitarbeitszeitstandard organisieren. Zum anderen können Betriebe Teilzeitarbeit für eigene wirtschaftliche Interessen nutzen und auch dort Teilzeitarbeit anbieten, wo Frauen und Männer lieber Vollzeit arbeiten würden. Zwischen erwünschter und unfreiwilliger Teilzeitarbeit kann bei der statistischen Betrachtung der betrieblichen Ebene auf unserer Datengrundlage nicht differenziert werden.[31]

Die Verbreitung von Teilzeitarbeit ist bisher vorwiegend auf volkswirtschaftlicher Ebene untersucht worden. Betriebliche Strukturen der Teilzeitarbeit haben Düll/Ellguth für 1998 analysiert (1999). Aktuell ist wenig darüber bekannt, wie viele und welche Betriebe Teilzeitarbeit anbieten bzw. in welchen Betrieben ausschließlich Vollzeit gearbeitet wird. Daher wird im Folgenden auf der Basis von Analysen des IAB-Betriebspanels[32] dargestellt, in welchen Betrieben in welchem Ausmaß Beschäftigte an Teilzeitarbeitsplätzen arbeiten. Wir klären des Weiteren, wie hoch die Anteile an Teilzeitbeschäftigten in den „Teilzeitbetrieben", d.h. in jenen Betrieben sind, die überhaupt Teilzeit nutzen, wie viele Stunden die Teilzeitverträge umfassen und wie hoch dort die Nutzungsintensität der Teilzeit ist.

Wir ermitteln den Zusammenhang zur Betriebsgröße und zeigen auf, wie die Verbreitung von Teilzeitarbeit sich nach Branchen darstellt. Gibt es einen Zusammenhang zwischen Teilzeitangebot und Frauenanteil im Betrieb? Welche Rolle spielt es, ob eine betriebliche Interessenvertretung existiert oder ob ein Tarifvertrag gilt?

Wir gehen, wie oben erläutert, davon aus, dass sowohl betriebliche als auch individuelle Bestimmungsgründe für das Vorhandensein von Teilzeitarbeit im Betrieb eine Rolle spielen. Da bei Frauen die Arbeitszeitpräferenz stärker in Richtung kürzerer Arbeitszeiten geht, nehmen wir an, dass mit dem *Frauenanteil an den Beschäftigten im Betrieb* auch der Teilzeitanteil steigt. Damit dürfte

---

31 Nicht auf Betriebe, sondern auf Personen bezogen kann die Freiwilligkeit der Teilzeit auf Basis des Mikrozensus und des SOEP ermittelt werden (vgl. Abschnitt 4.4.1).

32 Die im Folgenden erläuterten Tabellen basieren auf Auswertungen des IAB-Betriebspanels 2006. Ausnahme: Die Determinanten in der Regressionsanalyse sind dem IAB-Betriebspanel 2005 entnommen (vgl. Fußnote 41).

auch in jenen Branchen, die einen hohen Frauenanteil aufweisen, eher Teilzeitarbeit zu finden sein. Nach der Analyse von Pfeifer (2007) scheinen die Präferenzen der Beschäftigten für die Teilzeitnutzung sehr wichtig zu sein, wichtiger als betriebliche Gründe, wobei allerdings die möglichen Kostenvorteile reduzierter Arbeitszeit nicht einbezogen werden konnten. Dass sie aber eine große Rolle spielen, dürfte der verstärkte Einsatz von MinijoberInnen belegen. Hinsichtlich der *Betriebsgröße* nehmen wir an, dass wie 1998 in Großbetrieben die Wahrscheinlichkeit am größten ist, dass es Teilzeitarbeitsplätze gibt, der Anteil der Teilzeitarbeitenden mit der Betriebsgröße aber abnimmt (Düll/Ellguth 1999). Für *Betriebsräte* ist die Annahme gerechtfertigt, dass sie die Wünsche von ArbeitnehmerInnen nach Teilzeit fördern und daher einen positiven Einfluss auf das Angebot an Teilzeitarbeitsplätzen haben (Pfeifer 2007). Es kann aber auch sein, dass Betriebsräte arbeitgeberseitigen Strategien entgegentreten, Vollzeitarbeitsplätze in Teilzeitplätze zu verwandeln, und daher dämpfend auf die Teilzeitnutzung wirken. Dies legt die Annahme nahe, dass vor allem die geringfügige Teilzeit bei Vorhandensein eines Betriebsrates geringer ausfällt (Pfeifer 2007, S. 75). Eine *Tarifbindung* erhöht nach Pfeifer erstaunlicherweise die Nutzungsintensität von geringfügiger Beschäftigung, wohingegen gemäß WSI-Betriebsrätebefragung[33] Minijobs dort seltener genutzt werden, wo ein Tarifvertrag gilt. Entwickelt sich die *Nachfrage* positiv, so steigt tendenziell die Nutzungswahrscheinlichkeit, aber die Nutzungsintensität sinkt (Pfeifer 2007), auch wenn dieser Einfluss recht gering ist.

4.5.2 Betriebe mit und ohne Teilzeitarbeit

Der Anteil der Betriebe, die Teilzeitbeschäftigung anbieten, liegt in der Privatwirtschaft bei rund 71% und damit deutlich unter dem Anteil im öffentlichen Sektor (etwa 86%) (Abb. 4.3). Ein ähnlicher Wert ergab sich bei einer Befragung von Betriebsräten durch das WSI 2003: Auch hier war es mit 32% knapp ein Drittel der Betriebe, die keinen einzigen Teilzeitarbeitsplatz hatten (Klenner 2004).[34] Das heißt, dass Teilzeitarbeit, die insgesamt in der Gesellschaft weit verbreitet ist, nicht in jedem Betrieb eine Selbstverständlichkeit ist.

In Ostdeutschland ist der Anteil der Betriebe, die Teilzeitbeschäftigte haben, geringer als in Westdeutschland. Das gilt sowohl für die Privatwirtschaft als auch für den öffentlichen Bereich. Im Osten hat fast jeder zweite private Betrieb überhaupt keine/n Teilzeitbeschäftigte/n. Obwohl Frauen in ostdeutschen Betrieben sogar einen etwas größeren Anteil der Belegschaften ausmachen als in Westdeutschland, ist der Anteil der Teilzeitbeschäftigten in Ostdeutschland

33 Unveröffentlichte Auswertung des WSI 2008 (vgl. Fußnote 27).

34 Allerdings handelte es sich hier nur um Betriebe mit Betriebsrat (ab 20 Beschäftigte).

deutlich kleiner (Tab. 4.2). Das verweist auf eine andere Arbeitszeittradition in Ostdeutschland. Allerdings kann sich dahinter auch verbergen, dass Betriebe gewünschte Teilzeitarbeit hier nicht ermöglichen, denn auch von ostdeutschen Frauen mit kleinen Kindern wird Teilzeitarbeit zu einem Teil gewünscht (Beckmann 2002; Thelen/Baerwolf 2007). 39% der teilzeitbeschäftigten Mütter in Ostdeutschland arbeiten aber unfreiwillig in Teilzeit, da sie keine Vollzeitstelle finden konnten (StBA 2008a).

Abb. 4.3: Betriebe mit Teilzeitarbeit (2006, in %)

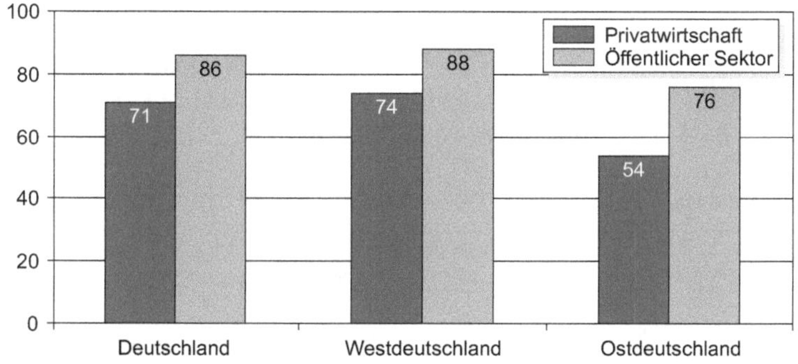

Quelle: IAB-Betriebspanel 2006. Sonderauswertung

Nach wie vor stellen Frauen den größten Teil der Teilzeitbeschäftigten: 78% der westdeutschen und 76% der ostdeutschen Teilzeitbeschäftigten in der Privatwirtschaft sind weiblich. Im öffentlichen Sektor liegt dieser Anteil bei rund 83 bzw. 80% (Tab. 4.2).

Tab. 4.2: Teilzeitbeschäftigte und Frauenanteile an den Beschäftigten (in %)

	Deutschland gesamt		Westdeutschland		Ostdeutschland	
	Privatwirtschaft	Öffentlicher Sektor	Privatwirtschaft	Öffentlicher Sektor	Privatwirtschaft	Öffentlicher Sektor
Anteil der TZ-Beschäftigten an allen Beschäftigten[a]	23	34	23	34	19	32
Frauenanteil an den Teilzeitbeschäftigten	78	83	78	83	76	80
Nachrichtlich:						
Frauenanteil an allen Beschäftigten	40	60	39	59	41	63

a Anmerkung: Bei den nun folgenden Anteilen handelt es sich jeweils um gesamtwirtschaftliche Anteile.

Quelle: IAB-Betriebspanel 2006; Sonderauswertung

4.5.3 Teilzeitbeschäftigung nach Betriebsgröße

Der Durchschnitt von 71% der privatwirtschaftlichen Betriebe, die Teilzeitbeschäftigte haben, ist stark von den Kleinstbetrieben mit unter zehn Beschäftigten geprägt.[35] Von diesen haben nur rund zwei Drittel Teilzeitbeschäftigte. Damit konzentrieren sich die teilzeitfreien Betriebe auf solche, die nicht unter das Teilzeit- und Befristungsgesetz (TzBfG) fallen; erst in Betrieben ab 15 Beschäftigten haben ArbeitnehmerInnen einen Anspruch auf Teilzeitarbeit.[36] Sehr viele Frauen sind gerade in den Kleinbetrieben beschäftigt, so dass es sein kann, dass hier unerfüllte Teilzeitwünsche vorliegen. 47% der Beschäftigten in den Kleinstbetrieben (unter zehn Beschäftigte) sind Frauen. Betriebe dieser Größe, die Teilzeit anbieten, haben einen Frauenanteil von 55% (IAB-Betriebspanel 2006 Sonderauswertung, ohne Tabelle), unterproportional ist der Frauenanteil in jenen Kleinstbetrieben, die keinen Teilzeitarbeitsplatz haben.

Tab. 4.3. Betriebe mit Teilzeitbeschäftigten nach Größe, Privatwirtschaft 2006

Beschäftigte	Anteil der Betriebe mit Teilzeitbeschäftigten (% der Betriebe)	Anteil der Teilzeitbeschäftigten im Betrieb (% der Beschäftigten)
1 bis 9	65	30
10 bis 49	86	27
50 bis 199	92	21
200 bis 499	96	20
500 und mehr	99	17
Insgesamt	71	29

Quelle: IAB-Betriebspanel 2006. Sonderauswertung

Mit zunehmender Betriebsgröße steigt der Anteil der Betriebe mit Teilzeitbeschäftigten stark an. Die Betriebe in der obersten Größenklasse mit 500 und mehr MitarbeiterInnen beschäftigen nahezu alle auch Teilzeitkräfte. Das bedeutet allerdings nicht automatisch, dass hier alle Beschäftigten, die gern Teilzeit arbeiten würden, auch die Möglichkeit dazu haben. Die Teilzeitarbeit kann sich auch *innerhalb* der Betriebe auf jene Segmente konzentrieren, in denen die Betriebe die Arbeitsplätze für Teilzeit geeignet halten (vgl. Botsch et al. 2007).

35 Die folgenden Interpretationen beziehen sich alle auf die Privatwirtschaft 2006. Abweichungen von 100% sind aufgrund von Rundungen möglich.

36 Dieser gilt laut TzBfG 2001, soweit nicht betriebliche Gründe entgegenstehen.

4.5.4 Teilzeitbeschäftigung im Betrieb nach Wirtschaftszweigen

Wie hoch ist der Anteil der Teilzeitbeschäftigten[37] in den einzelnen Wirtschaftszweigen? Im Durchschnitt sind 29% der Beschäftigten im Betrieb Teilzeitkräfte, im Gesundheits- und Sozialwesen sowie im Gastgewerbe sind es jedoch deutlich mehr (Abb. 4.4). Die Betriebe im Bauwesen sowie in den industriellen Branchen haben deutlich unterdurchschnittliche Teilzeitanteile.

Abb. 4.4: Teilzeitbeschäftigte im Betrieb nach Wirtschaftszweigen, Privatwirtschaft 2006

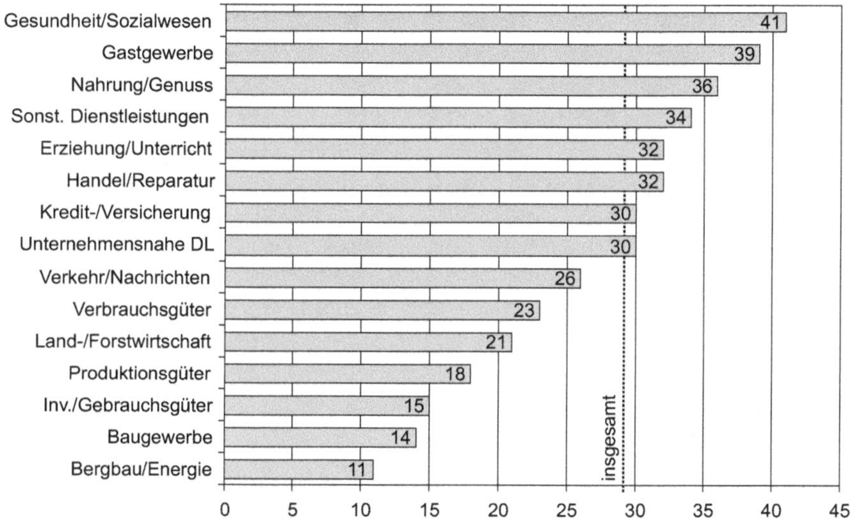

Quelle: IAB-Betriebspanel 2006. Sonderauswertung

Tabelle 4.4 zeigt, dass – wie zu erwarten – ein überdurchschnittlicher Frauenanteil an den Beschäftigten in den Branchen mit einem überdurchschnittlichen Anteil von Teilzeitbeschäftigung einhergeht. Neben dem Wirtschaftszweig Nahrungs- und Genussmittelherstellung sind es vor allem die Dienstleistungsbranchen, in denen sowohl der Frauen- als auch der Teilzeitanteil besonders hoch sind.

---

37 Altersteilzeit, die in Form verkürzter Tages- oder Wochenarbeitszeit umgesetzt wird, ist in den Daten enthalten, Altersteilzeit als Blockmodell jedoch nicht.

Tab. 4.4 Verteilung der Teilzeitbeschäftigten nach Wirtschaftszweigen, Privatwirtschaft 2006

Branche	Beschäftigte in der Branche	Frauenanteil in der Branche in %	Anteil der TZ-Beschäftigten im Betrieb gesamt in %	darunter (in %):			
				Ant. TZ > 24 Wochenstd.	Ant. TZ 15-24 Wochenstd.	Ant. TZ < 15 Wochenstd.	Ant. TZ ohne feste Wochen-std.
Land-/Forstwirtschaft	421.926	31	21	3	8	9	2
Bergbau/Energie	291.059	20	11	2	3	3	3
Nahrung/Genuss	921.063	47	36	6	11	13	6
Verbrauchsgüter	946.090	38	23	4	9	7	3
Produktionsgüter	1.642.942	23	18	3	8	5	2
Inv./Gebrauchsgüter	3.927.902	20	15	2	5	6	2
Baugewerbe	1.904.561	15	14	2	5	6	2
Handel/Reparatur	4.970.120	49	32	8	11	10	3
Verkehr/Nachrichten	1.646.007	23	26	2	10	9	4
Kredit-/Versicherung	809.862	53	30	4	15	8	3
Gastgewerbe	1.188.256	61	39	7	13	14	6
Erziehung/Unterricht	218.419	49	32	6	13	8	5
Gesundheit/Sozialwesen	2.013.918	79	41	11	14	13	2
Unternehmensnahe DL	3.873.454	44	30	5	13	9	3
Sonst. Dienstleistungen	743.583	60	34	6	12	13	3
Insgesamt	*25.519.163*	*40*	*29*[a]	*6*	*11*	*9*	*3*

Während die ersten beiden Spalten Anteile in den Branchen umfassen, handelt es sich bei den Angaben zu Teilzeitbeschäftigten um betriebliche Anteile, die von den Betrieben im Fragebogen angegeben wurden.
a) Aufgrund der unterschiedlichen Berechnungskonzepte weicht der Durchschnittswert von dem in Tabelle 4.2 ab.

Quelle: IAB-Betriebspanel 2006. Sonderauswertung

4.5.5 Unterschiedliche Dauer der Teilzeitarbeit: marginale, substanzielle und hohe Teilzeit

Teilzeitarbeit ist nicht gleich Teilzeitarbeit: Je nach ihrem Stundenumfang unterscheidet sich diese Beschäftigungsform. Grundsätzlich lassen sich drei Formen unterscheiden (Hakim 1997):

1. *Vollzeitnahe, „hohe" Teilzeit:* eine um wenige Stunden reduzierte Arbeitszeit, bei der kein Wechsel des Arbeitgebers erfolgt, die für einen begrenzten Zeitraum konzipiert ist und bei der eine Rückkehr zu Vollzeit gewünscht wird. In einigen Ländern werden diese Beschäftigten sogar als Vollzeitbeschäftigte klassifiziert, wenn sie 30 Stunden oder mehr pro Woche arbeiten (z.B. Finnland, Großbritannien).[38]
2. Halbtagsjobs mit einer Arbeitszeit von etwa der Hälfte des normalen Vollzeitstandards, die oft auf Dauer angelegt sind und mit bestimmten Geschlechterrollenorientierungen korrespondieren. Da sie in die soziale Sicherung einbezogen ist, könnte man diese Teilzeit auch als noch *substanzielle Teilzeit* bezeichnen.
3. *Marginale Teilzeitarbeit* mit nur wenigen Wochenstunden, oft weniger als zehn bis 15 Stunden, von der sozialen Sicherung teilweise ausgenommen.

Während die vollzeitnahe Teilzeitarbeit eine ähnliche Einbindung in Arbeitsprozesse wie Vollzeitarbeit ermöglicht und eventuell auch ein Existenz sicherndes Einkommen einbringt, sind der Halbtagsjob und erst recht die marginale Teilzeit auf die Rolle der Frau als „Zuverdienerin" abgestimmt.

Über die Betrachtung des unterschiedlichen Stundenumfangs der Teilzeitarbeit versuchen wir uns der gleichstellungspolitischen Dimension anzunähern: Es wird angenommen, dass vollzeitnahe Teilzeit im Betrieb ein Angebot darstellt, das gleichstellungspolitisch nicht nachteilig wirkt und den Arbeitszeitwünschen der Beschäftigten entspricht. Substanzielle Teilzeit kann auch noch gewünscht sein, auch wenn sie stärker mit einer traditionellen Rollenverteilung einhergeht. Marginale Teilzeit wird eher als Form angesehen, die im Rahmen einer Kosten sparenden Personaleinsatzstrategie genutzt wird und der beruflichen Gleichstellung von Frauen am meisten entgegensteht.

Zwischen Teilzeitarbeit mit unterschiedlichem Stundenvolumen bestehen deutliche Unterschiede, wenn es um ihre Wirkung auf Existenzsicherung, aber auch berufliche Entwicklungschancen geht (Brehmer/Seifert 2008). Die Auswertung der IAB-Betriebspaneldaten ermöglicht, zwischen folgenden Stundenvolumina der Teilzeitarbeit zu unterscheiden:

---

38 Um die Imageprobleme zu umgehen, die mit der Teilzeitarbeit verbunden sind, wird in diesem oberen Stundenbereich in letzter Zeit in Deutschland auch von „kurzer Vollzeit" gesprochen (Spitzley 2003).

- unter 15 Stunden pro Woche (marginale Teilzeit),
- 15 bis 24 Stunden pro Woche (substanzielle Teilzeit[39]),
- über 24 Stunden pro Woche (hohe oder vollzeitnahe Teilzeit).

Neben diesen Formen der Teilzeitarbeit gibt es noch Arbeitsverhältnisse, die gar keine festgelegte Stundenzahl umfassen; diese Arbeitskräfte müssen sich häufig auf Abruf bereithalten (auch als KAPOVAZ = kapazitätsorientierte variable Arbeitszeit bezeichnet).

Betrachtet man nun den Umfang der vereinbarten Arbeitszeit der Teilzeitkräfte in deutschen Betrieben, so zeigt sich, dass die *vollzeitnahe Teilzeit* mit einem Anteil von 6% an allen Beschäftigten insgesamt eine eher untergeordnete Rolle spielt (Tab. 4.4). Den größten Anteil (11% aller Beschäftigten) stellt die *substanzielle Teilzeitbeschäftigung* mit einer mittleren Arbeitszeitdauer von 15 bis 24 Stunden pro Woche. Fast jede/r zehnte abhängig Beschäftigte (9%) übt eine *marginale Teilzeitbeschäftigung* mit weniger als 15 Wochenstunden aus. Die Verteilung von hoher, substanzieller und marginaler Teilzeitarbeit unterscheidet sich beträchtlich nach Ost und West (Abb. 4.5) und Branchen (Abb. 4.6).

Abb. 4.5: Marginale, substanzielle und hohe Teilzeitbeschäftigung in der Privatwirtschaft (Anteile an allen Beschäftigten 2006, in %)

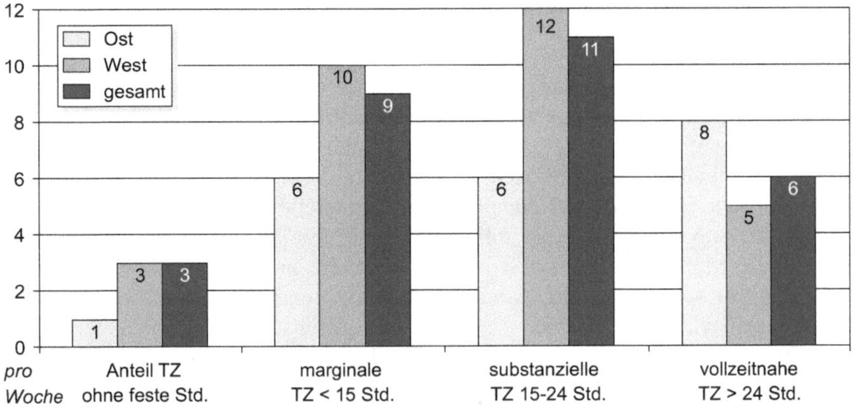

Quelle: IAB-Betriebspanel 2006. Sonderauswertung

39 Aus inhaltlichen Gründen wäre es angebracht, die substanzielle Teilzeit erst mit etwa der Hälfte der Vollzeitarbeitszeit anzusetzen. Dies ist auf Basis des IAB-Panels nicht möglich.

Vollzeitnahe Teilzeitarbeit ist im Gesundheits- und Sozialwesen, Gastgewerbe sowie in Handels- und Reparaturbetrieben überdurchschnittlich vertreten. Das Gesundheits- und Sozialwesen und das Gastgewerbe beschäftigen gleichzeitig aber auch überdurchschnittlich viele Beschäftigte mit nur marginaler Teilzeit. Auch Nahrungs- und Genussmittelherstellung sowie sonstige Dienstleistungen (Gaststätten, Beherbergungsgewerbe, Erziehung und Unterricht, Gesundheitswesen, Abfallbeseitigung, Kultur sowie andere Dienstleistungen wie Wäscherei, Reinigung u.a.m.) haben viele marginal Teilzeitbeschäftigte (Abb. 4.6).

Abb. 4.6: Anteil der Teilzeit-Beschäftigten im Betrieb nach Branchen 2006 (in %)

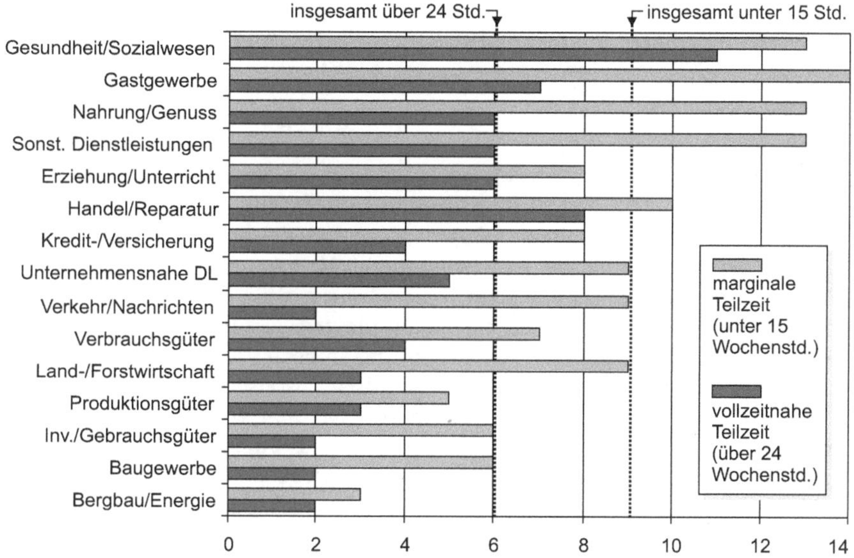

Quelle: IAB-Betriebspanel 2006. Sonderauswertung

Nach der Betriebsgröße unterscheiden sich die unterschiedlichen Teilzeitvolumina. Für *Westdeutschland* gilt: Die vollzeitnahe Teilzeitarbeit liegt relativ unabhängig von der Betriebsgröße bei einem kleinen Anteil von 5% bis 6% der im Betrieb Beschäftigten. Der Anteil der Beschäftigten, die eine substanzielle Teilzeitarbeit leisten, beträgt durchschnittlich 12% und nimmt mit steigender Betriebsgröße ab. Die marginale Teilzeit mit weniger als 15 Wochenstunden spielt in den kleineren Betrieben (mit bis zu 50 Beschäftigten) eine größere Rolle als in den größeren Betrieben (IAB-Betriebspanel 2006. Sonderauswertung, ohne Tabelle).

Ostdeutschland bietet ein anderes Bild. Die Kleinstbetriebe mit unter zehn Beschäftigten und die Großbetriebe mit mehr als 500 Beschäftigten haben einen etwas überdurchschnittlichen Anteil an Teilzeitbeschäftigten. Die vollzeitnahe Teilzeitbeschäftigung hat eine größere Bedeutung als in Westdeutschland. 12% aller Beschäftigten arbeitet hier in einem vollzeitnahen Beschäftigungsverhältnis, unter den Teilzeitbeschäftigten sind das knapp 40%. Die substanzielle Teilzeitarbeit mit 15 bis 24 Wochenstunden und die marginale Teilzeit mit unter 15 Stunden haben in etwa den gleichen Anteil (jeweils 6% der Beschäftigten).

4.5.6 Teilzeitbeschäftigung in Betrieben mit und ohne Betriebsrat

Im Durchschnitt haben nur 9% aller Betriebe mit fünf und mehr Beschäftigten in Ost- und Westdeutschland einen Betriebsrat. Dieser Durchschnitt ist jedoch maßgeblich von den Kleinst- und Kleinbetrieben beeinflusst, in denen nur selten ein Betriebsrat gewählt wird. Vor allem in größeren Betrieben ab 50 bis 199 Beschäftigten ist häufiger ein Betriebsrat anzutreffen. Dort liegt der Anteil der Betriebe mit Betriebsrat bereits bei knapp 50% und erreicht in den Großbetrieben mit über 500 Beschäftigten in Ostdeutschland 86% bzw. in Westdeutschland sogar 89% (vgl. Ellguth/Kohaut 2008).

In *Westdeutschland* hat die sozial ungeschützte marginale Teilzeit mit unter 15 Wochenstunden in Betrieben mit Betriebsrat einen geringen Anteil (Tab. 4.5). In diesen Betrieben beträgt der Anteil dieser Beschäftigten nur 4%, während er in Betrieben ohne Betriebsrat drei Mal so hoch ist. Auch der Anteil der Vollzeitbeschäftigten ist in westdeutschen Betriebsratsbetrieben elf Prozentpunkte höher als in Betrieben ohne Betriebsrat. Ob diese Zusammenhänge allerdings auf den Betriebsrat zurückzuführen sind, muss durch multivariate Analysen geklärt werden. Da Betriebsratsbetriebe überwiegend mittlere und große Betriebe sind, könnten dahinter auch Betriebsgrößeneffekte stecken. Es wäre aber auch denkbar, dass Betriebsräte in die Richtung wirken, möglichst längere vertragliche Arbeitszeiten – Vollzeit oder Teilzeitarbeit mit mehr Wochenstunden – durchzusetzen.

In *Ostdeutschland* liegt der Anteil der Teilzeitbeschäftigten im Betrieb bei durchschnittlich 22%. Hier zeigt sich beim Anteil der Teilzeitbeschäftigten kein Unterschied zwischen Betrieben mit und ohne Betriebsrat. Die Verteilung der Teilzeitkräfte hinsichtlich ihrer Arbeitszeit unterscheidet sich jedoch, je nachdem, ob ein Betriebsrat im Betrieb vorhanden ist oder nicht. So arbeiten in Betriebsratsbetrieben anteilig mehr Teilzeitkräfte in vollzeitnahen Beschäftigungsverhältnissen (15%), während die übrigen Teilzeitmodelle mit weniger Wochenstunden dort nur eine geringe Rolle spielen (3% bzw. 2% der Beschäftigten). Auch in den Betrieben ohne Betriebsrat ist die Gruppe der vollzeitnahen Teilzeitbeschäftigten mit 9% am größten, allerdings auf deutlich niedrigerem Niveau als in Betrieben mit Betriebsrat. Auffallend ist, dass in betriebsratsfreien Betrieben der Anteil der marginalen Teilzeit mit 7% mehr als dreimal so hoch ist wie in den Betriebsratsbetrieben. Es könnte also sein, dass Betriebsräte in Ostdeutschland darauf einwirken, die Arbeitszeitwünsche der Beschäftigten nach längeren (Teilzeit-)Arbeitszeiten durchzusetzen und die geringfügige, nicht Existenz sichernde Teilzeit eher abzuwehren.

Tab. 4.5 Vollzeit- und Teilzeitbeschäftigung in Betrieben mit und ohne Betriebsrat, Privatwirtschaft 2006 (Anteil in %)

	Vollzeit-beschäftigte	*Teilzeit insges.*	Hohe Teilzeit (>24 Wochenstd.)	Substanzielle Teilzeit (15-24 Wochenstd.)	Marginale Teilzeit (<15 Wochenstd.)	Teilzeit ohne feste Std.zahl
			Westdeutschland			
mit Betriebsrat	78	*22*	6	11	4	1
ohne Betriebsrat	67	*33*	5	12	12	4
Insgesamt	68	32	5	12	12	4
			Ostdeutschland			
mit Betriebsrat	79	*21*	15	3	2	0
ohne Betriebsrat	78	*22*	9	5	7	1
Insgesamt	78	22	9	5	6	1

Quelle: IAB-Betriebspanel 2006, Privatwirtschaft mit fünf und mehr Beschäftigten. Sonderauswertung

4.5.7 Teilzeitbeschäftigung und Frauenanteil an den Beschäftigten

Sowohl in West- als auch in Ostdeutschland nimmt der Anteil der Teilzeitbeschäftigten mit steigendem Frauenanteil im Betrieb zu (Tab. 4.6). Teilzeitarbeit ist bekanntlich eine Frauendomäne. In Westdeutschland liegt der Anteil der Teilzeitbeschäftigten in den männerdominierten Betrieben insgesamt jeweils deutlich unter dem Durchschnitt. In den ausgeglichenen Betrieben ebenso wie in den frauendominierten Betrieben steigt der Anteil der Teilzeitbeschäftigten sprunghaft an. Die größte Bedeutung haben hier die Arbeitsverhältnisse mit *substanzieller* Teilzeit (zwischen 15 und 24 Stunden), gefolgt von denen mit *marginaler* Teilzeit (weniger als 15 Stunden). In den frauendominierten Betrieben sind fast die Hälfte der Beschäftigten Teilzeitkräfte.

In Ostdeutschland steigt zwar auch der Anteil der Teilzeitbeschäftigten mit steigendem Frauenanteil in den Betrieben, allerdings liegt er in den frauendominierten Betrieben nur bei 37% und somit rund zehn Prozentpunkte unter dem westdeutschen Anteil. In den „Männerbetrieben" spielt wie im Westen die Teilzeitbeschäftigung eine unterdurchschnittliche Rolle.

Tab. 4.6: Verteilung der Arbeitszeiten nach Frauenanteil im Betrieb, Privatwirtschaft 2006 (Anteil in %)

Klassierte Frauenanteilea	Vollzeit-beschäftigte	*Teilzeit insges.*	Hohe Teilzeit (>24 Wochenstd.)	Substanzielle Teilzeit (15-24 Wochenstd.)	Marginale Teilzeit (<15 Wochenstd.)	Teilzeit ohne feste Std.zahl
			Westdeutschland			
Männerbetrieb	87	*13*	2	3	6	3
männerdom. Betrieb	80	*20*	3	7	7	3
ausgeglichener Betrieb	68	*32*	5	14	10	3
frauendom. Betrieb	53	*47*	9	18	16	5
Frauenbetrieb	52	*48*	9	19	15	4
Insgesamt	69	*31*	5	12	10	3
			Ostdeutschland			
Männerbetrieb	94	*6*	1	2	2	1
männerdom. Betrieb	88	*12*	3	3	5	1
ausgeglichener Betrieb	77	*23*	8	7	6	2
frauendom. Betrieb	63	*37*	15	9	11	1
Frauenbetrieb	63	*37*	20	9	7	1
Insgesamt	79	21	8	6	6	1

a Die Betriebe wurden anhand des Frauenanteils in Klassen eingeteilt, die den Segregationsgrad markieren. Fünf Betriebstypen werden unterschieden (nach Hinz/Schübel 2001, Leitner/Wroblewski 2000 und Heintz et al. 1997):

– Betriebe mit einem Frauenanteil unter 10% gelten als Männerbetriebe;
– Betriebe mit einem Frauenanteil zwischen 10% und 30% gelten als männerdominiert;
– Betriebe mit einem Frauenanteil zwischen 30% und 70% gelten als ausgeglichen;
– Betriebe mit einem Frauenanteil zwischen 70% und 90% gelten als frauendominiert;
– Betriebe mit einem Frauenanteil über 90% gelten als Frauenbetriebe.

Quelle: IAB-Betriebspanel 2006. Sonderauswertung. Abweichungen von 100 aufgrund von Rundungen

4.5.8 Faktoren, die das Angebot an Teilzeitbeschäftigung im Betrieb beeinflussen

Die deskriptiven Ergebnisse haben bereits einen Einblick in die betriebliche Nutzung von Teilzeitarbeit gegeben. Im Weiteren soll nun mit Hilfe eines multivariaten Modells untersucht werden, welche betrieblichen Determinanten das Angebot von Teilzeitarbeit bestimmen. Bei der Modellierung des betrieblichen Angebots an Teilzeitbeschäftigung muss Folgendes bedacht werden: Für entsprechende Modellschätzungen mit Betriebsdaten können zwei Ebenen differenziert werden. In einem ersten Schritt geht es darum zu ermitteln, ob in einem Betrieb überhaupt Teilzeitbeschäftigung angeboten wird oder nicht und welche Determinanten dahinter stehen. Hierbei geht es um eine grundsätzliche Entscheidung im Betrieb. Falls Teilzeitarbeit von der Betriebsleitung akzeptiert wird, stellt sich anschließend die Frage, was die Höhe des Anteils an Teilzeitbeschäftigten in dem Betrieb bestimmt. Dabei ist denkbar, dass unterschiedliche Determinanten die beiden Entscheidungsprozesse beeinflussen oder dieselben Determinanten verschiedene Auswirkungen haben.[40] Beide Ebenen in einem Modell zusammenzufassen ist deshalb schwierig. Im Folgenden werden die Ergebnisse eines Modells dargestellt, das die erste Entscheidungsstufe umfasst, also die Frage, *ob Teilzeitarbeit angeboten wird* oder nicht.[41] Modelle für den *Anteil der Teilzeitbeschäftigten* sind aufwändiger zu schätzen und die Ergebnisse weniger robust.

---

40 So gibt es beispielsweise gegenläufige Effekte für die Teilzeitnutzung (ob Teilzeit angeboten wird) und auf die Nutzungsintensität (wie hoch der Teilzeitanteil im Betrieb ausfällt). Auf der ersten Ebene ist die Wahrscheinlichkeit sehr hoch, dass ein Großbetrieb überhaupt Teilzeitkräfte hat, während der Anteil der Teilzeitkräfte an den Beschäftigten (zweite Ebene) eher niedrig ist. Umgekehrt haben viele Kleinbetriebe gar keine Teilzeitkräfte. Aufgrund ihrer geringen Beschäftigtenzahl ergeben sich aber dort, wo Teilzeitkräfte eingesetzt sind, hohe Teilzeitanteile.

41 Es wurde ein heteroskedastierobustes Probit-Modell geschätzt. Bei den ausgewiesenen Koeffizienten handelt es sich um marginale Effekte, die unmittelbar (ohne vorherige Umrechnung) interpretiert werden können. Die abhängige Variable ist die Angabe der Betriebe aus dem IAB-Betriebspanel 2006, ob ein Betrieb Teilzeitkräfte beschäftigt (ja/nein). Die unabhängigen Einflussgrößen, die in Tabelle 4.7 aufgelistet sind, stammen überwiegend aus dem IAB-Betriebspanel 2005, um mögliche Endogenitätsprobleme zu umgehen. Da die vereinbarte Wochenarbeitszeit nur 2006 im IAB-Betriebspanel vorhanden ist, wurde sie in das Modell mit aufgenommen. Endogenitätsprobleme sind hieraus nicht zu erwarten, da die Wochenarbeitszeit innerhalb eines Jahreszeitraums weitgehend stabil bleiben dürfte. Die logarithmierte Betriebsgröße wurde in die Schätzung aufgenommen, um nichtlineare Größeneffekte zu kontrollieren. Als Referenzgruppe für die Branchen wurde der Bereich Kredit- und Versicherungswesen gewählt.
Daneben wurde die Beschäftigtenstruktur der Betriebe durch den Frauenanteil, den Anteil der Hochqualifizierten, der Geringqualifizierten, der befristet Beschäftigten und den Anteil der LeiharbeiterInnen im Vorjahr abgebildet. Die wirtschaftliche Lage der Betriebe soll über die Beschäftigungserwartungen (positiv oder negativ) und die Ertragslage der Betriebe abgebildet werden. Auch die Tatsache, ob sie Beschäftigte im ersten Halbjahr 2005 eingestellt oder entlassen haben, wurde berücksichtigt. Als Proxy für die Unternehmenskultur wurde ein Dummy für Betriebe in mehrheitlich ausländischem Eigentum eingeführt. Die industriellen Beziehungen des Betriebs wurden durch einen Dummy für übertarifliche Entlohnung und die Frage, ob der Betrieb branchentarifgebunden ist und einen Betriebsrat hat, erfasst.
Das Modell wurde jeweils für West- und Ostdeutschland getrennt geschätzt, da nach wie vor Unterschiede bei der Teilzeitbeschäftigung in beiden Landesteilen erkennbar sind.

Dazu kann möglicherweise das vorn erwähnte grundsätzliche Problem beitragen, dass mit den genutzten Daten nicht zwischen individuell gewünschter und betrieblich erzwungener Teilzeit unterschieden werden kann. Eine ausführliche Darstellung dieser Modelle würde hier den Rahmen sprengen.

Das Modell für die grundsätzliche Entscheidung, ob ein Betrieb Teilzeit anbietet oder nicht, zeigt nur wenige signifikante Effekte (Tab. 4.7). So hat die *Betriebsgröße* in beiden Landesteilen den zu erwartenden positiven Effekt. Je größer ein Betrieb ist, desto eher hat er auch Teilzeitkräfte. Unseren Annahmen entsprechend gibt es auch einen positiven Einfluss des *Frauenanteils* an den Beschäftigten im Betrieb auf das Vorhandensein von Teilzeitbeschäftigten.

Zwischen den *Branchen* ergeben sich im Vergleich zur Referenzgruppe Kredit- und Versicherungswesen keine wesentliche Unterschiede. Allein das Gesundheits-, Veterinär- und Sozialwesen in Ostdeutschland hat einen signifikant höheren Anteil an Betrieben mit Teilzeitbeschäftigten. In westdeutschen Betrieben ist die Wahrscheinlichkeit, dass es im Betrieb nur Vollzeitarbeitsplätze und keine Teilzeitarbeit gibt, dort höher, wo ein *Betriebsrat* existiert, in Ostdeutschland hat der Betriebsrat keinen signifikanten Einfluss auf das Angebot an Teilzeitarbeit. Es zeigen sich auch nicht vorhergesehene Zusammenhänge. So reduzieren Personaleinstellungen im Vorjahr die Wahrscheinlichkeit, dass ein Betrieb Teilzeitkräfte beschäftigt. Das gilt sowohl für Ost- als auch für Westdeutschland. Dieser Befund könnte so zu interpretieren sein, dass Personaleinstellungen im Vorjahr auf Zeiten gesteigerter Nachfrage hindeuten (Konjunkturaufschwung, Erweiterung des Betriebes), in denen Betriebe eher Vollzeitbeschäftigte suchen, da sie an einem möglichst extensiven Einsatz der Fachkräfte interessiert sind. In Ostdeutschland haben Betriebe mit einem hohen Anteil von *Hochqualifizierten* seltener Teilzeitbeschäftigte, während dieser Effekt in Westdeutschland nicht zu beobachten ist. Ein positiver Zusammenhang besteht in beiden Landesteilen zwischen der Wahrscheinlichkeit, Teilzeitbeschäftigte zu haben, und dem Anteil an geringqualifizierten Beschäftigten im Betrieb. In Westdeutschland sind *in Betrieben, die befristet Beschäftigte oder LeiharbeitnehmerInnen* beschäftigen, seltener Teilzeitkräfte zu finden. Hier könnte es sein, dass Betriebe alternativ befristet Beschäftigte und Leiharbeit oder Teilzeitarbeit als Möglichkeiten der Kostenreduktion und flexiblen Arbeitskraftnutzung einsetzen. Westdeutsche Betriebe *in mehrheitlich ausländischem Besitz* bieten ebenfalls seltener Teilzeitarbeit an. Dieses Ergebnis spricht dafür, dass die Unternehmenskultur ausländischer Eigentümer auch das Angebot an Teilzeitkräften beeinflusst.

Bei der Interpretation der Ergebnisse ist zu berücksichtigen, dass das Angebot an Teilzeitbeschäftigung nicht einseitig von den Betrieben abhängt, sondern die Interessen der Beschäftigten ebenso eine wichtige Rolle spielen. Ein Modell,

Tab. 4.7: Probit-Modell für den Anteil der Betriebe mit Teilzeitbeschäftigten, Privatwirtschaft 2006

	Ostdeutschland		Westdeutschland	
	dF/dx	P>lzl	dF/dx	P>lzl
logarithmierte Betriebsgröße 2005	0,095	0,000**	0,044	0,000**
positive Beschäftigungserwartung für 2006	–0,025	0,385	0,003	0,753
negative Beschäftigungserwartung für 2006	0,015	0,504	0,005	0,602
Anteil Frauen 2005	0,412	0,000**	0,219	0,000**
Anteil Hochqualifizierter 2005	–0,139	0,012*	0,035	0,180
Anteil Geringqualifizierter 2005	0,118	0,022*	0,065	0,000**
Anteil Befristeter 2005	–0,084	0,221	–0,105	0,001**
Anteil LeiharbeitnehmerInnen 2005	–0,129	0,403	–0,123	0,015*
Personaleinstellungen 1. Halbjahr 2005	–0,068	0,000**	–0,017	0,020*
Personalabgänge 1. Halbjahr 2005	–0,019	0,330	–0,001	0,866
vereinbarte Wochenarbeitszeit für Vollzeit-Beschäftigte	–0,001	0,924	–0,001	0,652
ausländisches Eigentum 2005	–0,060	0,139	–0,031	0,034*
sehr gute/gute Ertragslage 2004	0,002	0,910	0,005	0,486
übertarifliche Entlohnung 2005	–0,043	0,174	0,009	0,290
Tarifbindung 2005	–0,024	0,259	–0,015	0,083
Betriebsrat 2005	0,009	0,737	–0,027	0,013*
Land- und Forstwirtschaft	0,054	0,522	–0,013	0,682
Bergbau	0,169	0,023*	–0,028	0,395
Nahrungs- und Genussmittel	0,094	0,240	0,035	0,190
Verbrauchsgüter	0,057	0,505	–0,020	0,519
Produktionsgüter	0,060	0,441	–0,012	0,681
Investitions- und Gebrauchsgüter	0,104	0,168	0,009	0,730
Baugewerbe	0,046	0,568	0,002	0,931
Handel	0,110	0,130	0,014	0,551
Verkehr und Nachrichtenübermittlung	0,064	0,440	0,008	0,752
Gastgewerbe	0,024	0,794	0,018	0,540
Erziehung und Unterricht	0,081	0,403	–0,021	0,664
Gesundheits-, Veterinär- und Sozialwesen	0,164	0,028*	–0,008	0,806
Unternehmensnahe Dienstleistungen	0,080	0,293	0,000	0,986
Sonstige Dienstleistungen	0,076	0,362	–0,047	0,190
(Referenzkategorie: Kredit- u. Versicherungsgewerbe)				
n	2.804		4.906	
Pseudo R^2	0,1315		0,1932	

Die dritte bzw. fünfte Spalte gibt die Wahrscheinlichkeit an, ob ein Koeffizient einen signifikanten Einfluss hat. Werte zwischen 0,00 und 0,01 bedeuten „hoch signifikant" auf dem 99-Prozent-Niveau. Diese Koeffizienten sind zusätzlich mit ** gekennzeichnet. Wahrscheinlichkeiten zwischen 0,01 und 0,05 bedeuten „signifikant" auf dem 95-Prozent-Niveau (mit * gekennzeichnet).

Anmerkung: Der Bergbau in Ostdeutschland ist aufgrund der geringen Fallzahl in der Stichprobe schlecht zu interpretieren.

Quelle: IAB-Betriebspanel 2005 und 2006

das die betrieblichen Faktoren analysiert, kann deshalb nur einen ersten Einblick in die betrieblichen Entscheidungsprozesse geben. Weitere Forschung über die betrieblichen Bestimmungsgründe für den Einsatz von Teilzeitkräften, möglichst mit verbundenen Betriebs-Personen-Datensätzen, erscheint nötig.

4.6 Die Dauer der Arbeitszeit als ungleichheitsrelevante Dimension

4.6.1 Fragestellung

Im Folgenden geht es um die Frage, ob und wie durch die Dauer der Arbeitszeit Ungleichheiten zwischen den Geschlechtern im Betrieb vermittelt werden. Dabei wird schwerpunktmäßig die Teilzeitarbeit behandelt.[42] Zuerst wird die gleichstellungspolitische Ambivalenz von Teilzeitarbeit zusammenfassend dargestellt. Anschließend wird der Frage nachgegangen, ob Teilzeitbeschäftigung ein Faktor der Einkommensdiskriminierung und der Benachteiligung beim beruflichen Aufstieg ist. Sind die bestehenden geschlechtsspezifischen Einkommensdifferenzen[43] auch auf eine unterschiedliche Arbeitszeitdauer zurückzuführen? Wie groß ist das Lohndifferential zwischen Vollzeit- und Teilzeitbeschäftigten? Anschließend werden Minijobs behandelt. Schließlich werden gleichstellungspolitische Probleme von Überstundenarbeit aufgezeigt. Können Arbeitszeiten als Aufstiegsbremse oder Aufstiegsleiter wirken, haben sie damit Einfluss auf die vertikale Segregation in den Betrieben?

4.6.2 Pro und Kontra Teilzeitarbeit: Allgemeine gleichstellungspolitische Ambivalenz

Teilzeitarbeit ist seit ihrem Aufkommen immer wieder in ihren gleichstellungspolitischen Ambivalenzen diskutiert worden (vgl. stellvertretend Crompton 2002). Gegen Teilzeitarbeit spricht aus gleichstellungspolitischer Perspektive vor allem, dass

- sie meist kein Existenz sicherndes Einkommen (aktuell und in der Alterssicherung) ermöglicht,
- geringere oder keine Ansprüche auf Leistungen der sozialen Sicherungssysteme mit ihr verbunden sind,
- die Gefahr der Diskriminierung besteht,

---

42 Die Unterschiede in den vertraglichen Vollzeitarbeitszeiten je nach Tarifvertrag, die nur um wenige Stunden voneinander abweichen, werden hier ausgeklammert.

43 Selbstverständlich geht es hier nicht um die geringeren Einkommen von Teilzeitbeschäftigten insgesamt, sondern um den Unterschied im Einkommen pro Stunde.

- sie sich oft als Sackgasse erweist, da häufig keine Rückkehr zur Vollzeit möglich ist,
- sich eine Segregation der Tätigkeiten entlang der Linie Vollzeit – Teilzeit ergeben kann.

Gleichzeitig ließ sich bisher beobachten, dass auf der Paarebene keine substanziellen Änderungen der geschlechtsspezifischen häuslichen Arbeitsteilung zu verzeichnen sind, wenn Frauen Teilzeit arbeiten (Kratzer et al. 2005; WSI-Frauendatenreport 2005). Die traditionell weitgehende Zuständigkeit für Haus- und Familienarbeit verbleibt in der Regel bei Frauen, die beruflich „nur" in Teilzeit tätig sind.

Es wäre jedoch falsch, ausschließlich die mit Teilzeitarbeit meist einhergehenden Probleme zu sehen. Grundsätzlich kann substanzielle diskriminierungsfreie Teilzeitarbeit auf ausschließlich freiwilliger Basis die Wahlmöglichkeiten bezüglich der Arbeitszeit erweitern und für Frauen und Männer neue Optionen der Lebensgestaltung eröffnen – im Leben mit Kindern, für verschiedene Partnerschaftsmodelle, für zivilgesellschaftliches Engagement, für einen Tätigkeitsmix unterschiedlichster Art. Diese Optionalität kann emanzipatorische Züge tragen.[44] In der Teilzeitarbeit liegt die Möglichkeit der Kombination von Erwerbsarbeit und nicht marktvermittelten Aktivitäten, so dass die Teilzeitbeschäftigten sich „das beste aus beiden Welten sichern können" (Hakim 1997, S. 36). Gleichzeitig kann Teilzeitarbeit auch zur Belastungsreduktion und Gesundheitsförderung beitragen sowie auch eine beschäftigungspolitische Komponente zur Umverteilung von Erwerbsarbeit (Beschäftigungssicherungsmodelle, Kombination von Altersteilzeit und Übernahme von Azubis) aufweisen.

Nach verschiedenen Studien sind Teilzeitbeschäftigte mit ihrer Work-Life-Balance und ihrem Leben zufriedener als Vollzeitbeschäftigte (Holst/Trzcinski 2003, vgl. auch Kapitel 6), was allerdings kein spezieller Teilzeiteffekt sein muss, sondern ebenso auf einen förderlichen Einfluss generell kürzerer Arbeitszeiten zurückgeführt werden kann. Je länger die Arbeitszeitdauer, umso unzufriedener sind Beschäftigte mit ihren Vereinbarkeitsmöglichkeiten (European

---

44 „Die Entscheidung für Teilzeitarbeit mag zum Teil erzwungen sein, sie enthält aber dennoch durchaus emanzipatorische Momente: Momente der Emanzipation einerseits von der Mutterideologie (...) die der ‚guten Mutter' (...) den Verzicht auf eigene Erwerbstätigkeit abverlangen; andererseits Momente der Emanzipation von einem Berufssystem, in dem Frauen nach wie vor die unteren Ränge (...) [der Berufstätigkeit] zugänglich sind (...) Die Entscheidung, beides – Familie und Beruf – miteinander vereinbaren zu wollen, (...) sich den Arbeitsbedingungen am Fließband (...) nicht mehr als vier Stunden täglich auszusetzen, ist sicher um einiges emanzipatorischer als die blinde Unterordnung unter ein inhumanes Berufssystem." (Kurz-Scherf 1993, S. 51)

Foundation 2006). Allerdings sind einer neuen Analyse zufolge Vollzeitmütter glücklicher als solche in Teilzeit (Berger 2009).

Im Folgenden wird betrachtet, inwieweit Teilzeitarbeit heute mit Diskriminierungen verbunden ist.

4.6.3 Diskriminierung von Teilzeitbeschäftigten im Betrieb?

Bereits in den 1980er Jahren wurden Formen mittelbarer Frauendiskriminierung (Pfarr 1988) von Teilzeitbeschäftigten von Gerichten festgestellt. Es wurde u.a. geklärt, dass sie ebenfalls in den Geltungsbereich von Tarifverträgen fallen müssen, dass sie beim Entgelt nicht benachteiligt werden dürfen sowie in der betrieblichen Altersversorgung zu berücksichtigen sind (Bertelsmann et al. 1996). Das Diskriminierungsverbot ist inzwischen in das Teilzeit- und Befristungsgesetz (§4 (1) TzBfG) aufgenommen. Es fragt sich jedoch, ob es tatsächlich in jedem Betrieb umgesetzt wird.

Einkommensdiskriminierung

Teilzeitbeschäftigte erhalten mit 17,78 € im Durchschnitt einen niedrigeren Bruttostundenlohn[45] als Vollzeitbeschäftigte (22,05 €) (StBA 2008b). In Deutschland beträgt aktuell die Differenz 4,27 Euro pro Stunde. Ob dies aber allein aus Struktureffekten (z.B. Branchenverteilung der Teilzeitbeschäftigung) oder durch Unterschiede in den einkommensrelevanten Merkmalen der Personen (z.B. Qualifikation der Beschäftigten) zu erklären ist, oder ob das Merkmal Teilzeit dafür speziell verantwortlich ist, ist nicht einfach zu beantworten. Niedrige Stundenlöhne, die nicht durch Anforderungsmerkmale der Tätigkeiten zu erklären sind, müssten als Diskriminierung Teilzeitbeschäftigter betrachtet werden. In der ökonomischen Literatur wird hingegen argumentiert, dass das Lohndifferential zwischen Vollzeit- und Teilzeitbeschäftigten ein wichtiger ökonomischer Grund für Teilzeitarbeit ist (Montgomery 1988). Niedrigere Stundenlöhne seien nötig, um sie überhaupt für Arbeitgeber attraktiv zu machen.

Zur Frage, ob es eine direkte Einkommensdiskriminierung von Teilzeitbeschäftigten gibt, kommen unterschiedliche Studien, die auf verschiedenen Datenquellen beruhen, zu verschiedenen Ergebnissen.[46] Bardasi/Gornick (2000) zeigen auf Basis der Luxemburg Income Study (LIS), dass in Deutschland nicht nur der unbereinigte Entgeltunterschied zwischen in Vollzeit und in Teilzeit beschäftigten Frauen besteht, sondern dass hier auch Belege für eine Diskriminie-

45 Bruttostundenlohn im Produzierenden Gewerbe und Dienstleistungsbereich einschließlich Sonderzahlungen auf Basis der Systematik der Wirtschaftszweige 2008 gemäß Vierteljährlicher Verdienststatistik des Statistischen Bundesamtes.

46 Vgl. auch für einen Überblick Klammer 2007.

rung von teilzeitbeschäftigten Frauen im Vergleich zu Vollzeitbeschäftigten zu finden sind. Anger/Schmidt (2008) kommen zu dem Ergebnis, dass ein Teil des Lohnunterschieds zwischen Frauen und Männern auf unterschiedliche Arbeitszeiten zurückgeführt werden kann. Wird Teilzeitarbeit als erklärende Variable in das Modell aufgenommen, dann sinkt der Einfluss des Geschlechts von 23 auf 15%.

Das Risiko für Teilzeitbeschäftigte, unterhalb die Schwelle eines Prekaritätslohns[47] zu geraten, ist für sie weit höher als für Vollzeitbeschäftigte (Brehmer/Seifert 2008).[48] Wolf (2001) hat auf Basis des Sozioökonomischen Panels (SOEP) 1995[49] gezeigt, dass teilzeitbeschäftigte Frauen im Allgemeinen weniger verdienen als vergleichbare vollzeitbeschäftigte Frauen. Eine erneute Analyse mit ähnlichem Design kam auf Basis der Daten für 2007 allerdings zu etwas anderen Ergebnissen (Wolf 2009): Die Effekte der Arbeitszeit auf den Stundenlohn sind bei Frauen im Jahr 2007 nicht sehr ausgeprägt.[50] Bei westdeutschen Frauen konzentriert sich der Lohnabschlag von Teilzeitarbeit auf Arbeitsverhältnisse mit zehn bis 15 Stunden pro Woche. Dass im Bereich der Minijobs in besonderem Maße Niedriglöhne gezahlt werden, obwohl die MinijoberInnen oftmals qualifiziert sind, fanden auch Kalina/Weinkopf (2008) heraus. Der Befund stimmt auch mit dem von Brehmer/Seifert (2008) überein, nach dem das Niedriglohnrisiko für unbefristet geringfügig Beschäftigte mehr als elfmal, für befristete MinijoberInnen achtzehnmal so hoch wie bei Beschäftigten im Normalarbeitsverhältnis ist. Zum gleichen Ergebnis kam auch Schwarze (2001).

Jedoch sind in Wolfs (2009) Analyse die Einkommenswirkungen von Teilzeitarbeit bei Frauen insgesamt nicht signifikant. Bei substanzieller Teilzeit sind Einkommensabschläge bei westdeutschen Frauen zwar vorhanden, aber gering,

---

47 Dieser wird als unterhalb der Niedriglohnschwelle (zwei Drittel des Medianlohns aller Beschäftigten) liegend definiert (Brehmer/Seifert 2008). Sie betrug 2003 für Deutschland 1.661 € brutto monatlich (Vollzeit).

48 2,4-mal für unbefristet Teilzeitbeschäftigte, 3,1-mal für befristet Teilzeitbeschäftigte im Vergleich zu unbefristet Vollzeitbeschäftigten. Der Einfluss der Humankapitalvariablen und Branchen wurde kontrolliert.

49 Das SOEP ist einer der wenigen Datensätze, der sowohl die Dauer der Arbeitszeit als auch das Einkommen erfasst und so Auswertungen zum Einkommen pro Stunde auch von Teilzeitbeschäftigten ermöglicht. Es enthält aber nur wenige Angaben über den Betrieb (Größe, Branche). Die Merkmale Tarifbindung oder Vorhandensein eines Betriebsrates sind nicht enthalten.

50 Mögliche Ursachen für die unterschiedlichen Ergebnisse sind folgende: Brehmer/Seifert schätzen ein Panel über 17 Jahre, d.h. sie messen den durchschnittlichen Effekt über die gesamte Beobachtungsperiode, während Wolfs Schätzung sich nur auf das Jahr 2007 bezieht. Zudem unterscheidet sich die Altersabgrenzung in beiden Studien. Bei Brehmer/Seifert werden auch die Beschäftigten erfasst, die am Beginn und am Ende ihres Berufsleben stehen (18-65 Jahre), wohingegen Wolf diese ausklammert (25-55 Jahre).

bei ostdeutschen Frauen sind sie nicht nachweisbar. Auch Busch/Holst (2008) zeigen, dass Teilzeitarbeit pro Stunde nicht geringer entlohnt wird, wenn der Einfluss der Humankapitalvariablen kontrolliert wird.[51]

Die europäisch vergleichend angelegte Studie auf Basis des Europäischen Haushaltspanels (Manning/Petrongolo 2004) kommt zu dem Ergebnis, dass es keinen systematischen Einkommensnachteil von Teilzeitbeschäftigten in Deutschland gibt. Interessant ist hier die Erkenntnis, dass es vor allem der Mangel an qualitativ hochwertigen Teilzeitarbeitsplätzen am Arbeitsmarkt ist, der zu Lohnabschlägen für Teilzeitarbeit führt, während dieser Effekt kaum nachweisbar ist, wenn Frauen beim selben Arbeitgeber von Vollzeit auf Teilzeit wechseln. Das könnte bedeuten, dass qualitativ hochwertige Arbeitsplätze nicht in Teilzeit ausgeschrieben und neu besetzt, sondern eher intern vergeben werden.

Die widersprüchlichen Befunde zur Diskriminierung von Teilzeitbeschäftigten liegen im jeweiligen Design der Studien begründet, so dass hier noch weitere Forschung nötig erscheint, um zu eindeutigen Befunden zu gelangen. So wird in den Untersuchungen von Anger/Schmidt (2008) und Wolf (2009) der Stundenlohn jeweils unterschiedlich berechnet.[52] Des Weiteren ist zu beachten, dass bei Wolf (2009) das Lohndifferential von teilzeit- gegenüber vergleichbaren vollzeitbeschäftigten Frauen bzw. Männern betrachtet wird, nicht jedoch der Einkommensunterschied zwischen den Geschlechtern. Wenn weibliche Beschäftigte (in Teilzeit oder Vollzeit) gegenüber vergleichbaren Männern diskriminiert werden, so bildet sich das hier nicht ab. Wolfs Befunde zeigen aber, dass teilzeitbeschäftigte Frauen 2007 keinen zusätzlichen Abschlag gegenüber vollzeitbeschäftigten Frauen hinnehmen müssen. Es kann sein, dass sich die Situation tatsächlich seit 1995 verbessert hat, allerdings wäre es notwendig, mehrere Jahre zwischen 1995 und 2007 zu betrachten. Brehmer/Seifert (2008) kommen auf Basis der Analyse von 17 Jahrgängen des SOEP jedenfalls zu einem abweichenden Ergebnis.

Neu ist die Erkenntnis aus der Analyse von Wolf (2009), dass Männer relativ stark von negativen Lohneffekten von Teilzeitarbeit betroffen sind, wenn auch auf einem insgesamt höheren Einkommensniveau. Der Befund von Wolf steht im Einklang mit neuen internationalen Studien für die Niederlande (Russo/Hassink 2005) und für Schweden (Wahlberg 2008). Männer scheinen es vor allem zu sein, die für nicht geschlechterrollenkonformes Verhalten „Lohnstrafen“ (pay penalties) hinnehmen müssen. Möglich ist allerdings auch, dass bei Männern die

51 Teilzeitbeschäftigte haben nach dieser Auswertung sogar einen höheren Stundenlohn, was aber vollständig als Bildungseffekt erklärt werden kann.

52 Anger/Schmidt beziehen alle Einkommensbestandteile wie Weihnachtsgeld, Gewinnbeteiligung mit ein, so dass eine Benachteiligung in diesen Entgeltbestandteilen sich in den Einkommensdifferenzen niederschlägt. Es unterscheidet sich aber auch die der Stundenlohnberechnung zugrunde gelegte Arbeitszeit.

Kumulation verschiedener Seiten atypischer Arbeit zu diesen Lohnabschlägen führt.

Für ostdeutsche Frauen zeigt Wolfs Analyse (2009) einen anderen bemerkenswerten Befund: Sie müssen Lohnabschläge infolge von überlangen Arbeitszeiten hinnehmen. Ostdeutsche Frauen mit überlanger Arbeitszeit leisten die Überstunden offenbar meist ohne Bezahlung.

Bisher wurden nur zeitpunktbezogen Beschäftigte mit unterschiedlichen Arbeitszeiten verglichen. Fest steht, dass in der *Lebenslaufperspektive* Phasen von Teilzeitarbeit deutliche Einkommenseinbußen zu Folge haben. Vorangegangene Teilzeitphasen wirken sich auch auf das Einkommen von später wieder Vollzeitbeschäftigten nachteilig aus (Lauer 2000; Beblo/Wolf 2000). Beblo/Wolf stellen fest, dass Teilzeitphasen zwar das spätere Einkommen mindern, aber nur in dem Maße, wie hier weniger Humankapital durch Berufserfahrung angesammelt wird. Allerdings stellt sich hier die Frage, ob das Humankapitalargument immer stichhaltig ist, da Humankapital möglicherweise nicht proportional zur Arbeitszeit gesteigert wird: denn höhere Arbeitsintensität oder Effizienz von Teilzeitkräften können den reinen Zeitfaktor wettmachen.

Wenig erforscht ist für Deutschland, inwieweit die Benachteiligung von Teilzeitbeschäftigten auch mit der Elternschaft zusammenhängt. Für andere Länder wurde gezeigt, dass Einkommensdifferenzen zwischen Müttern und Nicht-Müttern größer sind als zwischen Männern und Frauen (Corell et al. 2007). Nach Anger/Schmidt weisen Frauen ohne Kinder in Deutschland eine Lohnlücke im Vergleich zu Männern von 14%, Mütter aber von 26% auf (2008). Beblo et al. (2009) zeigen, dass Frauen, die ihr erstes Kind bekommen und nach einer Erwerbsunterbrechung wieder in Vollzeit zu ihrem früheren Arbeitgeber zurückkehren, Einkommensabschläge von etwa 19% hinnehmen müssen

Ein weiteres Problem ist die Zuweisung von Teilzeitbeschäftigung zu bestimmten Tätigkeiten, vor allem solchen auf den unteren Rängen der betrieblichen Hierarchie, die zwar nicht als direkte *Einkommens*diskriminierung von Teilzeitbeschäftigten gewertet werden kann. Doch können sich dahinter andere, betriebliche Statusdiskriminierungen verbergen. Darum geht es im Folgenden.

Karrierenachteile von Teilzeitbeschäftigten

Dass die Arbeitszeitdauer aus der Gleichstellungsperspektive nicht unbedeutend ist, zeigt eine Studie, die ergab, dass der Frauenanteil an Führungspositionen im weltweiten Vergleich mit dem höheren Anteil von Frauen am volkswirtschaftlichen Arbeitsvolumen steigt (McKinsey 2007). Frauen haben aber gerade in Deutschland, wo sie im Durchschnitt mit kurzen Arbeitszeiten tätig sind, einen deutlich geringeren Anteil am volkswirtschaftlichen Arbeitsvolumen. Teilzeitbeschäftigte haben viel geringere Chancen, umfassende Führungspositionen zu übernehmen. Im Top-Management arbeiten 95% der Personen auf Vollzeitbasis (BMFSFJ 2005: 131f., vgl. auch Kapitel 7 in diesem Band). Auch unter allen Führungskräften[53] gibt es weit weniger Teilzeitbeschäftigte als im Gesamtdurchschnitt aller Beschäftigten: 14% der weiblichen und nur 2% der männlichen Führungskräfte hatten eine Arbeitszeit unterhalb des Vollzeitstandards (2004), dagegen arbeiten überproportional viele Führungskräfte 41 Stunden oder mehr (20% der weiblichen und 34% der männlichen Führungskräfte) (Kleinert et al. 2007: 82f.; vgl. auch Kapitel 7). Sieben von zehn befragten weiblichen Führungskräften waren der Ansicht, dass eine Teilzeittätigkeit der Karriere grundsätzlich schadet (Habermann-Horstmeier 2007). Unter den von Bischoff (2005, zit. in ebd.) befragten Frauen schlossen Teilzeitbeschäftigte weitaus häufiger als Vollzeitbeschäftigte weitere Karriereschritte für sich aus, was möglicherweise allein der realistischen Betrachtung ihrer Chancen geschuldet ist. Teilzeitarbeit wird oft nur in weniger qualifizierten Tätigkeiten als möglich angesehen. So unterstützt ein großer, als familienfreundlich zertifizierter Betrieb Teilzeitwünsche nicht bei hoch qualifizierten Frauen, wie eine empirische Untersuchung ergab (Botsch et al. 2007, S. 90f.). Die Beschäftigten selbst haben den Eindruck gewonnen, dass das hohe Arbeitspensum Teilzeitarbeit ausschließe.

Innerbetriebliche Mechanismen können dazu führen, dass Frauen von Karrierepfaden abgedrängt werden, wenn sie als hoch qualifizierte Beschäftigte Teilzeit arbeiten wollen (Bäcker et al. 2007; Koch 2008). Die Umsetzung der Teilzeitansprüche aus dem Teilzeit- und Befristungsgesetz wurde in den untersuchten Betrieben nur bei Verlust des betrieblichen Status ermöglicht, in Leitungspositionen wurde grundsätzlich keine Teilzeit gewährt. Dominantes Argumentationsmuster ist in diesem Zusammenhang, dass für Führungspositionen eine weit über Vollzeit hinausgehende entgrenzte Arbeitszeit unabdingbar sei. Zum einen betrachten die Personalverantwortlichen eine immerwährende Ansprechbarkeit der Führungskraft als Bedingung erfolgreicher Führung; zum anderen werden arbeitsorganisatorische Lösungen wie geteilte Leitungsverantwortung als ineffizient angesehen sowie auch alternative personalpolitische Möglichkeiten – Delegation von Aufgaben oder Möglichkeiten der flexiblen Erreichbarkeit – in den untersuchten Betrieben gar nicht erwogen (Bäcker et al. 2007; Koch 2008). Es könnte sein, dass die Arbeitszeitfrage hier dem Legitimationsversuch dient, Frauen mit einer scheinbar sachlichen Begründung als Konkurrentinnen aus dem Feld zu schlagen. Auch wenn umfassende Beweise zurzeit fehlen, spricht doch vieles dafür, dass die reduzierte Arbeitszeit häufig eine Aufstiegsbremse ist (vgl. auch Kapitel 7).

---

53 Dies ist eine weniger enge Abgrenzung als Positionen „mit umfassenden Führungsaufgaben“, vgl. Kapitel 7.

4.6.4 Besondere Benachteiligung der MinijoberInnen

Haben schon Teilzeitbeschäftigte im Allgemeinen mit Nachteilen zu rechnen, so gilt das für geringfügig Teilzeitbeschäftigte noch einmal in besonderem Maße. Ein Teil von ihnen lässt sich wegen der auf der ersten Blick gegebenen Vorteile der Steuer- und Abgabenfreiheit auf diese Beschäftigungsverhältnisse mehr oder weniger freiwillig ein, doch sind diese Vorteile oft nur scheinbar vorhanden: Es ist möglich, dass der Arbeitgeber die von ihm zu zahlenden Steuern und Abgaben auf die MinijoberInnen überwälzt. Insbesondere ist aber problematisch, dass die MinijoberInnen trotz oftmals vorhandener Qualifikation fast immer zu Stundenlöhnen unterhalb der Niedriglohnschwelle arbeiten. Das betrifft 92% von ihnen (Kalina/Weinkopf 2008). Der Anteil von Minijobs am Niedriglohnsektor, der insgesamt stark angewachsen ist, hat in den letzten Jahren dramatisch zugenommen: von 15% im Jahr 1995 auf heute fast 30% (2006). Mit 70% ist der überwiegende Anteil der Niedriglohnbeziehenden weiblich (ebd.).

Die Arbeitsbedingungen von MinijoberInnen sind bisher nicht umfassend erforscht, doch eine Studie im sächsischen Einzelhandel offenbarte viele Merkmale höchst prekärer Arbeit: Verbreitete Verstöße gegen das Arbeitsrecht, Löhne zum Teil 50% unterhalb des Tarifniveaus, keine Lohnfortzahlung im Krankheitsfall, kein Urlaubsgeld, kaum Weiterbildung (Benkhoff/Hermet 2008; vgl. auch Brehmer/Seifert 2008). Angesicht von Drohungen, dass Stellen gestrichen und Filialen geschlossen werden, scheinen Betriebsräte hier nach der Untersuchung von Benkhoff und Hermet nicht auf der Einhaltung des Arbeitsrechts zu bestehen.

Vor diesem Hintergrund ist die Zunahme der Zahl geringfügig entlohnter Beschäftigungsverhältnisse seit der Gesetzesänderung 2003 aus der Gleichstellungsperspektive als Rückschritt anzusehen. Hinzu kommt die allgemeine gleichstellungspolitische Problematik dieser Form der Erwerbstätigkeit, dass eine eigenständige Existenzsicherung damit nicht erreicht werden kann. Ohne diese bleiben die Frauen von ihren Ehepartnern abhängig. Das Durchschnittseinkommen der MinijoberInnen betrug 2006 im Westen rund 263 € und im Osten sogar nur 204 €. Der eingeschränkte Zugang zu den sozialen Sicherungssystemen ist nicht nur in der Lebensverlaufsperspektive risikobehaftet, da viele Ehen nicht ein Leben lang halten. Fehlende Arbeitslosen- und lückenhafte Rentenversicherung können betroffene Frauen in prekäre Notlagen bringen.[54] Seit der Unterhaltsrechtsreform 2008, die geschiedene Ehefrauen grundsätzlich zur Existenzsi-

---

54 Die bestehende Möglichkeit, durch freiwillige Beiträge zur Rentenversicherung spätere Rentenzahlungen (in geringem Maße) aufzustocken, wird nur von 4% der geringfügig entlohnten Beschäftigten genutzt (Minijobzentrale 2008a).

cherung auf den Arbeitsmarkt verweist, sind im Scheidungsfall Minijobs gleichstellungspolitisch problematischer denn je.

4.6.5 Tatsächliche Arbeitszeit: überlange Arbeitszeit als Aufstiegsleiter

Bisher wurde die *vertragliche* Dauer der Arbeitszeit betrachtet. Auch hinsichtlich der Dauer der *tatsächlichen* Arbeitszeit können sich Nachteile für Frauen ergeben. Wenn die Arbeitszeit von der vertraglichen Arbeitszeit nach oben abweicht, weil bezahlte oder unbezahlte Überstunden geleistet werden (müssen), kann dies als eine Barriere für Frauen beim Zugang zu bestimmten Positionen wirken. Arbeitszeiten über die vertragliche Arbeitszeit hinaus werden von Frauen stärker abgelehnt als von Männern. Durch überlange Arbeitszeiten vergrößert sich für Frauen die Differenz zu den eigentlich gewünschten Arbeitszeiten noch stärker als bei Vollzeit (Bauer et al. 2004; BMFSFJ 2004).

Überlange Arbeitszeiten sind häufig eine Vorbedingung für beruflichen Aufstieg. In ihrer Befragung von über 7.000 AbsolventInnen der Studienfächer Chemie, Physik, Ingenieurwissenschaften und Informatik identifiziert Haffner (2007) erneut die entscheidenden, aber eher unausgesprochenen Leistungsmaßstäbe: überlange Arbeitszeiten und ständige Verfügbarkeit. Das bestätigt auch eine aktuelle Studie über Mütter in Führungspositionen (Lukoschat/Walther 2006). Von den Befragten mit Kind(ern) arbeiten 80% Vollzeit zwischen 40 und 60, teilweise 70 Stunden pro Woche. Im Durchschnitt arbeiten Führungskräfte in Deutschland 44 Stunden (Holst 2006). Hinzu kommt häufig noch eine nicht erfasste Zeit für berufliche Arbeit, die zu Hause geleistet wird, da es bei diesen Tätigkeiten zur Entkopplung von Arbeitszeit und Anwesenheit kommen kann.

Es scheint einen Zusammenhang zwischen Höhe der Wochenarbeitszeit und der Position in den Hierarchieebenen zu geben (Kohn/Breisig 1999, zit. in Timmermann 2006). Überlange Arbeitszeiten sind nicht nur mit besseren Karriereaussichten, sondern in der Langfristperspektive auch mit beträchtlichen Einkommenszuwächsen verbunden. Über einen Zeitraum von zehn Jahren hinweg erhielten Beschäftigte mit unbezahlter Mehrarbeit durchschnittlich einen 10% höheren Einkommenszuwachs (Pannenberg 2002).

Auch die unterschiedliche Verbreitung von überlangen Arbeitszeiten unter Frauen und Männern steht im Zusammenhang mit den Geschlechterrollenstereotypen und der geschlechtsspezifischen Arbeitsteilung. Als Familienernährer sind Männer an erster Stelle an einer guten Einkommensgrundlage für die Familie interessiert, die sich über Mehrarbeit verbessern lässt. Die mangelnde Vereinbarkeit solcher Arbeitszeiten mit Fürsorgearbeit hingegen ist für die meist männlichen Führungskräfte kein Problem (vgl. Kapitel 7).

Zusammenfassend zeigt sich also, dass über die Arbeitszeitdauer auch Ungleichheiten im Betrieb vermittelt werden. Hinsichtlich einer unmittelbaren Einkommensdiskriminierung gegenüber Vollzeitbeschäftigten scheint das nicht unbedingt der Fall zu sein, solange die Teilzeitarbeit im substanziellen oder vollzeitnahen Stundenbereich ausgeübt wird. Minijobs mit Arbeitszeiten zwischen zehn und 15 Stunden haben hingegen direkt senkenden Einfluss auf die Stundeneinkommen. Zudem sind sie für weitere Benachteiligungen und Umgehung arbeitsrechtlicher Vorschriften besonders anfällig. Zwar üben auch Männer Minijobs aus, aber in der Mehrzahl verknüpft sich bei Minijobs (als Hauptbeschäftigung) die traditionelle weibliche Geschlechterrolle und die Absicherung von Frauen über die Ehe mit dem Interesse von Arbeitgebern an Lohnkosteneinsparung. Die sozialstaatliche Rahmung – gesetzliche Vorschriften zu Minijobs sowie die Belohnung ungleicher Einkommen der Ehepartner über das Ehegattensplitting – unterstützen das Beharren in dieser Ungleichheit, zumal Arbeitgeber das Angebot an Minijobs stark ausgeweitet haben.

Neben der Frage der direkten Einkommensdiskriminierung ist auch die nach der Diskriminierung beim Zugang zu Positionen und beim innerbetrieblichen Aufstieg zu stellen. Der durchschnittliche Einkommensunterschied von Teilzeitbeschäftigten gegenüber Vollzeitbeschäftigten scheint – neben Brancheneffekten – besonders auf diese Form der Statusdiskriminierung zurückzuführen zu sein. Während einerseits nach wie vor Teilzeitbeschäftigte von Karrierewegen abgedrängt werden, wird umgekehrt für Führungspositionen meist eine überlange Arbeitszeit verlangt. Die Dauer der Arbeitszeit erweist sich so als wichtiger ungleichheitsrelevanter Faktor, der häufig zulasten der Gleichstellung von Frauen geht. Denn die unterschiedliche Dauer der Arbeitszeit folgt noch immer dem Grundmuster polarisierter Geschlechterrollen und einer geschlechtsspezifischen Arbeitsteilung. Weiblichkeit wird – tendenziell – mit Fürsorge und schwächerer beruflicher Orientierung, Männlichkeit mit Erwerbs- und Karriereorientierung gleichgesetzt. Diese Muster sind wirksam, auch wenn durchaus nicht alle Frauen und ebenso nicht alle Männer diesem Bild entsprechen. Frauen können sich, um die Diskriminierung entlang der Trennlinie Arbeitszeitdauer zu vermeiden, wie Männer verhalten und ebenfalls überlange Arbeitszeiten akzeptieren. Damit nehmen sie nur an den männlich geprägten Strukturen teil, verändern diese aber nicht. Für die Veränderungen der Strukturen sind Männer in den Betrieben von größerer Bedeutung, da sie die Mehrzahl der Entscheider in Führungspositionen stellen. Ihr eigenes Verhalten ebenso wie ihre Entscheidungen bezüglich der Arbeitsorganisation, der Zuweisung von Tätigkeiten an Beschäftigte mit unterschiedlichen Arbeitszeiten, ihr Einfluss auf das betriebliche Klima spielen eine entscheidende Rolle dafür, ob Diskriminierung entlang der Arbeitszeitlinie beseitigt wird, oder ob es bei den geschlechtstypischen Spaltungen bleibt. Darüber hinaus können Männer die klaren Geschlechterrollenzuschreibungen in Bewegung bringen, wenn sie sich anders als dem traditionellen Rollenbild entsprechend verhalten und Fürsorgeverantwortung wahrnehmen. Daher erscheint es sinnvoll, den Blickwinkel der Frauenforschung, der Strukturen zum Nachteil von Frauen thematisiert, durch einen Männerforschungsansatz zu erweitern, der das Verhalten von Männern erklärt und nach Potentialen aber auch Schranken der Veränderung auf Seiten der Männer fragt. Darum geht es im Folgenden.

4.7 Beharrung oder Veränderung – Die Rolle von Männern im Betrieb

Die Geschlechterfrage in den Betrieben ist eine Frage des Verhaltens von Frauen und Männern sowie der Strukturen, die das Verhalten beider Geschlechter prägen und beeinflussen. Veränderungen in den Betrieben, die nur auf Frauen zielen, reichen nicht aus. Frauen und Männer arbeiten in vielen Bereichen zusammen. Daher ist es sinnvoll, sich der Rolle von Männern in betrieblichen Veränderungsprozessen zuzuwenden. Tatsächlich hat sich in den letzten Jahren auch auf der Seite der Männer ein Wandel vollzogen (Volz/Zulehner 2009). Ein Teil der Männer übernimmt Verantwortung in der Kinderbetreuung oder möchte sie übernehmen. Auch über Familienaufgaben hinaus ist das Thema Work-Life-Balance (vgl. dazu Kapitel 6 in diesem Band) für Männer inzwischen interessant geworden und nicht mehr jeder Mann akzeptiert die klassischen Zuschreibungen. Daher wurde der nachfolgende Exkurs von Stephan Höyng auf Basis neuer empirischer Studien in das Kapitel aufgenommen. Damit wird zugleich ein Erklärungsansatz geliefert, warum sich bisher trotz jahrzehntelanger Thematisierung von Gleichstellungsproblemen von Seiten der Frauenpolitik in den Betrieben so wenig verändert hat.

Exkurs: Männer zwischen Beruf und privatem Leben

Stephan Höyng

„Vereinbarkeit" thematisiert klassischerweise die zeitliche Verteilung von Erwerbsarbeit und von Kinderbetreuung bei Müttern, vereinzelt ist auch das ganze Privatleben Thema. Von wesentlicher Bedeutung für die Vereinbarkeit von Beruf und privatem Leben sind die betrieblichen Vorgaben, die sich an Erwerbsarbeitszeit, Arbeitsort und Arbeitsbelastung festmachen. Bislang stand im Fokus des Kapitels, wie betriebliche Zeitvorgaben Ungleichheit vermitteln. Aus der Erkenntnis, dass betriebliche Rahmenbedingungen häufig Frauen benachteiligen, können Männer nur ein mittelbares, indirektes Interesse an Gleichstellung ableiten. Es ist im Gegenteil sogar so, dass manche Männer diese betrieblichen Bedingungen entscheidend mit gestalten. Die persönliche Bilanz der Vor- und Nachteile von Gleichstellung im Betrieb fällt aus männlicher Perspektive daher oft anders aus als bei Frauen. Wenn aber der Blick auf das *ganze Leben* geworfen wird, können auch Männer unmittelbare Vorteile von Vereinbarkeit und Gleichstellung für sich finden. Denn auch Männer können, wollen und müssen sich zunehmend darum sorgen, dass Beruf und privates Leben vereinbar bleiben. Hieran ließe sich für eine betriebliche Gleichstellungspolitik unmittelbar anknüpfen. Zentral ist es, dass überhaupt wahrgenommen wird, dass aufgrund veränderter familialer Lebensformen und anderer Bedürfnisse Männer Zeit für Fürsorge benötigen.

Bislang wenig thematisiert wird die Unternehmenskultur, etwa das Leitbild langer Präsenz, oder der informelle Anspruch, dass Führungskräfte und karrierebewusste Mitarbeiter Vereinbarkeitsmaßnahmen nicht beanspruchen (vgl. Oechsle 2006). Genau dies sind die Themen, die auch Männer betreffen. Als Begriff für dieses umfassendere Verständnis eignet sich „Vereinbarkeit von Beruf und privatem Leben". Es geht damit um mehr als eine Umorganisation von Arbeitszeit in einer Arbeitswelt, in der sich ansonsten nichts ändern muss. Für Männer geht es um die grundsätzliche Möglichkeit, etwas neben der Berufsarbeit in den Lebensmittelpunkt stellen zu können, ohne ihre gesellschaftliche Anerkennung, ja ihre Anerkennung als Männer zu verlieren.

Im Folgenden wird dargelegt, in welchen gänzlich unterschiedlichen Lebenslagen sich Männer befinden. Indem Männlichkeit als gesellschaftliche Praxis definiert wird, öffnet sich die Möglichkeit, nicht nur eine vorherrschende Männlichkeit, sondern Männer in ihrer Vielfalt und unterschiedlichen Interessen zu beschreiben, ohne dabei Hierarchien unter Männern zu vernachlässigen. Mit Vaterschaft wird dann ein Aspekt von Männlichkeit thematisiert, der nicht für alle, aber für viele sehr unterschiedliche Männer bedeutsam ist. Danach werden unterschiedliche Typen von Männern in ihrer Beziehung zur Vereinbarkeit von Beruf und privatem Leben dargestellt und Ansatzpunkte für betriebliches Handeln aufgezeigt.

4.7.1 Männlichkeit als gesellschaftliche Praxis

Es ist auch eine Folge des vorherrschenden Bildes von Männlichkeit, dass Männer in den Bereichen, mit denen Vereinbarkeit assoziiert wird, selten zu finden sind. Nicht nur politische Akteure betrachten Vereinbarkeit, Kinderbetreuung und Teilzeitarbeit häufig als Frauenthema, eine breite Gruppe von Männern denkt ebenso traditionell. Das setzt sich auch auf der betrieblichen Ebene fort: Männliche ebenso wie weibliche Akteure betrieblicher Vereinbarkeits- und

Gleichstellungspolitik denken Männer oft nicht mit. Es scheint vielmehr, dass wir es hier mit einem Verständnis von Männlichkeit und Weiblichkeit zu tun haben, das von vielen Männern und Frauen in Betrieben geteilt und mitgetragen wird, somit als allgemein vorherrschend, als hegemonial zu beschreiben ist.

Männlichkeit (und ebenso Weiblichkeit) kann jedoch nicht als etwas über alle Zeiten und über alle Kulturen hinweg Festgelegtes verstanden werden, dazu sind die Differenzen zwischen Männern verschiedener Kulturen und unterschiedlicher Zeitalter viel zu groß. Männlichkeit ist gesellschaftliche Praxis. „Männlichkeit ist – soweit man diesen Begriff in Kürze überhaupt definieren kann – eine Position im Geschlechterverhältnis, die Praktiken, durch die Männer und Frauen diese Position einnehmen, und die Auswirkungen dieser Praktiken auf die körperliche Erfahrung, auf Persönlichkeit und Kultur“ (Connell 1999, S. 91). Die jeweilig vorherrschende, die *hegemoniale Männlichkeit* ist dann „jene Form von Männlichkeit, die in einer gegebenen Struktur des Geschlechterverhältnisses die bestimmende Position einnimmt, eine Position allerdings, die jederzeit in Frage gestellt werden kann“ (ebd., S. 97).

Männlichkeit innerhalb der Erwerbsarbeit

Ein zentraler Ort für die Verhandlung von Vereinbarkeit ebenso wie für die gesellschaftliche Praxis der Männlichkeit ist die Erwerbsarbeit im Betrieb. Hier wirken sich betriebliche Arbeitskulturen und hegemoniale Männlichkeit aus, die etwa Erfolgsdruck und Konkurrenz fördern und dadurch hohe Anforderungen an Mitarbeiter und Mitarbeiterinnen mit sich bringen. In einer sich verändernden, entgrenzten Arbeitswelt wird auf persönliche Be- und Überlastung selten Rücksicht genommen.

In der beruflichen Welt ist eine höhere soziale Position von Männern klar zu erkennen. Wie in den anderen Kapiteln dieses Bandes dargestellt, verdeutlichen alle Zahlen die Vorherrschaft von Männern gegenüber Frauen, sowohl in Führungspositionen als auch beim Arbeitsentgelt. Die Männer, die sich in den gesellschaftlich dominierenden Bereichen bewegen, zeigen fast durchgängig eine Männlichkeit, die mit dem Thema Vereinbarkeit in keiner Hinsicht persönlich in Berührung kommen. Männer in Führungspositionen haben nur einen Fokus auf Beruf und keinen weiteren, etwa auf Familie, die sie damit vereinbaren müssten. Nur wer sich so fokussiert, kann diese Positionen erreichen oder halten. Eines der großen beruflichen Hindernisse für Frauen ist, dass generell vermutet wird, dass sie mehr als ein berufliches Standbein haben – und dies als Problem gewertet wird. Doch auch Männer, die freiwillig Teilzeit arbeiten, gehören nicht mehr zur vorherrschenden Männlichkeit, ihre Anerkennung als ganzer, richtiger Mann ist gefährdet. In diesem Sinne ist „Männlichkeit“ etwas, das Männer recht schnell verlieren können und immer wieder beweisen müssen. Entsprechend wird etwa einem Leben als Hausmann oder in homosexueller Partnerschaft die „Männlichkeit" abgesprochen.

Männlichkeit als „geronnene Praxis" in Kultur und Institutionen

Für viele Erwerbstätige hat sich die Form der Arbeit in den letzten Jahrzehnten sehr verändert: Es wird extreme berufliche Mobilität gefordert, die Erwerbsarbeit wird zunehmend verdichtet, Erwerbszeiten werden gegenwärtig nicht verkürzt, sondern verlängert. Der Stress, den ein Mithalten in der Arbeitswelt produziert, ist längst eine strukturelle Bedingung für Erwerbsarbeit geworden (Böhnisch 2005, S. 209). Vorherrschende Männlichkeit kann sich jedoch auf eine trotz dieser Entgrenzung sehr stabile und starre informelle Arbeitskultur stützen.

> „Sie hat sich nach dem Muster männlicher Arbeitsbiographien gebildet, in der ein Mann immer eine Hausfrau oder jemand anderen hinter sich wusste, wenn er Kinder hatte. So ist es aber heute nicht mehr." (Radisch 2008, S. 67)

Doch Arbeitgeber haben wenig Interesse, diese Kultur der „Eineinhalb-Personen-Berufe" hinter sich zu lassen. In Deutschland ist nach wie vor eine Arbeitskultur vorherrschend, die Vollzeitarbeit und allseitige berufliche Verfügbarkeit unhinterfragt als Norm setzt. In den Betrieben sind zentrale Akteure häufig in informellen Netzwerken verbunden. Informationsflüsse, Entscheidungsabläufe und Leistungsdefinitionen werden fortwährend auf sie zugeschnitten. Da sie viel Zeit am Arbeitsplatz verbringen, wird effizientes Engagement in kürzerer Arbeitszeit kaum wahrgenommen und honoriert. Unter Engagement wird vielmehr eine Arbeitszeit weit über dem vertraglich Festgeschriebenen, unter Leistung Verfügbarkeit und Belastbarkeit verstanden (Höyng/Lange 2004). Dies passt zu dem Lebensmodell dieser Akteure, die als Übererfüller nur für den und im Beruf leben und sich privat in der Regel von Hausfrauen versorgen lassen (Höyng/Puchert 1998). Viele ArbeitnehmerInnen hinterfragen z.B. solche milieubedingten Leistungsdefinitionen nicht, sondern erkennen sie vorbehaltlos an. So stärken sie diese Arbeitskultur, selbst wenn sie davon wenig haben. Männer und Frauen, die auf andere als diese Weise ihre Leistung erbringen wollen, stoßen dann auf ein betriebliches Umfeld, das die Umsetzung von Vereinbarkeit auf vielfältige Weise erschwert.

Soziale Praktiken von Männern und Frauen

Neben den vorgefundenen betrieblichen Rahmenbedingungen entsteht die vorherrschende Männlichkeit durch eine Konfiguration von Praktiken, durch die Männer und Frauen ihre Positionen einnehmen. Im Kontext der Vereinbarkeit von Beruf und privatem Leben lassen sich drei relevante Themen benennen:

- Männer und Frauen zeigen klare Differenzen in der Aufteilung von Erwerbs- und privater Arbeit im Alltag (Döge 2006, S. 55ff.), aber auch in Bezug auf Lebensphasen. Die bei Männern vorherrschenden Muster genießen mehr Wertschätzung.
- Männer stellen durch Konkurrenzkampf Hierarchien untereinander her. Dies gilt als wesentliches Prinzip in der Berufswelt – und von hegemonialer Männlichkeit (Böhnisch 2003, S. 159).
- Dass man sich selbst kontrollieren und steuern kann, wird in der modernen Berufsarbeit in immer stärkerem Maße erwartet. Selbstkontrolle ist aber auch ein wesentliches Prinzip von hegemonialer Männlichkeit (ebd.).

Die angeführten Prinzipien schlagen sich in verschiedenen alltäglichen Praktiken nieder und führen zu Nachteilen für Frauen und nicht konforme Männer. Männlichkeit definiert sich somit in erster Linie in einer hierarchischen Relation zu Weiblichkeit, aber auch in Hierarchien unter Männern.

Selbstwahrnehmung und Selbstbild von Männern

Es gibt eine lange Liste von selbst- und fremdschädigenden Konsequenzen, die eine Orientierung an der vorherrschenden Männlichkeit mit sich bringt: ob die geringe Wahrnehmung der eigenen Körperlichkeit, von Bedürfnissen und Grenzen, ein stark kontrollierender Umgang mit sich selbst, das Benutzen von anderen, der Verlust an Empathie, Selbstfindung nur im Konkurrenzkampf, Stress und Herzversagen (Böhnisch 2003, S. 158ff.). Männer haben durchaus Einstellungen und Wünsche, die sich von den eben angeführten selbstschädigenden Umgangsweisen absetzen. In Deutschland wünscht sich eine große Zahl der Vollzeit tätigen Männer eine andere Balance von Beruf und Leben. Sie möchten gern durchschnittlich mindestens vier bis fünf Wochenstunden weniger erwerbstätig sein, als sie es tatsächlich sind – auch wenn dies Lohneinbußen zur Folge hätte (Bielenski et al. 2001). Auch das Selbstbild der meisten Männer entspricht nicht der hegemonialen Männlichkeit. In Bezug auf Vereinbarkeit ist hier besonders die Bewertung und Einschätzung von Erwerbsarbeit durch Männer zu betrachten. Die Bedeutung von Erwerbsarbeit wird von Männern heute geringer eingeschätzt als noch vor zehn Jahren. Dennoch bleibt Erwerbsarbeit neben Familie und sozialer Gerechtigkeit für Männer am wichtigsten (Volz/Zulehner 2009).

4.7.2 Vaterschaft zwischen Fürsorge und Männlichkeit

Die Strukturen des Privatlebens verändern sich

In den Strukturen des privaten Lebens, bei der Hausarbeit und der Kinderbetreuung, zeigt sich mehr Bewegung als in den Strukturen der Erwerbswelt. Dies setzt nun auch Männer unter Druck. Paare versuchen mehrheitlich partnerschaftlich, Lebensformen zu finden, in denen Gerechtigkeit und Gleichheit umgesetzt werden. Diese Aushandlungen werden in starkem Maße durch die Situation der Partner in der Berufsarbeit behindert und begrenzt. Viele Männer möchten längst nicht mehr in Berufs- und Familienverhältnissen mit herkömmlichen Rollen leben. Daraus resultieren auch andere, neue Wünsche von Männern an die Vereinbarung von privatem Leben und Berufsarbeit. Die gewünschte Lebensform ist viel mehr vom sozialen Milieu, dem sich die Männer und Frauen zuordnen lassen, als vom Geschlecht abhängig. Nur 14% der Männer und Frauen Deutschlands wünschen sich Männer als Alleinverdiener, 34% als Hauptverdiener, während bereits 35% eine Partnerschaft mit egalitärer Verteilung von Erwerbs- und Familienarbeit anstreben (Sinus Sociovision 2007, S. 31ff.). Während also eher ältere, bürgerliche, etablierte, konservative und traditionsverwurzelte Männer einer traditionellen Männlichkeit anhängen, hat eine große Zahl von postmateriellen, modernen und auch bürgerlichen Männern stärker egalitäre Bedürfnisse (vgl. auch Bielenski et al. 2001).

Ein Aspekt von Männlichkeit befindet sich gegenwärtig im Umbruch und ist Gegenstand eines breit ausgetragenen Diskurses: das Vatersein. Das Leben mit Kindern und die Art und Weise, wie dabei Verantwortung übernommen wird, ist ein wichtiges Thema, nicht nur für Männer. Leider bleibt diese Diskussion bislang auf das Privatleben fokussiert und befasst sich nur selten mit den Rahmenbedingungen in der Berufsarbeit. Sonst würde auch erkennbar, dass intensive Betreuung und Pflege der vorherrschenden beruflich orientierten Männlichkeit im Kern widerspricht.

Aufwertung des Vaterseins

Aktuell werden ein eher egalitäres Verständnis und eine Aufwertung von Väterlichkeit sehr betont. Diese Tendenz finden wir auch in Wünschen und Praxis vieler junger Väter. Väter wollen Kontakt, versuchen Beziehung zu Kindern zu gestalten. Der Wandel wird bei jungen Vätern deutlich, von denen schon seit einigen Jahren über 70% das Vaterschaftsmodell „Erzieher” gegenüber dem „Ernährer” bevorzugen (Fthenakis/Minsel 2001, S.7). Sie möchten mehr Zeit und Möglichkeiten für Partnerschaften, für die Wahrnehmung von Betreuungspflichten, für soziales Engagement oder für das ganze Leben haben (Puchert et al. 2005). Beruf und Kinderbetreuung haben auch bei Männern ein Vereinbarkeitsproblem entstehen lassen. Immer wieder wird gefordert, neue Vaterbilder zu propagieren bzw. „die Familienrolle für Männer“ attraktiver zu machen (z.B. Sachverständigenkommission 2005, S. 19). Die veränderten Bedürfnisse und neue Praxis vieler Väter fanden einen Niederschlag im Elterngeldgesetz von 2007. Damit bietet sich auch ihnen eine Unterstützungsmöglichkeit, zumindest für eine kurzfristige Reduzierung der Berufsarbeit. Diese hat eine wachsende Zahl von Männern genutzt.[55]

Die veränderte Erwerbssituation, die öffentliche Thematisierung, die Diskussionen, die Bedürfnisse und das veränderte Verhalten von jungen Vätern haben zu einer inzwischen breit getragenen *Ergänzung in den Vorstellungen von Männlichkeit* geführt hat: Fürsorglich sein wird bei Vätern akzeptiert, *solange es nicht auf Kosten des Berufs geht.*

Betriebe und männliche Fürsorge

Die Schwierigkeiten, die eine bestehende Arbeitskultur der Vereinbarkeit von Beruf und privatem Leben macht, können in Verbindung mit der Abspaltung von Fürsorge gesehen werden:

> „Obwohl sich Geschlechterideale wandeln, zeigt das Erwerbsleben ein anhaltendes Interesse an der Bewahrung von Ernährer-Männlichkeiten, verbunden mit einer Entwertung männlicher Fürsorglichkeit (...). Männer entwickeln stärker beziehungsorientierte Formen von Männlichkeit, verknüpft mit Fürsorglichkeit und Beteiligung am Familienleben, begegnen aber oft einer traditionellen und in der Organisation tief verwurzelten Männlichkeit in ihrer Berufsarbeit." (Holter 2007, Übersetzung – S.H.)

„Fürsorglichkeit bremst Karrieren aus", lautet auch das Ergebnis der betrieblichen qualitativen Untersuchung (Gärtner et al. 2006, S. 40). Teilzeitarbeit etwa ist eine mögliche Konsequenz der Übernahme von persönlicher Fürsorge. Doch diese ist nicht erwünscht. In Betrieben und Verwaltungen werden Männer, die Teilzeit arbeiten oder ihre Erwerbsarbeit unterbrechen, unabhängig von ihren Leistungen häufig als Aussteiger behandelt und abqualifiziert (Puchert et al. 2005). Nur die Vermutung, dass jemand etwas anderes als den Erwerb wichtig nimmt, reicht, damit er nicht mehr zur vorherrschenden Männlichkeit dazu gehört.[56] Immer noch gilt in unserer Gesellschaft Fürsorge (Care) als unvereinbar mit der vorherrschenden Vorstellung von Männlichkeit. Zu wenig sind fürsorg-

---

55 2001 nahmen erst 1,5% der Väter Erziehungsurlaub (Gärtner et al. 2006, S. 14), 2006 ca. 3% der Väter Erziehungszeit. Anderthalb Jahre nach Einführung des Elterngeldgesetzes, mit einer Lohnersatzleistung von bis zu zwei Dritteln des vorherigen Entgelts beantragten schon über 18% der Väter Elterngeld. Väter nehmen aber im Durchschnitt nur zwei Monate Elterngeld, Mütter dagegen zwölf Monate. Am häufigsten beantragen Väter Elterngeld in ostdeutschen Bundesländern und Bayern (von der Leyen 2008).

56 Auf die Frage nach seinen Berufschancen antwortet ein teilzeittätiger Bankangestellter: „Gute Frage. Die Chance ist gleich Null. Das wusste ich aber auch in dem Augenblick, in dem ich mich dafür entschlossen habe. In dem Augenblick, wo man sich als Mann für Teilzeit entscheidet, ist man tot, karrieremäßig. Man ist tot. Und da muss man sich auch keine Illusionen machen." (Holter et al. 2005, S. 86).

liche Männerbilder in den Arbeits- und Organisationskulturen ebenso wie in den Lebenswelten der meisten Frauen und Männer verankert. Mit Fürsorge verbinden die allermeisten Menschen in unserer Gesellschaft ein Geschlecht: Frauen. Margrit Brückner beschrieb Gefühls- und Beziehungsarbeit als weibliche Fähigkeiten (vgl. Brandes 2002, S. 233ff.). Noch heute werden Frauen immer wieder besondere kommunikative Fähigkeiten zugeschrieben, etwa als „weiblicher Führungsstil“ (Krell 2008). Es gibt ein Bild der guten Mutter, aber es gibt kein Bild des guten Vaters, das die Einschränkungen des Ernährerbildes überwinden könnte. Doch auch wenn für die Vereinbarkeit von Männlichkeit und Fürsorge nicht nur große Hindernisse in der Berufswelt sondern auch in den Werten und Einstellungen liegen, gibt es eine andere Realität, nämlich Männer, die durchaus die Fähigkeiten zur Fürsorge haben und diese auch einbringen. Sie sorgen für andere, ob als Trainer im Sportverein, als Vater zu Hause oder selbst als Vorgesetzter im Unternehmen.

4.7.3 Unterschiedliche Männlichkeiten in der Bewältigung ökonomischen Drucks

Der Umgang von Männern mit diesen und anderen gesellschaftlichen Rahmenbedingungen ist nicht einheitlich. Es gibt Männer, die das vorherrschende Bild in ihrer alltäglichen Praxis umsetzen, andere entwickeln eine alternative Alltagspraxis. Die Männerforschung differenziert *verschiedene Männlichkeiten* – das sind „durch das Geschlechterverhältnis strukturierte Konfigurationen von Praxis, die von Grund auf historisch sind (Connell 1999, S. 64). Im Spannungsfeld zwischen den beruflichen Rahmenbedingungen und den eigenen Lebensformen, Wünschen und Bedürfnissen ließen sich durch betriebliche Befragung von über 120 Männern aus sechs europäischen Ländern verschiedene Männlichkeiten identifizieren (vgl. zum Folgenden Höyng 2008). Die Gruppe der Männer unterschied sich am stärksten, wenn man sie entlang der Themenfelder häusliche Kinderbetreuung und Arbeitszeit differenzierte (Halrynjo/Holter 2005, S. 105ff.). Der Themenbereich Arbeitszeit hängt zusammen mit den Karriereaussichten und der beruflichen Position, die wiederum eng mit Bildung und sozialem Status verbunden sind. Das andere Themenfeld verknüpft Kinderbetreuung, Betreuung von anderen als Hauptfreizeitaktivitäten, Elternzeit und Arbeitszeitreduktion aus Betreuungsgründen. Abbildung 4.7 umreißt unterschiedliche Umgangsweisen mit der Veränderung der beruflichen und sozialen Lebenswelt. Je nach Umgangsweise lassen sich verschiedene Typen von Männlichkeiten unterscheiden. In der Mitte der hier stark vereinfachenden Abbildung finden sich dabei die Merkmale eines typischen guten Ernährers, in den vier von den Achsen gebildeten Feldern konzentrieren sich die Merkmale von vier davon abweichenden Typen von Männlichkeit (vgl. Halrynjo/Holter 2005, S. 111).

Abb. 4.7: Gesellschaftlich-kulturelle Spannungen um Männlichkeiten, Männlichkeiten in Organisationen

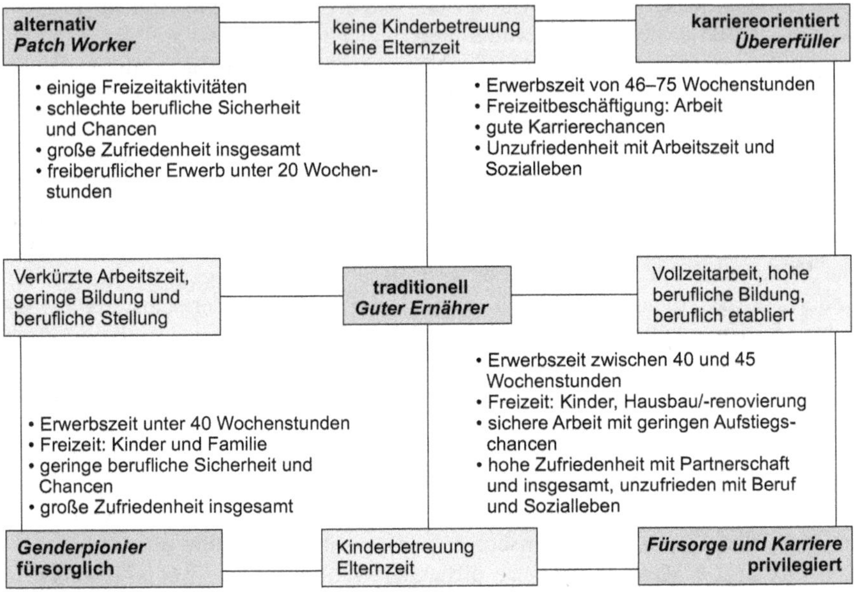

Quelle: Halrynjo/Holter 2005, S. 111

4.7.4 Hegemoniale Männer

Hegemoniale Männer sind vor allem in den Machtzentren unserer Gesellschaft zu finden. Als gegenwärtig hegemoniale Männlichkeit werden die ökonomisch erfolgreichen und machtvollen transnationalen *Manager und Unternehmer* identifiziert, in der Regel weiß und heterosexuell.[57] Sie zeigen folgende Verhaltensweisen: Gesteigerter Egoismus, sehr relativierte Loyalitäten, sinkendes Verantwortungsgefühl für Andere, eine begrenzte, technische Vorstellung von Rationalität, möglichst bequem gestaltete Beziehungen zu Frauen (Connell 1998, S. 100). Als hegemonial wurden in einer Untersuchung in Berliner Senatsverwaltungen

57 Die verschiedensten Analysen stellen Verbindungen zwischen einem berufszentrierten Typus von Mann und den Machtzentren unserer Gesellschaft fest: Bei Connell sind es die transnationalen Manager, bei Höyng und Puchert die Übererfüller, bei Halrynjo die Karrieremänner, bei Sinus Sociovision die Etablierten und modernen Performer als kulturelle Leitmilieus.

die *Übererfüller* beschrieben (Höyng/Puchert 1998, S. 262). Für sie sind ein Familienzusammenhang, auch Kinder, nur möglich, soweit eine Partnerin diesen Bereich als Hausfrau lückenlos abdeckt. Die Übererfüller sind bereit, ihre gesamte Person in ihren Beruf zu investieren, um zu den Gewinnern der sozialen Polarisierung zu gehören. Sie definieren ihre Männlichkeit über den beruflichen Erfolg. Sie passen fast alle Bedürfnisse ins Berufsleben ein und haben nur einen sehr reduzierten privaten Lebensbereich (vgl. auch Gärtner et al. 2006, S. 32ff.). Die Lebenswelt der Übererfüller ist gekennzeichnet einerseits durch langjährige kameradschaftliche berufliche Beziehungen und ein daraus resultierendes Zugehörigkeitsgefühl, andererseits durch internen Druck, Karriereorientierung und Abgrenzung von potentiellen Konkurrenten und Untergebenen. Daran knüpft auch die Analyse der *Karrieremänner* an (Halrynjo/Holter 2005, S. 111ff.). Diese zeichnen sich durch sehr lange Arbeitszeiten, Führungsposition, hohe Arbeitsplatzsicherheit und weitere Karriereerwartung aus. Diese Männer geben als Freizeitaktivität „Arbeit" an und würden keinesfalls Elternzeit nehmen.

Haltungen, Probleme, Ressourcen der „Hegemonialen Männer"

Um Handlungsansätze zu finden, werden kurz die Lebenslagen und Haltungen der Männer des jeweiligen Typs benannt. Dabei können sich für diese Männer wichtige Themen herauskristallisieren, Probleme oder auch Ressourcen zeigen. Diese sind handlungsleitend für die jeweilige betriebliche Form der Thematisierung von Vereinbarung von Leben und Beruf sein. Die Lebenslage der hegemonialen Männer ist gekennzeichnet von Arbeitsverdichtung und extremer beruflicher Mobilität, aber auch von der Berufsarbeit als einzigem Lebensraum, der alle Bedürfnisse erfüllen muss. Langfristig belastend wirkt sich aus, dass Bereiche, die zur Rekreation wichtig wären, häufig veröden oder mit beruflichem Kalkül besetzt werden. Selbstsorge und insbesondere die Gesundheit werden vernachlässigt, ebenso soziales Leben und Engagement. Viele hegemoniale Männer haben große Schwierigkeiten, von einer sehr verengten Wahrnehmung der Umgebung, bei der alles der Erfüllung von Aufgaben untergeordnet wird, in eine gelöste Haltung zu wechseln. Statt Zeitmanagement brauchen sie eine Abgrenzung gegenüber der übergriffigen Arbeitswelt.

Andererseits verfügen hegemoniale Männer über viele Ressourcen, auf die sie zurückgreifen können: Sie können entscheiden und umsetzen, sie verfügen über finanzielle Mittel und sind belastbar. Sie können auch angenehme Seiten von Erwerbsarbeit wahrnehmen.

Eine Herausforderung kann für hegemoniale Männer die Betonung von Lebensformen mit großem privatem Anteil sein. Beispielsweise erzeugt allein schon das Befassen mit partnerschaftlichen Arrangements jenseits des Versorger-Hausfrau-Musters bei älteren Konservativen Abwehr (vgl. Sinus Sociovision

2008, S. 42). Sie wehren dies so vehement ab, als ob das Funktionieren anderer Lebensformen belegen würde, dass ihre Biographie, ihr gesamtes Leben falsch gewesen sei.

Kasten 4.3: Hegemoniale Männer – Ansatzpunkte für betriebliche Aktivitäten zur Vereinbarkeit von Beruf und privatem Leben

Hegemoniale Männer beurteilen Work-Life-Balance-Aktivitäten, Familienfreundlichkeit oder Gleichstellung verbal öfter positiv. Ihr eigener Lebensentwurf ist aber ein anderer, und manche werden sich dagegen wehren, dass ein anderer Lebensentwurf als der ihre aktiv unterstützt werden soll. Angesprochen werden können sie mit dem für sie relevanten Thema der Vor- und Nachteile einer berufsorientierten Lebensweise. Allerdings können hegemoniale Männer, die sich im betrieblichen Kontext mit Vereinbarkeit befassen, schnell in eine abwehrende Haltung geraten, wenn zu viele Aspekte ihrer berufszentrierten Lebensweise kritisch in Frage gestellt werden. Erfolgversprechender sind Angebote, die in diesem Themenfeld auch die Probleme und Schwierigkeiten dieser Männer erkennen. Dadurch kann der Druck, den viele empfinden, gemildert werden. Ein Thema, das diese Männer im Kontext der Vereinbarkeit berührt, dürfte die Selbstsorge und fehlende Zeit für sich sein. Für Männer mit hohen beruflichen Belastungen ist dies ein wichtiger Anknüpfungspunkt an das Thema Vereinbarkeit. Der Diskurs über Zeitwohlstand zielt in diese Richtung. Vielen hegemonialen Männern ist ein fürsorgliches Verhalten nicht völlig fremd. Fürsorgliches Verhalten etwa gegenüber MitarbeiterInnen im Betrieb kann eine Fähigkeit sein, die auf andere Felder übertragen werden kann. Hegemoniale Männer können ihre organisationsinterne Handlungsfähigkeit im Sinne von Vereinbarkeit nutzen. Dies ist insbesondere dann naheliegend, wenn Möglichkeiten zur Vereinbarung von Beruf und Privatem den betrieblichen Interessen nicht entgegenstehen oder sogar Vorteile für den Betrieb bringen können. Die Orientierung auf eine hierarchisierte Welt macht es hegemonialen Männern schwer, eine Differenz, eine Vielfalt nicht mit Auf- und Abwertung in Verbindung zu bringen. Eine Gleichwertigkeit der Vielfalt, auf betrieblicher Ebene etwa eine Vielfalt der Arbeitsformen, die nicht mit Benachteiligung verknüpft sind, ist daher ein wesentliches Themen- und Handlungsfeld.

4.7.5 Gute Ernährer

Die guten Ernährer (vgl. Bernard 1989; Höyng/Puchert 1998; Fthenakis/Minsel 2001) sind nach Connell als eine komplizenhafte Männlichkeit zu beschreiben, welche die hegemoniale Männlichkeit unterstützt und am Gewinn teilhaben kann. Typischerweise sind die guten Ernährer mit ihrer Partnerin verheiratet und leben mit ihr und Kindern zusammen. Auf die gesellschaftlichen Veränderungen reagieren sie nicht. Sie verstehen sich selbst als männlich, weil sie das Geld für ihre Familie verdienen. Das Einkommen der Partnerinnen wird als Zusatzverdienst wahrgenommen. Sie verstehen das Ertragen der beruflichen Belastungen als ihren Beitrag zum Familienleben und übernehmen im familiären Alltag keine Verantwortung.

Haltungen, Probleme, Ressourcen der „Guten Ernährer"

Für gute Ernährer kann es schwierig sein, über das ökonomisch Notwendige hinaus Perspektiven zu entwickeln. Traditionsverwurzelte und ältere bürgerliche Männer verstehen Gleichstellungspolitik „als fundamentales Umwälzungsprogramm sowie als Angriff auf ihre Werte, ihre soziale Identität, auf Rollenbilder und gelebte Biographie" (Sinus Sociovision 2007, S. 14). Eine Herausforderung für gute Ernährer kann somit die individuelle Vielfalt sein, die inzwischen gesellschaftlich stärker akzeptiert ist: das Wahrnehmen und Wertschätzen von Vielfalt mit dem Ziel, ein ganzheitliches Leben in Fülle zu leben, statt normative Leitbilder oder Vorgaben über bestimmte Lebensformen zu erfüllen.

Eine Ressource guter Ernährer kann ihr Pragmatismus sein, die Fähigkeit, Notwendigkeiten letztlich positiv anzunehmen. Ein Beispiel dafür ist eine Haltungsänderung gegenüber der Erwerbsarbeit ihrer Partnerinnen. Genau diese Einstellungsänderung ist die größte Veränderung in den Einstellungen von Männern in den letzten zehn Jahren (vgl. Volz/Zulehner 2009).

Kasten 4.4: Gute Ernährer – Ansatzpunkte für betriebliche Aktivitäten zur Vereinbarkeit von Beruf und privatem Leben

Gute Ernährer werden sich gegenüber anderen Lebensweisen nicht unbedingt aufgeschlossen zeigen. Das kann auch heißen, dass sie dem Themenfeld Vereinbarkeit und Gleichstellung gegenüber nicht aufgeschlossen sind. Betrieblich kann die Vereinbarkeit für gute Ernährer dann von Interesse sein, wenn ihre traditionellen Haltungen nicht abgewertet und familiäre Gewinne in den Vordergrund gestellt werden. Das Thema, das viele Väter von jungen Kindern bewegt, ist das Bedürfnis, mehr Zeit mit diesen zu verbringen. Von Bedeutung für ihre Integration in den Betrieb wäre es zudem, wenn Raum und Struktur dafür geboten würden, auch die Lebenszeit in der Berufsarbeit als wertvoll zu schätzen. Erfahrungen, die das Misstrauen gegenüber der Vielfalt von Lebensformen abbauen, können persönlich weiterbringen und gleichzeitig die Akzeptanz von Gleichstellung und Vereinbarkeit fördern.

Ein Spannungsfeld, in dem sich diese Männer im betrieblichen Kontext bewegen, ist die Verdichtung von Erwerbsarbeit, unter der sie einerseits leiden. Wenn sie andererseits zu mehr Zeit für das private Leben führt, wird sie angestrebt, denn Erwerbsarbeit wird nicht als Lebenszeit, sondern als Abgeltung für die Einkünfte wahrgenommen (Höyng/Puchert 1998). Die Betrachtung von Job und Leben als Gegenpole führt zu der Gefahr, die Arbeitszeit immer mehr zu verdichten, um möglichst viel „Leben" übrig zu haben (vgl. Schlieter/Aust 2008, S. 52).

4.7.6 Privilegierte Pioniere

Männer, die Karrierestreben mit familiären Pflichten wie Kinderbetreuung verbinden, arbeiten sowohl zuhause als auch im Beruf mehr als der Durchschnitt der Männer. Es sind häufig gleichstellungsorientierte, gut ausgebildete Männer in gesicherten und auch höheren Positionen, allerdings nicht in denselben Rängen wie vergleichbar qualifizierte Karrieremänner. Sie leben mit Kindern und einer Partnerin zusammen. Die Partnerinnen sind beruflich ebenfalls stark engagiert (Halrynjo/Holter 2005, S. 113f.). Hinweise für das Interesse von Männern an einer Verknüpfung von Beruf und Familie finden wir auch in der Sinus-Studie: Bei DDR-Nostalgischen, bürgerlicher Mitte, Postmateriellen und modernen Performern wurden Familien gefunden, bei denen sich beide in gleicher Weise um Beruf und um Haushalt, gegebenenfalls Kinder kümmern (Sinus Sociovision 2007, S. 36). Postmaterielle, die auch häufiger in Teilzeit tätig sind, entsprechen der Gruppe der privilegierten Pioniere besonders, wenn sie ihre Lebenslage beschreiben: Sie nehmen privat und beruflich ein „Gezerre von allen Seiten" wahr, stehen aber auch in einem inneren Konflikt zwischen steigenden beruflichen Anforderungen und den berechtigten Wünschen der Partnerin nach Entlastung im Hause (ebd., S. 76).

Haltungen, Probleme, Ressourcen der „Privilegierten Pioniere"

Die privilegierten Pioniere befinden sich in einer spannungsreichen Lebenslage, leiden unter der bisher vor allem von Frauen erlebten klassischen Doppelbelastung. Sie müssen drei Lebensbereiche in Balance bringen: Selbstsorge, Fürsorge und Erwerb. Es fällt ihnen oft schwer, die Verantwortung für den Gelderwerb tatsächlich zu teilen. Sie stehen gerade als aktive Väter in der Spannung von Anspruch und Wirklichkeit in der Gefahr, sich zu überfordern. Es ist eine wichtige Aufgabe für sie, auch unter diesen Umständen auf sich selber zu achten. Um nicht zwischen Job und Privatleben aufgerieben zu werden, fehlt ihnen eine Arbeit, die mit einem Privatleben ausbalanciert werden kann und statt purem Stress auch Freude bietet (vgl. Gross 2008). Doch sie glauben nur selten, dass sie dem ausweichen können. Dass sie trotz dieser Spannung mit ihrer gewählten Lebenslage zufrieden sind, ist eine der wesentlichen Ressourcen der privilegierten Pioniere. Gerade für die jüngeren privilegierten Pioniere dürften die Themen Lebensqualität, emotionale Zufriedenheit und Lebenszufriedenheit sehr relevant sein. In der Beschäftigung mit diesen Themen können sie eine eigene Innenwelt speisen und Lebenssinn finden (Volz/Zulehner 2009). Es geht für sie also nicht nur darum, zwei widersprechende Sphären unter einen Hut zu bekommen. Es geht nicht um die Übertragung des Effizienzgedanken aus der Arbeitswelt auf die private Zeit. Privilegierte Pioniere müssen den Wert dieser Sphären für sich neu bestimmen, um ihre Gewichtung gegen vielfältige Widerstände auch vertreten zu können. Es ist eine persönliche Herausforderung für privilegierte Pioniere, ihren fürsorglichen Anteil als männlich anzunehmen.

Kasten 4.5: Privilegierte Pioniere – Ansatzpunkte für betriebliche Aktivitäten zur Vereinbarkeit von Beruf und privatem Leben

Da privilegierte Pioniere teilweise auch in anerkannten Positionen arbeiten, können sie die Forderung einer besseren Vereinbarkeit am ehesten in die Organisationen der Berufswelt tragen (Halrynjo/Holter 2005, S. 114). Werden sie in ihrem Interesse an Vereinbarkeit ernst genommen und angesprochen (etwa indem betriebliche Bildungsangebote mit männlichen und weiblichen Referenten besetzt sind), können ihre Wahrnehmungen die Perspektiven von Frauen und Müttern ergänzen und die Interessen von Männern und Frauen können auf neue Weise verknüpft werden. Wichtige Themen für privilegierte Pioniere sind die Folgen ihrer begrenzten Verfügbarkeit für ihre Karriere, ebenso die Selbstsorge in ihrer strukturellen Überlastungssituation sowie die (nicht so selbstverständlich erlernten) Formen des Kontakts zu den betreuten Kindern. Privilegierte Pioniere können sich bei der Gestaltung und Entwicklung von betrieblichen Vereinbarkeitsstrukturen aktiv und gestaltend einbringen.

4.7.7 Fürsorgliche Männer

Fürsorgliche Männer sind aufgrund von Kinderbetreuung weniger oder gar nicht berufstätig, oft in Form von Elternzeit. Sie übernehmen Aufgaben, die bislang mit Weiblichkeit in Verbindung gebracht werden, und stellen diese in ihren Lebensmittelpunkt. Ihre Bedeutung für das Thema Vereinbarkeit und Gleichstellung ergibt sich aus ihrem grundlegend anderen Selbstverständnis als „Pioniere im Geschlechterverhältnis“ (Halrynjo/Holter 2005, S. 113), das traditionelle Männlichkeit vehement infrage stellt. Die Gruppe der fürsorglichen Männer dürfte zahlenmäßig sehr klein sein. Einen Hinweis liefern die Zahlen der männlichen Antragsteller auf Elterngeld. Zwar beantragt ein Großteil der männlichen Elterngeldbezieher Elterngeld nur für zwei Monate, aber immerhin 15% von ihnen für die Maximaldauer von einem Jahr. Von den männlichen Antragstellern, die für ein Jahr Elterngeld beziehen, sind allerdings dreimal mehr erwerbslos als erwerbstätig (StBAc, S. 21).

Die als Hausmänner bezeichneten Männer lassen sich unter die fürsorglichen Männer fassen. Hausarbeit dürfte oft mit Betreuungsarbeit verbunden sein. Bei immerhin 7% der bundesdeutschen Lebensgemeinschaften im erwerbsfähigen Alter geht nur die Frau einer Erwerbstätigkeit nach (StBA 2008a, S. 18). Auch manche Männer, die mehr Hausarbeit als ihre Partnerinnen leisten, könnten zu den fürsorglichen Männern gehören.

Haltungen, Probleme, Ressourcen der „Fürsorglichen Männer"

Die Männer, die sich für die Betreuung von Kindern entscheiden, haben häufig Probleme mit vielfältigen Irritationen im Privatleben. Sie werden nicht nur in der Politik und in den Betrieben, sondern auch in ihrem privaten Umfeld als Ausnahmeerscheinungen wahrgenommen. Abwertende Äußerungen irritieren diese Männer. Sie fühlen sich oftmals deplatziert, „allein unter Müttern" und finden kein klares Verständnis ihrer selbst (sie sprechen von „ich und die anderen Mütter", vgl. Scambor et al. 2005, S. 147f.). Die mangelnde Anerkennung verunsichert und nagt an ihrem Selbstwert.

Als Ressource und wesentliche Stärke dieses Typus kann gesehen werden, dass er seinen Bedürfnissen folgt und den Klischees trotzt. Um die Verunsicherungen zu bewältigen, verändern manche Männer nach einiger Zeit ihre sozialen Kontakte und Netzwerke und reflektieren die traditionellen Männlichkeitsklischees. Sie verstehen sich aber nicht als „neue Männer". Die meisten Befragten

Kasten 4.6: Fürsorgliche Männer – Ansatzpunkte für betriebliche Aktivitäten zur Vereinbarkeit von Beruf und privatem Leben

Auf betrieblicher Ebene ist es wesentlich, die Lebensweise von Männern, die wenig oder temporär (z.B. wegen familiärer Aufgaben) gar nicht erwerbstätig sind, als gleichwertig zur Berufszentrierung anzuerkennen. Dies kann gezeigt werden, indem mit temporär Abwesenden Kontakt gehalten wird, sie einbezogen werden, auch im informellen Bereich. Langfristig haben die meisten fürsorglichen Männer ein Interesse, Familienarbeit und Erwerb gleichwertig zu verknüpfen. Sinnvoll können daher nach längerer Abwesenheit Angebote zur Rückkehr sein, denn diese Männer können Betriebserfahrung mit einem neuen Blickwinkel verbinden. Auch eine weite Palette von Möglichkeiten zur Arbeitszeitreduktion kann fürsorgliche Männer in beruflichen Zusammenhängen halten.

stützen ihr Selbstbild vielmehr auf Elemente alter und neuer Vorstellungen von Männlichkeit (Scambor et al. 2005, S. 148ff.). Das Thema, mit dem sich diese Gruppe von Männern befasst, ist die Frage, inwieweit Fürsorge und Männlichkeit zu vereinbaren sind und gesellschaftlich anerkannt werden.

4.7.8 Patchworker

Patchworker sind aus verschiedenen Gründen weniger berufstätig, öfter Single, mit männlichem Partner, bei den Eltern lebend oder in Ausbildung. Diese Lebensweise wird oft als Übergangsphase von der Bildung und Ausbildung ins Erwerbsleben bezeichnet, aber Halrynjo und Holter erkennen keinen engen Zusammenhang zu einem jüngeren Lebensalter (2005, S. 114). Selbstständige Tätigkeit ohne Angestellte kann ein Hinweis auf die Zugehörigkeit zu dieser Gruppe sein, befristete Arbeitsverhältnisse, aber auch selbst gewählte Teilzeittätigkeit. Über längere Sicht entstehen diskontinuierliche Erwerbsbiographien, die in unserer Gesellschaft auf wenig Anerkennung stoßen. Kurzfristig wird Teilzeit zwar oft aus familiären Gründen genommen, langfristig in Teilzeit Tätige dagegen reduzieren aus vielfältigen anderen Gründen (Scambor et al. 2005, S. 136).

Haltungen, Probleme, Ressourcen der „Patchworker"

Eine mögliche Problemlage für Patchworker ist die Prekarisierung. Trotz kurzfristiger Zufriedenheit von diversen Betroffenen dürfte das Herausfallen aus fast allen sozialen Systemen wenige Möglichkeiten für eine langfristige Zufriedenheit bieten. Vielmehr wächst langfristig das Risiko, prekär, materiell arm und arm an Möglichkeiten zu leben. Insgesamt zeigt die Gruppe der Patchworker einige Ressourcen: Halrynjo und Holter finden bei ihnen die größte Zufriedenheit, sie haben etwa als einzige Männer nennenswerte Freizeitaktivitäten. Sie sind nicht an den vorherrschenden Materialismus gebunden, können auch mit wenig Mitteln leben. Für diese Männer ist das grundsätzliche Verhältnis von Erwerbsarbeit und Anerkennung in unserer Gesellschaft von großer Bedeutung. Auch wenn manche diese Lebenslage bewusst selbst gewählt haben, erleben viele mit zunehmender Dauer hautnah das „Problem des Ausgesetztseins, der Verfügbarkeit und Zurichtung des Mannes in der ökonomisch-technologischen Apparatur des Industriekapitalismus" (Böhnisch 2003, S. 11). Im Unterschied zu Frauen haben Männer hier kaum anerkannte Alternativen. Um Beruf und Privatleben vereinbaren zu können, fehlt ihnen die Möglichkeit, sich in beiden Sphären dauerhaft zu verorten. Diese Männer können im Kontext der Vereinbarkeitsdiskurse vor allem an einer sinnvollen Verteilung von Arbeit in unserer Gesellschaft und einer angemessenen Sicherung der Existenzgrundlage interessiert sein.

Kasten 4.7: Patchworker – Ansatzpunkte für betriebliche Aktivitäten zur Vereinbarkeit von Beruf und privatem Leben

Mit den Themen Verteilung und Sicherheit von Erwerbsarbeit können Betriebe die mit ihnen verbundenen Patchworker ansprechen und sie einbinden, indem sie ihnen mehr Sicherheit und Verantwortung geben. Dafür können auch neue Formen der Anbindung gefunden werden, die die Freiheitsbedürfnisse anerkennen und dennoch mehr soziale Sicherheit anbieten. Eine Familie müssen viele dieser Männer nicht mit einem Beruf vereinbaren.

Die bislang dargestellten Typen von Männlichkeit wurden aufgrund von betrieblichen Erhebungen gebildet. Ohne den Anspruch auf Vollständigkeit ist ergänzend ein Typus von *Männern in prekärer Lebenslage* zu nennen. Sie sind in Bildung, Erwerbsarbeit und Partnerschaftswahl benachteiligt (wenig gebildet, arbeitslos und unverheiratet).[58]

Die hier angeführten Typisierungen haben den Zweck, die vielfältigen Lebenslagen von Männern zu skizzieren. Männer sollen hier nicht dauerhaft auf eine bestimmte Männlichkeit festgelegt, ihnen soll keine Rolle zugewiesen werden. Reale Männer werden sich nicht immer nur einer Männlichkeit eindeutig zuordnen können. Doch Männer können mit Maßnahmen zur Vereinbarkeit effektiver angesprochen werden, wenn ihre Themen, ihre Probleme und Lebenslagen und auch ihre jeweiligen spezifischen Ressourcen berücksichtigt werden. Die differenzierten Männlichkeiten können dafür Zugänge schaffen.

4.8 Fazit

Die vorherigen Abschnitte haben gezeigt, dass eine unterschiedliche Dauer der Arbeitszeit von Männern und Frauen noch immer dem Grundmuster polarisierter Geschlechterrollen und einer geschlechtsspezifischen Arbeitsteilung folgt, und dass mit den durchschnittlich kürzeren Arbeitszeiten von Frauen häufig Nachteile und Diskriminierungen verbunden sind. Neben der Benachteiligung von Beschäftigten mit individuell kürzerer Arbeitszeit auf der gesellschaftlichen Ebene – meist keine eigenständige Existenzsicherung, mangelnde soziale Absicherungen u.a. – sind auch auf der betrieblichen Ebene unterschiedlich lange

58 Entsprechend einer Studie leben sie häufiger in wirtschaftlich schwachen, ländlichen ostdeutschen Gebieten und sind von wesentlichen gesellschaftlichen Bereichen ausgeschlossen (Kröhnert/Klingholz 2007, S. 4). Bei diesen meist Erwerbslosen oder kurzfristig Beschäftigten zeigen sich in Fragen des Geschlechterverhältnisses eher traditionelle und rückwärts gewandte Einstellungen (ebd., S. 67ff.).

Arbeitszeiten offenbar ungleichheitsrelevant. Sie sind nicht selten mit Diskriminierungen beim Einkommen, beim betrieblichen Status und beim Aufstieg verbunden. Das ist besonders gravierend bei Minijobs mit Arbeitszeiten zwischen zehn und 15 Stunden pro Woche. Hier ist nicht nur das Risiko eines Niedriglohns am größten, hier ergibt auch das Lohndifferential gegenüber vergleichbaren weiblichen Vollzeitbeschäftigten Anhaltspunkte für eine direkte Einkommensdiskriminierung. Aber auch für Teilzeitbeschäftigte mit längeren Arbeitszeiten trifft zu, dass sie pro Stunde durchschnittlich weniger verdienen, vor allem da ihnen bestimmte berufliche Segmente und insbesondere Führungspositionen meist verschlossen bleiben. Umgekehrt gilt, dass lange Arbeitszeiten nicht nur nachweisbar mit besseren Karriereaussichten, sondern in der Langfristperspektive auch mit beträchtlichen Einkommenszuwächsen verbunden sind.

Teilzeitarbeit, für einen Teil der Frauen nach wie vor die einzige Möglichkeit, Beruf und Familie zu verbinden, ist derzeit nicht überall verfügbar. In rund 30% der deutschen privatwirtschaftlichen Betriebe gibt es keine Teilzeitarbeit. Hinsichtlich der Branchen gibt es große Unterschiede. Das Bauwesen und das verarbeitende Gewerbe haben weit unterdurchschnittliche Teilzeitanteile. Das ist nicht nur Ausdruck der Dominanz männlicher Arbeitskräfte in diesen Bereichen, sondern stellt auch für Frauen mit Teilzeitpräferenz eine Zugangsbarriere zu Betrieben in diesen Wirtschaftszweigen dar. Dies sind aber gerade Branchen mit einem höheren Einkommensniveau. Zwischen Unterschieden in den Arbeitszeiten, Arbeitsmarktsegregation und Einkommensdifferenzen bestehen also Zusammenhänge. Die wirtschaftsstrukturellen Merkmale, die einen Teil des geringeren Stundenlohns der Teilzeitbeschäftigten erklären, können somit Ausdruck einer Diskriminierung beim Zugang zu Arbeitsplätzen in bestimmten Betrieben sein.

Es zeigt sich also, dass berufliche Chancen auch entlang der Arbeitszeitdauer differenziert vergeben werden. Dahinter steckt ein Zusammenspiel der allgemeinen Geschlechterhierarchie in der Gesellschaft mit Arbeitgeberinteressen und individuellen Orientierungen von ArbeitnehmerInnen. Die bisher nicht überwundene Hierarchie der Geschlechter, in der immer noch grundsätzlich mehr gilt, was Männer tun und was „männlich" ist, korrespondiert mit Arbeitgeberinteressen an einer möglichst extensiven Nutzung der beschäftigten Arbeitskräfte sowie mit dem individuellen Interesse vieler Männer an einem möglichst hohem Einkommen (sei es als Familienernährer, sei es als Maßstab individuellen Erfolgs). Im Ergebnis dominiert die für den Kapitalismus typische hegemoniale Männlichkeit, die Erwerbsarbeit ins Zentrum des Lebens stellt und mit Vollzeit- oder überlangen Arbeitszeiten einhergeht. Allerdings ist die hegemoniale nicht die einzige Männlichkeit, es entstehen zunehmend andere Formen von Männlichkeit, die Ansatzpunkte für Veränderungen bieten. Die Einkommensabschläge bei männlichen Teilzeitbeschäftigten zeigen aber, dass offenbar gerade die Abweichung von der hegemonialen Männlichkeit sanktioniert wird.

Ein solches Zusammenspiel von traditioneller Geschlechterhierarchie und Arbeitgeberinteressen zeigt sich auch, wenn Frauen ihre Interessen an einem familienkompatiblen Arbeiten durch kürzere Arbeitszeiten verwirklichen wollen oder müssen. Dann kommen althergebrachte Vorstellungen der Geschlechterdifferenz als „Abweichung“ von der Norm sowie die allgemeine Abwertung des Weiblichen zum Tragen und verbinden sich mit Arbeitgeberinteressen an Lohnkosteneinsparung. Wie gezeigt, bietet Teilzeit schon in ihrer regulären Form, erst recht als Minijob, viele Möglichkeiten der Kostenreduktion, weshalb sie häufig aus betrieblichen Gründen eingeführt wird. Das ist sicher auch ein Grund, warum Betriebsräte tendenziell dämpfend auf die Teilzeitarbeit im Betrieb wirken.

Im gegenwärtigen Wirtschaftssystem werden Erwerbstätigkeiten als wichtiger betrachtet als Tätigkeiten der Reproduktion des Lebens von Menschen. Weil es traditionell Frauensache ist, letztere sicherzustellen, tragen Frauen vielfach individuell die Folgen der ungelösten Fürsorgefrage. Während aber auf der politischen Ebene inzwischen die Verbindung von fürsorglichen Tätigkeiten mit beruflicher Arbeit etwas stärker gefördert wird, scheint das in Betrieben oft noch nicht der Fall zu sein. Die Ansicht, nach der gute Leistungen nur in langen Arbeitszeiten erbracht werden können, ist in vielen deutschen Betrieben offenbar nach wie vor fest verankert.

Obwohl Benachteiligungen von Teilzeitbeschäftigten aus gleichstellungspolitischer Perspektive seit langem thematisiert worden sind, ist die Diskriminierung von Teilzeitarbeit in den letzten Jahren etwas aus dem Blick geraten. Teilzeitarbeit ist stärker als Chance des Eintritts weiterer Frauen in den Arbeitsmarkt und als Vereinbarkeitsinstrument gesehen worden. Dass Teilzeitarbeit trotz der Diskriminierungsgefahr in den letzten Jahren verstärkt propagiert wird, hat zwei Ursachen auf unterschiedlichen Ebenen: Unter den gegebenen Umständen entspricht sie den Arbeitszeitwünschen einer großen Zahl von Frauen (und einiger Männer). Darin drücken sich Vereinbarkeitsschwierigkeiten aus, die mit mangelnder Infrastruktur zu tun haben, aber auch nicht ausschließlich auf Erwerbsarbeit ausgerichtete Lebensorientierungen. Dass die an kürzeren Arbeitszeiten Interessierten auf Teilzeit als individuelle Verkürzungsstrategie ausweichen, hat mit der zweiten Ursachenebene zu tun. Radikale Forderungen – sei es der Gewerkschaften, sei es einer Frauenbewegung – nach generell kürzeren Arbeitszeiten haben seit langem keinen Widerhall mehr in der Gesellschaft und werden daher kaum noch erhoben.

Was folgt aus all dem für eine Gleichstellungspolitik in Bezug auf die Arbeitszeit? Auch wenn die Grundsatzdebatte der Frauenbewegung über Gleichheit und Differenz der Geschlechter hier nicht weitergeführt werden kann, ist doch in Bezug auf die Dauer der Arbeitszeit die Frage bedeutsam, ob grundsätzlich für alle Menschen, Männer und Frauen, gleiche Arbeitszeiten anzustreben sind. Eine Gleichstellungspolitik, die vorrangig an *Gleichheit* (nicht nur des „output“ an Lebenschancen, sondern auch des „input“, hier an Arbeitszeit) orientiert wäre, wird konstatieren, dass Frauen nur *noch nicht* Vollzeit arbeiten, weil die Bedingungen zu ungünstig sind, oder Männer *nur noch nicht häufiger* in Teilzeit gehen, weil sie ihre Geschlechterrolle noch nicht abgelegt haben. Eine an Gleichheit orientierte Politik würde für gleiche, nicht nach Geschlecht differenzierte Arbeitszeiten eintreten. Eine an Differenz angelehnte Gleichstellungspolitik würde *geschlechtsspezifisch unterschiedliche Arbeitszeit grundsätzlich akzeptieren* und gleiche Behandlung trotz unterschiedlicher Arbeitszeiten fordern. Sie würde gleichzeitig für die Möglichkeit eintreten, in jedem Betrieb und an jedem Arbeitsplatz eine individuell abgesenkte Arbeitszeit zu realisieren.

Eine unabdingbare Forderung für Gleichstellung ist, das bestehende Diskriminierungsverbot Teilzeitbeschäftigter tatsächlich umzusetzen, so dass verschieden lange Arbeitszeiten nicht zu unterschiedlichen Einkommen und beruflichen Entwicklungsmöglichkeiten führen. Zugleich muss der unfreiwilligen Teilzeit, die aus rein betrieblichen Gründen eingeführt wird, ein Riegel vorgeschoben werden. Eine Reform der Gesetzgebung zu den Minijobs in Kombination mit der Beseitigung der Fehlanreize, die aus dem Ehegattensplitting und der Lohnsteuerklassenkombination III/V resultieren, würde das Einverständnis der Arbeitnehmerinnen mit dieser Arbeitsform deutlich schwächen.

Doch bedeutet Gleichstellung in Bezug auf die Arbeitszeit mehr als Diskriminierungsfreiheit? Wird die gegebene geschlechtsspezifische Unterschiedlichkeit auf Dauer die Lösung der Fürsorgefrage sein können? Ist Teilzeitarbeit der Königsweg der Berücksichtigung der „zweiten Seite“ der Arbeit, also der unbezahlten, aber ebenso gesellschaftlich notwendigen Arbeit?

Aktuelle Entwicklungen lassen daran Zweifel aufkommen, da einerseits ein Teil der Frauen mit Kindern (und auch fürsorgeorientierte Männer) sich *gegen* Teilzeit entscheiden und weil Teilzeit auch zu einer Arbeitsform avanciert ist, die Arbeitgeber für betriebswirtschaftliche Ziele nutzen. Insofern dürfte als Alternative die *Infragestellung des Normalarbeitszeitstandards nach wie vor auf der Tagesordnung* stehen. Die grundsätzliche feministische Kritik am Normalarbeitsverhältnis, wonach die gegenwärtige Arbeitszeit auf ein fürsorgeentlastetes Männerleben zugeschnitten und schwer mit Familienarbeit zu verbinden ist, erweist sich als nach wie vor zutreffend, doch an politischer Kraft, diese in Politik umzusetzen, fehlt es derzeit. Diese Forderungen wieder zu erheben, könnte sich allerdings in der gegenwärtigen Krise als sinnvoll erweisen, da Arbeitszeitverkürzungen auch eine beschäftigungspolitische Seite haben. Bezüglich der Teilzeitarbeit ist zu befürchten, dass eine weitere Verbreitung von Teilzeit auch die überfällige Umgestaltung aller gesellschaftlichen Bereiche verzögert, die nötig wäre, um eine familiengerechte Arbeits- und Lebenswelt zu entwickeln. Denn sie entschärft nur vordergründig den Problemdruck, aber eben zu hohen gleichstellungspolitischen Kosten der teilzeitbeschäftigten Frauen.

Viele vollzeitbeschäftigte Frauen – und ein Teil der Männer –, die häufig auch auf das Vollzeiteinkommen angewiesen sind, wollen nicht Teilzeit arbeiten, haben aber den Wunsch, ihre Arbeitszeit zu verkürzen. Die Arbeitszeitwünsche von Frauen zeigen, dass sie die Vollzeittätigkeit ihrer männlichen Kollegen nicht als Gleichstellungsvorsprung ansehen. Diese Vorstellungen von Frauen könnten ein Motor für eine allgemeine Verkürzung der Erwerbsarbeitszeit sein, wenn die politische Kraft dafür entwickelt werden kann.

Wenn eine allgemeine Verkürzung der Arbeitszeit sich vorläufig als nicht möglich erweist – vielleicht nicht nur wegen des Widerstandes der Arbeitgeber, sondern auch weil sie vielen Männern nicht so wichtig erscheint –, dann könnte ein Einstieg in kürzere Vollzeitarbeitszeiten möglicherweise darin bestehen, dass mindestens *für bestimmte Lebensphasen kürzere Arbeitszeiten* zum Standard gemacht werden. Die gegenwärtigen Arbeitszeiten sind für Frauen *und* Männer in Phasen intensiver Familienarbeit zu lang. Für gleiche Arbeitszeiten von Frauen und Männern einzutreten heißt nicht automatisch, individuell bzw. phasenbezogen differenzierte Arbeitszeiten abzulehnen. Nur wäre dann nicht das Geschlecht die Differenzierungslinie. Eine lebensphasenspezifische Differenzierung von Arbeitszeitstandards – unabhängig vom Geschlecht – könnte vielleicht für die Gleichstellung in der Arbeitszeitpolitik zukunftsweisend sein. Insbesondere geht es darum, verschiedene Lebensphasen mit Teil- oder Vollausstiegen und mit unterschiedlichen Arbeitszeitoptionen zu ermöglichen und dies sozialpolitisch auszugestalten (Anxo et al. 2006; Hildebrandt 2007). Das würde nicht auf der betrieblichen Ebene allein lösbar sein, sondern die Tarifvertragsparteien und den Gesetzgeber fordern.

Zu einer Reihe von Fragen zeichnet sich *Forschungsbedarf* ab. Grundsätzlich ist Forschungsarbeit zur Ausarbeitung konkreter *Konzepte für geschlechtergerechte und lebensphasenspezifische Arbeitszeiten* erforderlich. Wie können sie im Zusammenspiel der Ebenen Gesetzgeber, Tarifverträge und Betriebe verwirklicht werden? Welche wohlfahrtsstaatliche Rahmung wäre notwendig?

Auch zu betrieblichen Strukturen von unfreiwilliger Teilzeit und ebenso zur Rolle der Betriebe bei unerfüllten Teilzeitwünschen ist weitere Forschung nötig. Es ist nicht hinreichend klar, in welchen Betrieben und unter welchen Umständen *unfreiwillig* Teilzeit gearbeitet wird. Welche Faktoren im Betrieb beeinflussen dies und wie lässt sich dagegen vorgehen? Wovon wird das Angebot an *vollzeitnaher, qualifizierter* Teilzeit beeinflusst? Welche Betriebe realisieren die diesbezüglichen Wünsche und welche nicht? Betriebsräte spielen – besonders in Ostdeutschland – eher für vollzeitnahe Teilzeit eine Rolle und begrenzen Minijobs – aber wie gelingt ihnen das konkret? Welche organisationalen Voraussetzungen kommen hinzu?

Schließlich ist weiter zu erforschen, auch wenn hier einzelne Studien vorliegen, durch welche Mechanismen das Diskriminierungsverbot der Teilzeitarbeit unterlaufen wird. Als Voraussetzung für Gleichstellungsaktivitäten muss noch eingehender studiert werden, wie Betriebe mit ihrer Personalpolitik, ihrer Arbeitsorganisation, ihren Platzierungs- und Aufstiegsregeln auch die Dauer der Arbeitszeit als Kriterium der Unterscheidung und Segregation – möglicherweise unbewusst – nutzen. Unklar ist weiterhin, wie der Kultur der (über-)langen Arbeitszeiten begegnet werden kann. Wie lässt sich das „kluge Arbeiten" („smart working", vgl. Fagan 2004) im Betrieb etablieren, das die Leistung an Ergebnissen und nicht an der Anwesenheitszeit bemisst?

Darüber hinaus sollte erforscht werden, welche Mechanismen im Betrieb dazu führen, dass teilzeitarbeitende Männer „Lohnstrafen" hinnehmen müssen. Unklar ist bisher auch, ob die Betriebe auf die sich abzeichnenden Veränderungen der männlichen Rolle eingestellt sind. Wie reagieren sie auf Männer, die sich verstärkt der Fürsorgearbeit, etwa in Form der Inanspruchnahme von Elternzeit, zuwenden? Hierzu ist weitere Forschung nötig.

Literatur

Anger, Ch./Schmidt 2008: Gender wage gap und Familienpolitik. In: IW-Trends – Vierteljahresschrift zur empirischen Wirtschaftsforschung aus dem Institut der deutschen Wirtschaft Köln, Jg. 35/Heft 2, S. 55-68

Anxo, D./Boulin, J.-Y./Cebrián, I./Fagan, C./Keuzenkamp, S./Klammer, U./Klenner, Ch./Moreno, G./Toharía, L. 2006: Working time options over the life course: New work patterns and company strategies (hrsg. von der European Foundation for the Improvement of Living and Working Conditions). Luxembourg

Auth, D. 2002: Wandel im Schneckentempo. Arbeitszeitpolitik und Geschlechtergleichheit im deutschen Wohlfahrtsstaat. Opladen

Bardasi, E./Gornick, J. 2000: Women and part-time employment: workers' 'choices' and wage penalties in five industrialized countries. University of Essex, Institute for Social and Economic Research (ISER), Discussion Paper 2000-11

Bäcker, G./Koch, A./Vornmoor, A. 2007: Chancengleichheitsorientierte Arbeitszeitpolitik in der betrieblichen Praxis. Eine Wirkungsanalyse des Bundeserziehungsgeldgesetzes und des Teilzeit- und Befristungsgesetzes. Projektbericht im Auftrag der Hans-Böckler-Stiftung (http://www.boeckler.de/pdf_fof/S-2004-695-3-2.pdf, 26.11.08)

Bauer, F./Groß, H./Lehmann, K./Munz, E. 2004: Arbeitszeit 2003. Arbeitszeitgestaltung, Arbeitsorganisation und Tätigkeitsprofile. Köln

Bauer, F./Groß, H./Schilling, G. 1994: Arbeitszeit '93: Arbeitszeiten, Arbeitszeitwünsche, Zeitbewirtschaftung und Arbeitszeitgestaltungschancen von abhängig Beschäftigten. Resultate einer aktuellen Repräsentativbefragung bei abhängig Beschäftigten in Westdeutschland. Hrsg. vom Ministerium für Arbeit, Gesundheit und Soziales des Landes Nordrhein-Westfalen. Köln

Beblo, M./Wolf, E. 2000: How Much Does a Year off Cost? – Estimating the Wage Effects of Employment Breaks and Part-Time Periods. ZEW Discussion Paper No. 00-69

Beblo, M./Bender, St./Wolf, E. 2009: Establishment-level wage effects of entering motherhood. In: Oxford Economic Papers, Vol. 61, Suppl. 1, S. i11-i34

Becker-Schmidt, R./Knapp, G.-A./Schmidt, B. 1985: Eines ist zuwenig – beides ist zuviel. Erfahrungen von Arbeiterfrauen zwischen Familie und Fabrik, Bonn

Beck-Gernsheim, E. 1980: Das halbierte Leben: Männerwelt Beruf – Frauenwelt Familie, Frankfurt/M.

Beckmann, P. 2002: Zwischen Wunsch und Wirklichkeit. Tatsächliche und gewünschte Arbeitszeitmodelle von Frauen mit Kindern liegen immer noch weit auseinander. IAB-Werkstattbericht, Ausgabe Nr. 12/3.9.2002

Benkhoff, B./Hermet, V. 2008: Zur Ausbreitung und Ausgestaltung geringfügiger Beschäftigung im Einzelhandel. Eine explorative Studie aus der Perspektive von Management und Beschäftigten. In: Industrielle Beziehungen, Jg. 15/Heft 1, S. 5-31

Berger, E. M. 2009: Maternal Employment and Happiness: The Effect of Non-Participation and Part-Time Employment on Mothers' Life Satisfaction. DIW Discussion Papers 890

Berghahn, S./Künzel, A./Rostock, P./Wersig, M./Asmus, A./Reinelt, J./Liebscher D./Schneider, J. 2007: Ehegattenunterhalt und sozialrechtliches Subsidiaritätsprinzip als Hindernisse für eine konsequente Gleichstellung von Frauen in der Existenzsicherung. Projektbericht, gefördert von der Hans-Böckler-Stiftung (http://www.boeckler.de/pdf_fof/S-2004-592-4-2.pdf, 25.5.09)

Bernard, J. 1989: The good-provider role, its rise and its fall. In: Kimmel, M./Messner, M. (Hg.): Men's lives. New York, S. 223-242

Bertelsmann, K./Colneric, N./Pfarr, H./Rust, U. 1996: Handbuch zur Frauenerwerbstätigkeit: Arbeitsrecht, Sozialrecht, Frauenförderung. Neuwied u.a.O.

Bielenski, H./Bosch, G./Wagner, A. 2001: Employment Options for the Future. Actual and Preferred Working Hours. Forschungsbericht für die Europäische Stiftung zur Verbesserung der Arbeits- und Lebensbedingungen. Dublin

Bielenski, H./Bosch, G./Wagner, A. 2002: Wie die Europäer arbeiten wollen: Erwerbs- und Arbeitszeitwünsche in 16 Ländern. Frankfurt/M.

Blossfeld, H.-P./Hakim, C. 1997: Between Equalization and Marginalization. Women working Part-Time in Europe and the United States of America. Oxford

Blossfeld, H.-P./Rohwer, G. 1997: Part-Time Work in West Germany. In: Blossfeld, Hans-Peter/Hakim, Catherine 1997: Between Equalization and Marginalization. Women working Part-Time in Europe and the United States of America. Oxford, S. 164-190

Böhnisch, L. 2003: Die Entgrenzung der Männlichkeit. Verstörungen und Formierungen des Mannseins im gesellschaftlichen Übergang. Opladen

Böhnisch, L. 2005: Lebensbewältigung. Ein sozialpolitisch inspiriertes Paradigma für die Soziale Arbeit. In: Thole, W.: Grundriss sozialer Arbeit. Ein einführendes Handbuch (2. überarbeitete und aktualisierte Auflage). Wiesbaden, S. 201-213

Botsch, E./Lindecke, Ch./Wagner, A. 2007: Familienfreundlicher Betrieb. Einführung, Akzeptanz und Nutzung von familienfreundlichen Maßnahmen. Edition der Hans-Böckler-Stiftung Nr. 193. Düsseldorf

Brandes, H. 2002: Der männliche Habitus. Band 2: Männerforschung und Männerpolitik. Opladen

Brandt, T. 2006: Bilanz der Minijobs und Reformperspektiven. In: WSI-Mitteilungen, Heft 8, S. 446-452

Brehmer, W./Seifert, H. 2008: Sind atypische Beschäftigungsverhältnisse prekär? In: Zeitschrift für Arbeitsmarktforschung (ZAF) 4/2008, S. 501-531

Bundesministerium für Arbeit und Soziales (BMAS) 2007: Geringfügige Beschäftigung und Beschäftigung in der Gleitzone. Berlin

Bundesministerium für Arbeit und Soziales (BMAS) 2008: Teilzeit – alles, was Recht ist. Berlin

Bundesministerium für Familie, Senioren, Frauen und Jugend (BMFSFJ) (Hg.) 2004: Erwartungen an einen familienfreundlichen Betrieb. Erste Auswertung einer repräsentativen Befragung von Arbeitnehmerinnen und Arbeitnehmern mit Kindern oder Pflegeaufgaben (Autorin: Christina Klenner). Berlin

Bundesministerium für Familie, Senioren, Frauen und Jugend (BMFSFJ) (Hg.) 2005: Gender-Datenreport. 1. Datenreport zur Gleichstellung von Frauen und Männern in der Bundesrepublik Deutschland. Berlin

Bundesmann-Jansen, J./Groß, H./Munz, E. 2000: Arbeitszeit '99. Ergebnisse einer repräsentativen Beschäftigtenbefragung zu traditionellen und neuen Arbeitszeitreformen in der Bundesrepublik Deutschland. Hrsg. vom Ministerium für Arbeit, Soziales und Stadtentwicklung, Kultur und Sport des Landes Nordrhein-Westfalen. Düsseldorf

Busch, A./Holst, E. 2008: „Gender Pay Gap": In Großstädten geringer als auf dem Land. In: DIW-Wochenbericht, Nr. 33, S. 462-468

Connell, R. 1998: Männer in der Welt: Männlichkeiten und Globalisierung. In: Widersprüche. Zeitschrift für sozialistische Politik im Bildungs-, Gesundheits- und Sozialbereich, Jg. 18/Heft 67, Nr. 1, S. 91-105

Connell, R. 1999: Der gemachte Mann. Konstruktion und Krise von Männlichkeiten. Wiesbaden

Corell, S./Benard, St./Paik, I. 2007: Getting a job: Is there a Motherhood Penalty? In: American Journal of Sociology, Vol. 112/No. 5, S. 1297-1338

Crompton; R. 2002: Employment, flexible working and the family. In: The British journal of sociology, No. 53, S. 537-558

Döge, P. 2006: Männer – Paschas und Nestflüchter? Zeitverwendung von Männern in der Bundesrepublik Deutschland. Opladen

Düll, H./Ellguth, P. 1999: Betriebliche Strukturen der Teilzeitbeschäftigung in West- und Ostdeutschland. In: Mitteilungen aus der Arbeitsmarkt- und Berufsforschung (MittAB), Jg. 32/Heft 3, S. 270-280

Ellguth, P./Kohaut, S. 2008: Tarifbindung und betriebliche Interessenvertretung: Aktuelle Ergebnisse aus dem IAB-Betriebspanel. In: WSI-Mitteilungen, Heft 9, S. 515-519

EU-Kommission 2009: Equality between women and men – 2009. Report from the Commission to the European Parliament, the Council, the European Economic and Social Committee and Committee of the Region. Brussels

European Foundation for the Improvement of Living and Working Conditions 2003: Working time preferences and work-life balance in the EU: some policy considerations for enhancing the quality of life. Dublin

European Foundation for the Improvement of Living and Working Conditions 2006: Fourth European Working Conditions Survey. Dublin

European Foundation for the Improvement of Living and Working Conditions 2007: Part-time work in European companies. Dublin

Fagan, C. 2004: Gender and working time in industrialized countries. In: Messenger, J. C. (ed.): Working time und Worker's preferences in industrialized countries. Finding the balance. London, New York, S. 108-146

Fthenakis, W./Minsel, B. 2001: Die Rolle des Vaters in der Familie. Zusammenfassung des Forschungsberichtes im Auftrag des BMFSFJ. Berlin/Bonn

Gärtner, M./Gieseke, J./Beier, St. 2006: Focus. Fostering Caring Masculinities. German National Report. Berlin (http://www.caringmasculinities.org/noop/file.php?id=210, 4.7. 2009)

Gottschall, K./Voß, G. (Hg.) 2003: Entgrenzung von Arbeit und Leben. Zum Wandel der Beziehung von Erwerbstätigkeit und Privatsphäre im Alltag. München, Mehring

Groß, H./Schwarz, M. 2007: Betriebs- und Arbeitszeiten 2005. Ergebnisse einer repräsentativen Betriebsbefragung. Dortmund

Gross, W. 2008: Beruflich Profi, Privat Amateur? Die seelischen Kosten der Karriere oder: Über die Vereinbarkeit von Beruf und Familie bei Männern. In: Switchboard. Zeitschrift für Männer- und Jungenarbeit, Nr. 184, S. 20-23

Habermann-Horstmeier, L. 2007: Karrierehindernisse für Frauen in Führungspositionen. Ergebnisse einer empirischen Studie an 300 Frauen aus dem deutschen Mittel- und Topmanagement. Schriftenreihe des Steinbeis Technologietransferzentrums, Band 1. Villingen-Schwenningen

Haffner, Y. 2007: Mythen um männliche Karrieren und weibliche Leistung. Opladen

Hakim, C. 1997: A Sociological Perspective on Part-Time Work. In: Blossfeld, H.-P./Hakim, C. 1997: Between Equalization and Marginalization. Women working Part-Time in Europe and the United States of America. Oxford, S. 22-70

Halrynjo, S./Holter, Ø. 2005: Male Job and Life Patterns: A Correspondence Analysis. In: Puchert et al. 2005, S. 105-115

Hildebrandt, E. (Hg.) 2007: Lebenslaufpolitik im Betrieb. Optionen zur Gestaltung der Lebensarbeitszeit durch Langzeitkonten. Berlin

Hinz, Th./Schübel, Th. 2001: Geschlechtersegregation in deutschen Betrieben. In: Mitteilungen aus der Arbeitsmarkt- und Berufsforschung (MittAB), Jg. 34/Heft 3, S. 286-301

Heintz, B./Nadai, E./Ummel, H. 1997: Getrennte Welten. Ursachen, Verlaufsformen und Folgen der geschlechtsspezifischen Segregation des Arbeitsmarktes. In: Heintz, B./Nadai, E./Ummel, H. (Hg.) Ungleich unter Gleichen. Studien zur geschlechtsspezifischen Segregation des Arbeitsmarktes. Frankfurt/M., S. 16-66

Holst, E. 2006: Führungspositionen: Frauen geringer entlohnt und nach wie vor seltener vertreten. In: DIW-Wochenbericht, Nr. 25, S. 365-377

Holst, E. 2007: Arbeitszeitwünsche von Frauen und Männern liegen näher beieinander als tatsächliche Arbeitszeiten. In: DIW-Wochenbericht, Nr. 14-15, S. 209-215

Holst, E. 2009: Vollzeitbeschäftigte wollen kürzere, Teilzeitbeschäftigte längere Arbeitszeiten. In: DIW-Wochenbericht, Nr. 25, S. 409-415

Holst, E./ Maier, F. 1998: Normalarbeitsverhältnis und Geschlechterordnung. In: MittAB 3, S. 506-518

Holst, E./Schupp, J. 1994: Ist Teilzeitarbeit der richtige Weg? Arbeitszeitpraeferenzen in West- und Ostdeutschland. In: Wochenbericht des DIW, Nr. 35, S. 618-626

Holst, E./Schupp, J. 1998: Arbeitszeitpräferenzen in West- und Ostdeutschland 1997. In: DIW-Wochenbericht, Nr. 37, S. 667-677

Holst, E./Schupp, J. 2002: Arbeitszeitwünsche schwanken mit der Konjunktur. In: DIW-Wochenbericht, Nr. 23, S. 370-373

Holst, E./Trzcinski, E. 2003: Hohe Lebenszufriedenheit teilzeitbeschäftigter Mütter. In: DIW-Wochenbericht, Nr. 35, S. 539-545

Holter, Ø./Riesenfeld V./Scambor, E. 2005: „We don't have anything like that here!" – Organisations, Men and Gender Equality. In: Puchert et al. 2005, S. 73-104

Holter, Ø. 2007: Men's Work and Family Reconciliation in Europe. In: Men and Masculinities, Vol. 9/No. 4, S. 425-456

Höyng, St. 2008: Männer, Vereinbarkeit von Berufs- und Privatleben. In: Krell, G. (Hg.): Chancengleichheit durch Personalpolitik (5. Auflage). Wiesbaden, S. 443-452

Höyng, St./Lange, R. 2004: Gender Mainstreaming – ein Ansatz zur Auflösung männerbündischer Arbeits- und Organisationskultur? In: Neusüß, C./Meuser, M. (Hg.): Gender Mainstreaming. Konzepte – Handlungsfelder – Instrumente. Bonn, S. 105-119

Höyng, St./Puchert, R. 1998: Die Verhinderung der beruflichen Gleichstellung. Bielefeld

Infratest Sozialforschung 2003: Geringfügige Beschäftigung und Nebenerwerbstätigkeiten in Deutschland 2001/2002, Dokumentation (herausgegeben vom Bundesministerium für Wirtschaft und Arbeit)

Jürgens, K. 2006: Arbeits- und Lebenskraft. Reproduktion als eigensinnige Grenzziehung. Wiesbaden

Jürgens, K./Reinecke, K. 1998: Zwischen Volks- und Kinderwagen. Auswirkungen der 28,8-Stunden-Woche bei der VW AG auf die familiale Lebensführung von Industriearbeitern. Berlin

Jurczyk, K./ Rerrich, M. 1993: Die Arbeit des Alltags. Beiträge zu einer Soziologie der alltäglichen Lebensführung. Freiburg

Kaldybajewa, K./Kruse, E. 2007: Altersteilzeit immer beliebter. In: RV aktuell 8, S. 244-253

Kalina, Th./Weinkopf, C. 2006: Mindestens sechs Millionen Niedriglohnbeschäftigte in Deutschland: Welche Rolle spielen Teilzeit und Minijob? IAT-Report 2006-03

Kalina, Th./Weinkopf, C. 2008: Weitere Zunahme der Niedriglohnbeschäftigung: 2006 bereits rund 6,5 Millionen Beschäftigte betroffen. IAQ-Report 2008-01

Klammer, U. 2007: Zeit und Geld im Lebensverlauf – Empirische Evidenz und sozialpolitischer Handlungsbedarf aus der Geschlechterperspektive. In: Intervention, Jg. 4/Heft 1, S. 145-174

Klammer, U./Tillmann, K. 2001: Flexicurity: Soziale Sicherung und Flexibilisierung der Arbeits- und Lebensverhältnisse (Projektbericht). Düsseldorf

Klein, M. (Hg.) 1993: Nicht immer aber immer öfter. Flexible Beschäftigung und ungeschützte Arbeitsverhältnisse. Marburg

Klein, M. 1995: Gewerkschaften und Teilzeitarbeit in Deutschland. Eine vergleichende Untersuchung des Einzelhandels und der Gebäudeinnenreinigung. Baden-Baden

Kleinert, C./Kohaut, S./Brader, D./Lewerenz, J. 2007: Frauen an der Spitze. Arbeitsbedingungen und Lebenslagen weiblicher Führungskräfte. IAB Bibliothek, Band 2 (hrsg. vom Institut für Arbeitsmarkt und Berufsforschung [IAB]). Frankfurt/M., New York

Klenner, Ch. 2004: Gender – ein Fremdwort für Betriebsräte? In: WSI-Mitteilungen, Heft 5, S. 277-286

Klenner, Ch./Klammer, U. 2009: Weibliche Familienernährerinnen in West und Ostdeutschland – Wunschmodell oder neue Prekarität? In: Dokumentation der BMFSFJ-Tagung in der Villa Vigoni im Oktober 2008, S. 62-84

Klenner, Ch./Pfahl, S. 2008: Jenseits von Zeitnot und Karriereverzicht – Wege aus dem Arbeitszeitdilemma. Analyse der Arbeitszeiten von Müttern, Vätern und Pflegenden und Umrisse eines Konzeptes. WSI-Diskussionspapier Nr. 158

Klenner, Ch./Schmidt, T. 2007: Familienfreundlicher Betrieb – Einflussfaktoren aus Beschäftigtensicht. In: WSI-Mitteilungen, Heft 9, S. 494-501

Klinger, S./Wolf, K. 2008: What explains changes in full-time and part-time employment in Western Germany? IAB Discussion Paper 7/2008

Koch, A. 2008: Elternzeit – Teilzeit – Aus(zeit)? Teilzeitrechte in Führungspositionen. In: WSI-Mitteilungen, Heft 11-12, S. 612-618

Kohn, S./Breisig, T. 1999: Teilzeitarbeit für Führungskräfte? In: Arbeit, Jg. 8/Heft 2, S. 162-178

Kratzer, N. 2003: Arbeitskraft in Entgrenzung. Grenzenlose Anforderungen, erweiterte Spielräume, begrenzte Ressourcen. Berlin

Kratzer, N./Fuchs, T./Wagner, A./Sauer, D. 2005: Zeitmuster – Zeitverwendung im Kontext von Erwerbsarbeit und Haushalt. In: Bartelheimer, P./Fuchs, T./Kratzer, N./Wilkens, I.: Berichterstattung zur sozio-ökonomischen Entwicklung in Deutschland – Arbeit und Lebensweisen (hrsg. von Soziologisches Forschungsinstitut [SOFI]/Institut für Arbeitsmarkt- und Berufsforschung [IAB]/Institut für Sozialwissenschaftliche [ISF]/Internationales Institut für empirische Sozialforschung (INIFES). Wiesbaden, S. 381-402

Krell, G. 2008: „Vorteile eines neuen, weiblichen Führungsstils": Ideologiekritik und Diskursanalyse. In: Krell, G. (Hg.): Chancengleichheit durch Personalpolitik (5. Auflage). Wiesbaden, S. 319-330

Kröhnert, S./Klingholz, R. 2007: Studie „Not am Mann – Von Helden der Arbeit zur neuen Unterschicht?" (hrsg. vom Berlin-Institut für Bevölkerung und Entwicklung). Berlin

Krüger, H. 2006: Geschlechterrollen im Wandel – Modernisierung der Familienpolitik. In: Bertram, H./Krüger, H./Spieß, K. C. (Hg.) 2006: Wem gehört die Familie der Zukunft? Expertisen zum 7. Familienbericht der Bundesregierung. Opladen, S. 191-206

Kümmerling, A./Jansen, A./Lehndorff, St. 2008: Immer mehr Frauen sind erwerbstätig – aber mit immer kürzeren Arbeitszeiten. IAQ/Hans-Böckler-Stiftung Arbeitszeit-Monitor. IAQ-Report 2008-04

Kurz-Scherf, I. 1993: Teilzeitarbeit: Individuelle Notlösung und/oder Vorbotin einer neuen Zeitordnung? – Plädoyer für die Entpatriarchalisierung der herrschenden Zeit-Ordnung. In: Müller, U./Schmidt-Waldherr, H. (Hg.): FrauenSozialKunde. Wandel und Differenzierung von Lebensformen und Bewusstsein (2. Auflage). Bielefeld, S. 42-57

Kurz-Scherf, I./ Breil, G. 1987 (Hg.): Wem gehört die Zeit? Ein Lesebuch zum 6-Stunden-Tag, Hamburg

Lauer, C. 2000: Gender Wage Gap in West Germany: How far do Gender differences in human capital matter? ZEW Discussion Paper No.00-07. Mannheim

Lehndorff, St./Jansen, A./Kümmerling, A. 2009: Arbeitszeiten wieder so lang wie vor 20 Jahren. IAQ-Report 2009-01

Leitner, S./Ostner, I./Schratzenstaller M. (Hg.) 2004: Wohlfahrtsstaat und Geschlechterverhältnis im Umbruch. Was kommt nach dem Ernährermodell? Reihe Jahrbuch für Europa- und Nordamerika-Studien, 7. Wiesbaden

Leitner, A./Wroblewski, A. 2000: Chancengleichheit und Gender Mainstreaming. Ergebnisse der begleitenden Evaluierung des österreichischen NAP. Reihe Soziologie Nr. 41. Wien

Lewis, J. 2004: Auf dem Weg zur „Zwei-Erwerbstätigen"-Familie. In: Leitner, et. al. 2004, S. 62-84

Leyen, U. v. d. 2008: „Ostdeutsche Väter bei Vätermonaten auf der Überholspur". Pressemitteilung des BMFSFJ vom 11.06.2008 (http://www.bmfsfj.de/bmfsfj/generator/Kategorien/Presse/pressemitteilungen,did=111020.htm; 22.7.2008)

Lindecke, Ch./Voss-Dahm, D./Lehndorff, St. 2007: Altersteilzeit. Arbeitspapier der Hans-Böckler-Stiftung Nr. 142. Düsseldorf

Lukoschat, H./Walther, K. 2006: Karrierek(n)ick Kinder. Mütter in Führungspositionen – ein Gewinn für Unternehmen (hrsg. von der Bertelsmann Stiftung). Gütersloh

Manning, A./Petrongolo, B. 2004: The Part-time pay penalty. London School of Economics, im Auftrag des Department of Trade and Industry (DTI), Women and Equality Unit (http://cep.lse.ac.uk/stokerochford/papers/new/Petrongolo.pdf; 11.6.2009)

McKinsey&Company (Funke, C./Suder, K.) 2007: A Wake-Up Call for Female Leadership in Europe, Global Summit of Women. Berlin, 15. Juni 2007

Meuser, M. 1998: Geschlecht und Männlichkeit. Soziologische Theorie und kulturelle Deutungsmuster. Opladen

Minijobzentrale 2008a: Aktuelle Entwicklungen im Bereich der geringfügigen Beschäftigung. Essen

Minijobzentrale 2008b: Minijobs – Informationen für Arbeitgeber und Arbeitnehmer. Essen

Montgomery, M. 1988: On the Determinants of Employer Demand for Part-Time Workers, In: The review of Economics and Statistics, Vol. 70/No. 1, S. 112-117

Müller-Wichmann, Ch. 1987: Von wegen Freizeit. Frankfurt/M.

Naegele, G./Barkholdt, C./de Vroom, B./Goul Anderson, J./Krämer, K. 2003: Eurofound. A new organisation of time over working life. Luxembourg

Nickel, H. M. 1999: Erosion und Persistenz. Gegen die Ausblendung des gesellschaftlichen Transformationsprozesses in der Frauen- und Geschlechterforschung. In: Nickel et al. 1999, S. 9-33

Nickel, H. M. 2008: Transformation von Arbeit – Persistenz von Geschlechterverhältnissen? In: Zeitschrift für Frauenforschung und Geschlechterstudien, Heft 3/4, S. 72-87

Nickel, H. M./Völker, S./Hüning, H. 1999: Transformation – Unternehmensreorganisation – Geschlechterforschung. Opladen

Oechsle, M. 2006: Work-Life-Balance statt Vereinbarkeit? Diskursive Verschiebungen und veränderte Problemlagen. Zusammenfassung der Gender Lecture mit Prof. Dr. Mechthild Oechsle vom 27. November 2006 zum Rahmenthema „Familie und Gleichstellung – Einheit oder Widerspruch?“ im Genderkompetenzzentrum Berlin (http://db.tenz.info/deu/archive/events/gendlectkompetenz/061127glhu/; 17.07.08)

von Oertzen, Ch./Rietzschel, A. 1997: Das „Kuckucksei“ Teilzeitarbeit. Die Politik der Gewerkschaften im deutsch-deutschen Vergleich. In: Budde, G.-F. (Hg.): Frauen arbeiten. Weibliche Erwerbstätigkeit in Ost- und Westdeutschland nach 1945. Göttingen, S. 212-251

Pannenberg, M. 2002: Long-Term Effects of Unpaid Overtime, Evidence for West-Germany. In: DIW Discussion Papers 293. Berlin

Pfahl, S./Reuyß, St. 2008: Gelebte Chancengleichheit im Betrieb. Betriebs- und Dienstvereinbarungen. Fallstudien. Frankfurt/M.

Pfarr, H. 1988: Die mittelbare Diskriminierung von Frauen im Erwerbsleben – Chancen eines neuen Rechtsinstituts. In: Gerhard, U./Limbach, J. (Hg.): Rechtsalltag von Frauen, Frankfurt/M., S. 33-45

Pfeifer, Ch. 2007: Eine theoretische und empirische Analyse der betrieblichen Determinanten von Teilzeitarbeit, Mini- und Midijobs. In: Zeitschrift für Arbeitsmarktforschung (ZAF), 1, S. 65-76

Puchert, R./Gärtner, M./Höyng, St. (Hg.) 2005: Work Changes Gender. Men and Equality in the Transition of Labour Forms. Opladen

Radisch, I. 2008: Zeitschutzzonen für eine aussterbende Spezies: die Familie. Erik Gurgsdies im Gespräch mit Iris Radisch. In: Friedrich-Ebert-Stiftung (Hg.): Frauen – Männer – Gender 2007-2008. Frauenpolitik & Genderpolitik in der Friedrich-Ebert-Stiftung. Bonn, S. 67-68

Riedmann, A. in Kooperation mit Bielenski, H./Szczurowska, T./Wagner, A. 2006: Working time and work-life balance in European companies. Establishment Survey on Working Time 2004-2005. Dublin

Rürup, B./Gruescu, S. 2005: Familienorientierte Arbeitszeitmuster – Neue Wege zu Wachstum und Beschäftigung. Gutachten im Auftrag des BMFSFJ 2005

Russo, G./Hassink, W. 2005: The part-time wage penalty: A career perspective. IZA Discussion Paper No. 1468

Sachverständigenkommission 2005: Siebter Familienbericht. Familie zwischen Flexibilität und Verlässlichkeit. Perspektiven für eine lebenslaufbezogene Familienpolitik. BMFSFJ. Bonn, Berlin

Scambor, Ch./Schwerma, K./Abril, P. 2005: Towards a New Positioning of Men. In: Puchert et al. 2005, S. 117-173

Schlieter, J./Aust, M. 2008: Mehr Zeit zum Leben. In: Emotion, Februar, S. 46-60

Schwarze, J. 2001: Auswirkungen von Diskontinuitäten und „atypischer“ Beschäftigung in der Erwerbsbiografie auf das individuelle Erwerbseinkommen: Theoretische Analysen und Befunde empirischer Studien für Deutschland. In: Klammer/Tillmann 2001, S. 271-317

Seifert, H. (Hg.) 2005: Flexible Zeiten in der Arbeitswelt. Frankfurt/M., New York

Sinus Sociovision 2007: Rollen im Wandel – Strukturen im Aufbau. Eine sozialwissenschaftliche Untersuchung vor dem Hintergrund der Sinus-Milieus®. Erste Befunde, Mai 2007

(http://www.bmfsfj.de/RedaktionBMFSFJ/Internetredaktion/Pdf-Anlagen/sinus-langfassung,property=pdf,bereich=,rwb=true.pdf; 17.7.2008)

Sinus Sociovision 2008: „Männer": Identität und Rollenbilder heute und morgen. Repräsentativuntersuchung von Sinus Sociovision GmbH für das Bundesministerium für Familie, Senioren, Frauen und Jugend. Heidelberg, 15.04. 2008

Spitzley, H. 2003: Kurze Vollzeit für alle. Plädoyer für eine andere Arbeitskultur. Frankfurter Rundschau vom 10.9.2003

Statistisches Bundesamt (StBA) (Hg.) 2004: Alltag in Deutschland. Analysen zur Zeitverwendung. Forum der Bundesstatistik Band 43. Wiesbaden

Statistisches Bundesamt (StBA) 2006 in Zusammenarbeit mit WZB und ZUMA (Hg.): Datenreport 2006. Bonn

Statistisches Bundesamt (StBA) 2007: Mikrozensus 2007. Fachserie 1, Reihe 4.1.1. Wiesbaden

Statistisches Bundesamt (StBA) 2008a: Familienland Deutschland. Begleitmaterial zur Pressekonferenz am 22. Juli 2008 in Berlin (http://www.destatis.de/jetspeed/portal/cms/Sites/destatis/Internet/DE/Presse/pk/2008/Familienland/Pressebroschuere__Familienland,property=file.pdf; 22.7.2008)

Statistisches Bundesamt (StBA) 2008b: Fachserie 16, R. 2.1, 4. Quartal 2008. Wiesbaden

Statistisches Bundesamt (StBA) 2008c: Öffentliche Sozialleistungen. Statistik zum Elterngeld. Elterngeld regional: Vergleich aller 439 Kreise in Deutschland. Wiesbaden

Statistisches Bundesamt (StBA) 2009: Pressemitteilung des Statistischen Bundesamtes Nr. 160 vom 28.04.2009

Steiner, V. 2008: Geringfügige Beschäftigung – Sprungbrett oder Sackgasse? In: DIW-Wochenbericht, Nr. 14, S. 166-167

Stolz-Willig, B. 1995: Sozialverträgliche Arbeitszeitgestaltung und Geschlechterverhältnisse. In: Büssing, A./Seifert, H. (Hg.): Sozialverträgliche Arbeitszeitgestaltung. München, S. 119-132

Timmermann, A. 2006: Betriebliche Personalpolitik und die Erwerbstätigkeit qualifizierter Frauen. Hamburg

Thelen, T./Baerwolf, A. 2007: Traditionalisierung in der Flexibilisierung. Familiäre Arbeitsteilung in Ostdeutschland. In: Szydlak, M. (Hg.): Flexibilisierung. Folgen für Arbeit und Familie. Wiesbaden, S. 275-294

Volz, R./Zulehner, P. M. 2009: Männer in Bewegung. Zehn Jahre Männerentwicklung in Deutschland. Herausgegeben vom BMFSFJ, Forschungsreihe Band 6. Baden-Baden

Voss-Dahm, D. 2009: Über die Stabilität sozialer Ungleichheit im Betrieb – Verkaufsarbeit im Einzelhandel. Berlin

Wahlberg, R. 2008: Part-time penalty in Sweden: Evidence from quantile regression. University of Gothenburg, School of Business, Economics and Law, Working Papers in Economics No. 315

Wagner, A. 2000: Krise des „Normalarbeitsverhältnisses"? Über eine konfuse Debatte und ihre politische Instrumentalisierung. In: Schäfer, Claus (Hg.): Geringere Löhne – mehr Beschäftigung? Niedriglohn-Politik. Hamburg, S. 200-246

Wanger, S. 2006: Erwerbstätigkeit, Arbeitszeit und Arbeitsvolumen nach Geschlecht und Altersgruppen. Ergebnisse der IAB-Arbeitszeitrechnung nach Geschlecht und Alter für die Jahre 1991-2004. IAB-Forschungsbericht 2/2006

Wolf, E. 2001: Comparing the part-time wage gap in Germany and the Netherlands. ZEW Discussion Paper No. 01-18

Wolf, E. 2009: Lohndifferenziale zwischen Voll- und Teilzeitbeschäftigten in Ost- und Westdeutschland, unveröffentlichte Analyse für das Projekt „GiB“, erscheint als WSI-Diskussionspapier (im Erscheinen)

WSI-Frauendatenreport 2000: Klammer, U./Klenner, Ch./Ochs, C./Radke, P./Ziegler, A.: WSI FrauenDatenReport. Berlin

WSI-Frauendatenreport 2005: Bothfeld, S./Klammer, U./Klenner, Ch./Leiber, S./Thiel, A./Ziegler, A.: Handbuch zur wirtschaftlichen und sozialen Situation von Frauen. Berlin

WSI-Tarifhandbuch 2008. Hrsg. vom Wirtschafts- und Sozialwissenschaftlichen Institut in der Hans-Böckler-Stiftung (WSI). Frankfurt/M.

WSI-Lohnspiegeldatenbank 2008. In: Böckler Impuls 4/2009

5. Entgeltdifferenzen und Vergütungspraxis

Astrid Ziegler, Hermann Gartner, Karin Tondorf

Kapitel 5 **Das Wichtigste in Kürze**

- Nach wie vor ist in Deutschland der Einkommensunterschied zwischen Frauen und Männern eklatant hoch. Er beträgt 23% – dies ist der 21. Platz im EU-Vergleich. Aber auch europaweit verdienen Männer im Durchschnitt noch immer mehr als Frauen, der Einkommensabstand liegt hier bei 17,5%.
- Ökonomisch-statistische Ansätze erklären geschlechtsspezifische Entgeltdifferenzen u.a. über das Humankapital. Eine höhere Qualifikation führt zu einer höheren Produktivität und einem höheren Einkommen. Ungleiche Entlohnung gilt als gerechtfertigt, wenn sich die Produktivität von Frauen und Männern unterscheidet. Aber nur ein Teil des Lohnunterschieds kann auf individuelle Humankapitalentscheidungen zurückgeführt werden, weil heute jüngere, besser ausgebildete Frauen schon beim Berufsstart im Durchschnitt weniger verdienen als ihre Alterskollegen, andere Faktoren die Lohnbildung beeinflussen (z.B. industrielle Beziehungen, gewerkschaftliche Organisationsmacht), und die Produktivität auch von der Einbindung der Beschäftigten in den Arbeitsprozess und dem Zusammenwirken mit anderen Faktoren abhängt.
- Die Einkommensunterschiede sind eng mit dem nach dem Geschlecht gespaltenen Arbeitsmarkt, also der horizontalen und vertikalen Segregation verbunden. Frauen konzentrieren sich auf Branchen und Berufe mit einem niedrigen Verdienstniveau. Sie verdienen in denselben Branchen bzw. Berufen im Durchschnitt weniger als ihre männlichen Kollegen. Drängen Frauen in vormals männlich dominierte Berufe, sinkt dort in Folge der Feminisierung das Durchschnittseinkommen. Frauen erklimmen seltener höhere Positionen auf der Karriereleiter, sie sind in Führungspositionen unterrepräsentiert.
- Der institutionelle und politische Rahmen übt einen großen Einfluss auf den geschlechtsspezifischen Einkommensunterschied aus. Zum einen reduzieren das Vorhandensein eines Betriebsrats und die betriebliche Tarifbindung den Einkommensabstand. Zum anderen wirkt sich die Steuer- und Abgabenpolitik zu ungunsten des Frauenverdienstes aus, weil sie nach wie vor die traditionelle Ernährerehe unterstützt.
- Weitere objektive Merkmale können das Einkommensgefälle zum Teil erklären. Schon auf Grund der unterschiedlich wertigen Tätigkeiten und Berufspositionen, Arbeitszeiten, sowie der Berücksichtigung von Berufs- und Tätigkeitsjahren bei der Einkommensermittlung unterscheiden sich die Ein-

kommen von Frauen und Männern. Aber auch diese Unterschiede können das Gefälle nicht alleine erklären. Ein Teil des Einkommensunterschieds muss der Diskriminierung aufgrund des Geschlechts zugeschrieben werden.

- Über statistische Methoden wie der Oaxaca-Blinder-Zerlegung kann der Einkommensunterschied in einen erklärbaren Anteil des geschlechtsspezifischen Lohngefälles und einen nicht erklärenden Anteil getrennt werden. Die verbleibende, unerklärte Restkomponente wird als Diskriminierung bezeichnet. Nach eigenen Berechnungen auf Basis des LIAB-Datensatzes kann für das Jahr 2006 gut ein Drittel des Gender Pay Gaps durch die unterschiedliche Ausstattung mit beobachtbaren Merkmalen erklärt werden.
- Die Oaxaca-Blinder-Zerlegung unterscheidet allerdings nicht zwischen Beschäftigungs- und Einkommensdiskriminierung. Damit kann sie nicht offen legen, ob der Grundsatz des gleichen Entgelts bei gleichwertiger Arbeit eingehalten wird. Deshalb muss der Blick auf die qualitative Dimension des Arbeitsplatzes gelegt werden.
- Eine Vielzahl von Mechanismen und Praktiken, die potenzielle Diskriminierung in sich bergen, können zu ungleichen Verdiensten von Frauen und Männern führen. Beispielhaft ist die Unterbewertung von frauendominierten Tätigkeiten im Rahmen der Arbeitsbewertung und Eingruppierung zu nennen, etwa durch Nichtbewertung von wesentlichen Tätigkeitsanforderungen wie sozialen Kompetenzen. Nicht nur beim Grundentgelt, sondern auch bei anderen Entgeltkomponenten wie z.B. beim Leistungsentgelt können insbesondere auch teilzeitbeschäftigte Frauen benachteiligt werden. Die Bewertung von Arbeit und Leistung und Frauen wird noch immer beeinflusst durch Geschlechterstereotype und Vorurteile.
- EU-rechtliche Grundsätze und Gestaltungsvorschriften von Entgeltsystemen haben bisher im Allgemeinen Gleichbehandlungsgesetz (AGG) und im Betriebsverfassungsgesetz (BetrVG) keinen angemessenen Niederschlag gefunden. Die deutsche Rechtsprechung hat das europäische Entgeltgleichheitsrecht nur lückenhaft umgesetzt.
- Heute mangelt es weniger an Informationen zum Thema Entgeltdiskriminierung, da zwischenzeitlich eine Reihe von Veröffentlichungen und Leitfäden zum Aufspüren und Beseitigen von Entgeltdiskriminierung zur Verfügung steht. Vielmehr blieb ihre praktische Anwendung bis heute flächendeckend aus. Dennoch kann anhand konkreter Beispiele aufgezeigt werden, wie betriebliche Akteure Entgeltgleichheit in ihren jeweiligen Bereichen erfolgreich fördern können.

5.1 Einleitung

Nach wie vor sind die Einkommensdifferenzen zwischen Frauen und Männern in Deutschland eklatant hoch. Immer noch liegt das durchschnittliche Einkommen von Frauen erheblich unter dem der Männer. Auch die Bildungserfolge von Frauen der letzten Jahre konnten nicht in ein entsprechend hohes Einkommen umgesetzt werden, geschweige denn, dass diese im Zeitablauf den Einkommensabstand zu den (jüngeren) Männern massiv verringern konnten (Bispinck et al. 2008). Die geschlechtsspezifische *Entgeltungleichheit* wird als eine der großen noch bestehenden Ungerechtigkeiten in unserer Gesellschaft wahrgenommen (Sinus Sociovision 2008, S. 6), die nicht nur unzeitgemäß, sondern zum Teil auch diskriminierend ist, da eine Bevölkerungsgruppe nur aufgrund des Geschlechts benachteiligt wird. In der Arbeitswelt ist das Thema weitgehend tabuisiert. Was Frauen und was Männer in einem Betrieb bei gleicher Qualifikation und Verantwortung verdienen, ist nur wenig transparent (ebd., S. 20).

Die Verringerung der Einkommensunterschiede zwischen Frauen und Männern ist in jüngerer Zeit auf der wissenschaftlichen wie gleichstellungspolitischen Agenda weiter nach vorn gerückt. So ist der Gender Pay Gap[1] ein umfassend erforschtes Thema in verschiedenen Fachdisziplinen. Ursachen- und Erklärungsanalysen werden z.B. in ökonomisch-statistischen Befunden auf das Humankapital und auf individuelle Faktoren zurückgeführt (siehe u.a. Busch/Holst 2009). Daneben setzen sich auch die Soziologie, die Rechts- und Arbeitswissenschaft sowie die Gender Studies mit dem Thema auseinander.

In der deutschen Politik spielte das Thema „Gleicher Lohn für gleichwertige Arbeit" lange Zeit keine Rolle. Erst auf Druck der Europäischen Kommission findet es in jüngerer Zeit in der deutschen Politik stärkere Beachtung. Angesichts der schlechten Noten, die Deutschland im europäischen Vergleich seit Jahren in Bezug auf die geschlechtsspezifischen Einkommensunterschiede erzielt (Europäische Kommission 2009), gerät Deutschland unter Zugzwang und der Abbau der Lohnungleichheit wird nun auch als ein gewichtigeres Handlungsfeld in Deutschland genannt (BMFSFJ 2009b). Dennoch gibt es in Deutschland keine umfassende politische Strategie zur Förderung der geschlechtsspezifischen Entgeltgleichheit. Die Politik setzt eher an den Rahmenbedingungen an und will in erster Linie über die Verbreitung von Informationen bzw. best-practice-Beispielen die Öffentlichkeit für das Thema sensibilisieren. Die politischen Maßnahmen wollen in erster Linie das Beschäftigungsmuster von Frauen generell verändern. Über den Ausbau des Angebots an Kinderbetreuung, die Einführung des Elterngeldes und die steuerliche Absetzung von Kinderbetreuungskos-

1 Im vorliegenden Text werden die Begriffe Gender Pay Gap, Lohnkluft, Einkommensdifferenz, Verdienstunterschied etc. synonym verwendet.

ten sollen wichtige Voraussetzungen dafür geschaffen werden, dass insbesondere die Erwerbsunterbrechung von Frauen minimiert wird. Andererseits soll durch einschlägige Aktivitäten das berufliche Spektrum von Mädchen (z.B. „girls' day"), der Anteil von Frauen in zukunftsorientierten Berufen sowie in Fach- und Führungspositionen (www.FrauenmachenKarriere.de) verbreitert werden. Verbindliche Maßnahmen, die z.B. die Arbeitgeber verpflichten würden, Lohnunterschiede zwischen Frauen und Männern transparent zu machen und diskriminierungsfreie Vergütungssysteme anzuwenden, sind in Deutschland nicht in Sicht. Die deutsche Politik setzt vielmehr auf freiwillige Maßnahmen[2] und auf die soziale Verantwortung der Unternehmen.

Nur reicht dies aus, um das Einkommensgefälle zwischen Frauen und Männern nachhaltig zu verringern? Um diese Frage zu beantworten, diskutiert das vorliegende Kapitel in einem ersten Schritt die Ursachen und Einflussgrößen des Gender Pay Gap und fragt danach, welche Rolle die einzelnen Faktoren spielen. In einem zweiten Schritt werden Handlungsmöglichkeiten für die Akteure und Akteurinnen aufgezeigt, um den Gender Pay Gap – insbesondere auf der betrieblichen Ebene – zu verringern.

Das Kapitel ist folgendermaßen gegliedert: Abschnitt 5.2 ordnet zunächst die Begrifflichkeiten ein, gibt einen Überblick über die Datenlage zum Gender Pay Gap, und diskutiert das Ausmaß und die Dimension der Einkommensunterschiede zwischen Frauen und Männern in Deutschland und im internationalen Vergleich. Die vielfältigen Erklärungsversuche stehen im Mittelpunkt des Abschnitts 5.3. Mit dem Abschnitt 5.4 folgt eine eigene quantitative Analyse der Einflussfaktoren. Diese wird im Abschnitt 5.5 ergänzt um eine qualitative Analyse der betrieblichen Einflussfaktoren von Entgeltdiskriminierung. Im Mittelpunkt stehen dabei die Fragen: Welche Bedeutung hat die betriebliche Ebene auf die Entwicklung des Gender Pay Gap? Welche Ursachen und Mechanismen wirken sich diskriminierend auf die Arbeitsentgelte aus? Abschnitt 5.6 behandelt den politisch-rechtlichen Handlungsrahmen der betrieblichen Akteure. Anschließend widmet sich Abschnitt 5.7 der Frage, welche Ansatzpunkte es gibt, um die Einkommensdifferenzen abzubauen. Betriebliche Handlungsfelder sowie Beispiele betrieblicher Aktivitäten stehen hierbei im Mittelpunkt.

---

2 Jüngstes Beispiel dafür ist LOGIB-D, das anlässlich des Equal Pay Day 2009 vom Bundesministerium für Familie, Senioren, Frauen und Jugend (BMFSFJ) vorgestellt wurde. Mit diesem Software-Programm können Unternehmen auf freiwilliger Basis überprüfen, ob es deutliche Entgeltunterschiede zwischen Frauen und Männern gibt (BMFSFJ 2009a). Zur Kritik siehe Ahlers et al. 2009.

5.2 Ausmaß des Gender Pay Gap

5.2.1 Begriffsklärungen

Mit so genannten Strukturindikatoren – wie z.B. mit dem *Gender Pay Gap* – wird der Einkommensunterschied zwischen Frauen und Männern gemessen. Der Gender Pay Gap wurde von der Europäischen Kommission eingeführt und ist als die Differenz zwischen dem durchschnittlichen Bruttostundenverdienst von Frauen und Männern definiert.[3] In Deutschland wird der Gender Pay Gap häufig mit geschlechtsspezifischer Einkommens- oder Lohndifferenz bzw. Einkommenslücke oder -gefälle übersetzt. Der Gender Pay Gap ist jedoch nicht vollständig mit Diskriminierung zu erklären.

Der Begriff „Entgelt“ steht für alle Entgeltbestandteile, die vom Arbeitgeber in bar oder in Sachleistung gezahlt werden (vgl. Artikel 141 Absatz 2 EG-Vertrag). Dazu zählen

„– das Grundentgelt als anforderungsabhängige Basisvergütung,
- leistungsabhängige Bestandteile wie Leistungszulagen oder -prämien,
- Zulagen und Zuschläge, z.B. für Mehrarbeit oder Erschwernisse,
- Zahlungen zur Sicherung von Besitzständen,
- Sozialleistungen,
- sonstige Bestandteile wie Abfindungen, Darlehen, Belegschaftsaktien, Rentenversicherungsleistungen,
- Sachleistungen, z.B. private Nutzung von Dienstwagen, Dienstwohnungen.“ (Tondorf 2008, S. 15)

Den größten Anteil des Arbeitsentgeltes macht das Grundentgelt aus. Die Eingruppierung der Tätigkeit in das Entgeltgefüge ergibt sich aus der Bewertung ihrer Anforderungen. Bereits bei dieser anforderungsbezogenen Entgeltdifferenzierung kann es zu Diskriminierungen kommen, die sich nicht nur nachteilig auf das Grundentgelt, sondern auch auf weitere eingruppierungsabhängige Entgeltkomponenten wie Zulagen oder Zuschläge auswirken können.

Auf betrieblicher Ebene kann der Einkommensabstand zwischen Frauen und Männern sachlich gerechtfertigt sein, er kann jedoch auch aufgrund diskriminierender Faktoren ungerechtfertigt sein. Bei ungerechtfertigten Einkommensunterschieden ist zwischen der *Entgeltdiskriminierung* und der *Beschäftigungsdiskriminierung* zu unterscheiden. Entgeltdiskriminierung bezeichnet Einfluss-

3 Die Europäische Kommission berücksichtigt bei der Berechung des Gender Pay Gap Arbeitnehmer und Arbeitnehmerinnen der gesamten Wirtschaft mit einer Arbeitszeit von mehr als 15 Stunden im Alter von 16 bis 64 Jahren. Ein geschlechtsspezifisches Lohngefälle von 23% besagt, dass das Einkommen von Frauen 23 Prozentpunkte unterhalb des Einkommens von Männern liegt.

faktoren, die in direkter Verbindung mit dem Lohngefüge stehen. Beschäftigungsdiskriminierung hingegen beschreibt mittelbare Auswirkungen auf die Lohnrenditen der Beschäftigten.

Bei der *Entgeltdiskriminierung* lässt sich nach europäischem und deutschem[4] Recht zwischen *unmittelbarer* und *mittelbarer* Diskriminierung differenzieren:

– Unmittelbare Diskriminierung bezeichnet „eine Situation, in der eine Person aufgrund ihres Geschlechts eine weniger günstige Behandlung erfährt als eine andere Person in einer vergleichbaren Situation erfährt, erfahren hat oder erfahren würde." (Richtlinie 2006/54/EG, Artikel 2 Absatz 1 a und b)
– Mittelbare Diskriminierung bezeichnet „eine Situation, in der dem Anschein nach neutrale Vorschriften, Kriterien oder Verfahren Personen des einen Geschlechts in besonderer Weise gegenüber Personen des anderen Geschlechts benachteiligen können, es sei denn, die betreffenden Vorschriften, Kriterien oder Verfahren sind durch ein rechtmäßiges Ziel sachlich gerechtfertigt und die Mittel sind zur Erreichung dieses Ziels angemessen und erforderlich." (Richtlinie 2006/54/EG, Artikel 2 Absatz 1 a und b)

Da auch die *Beschäftigungsdiskriminierung* im Endeffekt zu geringerem Einkommen von Frauen führen kann, wird sie im Alltagsverständnis oft als Entgelt-

Kasten 5.1: Beispiele für Entgeltdiskriminierung

Beispiele für eine unmittelbare Entgeltdiskriminierung:

– Eine Arbeitnehmerin ist korrekt eingruppiert, ihr Kollege ist bei gleicher Tätigkeit höher eingruppiert.
– Eine Arbeitnehmerin erhält als Nachfolgerin auf einer Stelle ein niedrigeres Entgelt als ihr Vorgänger, der sich in einer vergleichbaren Situation befand.

Beispiele für eine mittelbare Entgeltdiskriminierung:

– Bei der Bewertung der Arbeit einer AltenpflegerIn werden körperliche Belastungen nicht bewertet, hingegen werden sie bei der Arbeit des/der HausmeisterIn derselben Einrichtung berücksichtigt.
– Bei der Bewertung der Leistung wird zeitliche Flexibilität außerhalb der regulären Arbeitszeit honoriert. Eine Beschäftigte mit Familienaufgaben erhält aufgrund ihrer eingeschränkten Flexibilität ein geringeres Leistungsentgelt als ihr männlicher Kollege, der kurzfristig auch schon einmal länger arbeiten kann.

4 Vgl. auch AGG, § 3 Ziffern 1 und 2

diskriminierung interpretiert. Rechtlich ist jedoch zwischen Entgelt- und Beschäftigungsdiskriminierung zu unterscheiden. Letztere kann sich durch eine Benachteiligung von Frauen beim Zugang zu Arbeitsplätzen, beim beruflichen Aufstieg oder bei der Berufsbildung ergeben (rechtliche Definition siehe oben sowie § 2 AGG). Beispielweise können Auswahlkriterien bei der Einstellung von Frauen mittelbar diskriminieren (vgl. Kapitel 7). Die Verteilung von Frauen auf Tätigkeiten und Hierarchiestufen kann ebenfalls eine Folge von Beschäftigungsdiskriminierung sein (vgl. Kapitel 2).

5.2.2 Erläuterungen zur Datenlage

Das Thema des Gender Pay Gap wird in der letzten Zeit regelmäßig in den Medien aufgegriffen und mit Daten und Fakten unterfüttert. Für Deutschland liegen mehrere Datenquellen vor (siehe dazu auch den methodischen Anhang), die zum großen Teil detaillierte Informationen über das Einkommen von Arbeitnehmer und Arbeitnehmerinnen bereitstellen. Die gängigsten Datenquellen sind:

- die Vierteljährliche Verdiensterhebung (VVE) und die Verdienststrukturerhebung (VSE) beim Statistischen Bundesamt,
- das Sozioökonomische Panel (SOEP),
- das Linked Employer-Employee-Panel des IAB (LIAB), sowie
- das Online-Portal „Frauenlohnspiegel" des WSI-Tarifarchivs.

All diese Statistiken belegen zwar, dass es erhebliche Einkommensunterschiede zwischen Männern und Frauen in Deutschland gibt. Aber die durch diese Einkommensstatistiken bereitgestellten Daten geben keinen kompletten Überblick über die Situation und Entwicklung der Einkommen von Frauen und Männern in Deutschland. In den letzten Jahren gab es erhebliche Fortschritte in Bezug auf den Erhebungsumfang und die Erhebungsmethode[5], jedoch decken die vorhandenen Datenquellen nach wie vor nur einen Teilbereich des Beschäftigungssystems ab. Jede Verdienststatistik hat eine Reihe von Vorteilen, aber auch Nachteile. Sie unterscheiden sich hinsichtlich ihrer

Erhebungsquelle

Die Verdienststatistiken ziehen bei ihrer Erhebung unterschiedliche Quellen heran, wobei drei Formen voneinander unterschieden werden können: Erstens werden Arbeitgeber (Verdienststatistiken des Statistischen Bundesamtes und IAB), zweitens Haushalte (SOEP) und drittens Erwerbstätige (Frauenlohnspiegel) be-

5 Insbesondere die Verdienststrukturerhebung und die Vierteljährliche Verdiensterhebung sind seit 2006 einheitlichen europäischen Standards angepasst worden – vgl. www.destatis.de.

fragt. Mit Ausnahme des Frauenlohnspiegels sind alle Verdienststatistiken repräsentative Stichprobenerhebungen.

Zeitlichen Abgrenzung

Die Einkommensstatistiken stellen die Daten zu unterschiedlichen Zeiträumen zur Verfügung. Während das SOEP und das LIAB einmal im Jahr Daten über die Durchschnittseinkommen liefert, stellt – wie der Name schon sagt – die Vierteljährliche Verdiensterhebung viermal im Jahr aktuelle Zahlen bereit. Dagegen wird die Verdienststrukturerhebung europaweit nur alle vier Jahre durchgeführt und der Frauenlohnspiegel passt die Daten kontinuierlich (in Abhängigkeit von der Beteiligung) an.

Betriebsgrößen- und branchenmäßigen Abgrenzung

Unterschiede gibt es im Hinblick auf die Betriebsgröße und die erfassten Branchen. So erfassen die Verdienststatistiken des Statistischen Bundesamtes Betriebe erst ab zehn Beschäftigten. In vielen Statistiken wird der für die Frauenerwerbstätigkeit wichtige öffentliche Dienst ausgeklammert. Bestimmte Segregationsphänomene wie die Überpräsentation von Frauen in kleinen Betrieben und in verschiedenen Dienstleistungsbereichen werden dadurch in den Verdienststatistiken unzureichend abgebildet.

Erhobenen Einkommensmerkmale

Die Mehrzahl der Verdienststatistiken gibt Auskunft über Brutto-, Nettoverdienste, Stunden-, Monats- oder Jahreseinkommen sowie über das Einkommen voll- und teilzeitbeschäftigter Frauen und Männer. Da mit Ausnahme des SOEP und des Frauenlohnspiegels aber die Zahl der gearbeiteten Stunden nicht erhoben wird, können in den anderen Befragungen keine Angaben über die Einkommen für den für die Frauenbeschäftigung so wichtigen Teilzeitarbeitsmarkt gemacht werden.

Erhobenen individuellen und betrieblichen Merkmale

Die Verdienststatistiken enthalten Angaben über den effektiven Verdienst und zum Teil über weitere individuelle sowie betriebliche Merkmale. Sie liefern Daten, die von

- allen (z.B. Geschlecht, Branchen, Betriebsgröße),
- einem Teil (z.B. Unternehmenszugehörigkeit, Alter, Qualifikation),
- einer (z.B. Leistungsgruppe)

Datenquelle(n) bereitgestellt werden (wird).

Die Tabelle 5.1 gibt einen Überblick über die erhobenen Merkmale (zu weiteren Informationen siehe den methodischen Anhang). Unterm Strich wird deutlich, dass die Statistiken unterschiedliche Informationen zur Verfügung stellen. Nur ein Teil der Ursachen des Gender Pay Gap wird erfasst und kann darüber abgebildet werden, so dass allein über die Verdienststatistiken der Lohnunterschied nicht vollständig erklärt werden kann (siehe dazu ausführlich 5.4). Bevor allerdings die verschiedenen Ursachendimensionen diskutiert werden, soll zunächst ein grober Überblick über das Ausmaß des Gender Pay Gap in Deutschland gegeben werden.

Tab. 5.1: Überblick über die erhobenen Merkmale

Datenquelle	Merkmale		
	betrieblich	individuell	Verdienstmerkmale
Vierteljährliche Verdiensterhebung (VVE)	Arbeitnehmeranzahl unterteilt nach Vollzeit-, Teilzeit- und geringfügiger Beschäftigung, Branchen (Produzierendes Gewerbe, Dienstleistungen eingeschränkt)	Geschlecht, Leistungsgruppe	Bezahlte Arbeitsstunden (nicht von geringfügig Beschäftigten), Bruttoverdienstsumme
Verdienststrukturerhebung (VSE)	Arbeitnehmeranzahl nach Wirtschaftszweig (NACE), Arbeitszeit, Art des Arbeitsvertrags, Berufs- und Tätigkeitsgruppen, Tarifbindung	Alter, Ausbildungsabschluss, Geschlecht, Leistungsgruppe, Unternehmenszugehörigkeit, Urlaubsanspruch	Bruttojahresverdienst, Bruttomonatsverdienst
Linked Employer-Employee-Panel (LIAB): 1. IAB-Betriebspanel, 2. Beschäftigtenstichprobe	1. Arbeitnehmeranzahl unterteilt nach sozialversicherungspflichtig und geringfügig Beschäftigten, Arbeitszeit, Tarifbindung 2. Berufs- und Tätigkeitsgruppen, Branchen, Unternehmensgröße	1. Alter, Ausbildungsabschluss, Geschlecht 2. Alter, Ausbildungsabschluss, Nationalität, Stellung im Beruf	1. Bruttomonatslohn 2. Bruttojahresverdienst
Sozioökonomisches Panel (SOEP)	Arbeitszeit, Berufs- und Tätigkeitsgruppen, Branche, Unternehmensgröße	Alter, Ausbildungsabschluss, Stellung im Beruf, Unternehmenszugehörigkeit	Brutto-/Nettostundenverdienste
Frauenlohnspiegel	Arbeitszeit, Art des Arbeitsvertrags, Berufs- und Tätigkeitsgruppen, Betriebsgröße, Branche, Frauenanteil im Betrieb, Tarifbindung	Alter, Ausbildungsabschluss, Unternehmenszugehörigkeit, Familienstand, Geschlecht, Wohnort	Brutto-/Nettomonatsverdienst, Nettomonatseinkommen des Haushalts

Eigene Zusammenstellung nach Angaben der verschiedenen Datenquellen

5.2.3 Daten zum Gender Pay Gap

Im Durchschnitt liegt das Einkommen von Frauen unter dem Einkommen von Männern. An diesem Bild hat sich in den letzten Jahren wenig verändert. Dies gilt für Deutschland, für die anderen EU-Mitgliedsländer und in vielen anderen Ländern der Welt. So stellte die Organisation für wirtschaftliche Zusammenarbeit und Entwicklung (OECD) jüngst für viele ihrer Mitgliedsländer fest, dass die Chance auf einen hochwertigen Arbeitsplatz mit einer angemessenen Bezahlung zwischen den Geschlechtern ungleich verteilt ist. Zwar ist die Beschäftigung von Frauen gestiegen, doch „liegt ihr Verdienst bei gleicher Tätigkeit um 17% niedriger." Die OECD geht noch einen Schritt weiter und stellt heraus, dass „in den OECD-Ländern etwa 8% der Beschäftigungsunterschiede und 30% der Lohnunterschiede zwischen den Geschlechtern auf diskriminierende Praktiken am Arbeitsmarkt zurückzuführen (sind)." (OECD 2008, S. 4)

Männer verdienen europaweit im Durchschnitt noch immer 17,4% mehr als Frauen (Abb. 5.1). In Deutschland beträgt die Einkommensdifferenz sogar 23% – der 21. Platz im EU-Vergleich! Am unteren Ende dieser vom Statistischen Amt der Europäischen Gemeinschaften (Eurostat) veröffentlichten Statistik sind Estland und Österreich mit 30,3% bzw. 25,5% zu finden. Italien und Malta schneiden mit nur 4,4% bzw. 5,2% Lohngefälle am besten ab (Europäische Kommission 2009).

Der Gender Pay Gap ist kein Indikator für die allgemeine Gleichbehandlung von Frauen und Männern in einer Volkswirtschaft, er bildet lediglich den Lohnunterschied zwischen abhängig beschäftigten Frauen und Männern ab. Der Gender Pay Gap korreliert mit weiteren Arbeitsmarktindikatoren wie der Beschäftigungsquote, der Segregation des Arbeitsmarktes oder der Teilzeitbeschäftigung. So weisen die meisten europäischen Länder mit einer niedrigen Frauenbeschäftigungsquote ein unterdurchschnittliches Lohngefälle auf (z.B. Malta, Italien, Polen), Länder mit einem großen Lohngefälle haben eine ausgeprägte Segregation auf dem Arbeitsmarkt (z.B. Zypern, Estland, Finnland) oder einen hohen Anteil an teilzeitbeschäftigten Frauen (z.B. Deutschland, Niederlande, Österreich).

Innerhalb Deutschlands – auf Bundesländerebene – setzt sich diese Situation geschlechtsspezifischer Einkommensunterschiede fort. In keinem Bundesland kommen Frauen an das Einkommen der Männer heran (Ziegler 2008). Auch auf regionaler Ebene sind die Einkommensunterschiede zwischen Frauen und Männern eklatant. Beim Einkommen spielt es für eine Frau eine große Rolle, in welcher Region sie lebt. Auf dem Land beträgt der Gender Pay Gap 33%, in Ballungsgebieten liegt er nur bei 12% (Busch/Holst 2008, S. 462). Die Lohnungleichheit zwischen Frauen und Männern ist in Deutschland seit 15 Jahren kaum geringer geworden (IAB 2009). Für Ostdeutschland wird sogar eine

Stagnation, wenn nicht sogar eine Zunahme der Einkommensunterschiede im Angestellten- und noch deutlicher im ArbeiterInnenbereich im Zeitablauf sichtbar (Bothfeld et al. 2005).

Abb. 5.1: Gender Pay Gap in den Europäischen Ländern 2007 (in %)

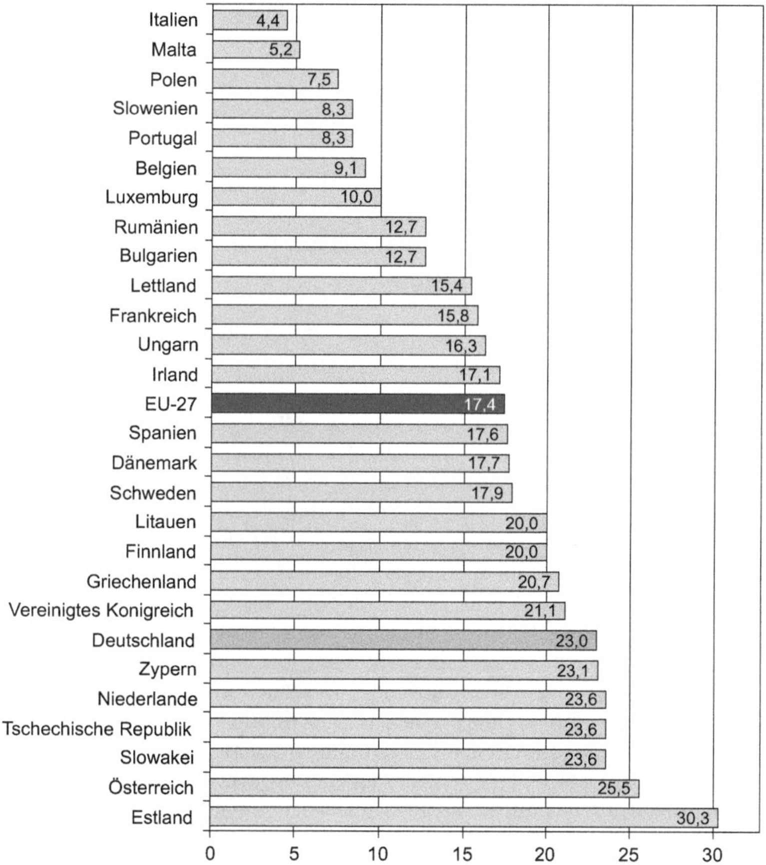

Quelle: Europäische Kommission 2009

5.3 Erklärungen zum Gender Pay Gap – ein Überblick

Der Gender Pay Gap ist durch ein Geflecht von Faktoren verursacht, die auf Diskriminierung aufgrund des Geschlechts oder auf anderen Faktoren beruhen können. Die Analyse der Entgeltdifferenzen ist sehr komplex. Dies erklärt sich aus der „Natur der Sache“, denn der Lohn selbst ist „eine komplexe Variable, in die viele verschiedene – ökonomische, soziale, aber auch politische und institutionelle – Größen hineinspielen.“ (Silvera 2001, S. 186) Von einem geschlossenen theoretisch fundierten und empirisch überprüften Ansatz, der die vielfältigen Einflussfaktoren in einem integralen Konzept berücksichtigt, kann auch heute noch nicht ausgegangen werden. Einführend lässt sich jedoch zunächst festhalten, dass es unterschiedliche theoretische und methodische Zugänge gibt, die sich hinsichtlich der relevanten Einflussfaktoren teils voneinander unterscheiden, teils aber auch zu übereinstimmenden Ergebnissen kommen.

Es ist grundsätzlich schwer nachzuweisen, welcher Teil des Gender Pay Gap auf objektive (nicht-diskriminierende) und diskriminierende Faktoren zurückzuführen ist. In der Forschung besteht jedoch Einigkeit darüber, dass ein nicht unerheblicher Teil der Entgeltdifferenz diskriminierungsbedingt ist (Krell/ Winter 2008, S. 264; Ziegler 2005, S. 243f.; IAA 2007, S. 82)

Die Erklärung von geschlechterbezogenen Entgeltdifferenzen ist eine Frage, mit der sich WissenschaftlerInnen unterschiedlicher Fachrichtungen beschäftigen. Neben ökonomisch-statistischen Analysen liefern Arbeiten aus dem Bereich der Arbeitsmarkt- und Lohnstrukturforschung sowie industriesoziologische und arbeitswissenschaftliche Untersuchungen Erklärungen zu den näheren Gründen des Gender Pay Gap. Die jeweils als relevant erachteten Einflussfaktoren sollen nachfolgend kurz skizziert werden.

Mittlerweile liegt eine Reihe von Forschungsergebnissen zu den Ursachen und zu Erklärungsansätzen geschlechtsspezifischer Einkommensunterschiede vor. Die Tabelle 5.2 gibt einen Überblick über Ursachen und Dimensionen des geschlechtsspezifischen Lohngefälles. Daraus ist ersichtlich, dass die Ursachen für den Verdienstunterschied zwischen Frauen und Männern vielfältig und mehrdimensional sind.[6] Einschränkend muss aber betont werden, dass sie nicht zwischen Einkommensdiskriminierung und Beschäftigungsdiskriminierung unterscheidet. Darüber hinaus sind personenbezogene Faktoren wie Berufsausbildung und Dienstalter als Kriterien der Entgeltdifferenzierung nach dem AGG nicht frei von Diskriminierung (Winter 2006, S. 512f.).

---

6 Die Tabelle 5.2 bildet nur das Grundentgelt ab. Andere Entgeltbestandteile (wie z.B. Zulagen und Zuschüsse, leistungsabhängige Entgeltbestandteile) werden nicht ausgewiesen. Aber auch diese Entgeltbestandteile können zum Gender Pay Gap beitragen.

Tab. 5.2: Ursachen und Dimensionen des geschlechtsspezifischen Lohngefälles

Ursachen	Dimensionen
Unterschiedliche Produktivitätsmerkmale bei Männern und Frauen	– Ausbildungsjahre – Fachgebiet – Arbeitserfahrung in Jahren – Dienstalter am Arbeitsplatz
Unterschiedliche Merkmale der Unternehmen und Sektoren, die Männer und Frauen einstellen	– Größe des Unternehmens – Branche – Gewerkschaftliche Organisierung in den Unternehmen und Sektoren
Unterschiede bei den Arbeitsplätzen von Frauen und Männern	– Frauen in besser bezahlten Positionen unterrepräsentiert – Frauen in einer geringeren Bandbreite von Berufen und in Berufen, in denen weniger gezahlt wird als bei Männern üblich, überrepräsentiert – Frauen und Männer in unterschiedlichen Bereichen derselben Berufsgruppe angesiedelt – Frauen bei Teilzeit überrepräsentiert
Unterschied in der Stundenzahl bezahlter Arbeit	– Männer arbeiten länger (bezahlte Erwerbstätigkeit) als Frauen
Diskriminierung beim Entgelt	
Unmittelbare Diskriminierung	– Unterschiedliche Bezahlung für Männer (höher) und für Frauen bei gleicher oder ähnlicher Arbeit – Unterschiedliche Stellenbezeichnung (und Entgelt) für gleiche oder ähnliche Arbeit
Mittelbare Diskriminierung	– Unterbewertung der mit „weiblichen" Arbeitsplätzen verbundenen Fähigkeiten, Kompetenzen und Zuständigkeiten – Geschlechtsspezifische Benachteiligung bei Arbeitsplatzbewertungsmethoden – Geschlechtsspezifische Benachteiligung bei Systemen der Stelleneinstufung – Geschlechtsspezifische Benachteiligung bei den Arbeitsentgeltsystemen

Quelle: IAA 2007, S. 82

5.3.1 Personen- und gruppenspezifische Strukturmerkmale

Ökonomisch-statistische Analysen erklären Einkommensdifferenzen über personen- bzw. gruppenspezifische Merkmale. Sie stützen sich dabei auf die Humankapitaltheorie. Der Grundgedanke der Humankapitaltheorie lautet, dass eine höhere Qualifikation gleichbedeutend mit einer höheren Produktivität ist, die wiederum mit einem höheren Einkommen zusammenhängt. Das individuelle Humankapital wird als der entscheidende Faktor zur Bestimmung der individuellen Produktivität und damit der Höhe der Entlohnung betrachtet. Ungleiche Entlohnung zweier Personen gilt dann also gerechtfertigt, wenn sich ihre Produktivität unterscheidet.[7]

Die Humankapitaltheorie wird allerdings seit längerem kritisch diskutiert, denn Studien stellen immer wieder heraus, dass der Lohnunterschied nur zu einem gewissen Teil auf individuelle „Humankapitalentscheidungen" zurückzuführen ist (vgl. z.B. Blau/Ferber 1987). Dies wird u.a. auch durch die geschlechtsspezifische Einkommensentwicklung für Deutschland bestätigt. Der Lohnabstand zwischen Frauen und Männern existiert in Deutschland nach wie vor und wird je nach Datenlage sogar größer (siehe oben), obwohl sich die Humankapitalausstattung von – insbesondere jungen – Frauen deutlich erhöht hat. Noch in den 1970er Jahren verfügten die Mädchen im Durchschnitt über eine schlechtere Schulbildung als die Jungen. In den letzten Jahren haben jüngere Frauen allerdings beträchtlich aufgeholt, so dass sie mittlerweile ein höheres schulisches Bildungsniveau als junge Männer haben (Klammer et al. 2000, S. 20; Bothfeld et al. 2005, S. 66). Anders als die Humankapitaltheorie vermuten lässt, folgte die Einkommenssituation junger Frauen und insbesondere der Einkommensabstand zu den gleichaltrigen Männern jedoch nicht ihrem höheren Schulabschluss.[8] Denn sie verdienen schon beim Berufsstart nicht so viel wie ihre Alterskollegen (Abb. 5.2). Die höchsten Einkommen erzielen junge Frauen und Männer mit einem Hochschulabschluss, die niedrigsten diejenigen mit mittlerer Reife und ohne Berufsausbildung. Mit einer Hochschulreife und mit Berufsausbildung kommen sie sogar fast an das Einkommen der gleichaltrigen Männer heran, sie erreichen 97,3%. Am höchsten ist der Lohnabstand bei jungen Menschen mit einem Fachhochschulabschluss – das Einkommen der Frauen erreicht nur 77,4% des Männereinkommens. Wie die Abbildung 5.2 veranschaulicht, steigt in der Regel das Einkommen mit höherer Bildung und zunehmendem Alter, und damit auch die Lohnkluft zwischen Frauen und Männern an.

Diese empirischen Belege widersprechen damit grundlegenden Annahmen der klassischen ökonomischen Theorie der Diskriminierung (Becker 1971) und der darauf aufbauenden Humankapitaltheorie in drei Punkten: Erstens ist Diskriminierung nicht ein lediglich kurz- bis mittelfristiges Marktergebnis. Der Diskriminierungszustand ist vielmehr das auf Dauer stabile Marktergebnis, weil sich

---

7 Diese Diskussion geht auf die in den 1970er Jahren formulierte Humankapitaltheorie von Becker (1993) zurück.

8 Auch die Begründung, dass gut qualifizierte Frauen über wenig Berufserfahrung verfügen, spielt in der hier zugrunde gelegten Altersgruppe keine Rolle.

Abb. 5.2: Durchschnittliche Bruttomonatseinkommen von sozialversicherungspflichtigen Vollzeitbeschäftigten nach ausgewählten Altersgruppen und Schulabschluss, 2006, in Euro

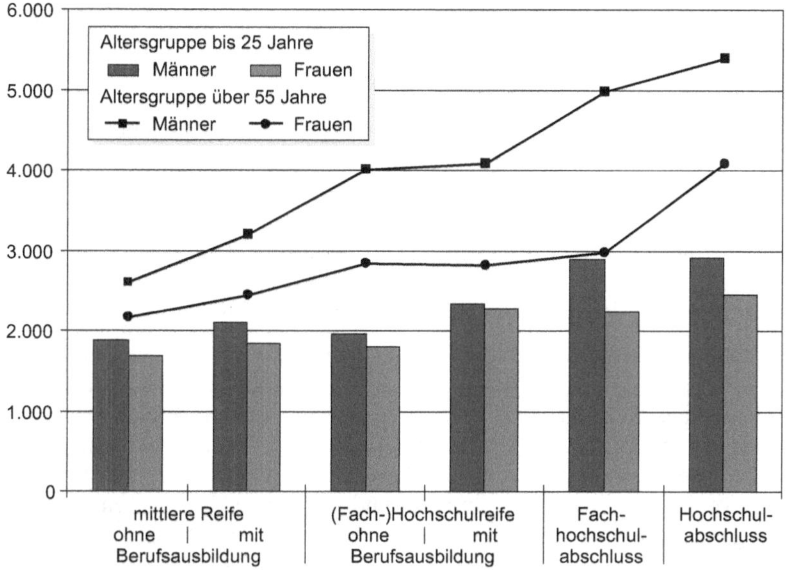

Säulen: Altersgruppe bis 25 Jahre; *Linien:* Altersgruppe über 55 Jahre; BA: Berufsausbildung

Quelle: LIAB 2006; eigene Berechnung

das Problem der Lohndifferenz nicht aufgrund des rationalen Verhaltens der Arbeitgeber bei vollständiger Konkurrenz langfristig von selbst auflöst. Erst durch politische Regulierungen der „affirmative action" kann sich ein optimaler, d.h. produktivitätsgeleiteter Einsatz der Ressource Arbeitskraft ergeben (vgl. Rosén 1997, 2003; Gustafsson 1993). Zweitens sind die Humankapitalfaktoren in der Erklärung der Lohndiskriminierung nicht ausreichend, da zwangsläufig andere Faktoren der Lohnbildung ausgeblendet werden: Das jeweilige System der industriellen Beziehungen, die Verhandlungsmacht gewerkschaftlicher Organisationen, die grundsätzliche Unterbewertung von „frauentypischen" Tätigkeiten u.a. in der Dienstleistungsbranche etc. Drittens zeichnet die Humankapitaltheorie den positiven Zusammenhang zwischen Qualifikation und Produktivität nur sehr grob nach. Letztendlich hängt Letztere auch von der Einbettung des/der Beschäftigten in den gesamten Arbeitsprozess und dem Zusammenwirken mit anderen Faktoren (Arbeitsmittel, Arbeitsorganisation etc.) ab. Die Humankapitaltheorie kann somit in Teilen allenfalls die Frage beantworten, wie sich eine bestimmte, von einem Individuum erworbene Qualifikation in einem Unternehmen verwerten lässt.

An dieser Stelle kommt u.a. die Segregation des Arbeitsmarktes ins Spiel.

5.3.2 Spaltungen auf dem Arbeitsmarkt

Die geschlechterbezogenen Entgeltdifferenzen sind eng mit dem nach Geschlecht geteilten Arbeitsmarkt verknüpft. Frauen und Männer sind in Branchen und Berufen unterschiedlich stark vertreten (horizontale Segregation). Frauen arbeiten nicht nur in weniger Berufen, sondern sie sind auch stärker auf einzelne Branchen konzentriert als Männer (vgl. auch Kapitel 2, 3). Daneben besteht eine ausgeprägte vertikale Polarisation auf dem Arbeitsmarkt (vgl. Kapitel 7).

Frauen konzentrieren sich auf Branchen mit einem niedrigen Verdienstniveau

Bezogen auf die Verdienstmöglichkeiten bedeutet die geschlechtsspezifische Branchenverteilung, dass sich Frauen vorwiegend in Branchen am unteren Ende der Verdienstskala konzentrieren, wie im Textil- und Bekleidungsgewerbe, im Handel oder in bestimmten Dienstleistungsbereichen. Wirtschaftszweige mit einem hohen Verdienstniveau, wie z.B. die Chemische Industrie, die Energie- und Wasserversorgung oder der Fahrzeug- und Maschinenbau, weisen traditionell einen geringen Frauenanteil auf (Kapitel 2, 3, siehe Abb. 5.6 im Kapitelanhang).

Frauen verdienen in denselben Berufen weniger

Gravierende Lohnunterschiede zwischen Frauen und Männern gibt es auch bei den Berufen, wie z.B. Daten aus dem Frauenlohnspiegel zeigen.[9] Bezogen auf die Monatsverdienste[10] gehören zu den fünf am höchsten bezahlten Berufen unter den männlichen Beschäftigten der Effektenhändler, der Leiter der EDV, der Chemiker, der Elektronikingenieur und der Volkswirt. Bei den weiblichen Beschäftigten sind die Spitzenverdienerinnen die Leiterin der EDV, die Mathematikerin, die Chemikerin, Elektroingenieurin und die Personalleiterin (vgl. Abb. 5.3). Die Abbildungen 5.3 und 5.4 zeigen zudem, dass es nicht nur große Verdienstunterschiede zwischen den einzelnen Berufen, sondern auch große geschlechtsspezifische Unterschiede innerhalb derselben Berufe gibt. Der Leiter

---

9 Unser besonderer Dank gilt *Fikret Öz*, der die Auswertung des Frauenlohnspiegels durchgeführt hat.

10 Um die Vergleichbarkeit zu gewährleisten, wurde der Stundenverdienst auf Monatsbasis hochgerechnet (x 38,4 Wochenstunden x 4 Wochen). Darin nicht enthalten sind Sonderzahlungen.

der EDV kommt nach Angaben des Frauenlohnspiegels auf einen durchschnittlichen Monatsverdienst von 4.861 Euro, eine Leiterin der EDV erhält dagegen lediglich 4.295 Euro. Eine Frau erreicht bei diesem Unterschied von 566 Euro damit nur 88,4% des Männereinkommens. Dies trifft den allgemeinen Trend, denn in der Regel liegt das Durchschnittseinkommen der beschäftigten Frauen unterhalb dessen der Männer. Am deutlichsten tritt dies im oberen Einkommensbereich auf. Die Einkommen gut verdienender Frauen in den höchst bezahlten Berufen hören dort auf, wo das Einkommen gut verdienender Männer erst anfängt. Die Einkommen nach Berufen liegen am unteren Ende der Verdienstskala dichter beieinander als am oberen Ende (Abb. 5.4).

Bei einer „Feminisierung" von Berufen sinkt das Durchschnittseinkommen

Ein weiteres Merkmal der horizontalen Segregation ist, dass die Bereiche, in denen häufig Frauen tätig sind, gesellschaftlich oft geringer angesehen und dementsprechend geringer vergütet werden (vgl. Abschnitt 5.5.2). Eine Rolle spielen hierbei auch Diskriminierungsprozesse, die dafür sorgen, dass einerseits in Berufen mit einem hohen Frauenanteil das Lohnniveau geringer ist und andererseits Berufe, in denen im Zeitablauf der Frauenanteil steigt, entwertet werden. Beispielsweise ist im Zeitablauf bei der „Feminisierung" eines Berufs ein „tipping point" zu beobachten. Das heißt, ab einem gewissen Umkipp-Punkt, ab dem Männer aus diesen Berufen verschwinden, sinkt das Einkommensniveau (Hinz/Gartner 2005).

Frauen in Führungspositionen unterrepräsentiert

Frauen sind in Führungspositionen unterrepräsentiert. Nach Angaben aus dem Sozioökonomischen Panel (SOEP) hatten im Jahr 2006 in Deutschland etwa 5,9 Mio. Angestellte und Beamte eine höhere Position inne, lediglich 31% der Führungskräfte waren Frauen. Frauen sind in Führungspositionen nicht nur unterrepräsentiert, sie verdienen auch erheblich weniger als ihre männlichen Kollegen. Ihr monatlicher Verdienst (ohne Sonderzahlungen) lag im Jahr 2006 durchschnittlich bei 3.700 Euro, Männer kamen hingegen auf rund 4.800 Euro. Der Einkommensabstand lag 2006 im Durchschnitt bei 23% (Holst 2009; siehe auch Kapitel 7). Gleichzeitig werden die betrieblichen Aufstiegsmöglichkeiten von Frauen geringer eingeschätzt als die von Männern, weil z.B. Führungseigenschaften – wie Verhandlungs- und Durchsetzungsgeschick – eher Männern als Frauen zugesprochen werden (Hübler 2003).

Abb. 5.3: Bruttomonatsverdienste in den fünf am höchsten bezahlten Berufen in Euro

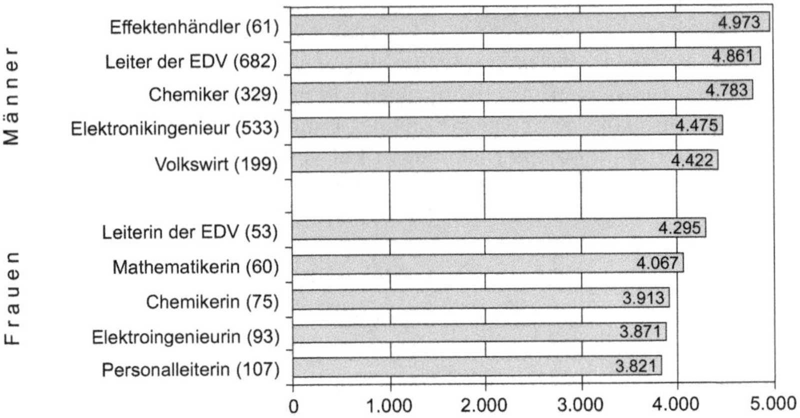

Abb. 5.4: Bruttomonatsverdienste in den fünf am niedrigsten bezahlten Berufen in Euro

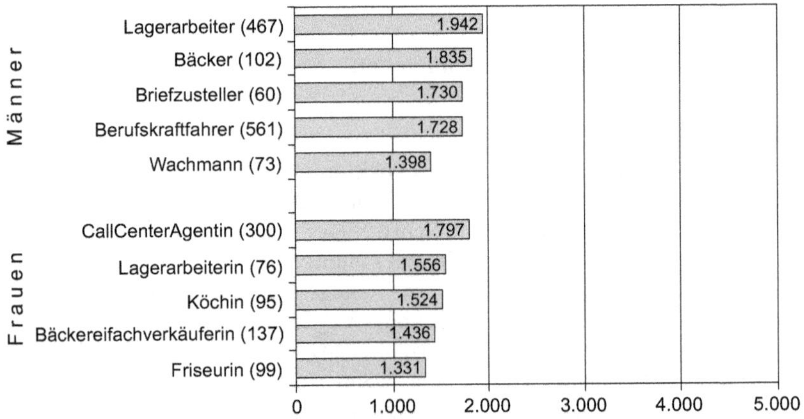

In Klammern: Anzahl der berücksichtigten Fälle
Quelle: Frauenlohnspiegel, eigene Berechnung

Teilzeit- und Erwerbsunterbrechungen = geringeres Einkommen

Bekanntlich führt in Deutschland der Versuch, Beruf und Familie zu vereinbaren, zu einem hohen Anteil an Teilzeit beschäftigter Frauen (vgl. auch Kapitel 4). In Deutschland gab es nach Angaben aus dem Mikrozensus im Jahr 2007 über 8,8 Mio. Teilzeitbeschäftigte, der größte Anteil davon waren Frauen (ca. 82,3%). Frauen in Teilzeit verfügen jedoch im Vergleich zu Vollzeitarbeit über ein geringeres Einkommen, der durchschnittliche Stundenverdienst sinkt mit der Anzahl der Kinder. Häufig kommen Frauen nach einer Babypause nicht in ihren Beruf zurück oder geben ihre berufliche Karriere ganz auf. Frauen sind bei gleichem Alter im Schnitt weniger Jahre berufstätig, vor allem weil sie ihre Erwerbstätigkeit häufiger durch Erziehungszeiten unterbrechen (Beblo/Wolf 2003). Beblo et al. (2006) fanden heraus, dass Frauen tendenziell eher Arbeitsplätze in den Betrieben bevorzugen, wo sie Beruf und Familie leichter vereinbaren können. Dabei nehmen sie auch ein geringeres Einkommen in Kauf. Frauen erzielen dadurch nicht nur ein geringeres Einkommen, sondern sie haben, wenn sie das Rentenalter erreichen, auch geringere Rentenansprüche.

5.3.3 Einfluss des institutionellen und politischen Rahmens

Nicht nur das oben diskutierte Humankapital sowie die vertikale und horizontale Segregation, sondern auch die institutionellen und politischen Rahmenbedingungen üben einen großen Einfluss auf das Einkommen der Beschäftigten und damit auf den Einkommensabstand zwischen Frauen und Männern aus. Dabei handelt es sich um Ursachen, die häufig nicht im Zusammenhang mit den geschlechtsspezifischen Einkommensunterschieden diskutiert werden, und deren Einfluss erst auf den zweiten Blick erkennbar ist. Zu den institutionellen Faktoren zählen einerseits die betriebliche Institution des Betriebsrats sowie die Tarifbindung und andererseits die Steuer- und Abgabenpolitik.

Betriebsrat und Tarifbindung reduzieren den Einkommensabstand

Das tarifvertragliche System spielt bei der geschlechtsspezifischen Einkommenserzielung eine große Rolle, denn das Erwerbseinkommen der Mehrzahl der Arbeitnehmerinnen und Arbeitnehmer wird in Deutschland nach wie vor in Tarifverträgen geregelt (Ellguth/Kohaut 2008). Das heißt, Institutionen wie Betriebsräte oder Tarifverhandlungsprozesse beeinflussen die Einkommensbildung und damit die Einkommensunterschiede zwischen Männern und Frauen. So zeigen Heinze/Wolf (2006), dass der Verdienstunterschied nach Geschlecht in Betrieben mit Betriebsrat oder in tarifgebundenen Betrieben kleiner als in anderen Betrieben ist. Gartner/Stephan (2004) weisen anhand des LIAB nach, dass der Einkommensunterschied zwischen Männern und Frauen zum Teil darum geringer ist, weil die Lohnspreizung generell in Betrieben mit Betriebsrat oder mit Tarifbindung geringer ist. Davon profitieren insbesondere Frauen, da sie in den unteren Lohngruppen überproportional vertreten sind. Daneben zeigt sich aber auch, dass in Betrieben mit Betriebsrat oder mit Tarifbindung die Einkommen von Frauen auch über das gesamte Einkommensspektrum hinweg näher an den Einkommen von Männern liegen und damit die Verdienstungleichheit geringer ausfällt (vgl. ausführlicher zur betrieblichen Ebene Abschnitt 5.7).

Steuer- und Abgabenpolitik wirken zu ungunsten des Frauenverdienstes

Die Ausgestaltung des Steuer- und Sozialsystems ist für die geringe Teilhabe von Frauen an Erwerbsarbeit und Einkommen von zentraler Bedeutung (WSI et al. 2001). Deutlich werden dabei verschiedene (Fehl-)Anreize für die Erwerbsbeteiligung von Frauen und damit für ihr Einkommen: So unterstützt das existierende Steuer- und Sozialleistungssystem einseitig die Institution der Ehe. Im Bereich der Besteuerung hemmt vor allem das Ehegattensplitting die Ausdehnung des Arbeitsangebots verheirateter Frauen, da der Splittingvorteil umso größer ist, je ungleicher das Einkommen der EhepartnerInnen ausfällt. Am höchsten ist er, wenn die Frau (bzw. die zweite Person) nicht oder nur geringfügig erwerbstätig ist. Darüber hinaus wird die Nichterwerbsarbeit bzw. die eingeschränkte Erwerbsarbeit verheirateter Frauen im Sozialleistungssystem maßgeblich durch die Ausgestaltung abgeleiteter Sicherungsansprüche unterstützt. Dies betrifft die beitragsfreie Mitversicherung in der Gesetzlichen Krankenversicherung sowie die Hinterbliebenenrenten in der Gesetzlichen Rentenversicherung. Die durch Besteuerungs- und Sozialleistungssysteme geförderte Beschränkung der Erwerbstätigkeit von (Ehe-)Frauen zieht Defizite im Bereich der eigenständigen sozialen Sicherung nach sich. Dies wird durch die niedrigeren Lohnersatzleistungen der Arbeitslosenversicherung sowie Alterssicherungsansprüche von Frauen deutlich, welche an die vorherige Erwerbs- und Einkommensbiografie gekoppelt sind.

5.3.4 Arbeitsbewertung und Entlohnung als politischer Prozess

Empirisch orientierte industriesoziologische Untersuchungen betonen immer wieder, dass die Entgeltdifferenzen von Frauen und Männern im Wesentlichen aus der *geschlechtsspezifischen Verteilung der Arbeitsplätze* und der *spezifischen Bewertung dieser Arbeitsplätze* hervorgehen. Beide Faktoren sind auf die *Stellung von Frauen in der Gesellschaft* und auf die dominierende Arbeitsteilung zwischen Männern und Frauen zurückzuführen. Die Bewertung der Arbeitsplätze hängt dabei davon ab, wie die Entgelte durch Tarifverträge, Betriebsvereinbarungen und betriebliche Praxis begründet und differenziert werden (vgl. ausführlicher Abschnitt 5.7).

5.3.5 Zwischenfazit

Zusammenfassend lässt sich festhalten, dass zahlreiche soziologische, arbeitswissenschaftliche und betriebswirtschaftliche Studien darin übereinstimmen, dass die Entgeltdifferenzierung ein *politischer Prozess* ist, der von der gesellschaftlichen Stellung und Durchsetzungskraft der beteiligten Protagonisten bestimmt wird (siehe etwa Rohmert/Rutenfranz 1975; Bartölke et al. 1981; Brumlop 1986; Krell 1990). Unter diesem Blickwinkel werden Arbeitsentgelte von Frauen und Männern als Resultate von Verhandlungsprozessen und Kompromissbildungen zwischen den beteiligten Parteien gesehen, die sich mittels institutionalisierter oder informeller Verhandlungssysteme vollziehen und in kollektiven Vereinbarungen und/oder betrieblichen Praktiken ihren Ausdruck finden. Die entgeltpolitischen Auseinandersetzungen sind bestimmt von asymmetrischen *Machtbeziehungen* in privatkapitalistischen Unternehmen sowie von *Interessen* der beteiligten Parteien und deren Durchsetzungskraft. Diese Interessen sind wiederum durch die jeweilige *ökonomische und arbeitsmarktpolitische Situation* beeinflusst.

5.4 Statistische Analysen des Gender Pay Gap

Aus den vorhergehenden Ausführungen wird deutlich, dass viele Faktoren, die der individuellen, betrieblichen oder institutionellen Ebene zuzuordnen sind, zum Gender Pay Gap beitragen. Das heißt auch, dass nicht alle im vorhergehenden Abschnitt diskutierten Faktoren auf der betrieblichen Ebene beeinflussbar sind. Es steht also gerade für betriebliche Akteure die Frage im Raum, wie groß ihr Einfluss eigentlich ist. Deshalb wird im folgenden Abschnitt der Versuch unternommen, den Einfluss aller oben genannter Faktoren auf den Einkommensabstand zu quantifizieren.

Mit Hilfe der Oaxaca-Blinder-Zerlegung, die sich in der internationalen Wissenschaftslandschaft als Methode zur Messung von *Entgeltdiskriminierung* durchgesetzt hat, wird der Lohnunterschied in einen erklärbaren Anteil des geschlechtsspezifischen Lohngefälles und einen nicht erklärbaren Anteil unterschieden. Die verbleibende, unerklärte Restkomponente wird meist als Diskriminierung interpretiert. Als Datenbasis wird der LIAB-Datensatz herangezogen.

Eine quantitative Methode kann externe Einflüsse auf das Geschlecht statistisch ermitteln und die Wirkung des Geschlechts auf die Lohnhöhe isoliert darstellen. Ob sie geeignet ist, *Entgeltdiskriminierung* zu messen, hängt von den gesetzten Annahmen ab, insbesondere in Bezug auf die Methode und die zur Verfügung stehenden Daten (Ahlers et al. 2009, S. 21ff.). Unabhängig von dem eigentlichen Messkonzept ergeben sich vor allem Einschränkungen in den folgenden zwei Punkten: Erstens sind nicht alle im Abschnitt 5.3 diskutierten Einflüsse quantifizierbar. Zweitens dürfen in eine Messmethode nur solche Daten eingesetzt werden, die nicht schon selbst Diskriminierung in sich bergen. Aber oft wird diese Bedingung von den Variablen nicht erfüllt (ebd., S. 33ff.).

5.4.1 Datengrundlagen und methodisches Vorgehen

Die Analyse basiert auf dem Linked-Employer-Employee-Datensatz (LIAB)[11] des Instituts für Arbeitsmarkt- und Berufsforschung in Nürnberg (IAB), der Umfrageinformationen über betriebliche Merkmale von Betrieben mit prozessproduzierten Daten über deren Beschäftigte verknüpft. Er setzt sich zum einen aus der Beschäftigten- und Leistungsempfängerhistorik und zum anderen aus dem IAB-Betriebspanel zusammen:

- Die personenbezogenen Daten enthalten u.a. Informationen über Alter, Geschlecht, Bildungsabschluss, Beruf, Einkommen, Dauer der Beschäftigung. Sie basieren auf den Pflichtmeldungen über die sozialversicherungsrelevanten Tatbestände, die Arbeitgeber an die Versicherungsträger weiterleiten. Arbeitsverhältnisse, die nicht der Sozialversicherungspflicht unterliegen, werden auch nicht erfasst.[12] Die Daten repräsentieren damit annähernd 80% der Erwerbstätigen.
- Das IAB-Betriebspanel ist eine seit 1993 (in den neuen Bundesländern seit 1996) laufende Erhebung. Im Jahresabstand werden Informationen über die Personalstruktur und den -bedarf, die Geschäftspolitik, die wirtschaftliche Situation und über einige allgemeine Merkmale wie Größe und Branchenzugehörigkeit erhoben.[13]

Für die vorliegende Analyse verwenden wir die Befragung des Jahres 2006. Die Betriebsangaben wurden über eine Kennziffer[14] mit den Angaben jener Personen verknüpft, die zum Stichtag (30. Juni 2006) in einem der befragten Betriebe gearbeitet haben. Insgesamt sind in dem so konstruierten Datensatz etwa 14.000 Betriebe mit etwa zwei Mio. Beschäftigten enthalten. Dabei wurden für die Untersuchung Selektionen vorgenommen: Da in den Personendaten keine Angabe zur Arbeitszeit der Teilzeitbeschäftigten enthalten sind, beschränkt sich diese Analyse auf Vollzeitbeschäftigte.[15] Ausgeschlossen wurden auch Auszubildende

---

11 Der Datensatz wird in Alda et al. (2005) beschrieben.

12 So werden etwa BeamtInnen, SoldatInnen und mithelfende Familienangehörige nicht und geringfügig Beschäftigte erst seit Einführung der Sozialversicherungspflicht für diese Beschäftigtengruppe im Jahr 2000 erfasst.

13 Details sind bei Bellmann et al. (2002) nachzulesen.

14 Diese Kennziffer wird den Betrieben von der zuständigen Arbeitsagentur zugewiesen und dient den Sozialversicherungsträgern als Arbeitgeberkontonummer.

15 Der Umfang der Teilzeitarbeit wird nur mit den beiden Kategorien ‚unter bzw. gleich der Hälfte der Vollarbeitszeit' und ‚über der Hälfte der Vollarbeitszeit' erfasst.

und Personen mit einem Lohn von weniger als dem Doppelten der Geringfügigkeitsgrenze. Die zu erklärende Variable ist der (logarithmierte) Bruttotageslohn. Er ist aufgrund des Meldeverfahrens nur bis zur Beitragsbemessungsgrenze bekannt. Um dadurch bedingte Verzerrungen der Koeffizienten zu vermeiden, werden die zensierten Werte durch Schätzwerte ersetzt. Für diese Schätzung wurden eine Reihe individueller und betrieblicher Erklärungsfaktoren berücksichtigt.[16] Aufgrund der Verknüpfung von Firmen- und Personendaten können individuelle, betriebliche und institutionelle Erklärungsfaktoren aufgenommen werden: Als *individuelle Faktoren* werden der höchste erworbene Bildungsabschluss (sechs Kategorien) und die potenzielle Berufserfahrung[17] als Variablen für das allgemeine Humankapital, die Dauer der Betriebszugehörigkeit für das betriebsspezifische Humankapital, sowie die Staatszugehörigkeit (deutsch/ausländisch) und die Berufsgruppe (zehn Kategorien) verwendet. Die Berufsgruppe basiert auf einem Konzept von Blossfeld (1985) und unterscheidet die Berufe nach groben Tätigkeiten und nach Qualifikationsanforderungen. An *betrieblichen Variablen* werden die Betriebsgröße (neun Kategorien), Wirtschaftszweige (14) sowie Regionstypen (neun, Klassifikation des Bundesamt für Bauwesen und Raumordnung – siehe Tab. 5.10 im Kapitelanhang) verwendet. Die *institutionelle Ebene* wird durch die Kriterien Betriebsrat (ja/nein) und Branchentarifvertrag (ja/nein) abgebildet. Diese Faktoren fließen in eine multivariate Analyse ein (nähere Erläuterung dazu siehe Kasten 5.2).

Kasten 5.2: Beschreibung der Oaxaca-Blinder-Zerlegung

Empirische Analyse

Methode der Komponentenzerlegung nach Oaxaca und Blinder

Im Rahmen der multivariaten Analyse wird eine Lohngleichung der folgenden Form geschätzt:

$$\ln(w_{ij}) = \beta_{g0} + X_i\beta_g + \eta_{ij}$$

wobei $\ln(w_{ij})$ für den logarithmierten Lohn des Individuums i im Betrieb j steht. Der Index g kennzeichnet die Koeffizienten für Männer und Frauen ($g \in ((m,f))$). Der Lohn wird durch individuelle und betriebliche Faktoren X_i beeinflusst. η_{ij} ist ein Störterm auf Individualebene.

Die Analyse von Lohndiskriminierung zwischen verschiedenen Gruppen wird in der Literatur oft mit einer Oaxaca-Blinder-Zerlegung durchgeführt

16 Die Beschreibung des Verfahrens findet sich in Gartner (2005).

17 Sie wird über das Alter abzüglich der durchschnittlichen Ausbildungsdauer erfasst.

(Oaxaca 1973; Blinder 1973). Diese Zerlegung ermöglicht, die Lohnunterschiede in zwei Komponenten zu zerlegen. Zum einen werden die Lohnunterschiede auf Unterschiede in den erklärenden Variablen zurückgeführt, zum anderen werden sie dadurch erklärt, dass Angehörige verschiedener Gruppen bei sonst gleichen Eigenschaften unterschiedlich behandelt werden. Die Bezugsgruppe in der hier vorgenommenen Zerlegung sind die Männer. Es wird damit implizit angenommen, dass ohne Diskriminierung Frauen den gleichen Lohn wie Männer erhalten würden.

Um die Zerlegung durchzuführen, werden die beiden Schätzgleichungen voneinander abgezogen und Durchschnittswerte eingesetzt. Der Mittelwert des Störterms η entspricht seinem Erwartungswert $E(\eta) = 0$ und fällt daher weg. Der Lohnunterschied ist dann:

$$\overline{\ln(w_m)} - \overline{\ln(w_f)} = \beta_{m0} - \beta_{f0} - \overline{X}_m \beta_m - \overline{X}_f \beta_f$$

Die Querstriche markieren die jeweiligen Durchschnittswerte. Die Differenz der logarithmierten Löhne kann approximativ als prozentualer Unterschied interpretiert werden.[a]

Erweiterung um $\overline{X}_m \beta_m - \overline{X}_f \beta_f$ und Umformung führt zu:

$$\underbrace{\overline{\ln(w_m)} - \overline{\ln(w_f)}}_{D\,=\,\text{Lohndifferenzial}} = \underbrace{(\beta_{m0} - \beta_{f0})}_{S\,=\,\text{Shifteffekt}} + \underbrace{(\overline{X}_m - \overline{X}_f)\beta_m}_{A\,=\,\text{Ausstattungseffekt}} + \underbrace{(\beta_m - \beta_f)\overline{X}_f}_{P\,=\,\text{Preiseffekt}}$$

Der Lohnunterschied lässt sich damit aufspalten in einen *Ausstattungseffekt,* einen *Preiseffekt* und einen *Shifteffekt:*

Der *Ausstattungseffekt (A)* ist der Erklärungsbeitrag beobachteter individueller und betrieblicher Unterschiede. Er gibt also z.B. an, in welchem Maß die unterschiedliche Ausstattung mit Humankapital den Lohnunterschied zwischen Männern und Frauen erklären kann. Der Ausstattungseffekt sagt genau, was Frauen mehr verdienen würden, wenn sie die gleiche Ausstattung wie Männer hätten, wobei die Ausstattung wie bei Männern bewertet wird.

Der *Preiseffekt (P)* gibt die Erklärungsbeiträge unterschiedlicher Koeffizienten auf Betriebs- und Individuenebene an. Die Koeffizienten sind hier die Bewertung (oder Preise) der Ausstattung. Die Bewertung unterscheidet sich dabei zwischen Männern und Frauen. Der Preiseffekt gibt an, was die Frauen zusätzlich verdienen würden, wenn sie bei ihrer gegebenen Ausstattung wie die Gruppe der Männer behandelt würden.

Der *Shifteffekt (S)* ist der Unterscheid zwischen den beiden Absolutgliedern.

Häufig wird die Summe aus dem *Preiseffekt* und dem *Shifteffekt*[b], als Diskriminierung gedeutet (Blinder 1973). Diese Interpretation ist kann jedoch zu Fehlschlüssen führen. Zum einen können auch hinter den Unterschieden in den erklärenden Variablen diskriminierende Mechanismen stecken. Wenn etwa Frauen im Durchschnitt weniger Humankapital akkumuliert haben als Männer, kann das ein Produkt von Diskriminierung im Bildungssystem sein. Zum anderen können hinter Lohnunterschieden, die nicht durch beobachtete Variablen erklärt werden können, andere Einflussfaktoren stecken, die traditionell nicht als Diskriminierung gedeutet würden, wie z.B. nicht beobachtete Komponenten des Humankapitals.

a Bei kleinen Prozentwerten weicht die Differenz des Logarithmus kaum vom Prozentwert ab. Bei größeren Prozentwerten ist die Differenz des Logarithmus etwas kleiner.

b Die Größe des Shifteffektes hängt ebenso wie die Summe der Preiseffekte von der Auswahl der Referenzkategorie bei den kategorialen Variablen ab und kann daher für sich genommen nur eingeschränkt interpretiert werden. Bei den kategorialen Variablen ist eine Interpretation der Summe der Preiseffekte nur sinnvoll, wenn es eine natürliche Referenzkategorie gibt. Bei der Ausbildung etwa sind die Referenzgruppe Personen ohne Ausbildung.

5.4.2 Der Beitrag individueller und betrieblicher Faktoren

Die Ergebnisse der Zerlegung halten die Tabellen 5.3 und 5.4 fest. Die Koeffizienten der einzelnen Schätzungen haben meist die erwarteten Vorzeichen und sind signifikant. Im Folgenden wird insbesondere auf die Ergebnisse der Oaxaca-Blinder-Zerlegung eingegangen (Tab. 5.3). Der Gesamteffekt (Spalte A+P), den eine Variable zu erklären vermag, lässt sich (wie im Kasten 5.2 erläutert) in den Ausstattungseffekt (A) und den Preiseffekt (P) aufspalten. Im unteren Teil der Tabelle finden sich die jeweiligen Summen der Ausstattungs- und Preiseffekte, außerdem sind der Shifteffekt (S), das Lohndifferenzial (D) sowie das nicht durch die Variablen erklärbare Residuum (S+P) aufgelistet. A/D ist der Anteil des Lohnunterschiedes, der durch die Unterschiede in den Variablen erklärt wird.

Der ermittelte Gender Pay Gap beträgt für das Jahr 2006 23%. Die Schätzung erklärt gut ein Drittel davon durch die unterschiedliche Ausstattung mit den beobachteten Merkmalen. Die unterschiedliche *Ausstattung mit Humankapital* erklärt dabei 2,9 Prozentpunkte des Lohnunterschiedes.[18] Das Humankapi-

18 Zu beachten ist, dass hier die *potenzielle* Berufserfahrung und nicht die *tatsächliche* Berufserfahrung verwendet wird. Die tatsächliche Berufserfahrung wird bei Frauen stärker überschätzt als bei Männern, weil Frauen im Durchschnitt häufiger Erwerbsunterbrechungen haben. Der hier ermittelte Ausstattungseffekt ist also eine Untergrenze, da der tatsächliche Ausstattungsunterschied unterschätzt wird.

Tab. 5.3: Ergebnisse der Komponentenzerlegung nach Oaxaca und Blinder

	Männer		Frauen		Effekte		
	Koeffizient	P>|t|	Koeffizient	P>|t|	Gesamt- (A+P)	Ausstattung- (A)	Preis- (P)
Ausländische Staatsbürgerschaft	-0.018	0.000	-0.006	0.212	-0.09	-0.04	-0.05
potenzielle Berufserfahrung	0.039	0.000	0.033	0.000	18.52	4.02	14.50
potenzielle Berufserfahrung^2	-0.121	0.000	-0.099	0.000	-17.10	-3.48	-13.61
potenzielle Berufserfahrung^3	0.012	0.000	0.009	0.000	5.62	0.84	4.78
mittlere Reife+Berufsausbildung	-0.131	0.000	-0.139	0.000	0.26	0.17	0.09
Abitur	-0.025	0.055	-0.053	0.000	1.80	-0.06	1.86
Abitur+Berufsausbildung	0.100	0.000	0.065	0.000	-0.10	-0.42	0.32
Fachhochschule	0.228	0.000	0.143	0.000	0.85	0.45	0.40
Universität	0.342	0.000	0.299	0.000	0.95	0.56	0.40
Betriebszugehörigkeit	0.014	0.000	0.014	0.000	3.01	2.51	0.50
Betriebszugehörigkeit^2	-0.030	0.000	-0.026	0.000	-2.39	-1.68	-0.71
Qualifizierte manuelle Berufe	0.055	0.000	0.044	0.000	0.97	0.92	0.04
Techniker, Ingenieure	0.309	0.000	0.289	0.000	3.72	3.60	0.13
Einfache Dienste	-0.027	0.014	-0.026	0.087	-0.12	-0.12	-0.01
Qualifizierte Dienste	0.077	0.000	0.178	0.000	-0.70	-0.23	-0.48
Semiprofessionen	0.211	0.000	0.301	0.000	-3.98	-2.64	-1.34
Professionen	0.401	0.000	0.464	0.000	-0.61	-0.39	-0.22
Einfache kaufm./Verwaltungsberufe	0.236	0.000	0.190	0.000	-0.99	-1.35	0.35
Qualifizierte kaufm./Verwaltungsberufe	0.295	0.000	0.277	0.000	-6.46	-7.19	0.73
Manager	0.409	0.000	0.435	0.000	0.20	0.27	-0.06
Betriebsgröße bis 25	0.065	0.000	0.071	0.000	-0.04	-0.03	-0.01
bis 50	0.050	0.000	0.073	0.000	-0.08	-0.02	-0.06
bis 100	0.058	0.000	0.105	0.000	-0.29	-0.05	-0.24
bis 250	0.070	0.000	0.115	0.000	-0.79	-0.18	-0.60
bis 500	0.105	0.000	0.161	0.000	-1.17	-0.29	-0.88
bis 1000	0.127	0.000	0.189	0.000	-1.75	-0.62	-1.13
bis 2500	0.140	0.000	0.202	0.000	-1.44	-0.16	-1.28
>2500	0.180	0.000	0.272	0.000	0.46	2.40	-1.95

Tab. 5.3: (Fortsetzung)

	Männer		Frauen		Effekte		
	Koeffizient	P>|t|	Koeffizient	P>|t|	Gesamt- (A+P)	Ausstattung- (A)	Preis- (P)
Energie	0.274	0.000	0.279	0.000	0.16	0.17	-0.01
Bergbau	0.077	0.168	0.295	0.000	0.03	0.06	-0.03
Grundstoff-, Güterproduktion	0.182	0.000	0.284	0.000	0.73	1.29	-0.57
							1. -
Invest.-Güterproduktion	0.227	0.000	0.294	0.000	4.37	5.59	1.22
Verbrauchsgütergewerbe	0.121	0.000	0.159	0.000	0.03	0.17	-0.14
Nahrungs-, Genussmittel	0.123	0.000	0.055	0.154	0.07	-0.09	0.16
Bauhauptgewerbe	0.141	0.000	0.031	0.465	0.22	0.17	0.04
Ausbaugewerbe	0.100	0.000	0.044	0.253	0.05	0.04	0.01
Handel	0.101	0.000	0.120	0.001	-0.24	-0.15	-0.09
Verkehr, Nachrichtenübermittlung	0.095	0.007	0.144	0.000	-0.06	0.11	-0.16
wirtschaftsbez. Dienstleistungen	0.086	0.004	0.205	0.000	-2.09	-0.41	-1.69
haushaltsbez. Dienstleistungen	0.122	0.000	0.128	0.001	-0.16	-0.14	-0.01
Gesellschaftsbez. Dienstleistungen	0.022	0.423	0.121	0.000	-3.03	-0.41	-2.62
Geb.-Körperschaften, Sozialversicherung	0.006	0.836	0.106	0.002	-1.76	-0.06	-1.70
Ostdeutschland	-0.256	0.000	-0.166	0.000	0.57	3.03	-2.46
Kreistyp 2	-0.004	0.756	-0.042	0.002	0.34	0.00	0.34
Kreistyp 3	-0.054	0.011	-0.080	0.000	0.12	-0.02	0.14
Kreistyp 4	0.011	0.460	-0.004	0.780	0.04	-0.01	0.05
Kreistyp 5	-0.002	0.883	-0.008	0.591	0.08	0.00	0.08
Kreistyp 6	-0.043	0.000	-0.056	0.000	0.18	0.03	0.15
Kreistyp 7	-0.031	0.020	-0.050	0.000	0.13	0.00	0.13
Kreistyp 8	-0.051	0.000	-0.044	0.000	-0.09	-0.04	-0.05
Kreistyp 9	-0.054	0.000	-0.052	0.000	0.06	0.07	-0.01

→

Tab. 5.3: (Fortsetzung)

	Männer		Frauen		Effekte		
	Koeffizient	P>|t|	Koeffizient	P>|t|	Gesamt- (A+P)	Ausstattung- (A)	Preis- (P)
Frauenanteil in Firma	-0.034	0.232	-0.043	0.075	1.40	0.88	0.51
Frauenanteil im Management	-0.048	0.030	-0.038	0.026	0.25	0.51	-0.25
Kein Management	-0.017	0.045	-0.038	0.000	0.40	0.08	0.32
Betriebsrat	0.145	0.000	0.148	0.000	0.21	0.51	-0.31
Tarifbindung	0.037	0.000	0.077	0.000	-3.23	0.11	-3.35
Konstante	3.712	0.000	3.448	0.000			
Beobachtungen	1.021.673		406.726		Ausstattungseffekt (A)		8.29
F-Wert	750.190		456.40		Shift-+Preisefekt (S+P)		15.16
R^2	0.666		0.546		Lohndifferenzial (D)		23.45
Referenz: Einfache manuelle Berufe, Agrarsektor, Agglomeration					Anteil des Ausstattungseffektes (A/D)		35.35

Quelle: LIAB 2006, eigene Berechnung

tal wird aber bei Frauen und Männern auch unterschiedlich bewertet. So beträgt z.B. die Bildungsrendite eines Universitätsabschlusses bei Männern 0,34 (in Logpunkten), bei den Frauen 0,30. Die unterschiedliche Bewertung des Humankapitals kann fast 9 Prozentpunkte des Lohndifferenzials erklären (Summe der Preiseffekte der Humankapitalvariablen: 8,5).

Die geschlechtsspezifische Sortierung nach unterschiedlichen, gemäß den Blossfeld-Gruppen definierten *Berufsgruppen* trägt nicht zur Erklärung der Lohnungleichheit bei. Im Gegenteil: Die berufliche Sortierung würde für sich genommen zu einem höheren Lohn von Frauen beitragen. Zu erklären ist dies damit, dass Männer überproportional in Berufen mit einfachen manuellen Tätigkeiten, Frauen aber in qualifizierten kaufmännischen Berufen und Verwaltungsberufen arbeiten – also in Berufen, in denen im Durchschnitt mehr verdient werden kann. In den Berufen mit Spitzeneinkommen (Techniker/Ingenieure, Management) sind hingegen wieder überproportional Männer zu finden. Die geschlechtsspezifische Sortierung auf unterschiedliche *Betriebsgrößen und Sektoren* kann 6,3 Prozentpunkte des Lohnunterschiedes zwischen Männern und Frauen erklären. Männer arbeiten überdurchschnittlich häufig in größeren Betrieben – die im Durchschnitt höhere Löhne zahlen – und in Hochlohnsektoren. Auch die Sortierung auf Betriebe mit hohem *Frauenanteil* beeinflusst die Lohnbildung. In Betrieben mit höherem Frauenanteil insgesamt oder im Management sind die Löhne geringer. Insgesamt trägt die Sortierung von Frauen in Betriebe mit einem hohen Frauenanteil zu 1,5 Prozentpunkten des Lohnunterschiedes bei. Sowohl ein *Betriebsrat* als auch ein *Tarifvertrag* erhöhen den Lohn. Die Wirkung eines Tarifvertrages auf den Lohn ist bei Frauen jedoch stärker als bei Männern. Die Tarifbindung von Betrieben trägt zu einer Reduzierung des Lohnunterschiedes (Preiseffekt) von 3,4 Prozentpunkten bei. Dies dürfte zum Teil darauf zurückzuführen sein, dass Frauen in den unteren Lohngruppen überproportional vertreten sind und daher auch überproportional von der Tarifbindung profitieren.

Tab. 5.4: Die Höhe des Einflusses individueller und betrieblicher Faktoren auf den Einkommensabstand

Das Lohndifferenzial von 23% wird erklärt durch ... zu ...

Individuelle Faktoren	2,87 Prozentpunkte
Betriebliche Faktoren	0,68 Prozentpunkte
– Berufsgruppe	-7,13 Prozentpunkte
– Betriebsgröße und Branche	6,34 Prozentpunkte
– Segregation	1,47 Prozentpunkte
Institutionelle Faktoren	0,62 Prozentpunkte

Quelle: LIAB 2006, eigene Berechnung

Für den Einfluss individueller und betrieblicher Faktoren auf den Gender Pay Gap ergibt sich das in der Tabelle 5.4 zusammengefasste Bild. Danach erklären betriebliche Faktoren in der Summe weniger als einen Prozentpunkt des Gender Pay Gap, individuelle Faktoren 2,8 Prozentpunkte. Bei den betrieblichen Faktoren gibt es jedoch gegenläufige Effekte. Einzelne Faktoren, wie etwa die Betriebsgröße oder die Branche, spielen eine große Rolle, so dass sich demnach ein näherer Blick auf die Betriebsebene lohnt.

5.4.3 Lohnunterschiede zwischen den Betrieben?

Der Lohnunterschied zwischen Frauen und Männern im gleichen Betrieb variiert stark zwischen den Betrieben. Wenn untersucht werden soll, in welchen Betrieben die Lohnunterschiede besonders hoch oder besonders niedrig sind, sollte aber berücksichtigt werden, dass für die Unterschiede in den Lohndifferenzen zum Teil Unterschiede in der Belegschaftsstruktur verantwortlich sind: So kann sich etwa die Humankapitalausstattung von Frauen und Männern in einem Betrieb unterscheiden. Diese beruht also auf beobachtbaren Differenzen innerhalb der Belegschaft. Für die Untersuchung des Gender Pay Gap auf Betriebsebene wurden daher zwei Lohnunterschiede berechnet: Ein roher Lohnunterschied und ein bereinigter Lohnunterschied. Dabei wurden alle Betriebe ausgewählt, in denen mindestens ein Mann und mindestens eine Frau arbeiten. Der *rohe Lohnunterschied* ist die Differenz zwischen dem durchschnittlichen logarithmierten Lohn der Männer in einem Betrieb und dem der Frauen. Der *bereinigte Lohnunterschied*[19] ist der Lohnunterschied, der nicht durch Unterschiede in der Ausstattung mit Humankapital erklärt werden kann.

Kasten 5.3: Erläuterungen bereinigter Lohn

Der bereinigte Lohn $\ln(w_i)$ wurde mit Hilfe einer einfachen Lohnregression für die Männer berechnet:

$$\ln(w_i) = \beta_0 + X_i\beta + \eta_i$$

Der Vektor X_i enthält die potenzielle Berufserfahrung (linear, quadratisch und kubisch), den Schulabschluss (sechs Kategorien) und die Dauer der Betriebszugehörigkeit (linear und quadratisch). Der um Humankapitaleffekte bereinigte Lohn ist dann

$$\ln(\tilde{w}_i) = \ln(w_i) - X_i\hat{\beta}_i \quad .$$

---

19 Ein ähnliches Verfahren mit Schätzungen auf Betriebsebene wurde von Heinze/Wolf (2006) angewendet.

Die Faktoren, die den Lohnunterschied auf Betriebsebene erklären, wurden mit Hilfe einer Regressionsanalyse untersucht, wobei Betriebe mit weniger als zehn Beschäftigten dabei ausgeschlossen wurden. Die Schätzungen enthalten die gleichen Variablen wie die Schätzungen mit den Personendaten, Anteile der Qualifikations-, Berufs- und Altersgruppen im Betrieb dienen als Kontrollvariablen (vgl. Tab. 5.5).

Eines der Ergebnisse lautet, dass bei den bereinigten Lohnunterschieden die *Regionstypen* eine systematische Rolle spielen: In Betrieben in ländlichen Regionen sind die Lohnunterschiede größer als in Betrieben in Agglomerationen. Deutliche Unterschiede gibt es auch zwischen Ost- und Westdeutschland. In den neuen Bundesländern ist der bereinigte Lohnunterschied um 8 Prozentpunkte geringer als in Westdeutschland. Auch die *Betriebsgröße* ist entscheidend: Je größer ein Betrieb ist, desto geringer ist der Lohnunterschied. Zudem sind ganz klare *Brancheneffekte* festzustellen: So sind die Lohnunterschiede im Bauhauptgewerbe und im Ausbaugewerbe – also in zwei Bereichen, in denen überproportional viele Männer beschäftigt sind – am größten, danach folgen aber das Nahrungs- und Genussmittelgewerbe und die haushaltsnahen Dienstleistungen, also eher ‚frauentypische' Branchen.

Sowohl in Betrieben, die einen *Branchentarifvertrag* haben, als auch in Betrieben, in denen es einen *Betriebsrat* gibt, sind die Lohnunterschiede zwischen Männern und Frauen geringer: Eine Tarifbindung verringert den bereinigten Lohnunterschied um fast 4 Prozentpunkte, den unbereinigten um 2,6 Prozentpunkte. Ein Betriebsrat verringert den unbereinigten Lohnunterschied um 3,6 Prozentpunkte, den unbereinigten hingegen nicht. Gegenläufig sind die Effekte des *Frauenanteils* im Betrieb und im Management auf den Lohnunterschied. Ein höherer Frauenanteil in der Firma ist mit einem höheren Lohnunterschied verbunden; ein höherer Frauenanteil im Management hingegen mit einem geringeren Lohnunterschied (beides sowohl beim bereinigten als auch beim unbereinigten Unterschied).

5.4.4 Zwischenfazit

Als Fazit kann festgehalten werden, dass durch die Oaxaca-Blinder-Zerlegung der Einfluss der verschiedenen Ursachen bezüglich der Lohnunterschiede zwischen Frauen und Männern gemessen werden konnte. Die Messmethode legte außerdem den *Diskriminierungsanteil* offen. Allerdings kann sie nicht zwischen einer Beschäftigungsdiskriminierung und einer Einkommensdiskriminierung trennen. Auch kann sie nicht aufzeigen, wie Prozesse auf den Einkommensabstand wirken und welche konkreten Mechanismen Diskriminierungspotenzial in sich bergen. Damit geht sie lediglich der Frage nach, ob bei gleicher Arbeit auch

Tab. 5.5: Roher und angepasster Lohnunterschied

	Lohnunterschied			
	roher		*angepasster*	
	Koeffizient	P>|t|	Koeffizient	P>|t|
Anteil Bildungsgruppen				
Anteil: Ausländer	–0,009	0,765	0,004	0,888
pot. Berufserfahrung	–0,003	0,188	0,000	0,813
bis mittlere Reife	0,036	0,477	–0,041	0,363
mittlere Reife+Berufsausbildung	–0,020	0,672	0,000	0,997
Abitur+Berufsausbildung	–0,062	0,227	0,063	0,170
FH	–0,143	0,006	0,075	0,108
Universität	–0,097	0,059	0,114	0,014
Betriebszugehörigkeit	0,001	0,187	0,003	0,000
Anteil: Berufsgruppen				
Qualifizierte manuelle Berufe	0,030	0,152	0,011	0,546
Techniker, Ingenieure	0,009	0,636	–0,079	0,000
Einfache Dienste	–0,032	0,087	0,007	0,702
Qualifizierte Dienste	–0,003	0,926	–0,012	0,638
Semiprofessionen	–0,164	0,000	–0,135	0,000
Professionen	–0,004	0,911	–0,139	0,000
Einfache kaufm./Verwaltungsberufe	–0,041	0,017	–0,043	0,005
Qualifizierte kaufm./Verwaltungsberufe	–0,008	0,577	–0,023	0,058
Manager	–0,158	0,000	–0,162	0,000
Betriebsgröße				
26 bis 50	–0,037	0,000	–0,026	0,000
bis 100	–0,053	0,000	–0,037	0,000
bis 250	–0,058	0,000	–0,039	0,000
bis 500	–0,060	0,000	–0,047	0,000
bis 1.000	–0,052	0,000	–0,047	0,000
bis 2.500	–0,045	0,001	–0,049	0,000
>2500	–0,068	0,001	–0,081	0,000
Sektor				
Energie	0,107	0,000	0,050	0,023
Bergbau	0,086	0,049	0,040	0,312
Grundstoff-, Güterproduktion	0,022	0,239	0,038	0,025
Invest.-Güterproduktion	0,070	0,000	0,055	0,000
Verbrauchsgütergewerbe	0,038	0,042	0,050	0,003
Nahrungs-, Genussmittel	0,078	0,000	0,094	0,000
Bauhauptgewerbe	0,113	0,000	0,140	0,000
Ausbaugewerbe	0,102	0,000	0,113	0,000
Handel	0,043	0,021	0,067	0,000
Verkehr; Nachrichtenübermittlung	0,036	0,076	0,055	0,003

Tab. 5.5: (Fortsetzung)

	Lohnunterschied			
	roher		*angepasster*	
	Koeffizient	P>|t|	Koeffizient	P>|t|
Sektor				
wirtschaftsbez. Dienstleistungen	0,068	0,000	0,021	0,190
haushaltsbez. Dienstleistungen	0,093	0,000	0,091	0,000
Gesellschaftsbez. Dienstleistungen	0,068	0,000	0,003	0,839
Geb.-Körpers. Sozialversicherungen	–0,021	0,279	–0,030	0,077
Kreistyp[a]				
2	0,010	0,233	0,026	0,001
3	0,016	0,095	0,039	0,000
4	0,010	0,418	0,021	0,058
5	0,009	0,301	0,014	0,072
6	0,017	0,023	0,039	0,000
7	0,014	0,103	0,036	0,000
8	0,014	0,132	0,035	0,000
9	0,000	0,980	0,026	0,004
Ostdeutschland	–0,102	0,000	–0,081	0,000
Anteil Altersgruppen				
26 bis 35	–0,032	0,212	0,080	0,000
bis 45	–0,015	0,709	0,133	0,000
bis 55	–0,038	0,501	0,093	0,070
über 55	–0,044	0,542	0,055	0,387
Frauenanteil				
Firma	0,173	0,000	0,080	0,000
Management	–0,049	0,000	–0,036	0,000
Dummy: kein Management	–0,034	0,000	–0,002	0,672
Betriebsrat	–0,002	0,727	–0,033	0,000
Tarifbindung	–0,039	0,000	–0,027	0,000
Konstante	0,296	0,000	0,069	0,153
Beobachtungen	7.611		7.611	
F-Wert	29,17		25,93	
Adj R^2	0,1717		0,155	

a Erläuterung siehe Tabelle 5.11 im Kapitelanhang

Quelle: LIAB 2006 – IAB, eigene Berechnung

gleich entlohnt wird. Ob der Grundsatz gleichen Entgelts bei gleichwertiger Arbeit eingehalten wird, kann die Messmethode nicht beantworten. Insbesondere können die betrieblichen Akteure und Akteurinnen auf vielfältige Weise Einfluss nehmen, damit Einkommensdiskriminierung vermieden wird. Diese Aspekte werden im nächsten Abschnitt ausführlich diskutiert.

5.5 Entgeltdiskriminierung auf betrieblicher Ebene: Ursachen und Mechanismen

Geschlechterbezogene Entgeltdifferenzen auf betrieblicher Ebene können durch objektive (nicht-diskriminierende) Faktoren gerechtfertigt sein, jedoch auch auf Diskriminierung beruhen. Kritisch zu hinterfragen sind nicht nur die diskriminierenden, sondern auch die als objektiv bezeichneten Faktoren: Warum arbeiten überwiegend Frauen in Assistenzberufen? Warum haben Frauen längere Erwerbsunterbrechungen als Männer? Auch hinter diesen objektiven Begründungen von Entgeltunterschieden steht vielfach eine Geschlechterordnung, die konstitutiver Bestandteil von Gesellschaften, Institutionen und Organisationen ist. Bei den diskriminierenden Faktoren kann es sich um *Beschäftigungsdiskriminierung* oder um *Entgeltdiskriminierung* handeln (zu den rechtlichen Definitionen siehe Abschnitt 5.2.1). Die Problematik der Beschäftigungsdiskriminierung wird in den Kapiteln 2 und 7 behandelt. In diesem Abschnitt soll den Fragen nachgegangen werden, welche Faktoren zu einer Entgeltdiskriminierung aufgrund des Geschlechts führen können (siehe Abschnitt 5.5.1) und durch welche konkreten Mechanismen – Verfahren, Kriterien und Regeln – eine Ungleichbehandlung möglich wird (siehe Abschnitt 5.5.2).

Abb. 5.5: Zusammensetzung des Gender Pay Gap

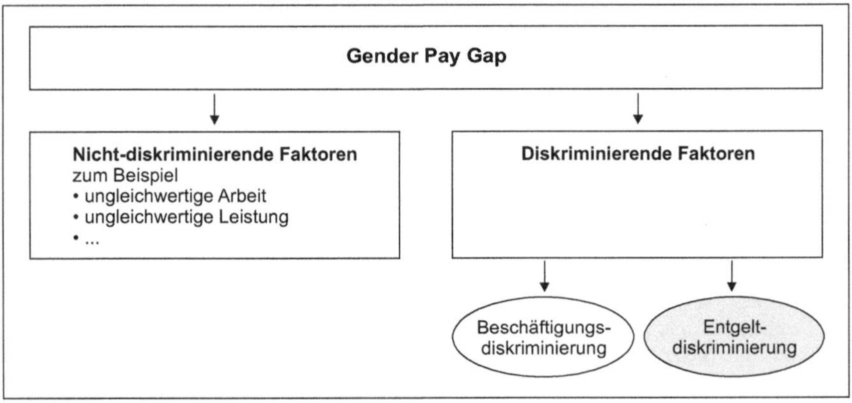

5.5.1 Ursachen von Entgeltdiskriminierung

Diskriminierungsbedingte Unterschiede beim Arbeitsentgelt beruhen auf mehreren Faktoren, die meist zusammenspielen und sich gegenseitig verstärken. Auf drei Aspekte soll im Folgenden näher eingegangen werden:

1. Grundlegende Hürden stellen zunächst *Wissensdefizite und mangelndes Problemverständnis* dar. Wird wider besseres Wissen davon ausgegangen, dass im Betrieb nicht diskriminiert wird, können benachteiligende Regelungen und Praktiken beibehalten oder möglicherweise sogar verstärkt werden.
2. Näher zu beleuchten ist der Einfluss von Geschlechterstereotypen und Vorurteilen, die insbesondere in Prozesse der *Bewertung von Arbeit* und Leistung von Frauen und Männern einfließen können.
3. Neben diesen Faktoren können auch *ökonomische und machtpolitische Interessen* zu einer (bewussten) Entgeltdiskriminierung führen. In diesem Zusammenhang stellt sich die Frage, inwieweit bei den verantwortlichen Akteuren überhaupt der politische Wille vorhanden ist, das Problem des ungleichen Entgelts für gleiche und gleichwertige Arbeit aktiv anzugehen.

1. Gravierendes Einstiegshindernis: Mangelndes Problemverständnis

Zahlreiche Akteure der Entgeltpolitik und Arbeitnehmerinnen wissen nicht, was mit Entgeltdiskriminierung genau gemeint ist. Besonders schwer verständlich ist das Prinzip des gleichen Entgelts für gleichwertige Arbeit (vgl. Winter 1998b, S. 21). Im Unterschied zum relativ leicht nachvollziehbaren Rechtsanspruch des gleichen Entgelts für gleiche Arbeit wird in Deutschland vielfach nicht verstanden, was mit „gleichwertiger" Arbeit von Frauen und Männern gemeint ist.

In mehreren Untersuchungen zur betrieblichen Entgeltpraxis wird auf mangelndes Verständnis von „mittelbarer" Diskriminierung hingewiesen. Dass auch scheinbar geschlechtsneutral formulierte Entgeltregelungen mittelbar diskriminierend wirken können, ist betrieblichen Akteuren oftmals nicht bekannt. In einer Studie zur betrieblichen Eingruppierungspraxis in der Metall- und Chemieindustrie in der zweiten Hälfte der 1990er Jahre wurde festgestellt, dass Personalmanagement, Betriebsrat und Beschäftigte mit wenigen Ausnahmen kein Problembewusstsein darüber hatten, dass die betriebliche Arbeitsbewertungs- und Eingruppierungspraxis zu einer mittelbaren Benachteiligung von Frauen führen kann (Carl/Krehnke 2004).

Auch bei Tarifparteien wurden eklatante Wissensdefizite festgestellt. Eine Befragung von VertreterInnen von Tarifparteien ergab, dass die Mehrheit der befragten Vertreter der Arbeitgeberverbände davon ausgeht, dass in ihrem Tarifbereich das Gleichbehandlungsprinzip verwirklicht sei, da dort anforderungsbezogene Eingruppierungskriterien verwendet würden; fünf der 14 Antwortschreiben von Gewerkschaften zeugten ebenfalls von einem fast blinden Vertrauen in die Arbeitsbewertung (Jochmann-Döll 1990, S. 173ff.). Auch heute noch offenbart die Bundesvereinigung der Deutschen Arbeitgeberverbände (BDA) ein fehlerhaftes Verständnis von mittelbarer Diskriminierung, wenn sie in Publikationen behauptet, dass die tarifliche Grundvergütung „mittels einer personenunabhängigen und damit auch geschlechtsneutralen Arbeitsbewertung" erfolge (BDA 2009).

Untersuchungen geben weiterhin Hinweise darauf, dass auch die Rechtsprechung wenig zur Aufklärung von mittelbarer Diskriminierung beigetragen hat (vgl. Winter 1998b). In Urteilen von Arbeitsgerichten und in Rechtskommentaren lassen sich Fehlinterpretationen erkennen, wie Regine Winter anhand einer Analyse der Rechtsprechung des Bundesarbeitsgerichtes und der einschlägigen Fachliteratur belegt. Vielfach werden die Begriffe „gleiche" und „gleichwertige" Arbeit synonym verwendet (vgl. ebd., S. 28). Es wurde sogar grundsätzlich bezweifelt, dass verschiedenartige Tätigkeiten von Frauen und Männern vergleichbar seien, weil es hierfür angeblich keine operationalisierbare Maßstäbe gebe (ebd., S. 22). Darüber hinaus wurde in der Rechtsprechung nicht immer klar zwischen „Arbeit" und „Leistung" unterschieden, was zur Folge hatte, dass die Maßstäbe der Arbeits- und Leistungsbewertung fehlerhaft vermischt wurden (ebd., S. 23).

Innerhalb der Bevölkerung wird Entgeltungleichheit zwar in allen sozialen Schichten, Alters- und Bildungsgruppen als eine der großen noch bestehenden Ungerechtigkeiten der Gesellschaft wahrgenommen, jedoch bestehen auch dort Wissensdefizite: „Das konkrete Wissen zu Entgeltungleichheit ist relativ gering." (Sinus Sociovision 2008, S. 6)

Verständnisprobleme hinsichtlich mittelbarer Entgeltdiskriminierung bei den entgeltpolitisch verantwortlichen Akteursgruppen sind bemerkenswert angesichts der Tatsache, dass seit Ende der 1990er Jahre umfangreiche Literatur zur Problematik mittelbarer Entgeltdiskriminierung vorliegt. Einige Gewerkschaften (z.B. die IG Metall sowie die damaligen Gewerkschaften ÖTV und IG Medien) gaben Gutachten und Studien in Auftrag, die die Potenziale mittelbarer Diskriminierung in tariflichen und betrieblichen Vereinbarungen verschiedener Branchen aufdeckten (vgl. exemplarisch für den Öffentlichen Dienst: Winter 1998a, für die Metall- und Elektroindustrie: Degen/Tondorf 1998). In einem konkreten Vergleichsprojekt wurde die Bewertung typisch männer- und frauendominierter Tätigkeiten in der Stadtverwaltung Hannover kritisch mit Hilfe eines geschlechtsneutralen Bewertungssystems überprüft (Krell et al. 2001). Die Vereinte Dienstleistungsgewerkschaft (ver.di) unterstützte darüber hinaus zwei EU-Projekte zur Bewertung von Tätigkeiten von Hochschulsekretär/Innen (Stefaniak et al. 2002) und Tätigkeiten im Einzelhandel (SFS 2003). Zur Gleichwertigkeit der Tätigkeiten von ErzieherInnen wurde jüngst eine Expertise im Auftrag der Gewerkschaft für Erziehung und Wissenschaft (GEW) erstellt (Jochmann-Döll 2007). Nicht nur Grundentgelte, sondern auch leistungsbezogene Entgeltbestandteile wurden genauer auf ihre diskriminierenden Potenziale hin untersucht: So förderte das BMFSJ eine Studie zur geschlechtergerechten Leistungsvergütung in verschiedenen Branchen (Tondorf/Jochmann-Döll 2005).

Wie die Gleichwertigkeit verschiedener Tätigkeiten von Frauen und Männern methodisch festgestellt und damit zugleich Entgeltdiskriminierung aufgespürt werden kann, zeigen die Arbeiten der Arbeits- und Organisationspsychologen Christian P. Katz und Christoph Baitsch (1996). Sie entwickelten im Auftrag des Eidgenössischen Büros für die Gleichstellung von Mann und Frau (EBG Bern) ein wissenschaftlich fundiertes geschlechtsneutrales System der Arbeitsbewertung, das unter der Kurzbezeichnung ABAKABA (Analytische Bewertung von Arbeitstätigkeiten nach Katz und Baitsch) geführt wird. Mittlerweile wird dieses Verfahren vor allem in der Schweiz angewendet. In Deutschland ist ABAKABA in politisch interessierten Fachkreisen bekannt geworden, teils hat es tarifpolitische Diskussionen in einigen Gewerkschaften wie ver.di und GEW beeinflusst. Dieses Bewertungsverfahren wurde von den Wissenschaftlern weiterentwickelt und später ergänzt durch ein System der geschlechtsneutralen Leistungsbeurteilung mit der Kurzbezeichnung „ABAKABA Person“ (Katz/Baitsch 2006). Auch die Bundesregierung thematisierte Entgeltungleichheit zwischen Frauen und Männern, so u.a. im Rahmen des „Berichts zur Berufs- und Einkommenssituation von Frauen und Männern“ (Deutscher Bundestag 2002). Das Bundesministerium für Familie, Senioren, Frauen und Jugend (BMFSFJ) gab Broschüren zum Grundsatz des gleichen Entgelts für gleiche und gleichwertige Arbeit heraus (u.a. Tondorf/Ranftl 2002; Tondorf 2007).

Als Zwischenfazit lässt sich festhalten, dass es heute an Informationen zum Thema Entgeltdiskriminierung aufgrund des Geschlechts nicht mangelt. Den entgeltpolitischen Akteuren stehen vielfältige Publikationen zur Verfügung, die zum Aufspüren und Beseitigen von Entgeltdiskriminierung genutzt werden könn(t)en. Diese Angebote haben jedoch weder zu massenhaften Aktivitäten in den Betrieben noch zu vermehrten Klagen von Frauen geführt. Wissensdefizite und Verständnisprobleme hinsichtlich des Gebots der Entgeltgleichheit für Frauen und Männer dürften auch heute noch ein gravierendes Hemmnis auf dem Weg zu einer diskriminierungsfrei(er)en Entlohnung sein.

2. Geschlechterstereotype und Vorurteile

Zahlreiche Beiträge zur anforderungs- und leistungsbezogenen Entgeltdifferenzierung heben hervor, dass der Wert einer Arbeit oder einer Leistung keine objektive Größe darstellt, sondern auf Normen und Wertvorstellungen beruht, die in unserer Gesellschaft verankert sind (u.a. Katz/Baitsch 2006; Krell/Winter 2008; Tondorf/Jochmann-Döll 2005). Teil dieses gesellschaftlichen Normen- und Wertesystems sind Stereotype, die sich auf das Geschlecht beziehen. Sie stellen „allgemeine, verbreitete, im Laufe der Sozialisation erworbene Annahmen über bedeutsame Eigenschaften einer Personengruppe“ dar und wirken als Ordnungshilfen, die vereinfachend wirken und Komplexität bei Wahrnehmungs-

und Urteilsprozessen reduzieren (Fried et al. 2000, S. 13). Sie vernachlässigen jedoch den konkreten Einzelfall und übersehen die tatsächlich vorhandenen individuellen Charakterzüge und Fähigkeiten von Menschen. Vorurteile werden dagegen als vorschnelle emotionale Wertungen definiert, die (weiblichen) Personen oder Personengruppen negative oder positive Eigenschaften zuschreiben (vgl. Allport 1971).

Geschlechter(rollen)stereotype und Vorurteile spielen insbesondere bei der Bewertung von Arbeit und Leistung eine Rolle und wirken sich dort meist zu Ungunsten von Frauen aus (u.a. Fried et al. 2000; Krell/Winter 2008, Tondorf/Jochmann-Döll 2008). Sie beziehen sich auf vielfältige Aspekte, die direkt oder indirekt in die Bewertung einfließen:

- Zugehörigkeit zu Tätigkeitsfeldern und Berufsgruppen: Tätigkeitsfeldern und Berufsgruppen werden vermeintlich charakteristische männliche und weibliche Merkmale zugeschrieben. Beispiele: Angestellten-Tätigkeiten wie z.B. der/die KassiererIn oder VerkäuferIn gelten im Unterschied zu gewerblichen Tätigkeiten als körperlich nicht belastend. Der Beruf des/der GrundschullehrerIn erfordert die schulische Erziehung kleinerer Kinder; hierfür erscheinen Frauen besonders geeignet.
- Leistungsverhalten: Ein bestimmtes Leistungsverhalten wird pauschal Frauen oder Männern zugeordnet. Beispiel: Frauen verhalten sich konsensorientiert, Männer konfliktorientiert. Als typisch erachtete weibliche Stärken werden jedoch meist nicht bewertet oder niedrig gewichtet.
- „Natürliche“ Eigenschaften/Fähigkeiten: Frauen bringen angeblich von Natur aus Eigenschaften und Fähigkeiten mit (z.B. Fürsorglichkeit, Einfühlungsvermögen). Sie werden nicht als fachliche Qualifikation gewertet, in die Frauen Zeit und Geld investiert haben, und brauchen daher auch nicht bezahlt werden.
- Berufsorientierungen/-interessen: (Teilzeitbeschäftigten) Frauen wird ein geringeres Aufstiegsinteresse als Männern unterstellt. Sie sind angeblich weniger motiviert und erbringen dementsprechend geringere Leistungen.
- Rollen in Beruf und Familie: Frauen erscheinen für bestimmte Berufsrollen besonders geeignet, z.B. für Assistenztätigkeiten wie Sekretärin oder Sprechstundenhilfe. Die Frauen zugeschriebene Zuständigkeit für familiäre Belange spielt auch in die Beurteilung und Bezahlung von Leistung hinein: Doppelt belasteten Frauen wird im stereotypen Denken eine geringere Leistungsfähigkeit zugeschrieben als Männern, so eine Untersuchung zum Gender Mainstreaming in Niedersachsen (Niedersächsisches Ministerium für Soziales, Frauen, Familie und Gesundheit 2005, S. 18).

3. Konkurrierende ökonomische Interessen und entgeltpolitische Strategien

Auch wenn Wissensdefizite beseitigt und Geschlechterstereotype und Vorurteile überwunden wären – eine geschlechtergerechte Bezahlung wäre damit noch nicht gewährleistet. Eine elementare Voraussetzung ist der politische Wille derjenigen Akteursgruppen, die für die Entgeltpolitik verantwortlich sind. Einer aktiven Entgeltgleichheitspolitik stehen jedoch verschiedene konkurrierende Interessen entgegen:

- Ökonomische Interessen: Aus der ökonomischen Perspektive privatwirtschaftlicher Unternehmen werden Initiativen zur Entgeltgleichheit der Geschlechter vorrangig unter dem Kostenaspekt betrachtet. Da eine Aufwertung von frauendominierten Tätigkeiten sich als kostspielige und konfliktreiche Maßnahme erweisen kann, besteht wenig Interesse an Aktivitäten zur Prüfung und Beseitigung von etwaigen Benachteiligungen beim Entgelt. Entgegen anders lautender wissenschaftlicher Befunde und gerichtlicher Entscheidungen wird vielmehr die Auffassung vertreten, dass im Tarifvertragssystem keine Diskriminierung gegenüber Frauen vorhanden sei (vgl. beispielhaft die Position der BDA in Deutscher Bundestag 2002, S. 13; BDA 2009). Die Ursachen für die anhaltenden Entgeltunterschiede zwischen den Geschlechtern werden vorrangig in den gesellschaftlichen Rahmenbedingungen und traditionellen gesellschaftlichen Rollenbildern, unzureichenden Kinderbetreuungsplätzen sowie bei den Frauen selbst verortet (vgl. BDA 2009).
  Empirischen Untersuchungen in der Metall- und Elektroindustrie zu Folge besteht arbeitgeberseitig auch wenig Interesse, die Verdienste von Frauen und Männern transparent und damit überprüfbar zu machen. Entgeltvergleiche sind unerwünscht (vgl. Carl/Krehnke 2004). Die in Unternehmen etablierte Kultur der Tabuisierung der geschlechterdifferenzierten Entlohnung fördere und stabilisiere die (Un-)kultur ungleicher und ungerechter Bezahlung (Sinus Sociovision 2008, S. 20).
- Konkurrierende Einkommensinteressen innerhalb der Arbeitnehmerschaft: Forderungen nach geschlechtergerechter Entlohnung werden in der Arbeitnehmerschaft unter dem Einkommensaspekt geprüft. Unter dem Vorzeichen konstanter oder enger werdender Verteilungsspielräume lösen Initiativen zur Aufwertung von Frauentätigkeiten unter männlichen Beschäftigtengruppen Befürchtungen aus, erreichte Werterelationen und Einkommen zu verlieren (vgl. Tondorf 2008). Der Abbau von Diskriminierung müsste letztlich von denjenigen bezahlt werden, die aufgrund ihrer Durchsetzungsstärke günstiger behandelt worden sind. Gegen den Widerstand dieser männlich dominierten Beschäftigtengruppen lassen sich geschlechtergerechte Entlohnungssysteme mit Umverteilungseffekt nicht durchsetzen.

– Konkurrierende politische Strategien: Umfragen unter BetriebsrätInnen zeigen, dass dem Problem der Entgeltungleichheit geringe Bedeutung gegenüber anderen Problemen beigemessen wird (Klenner 2004, S. 279ff.). Darüber hinaus werden von Tarif- und Betriebsparteien andere entgeltpolitische Strategien verfolgt, wie zum Beispiel die Aufwertung von Facharbeit, so etwa bei der Entgeltreform in der Metall- und Elektroindustrie (vgl. Bahnmüller/Schmidt 2008). Dahinter stehen wiederum wettbewerbspolitische Überlegungen von Arbeitgebern, qualifizierte (männliche) Fachkräfte zu gewinnen und im Gegenzug die Arbeitsentgelte frauendominierter Verwaltungstätigkeiten abzusenken. Des Weiteren wird mit der Strategie, Beschäftigte in unteren Entgeltgruppen durch Absenkung ihrer Arbeitsentgelte vor Arbeitslosigkeit oder vor Auslagerung zu schützen, neue Ungleichbehandlung von Frauen in Kauf genommen. Inwieweit solche Maßnahmen tatsächlich geeignet sind, dieses Ziel zu erreichen, ist allerdings kritisch zu hinterfragen (vgl. Winter 2006, S. 515).

In der zitierten Literatur zur Entgeltgleichheit finden sich vielfältige Lösungskonzepte und Handlungsempfehlungen, die an dieser Stelle nur in der Grundausrichtung dargestellt werden können. Zahlreichen Vorschlägen liegt die These zugrunde, dass Entgeltdiskriminierung im Wesentlichen ein strukturelles und kein individuelles Problem der Betroffenen darstellt. Dementsprechend sind strukturelle Maßnahmen zur Beseitigung von Entgeltdiskriminierung erforderlich, die gesetzlich oder in kollektiven Vereinbarungen zu verankern sind. Als Weichen stellend für eine geschlechtergerechte Bezahlung gelten diskriminierungsfreie Arbeitsbeschreibungen, da sie die Basis für eine geschlechtsneutrale Arbeitsbewertung und die daraus folgende Eingruppierung bilden. Als erforderlich werden weiterhin verbindliche Vorgaben für die Hauptakteure gesehen, ihre Entgeltpraxis mit geeigneten Instrumenten zu überprüfen und Entgeltgleichheit für Frauen und Männer in einem vorgegebenen Zeitrahmen sicherzustellen.

5.5.2 Potenzielle Mechanismen der Entgeltdiskriminierung

Forschungsbeiträge über mögliche Mechanismen der Entgeltdiskriminierung liefern zahlreiche Hinweise auf problematische Verfahrensweisen, Kriterien und Vorschriften. Da je nach Entgeltbestandteil unterschiedliche Einfallstore für Ungleichbehandlung ausgemacht werden können, bietet es sich an, diesen Abschnitt nach den wichtigsten Entgeltkomponenten zu gliedern: dem Grundentgelt, den Stufenzulagen beim Grundentgelt sowie dem Leistungsentgelt.

Abschließend wird auf Entgeltregelungen für Teilzeitbeschäftigte eingegangen, denn diese Beschäftigtengruppe ist nach Befunden der Diskriminierungsforschung besonders stark von Entgeltdiskriminierung betroffen. Es werden daher Bestimmungen thematisiert, die Teilzeitbeschäftigte im Vergleich zu Vollzeitbeschäftigten benachteiligen können.

A. Diskriminierungsmechanismen beim Grundentgelt: Arbeitsbewertung

Den größten Anteil des Arbeitsentgeltes macht das Grundentgelt aus. Wie schon in Abschnitt 5.2.1 kurz angerissen, ergibt sich die Eingruppierung der Tätigkeit in das Entgeltgefüge aus der Bewertung ihrer Anforderungen (anforderungsbezogene Entgeltdifferenzierung). Bereits hier kann es zur Entgeltdiskriminierung kommen, die sich nicht nur nachteilig auf das Grundentgelt, sondern gegebenenfalls auch auf weitere eingruppierungsabhängige Entgeltkomponenten wie Zulagen oder Zuschläge auswirkt. Zum besseren Verständnis der Problematik werden einige grundlegende Informationen zur Grundentgeltfindung und -differenzierung vorangestellt:

Tätigkeiten von Frauen und Männern werden bewertet, um ihren Platz im tariflichen oder betrieblichen Grundentgeltgefüge zu bestimmen. Das Ergebnis dieser Arbeitsbewertung entscheidet maßgeblich über die Eingruppierung der einzelnen Tätigkeit und das gesamte Grundentgeltgefüge in einem Tarifbereich bzw. in einem Unternehmen.

Bewertet werden in der Regel die Anforderungen an die Tätigkeit oder an den Aufgabenbereich. Von der Person, die die Arbeit verrichtet, wird bei der Bewertung abstrahiert, d.h. es wird eine normal leistende Person unterstellt. Der Wert einer Tätigkeit kann mit Hilfe eines strukturierten Verfahrens ermittelt oder frei eingeschätzt werden. Auf die Anwendung eines Verfahrens wird vielfach in kleineren Betrieben, die nicht tarifgebunden sind oder in denen kein Betriebsrat besteht, verzichtet. Hier werden die Arbeitsentgelte von Frauen und Männern oftmals frei ausgehandelt. Entscheiden sich die betrieblichen AkteurInnen für ein Verfahren, bestehen idealtypisch zwei Möglichkeiten, die summarische oder analytische Arbeitsbewertung (vgl. u.a. Krell/Winter 2008, S. 269ff.):

- Dabei ist in Deutschland die summarische Arbeitsbewertung vorherrschend. Hierbei wird die Wertigkeit einer Arbeitstätigkeit pauschal eingeschätzt, d.h. die gewählten Kriterien, z.B. Ausbildungsanforderungen, Verantwortung und Belastungen, werden „in der Summe“, d.h. nicht jeweils für sich, abgeschätzt. Die so bewerteten Tätigkeiten werden dann den vorab definierten Entgeltgruppen zugeordnet.
- Bei der analytischen Arbeitsbewertung wird zunächst für jedes Kriterium eine gesonderte Betrachtung und Bewertung vorgenommen. Die so ermittelten Teilarbeitswerte werden zu einem Gesamtarbeitswert addiert, der die Eingruppierung bestimmt. Ein weiterer Verfahrensschritt der Analytik ist die Gewichtung der Anforderungskriterien. Dadurch wird nachvollziehbar,

welche Bedeutung den einzelnen Anforderungen in der Gesamtbetrachtung zugemessen wird.

Die Bewertung der Arbeit von Frauen und Männern kann eine Quelle von *mittelbarer Diskriminierung* beim Grundentgelt sein. Nachfolgend sind wesentliche Mechanismen mittelbarer Diskriminierung aufgelistet (vgl. hierzu auch Deutscher Bundestag 2002, S. 243):

1. die Nichtbewertung von Anforderungen, die an frauendominierten Arbeitsplätzen auftreten, z.B. soziale Kompetenzen,
2. die Verwendung unterschiedlicher Kriterien bei der Bewertung von frauen- und männerdominierten Tätigkeiten, z.B. bei frauendominierten Angestelltentätigkeiten ausschließlich Kenntnisse und Fertigkeiten, bei männerdominierten Arbeitertätigkeiten zusätzlich körperliche Belastungen,
3. die Doppel- oder Mehrfachbewertung von Kriterien, die ähnliche Sachverhalte erfassen und männerdominierte Gruppen begünstigen, z.B. Kenntnisse und Denken,
4. die diskriminierende Auslegung von Kriterien, z.B. Verantwortung nur als Führungsverantwortung, obgleich auch andersartige Verantwortung abgefordert wird,
5. die fehlende oder uneindeutige Definition von Kriterien, die zu Lasten von frauendominierten Tätigkeiten ausgelegt werden können, z.B. „Belastungen unterschiedlicher Art",
6. das Aneinanderbinden von Kriterien, z.B. Bewertung von „besonderer Verantwortung" nur dann, wenn „gründliche, umfassende Fachkenntnisse und selbständige Leistungen" erfüllt sind,
7. die unverhältnismäßig hohe Gewichtung von Kriterien, die auf männerdominierte Tätigkeiten zutreffen, z.B. Muskelkraft,
8. das Bewerten von anspruchsvollen Tätigkeitsanteilen erst dann, wenn sie einen bestimmten Zeitanteil erreichen, z.B. 50% der Arbeitszeit,
9. die Verwendung unterschiedlicher Bewertungslogiken bei einem Arbeitgeber, z.B. für ArbeiterInnen und Angestellte,
10. das Brechen von Verfahrensregeln, z.B. willkürliche Zuordnung von Tätigkeiten zu Entgeltgruppen, um zu einem erwünschten Ergebnis zu gelangen.

Die Weichen für eine Unterbewertung einer frauendominierten Tätigkeit können bereits bei der Arbeitsbeschreibung gestellt werden (vgl. u.a. Krell 1994, S. 45). Folgende Mängel können sich als nachteilig erweisen:

– Arbeitsbeschreibungen fehlen völlig,
– sie sind veraltet und bilden die aktuell ausgeübte Tätigkeit unzureichend ab,
– bestimmte Aufgaben, die für die Tätigkeit von Bedeutung sind, werden nicht erfasst, d.h. es fehlen mitunter Tätigkeiten, die selten anfallen, jedoch

hohe Anforderungen an die Qualifikation oder an die soziale Kompetenz stellen, oder aber Routinetätigkeiten, die belastend sein können,
- Arbeitsbeschreibungen sind uneinheitlich abgefasst, d.h. manche (männerdominierte) Arbeitsplätze sind ausführlich beschrieben, während andere sehr knapp gehalten sind,
- die Aufgaben werden nicht sachlich beschrieben, sondern bereits als „wichtig" oder „schwierig" bewertet,
- die Aufgabenbeschreibung ist nicht eindeutig und bietet Spielraum für Interpretationen,
- sie wird ausschließlich von Führungskräften erstellt, d.h. Beschäftigte und Betriebs-/Personalräte werden nicht beteiligt.

Wissenschaftliche Untersuchungen zur Arbeitsbewertung belegen, dass summarische Verfahren besonders diskriminierungsanfällig sind: Sie sind nicht in der Lage, viele unterschiedliche Aspekte, die bei komplexen Tätigkeiten eine Rolle spielen, gleichzeitig angemessen zu berücksichtigen. Zugleich können sich bei pauschaler Betrachtung der Anforderungen Vorurteile über „hochwertige" und „minderwertige" Tätigkeiten besonders leicht tradieren (Carl/Krehnke 2004; Krell/Winter 2008; Jochmann-Döll 2005; Winter 1998b). Durch das Prinzip der aufeinander aufbauenden Anforderungen können summarische Systeme nicht gewährleisten, dass alle Tätigkeiten nach denselben Kriterien analysiert und bewertet werden. Dies ist jedoch rechtlich gefordert: Nach Richtlinie 75/117/EWG muss ein Entgeltsystem „auf für männliche und weibliche Arbeitnehmer gemeinsamen Kriterien beruhen". Darüber hinaus mangelt es an der rechtlich gebotenen Transparenz, da nicht ersichtlich wird, welchen Platz die einzelnen Kriterien im Gesamtsystem haben.

Aber auch analytische Systeme können mittelbar diskriminieren, so z.B. durch Nichtberücksichtigung von Kriterien, die für die Tätigkeit von Bedeutung sind. Diesbezüglich bestimmt der Europäische Gerichtshof (EuGH), dass objektive Differenzierungskriterien zu verwenden sind, die an „die Art der in Frage stehenden Tätigkeit" gebunden sind. „Das Wesen" der tatsächlich zu verrichtenden Arbeit muss sich im Katalog der Kriterien widerspiegeln. Zu berücksichtigen sind auch solche Kriterien, „hinsichtlich deren die weiblichen Arbeitnehmer besonders geeignet sein können." (EuGH-Entscheidung vom 1.7.1986, Rs. 237/85 „Rummler")

B. Diskriminierung beim Grundentgelt: Stufenaufstieg

Das Grundentgelt ist im Laufe des Berufslebens meist nicht konstant, sondern erhöht sich meist in mehreren Stufen auch bei gleich bleibender Tätigkeit. Diese Stufenaufstiege innerhalb einer Entgeltgruppe werden vielfach mit so genannten senioritätsbezogenen Kriterien begründet, z.B. mit Berufsjahren, Berufserfahrung, Betriebszugehörigkeit oder Lebensalter.

Solche Kriterien sind auf den ersten Blick geschlechtsneutral, sie können jedoch im Ergebnis diskriminierend wirken, weil weibliche Beschäftigte mit Familienpflichten diese Kriterien z.B. aufgrund familienbedingter Unterbrechungen schwerer erfüllen können als viele ihrer männlichen Kollegen.

> „Das Merkmal Seniorität darf damit, soll es nicht geschlechtsdiskriminierend sein, nur eingesetzt werden, wo es durch ein rechtmäßiges Ziel sachlich gerechtfertigt und zur Erreichung dieses Ziels als Mittel angemessen und erforderlich ist." (Raasch 2009, S. 14)

Mit Blick auf diese Anforderung sind die verschiedenen senioritätsbezogenen Kriterien näher zu betrachten:

- Regelungen, die die Dauer der *Betriebszugehörigkeit* oder die *Betriebstreue* honorieren, können weibliche Beschäftigte und MigrantInnen mittelbar benachteiligen, denn diese weisen typischerweise geringere Betriebszugehörigkeiten auf (Kocher 2007, S. 51). Darüber hinaus können sie auch Jüngere beim Entgelt diskriminieren. Mit der Betriebszugehörigkeit kann jedoch die gewachsene *Berufserfahrung* honoriert werden, da diese einen Entgeltunterschied sachlich rechtfertigen kann. In diesem Falle müssen jedoch auch vergleichbare Zeiten der Berufstätigkeit bei anderen ArbeitgeberInnen berücksichtigt werden (ebd., S. 53).
- Werden bestimmte Unterbrechungen der Berufstätigkeit, die durch Familienpflichten verursacht wurden, nicht auf die *Betriebszugehörigkeit* angerechnet, kann dies zu einer mittelbaren Diskriminierung aufgrund des Geschlechts führen. Bei Berufsjahren dürfen Unterbrechungszeiten wie die Elternzeit – außer der Mutterschutzzeit – im Prinzip abgezogen werden (ebd., S. 57). Die Berufserfahrung kann jedoch auch steigen, wenn die Berufstätigkeit unterbrochen wurde (ebd.).
- Mit der Zunahme von *Berufsjahren* kann eine größere Berufserfahrung einhergehen, jedoch dürfte dies bei höher qualifizierten Tätigkeiten eher der Fall sein als bei gering qualifizierten Tätigkeiten (von Steinau-Steinrück 2007, S. 93). Der EuGH betrachtet es zwar als legitimes Ziel des Arbeitgebers, Berufserfahrung zu honorieren, da es ArbeitnehmerInnen befähigen kann, die Arbeit besser zu verrichten. Wenn jedoch Beschäftigte Anhaltspunkte liefern, „die geeignet sind, ernstliche Zweifel in dieser Hinsicht aufkommen zu lassen", muss der Arbeitgeber dies im Einzelnen rechtfertigen (vgl. EuGH-Entscheidung vom 3.10.2006, Rs. C-17/05 „Cadman").
- Kritisch zu prüfen ist schließlich eine betriebliche bzw. tarifliche Entlohnungspraxis, wonach der Entgeltaufstieg bei Beschäftigten bei einem Ar-

beitgeber nach *unterschiedlichen senioritätsbezogenen Kriterien* erfolgt. In manchen Tarifbereichen finden sich noch immer Lohn- und Gehaltstarifverträge, wonach die ArbeiterInnen nach Lebensalter, Angestellte hingegen nach Berufsjahren beim Entgelt aufsteigen (z.B. im Tarifvertrag der Kunststoff verarbeitenden Industrie, Bayern).

Rechtlich ist eine Differenzierung des Entgelts nach *Lebensalter* nicht zulässig, da sie eine Altersdiskriminierung nach dem AGG darstellt (ausführlicher hierzu Kocher 2007, S. 39; von Steinau-Steinrück 2007, S. 92). Es kann nämlich nicht davon ausgegangen werden, dass die Tätigkeit mit zunehmendem Lebensalter besser verrichtet wird. Es kann auch nicht unterstellt werden, dass mit steigendem Alter die Lebenserfahrung wächst; vielmehr ist die Lebenserfahrung abhängig von der individuellen Biografie.

C. Leistungsbezogene Entgeltdifferenzierung

Aufgrund der wachsenden Verbreitung leistungsabhängiger Bezahlung in der Privatwirtschaft und im öffentlichen Dienst wird nachfolgend die Problematik der Entgeltdiskriminierung bei diesem Entgeltbestandteil näher erörtert. Mittelbare Diskriminierung kann bei der leistungsbezogenen Entgeltdifferenzierung durch verschiedene Mechanismen entstehen (vgl. Tondorf/Jochmann- Döll 2005).

Ausgrenzung von Personen von der Leistungsbezahlung

Bestimmte Beschäftigte(ngruppen) werden von vornherein von der Leistungsbezahlung ausgeschlossen. Dies kann durch Ausschluss von Beschäftigten im Geltungsbereich einer kollektiven Regelung oder – falls keine schriftliche Kollektivvereinbarung besteht – durch selektive Auswahlentscheidung der Führungskräfte geschehen. In wissenschaftlichen Analysen von Betriebs- und Dienstvereinbarungen konnte gezeigt werden, dass nicht nur befristet Beschäftigte und geringfügig Beschäftigte, sondern auch bestimmte Beschäftigtengruppen (z.B. Reinigungskräfte) von der Regelung ausgenommen wurden. Mittelbar diskriminierend können auch Stichtagsregelungen sein: Erbringen z.B. weibliche Saisonkräfte sechs Monate im Jahr eine sehr gute Leistung, gehören jedoch zum späteren Zeitpunkt der Auszahlung des Leistungsentgelts nicht mehr dem Betrieb an, könnte die Nichtauszahlung ihres Leistungsentgelts eine mittelbare Benachteiligung darstellen.

Diskriminierende Auswahl, Definition und Anwendung von Kriterien

Es können Kriterien ausgewählt werden, die Beschäftigte mit Familienpflichten benachteiligen. Hierzu gehört u.a. das Kriterium der Flexibilität. Der EuGH hat auf die mittelbare Diskriminierung dieses Kriteriums hingewiesen:

„Grundsätzlich kann das Kriterium der Flexibilität die weiblichen Arbeitnehmer (...) benachteiligen, die aufgrund der ihnen häufig obliegenden Aufgaben in Haushalt und Familie ihre Arbeitszeit weniger leicht als männliche Arbeitnehmer flexibel gestalten können. (...) Der Arbeitgeber kann daher die Anwendung des so verstandenen Kriteriums der Flexibilität nicht rechtfertigen, wenn sie sich als systematische Benachteiligung der Frauen erweist.“ (EuGH-Entscheidung vom 17.10.1989, Rs. 109/88 „Danfoss“)

In gleicher Weise können auch weitere geschlechtsneutral formulierte Kriterien wie Fortbildung, Belastbarkeit, Fachwissen oder Arbeitsmenge von Beschäftigten mit Familienpflichten schwerer zu erfüllen sein als von Beschäftigten ohne solche Verpflichtungen, wenn sie eine in der Freizeit erbrachte Leistung in die Bewertung einbeziehen (vgl. Tab. 5.6). Ein Beispiel: Eine Betriebsvereinbarung aus einer Bank enthält Definitionen von Kriterien, die nicht eindeutig formulieren, dass nur die Leistung zu bewerten ist, die innerhalb der normalen Arbeitszeit erbracht wird.

Tab. 5.6: Potenziell diskriminierende Definitionen von Kriterien

Kriterium	Definition	Frage
Beratungskompetenz	Richtet seine Beratung an den Erwartungen und Bedürfnissen seiner Kunden aus.	... auch dann, wenn Kunden/Kundinnen außerhalb der üblichen Arbeitszeit beraten werden wollen?
Belastbarkeit	Stellt sich bewusst veränderten Bedingungen und anspruchsvollen Tätigkeiten	... auch zeitlich und räumlich veränderten Bedingungen?
Fachwissen	Investiert selbst in den Erhalt und den Ausbau seiner professionellen Fähigkeiten	... was? Geld? Zeit? Freizeit?

Quelle: Tondorf/Jochmann-Döll 2005, S. 85

Geschlechterstereotype

Ein weiteres Einfallstor von mittelbarer Diskriminierung können Leistungskriterien öffnen, die durch Geschlechterstereotype geprägt sind. Hierzu zählen zum Beispiel die Kriterien „Durchsetzungsfähigkeit“ oder „Entscheidungsfähigkeit“. Da diese Eigenschaften im Geschlechterstereotyp eher Männern als Frauen zugeschrieben werden, können sie diskriminierend wirken (Jochmann-Döll/Tondorf 2008, S. 292ff.; Fried et al. 2000, S. 30ff.).

Auswahl und Anwendung eines diskriminierungsanfälligen Verfahrens

In der Kritik stehen insbesondere jene Beurteilungsverfahren, die Vorgesetzten bei der Einschätzung der Leistung große subjektive Bewertungsspielräume eröffnen. Insbesondere bei *freien Verfahren* der Leistungseinschätzung, die die Auswahl und Anwendung der Leistungskriterien den Vorgesetzen überlassen, können Geschlechterstereotype und leistungsfremde Prinzipien starken Einfluss gewinnen und eine Benachteiligung bewirken. In Bereichen privater und öffentlicher Verwaltungen werden vorrangig *merkmalorientierte Einstufungsverfahren* geregelt, bei denen verschiedene Leistungskriterien nach ihrem Ausprägungsgrad eingestuft werden. Die Beurteilung verwendet in der Regel „weiche" Kriterien, die sich auf Verhaltensweisen oder Eigenschaften von Beschäftigten beziehen, z.B. Kundenfreundlichkeit, Eigeninitiative. Mitunter werden auch „harte" Kriterien ausgewählt (z.B. Arbeitsmenge), sie werden jedoch nicht gemessen, sondern subjektiv eingeschätzt.

Geringere subjektive Bewertungsspielräume weisen meist Zielvereinbarungen oder Kennzahlen-orientierte Verfahren auf, die messbare, zählbare oder anderweitig objektivierbare Leistungsziele/-kriterien verwenden und die Bewertungsmaßstäbe offen legen. Allerdings sind auch diese Verfahren kritisch zu prüfen, denn auch hier sind Diskriminierungen möglich, z.B. durch die Auswahl und Anwendung von Leistungskriterien, die Angehörige eines Geschlechts begünstigen.

Auch eine willkürliche Festsetzung der Höhe des Leistungsentgeltes kann zu Diskriminierung führen, wenn z.B. Unterschiede bei Leistungsentgelten von Frauen und Männern nur vermutet werden. Der EuGH formulierte den Grundsatz, dass sich Unterschiede bei den Leistungszulagen auf tatsächliche Unterschiede in der Leistung der männlichen und weiblichen Beschäftigten stützen müssen (vgl. EuGH-Entscheidung vom 26.6.2001, Rs. C-381/99 „Brunnhofer").

So kann es zur Diskriminierung kommen, wenn ungerechte Leistungsmaßstäbe angelegt werden, d.h.

- bei gleicher Tätigkeit und gleichen Leistungsbedingungen ungleiche Maßstäbe angelegt werden,
- bei unterschiedlichen, jedoch gleichwertigen Tätigkeiten von Frauen und Männern Maßstäbe angewendet werden, die objektiv nicht geeignet sind, beiden Beschäftigten(gruppen) gleiche Verdienstchancen zu eröffnen,
- unterschiedliche Bedingungen der Leistungserbringung z.B. personeller, technischer Art unberücksichtigt bleiben.

  Die angewendeten Leistungsmaßstäbe können besser geprüft werden, wenn objektivierbare Leistungsziele oder -kriterien verwendet werden, so etwa im Rahmen von Zielvereinbarungen, Akkord- oder Prämienentlohnung. Während bei Frauen und Männern mit gleichen Tätigkeiten relativ leicht geprüft werden kann, ob der gleiche Leistungsmaßstab angelegt wurde, ist dies bei Beschäftigten mit verschiedenen, jedoch gleichwertigen Tätigkeiten schwieriger, denn bei Tätigkeiten wie ErzieherIn und IngenieurIn dürften schon unterschiedliche Arten von Leistungskriterien oder -zielen mit jeweils eigenen Maßeinheiten verwendet werden. Inwieweit die angewendeten Maßstäbe zu ungleichen Verdienstchancen führen, kann möglicherweise durch betriebliche Statistiken zur Vergabepraxis erhellt werden.

– leistungsfremde Entscheidungskriterien miteinbezogen werden: Bei der Vergabe eines leistungsbezogenen Entgeltes geht es nicht immer um Leistung, vielmehr spielen auch leistungsfremde Kriterien eine Rolle, z.B. hierarchische Position, Laufbahngruppe, soziale Lage der/des ArbeitnehmerIn, das Geschlecht oder Interessenlagen der Führungskraft (Tondorf/Jochmann-Döll 2005, S. 68ff.). Auch die Vorgabe statistischer Größen (z.B. Quoten, Vorgabe einer Normalverteilung der Beurteilungsergebnisse) kann das Leistungsprinzip einschränken (ebd.). Betriebliche Statistiken zur Vergabepraxis von Leistungsentgelt können bereits erste Hinweise darauf geben, inwieweit bei der Bewertung auch leistungsfremde Gesichtspunkte einfließen. Nachfolgende Statistik (Tab. 5.7) zeigt einen „Hierarchieeffekt", d.h. Beschäftigte in oberen Entgeltgruppen erhalten einen relativ hohen Anteil des zur Verfügung stehenden Budgets. Im dargestellten Beispiel eines Versorgungsunternehmens wurde im Jahr 2002 in den Entgeltgruppen 1-4 nur 37% des Budgets ausgezahlt, während die Entgeltgruppen 13-15 mit einer Budgetausschöpfung von 169% profitierten. Das heißt: Mittel, die in den unteren Gruppen, die zu 70% mit Frauen besetzt waren, eingespart wurden, kamen den oberen Gruppen mit einem Männer-Anteil von 80-95% zugute. Daraufhin wurden die Bestimmungen im Jahr 2003 dahingehend geändert, dass das für die jeweiligen Entgeltgruppen errechnete Budget ausschließlich an Angehörige dieser Gruppen ausgezahlt werden darf. Der Hierarchieeffekt konnte daraufhin zwar verringert werden, blieb aber immer noch deutlich nachweisbar.

Tab. 5.7: Hierarchieeffekt im Vergleich: bei Nichtbindung (2002) und Bindung (2003) der Budgetausschüttung an die Entgeltgruppen

Entgeltgruppen	Budgetausschöpfung 2002	Budgetausschöpfung 2003
1-4	37%	54%
5-8	63%	85%
9-10	107%	93%
11-12	140%	93%
13-15	169%	95%

Quelle: Tondorf/Jochmann-Döll 2005, S. 75

D. Entgeltregelungen für Teilzeitbeschäftigte

Mittelbare Diskriminierung beim Entgelt kann sich auch hinter Regelungen für Teilzeitbeschäftigte verbergen. Der so genannte Pro-rata-temperis-Grundsatz, wonach das Entgelt von Teilzeitbeschäftigten proportional zur geleisteten Arbeitszeit nach den gleichen Grundlagen zu berechnen ist wie für Vollzeitbeschäftigte bei vergleichbarem Arbeitsplatz, ist als Mindestwert in § 4 Absatz 1 Satz 2 des Teilzeit- und Befristungsgesetzes (TzBfG) verankert. Allerdings ist es nicht zulässig, Teilzeitbeschäftigten für die gleiche Anzahl von Arbeitsstunden ein geringeres Entgelt zu zahlen als Vollzeitbeschäftigten. Der EuGH stellte im Falle einer Lehrerin fest, dass

> „die niedrigere Vergütung von Arbeitsstunden, die ein teilzeitbeschäftigter Beamter über seine individuelle Arbeitszeit hinaus bis zur Arbeitszeit eines vollzeitbeschäftigten Beamten leistet, gegen den Grundsatz des gleichen Entgelts für Männer und Frauen verstößt, wenn diese Ungleichbehandlung erheblich mehr Frauen als Männer betrifft und nicht durch Faktoren sachlich gerechtfertigt ist, die nichts mit einer Diskriminierung aufgrund des Geschlechts zu tun haben." (EuGH-Entscheidung vom 6.12.2007, Rs. C-300/06 „Voss")

Bei anderen arbeitszeitunabhängigen Entgeltbestandteilen wie z.B. Sozial- oder Erschwernis-Zulagen können Teilzeitbeschäftigte unter Umständen sogar gleich hohe Zulagen beanspruchen wie Vollzeitbeschäftigte, wenn entsprechende Voraussetzungen vollständig erfüllt sind (Winter 2006, S. 528). Unzulässig sind darüber hinaus Regelungen, die Teilzeitbeschäftigte von Spätarbeits- und Nachtschichtzulagen ausnehmen (Urteil des Bundesarbeitsgerichts (BAG) 3 AZR 239/97).

5.6 Politisch-rechtlicher Handlungsrahmen der betrieblichen Akteure

Die betrieblichen Akteure orientieren sich bei Fragen der Entgeltgleichheit im Wesentlichen am Allgemeinen Gleichbehandlungsgesetz (AGG) und am Betriebsverfassungsgesetz (BetrVG). Um die rechtlichen Handlungsmöglichkeiten angemessen einschätzen zu können, wird der Frage nachgegangen, welche Informationen diese Gesetze den Personalverantwortlichen, Betriebsräten, gewerkschaftlichen Vertrauensleuten und Beschäftigten zum Thema Entgeltgleichheit bieten. Inwieweit stellt der rechtliche Handlungsrahmen eine förderliche Arbeitsgrundlage dar? Es soll geprüft werden, inwieweit der Gesetzgeber klare Grundsätze, präzise Begriffsdefinitionen sowie praxistaugliche Bestimmungen zur diskriminierungsfreien Gestaltung von Entgeltsystemen geschaffen hat.

Einleitend sei darauf hingewiesen, dass der Grundsatz der Entgeltgleichheit im deutschen und europäischen Recht seit langem geregelt ist: Er lässt sich schon aus Artikel 3 Absatz 2 Satz 1 des Grundgesetzes (GG) ableiten, der bestimmt, dass Männer und Frauen gleichberechtigt sind. Seit Ende 1994 ist mit Satz 2 angefügt, dass der Staat die tatsächliche Durchsetzung der Gleichberechtigung von Frauen und Männern fördert und auf die Beseitigung bestehender

Nachteile hinwirkt. Artikel 3 GG besagt, dass niemand wegen seines Geschlechts benachteiligt oder bevorzugt werden darf. Im Gemeinschaftsrecht wurde der Grundsatz der Entgeltgleichheit bereits im Jahre 1957 in Artikel 119 E(W)G-Vertrag geregelt – zwischenzeitlich Artikel 141 EG-Vertrag – und in Verbindung mit der Entgeltgleichheitsrichtlinie 75/117/EWG kodifiziert.

5.6.1 Das Allgemeine Gleichbehandlungsgesetz

Deutschland ist als Mitgliedstaat der EU verpflichtet, europäisches Entgeltgleichheitsrecht in nationales Recht umzusetzen, so auch die Entgeltgleichheitsrichtlinie 75/117/EWG, was durch die Schaffung des § 612 Absatz 3 Bürgerliches Gesetzbuch (BGB) im Jahr 1980 erfüllt wurde. Dort hieß es, dass bei

> „einem Arbeitsverhältnis (...) für gleiche oder für gleichwertige Arbeit nicht wegen des Geschlechts des Arbeitnehmers eine geringere Vergütung vereinbart werden (darf) als bei einem Arbeitnehmer des anderen Geschlechts."

Der Gesetzgeber hat die EG-Richtlinie von 1975 allerdings nicht nur verspätet – nämlich erst im Jahr 1980 –, sondern auch nur teilweise umgesetzt (Winter 1998b, S. 238). Damit sei – so Winter – das selbst gesetzte Ziel des Gesetzgebers, Ansprüche auf Gleichbehandlung auf eine klare Rechtsgrundlage zu stellen, nicht erfüllt worden (ebd.). Mit Inkrafttreten des Allgemeinen Gleichbehandlungsgesetzes (AGG) im Jahr 2006 wurde § 612 Absatz 3 BGB außer Kraft gesetzt.

Aus betrieblicher Perspektive stellt sich die Frage, inwieweit der Gesetzgeber mit dem neuen Gesetz eine klarere Rechtsgrundlage für die (betrieblichen) Akteure und Akteurinnen geschaffen hat. Inwieweit sind die Inhalte der wichtigsten EU-rechtlichen Normen zur Entgeltgleichheit, nämlich des Artikels 141 EG-Vertrages und der Richtlinie 75/117/EWG, im deutschen Recht abgebildet?

Wie die Synopse zu den europäischen Rechtsnormen zur Entgeltgleichheit und dem AGG (Tab. 5.8) zeigt, ist der Grundsatz der Entgeltgleichheit für Männer und Frauen bei gleicher und gleichwertiger Arbeit in der vollständigen Fassung nicht im AGG zu finden. Er ist auch in anderen deutschen Gesetzen nicht enthalten (vgl. djb 2007, S. 3). Im AGG finden sich explizit zum Thema Entgeltgleichheit lediglich zwei Bestimmungen folgenden Inhalts:

- § 2 Absatz 1 AGG regelt, dass Benachteiligungen auch in Bezug auf das Arbeitsentgelt unzulässig sind.
- § 8 Absatz 2 AGG regelt den Spezialfall einer zulässigen unterschiedlichen Behandlung beim Arbeitsentgelt: Eine geringere Vergütung für gleiche oder gleichwertige Arbeit kann nicht mit besonderen Schutzvorschriften gerechtfertigt werden.

Tab. 5.8: Vergleich von europäischem und deutschem Recht zur Entgeltgleichheit

EG-Recht	AGG
Artikel 141 EG-Vertrag (vormals Artikel 119) „Gleiches Entgelt für Männer und Frauen: 1. Jeder Mitgliedstaat stellt die Anwendung des Grundsatzes des gleichen Entgelts für Männer und Frauen bei gleicher oder gleichwertiger Arbeit sicher. 2. Unter ‚Entgelt' im Sinne dieses Artikels sind die üblichen Grund- oder Mindestlöhne und -gehälter sowie alle sonstigen Vergütungen zu verstehen, die der Arbeitgeber aufgrund des Dienstverhältnisses dem Arbeitnehmer unmittelbar oder mittelbar in bar oder in Sachleistungen zahlt. Gleichheit des Arbeitsentgeltes ohne Diskriminierung aufgrund des Geschlechts bedeutet: a) dass das Entgelt für eine gleiche nach Akkord bezahlte Arbeit aufgrund der gleichen Maßeinheit festgesetzt wird, b) dass für eine nach Zeit bezahlte Arbeit das Entgelt bei gleichem Arbeitsplatz gleich ist." *Entgeltgleichheitsrichtlinie 75/117/EWG* Artikel 1: (vgl. auch Richtlinie 2006/54, Artikel 4) „Der in Artikel 119 des Vertrages genannte Grundsatz des gleichen Entgelts für Männer und Frauen, im folgenden als ‚Grundsatz des gleichen Entgelts' bezeichnet, bedeutet bei gleicher Arbeit oder bei einer Arbeit, die als gleichwertig anerkannt wird, die Beseitigung jeder Diskriminierung aufgrund des Geschlechts in Bezug auf sämtliche Entgeltbestandteile und -bedingungen. Insbesondere muss dann, wenn zur Festlegung des Entgelts ein System beruflicher Einstufung verwendet wird, dieses System auf für männliche und weibliche Arbeitnehmer gemeinsamen Kriterien beruhen und so beschaffen sein, dass Diskriminierungen auf Grund des Geschlechts ausgeschlossen werden."	*§ 2 Absatz 1 Ziffer 2 AGG* Anwendungsbereich: „Benachteiligungen sind (...) in Bezug auf (...) die Beschäftigungs- und Arbeitsbedingungen einschl. Arbeitsentgelt (...)" unzulässig. *§ 8 Absatz 2 AGG* Zulässige unterschiedliche Behandlung wegen beruflicher Anforderungen: „Die Vereinbarung einer geringeren Vergütung für gleiche oder gleichwertige Arbeit wegen eines § 1 genannten Grundes wird nicht dadurch gerechtfertigt, dass wegen eines in § 1 genannten Grundes besondere Schutzvorschriften gelten."

Eigene Zusammenstellung

Wie der Synopse weiterhin zu entnehmen ist, enthält das europäische Recht nicht nur präzisere Begriffsbestimmungen, so z.B. die Klärung, was mit „Entgelt" gemeint ist, es enthält auch Vorgaben für Entgeltsysteme, die für ihre diskriminierungsfreie Gestaltung von zentraler Bedeutung sind. Eine wichtige Vorgabe ist, dass bei der Bewertung der Tätigkeiten von Frauen und Männern ein einheitlicher Maßstab anzuwenden ist, d.h. Arbeitsbewertungssysteme müssen

> „auf für männliche und weibliche Arbeitnehmer gemeinsamen Kriterien beruhen und so beschaffen sein, dass Diskriminierungen aufgrund des Geschlechts ausgeschlossen werden." (Richtlinie 75/117/EWG Artikel 1)

Auch auf Leistungslohn wird in Artikel 141 Absatz 2 EG-Vertrag eingegangen: So wird bei Akkordlohn vorgeschrieben, dass bei gleicher Arbeit von Frauen und Männern gleiche Maßeinheiten festzusetzen sind. Diese ausformulierten Grundsätze, Begriffsdefinitionen und Gestaltungsvorgaben hat der Gesetzgeber nicht ins AGG übernommen.

Zusammenfassend lässt sich festhalten, dass betriebliche Akteure und Akteurinnen sowie Beschäftigte im AGG nur wenige Informationen zum Gebot der Entgeltgleichheit finden. Das Gesetz „macht das Problem der Entgeltdiskriminierung damit gesetzlich erneut unsichtbar." (Raasch 2009, S. 9) Für Betriebsräte, Vertrauensleute und Beschäftigte ist anhand des Gesetzestextes nicht klar erkennbar, wie das Benachteiligungsverbot beim Arbeitsentgelt näher auszulegen ist. Es bleibt offen, welche konkreten individuellen und kollektiven Rechtsansprüche bestehen und wie betriebliche Entgeltregelungen gestaltet sein müssen, um Gleichbehandlung zu erreichen. Insofern wird es bei der Interessenvertretung von Betroffenen vielfach notwendig werden, zusätzlich das europäische Recht heranzuziehen.

5.6.2 Das Betriebsverfassungsgesetz

Eine wichtige rechtliche Arbeitsgrundlage für die Betriebsparteien ist das Betriebsverfassungsgesetz (BetrVG). Auch bezüglich dieses Regelungswerkes soll geprüft werden, welche Bestimmungen es zum Gebot der Entgeltgleichheit für Frauen und Männer enthält und inwieweit es eine förderliche Rechtsgrundlage hinsichtlich der Durchsetzung von Entgeltgleichheit darstellt.

- § 75 Absatz 1 BetrVG formuliert allgemeine Grundsätze für die Behandlung der Betriebsangehörigen, die aus Anlass des AGG im Jahre 2006 neu gefasst wurden. Arbeitgeber und Betriebsrat haben „darüber zu wachen, dass (...) jede Benachteiligung von Personen (...) wegen ihres Geschlechts (...) unterbleibt."
  Der Grundsatz der Gleichbehandlung ist hier allgemein formuliert. Es ist für die Betriebsparteien noch nicht ersichtlich, in welchen Bereichen (z.B. Arbeitsentgelt) die Gleichbehandlung zu überwachen ist.
- Das BetrVG enthält weiterhin Bestimmungen zur Überwachung von Gesetzen und zur Durchsetzung der Gleichstellung der Geschlechter, jedoch werden in diesem Zusammenhang auch keine Bezüge zum Arbeitsentgelt hergestellt. Zu den in § 80 Absatz 1 genannten allgemeinen Aufgaben des Betriebsrates gehört es, „darüber zu wachen, dass die zugunsten der Arbeitnehmer geltenden Gesetze, Verordnungen, Unfallverhütungsvorschriften, Tarifverträge und Betriebsvereinbarungen durchgeführt werden".

Mit Bezug auf die Überwachungsaufgaben des Betriebsrats bleibt unklar, wie es sich beispielsweise mit Tarifverträgen oder anderen Regelungen verhält, die nicht zugunsten, sondern zu Lasten von Beschäftigten wirken. Schließt die Überwachungsaufgabe im Umkehrschluss ein, dass z.B. diskriminierend wirkende Tarifverträge und Betriebsvereinbarungen geprüft werden?

Zu den Aufgaben des Betriebsrats nach § 80 Absatz 1 Nr. 2 a BetrVG gehört weiterhin

> „die Durchsetzung der tatsächlichen Gleichstellung von Männern und Frauen, insbesondere bei der Einstellung, Beschäftigung, Aus-, Fort- und Weiterbildung und dem beruflichen Aufstieg, zu fördern."

Der Bereich des Entgelts wird in der Aufzählung der Anwendungsbereiche nicht genannt.

- Bei Fragen der betrieblichen Lohngestaltung und bei leistungsbezogenen Entgelten hat der Betriebsrat ein weit reichendes Mitbestimmungsrecht (§ 87 Absatz 1 Nr. 10 und 11). Es bezieht sich auf die „Aufstellung von Entlohnungsgrundsätzen" und die „Einführung und Anwendung von neuen Entlohnungsmethoden sowie deren Änderung" sowie auf die „Festsetzung der Akkord- und Prämiensätze und vergleichbarer leistungsbezogener Entgelte, einschließlich der Geldfaktoren". Jedoch finden sich in diesen gesetzlichen Regelungen keine Vorgaben zur diskriminierungsfreien Gestaltung von Entgeltsystemen, wie sie in der Richtlinie 75/117/EWG genannt sind.
- Das BetrVG regelt Mitbestimmungsrechte bei personellen Einzelmaßnahmen (§ 99 Absatz 1). Vor jeder Einstellung, Eingruppierung, Umgruppierung und Versetzung ist der Betriebsrat zu unterrichten. Er kann die Zustimmung verweigern, wenn die geplante Maßnahme gegen allgemeine Rechtsgrundsätze verstößt und „der betroffene Arbeitnehmer durch die personelle Maßnahme benachteiligt wird (...)" (§ 99 Absatz 2, Ziffer 4 BetrVG). Mit der Nennung dieser Zustimmungsverweigerungsgründe findet der Betriebsrat einzig hier einen konkreten Hinweis, wie er im Falle einer vermuteten Entgeltdiskriminierung vorgehen kann. Allerdings gelten diese Rechte lediglich in Betrieben mit mehr als 20 wahlberechtigten Beschäftigten; wo der Betriebsrat nur aus einer Person besteht (d.h. bei fünf bis 20 wahlberechtigten ArbeitnehmerInnen), kann dieses Mitbestimmungsrecht nicht geltend gemacht werden.

Die kurze Analyse von entgelt- und gleichstellungsrelevanten Bestimmungen des BetrVG zeigt, dass EU-rechtliche Grundsätze und Gestaltungsvorschriften von Entgeltsystemen auch im BetrVG keinen entsprechenden Niederschlag gefunden haben. Insbesondere wird im Bereich der betrieblichen Mitbestimmung bei Fragen der betrieblichen Lohngestaltung, die für die diskriminierungsfreie

Gestaltung von Entgeltsystemen von zentraler Bedeutung ist, lediglich auf das allgemeine Ziel der „innerbetrieblichen Lohngerechtigkeit“ orientiert. Es dient dem Schutz der Beschäftigten vor einer einseitig am Unternehmensinteresse orientierten oder gar willkürlichen Lohngestaltung durch kollektive Regelungen. Das Ziel der innerbetrieblichen Lohngerechtigkeit ist jedoch nicht identisch mit dem Schutz vor Entgeltdiskriminierung aufgrund des Geschlechts, der grundrechtlich fundiert ist und einen individuellen Rechtsanspruch auf Gleichbehandlung begründet. Die Mitbestimmungsregelungen des BetrVG zur betrieblichen Lohngestaltung lassen insoweit keine explizite Verpflichtung zu einer diskriminierungsfreien Gestaltung von Betriebsvereinbarungen, etwa zu Leistungszulagen oder Zuschlägen, erkennen.

5.6.3 Zwischenfazit

Zusammenfassend lässt sich festhalten, dass weder das AGG noch das BetrVG die Inhalte des europäischen Entgeltgleichheitsrechts angemessen widerspiegeln. Die Entgeltgleichheitsrichtlinie 75/117/EWG ist bis heute vom Gesetzgeber nur lückenhaft in deutsches Recht umgesetzt worden. Dieses Defizit erschwert die aktive Durchsetzung des Grundsatzes des gleichen Entgelts für gleiche und gleichwertige Arbeit. Angesichts der anhaltenden Wissens- und Verständnisdefizite bezüglich des Anspruchs des gleichen Entgelts für gleichwertige Arbeit wären umfassende und klare Rechtsgrundlagen eine wichtige Voraussetzung für betriebliches Handeln. Es besteht politischer Handlungsbedarf seitens des Gesetzgebers, der auch aus der so genannten Neufassungsrichtlinie 2006/54/EG vom 5. Juni 2006 abgeleitet werden kann. In dieser Richtlinie wurden aus Gründen der Übersichtlichkeit mehrere Einzel-Richtlinien zur Gleichbehandlung von Männern und Frauen in Arbeits- und Beschäftigungsfragen zusammengefasst. Unter anderem regelt diese Richtlinie auch das Diskriminierungsverbot beim Arbeitsentgelt (Artikel 4), wie bereits in Richtlinie 75/117/EWG formuliert. Darüber hinaus enthält die Richtlinie 2006/54/EG in Artikel 2e die Definition des Begriffs „Entgelt“ aus Artikel 141 Absatz 2 EG-Vertrag. Deutschland war als Mitgliedstaat der EU verpflichtet, die neue Richtlinie spätestens bis zum 15. August 2008 in nationales Recht umzusetzen.

Konkrete Überlegungen zur tatsächlichen Durchsetzung von Entgeltgleichheit wurden in einem Vorschlag für ein Gesetz zur Gleichstellung der Geschlechter in der Privatwirtschaft entwickelt (Pfarr 2001, 2004).

Der Deutsche Juristinnenbund hält folgende Maßnahmen für sinnvoll (Raasch 2009):

- Der Gesetzgeber sollte in das AGG ein ausdrückliches und differenziert geregeltes Verbot von Entgeltdiskriminierung aufnehmen.

- Das Tarifvertragsgesetz könnte dahingehend ergänzt werden, dass die Tarifvertragsparteien verpflichtet werden, ihren Entgeltsystemen diskriminierungsfreie Arbeitsbewertungssysteme zugrunde zu legen, jeden Tarifvertrag einem Diskriminierungscheck zu unterziehen und seine Diskriminierungsfreiheit zu bescheinigen, bevor er in Kraft treten kann. Die Prüfung müsste von einer geschlechterparitätisch besetzten unabhängigen Kommission vorgenommen werden, die an die Antidiskriminierungsstelle des Bundes angebunden ist. Bei diskriminierenden Regelungen sollte nach AGG eine Verbandsklage ermöglicht werden.
- Für betriebliche Entgeltsysteme könnten entsprechende Regelungen auf der Ebene des BetrVG eingeführt werden, wobei notfalls eine betriebliche Einigungsstelle zu entscheiden hätte.

5.7 Aktivitäten auf betrieblicher Ebene

5.7.1 Betriebliche Handlungsfelder

Die betrieblichen Akteure und Akteurinnen können in vielfältiger Weise Einfluss darauf nehmen, dass die vorgenannten Mechanismen potenzieller Diskriminierung vermieden werden. Der betriebliche Einflussbereich beschränkt sich nicht auf die eigenständige betriebliche Gestaltung von Entgeltbestandteilen, die von den Tarifparteien – aus welchen Gründen auch immer – nicht oder nicht abschließend geregelt werden. Ein weiteres wichtiges Handlungsfeld stellt auch die Prüfung und diskriminierungsfreie Umsetzung von entgeltrelevanten Tarifverträgen dar. Nachfolgend werden diese beiden Handlungsfelder der betrieblichen Akteure und Akteurinnen näher erläutert.

Betriebliche Umsetzung von Entgelttarifverträgen

Die betriebliche Anwendung von Entgelttarifverträgen bzw. Lohn- und Gehaltstarifverträgen ist das „Tagesgeschäft" vieler Betriebsparteien. Bei Einstellungen, Versetzungen oder bei Veränderung von Tätigkeiten ist nicht nur auf eine tarifkonforme, sondern auch auf eine diskriminierungsfreie Eingruppierung und Einstufung zu achten. Auch andere Akteursgruppen wie gewerkschaftliche Vertrauensleute oder Beschäftigte können diese Entscheidungen kritisch prüfen und auf eine geschlechtergerechte Eingruppierung hinwirken. In Branchen, in denen tarifliche Entgeltreformen vorgenommen wurden, müssen die Tätigkeiten der Tarifbeschäftigten von den Betriebsparteien neu eingruppiert werden. Dies ist aktuell in der Metall- und Elektroindustrie der Fall, für die neue Entgeltrahmen-Tarifverträge (ERA) ausgehandelt wurden. Am Beispiel der betrieblichen Umsetzung des ERA in Nordrhein-Westfalen (NRW) kann der Einfluss der betrieblichen Akteure und Akteurinnen näher aufgezeigt werden. Die Befunde eines Begleitforschungsprojektes (Niewerth/Wannöffel 2008) weisen auf drei betriebliche „Konfliktfelder“ bei der Umsetzung hin:

1. Aufgabenbeschreibung: Die Tarifvertragsparteien haben 121 Niveaubeispiele als betriebliche Orientierungshilfe für die Einstufung der Tätigkeiten vereinbart, die den aktuellen Stand typischer Arbeitsaufgaben in verschiedenen Funktionsbereichen eines modernen Unternehmens der Metall- und Elektroindustrie widerspiegeln. Diese Niveaubeispiele sind allerdings in NRW – anders als in anderen Tarifgebieten – nicht verbindlich. Dies bedeutet, dass in NRW jedes Unternehmen eigene Arbeitsbeschreibungen erstellen und auf dieser Basis die Eingruppierung der einzelnen Beschäftigten vornehmen kann (ebd., S. 9). Betriebsräte berichteten von unterschiedlichen Vorgehensweisen: Teils wurden Betriebsräte und Beschäftigte bei der Erstellung der Arbeitsbeschreibungen einbezogen, teils wurden nur die Führungskräfte befragt. Mit einer Arbeitsbeschreibung, die bestimmte Arbeitsaufgaben nicht angemessen erfasst, kann es zu einer Unterbewertung von Tätigkeiten bestimmter Beschäftigter oder Beschäftigtengruppen kommen. Dies treffe – so ein Betriebsrat – insbesondere Frauen in der Produktion: „Einige von ihnen hatten in einem schleichenden Prozess immer mehr Tätigkeiten verrichtet, die nie in die Arbeitsbewertung eingeflossen sind. Ein Ziel war hier, durch eine entsprechende Beschreibung der Arbeitsaufgaben eine höhere Entgeltgruppe zu erreichen. Dies ist uns bei einigen gut gelungen.“ (IGM 2007, S. 38).

2. Einstufung: Auf Basis der Aufgabenbeschreibung erfolgt die Einstufung der Arbeitsaufgaben anhand der tariflich bestimmten Anforderungsmerkmale und Stufendefinitionen. Im ERA für NRW handelt es sich um die Merkmale „Können“ (Kenntnisse und Qualifikationen), „Handlungs- und Entscheidungsspielraum“, „Kooperation“ und „Mitarbeiterführung“. Diese Anforderungsmerkmale sind jeweils in eine unterschiedliche Anzahl von Stufen und Punktwerten unterteilt (Niewerth/Wannöffel 2008, S. 10). Auf betrieblicher Ebene ist für jede Tätigkeit zu entscheiden, welche Stufe bei jedem einzelnen Merkmal zutrifft. Es zeigte sich, dass die Verständigung darüber, mit welcher Stufe die Tätigkeiten zu bewerten sind, nicht ganz einfach ist (ebd., S. 18). Konstatiert werden Interpretationsfreiheiten in der Auslegung und definitorische Unklarheiten des Tarifvertrags (ebd.). Zum Beispiel war bei Tätigkeiten mit Anlernzeit zu klären, was unter einem „durchschnittlichen Beschäftigten“ zu verstehen ist. Ist hier von einem Beschäftigten mit Hauptschulabschluss auszugehen oder ist ein solcher Abschluss nicht erforderlich (ebd., S. 17)? Bei der betrieblichen Klärung solcher Einstufungsfragen werden Entscheidungen getroffen, die sich zugunsten oder zu Lasten von Beschäftigten eines Geschlechts auswirken können.

3. Eingruppierung: Aus der Einstufung erfolgt offenbar nicht in allen Fällen „automatisch" die Eingruppierung der Tätigkeit. Betriebliche Probleme bringt insbesondere der Umgang mit Beschäftigten, die eine Abwertung durch ERA erfahren (so genannte „Überschreiter"). Hierzu gehören insbesondere Tätigkeiten im Angestelltenbereich. Um den betrieblichen Frieden zu wahren, komme es zwischen den Betriebsparteien zu Kompensationsgeschäften bei der Eingruppierung (ebd., S. 20). Bei diesen politischen Aushandlungsprozessen bleibe offen, welche Beschäftigte in welchen Entgeltgruppen von diesen „Zugeständnissen" profitieren. Die Untersuchungsbefunde geben weiterhin Hinweise darauf, dass die Neueingruppierung der Beschäftigten von den Arbeitgebern als Kostensenkungsprogramm genutzt wird: Ergebnisse aus über 600 Betrieben zeigen, dass die Lohnsteigerung im Durchschnitt weniger als die vereinbarten 2,79% beträgt (ebd.).

Sind es die Entgelttarifverträge selbst, die potenziell diskriminierende Vorschriften, Verfahren und Kriterien enthalten, ist den Personalverantwortlichen und Betriebsräten eine diskriminierungsfreie Eingruppierung faktisch erschwert. Eine Infragestellung einer Tarifregelung ist dem Betriebsrat zwar rechtlich möglich, jedoch birgt eine solche Vorgehensweise hohe betriebs- und gewerkschaftspolitische Brisanz. Er müsste sich nicht nur gegen den Arbeitgeber, sondern unter Umständen auch gegen „seine" Gewerkschaft stellen. Voraussetzungen hierfür wären eine hohe Gleichstellungsmotivation und Konfliktbereitschaft, die nicht unbedingt zu erwarten sind (vgl. Kapitel 8).

Was die Diskriminierungspotenziale des ERA anbetrifft, liegt zum jetzigen Zeitpunkt zwar keine detaillierte Analyse des Tarifwerkes vor, jedoch lässt sich bereits erkennen, dass die neuen Entgeltrahmentarifverträge „den Kriterien für diskriminierungsfreie Systeme zur Entgeltdifferenzierung nicht entsprechen" (Carl/Krehnke 2006, S. 132). In den meisten Tarifbezirken seien summarische Verfahren vereinbart worden und in allen Regelungen spielten psycho-soziale Aspekte von Tätigkeiten bei der Entgeltfindung auch weiterhin nur eine untergeordnete Rolle (ebd.).[20]

20 Welche Spielräume für eine diskriminierungsfreie Umsetzung der ERA-Tarifverträge auf betrieblicher Ebene bestehen, lässt sich zum jetzigen Zeitpunkt noch nicht eindeutig bestimmen. Eine diesbezügliche wissenschaftliche Untersuchung, die von Andrea Jochmann-Döll und Edeltraud Ranftl durchgeführt und von der Hans-Böckler-Stiftung finanziert wird, ist zum gegenwärtigen Zeitpunkt noch nicht abgeschlossen. Erste Hinweise finden sich bei Jochman-Döll/Ranftl 2009.

Betriebliche Gestaltung von Entgeltsystemen

Wo Tarifparteien keine abschließenden Regelungen treffen, haben die Betriebsparteien weitgehende Spielräume bei der Gestaltung von Entgeltkomponenten. Teils ermächtigen Tarifverträge mit Öffnungsklauseln die Betriebsparteien zur Aushandlung einer Betriebsvereinbarung, teils werden Entgeltbestandteile ausschließlich betrieblich gestaltet. Nachfolgende Auflistung nennt einige Entgeltbestandteile, die betriebliche Handlungsspielräume bei der Beseitigung bzw. vorausschauenden Vermeidung von Entgeltdiskriminierung eröffnen:

- leistungsbezogene Entgeltbestandteile und Provisionen,
- Entgeltsysteme von außertariflich (AT-) Beschäftigten,
- Zulagen und Zuschläge (z.B. für erschwerte Arbeitsbedingungen),
- Gratifikationen und Sonderzahlungen,
- Leistungen der betrieblichen Altersversorgung,
- Abfindungen,
- übertarifliche Zulagen,
- Zuschüsse (Fahrtkostenzuschüsse, Mietzuschüsse etc.)
- Zeitgutschriften,
- Sachleistungen, z.B. Privatnutzung von Dienstwagen,
- Gewährung zinsgünstiger Darlehen.

5.7.2 Empirische Beispiele betrieblicher Aktivitäten

Erfolgreiche betriebliche Aktivitäten zur Förderung der Entgeltgleichheit sind bislang kaum wissenschaftlich erforscht. Mitunter finden sich jedoch in arbeitsrechtlichen oder gewerkschaftlichen Publikationen Berichte über betriebliche Aktivitäten zur Entgeltgleichheit, die als gute Beispiele herangezogen werden können (vgl. z.B. IGM 2007). Auch im Zuge eigener Recherchen anlässlich dieser Publikation sind gute Praxisbeispiele bekannt geworden, in denen unterschiedliche Instrumente zur Identifizierung und Beseitigung von Entgeltdiskriminierung genutzt wurden:

- Diskriminierungscheck von Entgelttarifverträgen: Hierbei geht es um die Prüfung, inwieweit Entgeltsysteme die EU-rechtlichen Anforderungen an eine diskriminierungsfreie Gestaltung erfüllen (vgl. Diskriminierungsmechanismen beim Grundentgelt in diesem Kapitel; Checkliste siehe Tondorf 2007).
- Diskriminierungscheck von kollektiven Vereinbarungen zum Leistungsentgelt: Da Leistungsentgelt nicht mit den Anforderungen an die Tätigkeit, sondern mit den Leistungen einer Person oder einer Gruppe begründet wird, folgt die Überprüfung dieses Entgeltbestandteils einer anderen Logik als der

vorgenannte Diskriminierungscheck. Auch hierbei geht es um eine Analyse, inwieweit die EU-rechtlichen Vorgaben erfüllt sind (vgl. Diskriminierungsmechanismen beim Leistungsentgelt in diesem Kapitel; Leitfaden siehe Tondorf/Jochmann-Döll 2005, S. 151ff.).

- Statistische Prüfung der betrieblichen Entgeltpraxis: Statistiken zum Grund- und Leistungsentgelt können erste Hinweise auf mögliche Ungleichbehandlung liefern.
- Job-to-job-Vergleich: Bei einem Diskriminierungsverdacht sowie bei einer Weiterverfolgung durch eine Klage werden Paarvergleiche von Tätigkeiten von Frau und Mann vorgenommen, die zeigen sollen, inwieweit diese Tätigkeiten gleich oder gleichwertig sind und geschlechtergerecht bezahlt werden.

Nachfolgend werden mehrere Beispiele von Aktivitäten zur Förderung von Entgeltgleichheit vorgestellt, die von ersten Prüfungen der Entgeltpraxis bis hin zu arbeitsrechtlichen Klagen reichen. Die Beispiele sind so gewählt, dass sie unterschiedliche Diskriminierungsmechanismen thematisieren und in unterschiedlichen Tarifbereichen stattfinden.

Beispiel 1: Betriebsrätinnen prüfen Tarifverträge

In diesem Beispielfall initiierte die Abteilung Frauen/Gleichstellung der Industriegewerkschaft Bergbau, Chemie, Energie (IGBCE) eine Fachtagung für Betriebsrätinnen[21], auf der ausgewählte Entgelttarifverträge auf mögliche Diskriminierungen aufgrund des Geschlechts überprüft wurden. Diese Überprüfung ist rechtlich den allgemeinen Aufgaben des Betriebsrats nach § 80 Absatz 1 BetrVG zuzuordnen. Gegenstand der Überprüfung waren beispielsweise Tarifregelungen der Kunststoff verarbeitenden Industrie. Ein Vergleich der Gehalts- und Lohntarifverträge machte deutlich, dass Angestellte und ArbeiterInnen beim Entgelt nach unterschiedlichen Kriterien aufsteigen: ArbeiterInnen nach Lebensalter, Angestellte nach Berufsjahren auf (Tab. 5.9). Ein fiktives Beispiel zeigt die möglichen diskriminierenden Wirkungen dieser unterschiedlichen Regelungen: Eine 19-jährige Büroangestellte erhielt – wenn sie sich nach abgeschlossener Berufsausbildung im zweiten Berufsjahr befände – 1.554,76 Euro, während ein 19-jähriger Facharbeiter bei gleichwertiger Ausbildung 2.022,90 Euro bekäme, d.h. die Büroangestellte würde 468,14 Euro weniger im Monat verdienen. Weibliche Angestellte müssen sieben Berufsjahre ansammeln, um das Entgeltniveau eines männlichen Facharbeiters zu erreichen. Erst mit steigenden Berufsjahren erhalten die Angestellten ein höheres Gehalt als die ArbeiterInnen.

21 IGBCE Fachkonferenz „Frauen starten durch – in guter Gesellschaft 2008“ am 9.6.2008 in Hannover

Tab. 5.9: Uneinheitliche Differenzierungskriterien beim Entgeltaufstieg

Angestellte (Büro) K3[a]	FacharbeiterIn (LG III)[b]
Gehalt ab 1.4.2007:	Lohn ab 1.4.2007:
1. und 2. Berufsjahr: 1.554,76 Euro	bis 18. Lebensjahr: 1.719,30 Euro
3. und 4. Berufsjahr: 1.775,04 Euro	ab 18. Lebensjahr: 2.022,90 Euro
4. und 5. Berufsjahr: 1.943,58 Euro	
7. und 8. Berufsjahr: 2.090,64 Euro	
9. und 10.Berufsjahr: 2.259,75 Euro	
über 10. Berufsjahr: 2.404,50 Euro	

Quellen: *a* Gehaltstarifvertrag für kaufmännische und technische Angestellte und Meister, Kunststoff verarbeitende Industrie, Bayern (gültig ab 1.3.2007); *b* Lohntarifvertrag Kunststoff verarbeitende Industrie, Bayern (gültig ab 1.1.2007)

Die Betriebsrätinnen beschäftigten sich mit weiteren folgenden Prüffragen, insbesondere mit der Frage der Gleichwertigkeit der Angestellten- und ArbeiterInnen-Tätigkeiten. Sie wendeten Teile einer Checkliste an, die in der vom BMFSFJ herausgegebenen Broschüre „Fair p(l)ay" (Tondorf 2007) publiziert ist. Zahlreiche Prüffragen, z.B. nach der Qualität der Stellenbeschreibungen oder nach den tatsächlichen Tätigkeitsanforderungen, konnten von den Betriebsrätinnen auf dem Seminar nicht abschließend geklärt werden. Dies war auch nicht das Ziel dieser Qualifizierung. Vielmehr sollte grundsätzliches rechtliches und methodisches Wissen vermittelt werden, das es den Teilnehmerinnen ermöglicht, die Fragen auf betrieblicher Ebene weiter zu bearbeiten. Die gewerkschaftlich organisierte Qualifizierung stellt demnach ein Angebot dar, betriebliche Analysen zur Entgeltgleichheit für Frauen und Männer durchzuführen.

Beispiel 2: Betriebsparteien prüfen Vereinbarungen zum Leistungsentgelt

Das nachfolgend beschriebene Beispiel betrifft die betriebliche Umsetzung eines Haustarifvertrages zur leistungsorientierten Vergütung durch eine Betriebsvereinbarung. In einem Verkehrsunternehmen wurde im Jahr 2006 ein entsprechender Tarifvertrag abgeschlossen. Danach sollte die Leistungsvergütung ab 2008 auf Basis einer Beurteilung gezahlt werden, bei der die Vorgesetzten die Leistung der MitarbeiterInnen nach bestimmten Merkmalen einstufen. Die Tarifparteien hatten den Grundsatz formuliert, dass bei der Einstufung „der Mensch in seiner individuellen Persönlichkeit zu berücksichtigen" sei. Die Beurteilungskriterien und -stufen waren bereits in einer Anlage zum Tarifvertrag geregelt. Es wurde eine betriebliche Arbeitsgruppe eingerichtet, die aus Mitgliedern des Betriebsrats und des Arbeitgebers zusammengesetzt war. Der Betriebsrat zog eine sachverständige Person hinzu, die die Gestaltung der Betriebsvereinbarung auch in arbeitsrechtlicher Hinsicht prüfen sollte. Zunächst wurde die tarifliche Rahmenregelung analysiert. Die Prüfung der Bestimmungen unter dem Blickwinkel möglicher mittelbarer Diskriminierung beim Leistungsentgelt führte zu dem Resultat, dass sowohl das geregelte Beurteilungsverfahren als auch die Anwendung einiger Leistungskriterien Ungleichbehandlung nicht ausschließen konnten. Insbesondere bei den tariflich geregelten Einzelmerkmalen „Einsatzbereitschaft" und „Lern- und Weiterbildungswilligkeit" wurde die Gefahr gesehen, dass Beschäftigte mit Familienpflichten aufgrund eingeschränkter zeitlicher Spielräume schlechtere Bewertungen erhalten könnten. Darüber hinaus erschien das Beurteilungsverfahren aufgrund der subjektiven Bewertungsspielräume der Beurteilenden problematisch. Die Vergabeentscheidungen schienen nicht hinreichend durchschaubar und überprüfbar. Aufgrund der Ergebnisse der Analyse wurde den Tarifparteien vorgeschlagen, nochmals in korrigierende Tarifverhandlungen einzusteigen, um eine EU-rechtskonforme Grundlage für die abzuschließende Betriebsvereinbarung zu erhalten. Die zuständige Gewerkschaft ver.di und der Arbeitgeber berieten über diesen Vorschlag mit dem Resultat, auf die Einführung einer tariflichen Leistungsvergütung gänzlich zu verzichten. Diese Entscheidung wurde letztlich durch die zeitgleich geführte gewerkschaftliche Debatte über die betriebliche Umsetzung von tariflichen Leistungsentgelten, u.a. im öffentlichen Dienst, befördert. Als Methode der Leistungsbewertung präferiert die Gewerkschaft Zielvereinbarungen mit objektivierbaren Leistungskriterien. Merkmalorientierte Beurteilungen durch Vorgesetzte werden dagegen vor dem Hintergrund der jahrzehntelangen Erfahrungen im Beamtenbereich eher kritisch gesehen.

Beispiel 3: Gleichstellungsbeauftragte erstellt Statistiken zur Entgeltpraxis

Die Gleichstellungsbeauftragte einer Bank prüft mittels statistischer Daten eine mögliche Ungleichbehandlung beim Grundentgelt von Frauen und Männern mit gleicher Tätigkeit. Es geht hierbei zunächst um erste Hinweise, denen bei ersten Verdachtsmomenten weitere Prüfungen mit qualitativen Instrumenten folgen sollen. Sie gründet hierzu eine kleine Arbeitsgruppe, der auch Betriebsratsmitglieder angehören. Die Personalabteilung ist bei der Bereitstellung der Daten sehr kooperativ. Vorgegangen wird in folgenden Schritten:

1. Schritt: Auflistung der in der Bank ausgeübten Tätigkeiten nach Geschlecht und Jahresverdienst (Mittelwert sowie Bandbreite niedrigster – höchster Verdienst). Bei dem nachstehenden Beispiel (Auszug) wurden die Zahlenwerte aus Gründen der Anonymisierung verändert (siehe Tab. 5.10). Teilzeiteffekte sind bereinigt. Bei einigen Tätigkeiten wird anhand der Verdienstdaten deutlich, dass Männer bei gleicher Tätigkeit im Durchschnitt ein höheres Grundentgelt erreichen.

Tab. 5.10: Statistik zur Entgeltpraxis in einer Bank (Auszug)

Tätigkeit	Anzahl *m*	Anzahl *w*	Jahresverdienst Mittelwert *m*	Jahresverdienst Mittelwert *w*	Bandbreite *m*	Bandbreite *w*
SekretärIn	5	37	45.200 Euro	41.400 Euro	40.200-47.500 Euro	39.000-46.400 Euro
Credit ManagerIn	5	23	43.600 Euro	40.200 Euro	(...)	(...)

m = männlich; *w* = weiblich

2. Schritt: In diesen Fällen wurde eine detaillierte Prüfung auf der Einzelfallebene durchgeführt, d.h. die Entgeltdaten der einzelnen Stellen wurden noch einmal näher betrachtet. Dabei wurde geprüft, ob hier möglicherweise doch andere Entgeltbestandteile wie z.B. Besitzstände oder Arbeitsmarktzulagen einfließen.

3. Schritt: Es wird analysiert, ob die in Frage stehenden Tätigkeiten hinsichtlich der Anforderungen tatsächlich gleich sind. Sind die Tätigkeiten gleich, werden weitere Gründe geprüft, mit denen die Differenzen gerechtfertigt werden, z.B. Berufserfahrung, Alter, Arbeitsmarktsituation. Dabei zeigt sich, dass die betriebliche Eingruppierungspraxis in diesen Fällen zumeist auf subjektive Entscheidungen zurückzuführen ist, die zu einer Benachteiligung von Frauen geführt haben.

Das Ergebnis der statistischen Analyse: Die Aktivitäten haben dazu geführt, dass die Frauen in 60% der Fälle eine bessere Bezahlung erhielten. Personalabteilung und Führungskräfte wurden für das Problem einer Ungleichbehandlung der Geschlechter bei der Eingruppierung sensibilisiert.

Beispiel 4: BetriebsrätInnen prüfen Eingruppierungspraxis (Umsetzung ERA)

In der Metall- und Elektroindustrie stehen viele Betriebsrätinnen vor der Anforderung, die Tätigkeiten von Frauen und Männern nach den neuen Entgeltrahmentarifverträgen einzugruppieren. Um dem Prinzip des gleichen Entgelts für gleichwertige Arbeit zur Durchsetzung zu verhelfen, hat der Funktionsbereich Frauen- und Gleichstellungspolitik der IG Metall eine „Frauenpolitische Handlungshilfe" (IGM o.J.) erstellen lassen, die in Betrieben als Orientierungshilfe zur Verfügung steht.

In dem hier dargestellten Beispiel engagieren sich BetriebsrätInnen eines Unternehmens der Metallindustrie in Nordrhein-Westfalen, Arbeitsbeschreibungen zu erstellen, die eine umfassende und tarifkonforme Basis für die Eingruppierung der Tätigkeiten bieten. Die BetriebsrätInnen gehen dabei sorgfältig und systematisch vor, d.h. sie führen Einzelgespräche mit Beschäftigten bzw. Beschäftigtengruppen und nutzen dabei einen von der Gewerkschaft vorgefertigten Leitfaden.

Dieser Leitfaden erfordert die Beschreibung aller Aufgaben und fragt außerdem nach

- den nötigen Kenntnissen und Fähigkeiten,
- geistigen und sozialen Fähigkeiten,
- Handlungsspielraum, Selbständigkeit und Verantwortung,
- der Wahrnehmung höherwertiger Aufgaben sowie
- körperlichen, psychischen und physischen (Umgebungs-)Belastungen.

Bei der Erstellung der Arbeitsbeschreibungen machen die BetriebsrätInnen die Erfahrung, dass ohne den Leitfaden bestimmte Tätigkeiten von den Beschäftigten vergessen würden, weil sie zur Routine geworden sind und daher nicht erwähnenswert erscheinen. Mitunter versuchen Vorgesetzte, bestimmte Aufgaben und Anforderungen abwertend zu formulieren oder als nicht eingruppierungsrelevant darzustellen. Konfliktpunkte ergeben sich z.B. bei der anforderungsgerechten Arbeitsbeschreibung von SekretärInnen-Tätigkeiten, die auch Anteile von Sachbearbeiter-Aufgaben beinhalten. Beobachtbar ist darüber hinaus der Versuch der Arbeitgeberseite, (frauendominierte) Tätigkeiten im Produktionsbereich als an- und ungelernte Tätigkeiten einzugruppieren, obwohl die Tätigkeit Kenntnisse und Fähigkeiten auf dem Niveau einer Facharbeiterausbildung erfordert. Für den Betriebsrat gilt es hierbei, die tarifliche Regelung umzusetzen, wonach die Kenntnisse nicht ausschließlich durch eine Facharbeiter-Ausbildung angeeignet sein müssen, sondern auch „anderweitig“ erworben sein können. Die BetriebsrätInnen erfahren die Durchsetzung von umfassenden und vollständigen Arbeitsbeschreibungen als mühsames Geschäft. Zusätzliches Engagement wird erforderlich, wo Arbeitgeber versuchen, die Eingruppierungsbestimmungen zu unterlaufen, indem Aufgabenzuschnitte so umgestaltet werden, dass im Resultat ein niedrigeres Anforderungsniveau geschaffen wird, mit dem eine niedrigere Eingruppierung gerechtfertigt werden kann.

Beispiel 5: Gleichstellungsbeauftragte initiiert Fortbildung für Führungskräfte

Bei dem nachfolgenden Beispiel wird die Initiative von einer Gleichstellungsbeauftragten in einem Bundesinstitut ergriffen. Solche Institutionen und deren Aufgaben sind im öffentlichen Dienst qua Gesetz geregelt, in der Privatwirtschaft sind sie freiwillig und daher seltener anzutreffen. Dieses Beispiel wird dargestellt, um zu zeigen, welche Möglichkeiten Frauen-/Gleichstellungs- oder Genderbeauftragte haben, um die Gleichstellung beim Leistungsentgelt zu fördern.

Im vorliegenden Fall wurde in der Bundesbehörde eine Dienstvereinbarung zur Leistungsbezahlung vereinbart, die Anfang 2008 in Kraft getreten ist. Die Leistungen der Tarifbeschäftigten sollen zum Jahresanfang 2009 durch die Führungskräfte bewertet werden. Für die Beamtinnen und Beamten gelten abweichende gesetzliche Regelungen/Verordnungen. Die Gleichstellungsbeauftragte eines Bundesinstituts forderte eine verpflichtende eintägige Fortbildung für Führungskräfte zur geschlechtergerechten Leistungsbezahlung, bevor die erstmalige Bewertung stattfand. Die Personalleitung beschloss diese Fortbildung, an der auch der Personalrat teilnahm.

Die Erwartungsabfrage der Führungskräfte zu Beginn des Seminars machte deutlich, dass die meisten von ihnen sich nicht vorstellen können, dass das Geschlecht bei der Leistungsbewertung eine Rolle spielt. Das Abschlussgespräch am Ende des Seminars zeigte, dass die Teilnehmenden für sich einige (teils unterschiedliche) Aspekte wichtig fanden, auf die sie bei der Leistungsbeurteilung achten wollen. Als wichtig wurden vor allem Erkenntnisse über mögliche Beurteilungsverzerrungen empfunden, die bei tradierten Beurteilungsverfahren auftreten und zu Benachteiligungen (auch) aufgrund des Geschlechts führen können. Auch die Personalleitung und der Personalrat wurden für Regelungen in der Dienstvereinbarung sensibilisiert, die sich hinsichtlich der (Geschlechter-)Gerechtigkeit als problematisch erweisen können. Die Betriebsparteien erhielten durch die Schulung detaillierte rechtliche Informationen sowie Anregungen zur statistischen Kontrolle und Bewertung der gewährten Leistungsentgelte nach Geschlecht.

Beispiel 6: Ein Betriebsrat klagt gegen Entgeltdiskriminierung

Im Jahr 2007 wurde in gewerkschaftlichen Publikationen über die Klage eines Betriebsrates bei der Firma Süderelbe Logistik GmbH berichtet (u.a. ver.di 2007). Der Betriebsrat und die Arbeitgeberin hatten in einem Beschlussverfahren vor dem Arbeitsgericht Hamburg über die gerechte Eingruppierung von 37 ungelernten Lagerarbeiterinnen gestritten. Sie waren in die niedrigste Vergütungsgruppe des Gehaltstarifvertrages für Angestellte eingruppiert und erhielten eine monatliche Vergütung von jeweils mindestens 1.214,00 Euro brutto. Der Betriebsrat hielt dagegen eine Eingruppierung in den Lohntarifvertrag für gewerbliche Arbeitnehmer mit monatlichen Vergütungen von mindestens 1.483,55 Euro für zutreffend. Aus seiner Sicht war die schlechtere Eingruppierung der Lagerarbeiterinnen gleichheitswidrig. In einem Teilvergleich einigten sich Arbeitgeber und Betriebsrat vor Gericht darauf, dass neun betroffene Frauen in den Lohntarif umgruppiert und entsprechend besser bezahlt werden. Die Regelung gilt rückwirkend zum 1. Dezember 2006. Einige der Frauen arbeiteten seit mehr als 20 Jahren in dem Betrieb. Fünf weiteren Frauen sicherte der Arbeitgeber zu, sie ebenfalls in den Lohntarifvertrag umzugruppieren. Über den Antrag des Betriebsrats, die Arbeitgeberin zu verpflichten, auch für die weiteren 23 Arbeitnehmerinnen ein Verfahren zur Eingruppierung in den Lohntarifvertrag einzuleiten, sollte die Anhörung vor dem Arbeitsgericht am 29. November 2007 fortgesetzt werden. Dies hat sich inzwischen erübrigt, da die Beteiligten eine innerbetriebliche Einigung auch über die verbliebene Arbeitnehmergruppe erzielt und das Beschlussverfahren vor dem Arbeitsgericht beiderseits für erledigt erklärt haben. Das Arbeitsgericht Hamburg hat das Verfahren durch Beschluss vom 24. August 2007 – 17 BV 2/07 – eingestellt.

Im dargestellten Beispiel wurde Frauen ungleiches Entgelt für gleiche Arbeit gezahlt. In einer solchen Fallkonstellation ist eine Ungleichbehandlung für einen Betriebsrat sowie für die betroffenen Beschäftigten relativ leicht ersichtlich. Die Feststellung einer ungleichen Bezahlung bei verschiedener, gleichwertiger Arbeit ist jedoch meist nicht auf den ersten Blick sichtbar. Der dargestellte Fall soll der erste seit Inkrafttreten des AGG sein, in dem ein Betriebsrat eine Klage für mehrere Arbeitnehmerinnen angestrengt hat (ver.di 2007, S. 10). Zwar können auch einzelne Beschäftigte vor Gericht ziehen, oft aber verzichten sie darauf aus Angst vor einer negativen Reaktion ihres Unternehmens.

5.8 Schlussfolgerungen

Schon sehr lange ist der Grundsatz des gleichen Entgelts für Männer und Frauen bei gleicher oder gleichwertiger Arbeit im europäischen und deutschen Recht verankert. Tatsächlich realisiert ist er in Deutschland jedoch noch lange nicht. In den letzten Jahren hat sich hierzulande zwar ein breiter politischer Konsens gebildet, ungerechtfertigte Entgeltunterschiede zwischen Frauen und Männern zu beseitigen. Jedoch herrscht schon bei der Analyse der Ursachen keine Einigkeit. Ein einheitliches wissenschaftliches Konzept, das alle Einflussfaktoren quantitativer wie qualitativer Art berücksichtigt, liegt derzeit noch nicht vor. Es stehen unterschiedliche ökonomische, politische, arbeitswissenschaftliche und rechtliche Ansätze nebeneinander, die sich auf unterschiedliche Ebenen beziehen (Gesamtwirtschaft, Einzelbetrieb, individuelle Ebene) und unterschiedliche Aspekte thematisieren. Zur Erklärung des Gender Pay Gap können jedoch drei große Ursachenkomplexe identifiziert werden: die geschlechtsspezifische Spaltung auf dem Arbeitsmarkt, institutionelle und politische Rahmenbedingungen sowie Prozesse der Entgeltbegründung und -differenzierung. In allen genannten Ursachenbereichen sind nach wie vor Geschlechterstereotype und Vorurteile wirksam. Vielfältige Untersuchungen haben ermittelt, dass statistische Analysen den Einkommensabstand zwischen den Geschlechtern nicht vollständig erklären können. Wie hoch das tatsächliche Maß an Entgeltdiskriminierung aufgrund des Geschlechts ist, lässt sich ohne qualitative Analysen auf der betrieblichen und tariflichen Ebene nicht ermitteln.

Die andere Seite der Medaille ist die politische Durchsetzung des Grundsatzes „gleiches Entgelt bei gleicher oder gleichwertiger Arbeit". Nach offiziellen politischen Beschlüssen und Verlautbarungen ist eine politische Strategie nötig, die angemessen an den vielschichtigen Ursachen ansetzt, „Um Fortschritte zu erreichen, müssen (...) alle Einzelmaßnahmen in einer strategischen Allianz zusammengeführt werden." (BMFSFJ 2009b, S. 34)

Jedoch mangelt es nicht nur – wie oben dargestellt – an einem integrierten wissenschaftlichen Analysekonzept, sondern auch an einer politisch stimmigen Gesamtstrategie. Für die betriebliche Ebene konnte in diesem Kapitel gezeigt werden, dass vor allem Betriebsrätinnen und Gewerkschafterinnen seit einiger Zeit dafür eintreten, tarifvertragliche Regelungen auf ihre Geschlechtsneutralität hin zu überprüfen und zu überarbeiten. Hierzu mangelt es weniger an Checklisten und Leitfäden zur Überprüfung von Tarif-/Kollektivverträgen auf Diskriminierungsfreiheit als an ihrer breiten und verbindlichen Anwendung. Da Arbeitsentgelte in Deutschland darüber hinaus weitgehend tariflich oder betrieblich verhandelt werden, müssen beide Parteien, Arbeitgeber- wie Arbeitnehmervertretungen, einen politischen Konsens hinsichtlich der Bewertung und Bezahlung von Frauen- und Männerarbeit erzielen. Neben Fragen der Geschlechtergerechtigkeit der Entlohnung kommen hierbei – wie aufgezeigt – weitergehende ökonomische und machtpolitische Interessenlagen ins Spiel, die eine einheitliche Strategie für Entgeltgleichheit erschweren. Insofern ist der von der EU geforderte Dialog der Sozialparteien insbesondere in Deutschland politisch noch zu fördern. Andere Mitgliedstaaten der EU können hier zahlreiche erfolgreiche Aktivitäten vorweisen, die für Deutschland Anregungen und Impulse geben können.

Literatur

Ahlers, E./Klenner, Ch./Ziegler, A. 2009: Studie zur Anwendbarkeit der statistischen Regressionsanalyse („Schweizer Lohnmessmethode"), Projektbericht. Düsseldorf

Alda, H./Bender, S./Gartner, H. 2005: The linked employer-employee dataset created from the IAB establishment panel and the process-produced data of the IAB (LIAB). In: Schmollers Jahrbuch. Zeitschrift für Wirtschafts- und Sozialwissenschaften, Jg. 125/Heft 2, S. 327-336

Allport, G. W. 1971: Die Natur des Vorurteils. Köln

Bahnmüller, R./Schmidt, W. 2008: Der ERA und seine Umsetzung. Erfahrungen aus Baden-Württemberg. In: Bispinck, R. (Hg.): Verteilungskämpfe und Modernisierung. Aktuelle Entwicklungen in der Tarifpolitik. Hamburg, S. 78-108

Bartölke, K./Foit, J./Gohl, J./Kappler, E./Ridder, H.-G./Schumann, U. 1981: Konfliktfeld Arbeitsbewertung. Grundprobleme und Einführungspraxis, Frankfurt/M., New York

Beblo, M./Wolf, E. 2003: Sind es die Erwerbsunterbrechungen? Ein Erklärungsbeitrag zum Lohnunterschied zwischen Frauen und Männern in Deutschland. In: Mitteilungen aus der Arbeitsmarkt- und Berufsforschung (MittAB), 4, S. 560-572

Beblo, M./Bender, S./Wolf, E. 2006: The Wage Effects of Entering Motherhood – A Within-firm Matching Approach. ZEW Discussion Paper, No. 06-053

Becker, G. St. 1971: The Economics of Discrimination. Chicago

Becker, G. St. 1993: Human Capital. A Theoretical an Empirical Analysis with Special Reference to Education (3rd edition). Chicago

Bellmann, L./Bender, S./Kölling, A. 2002: Der Linked Employer-Employee-Datensatz aus IAB-Betriebspanel und Beschäftigtenstatistik der Bundesanstalt für Arbeit (LIAB). In: Kleinhenz, G. (Hg.): IAB-Kompendium Arbeitsmarkt- und Berufsforschung. Beiträge zur Arbeitsmarkt- und Berufsforschung 250. Nürnberg, S. 21-29

Bispinck, R./Dribbusch, H./Öz, F. 2008: Geschlechtsspezifische Lohndifferenzen nach dem Berufsstart und in der ersten Berufsphase. Eine Analyse von Einkommensdaten auf Basis der WSI-Lohnspiegel-Datenbank in Deutschland und im europäischen Vergleich. Düsseldorf

Blau, F. D./Ferber M. A. 1987: Discrimination: Empirical evidence from the United States. In: American Economic Review, Vol. 77/No. 2, S. 316-320

Blinder, A. S. 1973: Wage Discrimination: Reduced Form and Structural Estimates. In: Journal of Human Resources, No. 8, S. 436-455

Blossfeld, H.-P. 1985: Bildungsexpansion und Berufschancen. Frankfurt/M.

Bothfeld, S./Klammer, U./Klenner, Ch./Leiber, S./Thiel, A./Ziegler, A. 2005: WSI-Frauen-DatenReport 2005. Handbuch zur wirtschaftlichen und sozialen Situation von Frauen. Berlin

Brumlop, E. 1986: Arbeitsbewertung bei flexiblem Personaleinsatz. Frankfurt/M.

Bundesamt für Bauwesen und Raumordnung (BBR) 2009: Siedlungsstrukturelle Kreistypen (http://www.bbr.bund.de/nn_103086/DE/Raumbeobachtung/Werkzeuge/Raumabgrenzungen/SiedlungsstrukturelleGebietstypen/Kreistypen/kreistypen.html; 20.4.2009)

Bundesministerium für Familie, Senioren, Frauen und Jugend (BMFSFJ) 2009a: Lohngleichheitsinstrument Bund für Deutschland – Logib-D. Logib-D ist ein (Excel-)Tool zur (Selbst-)Überprüfung der Lohngleichheit zwischen Frau und Mann. Berlin

Bundesministerium für Familie, Senioren, Frauen und Jugend (BMFSFJ) 2009b: Dossier Entgeltgleichheit zwischen Frauen und Männern. Berlin

Bundesvereinigung der Deutschen Arbeitgeberverbände (BDA) 2002: Stellungnahme zum Bericht der Bundesregierung zur Berufs- und Einkommenssituation von Frauen und Männern. Bundestags-Drucksache 14/8952 vom 25.4.2002, Anhang I, S. 13-17

Bundesvereinigung der Deutschen Arbeitgeberverbände (BDA) 2009: Lohnunterschiede/Equal Pay. Von Diskriminierung kann nicht die Rede sein (http://www.bda-on-line.de/

www/arbeitgeber.nsf/id/EFBF453CCE70D855C12574F000345727?open&ccm=800; 26. 6.2009)

Busch, A./Holst, E. 2008: „Gender Pay Gap“: In Großstädten geringer als auf dem Land. In: DIW-Wochenbericht, 33, S. 462-468

Busch, A./Holst, E. 2009: Der „Gender Pay Gap“ in Führungspositionen der Privatwirtschaft in Deutschland. SOEPpapers 169

Carl, A.-H./Krehnke, A. 2004: Geschlechterdiskriminierung bei der betrieblichen Grundentgeltfindung. Positionen und Perspektiven von Management, Betriebsrat und Beschäftigten. Wiesbaden

Carl, A.-H./Krehnke, A. 2006: Entgeltgleichheit und Arbeitsbewertung in der Bundesrepublik Deutschland. In: Katz, Ch. P./Baitsch, Ch. (Hg.): Arbeit bewerten – Personal beurteilen. Zürich, S. 129-138

Degen, B./Tondorf, K. 1998: Problemskizze zur mittelbaren Diskriminierung in Metalltarifverträgen (hrsg. von der IG Metall). Frankfurt/M.

Deutscher Bundestag 2002: Bericht der Bundesregierung zur Berufs- und Einkommenssituation von Frauen und Männern. Drucksache 14/8952 vom 25.4.2002. Berlin

Deutscher Juristinnenbund e.V. (djb) 2007: Unzureichende Umsetzung der EG-Antidiskriminierungsrichtlinien in Deutschland. Pressemitteilung von 19. Juni 2007. Berlin

Deutscher Juristinnenbund e.V. (djb) 2009: Stellungnahme „Entgeltgleichheit zwischen Frauen und Männern“ zur öffentlichen Anhörung im Ausschuss für Familie, Senioren, Frauen und Jugend des Deutschen Bundestages am 28.1.2009, Ausschussdrucksache 16(13) 419c zu BT-Drucksache 16/11175, 16/11192, 16/8784, Berlin

Ellguth, P./Kohaut, S. 2008: Tarifbindung und betriebliche Interessenvertretung: Aktuelle Ergebnisse aus dem IAB-Betriebspanel 2007. In: WSI-Mitteilungen, Heft 9, S. 515-519

Europäische Kommission 2009: EU-Kampagne zum geschlechtsspezifischen Lohngefälle. MEMO/09/91. Brüssel

Fried, A./Wetzel, R./Baitsch, Ch. 2000: Wenn zwei das Gleiche tun ... – diskriminierungsfreie Personalbeurteilung. Zürich

Gartner, H. 2005: The imputation of wages above the contribution limit with the German IAB employment sample. FDZ Methodenreport 2/2005

Gartner, H./Stephan, G. 2004: How collective contracts and works councils reduce the gender wage gap. IAB DiscussionPaper 7/2004

Gustafsson, S. 1993: Feminist Neoclassical Economics. University of Amsterdam, Tinbergen Institute, Discussion Paper Nr. 255

Heinze, A./Wolf, E. 2006: Gender Earnings Gap in German Firms: The Impact of Firm Characteristics and Institutions. ZEW Discussion Paper No. 06-020

Hinz, Th./Gartner, H. 2005: Geschlechtsspezifische Lohnunterschiede in Branchen, Berufen und Betrieben. In: Zeitschrift für Soziologie, 1, S. 22-39

Holst, E. 2009: Führungskräfte-Monitor 2001-2006. Forschungsreihe des Bundesministeriums für Familien, Senioren, Frauen und Jugend, Band 7. Berlin

Hübler, O. 2003: Geschlechtsspezifische Lohnunterschiede. In: Mitteilungen aus der Arbeitsmarkt- und Berufsforschung (MittAB), 4, S. 539-559

IG Metall-Vorstand (IGM) (Hg.) 2007: Fünf Erfolgsstrategien zur Einführung von ERA. Eine Arbeitshilfe für Betriebsräte und Vertrauensleute. Frankfurt/M.

IG Metall-Vorstand (IGM) o.J.: Gleiches Entgelt für gleichwertige Arbeit. Eine neue AERA bricht an, Frauenpolitische Handlungshilfe. Hg. vom Funktionsbereich Frauen- und Gleichstellungspolitik. Frankfurt/M.

Institut für Arbeitsmarkt- und Berufsforschung (IAB) 2009: Lohnungleichheit zwischen Frauen und Männern in Deutschland seit 15 Jahren kaum geringer geworden. Presseinformation des IAB vom 19.3.2009

Internationales Arbeitsamt (IAA) 2007: Gleichheit bei der Arbeit: Den Herausforderungen begegnen. Gesamtbericht im Rahmen der Folgemaßnahmen zur Erklärung der IAO über grundlegende Prinzipien und Rechte bei der Arbeit. Genf

Jochmann-Döll, A. 1990: Gleicher Lohn für gleichwertige Arbeit. Ausländische und deutsche Konzepte und Erfahrungen. München, Mering

Jochmann-Döll, A. 2005: Gleiches Entgelt für gleichwertige Arbeit. (K)ein Thema für die Betriebswirtschaftslehre?! In: Krell, G. (Hg): Betriebswirtschaftslehre und Gender Studies: Analysen aus Organisation, Personal, Marketing und Controlling. Wiesbaden, S. 185-204

Jochmann-Döll, A./Ranftl E. 2009: Eine neue AERA für die Gleichstellung! Auch von Frau und Mann? In: WSI-Mitteilungen, Heft 4, S. 218-223

Jochmann-Döll, A. unter Mitarbeit von Tondorf, K. 2007: Erzieherinnen verdienen mehr. Expertise und Portraits zur Gleichwertigkeit der Tätigkeit von Erzieherinnen und Erziehern mit anderen Fachschulberufen. Hg. von der Gewerkschaft Erziehung und Wissenschaft. Frankfurt/M.

Jochmann-Döll, A./Tondorf, K. 2008: Leistungsabhängige Entgeltdifferenzierung auf dem gleichstellungspolitischen Prüfstand. In: Krell, G. (Hg.): Chancengleichheit durch Personalpolitik. Gleichstellung von Frauen und Männern in Unternehmen und Verwaltungen (5. überarbeitete Auflage). Wiesbaden, S. 283-298

Katz, Ch. P./Baitsch, Ch. 1996: Lohngleichheit für die Praxis. Zwei Instrumente zur geschlechtsunabhängigen Arbeitsbewertung (hrsg. von dem Eidgenössischen Büro für die Gleichstellung von Frau und Mann). Zürich

Katz, Ch. P./Baitsch, Ch. 2006: Arbeit bewerten – Personal beurteilen. Zürich

Klammer, U./Klenner, Ch./Ochs, Ch./Radke, P./Ziegler, A. 2000: Der WSI-FrauenDaten-Report 2000. Berlin

Klenner, Ch. 2004: Gender – ein Fremdwort für Betriebsräte? In: WSI-Mitteilungen, Heft 4, S. 277-286

Kocher, E. 2007: Gleichstellungspolitik und Individualansprüche. In: Kritische Justiz, Heft 1, S. 22-34

Krell, G. 1990: Entgeltdiskriminierung durch Arbeitsbewertung und Eingruppierung. Perspektiven angesichts der neueren Rechtsprechung. In: Zeitschrift für Personalforschung, Jg. 4/Heft 2, S. 197-208

Krell, G. 1994: Das Verfahren der Arbeitsbewertung. Kritische Bestandsaufnahme und Perspektiven. In: Winter, R. (Hg.): Frauen verdienen mehr. Zur Neubewertung von Frauenarbeit im Tarifsystem. Berlin, S. 43-55

Krell, G./Carl, A. H./Krehnke, A. 2001: Diskriminierungsfreie Bewertung von (Dienstleistungs-)Arbeit. Hg. von ver.di, Bundesvorstand, Tarifsekretariat. Berlin

Krell, G./Winter, R. 2008: Anforderungsabhängige Entgeltdifferenzierung. In: Krell, G. (Hg.): Chancengleichheit durch Personalpolitik. Gleichstellung von Frauen und Männern in Unternehmen und Verwaltungen (5. überarbeitete Auflage). Wiesbaden, S. 263-282

Niedersächsisches Ministerium für Soziales, Frauen, Familie und Gesundheit (Hg.) 2005: Gender Mainstreaming in Niedersachsen, Grundlagen und Beispiele. Hannover

Niewerth, C./Wannöffel, M. 2008: Konfliktfelder bei der betrieblichen Umsetzung von ERA. Hg. von der Gemeinsamen Arbeitsstelle Ruhr-Universität Bochum/IG Metall. Bochum

Oaxaca, R. 1973: Male-Female Wage Differentials in Urban Labor Markets. In: International Economic Review, Jg. 14/Heft 3, S. 693-709

Organisation für wirtschaftliche Zusammenarbeit und Entwicklung (OECD) 2008: OECD Employment Outlook 2008, Zusammenfassung. Paris

Pfarr, H. (Hg.) 2001: Ein Gesetz zur Gleichstellung der Geschlechter in der Privatwirtschaft. Düsseldorf

Pfarr, H. 2004: Entgeltgleichheit in kollektiven Entgeltsystemen – Aufgabe für die Tarifparteien, die Rechtsprechung, aber auch die Gesetzgebung. In: Oetker H./Preis, U./Rieble, V. (Hg.): 50 Jahre Bundesarbeitsgericht. München, S. 779-794

Raasch, S. 2009: Stellungnahme des Deutschen Jurstinnenbundes e.V. zur „Entgeltgleichheit zwischen Frauen und Männern“ vor dem Ausschuss für Familie, Senioren, Frauen und Jugend, Ausschussdrucksache 16(13)419c. Berlin

Rohmert, W./Rutenfranz, J. 1975: Arbeitswissenschaftliche Beurteilung der Belastung und Beanspruchung an unterschiedlichen industriellen Arbeitsplätzen. Hg. vom Bundesministerium für Arbeit und Sozialordnung. Bonn

Rosén, A. (1997): An equilibrium search-matching model of discrimination. In: European Economic Review, Jg. 41/Nr. 8, S. 1589-1613

Rosén, A. (2003): Search, Bargaining, and Employer Discrimination. In: Journal of Labor Economics, Vol. 21/No. 4, S. 807-829

Silvera, R. 2001: Löhne und Gehälter in Europa: ungleiche Arbeit, ungleicher Lohn? In: Krais, B./Maruani, M. (Hg.) Frauenarbeit – Männerarbeit. Frankfurt/M., New York, S. 182-198

Sinus Sociovision 2008: Entgeltungleichheit zwischen Frauen und Männern. Einstellungen, Erfahrungen und Forderungen der Bevölkerung zum „gender pay gap“. Im Auftrag des Bundesministeriums für Familie, Senioren, Frauen, Jugend. Berlin

Sozialforschungsstelle Dortmund (SFS) 2003: „Erfolgsvoraussetzungen für die Umsetzung des Grundsatzes der Entgeltgleichheit am Beispiel des Einzelhandels“. Dokumentation der Abschlusstagung eines EU-Projektes am 15. Mai 2003 Berlin. In: SFS-Beiträge aus der Forschung. Dortmund

Stefaniak, A./Tondorf, K./Kühnlein, G./Webster, J./Ranftl, E. 2002: „Alles, was Recht ist“. Entgeltgleichheit durch diskriminierungsfreiere Arbeitsbewertung in Deutschland, Großbritannien und Österreich. München, Mering

Steinau-Steinrück, R. von 2007: Die Auswirkungen des Allgemeinen Gleichbehandlungsgesetzes auf das Arbeitsrecht. In: Riesenhuber, Karl (Hg.): Das allgemeine Gleichbehandlungsgesetz – Grundsatz- und Praxisfragen. Berlin, S. 79-94

Tondorf, K. 2007: Fair P(l)ay – Entgeltgleichheit für Frauen und Männer (hrsg. vom Bundesministerium für Familie und Senioren, Frauen und Jugend). Berlin

Tondorf, K. 2008: Neue Entgeltordnung und Leistungsentgelt. In: Bispinck, R. (Hg.): Verteilungskämpfe und Modernisierung. Aktuelle Entwicklungen in der Tarifpolitik. Hamburg, S. 123-135

Tondorf, K./Jochmann-Döll, A. 2005: (Geschlechter-)Gerechte Leistungsvergütung? Vom (Durch-)Bruch des Leistungsprinzips in der Bezahlung. Hamburg

Tondorf, K./Ranftl, E. 2002: Leitfaden zur Anwendung des Grundsatzes der Entgeltgleichheit für Männer und Frauen bei gleichwertiger Arbeit. Equal Pay. Hg. vom Bundesministerium für Familie, Senioren, Frauen und Jugend. Berlin

Vereinte Dienstleistungsgewerkschaft (ver.di) 2007: Gleiche Arbeit – anderer Tarif. In: verd.i-Publik Ausgabe 8/09. Berlin, S. 10, http://publik.verdi.de/2007/ausgabe_08/gesellschaft/politik/seite_10, 17.4.2009

Winter, R. (unter Mitarbeit von Krell, G.) 1998a: Aufwertung von Frauentätigkeiten. Ein Gutachten im Auftrag der Gewerkschaft ÖTV. Stuttgart

Winter, R. 1998b: Gleiches Entgelt für gleichwertige Arbeit. Ein Prinzip ohne Praxis. Baden-Baden

Winter, R. 2006: Die Regelung der Arbeits- und Wirtschaftsbedingungen durch Tarifnormen – Typischer Inhalt von Tarifvertragsnormen. In: Däubler, W. (Hg.): Tarifvertragsgesetz (2. Auflage). Baden-Baden, S. 448-535

Wirtschafts- und Sozialwissenschaftliches Institut in der Hans-Böckler Stiftung (WSI)/Internationales Institut für empirische Sozialforschung (INIFES)/Forschungsgruppe Tondorf 2001: Bericht zur Berufs- und Einkommenssituation von Frauen und Männern. Düsseldorf

Ziegler, A. 2005: Erwerbseinkommen. In: Bothfeld, S./Klammer, U./Klenner, Ch./Leiber, S./Thiel, A./Ziegler, A. 2005: WSI-FrauenDatenReport 2005. Handbuch zur wirtschaftlichen und sozialen Situation von Frauen. Berlin 2005, S. 241-306

Ziegler A. 2008: Frauen verdienen mehr! Ausmaß und Ursachen geschlechtsspezifischer Einkommensunterschiede. In: Schwitzer, H./Wilke, C./Kopel, M. (Hg.): Aktiv kompetent mittendrin. Frauenbilder in der Welt der Arbeit. Hamburg, S. 121-136

Anhang

Abb. 5.6: Durchschnittliche Bruttomonatseinkommen von sozialversicherungspflichtigen Vollzeitbeschäftigten nach Branchen in Ost- und Westdeutschland, in Euro 2006

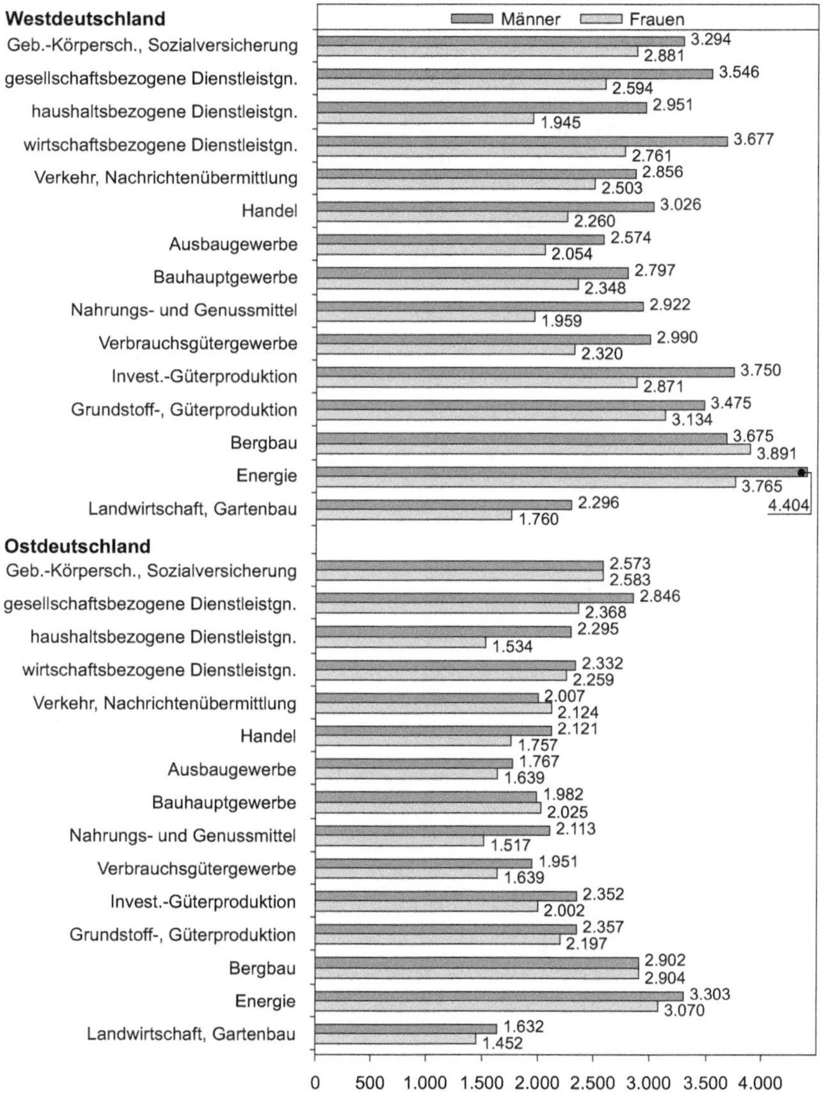

Quelle: LIAB 2006 – IAB; eigene Berechnung

Tab. 5.11: Kodierung der Kreistypen nach der BBR-Klassifikation

Kreistyp	
1	Kernstädte in Regionen mit großen Verdichtungsräumen
2	Hochverdichtete Kreise in Regionen mit großen Verdichtungsräumen
3	Verdichtete Kreise in Regionen mit großen Verdichtungsräumen
4	Ländliche Kreise in Regionen mit großen Verdichtungsräumen
5	Kernstädte in Regionen mit Verdichtungsansätzen
6	Verdichtete Kreise in Regionen mit Verdichtungsansätzen
7	Ländliche Kreise in Regionen mit Verdichtungsansätzen
8	Verdichtete Kreise in ländlich geprägten Regionen
9	Ländliche Kreise in ländlich geprägten Regionen

Quelle: BRR 2009

6. Qualität der betrieblichen Arbeit

Tatjana Fuchs

Kapitel 6 **Das Wichtigste in Kürze**

- Arbeit in der privaten Wirtschaft wird von Frauen wie Männern häufiger als im öffentlichen Dienst als belastend und entwicklungsarm erlebt.
- Innerhalb der privaten Wirtschaft erhöht die Mitbestimmung durch einen Betriebsrat die Wahrscheinlichkeit von besseren Arbeits- und Einkommensbedingungen – bei Frauen und Männern.
- Ein wichtiger Grund hierfür ist, dass in Betrieben mit Betriebsrat erheblich häufiger eine ganzheitliche Gefährdungsbeurteilung, unter Berücksichtigung von psychischen Belastungen, durchgeführt wird. Anders gesagt, Betriebsräte setzen die Verbesserung der Arbeitsbedingungen auf die Tagesordnung, jedoch nutzen noch längst nicht alle Betriebsräte ihre weitreichenden Mitbestimmungsrechte, um eine umfassende Verbesserung der Arbeitsbedingungen – im Sinne menschengerechter Arbeitsgestaltung – durchzusetzen. Im Hinblick auf die Umsetzung des Arbeitsschutzgesetzes besteht noch immer hoher Handlungsbedarf.
- Der gesetzliche Auftrag und die flankierenden Normen und Regelwerke sind sehr weitreichend formuliert und bieten zahlreiche Ansatzpunkte, Arbeit im Sinne der Beschäftigten menschengerecht zu gestalten. Auch der mittlerweile sehr elaborierte und – teilweise – geschlechterkompetente Forschungsstand bildet eine gute Basis für die betriebliche Umsetzung.
- Es existiert ein deutlicher Zusammenhang von Arbeitsqualität und Wohlbefinden: Beschäftigte, die von umfassend gut gestalteten Arbeits- und Einkommensbedingungen berichten, empfinden erheblich häufiger eine gelungene Balance zwischen beruflichem und privatem Leben und sie können sich auch häufiger vorstellen, gesund das Rentenalter zu erreichen.
- Jedoch zeigen die empirischen Ergebnisse, dass noch sehr wenige Arbeitsplatzbeschreibungen der befragten Beschäftigten den Grundsätzen menschengerechter Arbeitsgestaltung entsprechen. Je nach Konzept berichten zwischen drei und 13% der Befragten von umfassend gut gestalteten Arbeits- und Einkommensbedingungen.
- Im Gegensatz zu vielen anderen Feldern zeigt sich auf der Basis der vorliegenden Daten nur ein sehr geringer Einfluss der Geschlechtszugehörigkeit auf die wahrgenommene Qualität der Arbeit. Hingegen wird die Notwendigkeit deutlich, bei der Beurteilung der Arbeitsqualität das Arbeitsvolumen zu berücksichtigen: Die Frage, ob ein Mensch voll- oder teilzeitbeschäftigt ist, beeinflusst die Wahrnehmung der Arbeitsbedingungen allen Anschein nach mehr als das Geschlecht.

➲ Vollzeitbeschäftigte Frauen empfinden viele Facetten ihrer Arbeit mindestens so belastend wie vollzeitbeschäftigte Männer – im Vergleich dazu kommt Teilzeitbeschäftigten die geringere Beanspruchungsdauer durch kürzere Arbeitszeiten zugute. Dass dies nur durch Verzicht auf Einkommen und vielfach auch auf Aufstieg erreicht werden kann, ist unumstritten. Trotz dieser Einschränkungen: Im Durchschnitt beurteilen Teilzeitbeschäftigte die Qualität ihrer Arbeitsbedingungen als besser.

6.1 Einleitung

Die Qualität der betrieblichen Arbeit, d.h. der Arbeits- und Einkommensbedingungen in ihrer Gesamtheit, bestimmt maßgeblich die Lebensqualität von erwerbstätigen Frauen und Männern: durch die Arbeitsbedingungen wird deren Gesundheit beeinflusst – und dies weit über das aktive Arbeitsleben hinaus –, ihre persönliche Entwicklung und ihr Familien- und außerberufliches Leben. Das heißt, „der lange Arm der [betrieblichen] Arbeit“[1] (Meissner 1971) greift nicht nur in die Lebensverhältnisse der unmittelbar Beschäftigten ein, sondern er berührt auch deren Lebensqualität nach der Beschäftigungszeit, also die von RentnerInnen, sowie die Lebensqualität ihrer Angehörigen, vor allem von Kindern und PartnerInnen. Grund genug, sich der Qualität der betrieblichen Arbeits- und Einkommensbedingungen und ihrer Wirkung auf die arbeitenden Männer und Frauen zu widmen.[2]

Im Zentrum des folgenden Abschnitts stehen zunächst jene Modelle, Erklärungsansätze und Richtgrößen, an denen sich die wissenschaftliche und arbeitspolitische Debatte um Qualität der Arbeit orientieren kann. Gleichzeitig beleuchtet Abschnitt 6.2, in welcher Weise der vorliegende Forschungsstand die geschlechtsspezifische Strukturierung am Arbeitsmarkt und die damit verbundene Konfrontation mit unterschiedlichen Arbeitsbedingungen reflektiert. Abschnitt 6.3 hat zum Ziel, anhand repräsentativer Befragungsdaten den Entwicklungsverlauf bzw. die Entwicklungslinien einzelner Facetten der Arbeitsbedingungen aus Sicht von Männern und Frauen seit den 1970er Jahren darzustellen. Im Zentrum von Abschnitt 6.4 steht die Qualität der aktuellen betrieblichen Arbeit. Auf Grund einer verbesserten Datenbasis lässt sich heute ein sehr viel komplexeres Bild der Arbeitsrealität aus Sicht von Beschäftigten zeichnen. Hier werden – auf repräsentativer empirischer Basis – Zusammenhänge zwischen der

---

1 „The long arm of the job“– so lautet der berühmte Titel einer Studie aus der früheren Forschung zu Arbeit und Freizeit vor fast 40 Jahren. Darin ging es um die Zeitbudgets und Tätigkeitsinhalte von männlichen Arbeitern aus der holzverarbeitenden Industrie in Kanada. Mit dem Titel war Folgendes gemeint: Trotz der klaren Abgrenzung und Verschiedenartigkeit der Lebensbereiche blieb die betriebliche Arbeit nicht hinter dem Fabriktor zurück, sondern prägte auch das Denken, Fühlen und Handeln in der berufsfreien Zeit. Je restriktiver und anspruchsloser die betrieblichen Arbeitstätigkeiten auf Dauer waren, desto passiver, intellektuell und emotional ärmer waren auch die Freizeittätigkeiten.

2 In einigen anderen Kapiteln werden selbstverständlich auch bedeutende Facetten der Arbeitsqualität, zum Beispiel die Arbeitszeitgestaltung oder die Einkommensverteilung, thematisiert. Im Unterschied dazu steht in diesem Kapitel das Zusammenspiel dieser einzelnen Facetten, im Sinne der Gesamtheit der Arbeits- und Einkommensbedingungen und ihrer Wirkung auf die arbeitenden Menschen, im Vordergrund.

Qualität der Arbeits- und Einkommensbedingungen und der Gesundheit sowie dem Arbeitserleben aufgezeigt und Stellschrauben für menschengerechte betriebliche Arbeit identifiziert.

6.2 Qualität der betrieblichen Arbeit: Forschungsgegenstand, Modelle und Konzepte

6.2.1 Eingrenzung des Gegenstandes

In einer umfassenden Betrachtung müsste ein Berichtskonzept zum Thema „Qualität der betrieblichen Arbeit“ einerseits die Gesamtheit der Arbeitsbedingungen in den Blick nehmen und andererseits die Qualität der Arbeitsergebnisse, d.h. der Arbeitsprodukte und Dienstleistungen. Das würde jedoch den Rahmen dieses Kapitels sprengen. Daher wird auf die Betrachtung der Arbeitsprodukte und Dienstleistungen verzichtet.

Mit der Qualität der betrieblichen Arbeitsbedingungen ist die Bewertung der Gesamtheit aller auf den arbeitenden Menschen einwirkenden Arbeitsbedingungen gemeint – von der ergonomischen Gestaltung des Arbeitsplatzes und der

Abb. 6.1: Überblick – Qualität der betrieblichen Arbeit

Eigene Darstellung

Arbeitsmittel über die Vielseitigkeit und Vollständigkeit der Arbeitsaufgaben, die Gestaltung des Arbeitsablaufs, der Arbeits- und Arbeitszeitorganisation, der Qualifizierungs- und Entwicklungsmöglichkeiten bis hin zur Arbeitsplatzsicherheit und den Formen der Anerkennung für die geleistete Arbeit, z.B. durch eine wertschätzende Führungskultur und ein angemessenes Einkommen. Das heißt, die Qualität der betrieblichen Arbeitsbedingungen ist für sich genommen bereits ein sehr komplexes Feld, das in diesem Kapitel aus der Perspektive der befragten Beschäftigten, d.h. über die Beschreibung und Einschätzung ihrer Bedingungen behandelt wird.

In der sich mit diesem Gebiet befassenden Arbeitswissenschaft geht es konkret um die Auswirkungen der (beruflichen) Arbeit auf den arbeitenden Menschen, beispielsweise um Zusammenhänge von Arbeit und Persönlichkeit, Arbeit und Gesundheit, Arbeit und Freizeit usw. Lange Zeit wurde in dieser Forschungsrichtung Arbeit ausschließlich mit beruflicher Arbeit gleichgesetzt, was jedoch durch die Arbeiten von Resch (1999) verändert wurde. Zudem wird von verschiedenen ForscherInnen das Verhältnis von beruflicher, außerberuflicher Arbeit und Freizeit bzw. Familienleben verstärkt in den Blick genommen (z.B. Resch 1998, 2003; Klenner/Schmidt 2007; Kalveram et al. 2003). Die berufliche Arbeit wird häufig nicht mehr mit „männlicher Industriearbeit“ und den dort auftretenden Belastungen wie schweres Heben und Tragen, Arbeiten mit Gefahrstoffen und unter Lärm etc. gleichgesetzt. Der analytische Blick verschiebt sich also zunehmend auch auf die Berufsfelder und Arbeitsplätze, die von Frauen besetzt sind, und damit auf die dort relevanten Probleme wie körperlich einseitige Arbeit, emotionale Belastungen, der Umgang mit unklaren oder widersprüchlichen Anforderungen in der Arbeit etc. Zahlreiche wichtige Erkenntnisse über Gesundheitsbelastungen fußen auf der Abkehr von dem männlich geprägten Verständnis von beruflicher Arbeit. Der Blick über den Tellerrand männlicher Industriearbeit auf die Arbeitsbedingungen und die Arbeitsanforderungen in frauendominierten Berufen hat viele neue Erkenntnisse zu Tage gefördert, die allen Beschäftigten zu Gute kommen können. Der nächste Abschnitt (6.2.2) gibt deshalb einen Überblick über die zentralen arbeitswissenschaftlichen Modelle, Analyse- und Bewertungsverfahren, die den Arbeitsbedingungen und Arbeitsanforderungen von Frauen wie von Männern gerecht werden. Dieser Forschungsstand wurde auch in jüngeren sozialwissenschaftlichen Studien (z.B. Fuchs 2006; DGB 2007) genutzt, die auf der Basis von repräsentativen Erhebungen die Beschäftigten nach deren Anforderungen an „gute Arbeit“ fragen. Im Kern wurden die arbeitswissenschaftlichen Erkenntnisse zur Gestaltung menschengerechter Arbeit durch die Brille der erwerbstätigen Männer und Frauen betrachtet. Inwieweit sich die Vorstellungen der Beschäftigten von „guter Arbeit“ mit den wissenschaftlichen Anforderungen an „menschengerechte Arbeit“ decken, behandelt Abschnitt 6.2.3.

6.2.2 Arbeitswissenschaftliche Erkenntnisse zur menschengerechten Arbeitsgestaltung

Der nachfolgende Überblick über den Forschungsstand ist von unmittelbarer betrieblicher Relevanz. Die Erkenntnisse sind teilweise in Gesetze, Regelwerke, Verordnungen und auch in die Normungen des Arbeits- und Gesundheitsschutzes eingeflossen. Durch § 75 Absatz 2 Betriebsverfassungsgesetz (BetrVG), insbesondere jedoch durch das seit 1996 reformierte Arbeitsschutzgesetz (ArbSchG) und dessen Hinweis auf „die Berücksichtigung von gesicherten arbeitswissenschaftichen Erkenntnissen", werden sie auf der betrieblichen Ebene handlungsrelevant: So werden Arbeitgeber zum einen zur Durchführung von Maßnahmen zur *Unfallverhütung* und zur *Verhütung von arbeitsbedingten Gesundheitsgefahren* verpflichtet (§ 2). Zum anderen verpflichtet das Gesetz den Arbeitgeber *„Maßnahmen der menschengerechten Gestaltung der Arbeit"* zu ergreifen (ebd.). Insbesondere Letzteres ist eine sehr weitreichende Verpflichtung, die an vielen Stellen Berührungspunkte zum Thema dieses Kapitels aufweist. Die übergeordnete Zielrichtung des Arbeitsschutzgesetzes verpflichtet die Unternehmen dazu, eine Verbesserung von Sicherheit und Gesundheitsschutz der Beschäftigten anzustreben (§§ 1, 3). Die Umsetzung und Ausgestaltung dieses gesetzlichen Auftrags unterliegt einer umfassenden Mitbestimmung, die jedoch erst durch eine arbeitswissenschaftliche „Basiskompetenz" entfaltet werden kann. Entscheidend ist dabei, die durch die geschlechtsspezifische Segregation unterschiedlichen Arbeitsrealitäten von Männern und Frauen sensibel und angemessen zu berücksichtigen.

Das Ziel: Gesunde und persönlichkeitsfördernde Arbeitsbedingungen

Gemäß einer Kerndefinition (Luczak et al. 1987) beschäftigt sich die Arbeitswissenschaft mit der Analyse und Gestaltung der technischen, organisatorischen und sozialen Bedingungen von Arbeitsprozessen mit dem Ziel,

> „dass die arbeitenden Menschen in produktiven und effizienten Arbeitsprozessen
> – schädigungslose, ausführbare, erträgliche und beeinträchtigungsfreie Arbeitsbedingungen vorfinden,
> – Standards sozialer Angemessenheit nach Arbeitsinhalt, Arbeitsaufgabe, Arbeitsumgebung sowie Entlohnung und Kooperation erfüllt sehen,
> – Handlungsspielräume entfalten, Fähigkeiten erwerben und in Kooperation mit anderen ihre Persönlichkeit erhalten und entwickeln können." (Zitiert nach: Luczak 1998, S. 7)

Im Zentrum der arbeitswissenschaftlichen Analysen, der Bewertung und Gestaltung von Arbeitsplätzen bzw. Arbeitsaufgaben steht also die Vorstellung einer ganzheitlichen und humanen Arbeit, die menschliche Stärken fördert, die im umfassenden Sinn die Gesundheit der arbeitenden Menschen – und damit zugleich auch deren Arbeitsfähigkeit – erhält.

Seit den 1970er Jahren werden in der arbeitswissenschaftlichen Forschung Modelle entwickelt, die Kriterien *menschengerechter Arbeit* definieren, und die – wie erwähnt – als Aufgabe der Arbeitgeber Eingang ins Arbeitsschutzgesetz gefunden haben. Ein neueres und allgemein akzeptiertes Modell stammt von Ulich (2001), der die vier Eckpfeiler physische und psychische *Schädigungslosigkeit, Beeinträchtigungsfreiheit, Persönlichkeitsförderlichkeit* und *Zumutbarkeit* unterscheidet. Das erste Kriterium, Schädigungslosigkeit, fragt danach, ob die Arbeit zu körperlichen oder psychischen Schädigungen führt. Schädigungen sind langfristig spürbar. Sie können im Rahmen einer normalen Regenerationszeit in der Regel nicht rückgängig gemacht werden. Beispiele für Schädigungen sind Muskel-Skelett-Erkrankungen in Folge von einseitiger Arbeit oder Zwangshaltungen. Das zweite Kriterium fragt nach *Beeinträchtigungen* des psychosozialen Wohlbefindens, die sich zum Beispiel in Gefühlen wie Gereiztheit, Ängstlichkeit oder Erschöpfung ausdrücken. Solche Beeinträchtigungen können langfristig zu psychosomatischen Schädigungen führen. Die genannten beiden Kriterien entsprechen der Forderung, Arbeit so zu gestalten, dass sie – auch längerfristig – nicht krank macht. Das dritte Kriterium, die *Persönlichkeitsförderlichkeit* geht darüber hinaus und fragt nach Möglichkeiten und Chancen, die die Arbeitstätigkeit für die persönliche Entwicklung des arbeitenden Menschen bietet. Für die Gestaltung persönlichkeitsförderlicher Arbeit wurden sieben Humankriterien definiert, die diese Dimension konkretisieren (siehe unten).

Das vierte Kriterium, *Zumutbarkeit*, betrifft die Frage, ob eine Arbeit den Qualifikationen und dem Anforderungsniveau der arbeitenden Person entspricht. Die Bewertung erfolgt somit im Hinblick auf konkrete Gruppen oder Einzelpersonen, deren aktuelle Qualifikation und Bedürfnisse. Die genannten Bewertungskriterien führen zur folgenden Definition humaner Arbeitstätigkeiten:

> „Als human werden Arbeitstätigkeiten bezeichnet, die die psychophysische Gesundheit der Arbeitstätigen nicht schädigen, ihr psychosoziales Wohlbefinden nicht – oder allenfalls vorübergehend – beeinträchtigen, ihren Bedürfnissen und Qualifikationen entsprechen, individuelle und/oder kollektive Einflussnahme auf Arbeitsbedingungen und Arbeitssysteme ermöglichen und zur Entwicklung ihrer Persönlichkeit im Sinne der Entfaltung ihrer Potentiale und Förderung ihrer Kompetenzen beizutragen vermögen.“ (Ulich 2001)

Wie eingangs erwähnt ist „menschengerechte Arbeitsgestaltung“ seit 1996 durch das Arbeitsschutzgesetz und die darin verankerte Forderung nach der „Berücksichtigung von gesicherten arbeitswissenschaftlichen Erkenntnissen“ eine betriebliche Aufgabe – genauer gesagt, eine Aufgabe der Arbeitgeber. Zahlreiche Richtlinien und Verordnungen regeln beispielsweise die Berücksichtigung von

Grenzwerten, um Schädigungen und Beeinträchtigungen durch körperliche Arbeitsanforderungen und Umgebungsbedingungen zu vermeiden. In der allgemein gültigen Norm DIN EN ISO 10075-2 (Ergonomische Grundlagen bezüglich *psychischer* Arbeitsbelastung) werden Gestaltungsleitsätze formuliert mit dem Ziel, übermäßige psychische Belastungen im Arbeitsalltag zu vermeiden. Dabei geht es insbesondere um die Vermeidung von psychischer Ermüdung, negativem Stress, Monotonie, herabgesetzter Wachsamkeit und psychischer Sättigung. Am weitestreichenden ist die DIN EN ISO 9241-2 aus dem Jahr 1992, die in Leit- und Gestaltungssätzen die ergonomischen Anforderungen für *Bürotätigkeiten mit Bildschirmgeräten* regelt. In dieser Norm sind Leitsätze definiert, die sich zu sieben Humankriterien zusammenfassen lassen und im Wesentlichen die oben genannten Kriterien „Persönlichkeitsförderlichkeit" und „Zumutbarkeit" konkretisieren. Danach sind Arbeitsaufgaben dann gut gestaltet, wenn:

1. die Erfahrungen und Fähigkeiten der Beschäftigten berücksichtigt werden *(Benutzerorientierung)*,
2. sie die Entfaltung unterschiedlicher Fertigkeiten und Fähigkeiten gestatten *(Vielseitigkeit)*,
3. sie Arbeitsschritte von der Planung bis zur Kontrolle ermöglichen *(Ganzheitlichkeit)*,
4. der Arbeitende seinen Beitrag am Gesamten erkennt *(Bedeutsamkeit)*,
5. angemessener Handlungsspielraum besteht *(Handlungsspielraum)*,
6. ausreichende Rückmeldung erfolgt *(Rückmeldung)*,
7. vorhandene Fertigkeiten genutzt und neue entwickelt werden können *(Entwicklungsmöglichkeiten)*.

Das Kriterium *„Benutzerorientierung"* bedeutet, dass die Gestaltung der Arbeitsaufgabe die Erfahrungen und Fähigkeiten der BenutzerInnengruppe berücksichtigen soll, oder anders ausgedrückt: Arbeitsgestaltung bedeutet, „nicht alle über einen Kamm zu scheren". Darin drückt sich z.B. die Erkenntnis aus, dass es nicht „den" Computernutzer bzw. „die" Computernutzerin gibt, sondern die Art und Weise des Herangehens vom jeweiligen Beschäftigten und seinen Kenntnissen und Erfahrungen abhängig ist. Aus weitergehenden Gestaltungshinweisen zur Benutzerorientierung ist zu entnehmen, dass die Arbeitsaufgaben so zu gestalten sind, dass weder Überforderung noch Unterforderung zu beeinträchtigenden psychischen Belastungen führen. Durch Qualifizierung lässt sich eine stärkere Übereinstimmung zwischen der Person und den Anforderungen der jeweiligen Tätigkeit herstellen.[3] Die Gestaltung von *vielseitigen* Arbeitsaufgaben

3 Diese und folgende Ausführungen zu den Humankriterien persönlichkeitsfördernder Arbeitsgestaltung und Gestaltungsbeispiele zitiert nach Regine Rundnagel, Wittig-Goetz (www.ergo-online.de, Stichwort DIN EN ISO 9241, DIN EN ISO 10075, menschengerechte Arbeitsgestaltung).

bedeutet, dass eine angemessene Vielfalt von Kenntnissen, Fertigkeiten und Fähigkeiten angewandt wird. Dies setzt voraus, dass täglich oder mindestens mehrmals wöchentlich Arbeiten mit unterschiedlichen körperlichen und geistigen Anforderungen abwechseln, beispielsweise Routinetätigkeiten und anspruchsvolle hochkonzentrierte Denkaufgaben, Tätigkeiten mit Bildschirmnutzung und handschriftliche Arbeiten, Lesen, Nachschlagen, Konzepte erstellen, Sortieren etc., sitzende und stehende Körperhaltung sowie Bewegung. Bei fehlender Aufgabenvielfalt, d.h. bei ständig gleichartigen Aufgaben, treten Monotonieeffekte auf. Auch die geistige Beweglichkeit leidet darunter. Außerdem gehen solche Tätigkeiten meist mit einseitiger Belastung des Bewegungsapparates und der Sinnesorgane einher und begünstigen körperliche Beschwerden. Der Aspekt *„Ganzheitlichkeit"* verlangt eine Arbeitsgestaltung, die sicherstellt, dass die Beschäftigten bei Verrichtung ihrer Arbeitsaufgabe den Anteil ihrer Tätigkeit am Gesamtprodukt erkennen können. Darüber hinaus sollte das Tätigkeitsspektrum so gestaltet sein, dass es planende, vorbereitende, ausführende und kontrollierende Elemente umfasst. Dazu gehört auch die Abstimmung mit ArbeitskollegInnen, die Kontrolle des Arbeitsergebnisses und Eigenverantwortlichkeit für getroffene Entscheidungen. Ganzheitliche oder vollständige Aufgaben ermöglichen eine selbständige Planung und Zielgestaltung. Sie können in die übergeordneten Zusammenhänge eingeordnet werden. Wenn Arbeitstätigkeiten nicht ganzheitlich, sondern stark arbeitsteilig sind, dann verkümmern Kenntnisse und Fähigkeiten. Damit verringern sie die individuelle Leistungsfähigkeit. Das Wohlbefinden ist gestört und psychische sowie körperliche Beschwerden können auftreten. *„Bedeutsamkeit"* fordert von der Arbeitsgestaltung, dass die zu erledigenden Aufgaben einen Beitrag zur Gesamtfunktion des Systems leisten, der den Beschäftigten auch verständlich ist. Dies verlangt eine eindeutige Aufgabenstellung, die genaue Informationen über die Anforderungen (wie Qualität und Menge der Arbeitsergebnisse) sowie die einzuhaltenden Termine enthält. Die Informationen dürfen sich dabei nicht widersprechen. Die Arbeitsgestaltung sollte für den/die BenutzerIn einen angemessenen *Handlungsspielraum* hinsichtlich Reihenfolge, Arbeitstempo und Vorgehensweise vorsehen. Über Handlungsspielraum zu verfügen bedeutet, selbst über die Arbeitsweise und die zeitliche Organisation der Arbeit entscheiden zu können. Es beinhaltet ferner die Möglichkeit, eine Situation entsprechend den eigenen Vorstellungen zu beeinflussen, d.h. beispielsweise das Arbeitstempo je nach Tagesform zu variieren, Tätigkeiten, die eine hohe Konzentration erfordern, in störungsfreien Zeiten zu erledigen u.v.m. Das hilft, Stress zu vermeiden. Schon das Wissen um vorhandene Handlungsspielräume macht gelassener. Dagegen wirken einengende Vorschriften oder eine starke Abhängigkeit vom technischen System als Stressoren: Ein eingeschränkter Handlungsspielraum stört das Wohlbefinden, schränkt die geistige Beweglichkeit ein, reduziert die Persönlichkeit und fördert passives

Verhalten – auch in der Freizeit und im politischen Bereich. Die Gestaltung der Arbeitsaufgabe sollte ausreichenden Raum für *Rückmeldungen* über die Aufgabenerfüllung vorsehen, die insbesondere durch KollegInnen und Vorgesetzte erfolgen. Rückmeldungen über die Qualität der Arbeit können ein wichtiger Ausdruck sozialer Unterstützung sein. Wo sie funktionieren, stellen sie einen bedeutenden „Puffer" gegen Stress dar. Sie sind am wirksamsten, wenn sie rechtzeitig gegeben werden. Rückmeldungen durch andere setzen eine Arbeit voraus, die Kooperation und Kommunikation erfordert. Das lässt sich durch die Aufgabengestaltung realisieren. Die Möglichkeit zur sozialen Interaktion bewirkt, dass Probleme gemeinsam bewältigt und Belastungen deshalb besser ertragen werden. Darüber hinaus sollte die Gestaltung der Arbeitsaufgabe Gelegenheit zur Weiterentwicklung bestehender und die Aneignung neuer Fertigkeiten im Rahmen der Aufgabenstellung vorsehen *(Entwicklungsmöglichkeiten)*. Dieser Gedanke hat ebenso in die DIN EN ISO 9241 Einzug gehalten wie auch in das Betriebsverfassungsgesetz (§ 75 Absatz 2 BetrVG). Arbeit formt die Persönlichkeit, ob negativ oder positiv. Deshalb ist es wichtig, die betriebliche Arbeit so zu gestalten, dass die arbeitenden Menschen dazulernen können. Eine persönlichkeitsfördernde Arbeit muss stets neue Herausforderungen bieten. Dabei sollten die Beschäftigten ihre vorhandenen Qualifikationen umfassend nutzen und weiterentwickeln, aber auch neue Kenntnisse aneignen können: beispielsweise beim Einsatz neuer Technik und neuer Arbeitsverfahren, bei neuen Kundenkontakten usw. Als negativ gilt eine Tätigkeit, bei der die Beschäftigten ständig über oder unter ihren Leistungsmöglichkeiten arbeiten, die kein Weiterlernen ermöglicht oder sogar zum Verlernen von Qualifikationen führt.

Zusammengefasst bedeutet menschengerechte Arbeitsgestaltung, dass die Arbeitsbedingungen und die Arbeitsaufgaben so gestaltet sind, dass sie

- die Durchführung der Arbeitsaufgabe erleichtern,
- die Gesundheit und Sicherheit der Beschäftigten schützen,
- das individuelle Wohlbefinden fördern und
- die individuellen Fertigkeiten und Fähigkeiten im Rahmen der Aufgabenstellungen weiterentwickeln.

Dabei sind insbesondere zu vermeiden:

- Über- oder Unterforderung,
- unangemessene Wiederholung immer gleicher Arbeitsvorgänge,
- unangemessener Zeitdruck, sowie
- isoliertes Arbeiten ohne Gelegenheit zu sozialen Kontakten.

Diese arbeitswissenschaftlichen Modelle haben Einzug ins Arbeitsschutzgesetz, in verschiedene Vorschriften und Richtlinien und in verbindliche Normen gehalten. Im Geltungsbereich der hinsichtlich oben genannten Aspekte am weitesten entwickelten Norm zur *ergonomischen Gestaltung von Bürotätigkeiten* mit Bildschirmgeräten (DIN EN ISO 9241-2) liegen insbesondere die Schreibkräfte mit einem Frauenanteil von über 70% (vgl. Kapitel 2) und einige geschlechtlich gemischte Berufe wie beispielsweise Bürofachkräfte, Bank- und Versicherungskaufleute und teilweise die Handelskaufleute. In diesen Berufen liegt der Frauenanteil zwischen 31 und 69% (ebd.). Im Gegensatz dazu wird die *Gestaltung der Arbeitstätigkeit im personennahen Dienstleistungsbereich,* insbesondere in pflegenden und erziehenden Berufen, *nicht* durch eine spezifische Norm näher bestimmt. Angesichts der wachsenden quantitativen Bedeutung dieser Tätigkeitsberufe und ihrer besonderen Anforderung, Arbeit am oder mit dem Menschen zu leisten, wäre dies jedoch nötig. Dennoch soll dieses Normungs-Defizit nicht darüber hinweg täuschen, dass derzeit die unzureichende betriebliche Anwendung der bestehenden gesetzlichen Grundlagen das weitaus größte Problem darstellt (dazu mehr in Abschnitt 6.4).

Was verhindert menschengerechte Arbeit? Arbeitswissenschaftliche Erkenntnisse zu gesundheitsgefährdenden Arbeitsbedingungen

Es gehört zu den grundlegenden Annahmen der Arbeitswissenschaft, dass Arbeit eine der zentralen menschlichen Lebenstätigkeiten ist.[4] Entsprechend wurden in zahlreichen arbeitswissenschaftlichen Studien mögliche positive und negative Wirkungen der Arbeitstätigkeit auf den arbeitenden Menschen untersucht.[5] In den letzten Jahrzehnten wurden etliche Konzepte entwickelt, die den Zusammenhang von betrieblichen Arbeitsbedingungen und gesundheitlichen Folgen thematisieren. Zu nennen sind hier das Belastungs-Beanspruchungs-Konzept (grundlegend: Rohmert/Rutenfranz 1975; Kirchner 1986), das Demand-Control-Modell (Karesek/Theorell 1990) sowie transaktionale Stressmodelle (Lazarus/ Folkman 1984; Cox/Cox 1996; Semmer/Mohr 2001). Gemeinsam ist den verschiedenen Konzepten, dass sie sich mit dem Gefährdungspotential von Anforderungen beschäftigen, die aus Arbeitsinhalten und Arbeitsbedingungen resultieren. Im Mittelpunkt steht dabei vor allem die Frage, *welche Anforderungen bzw. Belastungen*[6] *einen negativen Effekt auf die Gesundheit der Beschäftigten*

4 Die zusammenfassende Darstellung des Forschungsstandes fußt auf einer Veröffentlichung der Autorin zur theoretischen Fundierung des DGB-Index (vgl. Fuchs, 2009).

5 Grundsätzlich ist davon auszugehen, dass auch private Arbeit, z.B. Haus- oder Familienarbeit, diese positiven und negativen Wirkungen auf den arbeitenden Menschen hat. Dies wurde systematisch von Marianne Resch (1999) untersucht, die ein komplexes Arbeitsanalyseverfahren (das AVAH-Verfahren) auf den Hausarbeitsbereich übertragen hat.

6 In der arbeitswissenschaftlichen Forschung werden die Begriffe *„Belastung"* und *„Anforderung"* größtenteils synonym benutzt. Das heißt, „Belastung" ist als eine neutral zu bewertende *„Einwirkung auf den arbeitenden Menschen"* zu begreifen. Diese Einwirkung, z.B. die Anforderung zu stehen, wird vom arbeitenden Menschen als Beanspru-

haben. Darüber hinaus geht es auch darum, Anforderungen bzw. Rahmenbedingungen zu ermitteln, die in Form einer Kompensation dieser gesundheitlich belastenden Arbeitsanforderungen wirksam werden können. Dabei hat es im Zeitverlauf bedeutende konzeptionelle Erweiterungen gegeben, indem sowohl soziale und emotionale Belastungen (z.B. Zapf/Frese 1991; Zapf et al. 1996; Siepe 1998), als auch Belastungen auf Grund von Mobilitäts- und Flexibilitätsanforderungen (z.B. Wieland/Krajewski 2002) in die bestehenden Modelle integriert wurden. Tabelle 6.1 fasst in Anlehnung an eine Systematisierung der Bundesanstalt für Arbeitsschutz und Arbeitsmedizin (BAuA) (1998), Cox und Cox (1996) und von Hacker und Richter (1998) mögliche Stressoren sowie jene Anforderungen und Belastungen zusammen, welche die Qualität von Stressoren annehmen können.

Im Folgenden werden einzelne Ergebnisse aus diesem Forschungskomplex vorgestellt, die sich durch die systematische Analyse von Frauen- wie Männerarbeitsplätzen sowie die Fokussierung auf die Schnittstellen von beruflicher und Familienarbeit auszeichnen. Das Belastungs-Beanspruchungs-Konzept wurde insbesondere zur Erforschung von körperlichen und Umgebungsbelastungen genutzt. Dabei lässt sich – vor allem bis in die 1980er Jahre – eine deutliche Konzentration des Forschungsfokus auf die Belastungskumulationen im Rahmen der Industriearbeit feststellen, was sich u.a. auch auf inhaltliche Verengungen bei der Anwendung des Modells zurückführen lässt: So wurden insbesondere Muskelbelastungen auf schwere dynamische Muskelarbeit reduziert, wie sie charakteristischer Weise mit bestimmten Arbeiten beim Herstellen, Verarbeiten und Verladen von schweren Stückgütern verbunden ist. Umgekehrt wurden körperliche Fehl- bzw. Überbeanspruchungen durch einseitige (aber nicht schwere) dynamische oder durch statistische Muskelarbeit häufig aus einer differenzierten Betrachtung ausgeklammert. Auf diese Weise wurden überwiegend von Männern ausgeübte Arbeit im Industriebereich als „hoch belastend“ eingestuft, während etwa die Arbeit von vielen Frauen sowohl im Industrie- als auch im Dienstleistungsbereich oft als „leichte Frauenarbeit“ eingestuft wurde. Erst die Untersuchungen über Belastungskumulationen von Einzelhandelsbeschäftigten, Krankenpflegepersonal etc. im Verlauf der 1980er Jahre konnten diese Fehlannahmen wieder etwas relativieren (vgl. zusammenfassend Oppolzer 1992).

---

chung erlebt. Dieses Erleben kann positiv sein (z.B. wenn langes Sitzen durch die Möglichkeit zu stehen unterbrochen wird) oder negativ (z.B. dauerndes Stehen, das belastend erlebt wird). In diesem Fall wird von einer *„Fehlbeanspruchung“* oder von einer *„Fehlbelastung“* gesprochen. Langanhaltende Fehlbeanspruchungen können sich in gesundheitlichen Beschwerden, d.h. in einer *Gefährdung* der Gesundheit, manifestieren. Der gesetzliche Auftrag aus dem Arbeitsschutzgesetz zielt auf eine permanente *Reduktion von Gefährdungen,* die sich aus der Arbeitsgestaltung ergeben.

Tab. 6.1: Potentielle Gefährdungen in der Arbeitswelt

Belastungen aus der materiellen Umgebung	– Lärm – Mechanische Schwingungen – Kälte, Hitze – Toxische Stoffe
Belastungen aus der räumlichen Arbeitsumgebung	– Isolation – Dichte, Physische Einengung (Pferchung)
Belastungen aus der Arbeitsaufgabe	– Zu hohe quantitative Anforderungen – Unvollständige, partialisierte Aufgaben – Zeit- und Termindruck – Informationsüberlastung – Unklare Aufgabenübertragung, widersprüchliche Anweisungen – Unerwartete Unterbrechungen, Störungen
Belastungen aus der Arbeitsrolle	– Verantwortung – Konkurrenzverhalten unter den Mitarbeitern – Fehlende Unterstützung und Hilfeleistung – Enttäuschung, fehlende Anerkennung – Konflikte mit Vorgesetzten und MitarbeiterInnen – Verantwortung für andere oder ständiger Kontakt mit anderen
Belastungen aus der sozialen Umgebung	– Betriebs-, Arbeitsklima – Wechsel der Umgebung, der Mitarbeiter, des Aufgabenfeldes – Strukturelle Veränderungen im Unternehmen – Mangelnder sozialer Rückhalt – Zwischenmenschliche Konflikte und (sexuelle) Gewalt – Informationsmangel
Belastungen aus dem Person-System	– Angst vor Aufgaben, Misserfolg, Kritik und Sanktionen – Ineffiziente Handlungsstile – Fehlende Eignung, mangelnde Berufserfahrung – Familiäre Konflikte
Belastungen durch die Schnittstelle Privatsphäre/Beruf	– Widersprüchliche Anforderungen von Arbeit und Privatsphäre – Geringe soziale und praktische Unterstützung durch die Familie – Probleme durch die Berufstätigkeit beider Partner

Quelle: Eigene Zusammenstellung nach (BAuA) (1998), Cox/Cox (1996) und von Hacker/Richter (1998)

Im Rahmen der Stressforschung[7] wird grundsätzlich betont, dass das Erleben von negativem Stress (Stress, der auf Grund geringer Bewältigungsmöglichkeiten als Bedrohung erlebt wird) einen Verlust an Wohlbefinden und Lebensqua-

7 Stress ist das negativ erlebte Resultat einer Diskrepanz zwischen Belastungen und individuell wahrgenommenen Bewältigungsmöglichkeiten und -fähigkeiten (Lazarus/Launier 1981). Die von außen kommenden Belastungen werden in den meisten Stresskonzepten als Stressoren bezeichnet, wohingegen mit Stress, Stressfolge bzw. Stressreaktion in der Regel die Reaktion der betroffenen Person auf den Stressor gemeint ist.

lität bedeutet. Vor allem mittel- bis langfristig muss zudem mit Beeinträchtigungen der körperlichen und psychischen Gesundheit gerechnet werden. Dabei zeigen die umfangreichen Längsschnitt- und Tagebuchstudien von Sonnentag (2001), dass sich die Folgen von Stress nicht nur auf die arbeitende Person beschränken lassen: Arbeitsbedingungen, die durch ein hohes und langanhaltendes Stresserleben gekennzeichnet sind, beeinflussen z.B. auch Partnerschaften und familiäre Beziehungen negativ. Udris und Frese (1999) haben kurz-, mittel- und langfristige Stressfolgen zusammengestellt und nach physiologischen, psychischen und verhaltensbezogenen Aspekten differenziert (vgl. Tab. 6.2).

In neueren Ansätzen der psychologischen Stressforschung (vgl. u.a. Cox/Cox 1996; Semmer/Mohr 2001) wird ein weiter Blickwinkel eingenommen, der auch über die Grenzen des Arbeitsplatzes reicht. Neben dem Einfluss von poten-

Tab. 6.2: Beispiele für Stressreaktionen

	Kurzfristige, aktuelle Reaktionen	Mittel- bis langfristige chronische Reaktionen
physiologisch, somatisch	– Erhöhte Herzfrequenz – Erhöhter Blutdruck – Ausschüttung von Cortisol und Adrenalin („Stresshormone")	– Psychosomatische Beschwerden und Erkrankungen – Unzufriedenheit – Resignation – Depression – Burnout
psychisch, kognitiv-emotional	– Anspannung, Nervosität, innere Unruhe – Frustration – Ärger – Ermüdungs-, Monotonie-, Sättigungsgefühle	
Verhalten, individuell	– Leistungsschwankungen – Nachlassen der Konzentration – Fehlhandlungen – Schlechte sensomotorische Koordination	– Vermehrter Nikotin-, Alkohol-, Tablettenkonsum – Fehlzeiten (Krankheitstage) – Innere Kündigung
Verhalten, sozial	– Hastigkeit und Ungeduld – Erhöhte Reizbarkeit – Konflikte – Mobbing – Streit – Aggressionen gegen andere – Rückzug (Isolierung) innerhalb und außerhalb der Arbeit	

Quelle: Udris/Frese 1999

tiellen Stressfaktoren am Arbeitsplatz, d.h. der Arbeitsaufgabe, der Arbeitsrolle, der materiellen Umgebung und den sonstigen Rahmenbedingungen sowie dem individuellen Verhalten, betonen die AutorInnen die Notwendigkeit, den Gesamtkontext der Belastungen aus verschiedenen Rollen und Lebensbereichen zu berücksichtigen. So weisen beispielsweise Cox und Cox (1996) auf die Notwendigkeit hin, die Anforderungsqualitäten von beruflicher und privater Arbeit sowie des sozialen Zusammenlebens im Hinblick auf mögliche stressverursachende Konfliktpotentiale zu betrachten. So vermuten sie etwa in der Berufstätigkeit beider PartnerInnen, den damit verbundenen Aushandlungsprozessen und Mehrfachbelastungen mögliche Stressoren und ebenso in der mangelnden sozialen oder praktischen Unterstützung durch die Familie. Kalveram et al. (2003) haben im Rahmen des Projekts „Stresskompetenzentwicklung als Instrument der Gesundheitsförderung bei Organisationsangehörigen eines Automobileherstellers mit familialer und beruflicher Doppelbelastung“ (StrAFF) die Wirkung von beruflicher Belastung und partnerschaftlicher Unterstützung bei überwiegend männlichen Automobilarbeitern mit Kindern untersucht. Dabei konnten die ForscherInnen zeigen, dass der Zusammenhang zwischen Arbeitsbelastungen und psychosomatischen Beschwerden u.a. durch partnerschaftliche Ressourcen (gemeinsames Bewältigungshandeln) abgeschwächt werden kann. Jedoch gilt dies nur in dem Maße, in dem das Familienleben nicht ebenso durch Arbeitsbelastungen beeinträchtigt wird: Wird das Familienleben durch die berufliche Arbeit beeinträchtigt, liegt ein eigener Stressor vor, der als potentielles Gesundheitsrisiko beachtet werden muss und kaum durch individuelle oder partnerschaftliche Bewältigungsstrategien abgefedert werden kann.

Die Gefährdungswirkung sozialer Faktoren wurde lange Zeit in der Theoriebildung, insbesondere jedoch in der empirischen Forschung vernachlässigt. Das hat sich verändert. Etliche Publikationen zum Thema Stress thematisieren nun die soziale Situation in der betrieblichen Organisation, z.B. in Form von Konflikten mit KollegInnen, Vorgesetzten oder KundInnen, als potentiellen Stressoren (z.B. Zapf/Frese 1991; Zapf et al. 1996; Siepe 1998). Damit wurde der Analysefokus auf einen Belastungsbereich gelegt, der sowohl in vielen geschlechtlich gemischten Berufen (z.B. Bank- und Handelskaufleute) und in zahlreichen frauendominierten Berufen (z.B. Soziale Berufe, Gesundheitsdienstberufe, Erziehungsberufe) von besonderer Relevanz ist, da in diesen Berufen die Interaktionsarbeit, d.h. die Arbeit mit und am Menschen im Vordergrund steht. Die große Bedeutung dieser Belastungsdimension wird von den vorliegenden Untersuchungen belegt. So wurden etwa in einer Tagebuchstudie von Siepe (1998) erwerbstätige Personen gebeten, das jeweils am meisten belastende Arbeitsereignis zu protokollieren. Von den erhobenen Ereignissen bezogen sich 71% auf negative emotionale Interaktionen mit Arbeitskollegen, Vorgesetzen und Kunden. In den vorhandenen Studien wurden in der Regel hohe Korrelationen zwischen sozialen Stressoren und Variablen psychischen Befindens gefunden (Zapf/Frese 1991), was die relative Bedeutung sozialer Belastungen für die psychische Gesundheit unterstreicht. Eine soziale Belastung, der fast ausschließlich Frauen ausgesetzt sind, ist die *sexuelle Belästigung am Arbeitsplatz.* Darunter wird jedes sexuell bestimmte Verhalten gefasst, das von den Betroffenen unerwünscht und geeignet ist, sie als Person herabzuwürdigen. Hierzu gehören körperliche Übergriffe, Bemerkungen mit sexuellem Inhalt, Vorzeigen pornographischer Darstellungen und Aufforderungen zu sexuellen Handlungen. Über die Verbreitung von sexueller Belästigung am Arbeitsplatz gibt eine repräsentative Befragung von erwerbstätigen Frauen Auskunft, in der 70% der Befragten angaben, bereits ein- oder mehrmals mit anzüglichen Witzen, Hinterherpfeifen, taxierenden Blicken oder „zufälligen“ Körperberührungen konfrontiert worden zu sein. 15% gaben an, Küsse aufgedrängt bekommen zu haben (vgl. Beermann/ Meschkutat 1995). Überdurchschnittlich häufig sind Frauen in ungeschützten oder Aushilfsarbeitsverhältnissen in leicht austauschbaren Positionen von sexueller Belästigung sowie Frauen in männerdominierten Berufen betroffen (vor allem Frauen bei der Polizei). Etwas intensiver hat sich die Forschung in den letzten Jahren einem besonderen Phänomen von sozialen Belastungen gewidmet – dem *Mobbing.* Mobbing kann als eine extreme Form sozialer Belastung betrachtet werden (Neuberger 1996; Zapf/Leymann 1996; Holzbecher/Meschkutat 1998; Zapf 1999), wobei die zwischenmenschlichen Konflikte langanhaltende gesundheitliche Schäden für das Mobbing-Opfer haben können. In Abgrenzung zu sonstigen sozialen Stressoren definiert Zapf (1999: 3) Mobbing wie folgt:

> „Mobbing beinhaltet, dass jemand am Arbeitsplatz von Kollegen, Vorgesetzten oder Untergebenen schikaniert, belästigt, drangsaliert, beleidigt, ausgegrenzt oder beispielsweise mit kränkenden Arbeitsaufgaben bedacht wird und der oder die Mobbing-Betroffene unterlegen ist. Wenn man etwas als Mobbing bezeichnen möchte, dann muss dies häufig und wiederholt auftreten (z.B. einmal pro Woche) und sich über einen längeren Zeitraum erstrecken (mindestens ein halbes Jahr). Es handelt sich nicht um Mobbing, wenn zwei gleich starke Partner in Konflikt geraten.“

Die vorliegenden Untersuchungen konnten folgende Mobbing-Strategien identifizieren, die u.a. auch wichtige Hinweise auf soziale Stressoren im Allgemeinen liefern: Mobbing kann über organisationale Maßnahmen erfolgen, die schwerpunktmäßig die Arbeitsaufgaben und den Entzug von Entscheidungskompetenzen betreffen. Ebenfalls verbreitet sind Strategien der sozialen Isolierung, d.h. die betroffene Person wird gemieden und ausgegrenzt. Darüber hinaus sind Angriffe auf die Person und ihre Privatsphäre, verbale Drohungen bzw. verbale Aggression, Androhung oder Ausübung körperlicher Gewalt sowie das Verbreiten von Gerüchten verbreitete Mechanismen im Mobbing-Prozess. Bezogen auf

Deutschland ist Mobbing im Sozial- und Gesundheitsbereich, im Erziehungsbereich, im Verkaufsbereich und im Kreditgewerbe sowie im Bereich Technik und Informatik deutlich stärker verbreitet als in anderen Branchen. Meschkutat, Stachelbeck und Langenhoff (2003) kommen im Rahmen einer repräsentativen Befragung zu dem Ergebnis, dass das Mobbingrisiko von erwerbstätigen Frauen um ca. 75% höher ist als das von erwerbstätigen Männern.

Neben der Erforschung von psychosozialen Gefährdungen gewinnt seit einigen Jahren die grundlegende Erforschung von *Emotionsarbeit* als einer spezifischen Form von Dienstleistungsarbeit an Aufmerksamkeit (zusammenfassend: Rastetter 2008; Dunkel/Voß 2004). Im Zentrum dieser Forschung steht die arbeitsbezogene Anforderung an die Beschäftigten, ihre Gefühle bewusst zu regulieren. Das heißt, im Mittelpunkt stehen die emotionalen Anforderungen, die eine Tätigkeit an den Arbeitnehmer stellt. Dies beinhaltet, die Forderung des Betriebes an ihre Beschäftigten, dass sie bei der Arbeit im Umgang mit Kunden, Klienten etc. bestimmte Emotionen zeigen. Arlie Hochschild (1983, 1990) hat dazu das Konzept der Emotionsarbeit eingeführt und erstmals an Flugbegleiterinnen untersucht. Von Flugbegleiterinnen wird normalerweise erwartet, dass sie sehr aufmerksam und freundlich zu den Fluggästen sind. In der Regel bedienen sie die Fluggäste mit einem Lächeln im Gesicht. Hochschild argumentiert, dass dieses Lächeln und diese Freundlichkeit nicht nur aus reiner Freude, sondern im Interesse des Unternehmens erbracht werden. Das Zeigen positiver Emotionen wird vom Unternehmen erwartet und gleichbleibende Freundlichkeit wird somit zu einer Arbeitsanforderung, welche nicht im freien Ermessen der Beschäftigten liegt. Hochschild (1983) hat den Begriff Emotionsarbeit oder „emotional labor“ als die Arbeitstätigkeit definiert, bei der ein Management der eigenen Gefühle erforderlich ist, um nach außen in Mimik, Stimme und Gestik ein bestimmtes Gefühl zum Ausdruck zu bringen, unabhängig davon, ob dies mit den inneren Empfindungen übereinstimmt oder nicht.

Die emotionalen Anforderungen spielen insbesondere im personenbezogenen Dienstleistungsbereich eine große Rolle (vgl. dazu Krell et al. 2000). Es fallen alle Tätigkeitsfelder darunter, in denen der oder die Arbeitende Kontakt mit KundInnen, PatientInnen, KlientInnen, SchülerInnen etc. hat. Emotionale Anforderungen können sehr unterschiedlich und vielfältig sein, z.B. sehen die Anforderungen an Bankkaufleute im Umgang mit KundInnen anders aus als die Anforderungen an das Kabinenpersonal im Kontakt mit Fluggästen oder an Krankenpflegepersonal bei der Betreuung von Pflegebedürftigen. In den letzten Jahren sind einige empirische Untersuchungen entstanden, in denen Emotionsarbeit als Stressor betrachtet wurde und entsprechende Stressreaktionen untersucht wurden (Hochschild 1983; Zapf/Holz 2003; Bruhn 2003, zusammenfassend Rastetter 2008): Diese Untersuchungen sehen eine Quelle von Stress darin, dass die zu zeigenden Emotionen nicht mit der aktuellen tatsächlichen Gefühlslage übereinstimmen müssen. In diesem Fall liegt eine emotionale Dissonanz vor – d.h. ein Widerspruch zwischen den beruflich bzw. von der Organisation geforderten Gefühlsdarstellungen und den erlebten Gefühlen. Die vorliegenden Studien bezeichnen emotionale Distanz als genuines Merkmal beruflicher Tätigkeiten, die den direkten Kontakt mit Menschen erfordern. Sie stellt eine spezifische psychische Belastung in personenbezogenen Dienstleistungen dar, die zu Fehlbeanspruchungen führen kann: So konnte bereits Hochschild (1983) in qualitativen Untersuchungen über FlugbegleiterInnen und FahrkartenkontrolleurInnen belegen, dass Emotionsarbeit unter bestimmten Bedingungen mit Substanzmittelmissbrauch, Kopfschmerzen, Absentismus und sexuellen Störungen verbunden war.

Intensiver ist der emotionale Bereich als Stressreaktion oder Beanspruchungsfolge unter dem Stichwort *„Burnout"* untersucht worden (Büssing/Schmitt 1998; Maslach/Leiter 1997). Burnout bezeichnet das Gefühl des „Ausgebranntseins". In dem am weitesten verbreiteten Konzept von Maslach und Leiter (1997) beinhaltet Burnout drei Komponenten: emotionale Erschöpfung, d.h. das Gefühl, vollständig ausgelaugt zu sein; Depersonalisation, d.h. die betroffene Person distanziert sich innerlich von den Menschen, mit denen sie berufsmäßig zu tun hat, also von den Patienten, Schülern, Kindern etc. und behandelt diese wie Objekte; und schließlich das Gefühl reduzierten Leistungsvermögens und reduzierter Erfüllung, d.h. bei den Betroffenen verstetigt sich das Gefühl, nicht mehr leistungsfähig zu sein und den gestellten Ansprüchen nicht mehr zu genügen.

Was fördert menschengerechte Arbeit? Arbeitswissenschaftliche Erkenntnisse zu gesundheitsförderlichen Ressourcen in der Arbeit

Während die bisher skizzierten Konzepte ihren Fokus überwiegend auf die Identifizierung von gesundheitsgefährdenden Faktoren im Erwerbsleben richten, stehen nun solche im Zentrum, die der Identifizierung und Bewertung von gesundheitsförderlichen Faktoren von Arbeit dienen. Insbesondere im Gefolge der Ottawa-Charta der Weltgesundheitsorganisation zur Gesundheitsförderung ist der so genannte salutogenetische Ansatz als Ergänzung der bisher beschriebenen Modelle zunehmend wichtig und relevant geworden: Der salutogenetische Ansatz fragt primär nach den gesundheitsstiftenden Faktoren menschlicher Existenz und kehrt die Richtung der Hypothesenbildung um: *„Warum und wie können Menschen trotz zum Teil extremer Belastungen gesund bleiben? Was erhält gesund?"* Damit ist eine analytische Perspektive verknüpft, durch die die Schaffung gesundheitsförderlicher Lebens- und Arbeitswelten sowie die Entwicklung von Gesundheitspotentialen, die von der Arbeit ausgehen können, in den Blick genommen werden (zur Begründung dieser Ansätze: Antonovsky 1987; zur Anwendung und Weiterentwicklung: Franke/Broda 2003; Wydler et al. 2000).

Kennzeichen dieses Ansatzes ist demnach die Identifikation und Förderung von personalen sowie kontextbezogenen Entstehungs- und Erhaltungsbedingungen von Gesundheit. Dazu gehören u.a.:

- die aktive Vermeidung von Stressoren durch präventives Gesundheits- und Vorsorgeverhalten;
- Intelligenz und geistige Flexibilität, um sich an Lebensbedingungen anpassen zu können oder diese gegebenenfalls aktiv zu verändern;
- die Verfügung über materielle Ressourcen zur Gewährung von Schutz, Ernährung, Wohnung etc.;
- soziale Unterstützung in vielfältigen sozialen Netzwerken;
- soziale Integration und aktive Teilnahme an Entscheidungs- und Kontrollprozessen, die die eigene Lebensgestaltung betreffen;
- „Sinnfälligkeit" des eigenen Handelns, d.h. weitest mögliche Kontrolle über die Ziele, Ausführung und Konsequenzen persönlichen Handelns.

Diese als „Widerstands-" bzw. als „salutogene Ressourcen" bezeichneten Faktoren sind für den Erhalt physischer und psychischer Gesundheit entscheidend. Sie ermöglichen es, das von Antonovsky so bezeichnete Kohärenzgefühl (sense of coherence) zu entwickeln. Das Kohärenzgefühl (auch Kohärenzsinn, Kohärenzerleben) wird definiert als

> „eine globale Orientierung, die zum Ausdruck bringt, in welchem Umfang man ein generalisiertes, überdauerndes und dynamisches Gefühl des Vertrauens besitzt, dass die eigene innere und äußere Umwelt vorhersagbar ist und dass mit großer Wahrscheinlichkeit die Dinge sich so entwickeln werden, wie man es vernünftigerweise erwarten kann." (Antonovsky 1979, S. 123, Übersetzung von Becker 1997, S. 10)

Dieses Kohärenzgefühl, das als zentrale Ressource und zugleich als Kernstück der salutogenetischen Theorie bezeichnet werden kann, setzt sich aus drei Komponenten zusammen: dem Gefühl von Verstehbarkeit (sense of comprehensibility), d.h. der Fähigkeit von Menschen, Stimuli als geordnete, konsistente und strukturierte Informationen zu verarbeiten; dem Gefühl von Handhabbarkeit (sense of manageability), d.h. der Erwartung, geeignete Ressourcen zur Bewältigung kritischer Anforderungen zur Verfügung zu haben; und drittens dem Gefühl von Sinnhaftigkeit (sense of meaningfulness), d.h. dem Ausmaß, in dem man das Leben als emotional sinnvoll empfindet (Antonovsky 1979, 1987). Zur Frage, ob der Kohärenzsinn von Männern und Frauen unterschiedlich stark ausgeprägt ist, liegen heterogene Befunde vor: Entgegen der Annahme von Antonovsky deuten etliche, teilweise große repräsentative Untersuchungen darauf hin, dass Frauen durchschnittlich ein weniger stark ausgeprägtes Kohärenzerleben aufweisen als Männer (vgl. u.a. Anson et al. 1993; Larsson/Kallenberg 1996;

Schmidt-Rathjens et al. 1997). Die AutorInnen sehen in der Sozialisation von Frauen, die nach wie vor häufiger von finanzieller Abhängigkeit, einem geringeren beruflichen Ansehen und einer niedrigeren sozialen Positionierung geprägt ist, eine Barriere für die Entwicklung eines ausgeprägten Kohärenzgefühls. Darüber hinaus verhinderten häufigere Arbeitslosigkeitserfahrungen, schlechtere Berufschancen, eine geringere Einbettung in enge soziale Netzwerke und eine höhere Unzufriedenheit mit dem Familienklima die Entwicklung eines überdauernden, dynamischen Gefühls von Vertrauen, das die Anforderungen aus der inneren und äußeren Umwelt verstehbar, handhabbar und sinnhaft macht. Keine Geschlechtsunterschiede finden dagegen Hood et al. (1996) sowie Udris/Rimann (2000). Jedoch weisen die ForscherInnen auf deutliche Zusammenhänge zwischen den beruflichen und betrieblichen Tätigkeitsspielräumen sowie der beruflichen Statusposition und dem Kohärenzerleben hin – zwei Merkmale, die wiederum hochgradig mit dem Geschlecht korrelieren. Das heißt, Beschäftigte mit Managementfunktionen bilden einen deutlich stärkeren Kohärenzsinn aus als ungelernte Beschäftigte. Die Wahrscheinlichkeit, zur ersten Gruppe zu zählen, ist jedoch für Frauen erheblich geringer (vgl. Kapitel 7). Zusammenfassend weisen die bisherigen Untersuchungen darauf hin, dass ein direkter bzw. ein indirekter (über berufliche Arbeitsbedingungen vermittelter) Einfluss des Geschlechts auf die Ausbildung des Kohärenzsinns zumindest weiterhin in Betracht gezogen werden muss (vgl. BzgA 2001).

Eng verknüpft mit dem salutogenetischen Paradigma sind arbeitswissenschaftliche Konzepte, die die Qualität und Variabilität von Arbeitsanforderungen mit dem Ziel untersuchen, den Erhalt und den Ausbau von beruflichen Kompetenzen sowie die Arbeits- und Lernmotivation zu fördern (u.a. das Konzept der Lernförderlichkeit von Arbeitsplätzen: Frieling et al. 1999). Und ebenso gilt dies für jene Ansätze, die die Verfügbarkeit und Nutzung von gesundheitsschützenden und wiederherstellenden Faktoren in der Person und in der Umwelt untersuchen (Ressourcen). Unter Ressourcen werden Kompensations- und Schutzkomponenten verstanden, die es erlauben, trotz Risikofaktoren eigene Ziele zu verfolgen und unangenehme Einflüsse zu reduzieren (Udris/Rimann 1999). Ressourcen lassen sich in organisationale, soziale und personale Ressourcen unterteilen:

Organisationale Ressourcen beziehen sich auf die betrieblichen und berufsbezogenen Arbeitsbedingungen, die es der arbeitenden Person erleichtern können, mit den Anforderungen zurechtzukommen (Udris/Rimann 2000). Beispiele hierfür sind Partizipationsmöglichkeiten, Tätigkeitsspielraum, Aufgabenvielfalt und individuelle Zeitsouveränität etc. Neben der genannten Pufferfunktion liegt in der Gestaltung der Arbeitsorganisation auch der zentrale Ansatzpunkt für die Entwicklung von persönlichkeitsförderlicher Arbeit, d.h. Arbeit, welche die

Tab. 6.3: Systematisierung von Ressourcen

Externe Ressourcen		Interne Ressourcen
Organisationale Ressourcen	Soziale Ressourcen	Personale Ressourcen
– Aufgabenvielfalt – Tätigkeitsspielräume – Qualifikationsnutzung – Lernmöglichkeiten – Partizipationsmöglichkeiten – ...	– Soziale Unterstützung durch: - Vorgesetzte - Kolleginnen und Kollegen - Partnerin bzw. Partner/Familie - andere Personen - mitarbeiterorientierten Führungsstil – ...	– Zukunftsorientiertheit – Optimismus – Kohärenzerleben – Selbstwirksamkeit, Selbstwert – internale Kontrollerwartung – flexible Bewältigungsstile – Selbstregulationsfähigkeit – Erholungsfähigkeit – ...

Quelle: Nach Udris/Rimann 1999; Hacker/Richter 1998

menschliche Fähigkeit unterstützt und fördert, eigene Ziele selbst zu bestimmen und sie allein oder gemeinsam mit anderen unter sich verändernden Rahmenbedingungen zu erreichen. *Soziale Ressourcen* gründen auf Interaktionen zwischen zwei oder mehreren Personen, die entweder das Ziel haben, einen leiderzeugenden Zustand zu verändern oder bei objektiver Unveränderbarkeit die negativen Beanspruchungsfolgen abzumildern (vgl. Gusy 1995), oder die den Wunsch nach Kooperation, Kontakt und sozialer Anerkennung erfüllen. So kann z.B. soziale Unterstützung auch direkt das Befinden positiv beeinflussen. Insgesamt ist das Gefühl, geschätzt und für kompetent gehalten zu werden und ein wichtiges Mitglied der Gruppe zu sein, von besonders hoher Bedeutung (Holz et al. 2004). Dies bedeutet auch, dass die wahrgenommene Verfügbarkeit der sozialen Unterstützung das eigentlich Wichtige ist und weniger die konkrete Hilfeleistung. Die bisher durchgeführten Untersuchungen weisen darauf hin, dass innerhalb der betrieblichen Organisation insbesondere die Vorgesetzten von zentraler Bedeutung für die Wahrnehmung von sozialer Unterstützung sind; außerhalb des Betriebs sind es vor allem die Lebenspartnerinnen und Lebenspartner (ebd.; Kalveram et al. 2003). Zu den internen oder personalen Ressourcen zählen situationsübergreifende Handlungsmuster und kognitive Überzeugungen der Person, z.B. in Form von Kontrollüberzeugungen und Bewältigungsstilen, aber auch Kompetenz und Wissen.

Entgegen der schematischen Trennung, die die Übersicht suggeriert, zeigt sich in der alltäglichen Praxis eine sehr enge Verknüpfung von individuellen und umweltbezogenen Ressourcen: Denn für die erfolgreiche Bewältigung von Belastungen müssen nicht nur ausreichende Ressourcen vorhanden sein, sondern es bedarf auch der Fähigkeit von Personen, diese zu nutzen. Beispielsweise können jene Personen ein höheres Maß an sozialer Unterstützung erhalten, die in der Lage sind, ihre Probleme und Gefühle anderen Personen mitzuteilen, die also die dafür notwendigen sozialen Fähigkeiten besitzen (u.a. Hobfoll 1988; Mohr/

Udris 1997). Die Funktion von Ressourcen wird insbesondere im Rahmen der Analyse von Arbeitstätigkeiten und -bedingungen untersucht. Die exakte Klassifikation bestimmter Arbeitsmerkmale als Ressourcen bzw. Belastung/Anforderung bleibt jedoch in der arbeitspsychologischen Forschung ein bisher ungelöstes Problem (Ducki 1998): So wird etwa das Vorhandensein bestimmter Merkmale (z.B. Partizipation) als Ressource eingeschätzt, während das Fehlen dieser Merkmale häufig als wertneutrale Belastung bzw. Rahmenbedingung des Arbeitsplatzes eingestuft wird.

Auch die Handlungsregulationstheorie[8] bleibt nicht, wie die weiter oben vorgestellten belastungsorientierten Konzepte, auf die gesundheitskritischen Folgen von Arbeit beschränkt, sondern stellt insbesondere die Begriffe des gesundheits- und persönlichkeitsförderlichen Handlungsspielraums und der vollständigen Tätigkeit (Hacker 1986, 1998) in den Mittelpunkt. Unter Handlungsspielraum wird jener Freiraum verstanden, der es den Beschäftigten erlaubt, ihre Aufgaben im Bezug auf die Wahl der Arbeitsmittel und zeitliche Organisation eigenverantwortlich zu bewältigen. Diese Möglichkeiten zu unterschiedlichem auftragsbezogenen Handeln und zu selbständigem Handeln sind nach Hacker nicht nur elementare Voraussetzungen für die Entwicklung eigener Ziele und von Lernkompetenz, sondern auch für das Wohlbefinden und positive Erleben der Arbeit. Diese Annahmen wurden in einer Vielzahl von Untersuchungen bestätigt und konkretisiert: So verwiesen etwa Büssing und Glaser (1998) auf einen positiven Zusammenhang zwischen einem erweiterten Handlungsspielraum bei Krankenschwestern einerseits und einer hohen Arbeitszufriedenheit sowie einer reduzierten Erschöpfungssymptomatik andererseits (vgl. dazu auch Karasek 1990; Frese/Semmer 1991). Bisher weist eine Vielzahl der vorliegenden Einzelstudien darauf hin, dass in unterschiedlichen beruflichen Segmenten (z.B. Sachbearbeitung im Büro, Industriearbeitsplätze) und selbst innerhalb einer Berufsgruppe sowie

---

8 Zu den Grundgedanken der Handlungstheorie gehört es, dass Handlungen zielgerichtet sind. Im Kontext von Erwerbsarbeit – in diesem wurde die Theorie der Handlungsregulation entwickelt (Hacker 1998) – können Ziele in der Regel nicht vollkommen frei gewählt werden, vielmehr werden Ziele meist von außen übernommen, und zwar in Form von betrieblichen Arbeitsaufträgen. Diese betrieblichen Arbeitsaufträge werden von den Beschäftigten individuell redefiniert und stellen sich der Person dann subjektiv als Arbeitsaufgabe dar. In den Arbeitsaufgaben sind die Handlungsziele enthalten. In der Arbeitspsychologie wird sehr häufig das Modell der hierarchisch-sequentiellen Handlungsregulation von Hacker verwendet. Dieses Modell beinhaltet, dass Ziele Handlungen steuern, indem diese zunächst von der arbeitenden Person in Teilziele aufgebrochen werden. Diese Hierarchie von Teilzielen wird dann in eine sequentielle Abfolge von Handlungen umgesetzt. Aufgabenmerkmale werden nun dahingehend unterschieden, wie sie sich auf dieses hierarchisch-sequentielle Handlungsmodell auswirken, d.h., welche Handlungsstruktur erforderlich ist, um eine bestimmte Aufgabe auszuführen.

der selben betrieblichen Hierarchieposition Frauen häufiger als Männer an Arbeitsplätzen mit deutlich geringeren Handlungsspielräumen eingesetzt werden. Frauen und Männer führen also in identischen Berufsfeldern andere Tätigkeiten aus und Frauen haben – gemessen an den genannten arbeitspsychologischen Kriterien – schlechtere Arbeitsbedingungen (vgl. u.a. Notz 1989; Rothe 1993; Lüders/Resch 1995).

Zusammenfassend fokussieren die hier kursorisch vorgestellten arbeitswissenschaftlichen Konzeptionen – anstelle passiv erlittener Belastungen und ihren Folgewirkungen – die aktive Auseinandersetzung des arbeitenden Menschen mit seiner Arbeitsaufgabe und den vorgefundenen Arbeitsbedingungen. Ihnen liegt die salutogenetische Perspektive von Antonovsky und somit die Frage zugrunde, was den Menschen trotz Belastungen gesund erhält, bzw. die Frage nach dem Beitrag von Arbeit für die persönliche Entwicklung und das Wohlbefinden, die im Rahmen der Handlungsregulationstheorie und den darauf basierenden Konzepten eine zentrale Stellung einnimmt. Der Arbeitsprozess wird als aktive, zielgerichtete Auseinandersetzung mit den Anforderungen der Aufgabe, ihren möglichen Ausführungsbedingungen, den verfügbaren Leistungsvoraussetzungen und den kognitiven wie emotionalen Bewertungen des Arbeitenden analysiert. In dieser tätigen Auseinandersetzung verändert der arbeitende Mensch sich selbst und sein Umfeld. Auf Basis dieser handlungs- bzw. tätigkeitstheoretischen Modellvorstellungen der Bewältigung von Anforderungen und Belastungen lässt sich nun auch ein angemesseneres Verständnis von Gesundheit, auch von Gesundheit in der Arbeit, gewinnen. Gesundheit wird in dieser Perspektive nicht einfach als die Abwesenheit von Krankheit definiert, sondern als ein Prozess verstanden, in dem eine dynamische Balance – ein „Fließgleichgewicht" – zwischen gegebenen Anforderungen der Arbeit und verfügbaren Leistungsvoraussetzungen des arbeitenden Menschen ständig wieder neu hergestellt und aufrecht erhalten wird.

Belohnungssysteme – und ihre Relevanz für Gesundheit und Wohlbefinden

Eine wichtige Ergänzung zu den bisher vorgestellten Konzepten ist das so genannte Modell der beruflichen Gratifikationskrisen (effort-reward-imbalance), in dessen Zentrum der Zusammenhang von Entlohnung, wahrgenommener Fairness und Gesundheit steht (vgl. Abb. 6.2). In diesem von Siegrist (1996) entwickelten Modell stehen arbeitsbedingte Anforderungen den Belohnungen in Form von Anerkennung, Status, Karrieremöglichkeiten, Entlohnung, aber auch Arbeitsplatzsicherheit gegenüber. Wird subjektiv ein Ungleichgewicht zwischen beruflicher Verausgabung und der als Gegenwert erhaltenen Belohnung erlebt, resultiert daraus eine Stressreaktion, das so genannte Prinzip der Reziprozität wird verletzt. Siegrist (1996, 1999) unterscheidet zwischen situativen (extrinsischen) und personalen (intrinsischen) Verausgabungsquellen – Letzteres wird auch als „Verausgabungsneigung“[9] bezeichnet. Gratifikationen ergeben sich über die drei „Transmittersysteme“ finanzielle Belohnung, Wertschätzung und berufliche Statuskontrolle durch Aufstiegschancen, Arbeitsplatzsicherheit und

Abb. 6.2: Das Modell der beruflichen Gratifikationskrisen (Siegrist, 1996)

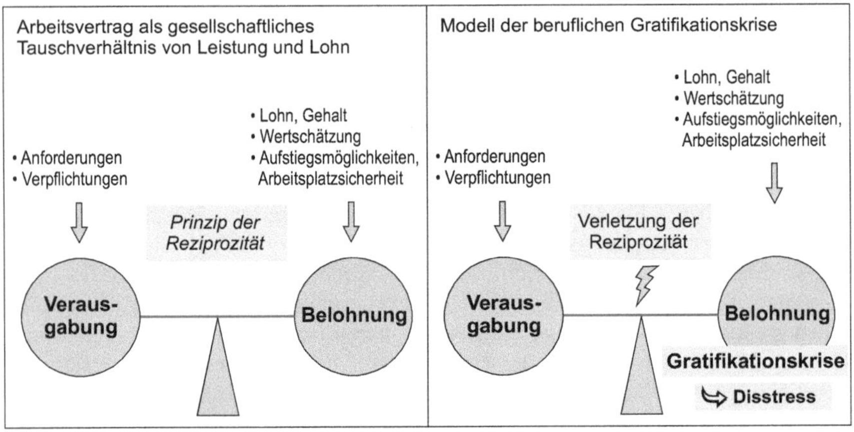

Quelle: Nach Siegrist 1996, S. 254

ausbildungsadäquate Beschäftigung. In vielfachen Anwendungen des Modells konnte gezeigt werden, dass Männer und Frauen, die ein Ungleichgewicht zwischen Verausgabung und Belohnung erleben, ein erheblich erhöhtes Risiko für neu auftretende Herzkrankheiten, Bluthochdruck und erhöhte Blutfettwerte haben. In zwei schwedischen Studien konnten anhand des Gratifikationskrisenmodells geschlechtsspezifische Wirkungen psychosozialer Belastungen im Erwerbsleben auf die Gesundheit nachgewiesen werden: Während bei den Männern die wahrgenommene Unsicherheit, fehlende Anerkennung usw. – d.h. eher die situationsbezogenen Komponenten des Modells – mit erhöhten Risiken für einen Herzinfarkt einher gehen, ist bei den Frauen tendenziell das Bewältigungshandeln, d.h. die erhöhte Verausgabungsbereitschaft der entscheidende Risikofaktor. Die Befunde bei den Frauen konnten nicht durch eine Doppelbelastung von Beruf und Familie erklärt werden, wohl aber durch einen Beruf, der durch das andere Geschlecht dominiert ist (Peter et al. 2002, 2006). Das heißt, bei Frauen

9 Unter „Verausgabungsneigung“ werden die momentane Verausgabungsbereitschaft und einige Einstellungen zum Verhältnis von beruflichem und außerberuflichem Leben gefasst. Meines Erachtens ist diese Bezeichnung etwas missverständlich, da im Alltagsverständnis von „Neigung“ schnell auf eine überdauernde Persönlichkeitseigenschaft geschlossen wird.

erhöhen sich gesundheitliche Risiken insbesondere durch eine höhere Bereitschaft, sich stark zu Verausgaben – und diese Verausgabungsbereitschaft ist bei Frauen in männerdominierten Berufen höher.

Auch der aktuelle Bericht des Bundesverbandes deutscher Psychologinnen und Psychologen (2008) belegt an verschiedenen Stellen den Zusammenhang von Gesundheit einerseits und Arbeitsplatz(un)sicherheit und Einkommenserwerb andererseits: Die Whitehall-Studie verdeutlichte in einem zweieinhalbjährigen Beobachtungszeitraum an britischen Regierungsangestellten den Zusammenhang zwischen chronischer Arbeitsplatzunsicherheit und affektiven Störungen (Ferrie et al. 2002). Inwieweit diese Sorgen um die Arbeitsplatz- bzw. berufliche Sicherheit „realistisch sind oder Ausdruck möglicherweise unangemessen starker Besorgnis, [...] ist nur begrenzt relevant, da für psychische Belastungen das subjektive Ausmaß und die subjektive Bedeutung von Situationen, Zuständen, Erfahrungen ausschlaggebend ist" (Albani et al. 2008, S. 19). Bereits die Antizipation eines möglichen Verlustes des Arbeitsplatzes, Arbeitsplatzunsicherheit, stellt einen bedeutenden Stressor dar, der nachweislich zu Beanspruchungsfolgen führen kann (z.B. de Witte 1999; Sverke et al. 2002).

Zwischenfazit

Zusammenfassend zeigt dieser Überblick über den arbeitswissenschaftlichen Forschungsstand, dass der wissenschaftliche Analyserahmen mittlerweile relativ gut geeignet ist, um die Arbeitsbedingungen von Frauen und Männern zu analysieren und zu bewerten. Die Verengung der Forschung auf Industriearbeit – und damit auf eine Facette der betrieblichen Arbeit, die eher für Männer prägend ist – wurde mittlerweile aufgegeben. Die vorgestellten Konzepte ermöglichen eine systematische Beobachtung von personenbezogener Dienstleistungsarbeit, von Büro- und Bildschirmarbeit sowie von Produktions- und Fertigungsarbeit. Darüber hinaus wurde dargelegt, dass die grundlegenden Gestaltungsmaximen der arbeitswissenschaftlichen Forschung mittlerweile in die Gesetzgebung und Normierung des Arbeitsschutzes Einzug gehalten haben – insbesondere im Bereich der Gestaltung von Büro- und Bildschirmarbeit.

6.2.3 Anforderungen an gute Arbeit aus Sicht von Arbeitnehmerinnen und Arbeitnehmern

Im Zentrum des bisher vorgestellten Forschungsstandes standen arbeitswissenschaftliche Modelle menschengerechter Arbeitsgestaltung. In diesem Abschnitt wird die Frage aufgeworfen, was Beschäftigte unter „guter Arbeit" verstehen. Die dazu vorliegenden Untersuchungen reflektieren ebenfalls den arbeitswissenschaftlichen Forschungsstand, jedoch wird grundsätzlich davon ausgegangen, dass Beschäftigte eigene Vorstellungen von gut gestalteten Arbeits- und Einkommensbedingungen haben.

Wenn erwerbstätige Frauen oder Männer nach ihren Ansprüchen an „gute Arbeit“ gefragt werden, zeichnen sie in vielfacher Hinsicht ein gemeinsames Bild (vgl. Fuchs 2006). Zu den von Männern und Frauen gemeinsam geteilten Vorstellungen einer erstrebenswerten Arbeitswelt gehören folgende Aspekte:

- ein festes, verlässliches Einkommen zu erhalten,
- unbefristet beschäftigt zu sein,
- kreative Fähigkeiten in die Arbeit einbringen und in ihr entwickeln zu können,
- Sinn in der Arbeit zu erkennen,
- Anerkennung zu erhalten,
- soziale Beziehungen zu entwickeln und
- die Achtung bzw. der Schutz der Gesundheit.

Diese Kriterien können als Kernelemente guter Arbeit bezeichnet werden, da sie auf der Basis von repräsentativen Befragungen übergreifend von Frauen und Männern verschiedener Alters- und Berufsgruppen als besonders bedeutsam hervorgehoben werden (ebd.). Diese Ansprüche an gute Arbeit stimmen in weiten Bereichen mit den arbeitswissenschaftlichen Gestaltungsempfehlungen überein.

Neben den erwähnten Gemeinsamkeiten existieren auch differenzierte Interessen, wie gute Arbeit gestaltet werden soll (vgl. Fuchs 2007a). Dabei weisen die vorliegenden Untersuchungen darauf hin, wie notwendig es ist, die Interessen von Männern und Frauen unter Berücksichtigung ihres Arbeitsvolumens zu betrachten. *Denn es zeigt sich, dass die Ansprüche und Bedürfnisse von vollzeitbeschäftigten Männern und Frauen in einigen Punkten ähnlicher sind als die von voll- und teilzeitbeschäftigten Frauen.* So betonen beispielsweise alle Vollzeitbeschäftigten die Bedeutung einer *lernhaltigen Arbeitsgestaltung,* die ihre Qualifizierung und ihre Kenntnisse weiter fördert und entwickelt. Sie wollen nicht nur Qualifizierungs-, Entwicklungs- sowie Einflussmöglichkeiten, sondern ihnen sind auch Aufstiegsperspektiven ausgesprochen wichtig. Dies gilt auch dann, wenn die vollzeitbeschäftigten Männer und Frauen Kinder zu versorgen haben. Vollzeitbeschäftigte Mütter wie Väter bewerten diese Aspekte guter Arbeit höher als teilzeitbeschäftigte Frauen – unabhängig davon, ob diese Kinder haben oder nicht. Das heißt, die Anforderungen, die vollzeitbeschäftigte Frauen und Männer an die Gestaltung ihrer Arbeitsaufgabe und an ihre Entwicklungsmöglichkeiten stellen, sind sich ähnlicher als die Anforderungen von vollzeit- und teilzeitbeschäftigten Frauen (vgl. auch Fuchs 2007a). In anderen Punkten wird die Allianz zwischen vollzeitbeschäftigten Frauen und Männern durchbrochen: Das sind insbesondere der Bereich *Arbeitszeitgestaltung*, die *sozialen Aspekte der Arbeit* sowie die *Führungsqualität ihrer Vorgesetzten: Diesen Aspekten messen teilzeit- und vollzeitbeschäftigte Frauen eine ähnlich hohe Bedeutung bei – und eine höhere als vollzeitbeschäftigte Männer.* Vollzeit- und teilzeitbeschäftigte Frauen räumen einer Arbeitszeitgestaltung, die planbar ist und ihre Bedürfnisse berücksichtigt, einem kollegialen Klima ohne Leistungswettbewerb und einem wertschätzenden und fachlich unterstützenden Führungsstil einen höheren Stellenwert ein als vollzeitbeschäftigte Männer. Auch dieser Befund bleibt stabil, selbst wenn die familiäre Situation berücksichtigt wird: Väter messen zwar dem Ausgleich von Überstunden, einer bedürfnisorientierten Arbeitszeit und der Vermeidung von Nacht- und Wochenendarbeit einen etwas höheren Stellenwert bei als Männer ohne Kinder. Andererseits bleibt ihre Prioritätensetzung in diesem Bereich hinter der der Frauen zurück, unabhängig davon, ob diese Kinder haben oder nicht oder in welchem Umfang diese beschäftigt sind: Für weibliche Beschäftigte haben Aspekte der Arbeitszeit generell einen deutlich höheren Stellenwert.

Festzuhalten bleibt, dass Männer und Frauen vielfach in ihren Ansprüchen an eine – aus ihrer Sicht – gute Arbeitsgestaltung übereinstimmen. Dabei stimmen die Kernmerkmale guter Arbeit – d.h. jene Ansprüche an gute Arbeit, die lediglich eine geringe Varianz zwischen den Berufs- und Beschäftigtengruppen aufweisen – weitgehend mit den arbeitswissenschaftlichen Gestaltungsempfehlungen überein: Als „gute Arbeit“ gilt, wenn diese erstens die Gesundheit erhält und fördert, wenn sie zweitens Entwicklungs- und Einflussmöglichkeiten sowie gute soziale Beziehungen und Anerkennung ermöglicht und wenn sie drittens Einkommens- und Beschäftigungssicherheit bietet. Der letzte Aspekt wird jedoch von Arbeitnehmerinnen und Arbeitnehmern deutlich stärker betont als von der arbeitswissenschaftlichen Forschung.

6.3 Qualität der Arbeitsbedingungen – Entwicklungslinien

Im Folgenden wird die Verbreitung von verschiedenen Arbeitsbedingungen seit 1979 in Westdeutschland[10] beleuchtet. Als Quellen stehen dafür umfangreiche repräsentative Befragungen zur Verfügung, die seit 1979 im Abstand von etwa sieben Jahren in Kooperation des Bundesinstituts für Berufsbildung (BiBB), des Instituts für Arbeitsmarkt- und Berufsforschung (IAB) sowie seit 1998 in Kooperation mit der Bundesanstalt für Arbeitsschutz und Arbeitsmedizin (BAuA) konzipiert und beauftragt werden. Diese als „BiBB-IAB-Erhebungen“ oder als „BiBB-BAUA-Erhebung“ bezeichneten Befragungen sind die einzigen vorliegenden Quellen, die so weit in die Vergangenheit reichende Zeitvergleiche der Arbeitsbedingungen ermöglichen. Einschränkend muss erwähnt werden, dass auch die BIBB-IAB-Erhebungen bis Anfang der 1990er Jahre ein relativ eingeschränktes

10 Nur für Westdeutschland liegen Quellen für ausreichend lange Zeitreihen vor.

Konzept von Arbeitsbelastung in den Blick genommen haben, das sich eher für Industriearbeit, aber weniger für Dienstleistungsarbeit eignete. Seit Mitte der 1990er Jahre wurde das Befragungskonzept der Erhebungen, insbesondere durch die Kooperation mit der Bundesanstalt für Arbeitsschutz und Arbeitsmedizin, erheblich erweitert.

6.3.1 Körperliche und Umgebungsbelastungen im Zeitvergleich

Die Beobachtungen im Zeitvergleich zeigen sehr verschiedene Entwicklungen für die Verbreitung von körperlichen Belastungen und Umgebungsbedingungen (vgl. Abb. 6.3 auf S. 378): Insgesamt berichten sowohl voll- und teilzeitbeschäftigte Frauen als auch vollzeitbeschäftigte Männer 2006 seltener von den meisten körperlichen und Umgebungsbelastungen als 1979. Dahinter verbirgt sich jedoch grob gesagt folgender Trend: Die Belastungsreduktion bis Ende der 1980er Jahre ist durch einen deutlichen Rückgang gekennzeichnet, seitdem flacht sich die Reduktion deutlich ab (z.B. beim häufigen Stehen), stagniert (unter Rauch, Staub und Gasen arbeiten) oder ist für Männer und Frauen uneinheitlich, mit einem teilweise deutlichem Zuwachs von gefährdenden Umgebungsbelastungen und körperlichen Belastungen seit den 1990ern. So berichten Frauen im Jahr 2006 häufiger als noch in den 1990er Jahren, dass sie bei der Arbeit schwer heben und tragen oder unter Hitze, Kälte, Nässe bzw. Lärm arbeiten müssen. Dagegen ist der Rückgang von Zwangshaltungen – laut den befragten Arbeitnehmerinnen – seit Mitte der 1990er Jahre gestoppt. Neben diesen ersten Schlaglichtern auf die Entwicklung im Zeitverlauf zeigt der Vergleich zwischen Männern und Frauen, dass es einerseits eine gewisse Annäherung bei der Konfrontation mit körperlichen Belastungen und Umgebungsbelastungen gibt (vor allem beim häufigen Stehen sowie beim Heben und Tragen), dass jedoch Männer nach wie vor deutlich häufiger mit diesem Bereich des Belastungsspektrums konfrontiert sind. Auch unter Berücksichtigung des Wirtschaftsbereichs (vgl. Tab. 6.13 im Kapitelanhang) lässt sich ein mehr oder weniger stark ausgeprägtes Rollback hinsichtlich der Arbeitsgestaltung sowie ein weiterbestehen der geschlechtsspezifischen Unterschiede beobachten: In der Industrie verlangsamt sich die Reduktion von körperlichen und Umgebungsbelastungen seit Anfang der 1990er Jahre. Dasselbe gilt für die Entwicklung im Handwerk – hier werden die Beschäftigten insgesamt wieder mit einer steigenden Lärmbelastung konfrontiert, im Handwerk beschäftigte Frauen berichten 2006 häufiger von Konfrontationen mit widrigen Umgebungsbedingungen als 1998 (oder 1991[11]). Im Gegensatz zur Indust-

---

11 1991 wurde lediglich das Auftreten oder Nichtauftreten von körperlichen Belastungen oder Umgebungsbedingungen erfragt. In einer weiteren Zeitreihe wurden die Angaben von 1998 und 2006 entsprechend bipolar umkodiert. Dabei zeigt sich, dass sich die

rie und zum Handwerk wird im privaten Dienstleistungsbereich und insbesondere im Handel ein geradezu dramatischer Zuwachs von körperlichen und Umgebungsbelastungen seit den 1990er Jahren offenkundig. Bedingt durch diesen Belastungszuwachs berichten insbesondere die im Handel beschäftigten Frauen häufiger als Frauen in der Industrie von vielen körperlichen Anforderungen und potentiell gefährdenden Umgebungsbedingungen (2006). Darüber hinaus hat sich das physische Belastungsspektrum von Männern und Frauen stärker angenähert als im Fertigungsbereich. Keine oder ausschließlich schwache Unterschiede zeigen sich innerhalb der Wirtschaftsbereiche auf der Ebene der Betriebsgröße.

6.3.2 Nacht- und Wechselschicht im Zeitvergleich

Im Jahr 2006 arbeitete ein größerer Anteil von Arbeitnehmern und Arbeitnehmerinnen nachts und in Wechselschicht als noch 1985 (vgl. Abb. 6.4). Insbesondere unter den Vollzeitbeschäftigten ist der Anteil der Nachtarbeitenden kontinuierlich gestiegen, die Verbreitung von Wechselschichtarbeit nimmt seit Ende der 1990er Jahre wieder deutlich zu. In allen Branchen arbeiten erheblich mehr Beschäftigte nachts. Der Anteil unter den vollzeitbeschäftigten Frauen stieg dabei seit den 1990er Jahren mit dem Fall des Nachtarbeitsverbots für Arbeitnehmerinnen erheblich an, erreichte jedoch noch nicht das Niveau der Männer. Vollzeitbeschäftigte Männer, die bereits in den 1980er Jahren mit einem Anteil von 17% nachts gearbeitet haben, berichten 2006 zu 31% von Nachtarbeit – dabei hat sich ihr Anteil im Handel und im Handwerk verdreifacht. Die Entwicklung im Hinblick auf Wechselschichtarbeit ist etwas uneinheitlicher: Teilzeitbeschäftigte und vollzeitbeschäftigte Frauen arbeiten 2006 gut 2,5-mal so häufig in Wechselschicht wie 1985, vollzeitbeschäftigte Männer rund 1,3-mal so häufig. Am deutlichsten ist der Anstieg der Wechselschichtarbeit im Handel, insbesondere unter den teilzeitbeschäftigten Frauen: Mit 43% arbeiten sie häufiger in Wechselschicht als alle anderen hier beobachteten Gruppen (vgl. Tab. 6.13 im Kapitelanhang).

6.3.3 Zeitdruck und Belastungen durch Mehrfachanforderungen im Zeitvergleich

Dass der Zeit- und Leistungsdruck aus Sicht von Arbeitnehmern und Arbeitnehmerinnen angestiegen ist, ist mittlerweile bekannt. Dabei handelt es sich jedoch nicht um eine stetig ansteigende Entwicklung, sondern um einen steilen Anstieg

---

„Trendwende" von der Reduktion zur Stagnation oder gar zum Belastungsanstieg in der Regel bereits mit der Befragung von 1991 andeutet.

Abb. 6.3: Praktisch immer/häufig[a] auftretende körperliche und Umgebungsbelastungen

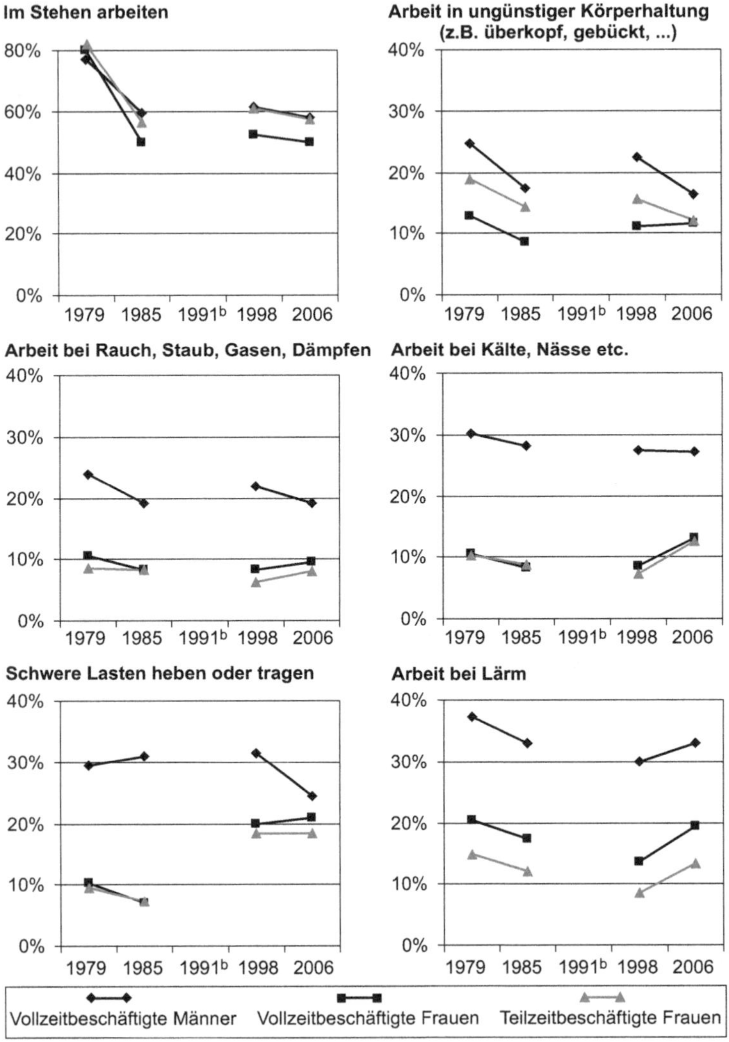

Legende zu Abbildung 6.3:

a In den Jahren 1979, 1985 und 1998 wurde zur Erfassung von Belastungen eine 5er-Skala benutzt (praktisch immer, häufig, manchmal, selten, nie) – hier sind die Anteile der Nennungen praktisch immer/häufig ausgewiesen; 2006 wurde auf eine 4er-Skala umgestellt, wobei die Benennung weitgehend stabil geblieben ist (häufig, manchmal, selten, nie) – hier ist der Anteil „häufig" ausgewiesen.

b 1991/92: Bei den hier erfassten Arbeitsanforderungen wurde nur das Auftreten (tritt auf/ tritt nicht auf) erfasst – diese Ergebnisse werden nicht ausgewiesen.

Quelle: BiBB-IAB- und BiBB-BAuA-Erhebungen, div. Jahrgänge; eigene Berechnungen

Abb. 6.4: Nacht- und Wechselschicht (kommt vor[a])

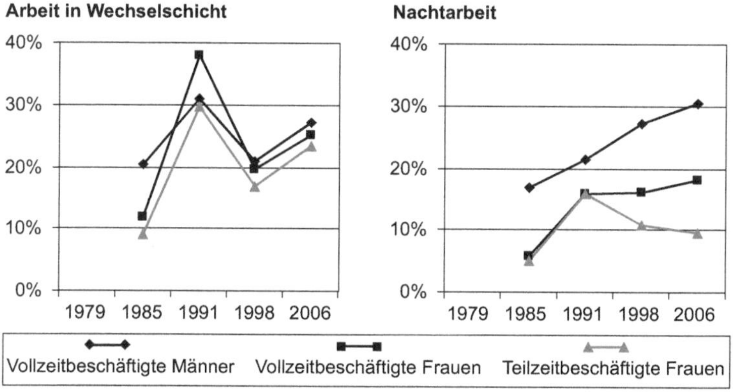

a 1991/92: Bei den hier erfassten Arbeitsanforderungen wurde nur das Auftreten (tritt auf/tritt nicht auf) erfasst.

Quelle: BiBB-IAB- und BiBB-BAuA-Erhebungen, div. Jahrgänge; eigene Berechnungen

bis Anfang der 1990er Jahre, der anschließend bei den Vollzeitbeschäftigten auf hohem Niveau stagniert oder nur noch leicht zunimmt. 1979 berichteten 45% der Männer, 36% der vollzeitbeschäftigten Frauen und 27% der teilzeitbeschäftigten Frauen von häufigem Zeit- und Leistungsdruck. 2006 gaben 59% der männlichen und 57% der weiblichen Vollzeitbeschäftigten sowie 38% der teilzeitbeschäftigten Frauen an, häufig unter Zeit- und Leistungsdruck zu arbeiten. Das heißt, im Hinblick auf diesen Aspekt nähert sich das Erleben der Vollzeitbeschäftigten an – und zwar in allen betrachteten Wirtschaftsbereichen. Noch stärker als das Erleben von Zeitdruck ist die Verbreitung von unfreiwilligen Störungen und Unterbrechungen der Arbeit angestiegen und ebenso die Anforderung, gleichzeitig verschiedene Arbeiten zu bewältigen. Beide Aspekte prägen insbesondere das Arbeitsleben von vollzeitbeschäftigten Frauen (60%-70%), gefolgt von vollzeitbeschäftigten Männern (50%-60%) und den teilzeitbeschäftigten Frauen (40%-50%). In der Forschung wird davon ausgegangen, dass arbeitsorganisatorische Probleme, die sich für die Beschäftigten vielfach als Störung oder unfreiwillige Unterbrechung äußern, eine der großen Ursachen für das hohe Maß an subjektiv empfundenem Zeitdruck sind. Die hier berichteten Trends verweisen ebenfalls in diese Richtung.

Abb. 6.5: Termindruck und Mehrfachanforderungen (Praktisch immer/häufig[a])

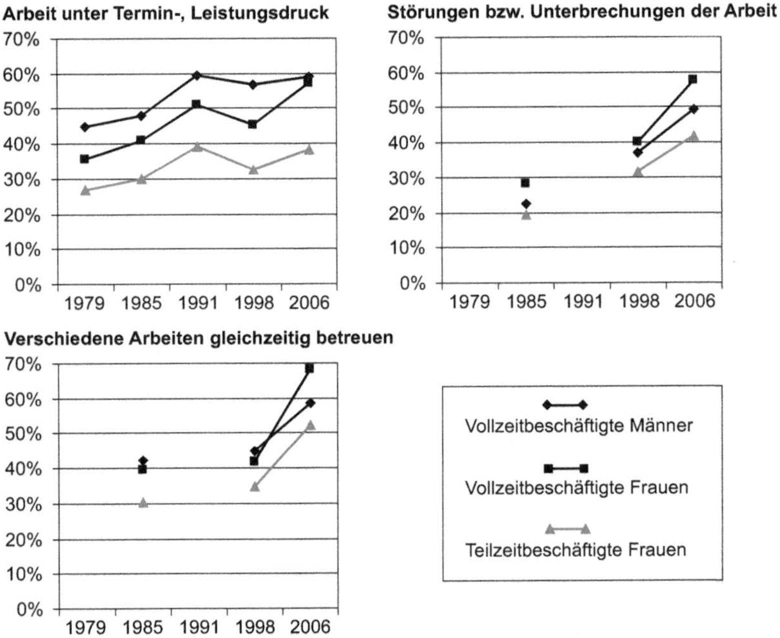

a In den Jahren 1979, 1985 und 1998 wurde zur Erfassung von Belastungen eine 5er-Skala benutzt (praktisch immer, häufig, manchmal, selten, nie) – hier sind die Anteile der Nennungen praktisch immer/häufig ausgewiesen; 2006 wurde auf eine 4er-Skala umgestellt, wobei die Benennung weitgehend stabil geblieben ist (häufig, manchmal, selten, nie) – hier ist der Anteil „häufig" ausgewiesen.

Quelle: BiBB-IAB- und BiBB-BAuA-Erhebungen, div. Jahrgänge; eigene Berechnungen

6.3.4 Handlungsspielräume und Vielseitigkeit der Arbeitsaufgaben im Zeitvergleich

Die Annahme vom Rückgang repetitiver Arbeit und der Zunahme von Handlungsspielräumen können die vorliegenden Ergebnisse so nicht bestätigen. Der

Anteil der Beschäftigten, die angaben, dass sich einzelne Arbeitshandlungen immer wieder wiederholen, ist auf hohem Niveau im Zeitverlauf leicht angestiegen: 44% der Männer berichteten 2006 von solchen eintönigen Arbeitshandlungen, 56% der vollzeitbeschäftigten Frauen und 63% der teilzeitbeschäftigten

Abb. 6.6: Handlungsspielräume und Vielseitigkeit der Arbeit (Praktisch immer/häufig[a])

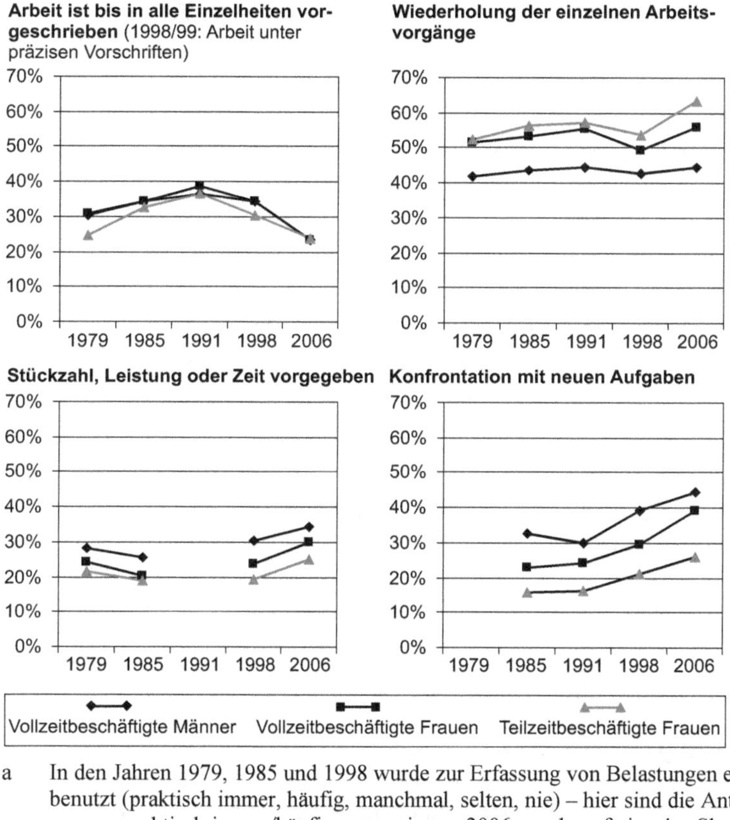

a In den Jahren 1979, 1985 und 1998 wurde zur Erfassung von Belastungen eine 5er-Skala benutzt (praktisch immer, häufig, manchmal, selten, nie) – hier sind die Anteile der Nennungen praktisch immer/häufig ausgewiesen; 2006 wurde auf eine 4er-Skala umgestellt, wobei die Benennung weitgehend stabil geblieben ist (häufig, manchmal, selten, nie) – hier ist der Anteil „häufig" ausgewiesen.

Quelle: BiBB-IAB- und BiBB-BAuA-Erhebungen, div. Jahrgänge; eigene Berechnungen

Frauen. Während der Anteil eintöniger Arbeit in der Industrie stagniert, berichten die Beschäftigten im privaten Dienstleistungsbereich und im Handel sowie die im Handwerk beschäftigten Frauen 2006 deutlich häufiger von monotoner Arbeit als 1979. Auch die Vorgaben von Stückzahlen oder andere Leistungsvorgaben sind 2006 verbreiteter als Ende der 1970er Jahre. Demgegenüber stieg bis Anfang der 1990er Jahre der Anteil der Beschäftigten an, die angaben, dass ihre Arbeit bis in alle Einzelheiten vorgeschrieben sei, während dieser Anteil bis 2006 wieder abnahm. Heute geben etwas weniger Arbeitnehmerinnen und Arbeitnehmer an, nach ganz präzisen Vorschriften zu arbeiten. Auch die Konfrontation mit neuen Aufgaben ist im Zeitverlauf angestiegen, was durchaus ein Indiz für eine Zunahme lernhaltiger Arbeit sein kann. Dennoch geben teilzeitbeschäftigte Frauen mit einem Anteil von 26% noch immer vergleichsweise seltener als vollzeitbeschäftigte Frauen (39%) und vollzeitbeschäftigte Männer (44%) an, mit neuen Aufgaben in Berührung zu kommen. Dies gilt für alle Wirtschaftsbereiche.

6.3.5 Fazit zu den Entwicklungslinien

Bezogen auf Westdeutschland – nur für diesen Teil Deutschlands liegen vergleichbare Daten für einen längeren Zeitraum vor – verweisen die Ergebnisse insgesamt auf eine *tendenzielle Zunahme von gesundheitskritischen Belastungen,* mit einigen gegenläufigen Entwicklungslinien: Während man bis Ende der 1980er Jahre eine Reduktion der meisten *körperlichen und Umgebungsbelastungen* annehmen kann, stagniert deren Verbreitung in der Industrie bzw. im Handwerk seit den 1990er Jahren bzw. nimmt im Dienstleistungsbereich deutlich zu. Durch diese unterschiedlichen Branchenentwicklungen berichten im Jahr 2006 Dienstleistungsbeschäftigte häufiger von körperlichen und Umgebungsbelastungen als Beschäftigte in der Industrie und im Handwerk. Darüber hinaus hat sich in den Dienstleistungsbranchen das physische Belastungsspektrum von Männern und Frauen stärker angenähert als im Produktionsbereich. Eine eindeutige Zunahme – in allen Branchen – lässt sich für die *Verbreitung von Nacht- und Wechselschicht* zeigen. Von der Zunahme der Nachtarbeit sind insbesondere vollzeitbeschäftigte Frauen betroffen, auch wenn das Expositionsniveau noch nicht das der Männer erreicht. Eine weitere ‚klassische' Belastungsart, die – fälschlicherweise – im Alltagsverständnis oft ausschließlich mit Industriearbeit in Verbindung gebracht wird, ist *monotone, repetitive Arbeit.* Auch die Verbreitung dieser Belastungsart ist im Zeitverlauf angestiegen, wobei diesem Anstieg eine gleichbleibend hohe Verbreitung in der Industrie und eine deutliche Zunahme im Dienstleistungsbereich und im Handwerk zugrunde liegt. Aus diesem Grund sind Frauen – vor allem teilzeitbeschäftigte Frauen – heute häufiger mit repetitiver, stark fremdbestimmter Arbeit konfrontiert als Männer. Gleichzeitig deutet sich jedoch ein gegenläufiger Trend bezüglich des Aufgabenspektrums an: Auch die *Konfrontation mit neuen Aufgaben* hat im Zeitverlauf zugenommen, leicht überdurchschnittlich unter den teilzeitbeschäftigten Frauen. Dennoch geben teilzeitbeschäftigte Frauen noch immer relativ selten an, mit neuen Aufgaben in Berührung zu kommen – vor allem im Vergleich zu den Vollzeitbeschäftigten. Die *Konfrontation mit Zeit- und Leistungsdruck* dominiert unter den Vollzeitbeschäftigten, die stärkste Zunahme hat bei den vollzeitbeschäftigten Frauen stattgefunden. Im Gegensatz dazu stagniert – nach den Aussagen der befragten Männer – die Verbreitung von hoher Arbeitsintensität seit Anfang der 1990er Jahre auf einem sehr hohen Niveau.

Zusammenfassend erlauben diese Entwicklungslinien leider nicht, von einem substanziellen Fortschritt im Sinne einer deutlichen Verbesserung der Arbeitsbedingungen zu sprechen. Die Befunde deuten darauf hin, dass es vielfach zu einer Kumulation von körperlichen und Umgebungsbelastungen, arbeitsorganisatorischen und quantitativen Belastungen kommt. In der Regel treten die einzelnen Belastungsarten nicht unabhängig voneinander auf, sondern häufig in der Kombination miteinander. So sind körperlich schwere Tätigkeiten überdurchschnittlich oft gleichzeitig mit der Belastung, unter Lärm zu arbeiten, und/oder der Arbeit unter belastenden Umgebungseinflüssen (Rauch, Staub, Gase, Dämpfe und/oder Nässe, Kälte, Hitze, Zugluft) verbunden (Bielenski et al. 1998). Darüber hinaus gelten solche Zusammenhänge nicht nur zwischen einzelnen physischen Beanspruchungen. Vielmehr gehen körperliche Anforderungen häufig zusätzlich mit psycho-sozialen Belastungen einher. Angesichts dieser Mehrfachbelastungen trifft die weit verbreitete Annahme, dass für die technisch-gewerblichen Arbeitsplätze die körperlichen Belastungen bzw. Belastungen aus der Arbeitsumgebung bestimmend sind, während in den durch mehr geistige Arbeit geprägten Angestelltenfunktionen die psychisch-mentalen Belastungen im Vordergrund stehen, immer weniger zu.

6.4 Qualität der Arbeit aus Sicht von Beschäftigten – eine kumulative Betrachtung

Seit einigen Jahren wird versucht, die Qualität der Arbeit in ihrer Komplexität abzubilden (z.B. für Deutschland: Fuchs 2006, DGB 2007, für Europa: Seifert/Tangian 2008). Diese Ansätze fußen nahezu ausschließlich auf Befragungsdaten, d.h. streng genommen bilden sie die Arbeits- und Einkommensbedingungen aus Sicht von Beschäftigten ab. Möglicherweise würde eine systematische Beschreibung der Arbeitsplätze auf der Basis von arbeitswissenschaftlichen Beobachtungsverfahren durch ExpertInnen zu anderen Ergebnissen kommen. Es ist jedoch kaum vorstellbar, dass sich dies für eine repräsentative Auswahl und Anzahl von Arbeitsplätzen realisieren lässt. Daher bieten vorerst ausschließlich die befragungsbasierten Daten, welche die „wahrgenommene“ Qualität der Arbeit widerspiegeln, die notwendigen Informationen.

Für Deutschland lieferte die im Auftrag der „Initiative Neue Qualität der Arbeit“ (INQA) durchgeführte Studie „Was ist Gute Arbeit?“ erstmals einen Ansatz für eine *kumulative* Betrachtung der Arbeitsbedingungen auf der Basis einer repräsentativen Befragung (vgl. Fuchs 2006). Das heißt, im Zentrum stehen nicht einzelne Arbeitsbedingungen, sondern ein typisches Set von Arbeitsbedingungen, von dem verschiedene Beschäftigtengruppen berichten. Grundlage hierfür war eine umfassende, fragebogengestützte Detailerhebung der Arbeitsanforderungen und Arbeitsbedingungen sowie der subjektiven Belastungen (Fehlbeanspruchungen). Auf dieser Basis wurde eine Typenbildung vorgenommen, die die Arbeitsqualität – zunächst ohne Berücksichtigung des Einkommens – nach dem Grad des Belastungserlebens und nach der Verfügbarkeit von arbeitsbezogenen Ressourcen in insgesamt fünf Typen klassifizierte: Typ 1 repräsentiert „gut gestaltete Arbeit“, d.h. die befragten Arbeitnehmer und Arbeitnehmerinnen berichten von vielen Ressourcen, wie z.B. Einfluss- und Qualifizierungsmöglichkeiten, unterstützendem Führungsverhalten usw. und sie erleben keine oder nur wenige Aspekte ihrer Arbeit als belastend. 9% der ArbeitnehmerInnen zeichneten im Jahr 2004/5 ein solch positives Bild ihrer Arbeitsbedingungen. Als „nahe an gut gestalteter Arbeit“ lässt sich Typ 2 bezeichnen (28%): Auch in diesen Fällen berichten die Befragten von vielen positiven Ressourcen, jedoch werden auch einige, d.h. fünf bis neun Dimensionen als belastend erlebt. Teilzeitbeschäftigte Frauen und Männer berichteten rund 1,3-mal häufiger als Vollzeitbeschäftigte von gut gestalteten Arbeitsbedingungen (Typ 1 oder Typ 2) – solange die Dimension „Einkommen“ nicht in die Beurteilung einbezogen wurde. Insbesondere das Spektrum der Fehlbeanspruchungen ist, nach den Aussagen der Teilzeitbeschäftigten, erheblich geringer (vgl. ebd.), was unter anderem auf die kürzere Zeitdauer zurückzuführen ist, während der Teilzeitbeschäftigte mit Arbeitsbelastungen konfrontiert wird.

Auf der anderen Seite des Typenspektrums steht Typ 5, der durch Ressourcenarmut und ein mittleres oder hohes Fehlbeanspruchungsniveau gekennzeichnet ist – dieser Typ repräsentiert „schlecht oder mangelhaft gestaltete Arbeit“. 17% der Beschreibungen wurden diesem Typ zugeordnet. Mit einem Anteil von 20% sind auch am negativen Ende der Arbeitsqualität überdurchschnittlich häufig die Arbeitsplätze von Teilzeitbeschäftigten – vor allem teilzeitbeschäftigte Frauen – vertreten. Dies lässt auf eine starke Polarisierung der Arbeitsbedingungen von Teilzeitbeschäftigten schließen: Sie berichten häufiger von besonders gut und häufiger von besonders schlecht gestalteten Arbeitsplätzen. Unter den Vollzeitbeschäftigten berichten Männer mit einem Anteil von 18% häufiger als Frauen von solchermaßen belastenden und ressourcenarmen Arbeitsplätzen.

Abb. 6.7: Typ 1 „Viele Ressourcen & keine/wenig belastende Arbeit" – charakteristische Konstellationen

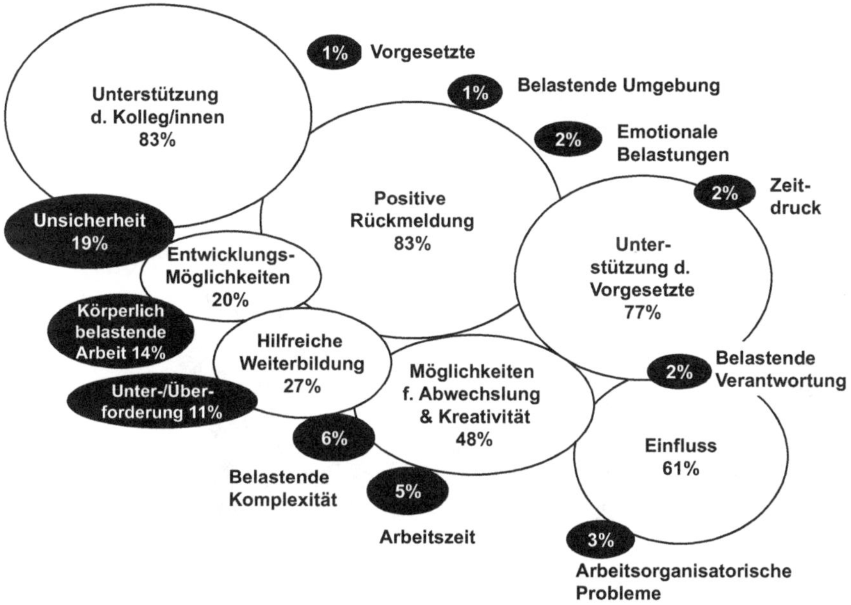

Erläuterung: Grundlage dieser Grafik sind ArbeitnehmerInnen deren Arbeitsbedingungen als Typ1 charakterisiert wurden. Die Abbildung verdeutlicht, in welchen Bereichen diese Beschäftigten über ein hohes Ressourcen- bzw. Fehlbelastungsniveau berichten.

Quelle: INQA-Befragung „Was ist Gute Arbeit?" 2004/5; eigene Berechnungen

Auf diese Weise konnten verschiedene Kombinationen von Arbeitsbedingungen in den Blick genommen werden und im Hinblick auf weitere Zusammenhänge untersucht werden. Zum Beispiel konnte gezeigt werden, dass bereits Typ 3, der durch ein sehr hohes Maß arbeitsbezogener Ressourcen in Kombination mit einem sehr hohen Fehlbeanspruchungsniveau gekennzeichnet ist, stark mit einer Vielzahl von gesundheitlichen Beschwerden korreliert (ebd.). Anders gesagt, auch sehr umfassende Einfluss- und Entwicklungsmöglichkeiten sowie soziale Unterstützung am Arbeitsplatz können ein sehr hohes Fehlbeanspruchungsniveau nicht (mehr) ausreichend kompensieren. Rund 27% der Arbeitsplatzbeschreibungen von Vollzeitbeschäftigten und 15% der Teilzeitbeschäftigten werden diesem Typ zugerechnet (ohne nennenswerte Unterschiede zwischen Männern und Frauen).

Abb. 6.8: Typ 3 „Sehr belastende Arbeit & sehr viele Ressourcen" (links) und Typ 5 „Wenige/keine Ressourcen & belastende Arbeit" (rechts) – charakteristische Konstellationen

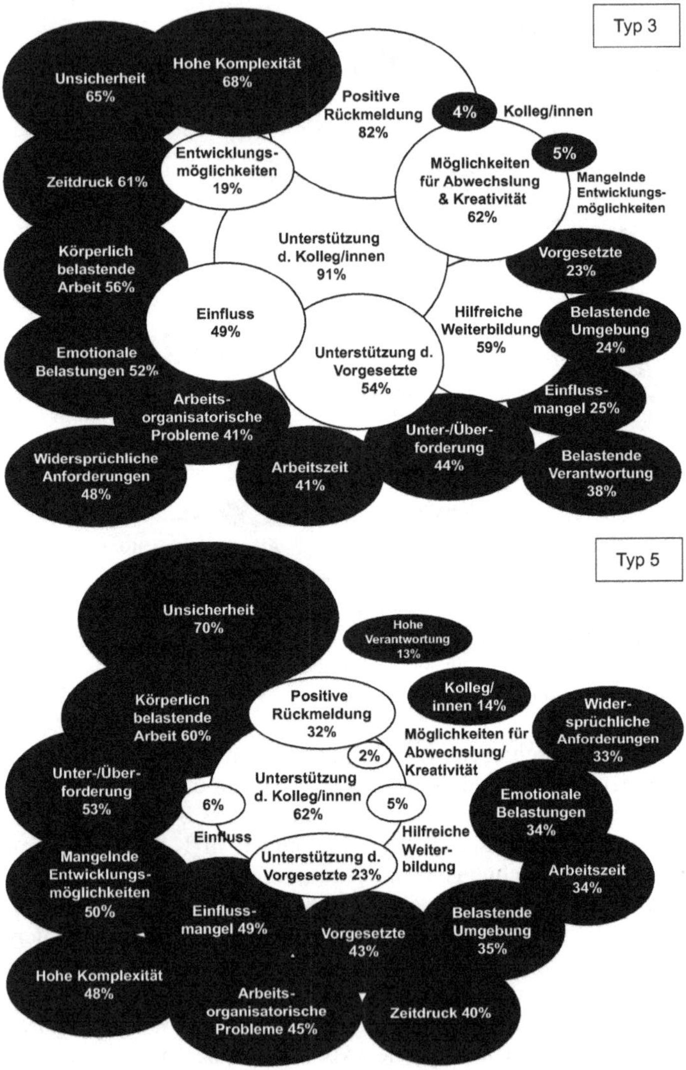

386 Kapitel 6

Legende zu Abbildung 6.8:

Erläuterung: Grundlage dieser Grafik sind ArbeitnehmerInnen, deren Arbeitsbedingungen als Typ 3 bzw. Typ 5 charakterisiert wurden. Die Abbildungen verdeutlichen, in welchen Bereichen diese Beschäftigten über ein hohes Ressourcen- bzw. Fehlbelastungsniveau berichten.

Quelle: INQA-Befragung „Was ist Gute Arbeit?“ 2004/5; eigene Berechnungen

Die Auswertung dieser Daten für eine vergleichende Betrachtung der Arbeitsbedingungen im öffentlichen Dienst und in der privaten Wirtschaft zeigt ein stark polarisiertes Bild für die private Wirtschaft: Einerseits berichten 9% der befragten Arbeitnehmer und Arbeitnehmerinnen von sehr gut gestalteten Arbeitsplätzen (Typ 1), andererseits beschreiben 19% ihre Arbeitsbedingungen als ressourcenarm und belastend. Im Gegensatz dazu zeichnen Beschäftigte im öffentlichen Dienst deutlich seltener ein stark negatives Bild ihrer Arbeitsbedingungen (10%), und etwa gleich häufig ein sehr positives (8%). Besonders deutlich wird die angesprochene polarisierende Bewertung von Arbeit bei den teilzeitbeschäftigten Frauen in der privaten Wirtschaft: 16% berichten von sehr gut gestalteten Arbeitsplätzen und andererseits empfinden 24% ihren Arbeitsalltag als nahezu durchgängig belastend und ressourcenarm.

Im Rahmen der bisher vorgestellten Ergebnisse fand die Einkommensdimension keine Berücksichtigung. Die Typenbildung, die im Rahmen der INQA-Studie vorgenommen wurde, bezieht sich zunächst ausschließlich auf das Verhältnis von wahrgenommen Ressourcen und erlebten Belastungen. Erst darauf aufbauend wurde das Arbeitseinkommen in die Analyse einbezogen. Grundlegend war dabei die Frage nach dem Anteil von Beschäftigten, die sowohl von gut gestalteten Arbeitsbedingungen berichten und zugleich ein langfristig existenzsicherndes Einkommen beziehen. Dafür wurde ein Schwellenwert von 2.000 Euro Bruttomonatseinkommen festgelegt (zur Begründung vgl. Fuchs 2006, S. 128ff.; vgl. auch Kapitel 3). Die INQA-Studie kam zu dem ernüchternden Ergebnis, dass lediglich 3% aller abhängig Beschäftigten (ohne Auszubildende, Wehr- oder Zivildienstleistende) von umfassend gut gestalteten Arbeitsbedingungen berichten (Typ 1) und zugleich ein durchschnittliches Monatsbruttoeinkommen (inkl. aller Sonderzahlungen) von mindestens 2.000 Euro beziehen. 13% der Arbeitsplatzbeschreibungen waren annähernd positiv (Typ 2) und das Bruttoeinkommen der Beschäftigten lag ebenso über dem Schwellenwert.

Unter Berücksichtigung von Einkommen und Arbeitsplatzgestaltung ist die Chance für vollzeitbeschäftigte Männer im öffentlichen Dienst am höchsten, an einem einigermaßen gut gestalteten Arbeitsplatz (Typ1/Typ2) ein langfristig existenzsicherndes Einkommen zu beziehen: 31% berichten von derart gut gestalteten Bedingungen. Unter den vollzeitbeschäftigten Frauen im öffentlichen Dienst sind es nur 21%. Im Gegensatz dazu zeichnen Vollzeitbeschäftigte in der privaten Wirtschaft erheblich seltener ein ähnlich positives Bild: Lediglich 21% der Arbeitnehmer und 15% der Arbeitnehmerinnen berichten von Arbeits- und Einkommensbedingungen, die zumindest als „nahe an guter Arbeit" bezeichnet werden können (vgl. Abb. 6.9).

Abb. 6.9: Wahrgenommene Arbeitsqualität aus Sicht der Beschäftigten im öffentlichen Dienst und in der privaten Wirtschaft

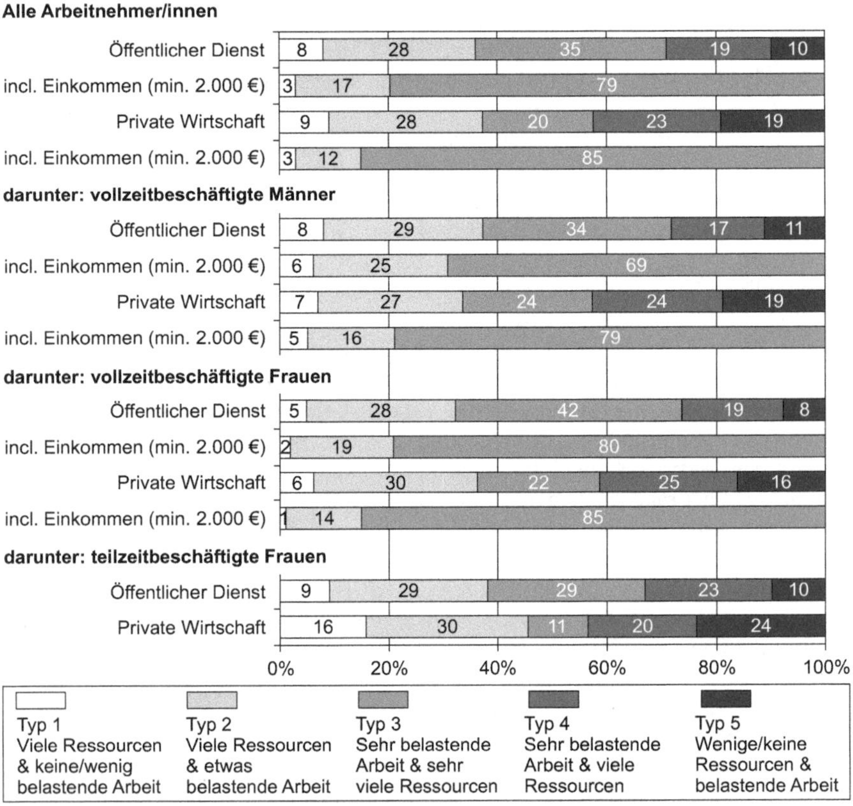

Quelle: INQA-Befragung „Was ist Gute Arbeit?" 2004/5; eigene Berechnungen

In die gleiche Richtung weisen die Ergebnisse auf der Basis der DGB-Index-Erhebungen, die zugleich umfassendere Analysemöglichkeiten eröffnen. Auch bei diesen seit 2007 jährlich durchgeführten Erhebungen handelt es sich um repräsentative, fragebogengestützte Befragungen. Die drei Datensätze 2007-2009 umfassen insgesamt 21.737 Fälle, 77% der befragten ArbeitnehmerInnen arbeiten in der privaten Wirtschaft, 23% im öffentlichen Dienst. Inhaltlich bauen diese Untersuchungen auf der INQA-Befragung auf, jedoch ermöglicht der DGB-Index eine einfacher zu handhabende Klassifizierung der Ergebnisse in:

1. „Gute Arbeit", d.h. Arbeits- und Einkommensbedingungen, die umfassend positiv beschrieben werden – in hohem Maße vorhandene Ressourcen, keine negativen Beanspruchungen und ein als angemessen und ausreichend beschriebenes Einkommen.

2. „Mittelmäßige Arbeit", d.h. Arbeits- und Einkommensbedingungen, die subjektiv nicht als Belastung erlebt werden, die jedoch nur wenige förderliche Aspekte (wie Einfluss- und Entwicklungsmöglichkeiten, Unterstützung) zeigen.

3. „Schlechte Arbeit", d.h. Arbeits- und Einkommensbedingungen, die subjektiv als belastend erlebt und als vollkommen ressourcenfrei beschrieben werden (mehr zur Konzeption des DGB-Index: siehe Kasten 6.1 und Fuchs 2009, S. 46ff.).

Bei dieser Klassifizierung der Arbeitsqualität aus Sicht von Beschäftigten wird das Einkommen von Anfang an systematisch einbezogen – jedoch nicht als Bruttoeinkommensangabe, sondern in Form einer subjektiven Einschätzung des Verhältnisses von Einkommen und Leistungsverausgabung sowie einer Einschätzung, ob das aktuelle sowie das aus Erwerbsarbeit resultierende Renteneinkommen ausreichen wird. Diese subjektive Beurteilung des Einkommens schließt an das unter Abschnitt 6.2 skizzierte Modell der beruflichen Gratifikationskrisen an, wobei die subjektiven Einschätzungen nicht losgelöst von den faktischen Bruttoeinkommen der Beschäftigten zu sehen sind: Lohnhöhe und Einschätzung korrelieren stark miteinander.

Nur 12% der Beschäftigten in der privaten Wirtschaft beschreiben ihre Arbeits- und Einkommensbedingungen als umfassend gut, d.h. sie berichten von „in (sehr) hohem Maß" vorhandenen Ressourcen, keinen subjektiv belastenden Arbeitsanforderungen und sie empfinden eine Balance zwischen ihrem Einkommen und ihrer Arbeitsleistung. Im öffentlichen Dienst berichten erheblich mehr – nämlich 17% der Beschäftigten – von vergleichbar guten Bedingungen. Und nicht nur auf der „Sonnenseite" der Bewertung der Qualität der Arbeit existieren auffallende Unterschiede, sondern auch auf der „Schattenseite": während 34% der Beschäftigten in der privaten Wirtschaft ihre Arbeits- und Einkommensbedingungen nahezu durchgängig als belastend empfinden, sind es im öffentlichen Dienst 27%. Das heißt, Arbeit in der privaten Wirtschaft wird von den Beschäftigten erheblich häufiger als belastend und seltener als entwicklungsförderlich und gut gestaltet beschrieben. Dies gilt gleichermaßen für teil- und vollzeitbeschäftigte Frauen und Männer (vgl. Tab. 6.4).

Kasten 6.1: Der DGB-Index *Gute Arbeit*

In den DGB-Index fließen drei zentrale Bereiche guter Arbeit gleichwertig ein, nämlich

- ob und in welchem Maße ArbeitnehmerInnen in der heutigen Arbeitswelt entwicklungsförderliche Ressourcen (d.h. Einfluss- und Entwicklungsmöglichkeiten, Anerkennung und soziale Einbindung bzw. Sicherheit, kreative Potenziale, eine ausgewogene Abforderung ihrer vorhandenen Qualifikationen und Fähigkeiten usw.) finden (Teilindex Ressourcen)
- ob, in welchem Maß und in welchem Bereich Arbeit als subjektiv belastend empfunden wird (Teilindex Belastungen)
- und in welchem Maß die Beschäftigten ihre Einkommens- und Beschäftigungssicherheit als ausreichend beurteilen (Teilindex Einkommen & Beschäftigungssicherheit).

Die drei Teilindices fußen auf insgesamt 15 Dimensionen der Arbeitsqualität, die durch 31 Index-bildende Fragen konstruiert werden. Damit ermöglicht der DGB-Index einerseits einen schnellen Überblick über die Gesamtsituation am Arbeitsplatz aus der Perspektive von Beschäftigten und anderseits ermöglicht er einen differenzierten Einblick in die verschiedenen Facetten der Arbeitsbedingungen.

Dimensionen	Teilindex	Gesamtindex
Teilindex „Ressourcen" 1. Qualifizierungs- und Entwicklungsmöglichkeiten 2. Möglichkeiten für Kreativität 3. Aufstiegsmöglichkeiten 4. Einfluss- und Gestaltungsmöglichkeiten 5. Informationsfluss 6. Führungsqualität 7. Betriebskultur 8. Kollegialität 9. Sinngehalt der Arbeit 10. Arbeitszeitgestaltung	*Teilindex „Ressourcen"*	**DGB-Index Gute Arbeit**
Teilindex „Belastungen" 11. Arbeitsintensität 12. Körperliche Anforderungen 13. Emotionale Anforderungen	*Teilindex „Belastungen"* (potentiell negative Beanspruchungen)	
Teilindex „Einkommen und Sicherheit" 14. Berufl. Zukunftsaussichten/Arbeitsplatzsicherheit 15. Einkommen	*Teilindex „Einkommen und Sicherheit"*	

Wie kommt der Wert des DGB-Index zustande?

Der positive Pol des DGB-Index stellt „Gute Arbeit" dar – Arbeit, die aus Sicht der Befragten durch umfassende soziale und berufliche Entwicklungs-

und Entfaltungsmöglichkeiten (Ressourcen), wenig negative Belastungen und ein angemessenes Einkommen sowie relative berufliche Zukunftssicherheit charakterisiert ist. Beschreiben Beschäftigte ihre Arbeitssituation in vielen Dimensionen als überwiegend unterstützend, entwicklungs- und lernförderlich sowie als belastungsarm, erreicht der Index einen Wert zwischen 80 und 100 Punkten („Gute Arbeit"). Der negative Pol entspricht einer Arbeitsqualität, die durch keine Entwicklungsmöglichkeiten, hohe Belastungen und eine belastende Einkommenssituation charakterisiert ist. Ein Indexwert im Bereich von 0 bis 50 Punkten weist auf hochgradig belastende und entwicklungsarme Arbeitsbedingungen hin („schlechte Arbeit"). Auch Indexwerte zwischen 50 und 80 Punkten verweisen auf einen hohen Gestaltungsbedarf: In diesem Bereich werden die Arbeitsbedingungen zwar selten als belastend, aber als entwicklungsarm beschrieben. Das heißt zum Beispiel, dass die Beschäftigten nur in geringem Maß von Entwicklungs- und Einflussmöglichkeiten, einem unterstützenden Führungsstil oder von einer kollegialen Betriebskultur berichten. Dazu kommen körperliche, psychische und emotionale Anforderungen, die von den Befragten – in unterschiedlichem Maße – als subjektiv belastend beschrieben werden.

Diese Unterschiede lassen sich überwiegend auf eine deutlich bessere Bewertung der Dimensionen *„Einkommen und berufliche Sicherheit"* zurückführen, die man in der privaten Wirtschaft als zentrale Fehlbeanspruchungsfaktoren ansehen muss: 66% der Beschäftigten beurteilen diese Dimensionen negativ – im öffentlichen Dienst sind es 48%. Diese Unterschiede zeigen sich durchgängig sowohl bei voll- als auch bei teilzeitbeschäftigten Frauen und Männern. Diese beiden aus Sicht der Befragten zentralen Faktoren der Arbeitsqualität werden in der privaten Wirtschaft durchgängig schlechter bewertet als im öffentlichen Dienst. Umgekehrt ist der Anteil der Beschäftigten, die von ausreichender beruflicher Sicherheit, einem angemessenen und ausreichenden Einkommen berichten, im öffentlichen Dienst fast doppelt so hoch (22%) wie in der privaten Wirtschaft (12%). Weniger eindeutig sind die Unterschiede im Hinblick auf die Beurteilung der vorhandenen *Ressourcen* am Arbeitsplatz und die möglichen Gefährdungen, z.B. durch Lärm, körperliche oder emotionale Belastungen oder hohe Arbeitsintensität (Teilindex *„Belastungen"*). Beschäftigte in der privaten Wirtschaft berichten häufiger (21%) als Beschäftigte im öffentlichen Dienst (17%) von ressourcenarmen Arbeitsplätzen, die durch fehlende Entwicklungs-, Qualifizierungs- und Einflussmöglichkeiten und fehlende Unterstützung durch Führungskräfte oder KollegInnen gekennzeichnet sind. Im Gegensatz dazu ist Arbeit im öffentlichen Dienst häufiger durch potentielle Gefährdungen, z.B. durch Lärm,

Tab. 6.4: DGB-Index Gute Arbeit und Teilindices für Beschäftigte im öffentlichen Dienst und in der privaten Wirtschaft (Angaben in %)

		DGB-Index *Gute Arbeit*			Teil-Index Ressourcen			Teil-Index „Belastungen"			Teil-Index Einkommen/Sicherheit		
		schlecht	mittel	gut	schlecht	mittel	gut	schlecht	mittel	gut	schlecht	mittel	gut
Öffentlicher Dienst – insgesamt		27	57	17	17	58	25	28	43	30	48	31	22
Private Wirtschaft – insgesamt		34	54	12	21	56	23	24	44	32	66	22	12
Männer, Vollzeit	Öffentlicher Dienst	24	57	19	18	60	23	24	44	33	43	32	25
	Private Wirtschaft	33	55	12	22	56	22	24	46	30	64	23	13
Frauen, Vollzeit	Öffentlicher Dienst	31	55	14	19	57	24	34	43	23	52	29	19
	Private Wirtschaft	36	53	11	23	53	24	28	42	30	68	21	11
Männer, Teilzeit	Öffentlicher Dienst	20	61	20	8	59	32	16	46	38	47	27	26
	Private Wirtschaft	37	56	7	21	64	15	24	47	29	71	19	10
Frauen, Teilzeit	Öffentlicher Dienst	28	57	16	16	55	29	29	40	31	49	32	19
	Private Wirtschaft	32	55	13	18	58	24	22	39	39	65	24	11

Hinweis: Der DGB-Index setzt sich zu jeweils einem Drittel aus den Werten der drei Teilindices Ressourcen, Belastungen und Einkommen/Sicherheit zusammen. Die Klassifizierung „schlecht" bedeutet, dass dieser Bereich als belastend erlebt wird, „mittel" bedeutet, dass Ressourcen nur in geringem Maß vorhanden sind oder dass potentiell gefährdende Faktoren (wie z.B. Lärm) vorhanden sind, jedoch nicht als belastend empfunden werden. „Gut" bedeutet, dass Ressourcen, berufliche Zukunftssicherheit und Einkommen in (sehr) hohem Maß vorhanden sind, potentiell gefährdende Faktoren hingegen fehlen.

Quelle: DGB-Index-Erhebungen 2007-2009 (kumulierter Datensatz mit 21.737 Fällen), eigene Berechnungen

einseitige oder schwere Arbeit, vor allem aber durch emotional belastende Arbeit, geprägt als Arbeit in der privaten Wirtschaft – das gilt insbesondere für die Arbeit von Frauen im öffentlichen Dienst. Im Wesentlichen erklärt sich dies durch die teilweise sehr belastende Arbeit im Gesundheits- und Pflegebereich, die einen großen Anteil der Frauenarbeit im öffentlichen Dienst ausmacht.[12] Hingegen arbeiten Frauen in der privaten Wirtschaft relativ häufiger in der Verwaltung, im Bank- oder Versicherungsbereich, also in jenen Arbeitsbereichen, die weniger stark durch belastende körperliche und Umgebungsbedingungen und emotionale Anforderungen geprägt sind.

Bezogen auf die private Wirtschaft liegt die Annahme nahe, dass die Arbeits- und Einkommensbedingungen in mitbestimmten Betrieben besser bewertet werden, als in Betrieben ohne Mitbestimmung durch Betriebsräte. Für diese Annahme sprechen beispielsweise die Ergebnisse der WSI-Betriebsrätebefragung 2007, die detailliert dokumentieren, in welchem Ausmaß sich die Aktivitäten der Betriebsräte auf die Gestaltung von zentralen Dimensionen der Arbeitsqualität richten (vgl. Schäfer 2008, S. 294): Im Durchschnitt regeln Betriebsräte mit knapp sieben Betriebsvereinbarungen verschiedene Gegenstandsbereiche. Diese beziehen sich zu einem erheblichen Anteil auf die Regelung von Arbeitszeit, Entlohnung, Beschäftigungssicherung und Weiterbildung. Insbesondere in den letzten Jahren richten sich die Aktivitäten der Betriebsräte – auch jenseits von Vereinbarungen – verstärkt auf die Felder Beschäftigungssicherung, Änderungen der Arbeitsorganisation und Maßnahmen zur Begrenzung des Leistungsdrucks sowie auf neue Arbeitszeitregelungen (ebd.). Das heißt, es ist davon auszugehen, dass Betriebsräte in die Gestaltung der Arbeits- und Einkommensbedingungen zu Gunsten der ArbeitnehmerInnen eingreifen. Unklar ist jedoch, ob und in welchem Ausmaß sich diese Aktivitäten in der wahrgenommenen Arbeitsqualität widerspiegeln – der Beantwortung dieser Frage sind die nächsten Seiten gewidmet.

Jede/r zweite befragte ArbeitnehmerIn gibt an, in einem mitbestimmten Betrieb der privaten Wirtschaft zu arbeiten. Darunter sind lediglich 2% in mitbestimmten Kleinstbetrieben (bis 19 MitarbeiterInnen) und 8% in mitbestimmten Kleinbetrieben mit 20 bis 199 MitarbeiterInnen beschäftigt. 14% arbeiten in mittelständischen und 26% in Großbetrieben mit Betriebsrat. Insgesamt sind teilzeitbeschäftigte Frauen mit einem Anteil von 36% seltener im Wirkungsbereich von Betriebsräten beschäftigt als vollzeitbeschäftigte Männer (55%) und Frauen (51%) (vgl. Tab. 6.15 im Kapitelanhang).

Tabelle 6.5 vermittelt einen deskriptiven Überblick zu der Frage, ob die Arbeits- und Einkommensbedingungen in mitbestimmten privatwirtschaftlichen Betrieben besser bewertet werden als in Betrieben ohne Betriebsrat. Dabei wurde auch die Unternehmensgröße berücksichtigt. Der Überblick zeigt, dass die Ar-

12 Vgl. dazu auch die Ergebnisse von Krell et al. (2000), die in ihrem Gutachten zur diskriminierungsfreien Bewertung von Dienstleistungsarbeit auf die hohe Verbreitung von psycho-sozialen Arbeitsanforderungen im Rahmen von frauendominierter Arbeit in der öffentlichen Pflege verweisen, die vielfach als subjektiv belastend erlebt werden.

beits- und Einkommensbedingungen in mitbestimmten Betrieben seltener als belastend beschrieben werden – dies gilt insbesondere für die Beurteilung von Arbeit in Großbetrieben: 42% der ArbeitnehmerInnen, die in größeren Betrieben (200 und mehr Beschäftigte) ohne Mitbestimmung arbeiten, beschreiben ihre Arbeits- und Einkommensbedingungen als belastend und ressourcenarm („schlecht"), in mitbestimmten Betrieben dieser Größe sind es 31%. In letzteren werden die Arbeits- und Einkommensbedingungen von den Befragten häufiger als umfassend positiv beschrieben.

Jedoch verdichten sich diese Befunde nicht zu einem konsistenten Bild für alle Beschäftigtengruppen: Die Arbeits- und Einkommensbedingungen von teilzeitbeschäftigten Frauen (insbesondere in größeren Betrieben) scheinen weniger positiv durch Betriebsräte beeinflusst zu werden als die Bedingungen von Vollzeitbeschäftigten. Auch das Urteil von Beschäftigten in Betrieben mittlerer Größe folgt nicht durchgängig der angenommenen Logik, dass Arbeit in mitbestimmten Betrieben deutlich besser beurteilt wird. Gründe hierfür könnten in der ungleichen Verteilung dieser Betriebstypen auf verschiedene Branchen mit ungleichen Arbeits- und Einkommensbedingungen liegen. Möglicherweise kommt es unter anderem dadurch zu überlagernden Effekten. Offen blieb bisher auch die Frage, ob – jenseits der betrieblichen Rahmenbedingungen – das Geschlecht der befragten ArbeitnehmerInnen einen eigenständigen Einfluss auf die beschriebenen Arbeitsbedingungen hat.

Im Folgenden werden die Ergebnisse einer multinominalen logistischen Regression vorgestellt, die den Einfluss von Personen- und betrieblichen Merkmalen auf die Verbreitung von guter bzw. schlechter Arbeit prüft (Referenzkategorie: mittelmäßige Arbeit). In diesem Modell wurden folgende Faktoren berücksichtigt:

- Geschlecht (weiblich, männlich)
- Arbeitsvolumen (Vollzeit, Teilzeit)
- Qualifikation (ohne beruflichen Abschluss, Lehre/Berufsfachschule, MeisterIn/TechnikerIn/Fachschulausbildung, [Fach-[Hochschulstudium)
- Beschäftigungsverhältnis (Befristung, Zeitarbeit, unbefristet)
- Zuordnung zur privaten Wirtschaft (private Wirtschaft; öffentlicher Dienst)
- Betriebs-/Personalrat im Unternehmen (ja, nein)
- Unternehmensgröße (unter 20 Beschäftigte, 20 bis 199 Beschäftigte, 200 bis 1999 Beschäftigte, 2.000 und mehr Beschäftigte)
- Zuordnung der Tätigkeit zu den fünf Wirtschaftsbereichen (Produzierendes Gewerbe, Energieversorgung/Abfallwirtschaft/Verkehr, Baugewerbe, unternehmensnahe Dienstleistungen, personennahe Dienstleistungen).

Tab. 6.5 DGB-Index Gute Arbeit – Beschäftigte in der privaten Wirtschaft nach Betriebstypen (Angaben in %)

	Alle ArbeitnehmerInnen in der privaten Wirtschaft			Männer, Vollzeit			Frauen, Vollzeit			Frauen, Teilzeit		
	DGB-Index *Gute Arbeit*			DGB-Index *Gute Arbeit*			DGB-Index *Gute Arbeit*			DGB-Index *Gute Arbeit*		
	schlecht	mittel	gut	schlecht	mittel	gut	schlecht	mittel	gut	schlecht	mittel	gut
Kleinbetrieb mit Betriebsrat (bis 19 Beschäftigte in Deutschland)	35	51	14	34	52	14	36	49	14	30	50	20
Kleinbetrieb ohne Betriebsrat (bis 19 Beschäftigte in Deutschland)	38	52	10	40	51	9	39	50	11	30	56	15
Mittlerer Betrieb mit Betriebsrat (20 bis 199 Beschäftigte in Deutschland)	33	55	11	34	54	12	34	55	11	31	59	9
Mittlerer Betrieb ohne Betriebsrat (20 bis 199 Beschäftigte in Deutschland)	39	50	11	34	55	11	39	52	10	46	43	11
Größerer Betrieb mit Betriebsrat (200 und mehr Beschäftigte in Deutschland)	31	56	13	28	57	16	35	54	11	42	50	8
Größerer Betrieb ohne Betriebsrat (200 und mehr Beschäftigte in Deutschland)	42	49	8	41	52	7	40	51	9	43	45	11

Hinweis: Der DGB-Index setzt sich zu jeweils einem Drittel aus den Werten der drei Teilindices Ressourcen, Belastungen und Einkommen/Sicherheit zusammen. Die Klassifizierung „schlecht" bedeutet, dass dieser Bereich als belastend erlebt wird, „mittel" bedeutet, dass Ressourcen nur in geringem Maß vorhanden sind oder dass potentiell gefährdende Faktoren (wie z.B. Lärm) vorhanden sind, jedoch nicht als belastend empfunden werden. „Gut" bedeutet, dass Ressourcen, berufliche Zukunftssicherheit und Einkommen in (sehr) hohem Maß vorhanden sind, potentiell gefährdende Faktoren hingegen fehlen.

Quelle: DGB-Index-Erhebungen 2007-2009 (kumulierter Datensatz mit 21.737 Fällen), eigene Berechnungen

Die Ergebnisse (vgl. Tab. 6.6) zeigen, dass mit den verwendeten Parametern ein akzeptabler Anteil der Varianz erklärt werden kann. Sowohl eine Beschäftigung im produzierenden Gewerbe, im unternehmensnahen Dienstleistungsbereich, in kleinen als auch in mitbestimmten Unternehmen stehen in einem signifikant positiven Zusammenhang zu einer umfassend guten Beurteilung der Arbeits- und Einkommensbedingungen (rechte Spalte von Tab. 6.6). Im Gegensatz dazu halbieren befristete Arbeitsverträge und die Beschäftigung bei einer Zeitarbeitsfirma die Wahrscheinlichkeit, dass Arbeit von den Beschäftigten positiv bewertet wird. Einen ebenfalls negativen Einfluss haben die Beschäftigung in der privaten Wirtschaft und ein mittleres Qualifikationsniveau. Keinen signifikanten Einfluss haben das Geschlecht und ob es sich um Voll- oder Teilzeitarbeit handelt.

Nahezu spiegelbildlich zu diesen Ergebnissen verdoppelt Leiharbeit das Risiko, dass die Arbeits- und Einkommensbedingungen als belastend und ressourcenarm beschrieben werden. Das gilt in noch stärkerem Maß für Beschäftigte, die keine berufliche Qualifikation haben. Die Wahrscheinlichkeit, dass die Arbeitsqualität negativ beurteilt wird, ist jedoch auch bei Beschäftigten mit mittlerem Qualifikationsniveau – im Vergleich zu Beschäftigten mit Hochschulabschluss – erhöht. Auch befristet Beschäftigte, ArbeitnehmerInnen in der privaten Wirtschaft, Vollzeitbeschäftigte und Frauen tragen ein – wenn auch nur gering – höheres Risiko, dass sie ihren Arbeitsalltag als Belastung erleben. Im Gegensatz dazu verringern Betriebsräte, eine geringe Unternehmensgröße und die Beschäftigung im unternehmensnahen Dienstleistungsbereich diese Wahrscheinlichkeit.

Zusammenfassend bedeutet dies, dass Arbeit in der privaten Wirtschaft, Mitbestimmung, eine geringe Betriebsgröße, die Beschäftigung im unternehmensnahen Dienstleistungsbereich und das Beschäftigungsverhältnis die Wahrscheinlichkeit beeinflussen, dass Arbeit umfassend positiv oder auch negativ erlebt wird. Im Gegensatz dazu haben die Geschlechtszugehörigkeit und das Arbeitsvolumen (Vollzeit/Teilzeit) lediglich einen geringen Einfluss darauf, ob Arbeit besonders belastend beschrieben wird.

Im Zentrum des nächsten Abschnitts steht die Frage, welche Zusammenhänge zwischen der wahrgenommen Qualität der Arbeit und der erlebten Balance zwischen beruflichem und privatem Leben bestehen. Welche Bedeutung haben die verschieden Aspekte der Arbeits- und Einkommensbedingungen für eine gelingende oder weniger gelingende Work-Life-Balance?

Tab. 6.6: Einflussfaktoren für eine positive oder negative Beschreibung der Arbeitsqualität

	Wahrgenommene Arbeitsqualität: belastend[a] („Schlechte Arbeit" – DGB-Index 0 bis 50 Punkte)		Wahrgenommene Arbeitsqualität: umfassend positiv[a] („Gute Arbeit" – DGB-Index 80 Punkte und mehr)	
	Exp(B)	Signifikanz[b]	Exp(B)	Signifikanz[b]
Konstanter Term				
Geschlecht (1 =weiblich)	1,096	*	1,003	ns
Arbeitsvolumen (1=Vollzeit)	1,102	**	0,938	ns
Qualifikation (ohne beruflichen Abschluss)	2,228	***	0,925	ns
Qualifikation (Lehre/Berufsfachschule)	1,841	***	0,836	**
Qualifikation (MeisterIn/TechnikerIn/Fachschulausbildung)	1,739	***	0,856	*
Qualifikation ([Fach-]Hochschulausbildung)				
Befristet beschäftigt	1,267	***	0,588	***
Leiharbeitsbeschäftigte	1,914	***	0,535	*
Zuordnung zur Privaten Wirtschaft (1=Private Wirtschaft)	1,146	**	0,776	***
Betriebs-/Personalrat im Unternehmen (1=ja)	0,841	***	1,184	**
Unternehmensgröße bis 19 Beschäftigte	0,751	***	1,196	*
Unternehmensgröße 20-199 Beschäftigte	1,053	ns	1,137	*
Unternehmensgröße 200-1.999 Beschäftigte	1,031	ns	0,990	ns
Unternehmensgröße 2.000 und mehr Beschäftigte				
Beschäftigt im produzierenden Gewerbe	0,942	ns	1,240	**
Beschäftigt in den Bereichen Energieversorgung/Abfallwirtschaft/Verkehr	0,916	ns	1,058	ns
Beschäftigt im Baugewerbe	1,056	ns	0,960	ns
Beschäftigt im unternehmensnahen Dienstleistungsbereich	0,770	***	1,147	*
Beschäftigt im personennahen Dienstleistungsbereich				

a Die Referenzkategorie lautet: mittel (50 bis unter 80).
Pseudo-R-Quadrat nach ...
Nagelkerkes 0,42
McFadden 0,19
(b) Erläuterung zum Signifikanzniveau: ns = nicht signifikant: Irrtumswahrscheinlichkeit p >0.05; * = signifikant: Irrtumswahrscheinlichkeit p <=0.05; ** = sehr signifikant: Irrtumswahrscheinlichkeit p <=0.01; ***= höchst signifikant: Irrtumswahrscheinlichkeit p <=0.001;

Quelle: DGB-Index-Erhebungen 2007-2009 (kumulierter Datensatz mit 21.737 Fällen); eigene Berechnungen

6.5 Work-Life-Balance im Kontext der wahrgenommenen Arbeitsqualität

Die Gesundheits- und Arbeitsforschung räumt einem möglichst ausgewogenen Verhältnis von beruflichem und außerberuflichem Leben einen hohen Stellenwert ein. Darin kommt zum Ausdruck, dass der berufliche Bereich – bei entsprechender Gestaltung – ein wichtiger Motor für die persönliche Entwicklung ist. Dennoch braucht jeder Mensch – auch bei noch so guter Arbeitsgestaltung – genügend freie Zeit, um sich vollständig zu erholen, um Kraft zu tanken und um weitere, auch berufsferne Kenntnisse und Fähigkeiten zu entwickeln.

Gerade wenn berufliche Arbeit anstrengend und fordernd ist, ist es für die Beschäftigten zwingend notwendig, einen umfassenden Ausgleich im außerberuflichen Alltag zu finden. Dazu gehören ausreichend Schlaf, körperliche Bewegung, funktionierende Sozialbeziehungen sowie soziale und kulturelle Betätigung. Um dies zu gewährleisten, ist insbesondere eine zeitliche Balance zwischen privatem und beruflichem Leben wichtig.

In der DGB-Befragung Index Gute Arbeit 2007[13] bezeichneten 58% der befragten Beschäftigten das Verhältnis zwischen ihrem beruflichen und privaten Leben als ausgewogen (vgl. Fuchs 2007b). Bei 42% trifft dies nicht oder nur in geringem Maße zu. Im Hinblick auf die Beurteilung der so genannten Work-Life-Balance weichen die Urteile von Männern und Frauen – unter Kontrolle der Arbeitszeit – kaum von einander ab. Im Gegensatz dazu gehen die Bewertungen von Voll- und Teilzeitbeschäftigten weit auseinander: Nur jeder zweite vollzeitbeschäftigte Mann bzw. jede zweite vollzeitbeschäftigte Frau gaben an, dass ihnen die Arbeit insgesamt genügend Zeit für ihre privaten Interessen lässt. Unter den Teilzeitbeschäftigten nahmen dagegen drei Viertel der Befragten eine positive Bewertung ihrer gegenwärtigen beruflichen und privaten Balance vor. Das heißt, mit Hilfe von reduzierten Arbeitszeiten erhöht sich die Chance auf ein ausgewogenenes Verhältnis von Arbeits-, Familien- und anderen privaten Zeiten deutlich, während dies im Rahmen von Vollzeitarbeit vielfach nicht gelingt – unabhängig vom Geschlecht. Insbesondere bei sehr langen tatsächlichen Arbeitszeiten (inkl. Überstunden) erreichen die Beschäftigten kaum noch eine Balance zwischen beruflichem und außerberuflichem Leben (ebd.).

Die Angaben der befragten ArbeitnehmerInnen zur Realisierung ihrer Work-Life-Balance zeigen darüber hinaus, dass diese im öffentlichen Dienst für vollzeitbeschäftigte Männer wie Frauen leichter zu erreichen ist als in der privaten Wirtschaft (vgl. Tab. 6.7). Und Vollzeitbeschäftigte in mitbestimmten Betrieben empfinden ebenfalls häufiger ein ausgewogenes Verhältnis zwischen

---

13 Die DGB-Index-Befragung von 2007 hatte den Schwerpunkt „Work-Life-Balance“. Aus diesem Grund liegen für diese Welle zusätzliche Ergebnisse zu dieser Thematik vor.

ihrem beruflichen und privaten Leben. Keine entsprechenden Unterschiede zeigen sich bei teilzeitbeschäftigten Frauen, bei ihnen scheint der positive Effekt der reduzierten Arbeitszeit zu überwiegen.

Tab. 6.7 Balance zwischen beruflichem und privatem Leben nach Betriebstypen

Frage: Ist das Verhältnis zwischen „Beruf“ und „privatem Leben“ bei Ihnen ausgewogen? (Angaben in %)

Balance zwischen privatem und beruflichem Leben	Öffentlicher Dienst	Private Wirtschaft	Mitbestimmter Kleinbetrieb	Kleinbetrieb ohne Mitbest.	Mitbestimmter mittelständischer Betrieb	Mittelständischer Betrieb ohne Mitbest.	Mitbestimmter Großbetrieb	Großbetrieb ohne Mitbest.
	Frauen, Vollzeit		*Männer, Vollzeit in der privaten Wirtschaft*					
in geringem Maß/Nein	37	50	45	50	49	56	47	75
in (sehr) hohem Maß	63	50	55	50	51	44	53	25
	Frauen, Vollzeit		*Frauen, Vollzeit in der privaten Wirtschaft*					
in geringem Maß/Nein	43	52	55	55	47	64	46	60
in (sehr) hohem Maß	57	48	45	45	53	36	54	40
	Frauen, Teilzeit		*Frauen, Teilzeit in der privaten Wirtschaft*					
in geringem Maß/Nein	27	24	28	17	23	21	35	36
in (sehr) hohem Maß	73	76	72	83	77	79	65	64

Quelle: DGB-Index-Erhebungen 2007, eigene Berechnungen

Diese Ergebnisse – sowie eine Differenzierung nach Branchen – geben erste Hinweise darauf, dass die unterschiedlichen Bedingungen in den einzelnen Bereichen maßgeblich die Schnittstelle zwischen beruflichem und außerberuflichem Leben beeinflussen. Sind die befragten Menschen in Branchen der privaten Wirtschaft tätig, die häufig durch Schicht-, Nacht- bzw. Wochenendarbeit geprägt sind, wie beispielsweise das Gast- und Verkehrsgewerbe, die Baubranche oder die Chemie- und Kunststoffherstellung bzw. -verarbeitung, dann wird die Vereinbarkeit zwischen beruflichem und privatem Leben überdurchschnittlich negativ beurteilt. Im Gegensatz dazu, fällt das Urteil der Beschäftigten aus der öffentlichen Verwaltung sowie dem Bereich Unterricht und Erziehung besser aus. In diesen Branchen wird zum einen seltener in Schichten oder zu unsozialen Zeiten gearbeitet und zum anderen arbeiten hier viele Beschäftigte im Rahmen von Arbeitszeitmodellen, die explizit auf eine bessere Vereinbarkeit von beruflichem und außerberuflichem Leben ausgerichtet sind.

Abb. 6.10: Balance zwischen beruflichem und privatem Leben nach (wahrgenommener) Qualität der Arbeit und Branchen

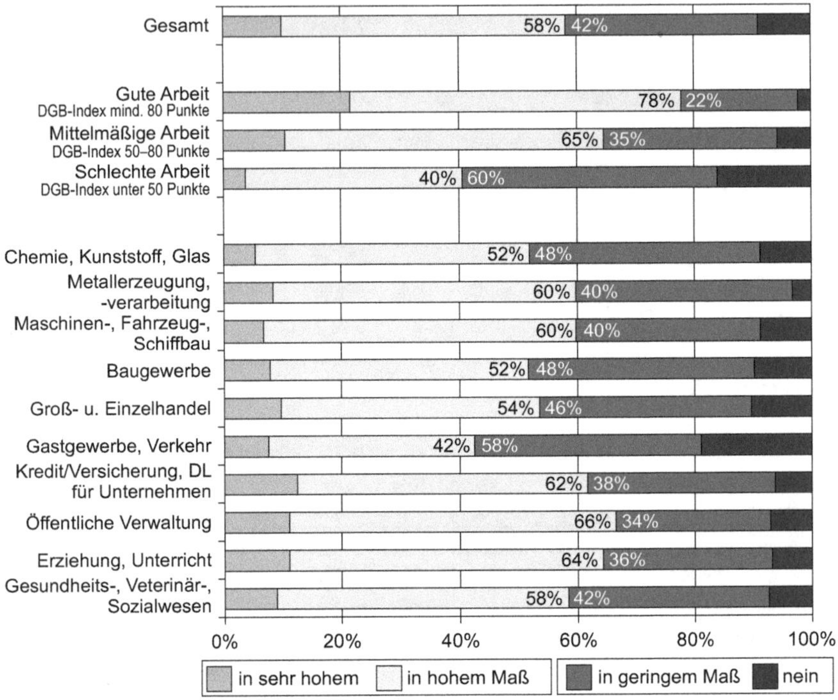

Quelle: DGB-Index-Erhebungen 2007, eigene Berechnungen

Noch größere Unterschiede zeigen sich, wenn die wahrgenommene Qualität der Arbeitsbedingungen berücksichtigt wird[14]: Berichten Beschäftigte von guten Arbeits- und Einkommensbedingungen (d.h. DGB-Index 80 Punkte und mehr), dann fällen sie auch zu 78% ein positives Urteil über die Balance zwischen ihrem beruflichen und privaten Leben. Sind die Arbeitsbedingungen mittelmäßig, geben dies nur noch 65% an. ArbeitnehmerInnen, die überwiegend von belastenden und entwicklungsarmen Arbeits- und Einkommensbedingungen berichten, haben in der Regel auch große Probleme, eine angemessene Work-Life-

14 Die Fragen nach der Balance zwischen beruflichem und privatem Leben sind nicht in die Konstruktion des DGB-Index Gute Arbeit eingeflossen. Aus diesem Grund ist es möglich, die Bewertung der Arbeitsbedingungen (klassische Belastungen, Ressourcen, Einkommen) in Beziehung zur Bewertung der Work-Life-Balance zu setzten.

Balance zu finden: 60% sagen, dass ihnen die Arbeit nicht genügend Zeit für Familie, Freundschaften und private Interessen lässt. Dieses Ergebnis verweist auf eine bedenkliche Wechselwirkung: Gerade jene Beschäftigten, deren Arbeitsbedingungen hoch belastend sind und die kaum positive Ressourcen in der beruflichen Arbeit finden, vermissen darüber hinaus die ausgleichende Erholungswirkung von ausreichender und qualitativ hochwertiger freier Zeit. Langfristig droht insbesondere bei dieser Gruppe die Balance aus Anspannung und Entspannung (vgl. Oppolzer 2002) aus dem Gleichgewicht zu geraten.

Tab. 6.8: Einflussfaktoren einer gelungenen Balance zwischen beruflichem und privatem Leben

	Männer (Vollzeit)	Frauen (Vollzeit)	Frauen (Teilzeit)
Arbeitszeitgestaltung			
In (sehr) hohem Maß Berücksichtigung der eigenen Bedürfnisse bei der Arbeitszeitplanung	1, 4***	2,0***	2,1***
In (sehr) hohem Maß zuverlässige Arbeitszeitplanung	1,7***	1,6**	1,8**
In (sehr) hohem Maß Einfluss auf Überstundenausgleich	1,8***		1,7**
Arbeitsintensität			
Nie/selten Arbeitshetze/Zeitdruck	1,9***	1,9***	1,8**
Einkommen und Sicherheit			
In (sehr) hohem Maß angemessenes, leistungsgerechtes Einkommen	1,3**	1,8**	1,5*
Nie/selten Angst um berufliche Zukunft	1,4***	1,4**	1,8***
In (sehr) hohem Maß ausreichendes (Renten-)Einkommen	1,7***		
Informationsfluss/Arbeitsorganisation			
Nie/selten widersprüchlichen Anforderungen bei der Arbeit	1,7***	1,5**	1,7**
In (sehr) hohem Maß selbständige Planung/Einteilung der Arbeit möglich		1,5**	
In (sehr) hohem Maß gute Arbeitsplanung durch Vorgesetzte	1,3***		
Belastungsreduktion			
Nie/selten Anforderung, Gefühle zu verbergen	1,5***	1,3*	
Nie/selten unwürdige, herablassende Behandlung durch Dritte			1,8**
Nie/selten einseitige, körperliche Belastungen	1,5***		1,7**
Nie/selten laute Umgebungsgeräusche			1,7*
Nie/selten wechselnde Einsatzorte	1,2*		

Lineare Logistische Regression, ausgewiesen (Exp (B)) und Signifikanzniveau.
Quelle: DGB-Index-Erhebungen 2007, eigene Berechnungen

Die bisher thematisierten Unterschiede verweisen auf einen erheblichen Einfluss der konkreten betrieblichen Arbeitsbedingungen auf die Balance von beruflichem und privatem Leben. Für die Arbeitsgestaltung ist von hoher Bedeutung, welche Arbeitsbedingungen in besonderer Weise die berufliche und außerberufliche Balance beeinflussen. Besonders stark erklären eine bedürfnisorientierte und zuverlässige Gestaltung der Arbeitszeit, eine angemessene Arbeitsintensität sowie positiv beurteilte Einkommensbedingungen das Erleben einer ausgewogenen Work-Life-Balance. Darüber hinaus sind ein klarer und umfassender Informationsfluss, eine gute Arbeitsorganisation sowie die Reduktion von körperlichen und emotionalen Belastungen wichtige Prediktoren. Anders ausgedrückt bedeutet dies, die Herstellung von Vereinbarkeit ist zwar stark durch Arbeitszeitlänge und Arbeitszeitgestaltung beeinflusst, aber nicht nur eine Frage der Arbeitszeit. Eine angemessene Gestaltung der Leistungsanforderungen, die Reduzierung von körperlich und emotional belastender Arbeit ebenso wie die Reduktion von belastender Unsicherheit sind wichtige Bausteine bei der Verbesserung der Work-Life-Balance.

6.6 Arbeitsfähigkeit im Kontext der wahrgenommen Arbeitsqualität

Die Einschätzung der eigenen zukünftigen Arbeitsfähigkeit hängt eng mit der Selbstbeurteilung des aktuellen Gesundheitszustandes zusammen. Je häufiger Menschen spüren, dass sie an ihrem Arbeitsplatz an die Grenzen ihrer Leistungsfähigkeit stoßen, dass sie sich krank oder gesundheitlich belastet fühlen, desto pessimistischer dürfte ihre Prognose bezüglich ihrer zukünftigen Arbeitsfähigkeit ausfallen. Im Zeitraum zwischen 2007 und 2009 antwortet auf die Frage, ob er oder sie sich vorstellen kann, unter den derzeitigen Anforderungen gesund das Rentenalter zu erreichen, nur jede/r Zweite uneingeschränkt optimistisch. Ein Drittel gibt eine dezidiert pessimistische Prognose ab: Diese Beschäftigten können sich – unter Berücksichtigung ihres Gesundheitszustandes und ihrer Arbeitsbedingungen – nicht vorstellen, gesund durch ihre weitere Erwerbsphase zu kommen. Die verbleibenden Beschäftigten (17%) sind sich diesbezüglich unsicher. Im Hinblick auf diese Selbsteinschätzung zeigen sich keine konsistenten Unterschiede zwischen den Beschäftigten im öffentlichen Dienst und in der privaten Wirtschaft – ebenso wenig machen Betriebsgröße und Mitbestimmung einen Unterschied. Deutlich werden jedoch große Branchenunterschiede: Im Baugewerbe könnnen sich nur 29% der vollzeitbeschäftigten Männer vorstellen, gesund das Rentenalter zu erreichen – keine andere Gruppe beurteilt den Erhalt der eigenen Arbeitsfähigkeit vergleichbar skeptisch. In den anderen Fertigungs- und Produktionsbereichen sind es zwischen 50 und 55%. In den frauendominierten Wirtschaftsbereichen, wie dem Handel und dem Gastgewerbe, sind die Beschäftigten bezüglich des Erhalts ihrer weiteren Arbeitsfähigkeit ebenfalls selten optimistisch: Nur zwischen 45 und 48% der vollzeitbeschäftigte Frauen und Männer können sich hier vorstellen, gesund in die Rente zu gelangen. Grundsätzlich vermuten Vollzeitbeschäftige häufiger als Teilzeitbeschäftigte, nicht gesund das

Rentenalter zu erreichen. Die Teilzeitbeschäftigten im Handel bilden hier eine Ausnahme: Sie sind im Hinblick auf den Erhalt ihrer Arbeitsfähigkeit ebenso skeptisch wie ihre vollzeitbeschäftigten KollegInnnen (vgl. Tab. 6.9). Die Selbsteinschätzung der Beschäftigten deckt sich vielfach mit der Einschätzung der Betriebsräte zu diesem Thema: Nach den Angaben der WSI-Betriebsrätebefragung von 2007 können sich nur 34% der Betriebsräte vorstellen, dass alle Beschäftigten ihres Betriebes erwerbsfähig die Regelaltersgrenze von 67 Jahren erreichen werden (vgl. Schäfer 2008). Im Baugewerbe sind dies deutlich weniger Betriebsräte (16%) als z.B. im privaten Bank- und Versicherungsgewerbe (69%).

Tab. 6.9: Selbsteinschätzung der weiteren Arbeitsfähigkeit

Frage: Bitte denken Sie an Ihre Arbeit und Ihren Gesundheitszustand: Meinen Sie, dass Sie unter den derzeitigen Anforderungen Ihre jetzige Tätigkeit bis zum Rentenalter ausüben können? (Angaben in %)

	Öffentlicher Dienst	Private Wirtschaft	Chemie, Kunststoff, Glas	Metallerz., Herst. Met.erz.	Maschinen-, Fahrz.-, Schiffbau	Baugewerbe	Groß- u. Einzel-handel	Gastgewerbe, Verkehr	Kredit/Versicherung, DL f. Untern.
	Männer, Vollzeit		*Männer, Vollzeit in der privaten Wirtschaft*						
Ja, wahrscheinlich	60	49	55	48	54	29	48	40	61
Nein, wahrscheinlich nicht	27	36	32	33	32	58	33	44	28
Weiß nicht	13	15	13	19	14	13	18	16	11
	Frauen, Vollzeit		*Frauen, Vollzeit in der privaten Wirtschaft*						
Ja, wahrscheinlich	46	49	57	51	60	55	48	45	59
Nein, wahrscheinlich nicht	38	33	26	31	27	35	31	34	28
Weiß nicht	15	18	17	18	14	11	21	21	13
	Frauen, Teilzeit		*Frauen, Teilzeit in der privaten Wirtschaft*						
Ja, wahrscheinlich	51	52			66	77	47	37	62
Nein, wahrscheinlich nicht	33	29			19	12	32	39	20
Weiß nicht	16	19			15	11	21	23	18

Quelle: DGB-Index-Erhebungen 2007-2009 (kumulierter Datensatz mit 21.737 Fällen), eigene Berechnungen

Die deutlichen Unterschiede zwischen der Selbsteinschätzung in verschiedenen Branchen weisen bereits auf Zusammenhänge zu den qualititativen Unterschieden bei den Arbeitsbedingungen hin: Vielfach konnte gezeigt werden, dass die wahrgenommene Arbeitsqualität stark mit der Selbsteinschätzung der weiteren Arbeitsfähigkeit korreliert (vgl. u.a. Ebert 2008). In der DGB-Erhebung wurden die Beschäftigten gebeten, vor dem Hintergrund ihrer derzeitigen Arbeitssituation und ihres Gesundheitszustandes zu beurteilen, ob sie in ihrer Tätigkeit das Rentenalter erreichen werden. Wenn die Arbeitsbedingungen im umfassenden Sinn gut gestaltet sind (DGB-Index 80 bis100 Punkte), können sich dies 73% der befragten Beschäftigten sicher vorstellen. Lediglich 14% der Beschäftigten mit guten Arbeitsbedingungen können sich nicht vorstellen, gesund das Rentenalter zu erreichen. Beschäftigte, deren Arbeitsbedingungen als mittelmäßig klassifiziert wurden (DGB-Index 50 bis 80 Punkte), können sich nur noch zu 59% vorstellen, gesund bis zum Rentenbeginn zu arbeiten. Und unter den Beschäftigten, die von vielfachen Belastungen und kaum förderlichen Rahmenbedingungen berichten, geben nur noch 27% eine solch optimistische Prognose ab.

Für die betriebliche Praxis ist entscheidend, welche Faktoren kausal für eine positive Einschätzung der Arbeitsfähigkeit verantwortlich sind. Um die Einflüsse isoliert voneinander betrachten zu können, werden in Tabelle 6.10 (auf S. 406f.) die Ergebnisse einer logistischen Regression dargestellt. Die angegebenen Koeffizienten besagen, um das Wievielfache die einzelnen Aspekte der Arbeitsqualität, die den DGB-Index bilden, eine optimische Selbsteinschätzung der weiteren Arbeitsfähigkeit beeinflussen können (unter ansonsten gleichen Bedingungen). Das Alter wird dabei als intervenierende Variable kontrolliert. Der mit Abstand größte Effekt findet sich bei körperlich schwerer Arbeit: Vollzeitbeschäftigte Frauen, die angeben, nicht oder nur selten körperlich schwere Arbeit zu leisten, äußern mit einer 4,8-fach höheren Wahrscheinlichkeit, dass sie sich vorstellen können, gesund bis zur Rente zu arbeiten. Bei Männern liegt der entsprechende Koeffizient bei 3,9. Weitere Faktoren, die die vermutete Wahrscheinlichkeit, gesund bis zur Rente zu arbeiten, deutlich erhöhen, sind „Kein Zeitdruck“, „Kein Lärm bzw. laute Umgebungsgeräusche“, „Keine einseitigen körperlichen Belastungen“ (vor allem bei teilzeitbeschäftigten Frauen), „Eine verlässliche Arbeitszeitgestaltung, die die Bedürfnisse der Beschäftigten berücksichtigt“, „Keine Angst, um die berufliche Zukunft“, „Keine wechselnden Einsatzorte“ (vor allem teilzeitbeschäftigte Frauen). Das Auftreten jeder einzelnen dieser Belastungen senkt die Wahrscheinlichkeit, gesund bis zur Rente in der derzeitigen Tätigkeit verbleiben zu können, um das 1,5- bis 2,3-fache. Von mehr als nur wissenschaftlicher Relevanz ist der Hinweis, dass die angesprochenen Einzeleffekte multiplikativ wirken. Treten mehrere Belastungen gleichzeitig bei einer Person auf – was in der Arbeitsrealität nicht selten der Fall ist –, steigt die Wahrscheinlichkeit der „subjektiven Arbeitsunfähigkeit“ um das Produkt der

Koeffizienten. Die Selbsteinschätzung der weiteren Arbeitsfähigkeit wird demnach von zahlreichen Faktoren bestimmt, die im Feld der betrieblichen Arbeitsgestaltung liegen. Diese Ergebnisse unterstreichen nochmals die Bedeutung des in Abschnitt 6.2 dargestellten Forschungsstandes zur menschengerechten Arbeitsgestaltung.

6.7 Menschengerechte Arbeitsgestaltung – der gesetzliche Auftrag und dessen (mangelhafte) Realisierung

Zu Beginn dieses Kapitels wurde auf den gesetzlichen Auftrag verwiesen, der die Betriebe verpflichtet, Arbeit gesundheitsförderlich und menschengerecht zu gestalten (vgl. 6.2). Die in diesem Kontext entwickelte Normierung ist gut entwickelt, derzeit am weitestreichenden für den Bereich der Büro- und Bildschirmarbeit. Die betriebliche Realität spricht – zumindest den Berichten und Beurteilungen der Beschäftigten zufolge – eine andere Sprache: Nur wenige Arbeitsplätze lassen sich als umfassend gut gestaltet bezeichnenen, dafür werden um so mehr als belastend erlebt. Diese Diskrepanz deutet darauf hin, dass bei der Umsetzung der gesetzlichen Grundlagen noch großer Handlungsbedarf besteht. Dies belegen verschiedene Quellen sehr deutlich: 2008 wurden die Beschäftigten im Rahmen der DGB-Index-Erhebung gefragt, ob an ihrem Arbeitsplatz eine Gefährdungsanalyse durchgeführt wurde, d.h. ob sie nach möglichen Gesundheitsbelastungen gefragt wurden oder ob der Arbeitsplatz nach möglichen Gefährdungsquellen untersucht wurde. Lediglich 29% beantworteten die Frage zustimmend. Diese Personen wurden darauf aufbauend um Auskunft gebeten, ob sie im Rahmen dieser Gefährdungsanalyse nach möglichen Belastungen durch problematische Arbeitsabläufe, Arbeitszeiten oder unzureichende Zusammenarbeit gefragt wurden. Dies sind klassische Aspekte, die in einer ganzheitlichen Gefährdungsbeurteilung (unter Berücksichtigung von psychischen Belastungen) eine Rolle spielen. Lediglich 17% der Befragten bestätigten, dass an ihrem Arbeitsplatz eine ganzheitliche Gefährdungsbeurteilung durchgeführt wurde, 41% waren sich sicher, dass noch keine derartige Analyse vorgenommen wurde, 30% waren diesbezüglich unsicher.

In der privaten Wirtschaft geben die Beschäftigten noch seltener als im öffentlichen Dienst an, dass ihr Arbeitsplatz ganzheitlich, d.h. unter Berücksichtigung von psychischen Belastungen analysiert wurde (16% zu 21%). Innerhalb der privaten Wirtschaft berichten am häufigsten Männer, die in einem mitbestimmten Betrieb arbeiten, von einer Gefährdungsbeurteilung (42%), 28% von einer ganzheitlichen Beurteilung. Frauen, die in mitbestimmten Betrieben arbeiten, geben – mit einem Anteil von 32% – seltener an, dass auf ihren Arbeitsplatz

Tab. 6.10: Einflussfaktoren auf die Einschätzung der Arbeitsfähigkeit bis zur Rente (Wahrscheinlichkeit, die Tätigkeit gesund bis zum Erreichen des Rentenalters ausüben zu können)

Männer, Volllzeit	Exp(B)	S[a]	Frauen, Volllzeit	Exp(B)	S[a]	Frauen, Teilzeit	Exp(B)	S[a]
Alter	1,012	***	Alter	1,015	***	Alter	1,010	ns[b]
Nicht/in geringem Maß körperliche Schwerarbeito	3,867	***	Nicht/in geringem Maß körperliche Schwerarbeit	4,829	***	Nicht/in geringem Maß Arbeits-hetze/Zeitdruck	2,363	***
Nicht/in geringem Maß Arbeitshetze/ Zeitdruck	1,712	***	Nicht/in geringem Maß laute Umgebungsgeräusche	2,163	***	Nicht/in geringem Maß einseitige körperliche Belast.	2,177	***
Nicht/in geringem Maß Angst um berufliche Zukunft	1,676	***	Im (sehr) hohen Maß Arbeitszeit-planung zuverlässig	1,729	***	Nicht/in geringem Maß Angst um berufliche Zukunft	2,146	***
In (sehr) hohem Maß Aufstiegschancen	1,623	***	Nicht/in geringem Maß unwürdige Behandlung	1,587	*	Nicht/In geringem Maß wechselnde Einsatzorte	2,087	**
Nicht/in geringem Maß Abstriche bei der Arbeitsqualität durch hohes Arbeits-pensum	1,592	***	Nicht/in geringem Maß wider-sprüchliche Anford. bei Arb.	1,571	**	Nicht/in geringem Maß laute Umgebungsgeräusche	2,087	***
Nicht/in geringem Maß laute Umge-bungsgeräusche	1,568	***	Nicht/in geringem Maß Abstriche bei der Arbeitsqualität durch hohes Arbeitspensum	1,561	**	Nicht/in geringem Maß körperliche Schwerarbeit	2,084	***
In (sehr) hohem Maß Berücksichtigung eigener Bedürfn. bei Arbeitszeitplanung	1,456	***	Nicht/in geringem Maß Angst um berufliche Zukunft	1,435	**	Im (sehr) hohen Maß Einkommen angemessen	1,588	***
In (sehr) hohem Maß selbstständige Planung/Einteilung der Arbeit möglich	1,382	***	Im (sehr) hohen Maß Einkommen angemessen	1,414	**	Im (sehr) hohen Maß ÜS-Ausgleich nach eigener Vorstellung	1,520	***
In (sehr) hohem Maß Wertschätzung durch Vorges.	1,361	***	Nicht/in geringem Maß Gefühle verbergen	1,389	*	Im (sehr) hohen Maß Wertschät-zung durch Vorges.	1,484	*
Nicht/in geringem Maß Gefühle verber-gen	1,302	*	Im (sehr) hohen Maß Überstunden-Ausgleich nach eigener Vorstellung	1,388	**			

Tab. 6.10: (Fortsetzung)

Männer, Vollzeit	Exp(B)	S[a]	1. Frauen, Vollzeit	Exp(B)	S[a]	Frauen, Teilzeit	Exp(B)	S[a]
In (sehr) hohem Maß Förderung Kollegialität	1,259	*	Nicht/in geringem Maß Arbeitshetze/Zeitdruck	1,382	*			
In (sehr) hohem Maß Einkommen angemessen	1,257	*	Im (sehr) hohen Maß Wertschätzung durch Vorges.	1,322	*			
Nicht/in geringem Maß einseitige körperliche Belastung	1,221	*						
In (sehr) hohem Maß ÜS-Ausgleich nach eigener Vorstellung	1,208	*						
Konstante	0,017	***	Konstante	0,005	***	Konstante	0,016	***
Nagelkerkes R-Quadrat	0,345		Nagelkerkes R-Quadrat	0,310		Nagelkerkes R-Quadrat	0,325	

a S = Signifikanz; b ns = nicht signifikant; Alter und Alter^2 wurden als Kontrollvariable einbezogen

Quelle: DGB-Index Gute Arbeit 2007-2009; eigene Berechnungen

das Arbeitsschutzgesetz angewendet wurde, lediglich 17% berichten von einer ganzheitlichen Gefährdungsbeurteilung. In Betrieben ohne Betriebsrat scheint die Umsetzung des Arbeitsschutzes zu einer Restgröße zu schrumpfen.

Tab. 6.11: Durchführung von Gefährdungsbeurteilungen 2008 – aus Sicht von Beschäftigten

Ganzheitliche Gefährdungsanalyse durchgeführt? (2008)[a]	Häufigkeit	*Gesamt*	Öffentlicher Dienst	Private Wirtschaft
Mindestens eine ganzheitliche Gefährdungsbeurteilung	1.151	*17%*	21%	16%
Gefährdungsbeurteilung ohne psychische Belastungen	756	*12%*	15%	11%
Keine Gefährdungsbeurteilung	2.740	*41%*	37%	43%
weiß nicht	1.955	*30%*	27%	30%
Gesamt (Gültige)	*6.603*	*100%*	*100%*	*100%*
	darunter: Beschäftigte in der privaten Wirtschaft			
Ganzheitliche Gefährdungsanalyse durchgeführt? (2008)*	Männer		Frauen	
	kein Betriebsrat	mit Betriebsrat	kein Betriebsrat	mit Betriebsrat
Mindestens eine ganzheitliche Gefährdungsbeurteilung	10%	28%	9%	17%
Gefährdungsbeurteilung ohne psychische Belastungen	6%	14%	8%	15%
Keine Gefährdungsbeurteilung	51%	30%	56%	33%
weiß nicht	33%	28%	28%	34%
Gesamt	100%	100%	100%	100%

a Im Befragungsschwerpunkt „betrieblicher Arbeits- und Gesundheitsschutz" wurden 2008 folgende Fragen gestellt, die hier kombiniert wurden: 1) „Wurde an Ihrem Arbeitsplatz eine Gefährdungsanalyse durchgeführt? D.h. wurden Sie nach möglichen Gesundheitsbelastungen gefragt oder wurde Ihr Arbeitsplatz nach möglichen Gefährdungsquellen untersucht?" 2) „Wurden Sie im Rahmen dieser Gefährdungsanalyse nach möglichen Belastungen durch problematische Arbeitsabläufe, Arbeitszeiten oder unzureichende Zusammenarbeit gefragt?"

Quelle: DGB-Index-Erhebungen 2008 (Datensatz mit 6.835 Fällen), eigene Berechnungen

Die WSI-Betriebsrätebefragung kommt bezüglich der Umsetzung von ganzheitlichen Gefährdungsbeurteilungen zu ähnlichen Ergebnissen. Dabei ermöglicht die Befragung eine weitere Differenzierung nach Branchen. Demnach werden mit 27% am häufigsten im Gesundheits-, Sozial- und Veterinärwesen Gefährdungsbeurteilungen unter Berücksichtigung von psychischen Belastungen durchgeführt, gefolgt vom Produktionsgüterbereich (26%), dem sonstigen Dienstleistungsbereich (25%) und dem Bereich der unternehmensnahen Dienstleistungen (23%). Doch auch diese „Spitzenreiter" können die mangelhafte Umsetzung des gesetzlichen Auftrags aus dem Arbeitsschutzgesetz nicht kaschieren. Insbesondere im personenbezogenen Dienstleistungsbereich ist es offensichtlich, dass ein rein technischer Arbeitsschutz nur begrenzt zur Gesundheitsförderlichkeit von Arbeit beiträgt. Nur eine konsequente Berücksichtigung der potentiellen Gefährdungen, die aus der Arbeitsorganisation, der Arbeitszeitorganisation, dem Zusammenwirken von Menschen (z.B. Patienten – Beschäftigte) resultieren können, trägt zu einer menschengerechten Arbeit bei.

Tab. 6.12: Durchführung von Gefährdungsbeurteilungen 2008 – aus Sicht von Betriebsräten (in mitbestimmten Betrieben)

	Gefährdungsbeurteilung		
	unter Berücksichtigung von psychischen Belastungen	ohne Berücksichtigung von psychischen Belastungen	keine
Gesundheits- Veterinär- und Sozialwesen	27%	30%	43%
Produktionsgüter (einschließlich Holzgewerbe)	26%	45%	29%
Sonstige Dienstleistungen	25%	38%	38%
Unternehmensnahe Dienstleistungen	23%	35%	42%
Einzelhandel	21%	37%	42%
Investitions- und Gebrauchsgüter	21%	43%	36%
Großhandel	20%	26%	54%
Verkehr und Nachrichtenübermittlung	20%	44%	36%
Erziehung und Unterricht	18%	23%	59%
Nahrungs-/Genussmittel-, Verbrauchsgüterherstellung	16%	31%	53%
Instandhaltung und Reparatur von Kfz/ Gebrauchsgütern	15%	38%	46%
Baugewerbe	10%	37%	53%
Kredit- und Versicherungsgewerbe	10%	26%	64%

Quelle: WSI-Betriebsrätebefragung 2008, eigene Berechnungen

6.8 Fazit

Die Befunde in diesem Kapitel haben gezeigt, dass Arbeit in der privaten Wirtschaft häufiger als im öffentlichen Dienst als belastend und entwicklungsarm erlebt wird. Die Mitbestimmung durch einen Betriebsrat erhöht die Wahrscheinlichkeit von besseren Arbeits- und Einkommensbedingungen – bei Männern und Frauen. Ein wichtiger Grund hierfür ist, dass in Betrieben mit Betriebsrat erheblich häufiger eine ganzheitliche Gefährdungsbeurteilung, unter Berücksichtigung von psychischen Belastungen, durchgeführt wird. Anders gesagt, Betriebsräte setzen die Verbesserung der Arbeitsbedingungen auf die Tagesordnung. Doch längst nicht alle Betriebsräte nutzen ihre weitreichenden Mitbestimmungsrechte, um eine umfassende Verbesserung der Arbeitsbedingungen – im Sinne menschengerechter Arbeitsgestaltung – durchzusetzen. Im Hinblick auf die Umsetzung des Arbeitsschutzgesetzes besteht noch immer hoher Handlungsbedarf. Der gesetzliche Auftrag und die flankierenden Normen und Regelwerke sind sehr weitreichend formuliert und bieten zahlreiche Ansatzpunkte, Arbeit im Sinne der Beschäftigten menschengerecht zu gestalten. Der mittlerweile sehr elaborierte und – teilweise – geschlechterkompetente Forschungsstand bildet eine weitere gute Basis für die betriebliche Umsetzung.

Dies gilt um so mehr, als die hier gezeigten Ergebnisse eine deutliche Sprache hinsichtlich des Zusammenhangs von Arbeitsqualität und Wohlbefinden sprechen: Beschäftigte, die von umfassend gut gestalteten Arbeits- und Einkommensbedingungen berichten, empfinden erheblich häufiger eine gelungene Balance zwischen beruflichem und privatem Leben und sie können sich auch häufiger vorstellen, gesund das Rentenalter zu erreichen. Die empirischen Ergebnisse haben aber auch gezeigt, dass noch sehr wenige Arbeitsplatzbeschreibungen der befragten Beschäftigten den Grundsätzen menschengerechter Arbeitsgestaltung entsprechen. Je nach Konzept berichten zwischen drei und 13% der Befragten von umfassend gut gestalteten Arbeits- und Einkommensbedingungen.

Im Gegensatz zu vielen anderen Feldern zeigt sich auf der Basis der vorliegenden Daten nur ein sehr geringer Einfluss der Geschlechtszugehörigkeit auf die wahrgenommene Qualität der Arbeit. Deutlich wurde die Notwendigkeit, bei der Beurteilung der Arbeitsqualität das Arbeitsvolumen zu berücksichtigen: Die Frage, ob ein Mensch voll- oder teilzeitbeschäftigt ist, beeinflusst die Wahrnehmung der Arbeitsbedingungen allem Anschein nach mehr als das Geschlecht. Vollzeitbeschäftigte Frauen empfinden viele Facetten ihrer Arbeit mindestens so belastend wie vollzeitbeschäftigte Männer – im Vergleich dazu kommt Teilzeitbeschäftigten die geringere Beanspruchungsdauer durch kürzere Arbeitszeiten zugute. Dass dies nur durch Verzicht auf Einkommen und vielfach auch auf Aufstieg erreicht werden kann, ist unumstritten. Trotz dieser Einschränkungen: Im Durchschnitt beurteilen Teilzeitbeschäftigte die Qualität ihrer Arbeitsbedingungen als besser.

Literatur

Albani, C./Balser, G./Geyer, M./Grulke, N./Bailer, H./Schmutzer, G./Berth, H./Brähler, E. 2008: Psychische Gesundheit und Angst vor Arbeitsplatzverlust. In: Berufsverband Deutscher Psychologinnen und Psychologen (Hg.): Psychische Gesundheit am Arbeitsplatz in Deutschland. Berlin, S. 16-28

Anson, A./Camel, S./Levenson, A./Bonneh, D. Y./Maoz, B. 1993: Coping with recent life events: The interplay of personal and collective resources. In: Behavioral Medicine, 18, S. 159-166

Antonovsky, A. 1979: Health, Stress and Coping. San Francisco

Antonovsky, A. 1987: Unrevealing the mystery of health. How people manage stress and stay well. San Francisco

Beermann, B./Meschkutat, B. 1995: Psychosoziale Faktoren am Arbeitsplatz unter Berücksichtigung von Streß und Belästigung. Bremerhaven

Becker, P. 1997: Psychologie der seelischen Gesundheit. Band 1: Theorien, Modelle, Diagnostik (2. Auflage). Göttingen

Bielenski, H./Kohler, B./von Rosenbladt, B./von Toerne, I. 1998: Arbeitsbelastung in der Erwerbsbevölkerung. Bonn

Bruhn, M. 2003: Kundenorientierung: Bausteine für ein erfolgreiches Customer Relationship Management (2. Auflage). München

Bundesanstalt für Arbeitsschutz und Arbeitsmedizin (BAuA) 1998: Toolbox Version 1.0. Instrumente zur Erfassung psychischer Belastungen. Dortmund

Bundesministerium für Bildung, Wissenschaft, Forschung und Technologie (BMBWFT) (Hg.) 1997: Gesundheit und allgemeine Weiterbildung. Beitrag zu einer neuen Perspektive der Gesundheitsförderung. Bonn

Bundesverband deutscher Psychologinnen und Psychologen (Hg.) 2008: Psychische Gesundheit am Arbeitsplatz in Deutschland. Berlin

Bundeszentrale für gesundheitliche Aufklärung (BzgA) 2001: Was erhält Menschen gesund? Antonovskys Modell der Salutogenese – Diskussionsstand und Stellenwert. Köln

Büssing, A./Schmitt, S. 1998: Arbeitsbelastung als Bedingungen von emotionaler Erschöpfung und Depersonalisation im Burnoutprozess. In: Zeitschrift für Arbeits- und Organisationspsychologie, Jg. 42/Heft 2, S. 76-88

Büssing, A./Glaser, J. 1998: Managerial Stress and Burnout. A Collaborative International Study (CISMS). Die deutsche Untersuchung. Berichte aus dem Lehrstuhl Nr. 44, TUM. München

Cox, T./Cox, S. 1996: Psychosoziale und organisatorisch bedingte Gefahren bei der Arbeit Bremerhaven 1996. Schriftenreihe der Bundesanstalt für Arbeitsschutz und Arbeitsmedizin, Übersetzung 6

Deutscher Gewerkschaftsbund (DGB) 2007: DGB-Index Gute Arbeit 2007. Wie die Beschäftigten die Arbeitswelt in Deutschland beurteilen. Berlin

Deutscher Gewerkschaftsbund DGB 2008: DGB-Index Gute Arbeit 2008. Wie die Beschäftigten die Arbeitswelt in Deutschland beurteilen. Berlin

Ducki, A. 1998: Ressourcen, Belastungen und Gesundheit. In: Bamberg, E./Ducki, A./Metz A.-H. (Hg.): Handbuch Betriebliche Gesundheitsförderung. Göttingen, S. 145-154

Ducki, A. 2000: Diagnose gesundheitsförderlicher Arbeit. Eine Gesamtstrategie zur betrieblichen Gesundheitsanalyse. Schriftenreihe MTO, Bd. 25. Zürich

Dunkel, W./Voß, G. (Hg.) 2004: Dienstleistung als Interaktion – Beiträge aus einem Forschungsprojekt: Altenpflege – Deutsche Bahn – Call Center. München, Mering

Ebert, A./Kistler, E. 2008: Arbeiten bis 67? – Für viele Beschäftigte keine realistische Perspektive. In: Schröder/Urban (Hg.): Gute Arbeit, Handlungsfelder für Betriebe, Politik und Gewerkschaften. Frankfurt/M.

Ferrie, J. E./Shipley, M. J./Stansfeld, S. A./Marmot, M. G. 2002: Effects of chronic job insecurity and change in job security on self reported health, minor psychiatric morbidity, physiological measures, and health related behaviours in British civil servants: The Whitehall II study. In: Journal of Epidemiology and Community Health, Vol. 56/No. 6, S. 450-454

Franke, A./Broda, M. (Hg.) 2003: Psychosomatische Gesundheit. Tübingen

Frese, M./Semmer, N. 1991: Streßfolgen in Abhängigkeit von Moderatorvariablen: Der Einfluß von Kontrolle und sozialer Unterstützung. In: Greif, S./Bamberg, E./Semmer, N. (Hg): Psychischer Streß am Arbeitsplatz. Göttingen, S. 135-153

Frieling, E./Sonntag, K. 1999: Lehrbuch Arbeitspsychologie (2. Auflage). Bern

Fuchs, T. 2006: Was ist gute Arbeit? Anforderungen aus Sicht von Erwerbstätigen. INQA-Bericht Nr. 19. Dortmund u.a.O.

Fuchs, T. 2007a: Was ist gute Arbeit aus Sicht von Bürobeschäftigten? INQA-Bericht Nr. 21. Dormund u.a.O.

Fuchs, T. 2007b: Vereinbarkeit von beruflichem und privatem Leben. Die Balance zwischen beruflichem und privatem Leben im Spiegel von Arbeitsbedingungen, Arbeitszeit und familiären Rahmenbedingungen. Sonderauswertung des DGB-Index Gute Arbeit, Internationales Institut für Empirische Sozialökonomie (INIFES). Stadtbergen

Fuchs, T. 2009: Der DGB-Index Gute Arbeit. In: Beermann, B./Conrads R./Kistler, E. (Hg.): Nutzerpotenziale von Beschäftigtenbefragungen. Tagungsdokumentation. Berlin u.a.O., S. 47-84

Fuchs, T./Conrads, R. 2003: Analyse der Arbeitsbedingungen, -belastungen und Beschwerden von abhängig Beschäftigten unter besonderer Berücksichtigung von flexiblen Arbeitsformen. Schriftenreihe der Bundesanstalt für Arbeitsschutz und Arbeitsmedizin. Dortmund

Gusy, B. 1995: Stressoren in der Arbeit, soziale Unterstützung und Burnout: eine Kausalanalyse. Prävention und psychosoziale Gesundheitsforschung, Reihe Forschungsberichte, Bd. 1. München

Hacker, W. 1986: Arbeitspsychologie. Bern

Hacker, W. 1998: Arbeitspsychologie. Psychische Regulation von Arbeitstätigkeiten. Bern

Hacker, W./Richter P. 1980: Psychologische Bewertung von Arbeitsgestaltungsmaßnahmen – Ziele und Bewertungsmaßstäbe. Spezielle Arbeits- und Ingenieurpsychologie in Einzeldarstellungen, Lehrtext 1. Berlin

Hacker, W./Richter, P. 1998: Belastung und Beanspruchung. Streß, Ermüdung und Burnout im Arbeitsleben. Heidelberg

Hobfoll, S. E. 1988: The ecology of Stress. New York

Hochschild, A. R. 1983: The managed heart. Commercialization of Human Feelings. Berkeley/CA

Hochschild, A. R. 1990: Das gekaufte Herz. Zur Kommerzialisierung der Gefühle. Frankfurt/M.

Hochschild, A. R. 2002: Work-Life-Balance. Keine Zeit. Wenn die Firma zum Zuhause wird und zu Hause nur Arbeit wartet. Opladen

Holz, M./Zapf, D./Dormann, C. 2004: Soziale Stressoren in der Arbeitswelt: Kollegen, Vorgesetzte und Kunden. In: Arbeit, Band 13/Jg. 2004, S. 278-291

Holzbecher, M./Meschkutat, B. (Hg.) 1998: Mobbing am Arbeitsplatz – Informationen, Handlungsstrategien, Schulungsmaterialien. Bremerhaven

Hood, S. C./Beaudet, M. P./Catlin, G. 1996: A healthy outlook. Health Reports, 7, S. 25-32

Kalveram, A. B./Trimpop, R./Kracke, B. 2003: Initiative Neue Qualität der Arbeit: Stressreduktion in Arbeit, Freizeit und Familie bei familialer und beruflicher Doppelbelastung – Das Projekt StrAFF bei VW. In: Badura, B./Schellschmidt, H./Vetter, C. (Hg.): Fehlzeiten Report 2003. Zahlen Daten, Analysen aus allen Branchen der Wirtschaft. Wettbewerbsfaktor Work-Life-Balance. Betriebliche Strategien zur Vereinbarkeit von Beruf, Familie und Privatleben. Berlin, S. 195-211

Karesek, R./Theorell, T. 1990: Healthy Work. Stress, productivity and the reconstruction of working life. New York

Kirchner, J.-H. 1986: Belastungen und Beanspruchungen. Eine begriffliche Klärung zum Belastungs-Beanspruchungs-Konzept. In: Zeitschrift für Arbeitswissenschaft, 40, S. 69-87

Klenner, Ch./Schmidt, T. 2007: Familienfreundlicher Betrieb – Einflussfaktoren aus Beschäftigtensicht. In: WSI-Mitteilungen, Heft 9, S. 494-501

Krell, G. 2001: Zur Analyse und Bewertung von Dienstleistungsarbeit. Ein Diskussionsbeitrag. In: Industrielle Beziehungen, Jg. 8/Heft 1, S. 9-36

Krell, G. 2002: Diskriminierungsfreie Bewertung von (Dienstleistungs-)Arbeit. In: Ranftl, E./ Buchinger, B./Gschwandtner, U. (Hg.): Gleicher Lohn für gleichwertige Arbeit. München, Mering, S. 121-134

Krell, G./Carl, A.-H./Krehnke, A. 2001: Diskriminierungsfreie Bewertung von (Dienstleistungs-)Arbeit. Ein Projekt im Auftrag der Gewerkschaft Öffentliche Dienste Transport und Verkehr (hrsg. vom Bundesvorstand Vereinte Dienstleistungsgewerkschaft e.V. [ver.di]. Stuttgart

Larsson, G./Kallenberg, K. O. 1996: Sense of coherence, socioeconomic conditions and health. In: European Journal of Public Health, 6, S. 175-180

Lazarus, R. S./Folkman, S. 1984: Stress, appraisal and coping. New York

Lazarus, R. S./Launier, R. 1981: Streßbezogene Transaktion zwischen Person und Umwelt. In: Nitsch, J. R.: Stress – Theorien, Untersuchungen, Maßnahmen. Bern, S. 213-259

Leitner, K./Lüders, E./Greiner, B./Ducki, A./Niedermeier, R./Volpert, W. 1993: Analyse psychischer Anforderungen und Belastungen in der Büroarbeit. Das RHIA/VERA-Büro-Verfahren. Göttingen

Luczak, H./Volpert, W. (Hg.) 1997: Handbuch Arbeitswissenschaft. Stuttgart

Luczak, H./Volpert, W./Raeithel, A./Schwier, W. 1987: Arbeitswissenschaft. Kerndefinition – Gegenstandskatalog – Forschungsgebiete. Eschborn

Lüders, E./Resch, M. G. 1995: Betriebliche Frauenförderung durch Arbeitsgestaltung. In: Zeitschrift für Arbeitswissenschaft, Nr. 49, S. 197-204

Maslach, C./Leiter, M. P. 1997: The truth about burnout. San Francisco

Meissner, H. 1971: The long arm of the job: A study of work and leisure. In: Industrial relations, 10, S. 239-260

Meschkutat, B./Stackelbeck, M./Langenhoff, G. 2003: Der Mobbing-Report. Repräsentativstudie für die Bundesrepublik Deutschland. Bremerhaven

Mohr, G./Udris, I. 1997: Gesundheit und Gesundheitsförderung in der Arbeitswelt. In: Schwarzer, R.: Gesundheitspsychologie (2. Auflage). Göttingen, S. 553-573

Moldaschl, M. 2003: Zehn Gebote für eine zukunftsfähige Arbeitsgestaltung. In: WSI-Mitteilungen, Heft 10, S. 571-577

Neuberger, O. 1996: Mobbing. Übel mitspielen in Organisationen. München, Mering

Notz, G. 1989: Frauen im sozialen Ehrenamt. Ausgewählte Handlungsfelder, Rahmenbedingungen und Optionen. Freiburg

Oesterreich, R./Volpert, W. 1999: Psychologie gesundheitsgerechter Arbeitsbedingungen – Konzepte, Ergebnisse und Werkzeuge zur Arbeitsgestaltung. Schriften zur Arbeitspsychologie Nr. 59. Bern

Oppolzer, A. 1992: Kurzpausen für Kassiererinnen: Zur menschengerechten Gestaltung der Kassenarbeit. Frankfurt/M.

Oppolzer, A. 1999: Einbeziehung psychischer Belastungen in den gesetzlichen Arbeits- und Gesundheitsschutz. In: Die Berufsgenossenschaft, 12, S. 735-742

Peter R./Hammarström, A./Hallqvist, J./Siegrist, J./Theorell, T. and the SHEEP Study Group 2006: Gender-specific coping behavior is associated with acute myocardial infarction – findings from the Sheep study. In: International Journal of Behavioral Medicine, 13, S. 34-43

Peter, R./Siegrist, J./Hallqvist, J./Reuterwall, C./Theorell, T. and the SHEEP Study Group 2002: Psychosocial work environment and myocardial infarction: improving risk estimation by combining two complementary job stress models in the SHEEP Study. Journal of Epidemiology and Community Health, 56, S. 294-300

Rastetter, D. 2008: Zum Lächeln verpflichtet. Emotionsarbeit im Dienstleistungsbereich. Frankfurt/M.

Resch, M. 1998: Frauen, Arbeit und Gesundheit. In: Arbeitskreis Frauen und Gesundheit im Norddeutschen Forschungsverbund Public Health: Frauen und Gesundheit(en) in Wissenschaft, Praxis und Politik. Bern u.a.O., S. 89-100

Resch, M. 1999: Arbeitsanalyse im Haushalt. Erhebung und Bewertung von Tätigkeiten außerhalb der Erwerbsarbeit mit dem AVAH-Verfahren. Zürich

Resch, M. 2003: Work-Life Balance – neue Wege der Vereinbarkeit von Berufs- und Privatleben? In: Luczak, H. (Hg.): Kooperation und Arbeit in vernetzten Welten. Stuttgart, S. 125-132

Rimann, M./Udris, I. 1998: „Kohärenzerleben“ (Sense of Coherence): Zentraler Bestandteil von Gesundheit oder Gesundheitsressource? In: Schüffel, W. (Hg.): Handbuch der Salutogenese. Konzept und Praxis. Wiesbaden, S. 351-364

Rohmert, W./Rutenfranz, J. 1975: Arbeitswissenschaftliche Beurteilung der Belastung und Beanspruchung an unterschiedlichen industriellen Arbeitsplätzen (hrsg. vom Bundesministerium für Arbeit und Sozialordnung). Bonn

Rothe, I. 1993: Arbeitsgestaltung als Perspektive auf für Frauen? Einführung von Gruppenarbeit im CIM-Umfeld In: Aulenbacher, B./Goldmann, M. (Hg.): Transformationen im Geschlechterverhältnis. Frankfurt/M., New York, S. 71-97

Rundnagel, R./Wittig-Goetz, U.: Grundwissen- Arbeitsgestaltung nach DIN EN ISO 9241-2 (On-line: http://www.sozialnetz-hessen.de/ergo-online/Arbeitsorg/G_Menschg-gest.htm; keine Jahresangabe)

Schäfer, C. 2008: Die WSI-Betriebsrätebefragung 2007 – Methoden und ausgewählte Ergebnisse. In: WSI-Mitteilungen, Heft 6, S. 291-297

Schmidt-Rathjens, C./Benz, D./van Damme, D./Feldt, K./Amelang, M. 1997: Über zwiespältige Erfahrungen mit Fragebögen zum Kohärenzsinn sensu Antonovsky. In: Diagnostica, 43, S. 327-346

Semmer, N./Mohr, G. 2001: Arbeit und Gesundheit: Konzepte und Ergebnisse der arbeitspsychologischen Stressforschung. In: Psychologische Rundschau, Jg. 52/Nr. 3, S. 150-158

Siegrist, J. 1996: Soziale Krisen und Gesundheit: Eine Theorie der Gesundheitsförderung am Beispiel von Herz-Kreislauf-Risiken im Erwerbsleben (Reihe Gesundheitspsychologie, 5). Göttingen

Siegrist, J. 1999: Psychosoziale Arbeitsbelastungen und Herz-Kreislauf-Risiken: Internationale Erkenntnisse zu neuen Stressmodellen. In: Badura, B./Schellschmidt, H./Vetter, Ch. (Hg.): Fehlzeiten-Report 1999. Berlin, S.142-152

Siepe, C. 1998: Die Wirkung sozialer Unterstützung im Streßprozeß. Eine Tagebuchstudie. Unveröff. Diplomarbeit. J.W. Goethe-Universität, Institut für Psychologie. Frankfurt/M.

Sonnentag, S. 2001: Work, recovery activities, and individual well-being: A diary study. In: Journal of Occupational Health Psychology, Nr. 6. Washington/D.C., S. 196-210

Sverke, M./Hellgren, J./Näswall, K. 2002: No security: A meta-analysis and review of job insecurity and its consequences. In: Journal of Occupational Health Psychology, 7(3), S. 242-264

Udris, I./Frese, M. 1999: Belastung und Beanspruchung. In: Frey, D./Hoyos, C. G. (Hg.): Arbeits- und Organisationspsychologie. Ein Lehrbuch. Weinheim, S. 429-445

Udris, I./Rimann, M.: SAA und SALSA: Zwei Fragebögen zur subjektiven Arbeitsanalyse. In: Dunckel, H. (Hrsg.): Handbuch psychologischer Arbeitsverfahren. Schriftenreihe Mensch-Technik-Organisation, Bd. 14. Zürich: Verlag der Fachvereine, 1999, S. 397-419

Udris, I./Rimann, M. 2000: Das Kohärenzgefühl: Gesundheitsressource oder Gesundheit selbst? Strukturelle und funktionale Aspekte von SOC und ein Validierungsversuch. In: Wydler, H. et al. 2000, S. 129-147

Ulich, E. 2001: Arbeitspsychologie. Stuttgart

Wieland, R./Krajewski, J. (2002). Psychische Belastung und Qualifizierung in neuen Arbeitsformen. Zeitarbeit. In: Wieland, R. (Hg.): Wuppertaler Psychologische Berichte, Wuppertal, S. 1-30

de Witte, H. 1999: Job Insecurity and Psychological Well-being: Review of the Literature and Exploration of Some Unresolved Issues. European Journal of Work and Organizational Psychology, Vol. 8/No. 2, S. 155-177

Wydler, H./Kolip, P./Abel, T. 2000: Salutogenese und Kohärenzgefühl. Grundlagen, Empirie und Praxis eines gesundheitswissenschaftlichen Konzepts. Weinheim

Zapf, D. 1999: Mobbing in Organisationen – Überblick zum Stand der Forschung. In: Zeitschrift für Arbeits- und Organisationspsychologie, 43, S. 1-25

Zapf, D./Frese, M. 1991: Soziale Stressoren am Arbeitsplatz und psychische Gesundheit. In: Greif, S./Bamberg, E./Semmer, N. (Hg.): Psychischer Streß am Arbeitsplatz. Göttingen, S. 168-184

Zapf, D./Holz, M. 2003. Dienstleistungsspezifische Belastungen und Kundenorientierung – Zusammenhänge und Auswirkungen auf Variablen psychischen Wohlbefindens. In: Giesa, H. G./Timpe, K. P./Winterfeld, U. (Hg.): Psychologie der Arbeitssicherheit und Gesundheit. Heidelberg, S. 413-416

Zapf, D./Leymann, H. (Hg.) 1996: Mobbing and victimization at work. In: European Journal of Work and Organizational Psychology, Vol. 5/No. 2, S. 251-176

Zapf, D./Dormann, C./Frese, M. 1996: Longitudinal studies in organizational stress research: A review of the literature with reference to methodological issues. In: Journal of Occupational Health Psychology, Vol. 1/No. 2, S. 145-169

Anhang

Tab. 6.13: Häufig auftretende körperliche Arbeitsanforderungen und Umgebungsbedingungen in Westdeutschland (Angaben in %)

lfd. No.	(Praktisch immer[a])/häufig auftretende Arbeitsanforderungen	Alle ArbeitnehmerInnen					Industrie				
		1979	1985	1991[b]	1998	2006	1979	1985	1991[b]	1998	2006
		Im Stehen arbeiten									
1	Vollzeitbeschäftigte Männer	77	59		62	58	78	63		64	59
2	Vollzeitbeschäftigte Frauen	80	50		52	50	73	38		41	39
3	Teilzeitbeschäftigte Frauen	82	56		61	58	78	39		46	38
		Arbeit in ungünstiger Körperhaltung (über Kopf, knieend, liegend, gebückt)									
4	Vollzeitbeschäftigte Männer	25	17		22	16	20	15		19	14
5	Vollzeitbeschäftigte Frauen	13	8		11	11	6	9		8	7
6	Teilzeitbeschäftigte Frauen	19	14		16	12	14	13		12	8
		Schwere Lasten heben und tragen									
7	Vollzeitbeschäftigte Männer	29	31		32	24	25	30		29	20
8	Vollzeitbeschäftigte Frauen	10	7		20	21	10	7		18	16
9	Teilzeitbeschäftigte Frauen	10	7		18	18	9	7		11	8
		Bei Rauch, Staub, Gasen, Dämpfen arbeiten									
10	Vollzeitbeschäftigte Männer	24	19		22	19	31	26		27	23
11	Vollzeitbeschäftigte Frauen	10	8		8	10	20	15		16	17
12	Teilzeitbeschäftigte Frauen	9	8		6	8	18	14		12	9
		Unter Kälte, Nässe etc. arbeiten									
13	Vollzeitbeschäftigte Männer	30	28		27	27	27	24		22	21
14	Vollzeitbeschäftigte Frauen	11	8		9	13	13	10		10	10
15	Teilzeitbeschäftigte Frauen	10	9		7	13	12	9		7	10
		Lärm									
16	Vollzeitbeschäftigte Männer	37	33		30	33	51	48		42	41
17	Vollzeitbeschäftigte Frauen	20	17		14	19	40	38		29	28
18	Teilzeitbeschäftigte Frauen	15	12		9	13	33	28		17	18
		Nachtarbeit[c]									
19	Vollzeitbeschäftigte Männer		17	22	27	31		20	23	30	35
20	Vollzeitbeschäftigte Frauen		6	16	16	18		3	2	14	17
21	Teilzeitbeschäftigte Frauen		5	16	11	9		2	5	8	7
		Wechselschicht[c]									
22	Vollzeitbeschäftigte Männer		20	31	21	27		31	44	32	40
23	Vollzeitbeschäftigte Frauen		12	38	20	25		17	39	23	29
24	Teilzeitbeschäftigte Frauen		9	30	17	23		6	20	10	11

a In den Jahren 1979, 1985 und 1998 wurde zur Erfassung von Belastungen eine 5er-Skala benutzt (praktisch immer, häufig, manchmal, selten, nie) – hier sind die Anteile der Nennungen praktisch immer/häufig ausgewiesen; 2006 wurde auf eine 4er-Skala umgestellt, wobei die Benennung weitgehend stabil geblieben ist (häufig, manchmal, selten, nie) – hier ist der Anteil „häufig“ ausgewiesen.

Tab. 6.13: (Fortsetzung)

Handwerk					Handel					Privater Dienstleistungsbereich					
1979	1985	1991[b]	1998	2006	1979	1985	1991[b]	1998	2006	1979	1985	1991[b]	1998	2006	lfd. No.
Im Stehen arbeiten															
88	83		87	84	72	52		56	59	65	33		38	39	1
88	61		63	63	90	66		63	68	72	42		45	34	2
88	53		58	56	91	68		74	78	73	56		52	48	3
Arbeit in ungünstiger Körperhaltung (über Kopf, knieend, liegend, gebückt)															
43	39		50	41	13	9		12	13	11	6		9	9	4
7	11		14	12	11	9		8	13	10	6		8	8	5
18	15		12	7	10	10		12	13	26	17		14	10	6
Schwere Lasten heben und tragen															
46	55		62	50	28	34		30	33	16	15		18	18	7
10	6		20	23	8	7		23	29	5	5		14	14	8
9	3		15	14	8	8		23	27	6	4		14	14	9
Bei Rauch, Staub, Gasen, Dämpfen arbeiten															
37	32		42	37	9	6		9	12	11	7		8	12	10
14	16		18	22	3	3		4	5	9	7		6	8	11
14	13		12	14	3	2		2	7	8	9		6	10	12
Unter Kälte, Nässe etc. arbeiten															
48	48		51	46	18	16		18	30	17	15		17	22	13
14	11		16	24	8	8		7	24	8	6		5	9	14
7	8		10	17	9	9		8	20	7	7		7	9	15
Lärm															
48	45		43	52	14	13		11	13	18	12		11	18	16
21	17		13	26	8	7		5	13	15	9		7	10	17
15	12		10	7	8	7		3	8	9	9		6	10	18
Nachtarbeit[c]															
	8	6	14	18		7	11	16	23		25	43	34	28	19
	2	4	9	12		2	3	5	7		10	31	18	16	20
	1	3	7	4		2	4	5	3		9	23	14	10	21
Wechselschicht[c]															
	6	8	6	14		7	15	13	25		20	38	20	20	22
	4	7	7	18		5	20	19	29		12	42	18	20	23
	4	13	11	13		12	37	25	43		10	32	15	18	24

b 1991/92: Bei einigen Arbeitsanforderungen wurde nur das Auftreten (tritt auf/tritt nicht) auf erfasst – diese Ergebnisse werden nicht ausgewiesen.

c Vorkommen von Nachtarbeit/Schichtarbeit (ohne Intensität); 1979 wurden Nacht- und Schichtarbeit in Kombination erfragt.

Quelle: BiBB-IAB und BiBB-BAuA-Erhebungen, div. Jahrgänge; eigene Berechnungen

Tab. 6.14: Häufig auftretende psychische Belastungen im Arbeitsprozess (Westdeutschland; Angaben in %)

lfd. No.	(Praktisch immer[a])/häufig auftretende Arbeitsanforderungen	Alle ArbeitnehmerInnen					Industrie				
		1979	1985	1991[b]	1998	2006	1979	1985	1991[b]	1998	2006
		Arbeit unter Termin-, Leistungsdruck									
1	Vollzeitbeschäftigte Männer	45	48	60	57	59	47	55	62	59	61
2	Vollzeitbeschäftigte Frauen	36	41	51	46	57	48	53	55	49	55
3	Teilzeitbeschäftigte Frauen	27	30	39	32	38	42	40	47	36	34
		Störungen bzw. Unterbrechungen der Arbeit									
4	Vollzeitbeschäftigte Männer		22		37	49		23		38	49
5	Vollzeitbeschäftigte Frauen		28		40	58		25		33	51
6	Teilzeitbeschäftigte Frauen		19		32	42		18		26	47
		Verschiedene Arbeiten gleichzeitig betreuen									
7	Vollzeitbeschäftigte Männer		42		45	59		44		49	60
8	Vollzeitbeschäftigte Frauen		40		42	68		32		39	59
9	Teilzeitbeschäftigte Frauen		30		35	52		26		26	46
		Nicht erlerntes/beherrschtes wird verlangt									
10	Vollzeitbeschäftigte Männer		6		8	10		7		9	10
11	Vollzeitbeschäftigte Frauen		6		6	10		6		5	10
12	Teilzeitbeschäftigte Frauen		3		4	7		5		4	6
		Arbeit ist bis in alle Einzelheiten vorgeschrieben (1998/99: Arbeit unter präzisen Vorschriften)									
13	Vollzeitbeschäftigte Männer	30	34	37	34	23	35	39	40	38	27
14	Vollzeitbeschäftigte Frauen	31	34	39	34	23	51	54	55	49	32
15	Teilzeitbeschäftigte Frauen	25	33	36	31	24	43	46	51	43	27
		Wiederholung der einzelnen Arbeitsvorgänge (Monotonie)									
16	Vollzeitbeschäftigte Männer	42	43	44	43	44	45	48	46	48	45
17	Vollzeitbeschäftigte Frauen	52	53	56	49	56	67	68	64	61	56
18	Teilzeitbeschäftigte Frauen	52	56	57	54	63	67	72	67	67	62
		Stückzahl, Leistung oder Zeit vorgegeben									
19	Vollzeitbeschäftigte Männer	28	25		30	34	33	35		37	39
20	Vollzeitbeschäftigte Frauen	24	20		24	30	43	44		41	33
21	Teilzeitbeschäftigte Frauen	22	19		20	25	32	40		37	21
		Konfrontation mit neuen Aufgaben									
22	Vollzeitbeschäftigte Männer		33	30	39	44		35	33	41	46
23	Vollzeitbeschäftigte Frauen		23	24	30	39		19	16	25	36
24	Teilzeitbeschäftigte Frauen		16	16	21	26		16	10	16	24

a In den Jahren 1979, 1985 und 1998 wurde zur Erfassung von Belastungen eine 5er-Skala benutzt (praktisch immer, häufig, manchmal, selten, nie) – hier sind die Anteile der Nennungen praktisch immer/häufig ausgewiesen; 2006 wurde auf eine 4er-Skala umgestellt, wobei die Benennung weitgehend stabil geblieben ist (häufig, manchmal, selten, nie) – hier ist der Anteil „häufig" ausgewiesen.

Tab. 6.14: (Fortsetzung)

Handwerk 1979	1985	1991[b]	1998	2006	Handel 1979	1985	1991[b]	1998	2006	Privater Dienstleistungsbereich 1979	1985	1991[b]	1998	2006	lfd. No.
Arbeit unter Termin-, Leistungsdruck															
50	49	61	57	61	41	49	64	57	56	47	52	64	66	63	1
38	42	50	42	60	23	34	41	36	49	39	42	57	51	63	2
24	33	38	30	31	17	26	35	25	30	30	31	37	36	40	3
Störungen bzw. Unterbrechungen der Arbeit															
	15		26	43		23		41	54		25		40	51	4
	25		32	54		25		37	53		35		46	61	5
	13		27	36		18		28	36		22		37	42	6
Verschiedene Arbeiten gleichzeitig betreuen															
	32		33	49		40		37	60		49		48	61	7
	33		33	62		32		34	60		48		42	69	8
	25		27	45		28		26	47		33		37	49	9
Nicht erlerntes/beherrschtes wird verlangt															
	6		7	10		5		6	9		6		8	9	10
	5		6	13		4		5	7		5		5	9	11
	4		5	3		2		3	9		2		3	4	12
Arbeit ist bis in alle Einzelheiten vorgeschrieben (1998/99: Arbeit unter präzisen Vorschriften)															
34	38	44	44	23	16	21	32	27	19	19	26	28	29	20	13
32	36	35	37	26	19	25	35	30	27	27	29	33	33	20	14
21	28	40	31	17	15	31	34	30	28	20	27	34	32	27	15
Wiederholung der einzelnen Arbeitsvorgänge (Monotonie)															
45	46	47	48	43	39	41	48	42	54	36	40	40	38	44	16
56	56	58	54	70	49	51	57	53	65	49	50	52	45	57	17
51	53	63	59	73	49	54	61	57	72	45	56	58	56	68	18
Stückzahl, Leistung oder Zeit vorgegeben															
34	27		36	40	16	20		22	24	20	21		28	34	19
26	22		24	29	10	10		15	24	19	12		21	30	20
23	25		18	21	7	10		12	20	19	15		20	27	21
Konfrontation mit neuen Aufgaben															
	29	28	34	45		26	27	29	37		36	32	44	44	22
	27	32	26	33		14	21	20	29		24	27	29	36	23
	17	21	18	15		8	12	13	17		18	14	20	23	24

b 1991/92: Bei einigen Arbeitsanforderungen wurde nur das Auftreten (tritt auf/tritt nicht auf) erfasst – diese Ergebnisse werden nicht ausgewiesen.

Quelle: BiBB-IAB und BiBB-BAuA-Erhebungen, div. Jahrgänge; eigene Berechnungen

Tab. 6.15: ArbeitnehmerInnen in der privaten Wirtschaft nach Betriebstypen

	Alle Arbeitnehme-rInnen		Vollzeit				Teilzeit			
			Männer		Frauen		Männer		Frauen	
	n[a]	%	n	%	n	%	n	%	n	%
Mitbestimmter Kleinstbetrieb (bis 19 Beschäftigte in Deutschland)	291	2	116	1	73	2	13	2	88	3
Kleinstbetrieb ohne Mitbestim-mung (bis 19 Beschäftigte in Deutschland)	3.952	25	1.632	20	920	24	237	29	1.162	37
Mitbestimmter Kleinbetrieb (20 bis 199 Beschäftigte in Deutschland)	1.278	8	731	9	333	9	67	8	148	5
Kleinbetrieb ohne Mitbestimmung (20 bis 199 Beschäftigte in Deutschland)	2.471	15	1.350	16	580	15	99	12	442	14
Mitbestimmter mittelständischer Betrieb (200 bis 1.999 Beschäftig-te in Deutschland)	2.186	14	1.246	15	585	15	67	8	288	9
Mittelständischer Betrieb ohne Mitbe-stimmung (200 bis 1.999 Beschäftigte in Deutschland)	871	5	415	5	244	6	34	4	178	6
Mitbestimmter Großbetrieb (2.000 und mehr Beschäftigte in Deutsch land)	4.229	26	2.440	30	952	25	241	29	597	19
Großbetrieb ohne Mitbestimmung (2.000 und mehr Beschäftigte in Deutschland)	740	5	284	3	172	4	71	9	213	7
Gesamt	16.018	100	8.214	100	3.858	100	829	100	3.115	100

a n = Anzahl

Quelle: DGB-Index-Erhebungen 2007-2009 (kumulierter Datensatz mit insgesamt 21.737 Fällen – 16.755 Befragte aus der privaten Wirtschaft), eigene Berechnungen

7. Führungspositionen

Gertraude Krell

Kapitel 7 — Das Wichtigste in Kürze

- ➲ Die gleichberechtigte Teilhabe von Frauen und Männern an Führungspositionen ist zum einen ein Indikator für Geschlechtergerechtigkeit im Erwerbsleben und zum anderen eine „klassische" gleichstellungspolitische Forderung. Jedoch erweisen sich hier die Ungleichheiten als besonders veränderungsresistent. Das betrifft nicht nur den Zugang zu, sondern auch die Situation von Frauen in Führungspositionen.
- ➲ Statistiken zu Frauenanteilen in Führungspositionen kommen zu unterschiedlichen Ergebnissen: Aktuell wird für das Top-Management ein Frauenanteil von maximal 5,5% ermittelt – mit eher sinkender Tendenz. An allen Führungspositionen beträgt der Frauenanteil maximal 31%; hier ist die Tendenz steigend.
- ➲ Mit welchen betrieblichen Faktoren gibt es statistische Zusammenhänge? Einen positiven Einfluss hat der Frauenanteil an den Beschäftigten insgesamt: Je höher dieser ist, desto höher ist auch der Frauenanteil in Führungspositionen. Zusammenhänge zeigen sich auch mit der Branchenzugehörigkeit: Relativ wenig weibliche Führungskräfte gibt es im produzierenden Gewerbe, relativ viele im Dienstleistungssektor. Zu Ost-West-Unterschieden und Zusammenhängen mit der Größe des Betriebs sowie dem Vorhandensein eines Betriebsrats gibt es keine eindeutigen Erkenntnisse. Kaum bis keinen Einfluss auf den Frauenanteil in Führungspositionen scheinen die Faktoren Tarifbindung und gleichstellungspolitische Aktivitäten zu haben.
- ➲ Ausgeblendet bei der Suche nach solchen statistischen Zusammenhängen bleiben Faktoren wie die Kultur eines Unternehmens, inklusive der „Interessenvertretungskultur". Darüber hinaus entspricht die auf der „Vorderbühne" inszenierte bzw. proklamierte Kultur in der Regel nicht dem, was sich auf der „Hinterbühne" tatsächlich abspielt. Das trägt auch zur Erklärung der nicht oder kaum erkennbaren Effekte gleichstellungspolitischer Aktivitäten bei.
- ➲ Welchen Einfluss haben Faktoren auf Seiten der Beschäftigten? Zwar gibt es Zusammenhänge zwischen der Ausbildung, der sozialen Herkunft, dem Alter sowie der Lebenssituation und der Chance, eine Karriere als Führungskraft zu machen. Aber auch bei z.B. gleichen Bildungsabschlüssen gibt es erhebliche Unterschiede in den Karrierechancen von Frauen und Männern. Und auch bei den anderen Faktoren bewirkt die Geschlechtszugehörigkeit einen mehr oder weniger großen Unterschied.

- Ungleichheiten hinsichtlich der Situation weiblicher Führungskräfte betreffen vor allem die vertikale Segregation („Gläserne Decke"), die horizontale Segregation (z.B. Überrepräsentation im Personalbereich), die Verdienste (auch bei gleichen Voraussetzungen) sowie die vereinbarten und tatsächlichen Arbeitszeiten.
- Die oft als „der Karrierekiller" für Frauen angeführten Vereinbarkeitsprobleme sind aus der Sicht weiblicher Führungskräfte nicht die Hauptprobleme. Außerdem handelt es sich bei Vereinbarkeitsproblemen nicht um objektiv gegebene Barrieren oder gar Ausschlusskriterien. Vielmehr werden sie – auch interessengeleitet – als Hindernisse konstruiert.
- Bessere Erklärungen für die Geschlechterungleichheiten in Führungspositionen ermöglicht die Beschäftigung mit Kategorisierungen und Konzepten wie z.B. Führungsprototypen, Eigengruppenfavorisierung sowie Majoritäten und Minoritäten. All das ist auch grundlegend für das Verständnis der Rolle der Personalpolitik.
- Mit Blick auf Kriterien, Verfahren und Praktiken der Auswahl, Beurteilung, Entwicklung und Vergütung von Führungs(nachwuchs)kräften zeigt sich zunächst, dass formalisierte Verfahren grundsätzlich weniger Einfallstore für Benachteiligungen aufgrund des Geschlechts bieten. Als wenig formalisiert, deshalb intransparent und besonders diskriminierungsanfällig erweisen sich vor allem die Auswahl von Führungskräften für Top-Positionen sowie die Entwicklung zu und von Führungskräften. Zum Teil gilt das auch für die Vergütung.
- Aber auch formalisierte Verfahren können diskriminierend ausgestaltet sein, wie das Beispiel der Arbeitsbewertung zeigt (vgl. dazu auch das Kapitel „Entgeltdifferenzierung und Vergütungspraxen" in diesem Band).
- Maßnahmen gegen Diskriminierung können wiederum „auf der Hinterbühne" unterlaufen werden und werden es auch. Denn es sind ja die von den herrschenden Verhältnissen Profitierenden, die den Wandel initiieren und umsetzen sollen.
- Um nachhaltige Veränderungen zu bewirken, braucht es deshalb als Rahmen gesetzliche Vorgaben (wie z.B. Quotierungen) und auf betrieblicher Ebene flankierende Maßnahmen zur Erhöhung der Gleichstellungsmotivation und -kompetenz.

7.1 Einleitung

Die gleichberechtigte Teilhabe von Frauen und Männern an Führungspositionen ist sowohl ein Indikator für Geschlechtergerechtigkeit im Arbeitsleben (hier: in der deutschen Privatwirtschaft) als auch eine ebenso alte wie aktuelle gleichstellungspolitische Forderung. In diesem Kapitel geht es um eine genauere Untersuchung des Ist-Zustandes und um Erklärungen dafür, die wiederum Ansatzpunkte für gleichstellungspolitische Aktivitäten markieren (dazu mehr im folgenden Kapitel „Instrumente und Akteure betrieblicher Gleichstellungsförderung").

In Abschnitt 7.3 werden zunächst die niedrigen Frauenanteile bzw. die Unter-Repräsentation von Frauen in Führungspositionen inklusive deren Entwicklung genauer betrachtet. Danach werden Faktoren auf Seiten der Betriebe bzw. Unternehmen und der Beschäftigten daraufhin untersucht, ob sie, statistisch betrachtet, die Chance, in eine Führungsposition zu gelangen, erhöhen oder vermindern.

Eine Beschränkung allein auf die Frauenanteile in Führungspositionen würde allerdings ausblenden, dass diejenigen Frauen, die „es geschafft haben", mit einer in vielerlei Hinsicht problematischen Situation konfrontiert sind. Um ihre „marginalisierte Integration" mit Blick auf die vertikale und horizontale Segregation, das Entgelt und die Arbeitszeit (vgl. dazu auch die jeweiligen Kapitel in diesem Band) geht es in Abschnitt 7.4.

Die Datenanalysen zur Repräsentation und Situation von Frauen in Führungspositionen bieten zum Teil auch schon Erklärungen an. Anknüpfend daran erfolgt die Suche nach weiteren und auch tiefere Einsichten ermöglichenden Erklärungen für die vorgefundenen Geschlechterungleichheiten. In Abschnitt 7.5 werden für deren (Re-)Produktion ebenso fundamentale wie folgenreiche Kategorisierungen in den Blick genommen: Geschlecht, Führung, das Zusammenwirken beider Kategorien, die Unterscheidung zwischen Eigen- und Fremdgruppe und zwischen Majorität und Minorität(en) sowie die damit verknüpften Strukturen und Interaktionen.

Die unter 7.5 vorgestellten Erkenntnisse sind auch grundlegend für das Verständnis der Rolle der Personalpolitik, die in Abschnitt 7.6 genauer betrachtet wird. Hier interessieren zunächst Forschungsergebnisse über die Anforderungen an Führungskräfte sowie, damit zusammenhängend, über die Kriterien, Verfahren und Praktiken der „Beschaffung" bzw. Gewinnung, Auswahl, Beurteilung, Entwicklung und Vergütung von Führungs(nachwuchs)kräften.

Mit den empirisch und theoretisch-konzeptionell gestützten Erklärungen für eine nicht-geschlechtergerechte Teilhabe an und in Führungspositionen sind zugleich Ansatzpunkte für gleichstellungspolitische Strategien und Maßnahmen benannt, die unter 7.7 thematisiert werden.

Vorangestellt werden unter 7.2 noch einige grundlegende Erläuterungen: zunächst zum Verständnis von Führung, Führungsposition und Führungskraft und dann zum Stand der Forschung sowie zur Datenbasis dieses Kapitels.

7.2 Propädeutik

7.2.1 Verständnis von Führung, Führungspositionen und Führungskräften

Führung ist ein schillernder Begriff, der manchmal auch synonym für Leitung oder Management verwendet wird. Für eine erste Annäherung werden hier verschiedene definitorische und konzeptionelle Zugänge skizziert.

Als „die Führung" bzw. „das Management" *im institutionellen Sinn* werden Personen(gruppen) mit Personal- und/oder Sach-Verantwortung bezeichnet. Im engeren Sinn handelt es sich dabei um die oberste bzw. erste Führungsebene. In deutschen Kapitalgesellschaften sind diesen obersten Führungsorganen (z.B. dem Vorstand einer AG) qua Gesetz obligatorisch oder auch freiwillig Aufsichtsräte an die Seite gestellt. Aufsichtsräte erfüllen in erster Linie eine Überwachungsfunktion, obligatorische Aufsichtsräte sind aber auch an wichtigen Entscheidungen beteiligt und haben Personalkompetenz für die Besetzung der Führungsorgane (z.B. Theisen 2004). Wegen ihrer Bedeutung und wegen der aktuellen politischen Diskussion wird unter 7.3.1 in einem Exkurs auch auf Aufsichtsräte und die Frauenanteile dort eingegangen. Im weiteren Sinn handelt es sich bei Management als Institution um alle Führungsebenen. Deren Anzahl unterscheidet sich von Unternehmen zu Unternehmen. Das so genannte Lean Management (hier die „Verschlankung" in vertikaler Hinsicht) hat aber insgesamt zu deutlich „flacheren Hierarchien" bzw. einer Verringerung der Anzahl von Führungsebenen – und damit auch von Führungspositionen – geführt. Mit Blick auf die Hierarchie der Führungspositionen und Führungskräfte wird in der Regel grob zwischen dem Top-Management (z.B. Vorstand oder Geschäftsführung), dem mittleren Management (z.B. Bereichsleitung) und dem unteren Management (z.B. Gruppenleitung) unterschieden.

Management bzw. (Unternehmens-)Führung im *funktionellen Sinn* steht dagegen für die Aufgaben der genannten Personen(gruppen) wie z.B. Planung, Organisation, Personaleinsatz, (Personal-)Führung und Kontrolle (Schreyögg/Koch 2007, S. 9ff.). Mit Blick auf Führung als Funktion gibt es demnach ebenfalls ein weiteres Begriffsverständnis ([Unternehmens-]Führung = Management) und ein engeres (Führung als eine Managementfunktion = [Personal-]Führung).[1]

---

1 Lehrbücher zu „Führung" haben in der Regel nur die Führung von MitarbeiterInnen zum Gegenstand. Im Fachdiskurs gibt es noch eine andere – ideologisch aufgeladene – Un-

Eine weitere Perspektive fokussiert auf die *Rollen* einer Führungskraft: z.B. als „Arbeitgeber“, „Stratege“, „Krisenbewältiger“, „Führender“, „Geführter“, „Emotionsarbeiter“ und „Schlichter/Konfliktlöser“ (Staehle 1991). Die Auflistung verdeutlicht, dass die meisten Führungskräfte nicht nur Führende, sondern auch Geführte sind (vgl. auch Neuberger 2002). Bezüglich der Personalpolitik sind sie sowohl Gestaltende bzw. an Gestaltung Beteiligte als auch Betroffene. Mit Blick auf abhängig beschäftigte Führungskräfte, um die es hier geht, müsste neben der Rolle als Arbeitgebende noch die als Arbeitnehmende stehen. Diese „Doppelrolle“ oder „Zwitterstellung“ wurde und wird vor allem mit Blick auf die *leitenden Angestellten* diskutiert – mit dem Ergebnis, dass für deren Interessenvertretung nicht der Betriebsrat, sondern der Sprecherausschuss zuständig ist (z.B. Bronner 2004). Eine andere in diesem Zusammenhang bedeutsame Kategorie ist die der außertariflichen bzw. *AT-MitarbeiterInnen*, worunter auch (aber nicht nur und nicht alle) Führungskräfte fallen. Die Definition bzw. Abgrenzung dieser Personengruppe ist allerdings rechtlich nicht eindeutig bestimmt (für die leitenden Angestellten findet sich die entsprechende Regelung in § 5 Abs. 3 Betriebsverfassungsgesetz). Ihre Vergütung ist zwar nicht tariflich geregelt, aber dennoch mitbestimmungspflichtig (z.B. Becker/Kramarsch 2004). Schließlich geraten aus einer rollentheoretischen Perspektive auf Führungskräfte auch Rollen wie die als PartnerInnen, Eltern, Geschlechtsrollen und Geschlechtsrollenstereotype sowie die mit der skizzierten Rollenvielfalt verbundenen Rollenkonflikte in den Blick. Das soll hier zunächst genügen. Auf das Zusammenwirken von „Führung“ und „Geschlecht“ als Kategorisierungen wird unter 7.5 noch ausführlicher eingegangen.

7.2.2 Stand der Forschung und Datenbasis

Es gibt zwar diverse empirische Untersuchungen zur Repräsentation und zur Situation von Frauen in Führungspositionen in der deutschen Privatwirtschaft. Diese kommen aber nicht zu einheitlichen Ergebnissen, weil sie sich hinsichtlich der folgenden Aspekte unterscheiden (vgl. auch Kay 2007, S. 15f.):

(1) Wer wird befragt bzw. um welche Erhebungseinheiten handelt es sich? Zum einen gibt es Studien, die auf Befragungen von Erwerbstätigen beruhen: z.B. die des Deutschen Instituts für Wirtschaftsforschung (DIW) auf Basis des Sozio-oekonomischen Panels (SOEP)[2] (z.B. Holst 2009) und die des Instituts für Ar-

---

terscheidung zwischen (zu) rationalem, sachlichen Management und „echter“, d.h. emotionenorientierter (Menschen-)Führung (dazu ausführlicher und kritisch: Krell/Weiskopf 2006, S. 57ff.).

2 Ausführlicher zum SOEP vgl. den methodischen Anhang des Buches.

beitsmarkt- und Berufsforschung (IAB) auf Basis des Mikrozensus[3] (z.B. Kleinert et al. 2007, S. 73ff.). Zum anderen gibt es Studien, für die Betriebe oder Unternehmen bzw. deren RepräsentantInnen befragt worden sind: z.B. die auf Basis des IAB-Betriebspanels[4] (z.B. Kleinert et al. 2007, S. 19ff.)[5] und die Unternehmensbefragung des Instituts für Mittelstandsforschung (IfM) (Kay 2007)[6].

Vor allem dann, wenn nicht nach „Fakten" (auch deren Wahrnehmung kann interessengeleitet sein) gefragt wird, sondern nach Einschätzungen oder Erklärungen, kann es einen Unterschied machen, ob die Befragten Frauen oder Männer sind. Davon zeugen z.B. Befragungen zu Geschlechtsunterschieden in Führungseigenschaften, -verhalten und -erfolg (zusammenfassend: Krell 2008a).

(2) Was wird jeweils unter einer Führungsposition verstanden und welche (Führungs-)Positionen werden berücksichtigt? Für tiefer gehende empirische Analysen zum Thema Frauen und Männer in Führungspositionen sind ausreichende Fallzahlen erforderlich. Da es aber nur relativ wenig Frauen in Führungspositionen gibt, werden zum Teil recht weite Definitionen von Führungskräften verwendet. So werden z.B. in den Studien des DIW auf Basis des SOEP als Führungskräfte in der Privatwirtschaft nicht nur jene Angestellte erfasst, die angeben, Funktionen mit umfassenden Führungsaufgaben (z.B. Geschäftsführung) innezuhaben, sondern auch solche, die angeben, sonstige Leitungsfunktionen (z.B. Abteilungsleitung) oder hochqualifizierte Tätigkeiten (z.B. als IngenieurInnen oder JustitziarInnen) auszuüben (Holst 2009, S. 26). Diese Gruppe wird auch als die der Fach- und Führungskräfte bezeichnet (vgl. z.B. Domsch 2005).

Ebenfalls weit gefasst ist die Kategorie „Führungskräfte" in den Studien, die auf dem IAB-Betriebspanel beruhen. Hier werden neben Führungskräften der obersten Führungsebene (z.B. EigentümerInnen, FililalleiterInnen) und der zweiten Ebene (z.B. AbteilungsleiterInnen) auch fachliche Leitungspositionen in befristeten Projekten berücksichtigt – Letzteres um zu prüfen, ob Frauen dort verstärkt zu finden sind (Kleinert et al. 2007, S. 21f.).

Die in Zusammenhang mit dem IAB-Betriebspanel angeführten Beispiele zur obersten Führungsebene verweisen auf zwei weitere Definitions- bzw. Abgrenzungsprobleme: Erstens bezieht sich hier die oberste Führungsebene auf *Betriebe* und nicht auf Unternehmen. Während Filial- oder Betriebsleitung hier

3 Zum Mikrozensus vgl. ebenfalls den methodischen Anhang des Buches.

4 Zum IAB-Betriebspanel vgl. ebenfalls den methodischen Anhang des Buches.

5 Auf den Daten des IAB-Betriebspanels 2004 basiert auch die „2. Bilanz Chancengleichheit: Frauen in Führungspositionen" (Bundesregierung 2006).

6 Es handelt sich um eine im Herbst 2005 durchgeführte bundesweite schriftliche Befragung von 669 Unternehmen – auch und insbesondere zur Besetzung von Führungspositionen.

als oberste Führungsebene erscheinen, handelt es sich auf der Unternehmensebene nur um mittlere oder untere Führungsebenen (ebd., S. 27). Auf Unternehmen beziehen sich z.B. die Befragungen von Krell und Ortlieb (2004)[7] sowie Kay (2007).

Zweitens werden auf der obersten Ebene nicht nur abhängig beschäftigte Führungskräfte erfasst, sondern auch Selbstständige. Dies gilt z.B. für das IAB-Betriebspanel (Kleinert et al. 2007, S. 21) und die Unternehmensbefragung von Kay (2007, S. 19). Auch bei den von Bischoff (2005)[8] befragten Führungskräften handelt es sich zum Teil um (Mit-)EigentümerInnen (ebd., S. 221). Bei Holst (2009) werden dagegen nur angestellte Führungskräfte berücksichtigt.

Neben Studien über die gesamte deutsche Privatwirtschaft stehen zur Gewinnung von Daten über Chancen(un)gleichheit beim Zugang zu und in Führungspositionen auch Geschlechter vergleichende empirische Studien zur Verfügung, die sich beziehen auf:

- AbsolventInnen bestimmter Studiengänge (z.B. Mayrhofer et al. 2005; Haffner 2007; Carl et al. 2008);
- einzelne Branchen (z.B. Funder et al. 2006; Rudolph/Okech 2004; Rudolph 2007);
- einzelne Unternehmen (z.B. Domsch 2005; Funder et al. 2006; Nickel et al. 2008).

Empirische Studien ermöglichen zwar vielfältige Einsichten, stoßen aber auch an Grenzen: So können die mittels schriftlicher oder mündlicher Befragungen gewonnenen Daten ein „verzerrtes Bild“ ergeben – u.a., weil sich eher diejenigen beteiligen, die dem Thema aufgeschlossen gegenüberstehen oder weil Befragte sozial erwünschte Antworten geben. Mit Blick auf geäußerte Einstellungen, Wahrnehmungen, Erfahrungen und Verhaltensweisen ist zudem in Rechnung zu stellen, dass den befragten Personen nicht bewusst sein muss, dass sie diskriminieren oder diskriminiert werden. Auch die Prozesse und Praktiken der betrieblichen Personalpolitik lassen sich nicht bis in alle entscheidenden Einzelheiten empirisch durchdringen. Dennoch gibt es dazu aufschlussreiche empirische Studien, die unter 7.6 berücksichtigt werden.

---

7 Im Rahmen der Evaluierung der 2001 geschlossenen Vereinbarung zur Förderung der Chancengleichheit zwischen der Bundesregierung und den Spitzenverbänden der deutschen Wirtschaft wurde – im Auftrag des Deutschen Gewerkschaftsbundes (DGB) und der Hans-Böckler-Stiftung – im Herbst 2003 das Management von 500 Unternehmen der deutschen Privatwirtschaft mittels Telefoninterviews befragt.

8 An Bischoffs – vierter – Befragung im Jahr 2003 haben sich 334 Führungskräfte (191 Frauen und 143 Männer) beteiligt (Bischoff 2005, S. 18). Inzwischen erfolgte eine fünfte Befragung, deren Ergebnisse aber noch nicht veröffentlicht sind.

Des Weiteren basiert dieses Kapitel auch auf „rein theoretischen" Arbeiten, die zur Erklärung der (Re-)Produktion von Ungleichheiten beitragen und damit zugleich Anhalts- und Ansatzpunkte für die gleichstellungspolitische Praxis bieten.

Anknüpfend an die vorliegenden empirischen und theoretischen Erkenntnisse habe ich schließlich fünf Gespräche mit sechs Expertinnen geführt: Vier waren bzw. sind für Chancengleichheit und/oder Diversity in deutschen Großunternehmen zuständig. Das fünfte Gespräch wurde mit zwei Personen geführt, bei denen seit Jahren Informationen aus vielen Unternehmen zusammenkommen: der Leiterin der österreichischen Gleichbehandlungsanwaltschaft und ihrer Stellvertreterin – ausgehend von der Prämisse, dass sich hinsichtlich dieses Themas Deutschland und Österreich nicht grundsätzlich unterscheiden. Ihnen allen möchte ich an dieser Stelle ganz herzlich dafür danken, dass sie diesen Beitrag mit ihrem Erfahrungswissen bereichert haben.

7.3 Die (Unter-)Repräsentation von Frauen in Führungspositionen genauer betrachtet

7.3.1 Neuere Befunde zu Frauenanteilen im Überblick

Was den Frauenanteil an *allen* Führungskräften der deutschen Privatwirtschaft betrifft, beträgt der höchste Wert, der sich in einer aktuellen Studie findet, 31% für das Jahr 2006 (Holst 2009, S. 29). Hier sei daran erinnert, dass dort (auf Basis des SOEP) abhängig beschäftigte Fach- und Führungskräfte berücksichtigt wurden. Für das Jahr 2005 kann der entsprechende Wert von 28% (ebd.) mit dem verglichen werden, den Kay (2007, S. 19) auf Basis ihrer Unternehmungsbefragung für „Führungskräfte (einschl. leitende Angestellte)" ermittelte. Dieser liegt mit 24% zwar darunter, aber der Abstand ist nicht so groß, wie die unterschiedlich weit gefassten Definitionen und Erhebungsmethoden vermuten lassen könnten.

Mit Blick auf *leitende Angestellte* wurde für 2008 ein Frauenanteil von 10% ermittelt (Kienbaum 2008b, S. 24).

Bei *GeschäftsführerInnen* betrug der Frauenanteil 2008 nur 4%; dabei handelte es sich überwiegend um Positionen in kleineren Unternehmen, vorzugsweise solchen, an denen die Frauen selbst beteiligt waren (Kienbaum 2008c, S. 23).[9]

9 Ich danke Herrn *Christian Näser*, Mitglied der Geschäftsleitung und Partner der Keinbaum Management Consultants GmbH, der mir Auszüge aus diesen Studien kostenlos zur Verfügung gestellt hat.

Eine Analyse der *Vorstände* im Jahr 2007 ergab für die *Mitglieder* bei den großen Banken und Sparkassen einen Frauenanteil von 2,3%, bei den großen Versicherungen waren es 3,2%. Während es in letzteren keine Frauen als Vorstands*vorsitzende* gab, waren es damals bei den Banken zwei, von denen jedoch eine inzwischen zurückgetreten ist (Holst 2009, S. 133). In den Vorständen der umsatzstärksten Unternehmen außerhalb des Finanzsektors gab es 1,8 % (Top-200) bzw. 1,3% (Top-100) weibliche *Mitglieder*; die *Vorsitzenden* waren ausschließlich Männer (ebd., S. 131). Die aktuellsten Daten zu Vorständen beziehen sich auf 160 Aktiengesellschaften in den wichtigsten deutschen Börsenindizes[10] und den Zeitraum Februar/März 2009: Hier betrug der Frauenanteil durchschnittlich 3%, bei den DAX 30-Unternehmen waren es nur 0,6% (Weckes 2009).

Nun zur *Entwicklung des Frauenanteils* in Führungspositionen der deutschen Privatwirtschaft:

- Mit Blick auf *alle Führungspositionen* sind Steigerungen erkennbar: So ermitteln Kleinert et al. (2007, S. 62) auf Basis des Mikrozensus für alle abhängig beschäftigten Führungskräfte Anteile von 21% in 2000 und 23% in 2004. Holst (2009, S. 31) kommt auf Basis des SOEP zu dem Ergebnis, dass der Anteil aller angestellten weiblichen (Fach- und) Führungskräfte von 26% in 2001 auf 31% in 2006 gestiegen ist.
- Wird nur das *Top-Management* betrachtet, dann ändert sich jedoch das Bild: Es gibt zwar Befunde zu leichten Anstiegen der Frauenanteile bei den Vorstandsmitgliedern: z.B. von +0,5 Prozentpunkten (von 2,5% im Jahr 2008 auf 3% im Jahr 2009) für die von Weckes (2009) untersuchten Unternehmen oder von +1,1 Prozentpunkten (von 0,2% im Jahr 2006 auf 1,3% im Jahr 2007) für die von Holst (2009, S. 132) untersuchten Top-100. Aber es werden auch sinkende Frauenanteile ermittelt: für die Vorstände der großen Banken und Sparkassen von –0,2 Prozentpunkten (von 2,5% im Jahr 2006 auf 2,3% im Jahr 2007; ebd.), für das Top-Management größerer deutscher Unternehmen in der 3. Bilanz Chancengleichheit von –2 Prozentpunkten (von 7,5% Anfang 2007 auf 5,5% Anfang 2008) (Bundesregierung 2008, S. 28 – mit Bezug auf Hoppenstedt 2008), für Geschäftsführerinnen von – 1 Prozentpunkt (von 5% im Jahr 2007 auf 4% im Jahr 2008) (Kienbaum (2008a[11], c).

10 Diese Erhebung der Hans-Böcker-Stiftung bezieht die im DAX 30, MDAX, SDAX und TECDAX gelisteten Unternehmen ein.

11 Einer E-Mail von Herrn Christian Näser vom 16.2.2009 zufolge beziehen sich die Daten aus der Pressemitteilung vom 8. Mai 2008 (Kienbaum 2008a), wo der Frauenteil an den GeschäftsführerInnen mit 5% angegeben ist, auf die Vergütungsstudien aus 2007. Bei Kienbaum (2008b, c) handelt es sich um die Vergütungsstudien aus dem Jahr 2008.

Alles in allem wird deutlich: Erstens sind die festgestellten Steigerungen der Frauenanteile eher gering. Zweitens werden im Top-Management auch sinkende Frauenanteile ermittelt.

Betrachtet man die *Entwicklung in Deutschland* im europäischen Vergleich, dann zeigt sich: Im Jahr 2006 betrug der Frauenanteil in Managementpositionen im Durchschnitt aller EU-27-Mitgliedsländer 32,6%. Deutschland lag damals mit 27,4% im unteren Drittel. Weil zwischen 2006 und 2007 der EU-27-Durchschnitt auf 28% gesunken ist und Deutschland zu den Ländern gehört, in denen der Frauenanteil gestiegen ist (auf 29% im Jahr 2007), lag Deutschland im Jahr 2007 über dem Durchschnitt und im mittleren Bereich (zusammenfassend: Holst 2009, S. 147f.).

Exkurs: Aufsichtsräte

Weckes (2009) ermittelte für die untersuchten 160 Aktiengesellschaften (siehe oben) für das erste Quartal 2009 einen Frauenanteil von durchschnittlich 10,2%. Im Unterschied zu den Vorständen war bei den Aufsichtsratsmitgliedern der Frauenanteil bei den DAX 30-Unternehmen mit 13,3% am höchsten. Holst und Stahn (2007, S. 91, Fn. 4) erläutern, dass die relativ hohen Werte der DAX 30-Unternehmen durch die dort gelisteten sieben Banken und Versicherungen bedingt sind, wo Frauen überdurchschnittlich häufig in Aufsichtsräten vertreten sind. Die Anteile betrugen Ende 2007 in Versicherungen 13% und in Banken 15% (Holst 2009, S. 133).

Ebenfalls im Unterschied zu den anderen Führungspositionen (siehe unten) finden sich die höchsten Frauenanteile in den Aufsichtsräten der großen bzw. größten Unternehmen (Holst/Stahn 2007, S. 91). Ein von Mielke (2005, S. 35) befragtes Beratungsunternehmen, das Personen für Aufsichtsräte in Deutschland vermittelt, erläutert dazu: Mittelständische Unternehmen formulierten oft explizit, sie wollten „keine Frauen". Konzerne hätten dagegen „gerne zumindest eine Frau", und zwar aus Imagegründen.[12] Ein wichtiger erklärender Faktor für diesen Größeneffekt ist auch die Mitbestimmung (Holst 2009, S. 131).

Generell gilt: In nicht-mitbestimmten Unternehmen gab es 2009 nur 2,6% Frauen unter den Aufsichtsratsmitgliedern, in mitbestimmten dagegen 11,7%. Von diesen 11,7% stammten wiederum fast vier Fünftel (78,3%) von der Arbeitnehmerseite. Aber auch die Anteilseigner entsandten mehr Frauen in mitbestimmte Aufsichtsräte als in nicht-mitbestimmte (Weckes 2009).

Positive Effekte haben auch Quotierungen, wie das Beispiel Norwegen verdeutlicht: 2004 betrug dort der Frauenanteil in den Aufsichtsräten 18%. Anfang

12 Zudem seien in Deutschland seitens der potenziellen KandidatInnen „große Namen" und „gute Kontakte" bedeutsam (ebd.), – und darüber verfügen eher Männer; dazu später mehr.

2006 wurde für die Aufsichtsräte börsennotierter norwegischer Aktiengesellschaften eine Frauenquote von 40% gesetzlich vorgeschrieben, was noch im gleichen Jahr eine Steigerung auf über 30% bewirkte (zusammenfassend: Holst/ Stahn 2007).

7.3.2 (Einfluss-)Faktoren auf Seiten der Unternehmen bzw. Betriebe

Im Folgenden wird der Frage nach Zusammenhängen zwischen der Höhe des Frauenanteils in Führungspositionen und den Faktoren Größe des Betriebs/Unternehmens, Branche, Frauenanteil an allen Beschäftigten, Region (Ost-/Westdeutschland), Tarifbindung, Vorhandensein eines Betriebsrats und gleichstellungspolitische Aktivitäten nachgegangen. Die Darstellung stützt sich vor allem auf die 2005 durchgeführte Unternehmensbefragung des IfM (Kay 2007) und die Analysen des IAB-Betriebspanels 2004 (Kleinert et al. 2007); diese Angaben werden im Text nicht jeweils wiederholt. Mit Blick auf abhängig beschäftigte Führungskräfte interessiert dabei weniger die *erste Führungsebene*, auf der auch (Mit-)EigentümerInnen bzw. Selbstständige erfasst sind (siehe oben), als die darunter liegenden. Und: Es handelt sich um Analysen *statistischer Zusammenhänge*, die keine eindeutigen Aussagen über *Kausalzusammenhänge* liefern, was auch beispielhaft verdeutlicht wird.

Unternehmens- bzw. Betriebsgröße

Hier gibt es zum Teil widersprüchliche Befunde. Die Ergebnisse des IAB-Betriebspanels 2004 sind in Tabelle 7.1 dokumentiert:

Tab. 7.1: Frauenanteil in Führungspositionen (Mittelwerte) in Betrieben der deutschen Privatwirtschaft nach Betriebsgröße auf Basis des IAB Betriebspanels 2004

Betriebsgröße	2. Führungsebene	1. Führungsebene
1-9 Beschäftigte	k.A.[a]	26%
10-49 Beschäftigte	36%	20%
50-249 Beschäftigte	22%	13%
250-499 Beschäftigte	15%	6%
500 und mehr Beschäftigte	12%	4%

a Hier gibt es k.A. (= keine Angabe), da Kleinstbetriebe mit einer/einem bis neun Beschäftigten bei der zweiten Führungsebene nicht berücksichtigt werden, weil diese Ebene hier kaum bedeutsam ist (Kleinert et al. 2007, S. 36).

Quelle: Eigene Darstellung nach Kleinert et al. (2007, S. 35).

Tabelle 7.1 zufolge sinkt der Frauenanteil auf beiden Ebenen mit zunehmender Betriebsgröße. Zum selben Ergebnis kommt mit Blick auf Unternehmen auch Kay (2007, S. 21). Sie zeigt allerdings auch, dass dieser Zusammenhang für Führungspositionen unterhalb der obersten Ebene nicht besteht, wenn man weitere Merkmale wie Branche und Frauenanteil an allen Beschäftigten berücksichtigt (ebd., S. 30). Auf Basis des SOEP durchgeführte Analysen ergeben die höchsten Frauenanteile in (Fach- und) Führungspositionen in Betrieben mit 200 bis unter 2.000 Beschäftigten (Holst 2009, S. 35f.), d.h. auch ihnen zufolge sinkt der Frauenanteil in Führungspositionen nicht kontinuierlich mit wachsender Betriebsgröße.

Für die erste Führungsebene (Vorstände, GeschäftsführerInnen und tätige InhaberInnen) kommt Kay (2007, S. 32) dagegen zu dem Ergebnis, dass auch bei Berücksichtigung der genannten Merkmale der eingangs dargestellte negative Zusammenhang besteht. Sie kommentiert, dieser Befund stehe in Einklang mit Erkenntnissen der Unternehmens- und Gründungsforschung, der zufolge von Frauen gegründete und geleitete Unternehmen durchschnittlich deutlich kleiner sind als von Männern gegründete und geleitete.

Branchenzugehörigkeit

Obgleich in den Studien unterschiedliche Klassifikationen verwendet werden, wird erkennbar, dass die Anteile weiblicher Führungskräfte im produzierenden Gewebe unterdurchschnittlich niedrig und im Dienstleistungssektor überdurchschnittlich hoch sind (Holst 2009, S. 34f.). Die höchsten Frauenanteile unterhalb der obersten Führungsebene verzeichnen Betriebe aus den Branchen „Gesundheitswesen, sonstige private Dienstleistungen“ (mit 70% für das Jahr 2004) (Kleinert et al. 2007, S. 41) bzw. Unternehmen aus den Bereichen „Dienstleistungen überwiegend für Personen und Haushalte“ (mit 40,4% für das Jahr 2005) (Kay 2007, S. 22). Überdurchschnittlich hohe Frauenanteile finden sich auch im Einzelhandel.

Die Branchen mit den niedrigsten Frauenanteilen auf der zweiten Führungsebene sind Kleinert et al. (2007, S. 41) zufolge „Bergbau/Energie“ (13%), Baugewerbe (18%) und verarbeitendes Gewerbe (22%). Das entspricht den Ergebnissen von Kay (2007, S. 22), wonach sich die wenigsten weiblichen Führungskräfte im Baugewerbe (6,4%) und in den Bereichen „Verarbeitendes Gewerbe, Bergbau, Energie“ (15,9%) und „Verkehr“ (18,1%) finden.

Frauenanteil an den Beschäftigten insgesamt

Sowohl Kay (2007, S. 27) als auch Kleinert et al. (2007, S. 44) kommen zu dem Ergebnis, dass der Frauenanteil in Führungspositionen positiv mit dem Frauenanteil an allen Beschäftigten eines Unternehmens bzw. Betriebes zusammenhängt (vgl. Tab. 7.2).

Tab. 7.2: Frauenanteil in Führungspositionen (Mittelwerte) nach Frauenanteil an allen Beschäftigten in Betrieben der deutschen Privatwirtschaft auf Basis des IAB-Betriebspanels 2004

Alle Beschäftigten	2. Führungsebene	1. Führungsebene
< 10%	10%	8%
>10 bis 30%	20%	11%
>30 bis 70%	42%	20%
>70 bis 80%	75%	26%
> 90%	89%	37%

Quelle: Eigene Darstellung nach Kleinert et al. (2007, S. 44).

Funder et al. (2006, S. 67), die für Unternehmen der Informations- und Telekommunikationsindustrie ebenfalls feststellen, dass ein „wenn auch nur leichter" positiver Zusammenhang zwischen dem Frauenanteil im Unternehmen und dem in Führungspositionen besteht, verdeutlichen, dass dieser Zusammenhang unterschiedlich interpretiert werden kann: zum einen dahingehend, dass ein höherer Frauenanteil an den Beschäftigten auch einen höheren Frauenanteil im Management bewirkt, zum anderen dahingehend, „dass ein höherer Anteil von Frauen im Management auch eher für einen allgemein höheren Frauenanteil im Unternehmen sorgen kann" (ebd.).

Region (Ost-/Westdeutschland)

Zu diesem Faktor gibt es wiederum unterschiedliche Ergebnisse. Kleinert et al. (2007, S. 63) ermitteln auf Basis des Mikrozensus 2004, dass in der Privatwirtschaft der Frauenanteil an *allen* abhängig beschäftigten Führungskräften im Osten mit 28% höher ist als im Westen mit 22%. Die Berechnungen auf Basis des SOEP ergeben für das gleiche Jahr sogar eine Differenz von zwölf Prozentpunkten: 24% in den alten und 36% in den neuen Bundesländern (Holst 2009, S. 46).

Auch Kay (2007) zufolge ist im Jahr 2005 der Frauenanteil an den Führungskräften im Osten mit 30,9% höher als im Westen mit 23,4% (ebd., S. 23). Allerdings zeigt sich – wie schon bei der Unternehmensgröße – auch hier, dass diese Unterschiede verschwinden, wenn weitere Unternehmensmerkmale berücksichtigt werden (ebd., S. 30).

Die Analyse auf Basis des IAB-Betriebspanels 2004 ergibt *für die zweite Führungsebene*[13] im Westen mit 42% sogar etwas höhere Frauenanteile als im Osten mit 41%; bei den Projektleitungen liegt der Frauenanteil im Westen sogar bei 28%, im Vergleich zu 20% im Osten. Bei diesen Ergebnissen sei jedoch zu

13 Auf der ersten Führungsebene betrug der Frauenanteil im Westen 23% und im Osten 28% (Kleinert et al. 2007, S. 33).

berücksichtigen, dass die Mehrzahl der Betriebe Klein- und Kleinstbetriebe sind, von denen weniger als ein Fünftel überhaupt eine zweite Führungsebene hat; Projektleitungsstellen existieren sogar nur bei ca. 3% aller Betriebe (Kleinert et al. 2007, S. 33).

Betriebsrat und Tarifbindung

Mit Blick auf *Betriebsräte* sind die Befunde ebenfalls nicht einheitlich: Kleinert et al. (2007, S. 47) zufolge „beeinflusst das Vorhandensein eines Betriebs- oder Personalrats die Karrierebedingungen von Frauen wesentlich – und zwar negativ". Kays (2007, S. 29) Analyse zeigt dagegen einen negativen Zusammenhang nur für die Frauenanteile auf der ersten Führungsebene, wohingegen der Zusammenhang für die übrigen Führungsebenen schwach positiv ist. Zur Erklärung dieser unterschiedlichen Befunde können die Ergebnisse von Krell und Ortlieb (2004) beitragen, wonach entscheidend ist, ob ein Betriebsrat sich in Sachen Chancengleichheit engagiert – und nicht, ob es überhaupt einen gibt (vgl. dazu auch das folgende Kapitel).

Ob die *Tarifbindung* von Betrieben einen Unterschied macht bzw. erklärt, wird nur von Kleinert et al. (2007) untersucht. Danach hat dieser Faktor für den Anteil an weiblichen Führungskräften „(f)ast keine Bedeutung" (ebd., S. 47).

Gleichstellungspolitische Aktivitäten

Nach Kay (2007, S. 30) besteht kein Zusammenhang zwischen dem Frauenanteil in Führungspositionen und dem Unternehmensziel „ausgewogener Anteil von Frauen und Männern auf allen Hierarchieebenen". Krell und Ortlieb (2004, S. 23) kommen zu dem Ergebnis, dass der Zusammenhang zwischen Maßnahmen zur Erhöhung des Frauenanteils im Management und der tatsächlichen Erhöhung des Frauenanteils im Management sehr schwach ist. Es wurde aber auch gezeigt, dass sich der Frauenanteil im Management am häufigsten bei den Unternehmen vergrößert hatte, die überhaupt eine oder mehrere Maßnahmen zur Förderung der Chancengleichheit durchgeführt hatten (ebd.). Kleinert et al. (2007, S. 47) zufolge sind betriebliche „Vereinbarungen zur Förderung von Chancengleichheit" – hier nicht nur bezogen auf Führungs(nachwuchs)kräfte – „ohne messbare Wirkung". Die Autorinnen geben aber auch zu bedenken, dass „solche Instrumente ihre Wirkungen erst mit zeitlicher Verzögerung entfalten" (ebd., S. 48).

Zwischenfazit

Die hier zusammengestellten Ergebnisse verdeutlichen, dass es statistische Zusammenhänge zwischen dem Frauenanteil in Führungspositionen einerseits und der Branchenzugehörigkeit sowie dem Frauenanteil an allen Beschäftigten eines

Unternehmens andererseits gibt, die jedoch unterschiedlich interpretiert werden können. Mit Blick auf andere Faktoren, wie z.B. die Größe oder die Region, finden sich bezüglich der zweiten Führungsebene dagegen keine gesicherten Zusammenhänge. Das dürfte dadurch bedingt sein, dass es auch innerhalb der Gruppen von Betrieben gleicher Größenordnungen ganz unterschiedliche Unternehmenskulturen gibt, worauf auch die Ergebnisse von Funder et al. (2006) hindeuten. Die Erkenntnis, dass nicht das reine Vorhandensein eines Betriebsrats „zählt", sondern dessen Engagement in Sachen Chancengleichheit, weist ebenfalls in die Richtung, dass Faktoren wie „Interessenvertretungskulturen" den Unterschied machen. Hinsichtlich der nicht oder kaum erkennbaren Effekte gleichstellungspolitischer Aktivitäten stellt sich darüber hinaus die Frage, ob es nicht auch Unterschiede zwischen der „offiziellen" bzw. „inszenierten" Kultur als „Vorderbühne" gibt und dem, was sich auf der „Hinterbühne" tatsächlich abspielt. Auch das ist Gegenstand der Studie von Funder et al. (2006) – und wird im weiteren Verlauf dieses Kapitels noch ausführlicher angesprochen werden.

7.3.3 (Einfluss-)Faktoren auf Seiten der Beschäftigten

Im Folgenden geht es darum, welche Bedeutung die Faktoren Ausbildung, soziale Herkunft, Alter und Lebenssituation für die Karrierechancen generell und speziell für die Chance haben, in eine Führungsposition zu gelangen – und ob es diesbezüglich Unterschiede zwischen Frauen und Männern gibt.

Ausbildung

Befragungen von (abhängig beschäftigten) Führungskräften in der deutschen Privatwirtschaft zeigen durchgängig, dass diese im Vergleich zu anderen Beschäftigtengruppen generell überdurchschnittlich gut qualifiziert sind – und Frauen inzwischen teilweise noch besser als Männer (vgl. z.B. Kleinert et al. 2007, S. 91f.). Allerdings gibt es auch bei gleichen Bildungsabschlüssen erhebliche Unterschiede in den Karrierechancen von Frauen und Männern, wie zahlreiche Studien belegen:

- Carl et al. (2008, S. 155) ermittelten auf Basis des Mikrozensus 2000 für WirtschaftsakademikerInnen (mit Universitäts- oder Fachhochschulabschluss) eine vertikale Segregation nach dem Geschlecht. 18% aller Männer im Vergleich zu 7% aller Frauen erreichten Führungspositionen. Und: Während von allen Frauen mit Universitätsabschluss nur 7% eine Führungsposition innehatten, waren es von allen Männern mit Fachhochschulabschluss 15%.
- Im Rahmen des Vienna Career Panel Projects (ViCaPP) wurden mehr als 1.000 AbsolventInnen der Wirtschaftsuniversität (WU) Wien aus drei Ab-

schlussjahrgängen zu ihren Karriereverläufen befragt. Dabei wurden aus der Gruppe der StudienabgängerInnen um 1990 so genannte „virtuelle Zwillingspaare“ gebildet, die sich in Merkmalen wie Alter, soziale Herkunft, Studienerfolg, Persönlichkeit und karrieretaktisches Verhalten gleichen und nur durch das biologische Geschlecht unterscheiden (Strunk et al. 2005, S. 227ff.). Ein Vergleich der Karriereverläufe über einen längeren Zeitraum ergab, dass sich beim Berufseinstieg keine oder kaum Unterschiede zeigten. Aber nach zehn Jahren hatten die Frauen im Durchschnitt weniger unterstellte MitarbeiterInnen und auch ein um ein Achtel geringeres Einkommen (dazu mehr unter 7.4).

– Eine Befragung von 7.437 AbsolventInnen der Studiengänge Chemie, Physik, Ingenieurwissenschaften und Informatik ergab, dass insgesamt jeder vierte Mann beruflich „sehr erfolgreich“ war, aber nur jede siebte Frau (Haffner 2007, S. 9).[14] Frauen mit einer ausgezeichneten Examensnote waren weniger erfolgreich als Männer mit einer schlechten Examensnote (ebd., S. 15). Und am größten waren die Unterschiede zwischen dem beruflichen Erfolg von Frauen und Männern in der (Privat-)Wirtschaft (ebd., S. 41).

Soziale Herkunft

Zusammenhänge zwischen Karrierechancen und der sozialen Herkunft wurden, wenn überhaupt, lange Zeit eher für Männer in Abhängigkeit vom Beruf des Vaters erforscht (vgl. z.B. Hartmann 2002)[15] – mit dem Ergebnis, dass für den Zugang zu Top-Führungspositionen in der deutschen Privatwirtschaft die soziale Herkunft eine wichtige Rolle spielt, und zwar nicht nur nach wie vor, sondern sogar wieder verstärkt (ebd., S. 67ff.).

Hinsichtlich des mittleren Managements verweisen die Ergebnisse von Bischoff (2005) auf eine abnehmende Bedeutung der sozialen Herkunft:[16] Die Führungskräfte beiderlei Geschlechts, die sie 1986, 1991 und 1998 befragte, hatten jeweils nur zu 25% *Väter,* die „Arbeiter, einfache Angestellte oder (einfache; G.K.) Beamte“ waren; 2003 waren es schon 32% (ebd., S. 37).

---

14 Zur Messung des beruflichen Erfolgs wurde eine Variable gebildet, in die eingingen: Führungsposition, Einkommen, Personalverantwortung, Budgetverantwortung, externe Partner (vgl. Haffner 2007, S. 7).

15 Hartmann (2002) untersuchte vier Kohorten, die 1955, 1965, 1975 und 1985 in den Fächern Ingenieurwissenschaften, Jura oder Wirtschaftswissenschaften promovierten – und erläutert, dass „der Anteil der Frauen in den untersuchten Promoviertenkohorten unter 5% liegt und sie in den Führungspositionen praktisch nicht vertreten sind“ (ebd., S. 47, Fn. 4).

16 Hier sei daran erinnert, dass in Bischoffs Sample Frauen deutlich überrepräsentiert sind (ebd., S. 18). Hinzu kommt, dass die Fragen zur sozialen Herkunft von jeweils etwa einem Viertel der Befragten nicht beantwortet wurden (ebd., S. 37f.).

Und 2003 gab es auch erstmals Geschlechtsunterschiede: Während 36% der Frauen angaben, ihre Väter seien „Arbeiter oder einfache Angestellte oder Beamte", waren es bei den Männern nur 27% (ebd.). Analysen der Karrieren der AbsolventInnen, die 1990 ihr Studium an der WU Wien abgeschlossen hatten (Meyer/Iellatschitsch 2005, S. 112f.), ergaben sogar *nur für Männer* einen positiven Zusammenhang zwischen der Bildung der Eltern und dem Karriereerfolg (hier: dem durchschnittlichen Jahreseinkommen in den ersten zehn Karrierejahren). Das lässt sich dahingehend interpretieren, dass in Führungspositionen Frauen ohnehin „Exotinnen" bzw. „Außenseiterinnen" sind und deshalb die soziale Herkunft für sie weniger bedeutsam ist als für Männer.

Mit Blick auf die *Mütter* der von Bischoff im Jahr 2003 befragten Führungskräfte zeigt sich: Während bei 15% der weiblichen Führungskräfte die Mütter als „leitende Angestellte oder Beamtin" und „Unternehmerin, Freiberuflerin, selbstständige Handwerkerin" tätig waren, betrug dieser Anteil bei den männlichen Führungskräften nur 9%.[17] Die Autorin kommentiert:

> „Es ist zu vermuten, dass nunmehr die Vorbildfunktion der Mütter für Frauen wirksam wird, zumindest lassen sich die Frauen durch die Doppelbelastung der Mütter mit Beruf und Familienaufgaben nicht gerade von der Karriere abhalten." (Bischoff 2005, S. 39)

Alter

Auf Basis des Mikrozensus zeigen Kleinert et al. (2007, S. 104f.), dass in der Altersgruppe bis 29 Jahren der Frauenanteil an den Führungskräften seit 2000 deutlich angestiegen und im Jahr 2004 fast so hoch ist wie bei den Erwerbstätigen dieser Altersgruppe insgesamt[18] (vgl. Abb. 7.1).

Bei Männern erhöht sich mit zunehmendem Alter die Chance, in eine Führungsposition zu gelangen. Bei Frauen sinken dagegen zwischen 30 und 39 Jahren die Anteile in Führungspositionen rapide und bleiben dann bis etwa 49 Jahre konstant.[19] Und: Für Frauen dieser Altersgruppen verschlechtern sich die Aufstiegschancen auch dann, wenn sie keine Kinder haben. Hier findet offenbar „statistische Diskriminierung" statt (ebd., S. 105): Weil Frauen deutlich häufiger als Männer wegen Kindern ihre berufliche Arbeit unterbrechen oder reduzieren,

---

17 Berechnungen auf Basis des SOEP für das Jahr 2006 zufolge haben Frauen in Führungspositionen vergleichsweise häufiger (als sonstige Angestellte beiderlei Geschlechts und, wenn auch mit geringerem Abstand, als männliche Führungskräfte) Mütter mit hohen Bildungsabschlüssen (Holst 2009, S. 51f.).

18 Und auch so hoch wie der der Männer in Führungspositionen Holst (2009, S. 47f.).

19 Ab 50 Jahren sinkt der Frauenanteil dann noch einmal, wobei es sich hier sowohl um einen Alterseffekt (ältere Frauen haben weniger Chancen) als auch um einen Kohorteneffekt (in dieser Generation ist der Anteil weiblicher Führungskräfte noch geringer) handeln kann.

wird dies allen Frauen unterstellt – und das wirkt sich negativ auf ihre Karrierechancen aus.

Abb. 7.1: Frauenanteil bei abhängig beschäftigten Erwerbstätigen und Führungskräften in der Privatwirtschaft nach Altersgruppen 2000 und 2004 (in %)

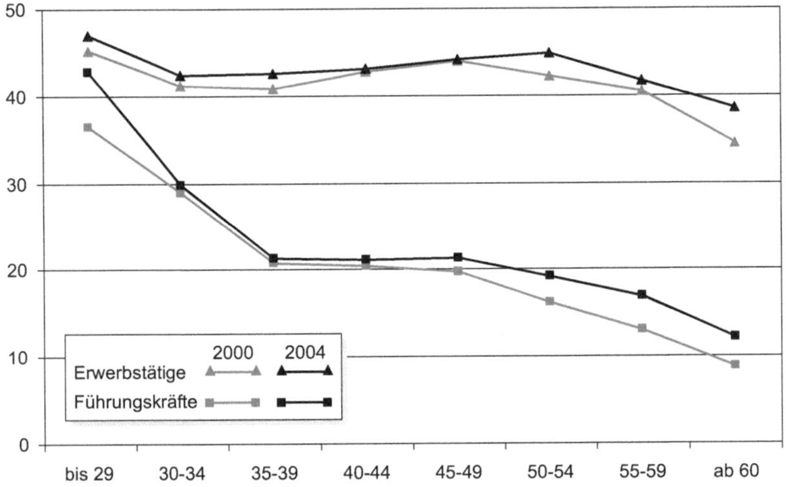

Quelle: Kleinert et al. (2007, S. 104).

Lebenssituation

Welche Rolle spielt nun die tatsächliche Lebenssituation? Hier werden in der Regel nur PartnerInnen und/oder Kinder berücksichtigt, die im selben Haushalt leben (vgl. Tab. 7.3).

Der auffälligste Unterschied zeigt sich bei der Konstellation „mit PartnerIn und unverheiratetem(n) Kind(ern)". Sie findet sich bei ca. der Hälfte der Männer, aber nur bei ca. einem Viertel der Frauen. Weibliche Führungskräfte sind dagegen häufiger allein erziehend als männliche. Und: Während im Vergleich zu 2000 die Zahl der männlichen Führungskräfte mit Kindern im Haushalt konstant geblieben ist, ist sie bei den weiblichen um fünf Prozentpunkte gesunken (ebd., S. 101). Die Autorinnen schlussfolgern: „Ausgedrückt in Karrierechancen, sind Kinder für Frauen ein großes Hindernis" (ebd., S. 102). Die auf Basis des SOEP durchgeführten Längsschnittanalysen, bei denen Einstiege in und (Wieder-)Ausstiege aus Führungspositionen berücksichtigt werden, ergeben ebenfalls, dass Kinder im Haushalt bei Frauen die Verweildauer in einer Führungsposition negativ beeinflussen (Holst 2009, S. 73).

Tab. 7.3: Lebensgemeinschaften abhängig beschäftigter Führungskräfte in der deutschen Privatwirtschaft nach Geschlecht auf Basis des Mikrozensus 2004 (gewichtete Daten)

	Männer	Frauen
Alleine lebend	15%	26%
Mit PartnerIn	29%	37%
Mit PartnerIn und unverheiratetem(n) Kind(ern)	52%	26%
Alleine mit unverheiratetem(n) Kind(ern)	1%	6%
Sonstige	3%	4%

Quelle: Eigene Darstellung nach Kleinert et al. (2007, S. 100).

Tabelle 7.3 lässt auch erkennen, dass von den weiblichen Führungskräften ein größerer Anteil alleine lebt als von den männlichen. Zu diesem Ergebnis kommt auch Holst (2009, S. 49). Wenn man die in Zusammenhang mit Kindern benutzte Formulierung aufgreift, dann könnte hier, etwas provokant, gefragt werden: „Ausgedrückt in Karrierechancen, sind Partner für Frauen ein großes Hindernis?“. Dafür gibt es zumindest einige Indizien: Dem Mikrozensus 2004 zufolge haben die männlichen Führungskräfte überwiegend Partnerinnen, die Teilzeit arbeiten (34%) oder nicht erwerbstätig sind (29%). Dies ist jedoch nur bei 4% (Teilzeit) und 9% (nicht erwerbstätig[20]) der Partner der weiblichen Führungskräfte der Fall. Und während nur 7% der Männer eine Partnerin haben, die auch Führungskraft ist, haben 32% der Frauen einen solchen Partner (Kleinert et al. 2007, S. 108).[21] Dass auch in diesen so genannten Doppelkarrierepaaren Arrangements getroffen werden, die auf Kosten der Karriere der Frau gehen, dokumentieren zahlreiche Studien (z.B. Wimbauer et al. 2007; Holst 2009, S. 72, 79). Die Längsschnittbetrachtung auf Basis des SOEP zeigt aber auch, dass der negative Einfluss eines Partners mit Führungsposition auf die Karrierechancen von Frauen nur hinsichtlich deren Einstiegs in eine Führungsposition besteht. Ist eine Frau erst einmal Führungskraft, scheinen die Doppelkarrieren zu funktionieren (Holst 2009, S. 81).

Anders ausgedrückt: Karrierehindernisse für Frauen sind weniger das Vorhandensein von Kindern oder eines Partners als vielmehr die in den Partnerschaften getroffenen bzw. gelebten Arrangements. Hinzu kommt: Befragungen weiblicher Führungskräfte zufolge haben Vereinbarkeitsprobleme als Karrierehindernis einen geringeren Stellenwert als die Vorurteile[22] und Akzeptanzpro-

20 Aufgrund des „traditionellen Altersabstands“ dürfte es sich hier überwiegend um Rentner handeln.

21 Zu ähnlichen Ergebnissen kommt auch Bischoff (2005, S. 45).

22 Hier sei daran erinnert, dass auch die Frauen, die gar keine Kinder haben, in den „Risikoaltersgruppen“ geringere Karrierechancen haben als ihre männlichen Kollegen.

bleme, mit denen sie konfrontiert sind (so z.B. Goos/Hansen 1999, S. 210; Bischoff 2005, S. 106; Kahlen 2007). Dazu später mehr.

Zwischenfazit

Alle untersuchten Faktoren sind bedeutsam für die Chance, in eine Führungsposition zu gelangen – aber bei allen macht die Geschlechtszugehörigkeit einen mehr oder weniger großen Unterschied.[23]

Da es sich hier um Faktoren handelt, die auch im Rahmen von Diversity bzw. Vielfalt und deren Management (dazu ausführlicher: Krell 2008c und das folgende Kapitel dieses Bandes) berücksichtigt werden, folgt daraus, dass sowohl in der Diversity-Forschung als auch in der Diversity-Praxis Gender bzw. Geschlecht nicht nur als ein Faktor neben die anderen gestellt werden sollte, sondern darüber hinaus bei allen anderen Faktoren mitberücksichtigt werden muss – ganz im Sinne des Gender Mainstreaming.[24]

Dies gilt auch für die Diversity-Dimension Kultur (als Sammelbegriff für nationale Herkunft, ethnische Zugehörigkeit, Migrationshintergrund), auf die hier nicht eingegangen werden konnte, denn sie ist noch ein „blinder Fleck" in der Forschungslandschaft über Faktoren, die für den Zugang zu den Führungsetagen der deutschen Privatwirtschaft bedeutsam sind – generell und speziell mit Blick auf die Verschränkung mit Geschlecht.[25]

---

23 Offen bleiben muss, ob auch im Top-Management bei Frauen die soziale Herkunft weniger wichtig ist als bei Männern; um das erforschen zu können, wären größere Fallzahlen erforderlich.

24 Dass Gender bzw. „Chancengleichheit" bei der Implementierung von Diversity Management eine Querschnittsfunktion sein sollte, schlug auch eine der von mir interviewten Unternehmensvertreterinnen – im Nachgespräch – vor. Ausführlicher zum Verhältnis von Gender und Diversity in Forschung und Praxis vgl. die Beiträge in Andresen et al. (2009).

25 Generell berichtete und belegte vor fast zehn Jahren ein Artikel in der „Wirtschaftswoche", in deutschen Chefetagen seien „Ausländer immer noch Exoten" (Lenderstse 2000). Zwei Jahre später machte sich ein Team der amerikanischen Zeitschrift „Newsweek" auf die Suche nach „ethnischen Minderheiten" in den Führungsetagen der 100 größten europäischen Unternehmen. Es stieß nicht nur auf sehr kleine Fallzahlen, sondern auch auf großes Unverständnis bezüglich seines Anliegens (Foroohar 2002). Dem SOEP zufolge sind die Anteile von Führungskräften nicht-deutscher Nationalität in den Jahren 2001 bis 2006 sehr gering: Bei Männern schwanken sie zwischen 7% und 3%, bei Frauen zwischen 1% und 3% – mit insgesamt eher abnehmender Tendenz (Holst 2009, S. 46).

7.4 Die Situation weiblicher Führungskräfte als „marginalisierte Integration"

Den drei in diesem Abschnitt thematisierten Aspekten – Segregation bzw. Arbeitsteilung, Entgelt und Arbeitszeiten – sind in diesem Buch jeweils eigene grundlegende Kapitel gewidmet. Daran anknüpfend soll hier nur ein Ausschnitt genauer betrachtet werden: die Situation der Frauen, die Führungspositionen innehaben. Die Überschrift nimmt das Zwischenfazit vorweg: Es handelt sich um eine „marginalisierte Integration" (Wetterer 1999).

Verschränkungen vertikaler und horizontaler Segregation

Die vertikale Segregation nach Geschlecht innerhalb der Führungsetagen wurde schon unter 7.3 verdeutlicht: je höher die Führungsebene, desto geringer der Frauenanteil. Das Phänomen, dass es Frauen trotz vorhandener Qualifikation kaum gelingt, ins Top-Management vorzudringen, wird auch als „Gläserne Decke" bezeichnet – und relativ intensiv beforscht. Sowohl auf die dazu angebotenen Erklärungen als auch auf die mit dem Status als Minderheit im statistischen Sinn oder gar als einzige Frau unter lauter Männern verbundenen Effekte wird in den nachfolgenden Abschnitten ausführlicher eingegangen.

Neben der vertikalen ist auch eine horizontale Segregation nach dem Geschlecht erkennbar: In den einzelnen Funktionsbereichen gibt es unterschiedlich große Frauenanteile an den Führungskräften. Tabelle 7.4 zeigt, ausgehend von einem ermittelten durchschnittlichen Frauenanteil in Führungspositionen von 10%, in welchen Funktionen überdurchschnittlich viele weibliche Führungskräfte zu finden sind.

Hier zeigt sich (wie auch bei Bischoff 2005, S. 26ff. und Kleinert et al. 2007, S. 85ff.[26]), dass weibliche Führungskräfte in drei Segmenten überrepräsentiert sind: erstens Personal/Personalentwicklung/Ausbildung, zweitens Verkaufsinnendienst/Marketing/Marktforschung/Werbung/Öffentlichkeitsarbeit und drittens Kostenrechnung/Betriebsabrechnung/Bilanzbuchhaltung/Finanz- und Rechnungswesen/Controlling.

Tabelle 7.4 verdeutlicht auch die vertikale Segregation innerhalb dieser Bereiche: Die beiden Werte für die Gesamtleitung sind niedriger als die für die übrigen (Teil-)Funktionen innerhalb des Segments.

Nicht auf den ersten Blick erkennbar ist dagegen, dass die einzelnen Funktionsbereiche selbst hierarchisiert sind bzw. werden. Das soll am Beispiel Perso-

---

26 Kleinert et al. (2007, S. 85f.) zufolge, die Anteile für 2000 und 2004 verglichen haben, „verfestigt sich die Geschlechtertrennung eher noch als sie aufweicht".

Tab. 7.4: Funktionen mit überdurchschnittlich hohen Anteilen von Frauen an allen Führungskräften (hier: leitende Angestellte) 2008

Funktion	Frauenanteil
Personal – Teilbereich	33%
Personalentwicklung/Ausbildung	31%
Verkaufsinnendienst	29%
Marketing	28%
Marktforschung	27%
Personalwesen – Gesamtleitung	26%
Kostenrechnung/Betriebsabrechnung	25%
Werbung/Öffentlichkeitsarbeit	24%
Allgemeine Verwaltung	23%
Bilanzbuchhaltung	22%
Recht	17%
Finanz- und Rechnungswesen – Gesamtleitung	17%
Controlling	15%
Kaufmännische Gesamtleitung	13%

Quelle: Kienbaum (2008b, S. 24).

nal verdeutlicht werden: So konstatieren z.B. Holst und Stahn (2007, S. 91), Margret Suckale als die einzige Frau unter den 533 Vorstandsmitgliedern der Top-100 sei „für das nicht besonders einflussreiche Personalressort zuständig".[27] Eine neuere bei der Deutschen Bahn AG durchgeführte Fallstudie zeigt, dass sich auch die Mehrzahl der Bereichsleiterinnen und Abteilungsleiterinnen in diesem Unternehmen auf den Personalbereich konzentriert (Nickel et al. 2008, S. 85).[28] Erklärt wird das mit der „nach wie vor dominierenden Konnotation der Personalarbeit als eher ‚weiche' und damit auch eher ‚weibliche' Tätigkeit" (ebd., S. 86).[29] Aufschlussreich ist auch das dort angeführte Zitat aus dem Interview mit einer weiblichen Führungskraft: „Personal(arbeit) (...) das ist so wie Krankenschwester" (ebd., S. 159; Auslassung im Original). Das verdeutlicht einmal mehr, wie stark ineinander verwoben Prozesse der geschlechtshierarchischen Arbeitsteilung und der Geschlechterkonstruktion sind (vgl. dazu auch Wetterer 1999, S. 230ff.).

27 Eine von Nickel et al. (2008, S. 159) interviewte Bahn-Führungskraft drückt das folgendermaßen aus: „Also ich sag mal, natürlich steht überall Vorstand drauf, aber ein Produktionsvorstand ist dann doch was anderes als ein Personalvorstand (...) manche sind etwas gleicher".

28 ... von dem die AutorInnen selbst betonen, sein „betrieblicher Stellenwert" sei „keineswegs als gering einzuschätzen" (ebd., S. 86).

29 Dass dies in Beratungsunternehmen auch für die Personalberatung – im Unterschied zur Strategieberatung – gilt, zeigt Rudolph (2007, S. 108).

Entgelt

Dass weibliche Führungskräfte durchschnittlich weniger verdienen als männliche, und dass dies nur zum Teil durch sachliche Faktoren bedingt bzw. erklärbar ist, belegen alle Studien zur deutschen Privatwirtschaft:

- Der Befragung von Bischoff (2005, S. 30f.) zufolge befanden sich 2003 die meisten weiblichen Führungskräfte (56%) in der Gruppe derjenigen, die ein Bruttojahresgehalt von unter 50.000 Euro beziehen; von den Männern waren das nur gut ein Viertel (27%). Etwa jeder dritte Mann (34%), aber nur jede fünfte Frau (20%) gehörten dagegen zur Gruppe der Führungskräfte mit einem Bruttojahresgehalt von über 75.000 Euro.
- Laut Mikrozensus 2004 erhielten über 70% der weiblichen Führungskräfte ein Monatsnettoeinkommen von weniger als 2.300 Euro, während über 50% der männlichen mehr als 2.300 Euro netto monatlich erhielten (Kleinert et al. 2007, S. 111).
- Auf Basis des SOEP 2006 ermittelten Busch und Holst (2008, S. 187) für männliche, in Vollzeit beschäftigte Angestellte mit hoch qualifizierten Tätigkeiten oder umfassenden Führungsaufgaben einen durchschnittlichen Bruttomonatsverdienst von 4.369 Euro; für weibliche dagegen nur 3.616 Euro, d.h. etwa 17% weniger.
- Den neusten Kienbaum-Vergütungsstudien zufolge erhielten im Jahr 2008 *Geschäftsführerinnen* durchschnittlich „gut 20% weniger" als Geschäftsführer, das habe jedoch „*auch* strukturelle Ursachen" (Kienbaum 2008c, S. 44; Hervorhebung G.K.) – nämlich die unterschiedlichen Größen der von Frauen und Männern geführten Unternehmen (siehe oben). Bei den *leitenden Angestellten* ergab die Studie, dass Frauen durchschnittlich 12% weniger verdienen als Männer, und zwar nachdem die „vergütungsrelevanten Faktoren" Größe des Unternehmens und Alter der Führungskraft herausgerechnet worden waren (Kienbaum 2008b, S. 47).

Aufschlussreich ist auch eine österreichische Studie auf Basis des bereits erwähnten ViCaPP zur Einkommensentwicklung von 52 „virtuellen Zwillingspaaren" (Strunk et al. 2005, S. 229ff.). In den ersten drei Berufsjahren zeigten sich kaum Unterschiede zwischen Männern und Frauen. Aber eine Betrachtung der ersten zehn Berufsjahre ergab ein durchschnittliches Bruttojahresgehalt von ca. 39.000 Euro für Männer und von ca. 34.000 Euro für Frauen, d.h. jährlich ca. 5.000 Euro weniger.

Untersucht wurde auch, ob die Differenz durch Elternzeit (in Österreich: Karenz) erklärt werden kann. Die Ergebnisse sind in Tabelle 7.5 wiedergegeben.

Tabelle 7.5 zeigt zwar, dass die 34 „Zwillinge“ ohne Karenz insgesamt höhere Jahresbruttogehälter erzielen konnten als alle 52 „Zwillinge“. Aber sie zeigt auch und insbesondere, dass die Differenz zwischen den Gehältern der Frauen und der Männer bei den „Zwillingen“ ohne Karenz nur geringfügig kleiner ist als die bei allen „Zwillingen“. Das heißt: Karenz bewirkt zwar eine Gehaltseinbuße, kann aber nicht die Gehaltsunterschiede zwischen männlichen und weiblichen Führungskräften erklären. Dazu mehr unter 7.6.4.

Tab. 7.5: Vergleich der Bruttojahresgehälter im zehnten Berufsjahr auf Basis des ViCaPP

	alle 52 „Zwillinge“	34 „Zwillinge“ ohne Karenz
Männer	63.896 €	67.953 €
Frauen	46.187 €	51.216 €
Differenz	17.709 €	16.737 €

Quelle: Eigene Darstellung nach Strunk et al. (2005, S. 234, 238).

Arbeitszeiten

Mit Blick auf die *vertraglich vereinbarte Arbeitszeit*[30] zeigt sich, dass „status- und geschlechtsneutrale Teilzeitarbeit“ (Straumann et al. 1996) in der deutschen Privatwirtschaft noch immer eine Ausnahme darstellt: Dem Mikrozensus 2004 zufolge sind dort 14% der weiblichen und 2% der männlichen Führungskräfte in Teilzeit beschäftigt. Im Zeitvergleich zeigt sich zwischen 2000 und 2004 ein Anstieg von vier Prozentpunkten bei den Frauen und von einem Prozentpunkt bei den Männern (Kleinert et al. 2007, S. 82). Die Autorinnen resümieren: „Teilzeit in Führungspositionen ist damit noch mehr zu einem weiblichen Arbeitstyp geworden: Während 2000 der Frauenanteil unter den Teilzeit-Führungspositionen noch bei 67% lag, stieg er 2004 schon auf 71% an. Bei den Führungspositionen in Vollzeit haben Frauen dagegen gerade mal um einen Prozentpunkt zugelegt“ (ebd.).

Auch bei den tatsächlichen (Wochen-)Arbeitszeiten geben männliche Führungskräfte deutlich höhere Werte an als weibliche – z.B.:

– Laut Mikrozensus 2004 (Kleinert et al. 2007, S. 83):

bis zu 40 Stunden	81% der Frauen und 66% der Männer
41 bis 59 Stunden	15% der Frauen und 24% der Männer
über 60 Stunden	5% der Frauen und 10% der Männer

30 Im Ländervergleich kann die Länge der Arbeitszeit auch zur Erklärung unterschiedlicher Frauenanteile in Führungspositionen herangezogen werden (vgl. z.B. McKinsey 2007, S. 16).

- Laut SOEP 2004 (Holst 2009, S. 39):

bis zu 40 Stunden	44% der Frauen und 21% der Männer
41 bis 59 Stunden	48% der Frauen und 67% der Männer
über 60 Stunden	8% der Frauen und 12% der Männer

Im Vergleich beider Studien zeigt sich nicht nur, dass Männer insgesamt längere Arbeitszeiten angeben,[31] sondern auch, dass die Werte innerhalb der Gruppen der Frauen und Männer stark variieren. Bei Angaben zur Arbeitszeit von Führungskräften kann es aus verschiedenen Gründen zu Verzerrungen kommen: Erstens werden die Arbeitszeiten nicht systematisch erfasst, sondern es handelt sich um Schätzwerte. Zweitens kann hier die Grenze zwischen Arbeitszeit und Nicht-Arbeitszeit nicht immer eindeutig gezogen werden – und hängt damit besonders stark von der Wahrnehmung der Betroffenen ab. Drittens zeigt die Forschung, dass lange Arbeitszeiten ein Distinktionsmerkmal sind, d.h. etwas, womit eine Gruppe, hier die der Männer, versucht, sich Statusvorteile zu verschaffen oder zu sichern (vgl. z.B. Hofbauer 2004, S. 53ff. und den folgenden Abschnitt).

7.5 Fundamentale Kategorien und Konzepte

Das bisher gezeichnete Bild wirft viele Fragen auf: Warum gibt es so wenige Frauen in Führungspositionen? Warum gibt es in vielfacher Hinsicht Ungleichheiten zwischen weiblichen und männlichen Führungskräften? Warum verändern gleichstellungspolitische Aktivitäten hier so wenig? Was geschieht auf der „Hinterbühne“? Dazu werden in diesem Abschnitt grundlegende Erkenntnisse präsentiert.

Weichen stellend: Kategorisierungen und deren Effekte

Goffman (1994) stellt heraus, dass Menschen stets eine Charakterisierung anderer vornehmen, „die auf zwei grundlegenden Formen der Identifikation beruht: die kategoriale, durch die das andere Individuum einer oder mehreren sozialen Kategorien zugeordnet wird, und die individuelle, die das beobachtete Individuum mit einer einmaligen Identität ausstattet“ (ebd., S. 59). Soziale Kategorisierungen sind wiederum eng verbunden mit Stereotypen und Vorurteilen. Einerseits wird auf Stereotype als kognitive Schemata oder Bilder von für eine Kategorie als typisch geltenden „Exemplaren“ zurückgegriffen, um eine Person einer sozialen Kategorie zuzuordnen. Andererseits hat die Zuordnung in eine soziale

31 Das gilt auch für die Befragung von Bischoff (2005, S. 35) und die anderen Erhebungsjahre des „Führungskräfte-Monitor 2001-2006“ (Holst 2009, S. 39).

Kategorie Stereotypisierung zur Folge: als verallgemeinernde Zuschreibung von für diese Kategorie als typisch erachteten Merkmalen auf jedes einzelne „Exemplar“. Stereotype sind relativ veränderungsresistent: Was nicht ins Bild passt, wird nicht wahrgenommen oder „passend gemacht“ (z.B. als „untypisch“ oder „Ausnahme, die die Regel bestätigt“). Bei Vorurteilen kommt eine emotionale Komponente dazu: die Abwertung bzw. Ablehnung derer, die einer bestimmten Kategorie zugeordnet werden, die auf der Verhaltensebene Diskriminierung bewirkt (zusammenfassend: Aronson et al. 2004, S. 484ff.).

Im Folgenden werden für Geschlechterverhältnisse in Führungspositionen ebenso fundamentale wie folgenreiche Kategorisierungen und damit zusammenhängende Konzepte genauer betrachtet.

7.5.1 Geschlecht

Die Fragen nach dem Verständnis von Geschlecht und nach mit Geschlecht als Kategorie verbundenen Effekten sind Kernfragen der Geschlechterforschung, auf die diese jedoch keine eindeutigen bzw. allgemein geteilten Antworten gibt. Die „Gretchenfrage“ ist, ob von Geschlechts*unterschieden* oder Geschlechter*unterscheidungen* ausgegangen wird: Wird angenommen, es gebe typisch oder gar spezifisch „männliche“ und „weibliche“ Eigenschaften – und Aufgabe der Forschung sei, diese zu identifizieren? Oder geht es darum, Unterscheidungen als Prozesse der Konstruktion von Unterschieden und die damit verbundenen Machtwirkungen zu erforschen?

Auf Geschlechts*unterschiede* fokussieren u.a. der so genannte radikal-kulturelle Feminismus und der psychoanalytische Feminismus (zusammenfassend: Innreiter-Moser 2005). Seit einiger Zeit werden auch wieder verstärkt naturgegebene Geschlechtsunterschiede behauptet – oft unter Berufung auf die Hirnforschung.[32] *Essenzialistische*[33] *Differenzansätze* können fungieren als:

- Argument *gegen* Gleichstellung bzw. Rechtfertigung der bestehenden Geschlechterhierarchie – z.B. wenn Frauen die für eine (Top-)Führungsposition als relevant erachteten Eigenschaften pauschal abgesprochen werden,
- Argument *für* Geschlechtergleichstellung – z.B. wenn die Forderung nach mehr Frauen in Führungspositionen mit deren besonderen „weiblichen (Führungs-)Qualitäten“ begründet wird.[34]

---

32 Zur Kritik dieses neurowissenschaftlichen Begründungsstranges vgl. z.B. Sieben (2007, insbes. S. 298ff.) und Schmitz (2009, S. 180ff.).

33 Der Zusatz „essenzialistisch“ ist wichtig, um Verwechslungen mit poststrukturalistisch orientierten Differenz(ierungs)-Theorien vorzubeugen.

34 Dass und warum dies ein gleichstellungspolitisches Danaergeschenk ist, zeigt Krell (2008a).

Der gemeinsame Nenner und zugleich das gemeinsame Problem beider Varianten ist, dass sie zur (Re-)Produktion von Geschlechterstereotypen beitragen.

Wie Geschlechter*unterscheidungen* gemacht werden, inklusive der Voraussetzungen und Auswirkungen dieser Prozesse, ist Gegenstand *(de)konstruktivistischer Ansätze.* Im Mittelpunkt der konstruktivistisch orientierten Forschungen zum „Doing Gender“ (West/Zimmerman 1991) steht zunächst die interaktive Konstruktion von Geschlecht, bei der wiederum Stereotypisierungen eine zentrale Rolle spielen. Dekonstruktivistische bzw. diskursanalytische Ansätze fokussieren auf Diskurse[35] und ihre Effekte. So arbeitet z.B. Butler (1991) heraus, wie Geschlechterunterscheidungen diskursiv „fabriziert“ werden (ebd., S. 200) und wie diese Produktionen zugleich naturalisieren, d.h. „den Effekt des Natürlichen, des Ursprünglichen und Unvermeidlichen erzeugen“ (ebd., S. 9) – und dekonstruiert sie damit. Begriffe wie Naturalisierung oder Normalisierung lenken den Blick auf Machtwirkungen von Diskursen (nicht nur) über Geschlechter: Diskurse wirken zum einen *subjektivierend,* indem sie definieren, wer oder was als Norm bzw. normal gilt. Bei Geschlechterverhältnissen findet Normalisierung in zweierlei Hinsicht statt: Erstens sind die Norm(al)personen, an denen Frauen gemessen werden, Männer; davon zeugt die oft gestellte Frage, ob Frauen *anders* führen. Zweitens werden Weiblichkeits- und Männlichkeits-Normen als „Identitätsangebote“ vorgegeben. Diskurse wirken zum anderen *objektivierend,* indem sie Subjekten bestimmte Plätze und Ränge zuordnen (wie z.B. „Frauenberufe“). Insofern sind Geschlechterunterscheidungen und -hierarchisierungen miteinander verwoben.[36]

Geschlechterunterscheidungen und -hierarchisierungen werden nicht nur zwischen Frauen und Männern analysiert, sondern auch innerhalb dieser Gruppen. Aus konstruktivistischer Sicht spricht z.B. Connell (2000) von einer „Vielfalt an Männlichkeiten“ (ebd., S. 97; vgl. auch den Exkurs von Höyng im Kapitel „Arbeitszeiten“). Connell unterscheidet zwischen „hegemonialer“ (= vorherrschender, dominierender) Männlichkeit und anderen Männlichkeiten, wie der „untergeordneten“ (z.B. homosexuelle Männer) und der „marginalisierten“ (z.B. Männer, die ethnischen Minderheiten angehören oder aufgrund ihrer sozialen Herkunft benachteiligt sind).[37] Aus dekonstruktivistischer Sicht kritisiert z.B. Butler (1991) die Annahme, alle Frauen hätten einheitliche Identitäten und Inter-

35 Mit Foucault (1981) wird hier davon ausgegangen, dass Diskurse „systematisch die Gegenstände bilden, von denen sie sprechen“ (ebd., S. 74).

36 Ausführlicher dazu: Krell (2003).

37 Allerdings profitieren auch die Männer von „hegemonialer Männlichkeit“, die diesem Idealbild nicht entsprechen, „indem sie am Anspruch der Dominanz über Frauen festhalten“ (Meuser 2005, S. 275).

essen, weil Unterschiede (z.B. bedingt durch „Rasse“ oder Klasse) ausgeblendet werden.[38]

Aus alledem folgt: Wer Geschlechterverhältnisse verstehen und verändern will, kann nicht einfach mit der Kategorie Geschlecht (oder Gender) arbeiten, sondern ein Teil der erforderlichen Arbeit besteht immer auch darin, mit dieser Kategorie bzw. Kategorisierung verbundene vermeintliche Selbstverständlichkeiten zu hinterfragen.[39]

7.5.2 Führung

Im Folgenden wird noch einmal vertiefend auf die Konstruktion von Führung eingegangen. Auch in der Führungsforschung gibt es Ansätze, die auf Unterschiede fokussieren (wie die Eigenschaftstheorie oder auch die Führungsstiltheorien), und solche, die auf Unterscheidungen fokussieren (wie die Attributionstheorie):

Im Zentrum der *Eigenschaftstheorie*, der historisch ältesten Führungstheorie, steht die Suche nach empirisch feststellbaren Führungs(erfolgs)eigenschaften[40] (zusammenfassend: Delhees 1995). Im Ergebnis konnte zwar gezeigt werden, dass sich Führende und Geführte bzw. erfolgreiche und weniger erfolgreiche Führungskräfte in Merkmalen wie Intelligenz, Bildungsniveau, sozialer Status (!), Aufstiegswille, Dominanz, Selbstvertrauen, Ehrgeiz, Kontaktfähigkeit und (andere) soziale Kompetenzen unterscheiden. Aber: Die Zusammenhänge sind schwach ausgeprägt, zum Teil widersprüchlich und die Ergebnisse der Studien insgesamt unterschiedlich (Neuberger 2002, S. 232f.). Neuberger verweist des Weiteren darauf, dass sich erstens unter den Geführten auch zukünftige Führungskräfte befinden können (und Führende meist auch zugleich Geführte sind) und dass zweitens Eigenschaften wie z.B. Dominanz und Selbstvertrauen erst in einer Führungsposition herausgebildet oder verstärkt werden können, d.h. dass die Kausalzusammenhänge ungeklärt sind. Ein weiterer Kritikpunkt an der Eigenschaftstheorie ist ihre „Führendenzentriertheit“. Damit ist gemeint, dass die Geführten und die Interaktion mit diesen, durch die sich Führung überhaupt erst konstituiert (siehe unten), sowie die Führungssituation, d.h. das gesamte Umfeld der Interaktion, ausgeblendet bleiben (z.B. Weibler 2004, Sp. 298).

38 Das Verhältnis von „Geschlecht“, „Rasse“ und „Klasse“ wird seit einiger Zeit auch unter dem Etikett Intersektionalität be- und verhandelt (zusammenfassend: Knapp 2008, S. 170f.).

39 Das gilt heute auch für die Differenzierung zwischen Sex = Natur versus Gender = Kultur (zusammenfassend: Villa 2006).

40 Eigenschaften werden verstanden als Persönlichkeitsmerkmale (traits), die sowohl zeitlich konstant als auch situationsunabhängig sind.

Trotz dieser gravierenden Kritik ist die Eigenschaftstheorie nicht nur in der Praxis sehr beliebt, sondern sie erfährt auch in der Wissenschaft seit geraumer Zeit wieder eine Renaissance (so auch Tisdale 2004, Sp. 828). Im Zentrum neuerer Eigenschaftsansätze stehen aber nicht mehr einzelne Eigenschaften, sondern Aggregate (ebd., Sp. 834) – wie z.B. die so genannten Big Five[41] oder Emotionale Intelligenz[42] als „Erfolgsfaktoren".

Im Zentrum der *Attributionstheorie* stehen Zuschreibungsprozesse, und zwar sowohl von Führenden auf Geführte als auch von Geführten auf Führende (zusammenfassend: Mitchell 1995). Hier interessieren nur die letztgenannten Ansätze, die auch Kategorisierungstheorien genannt werden (zusammenfassend: Neuberger 2002, S. 246f.; Weibler 2004, Sp. 296). Diese lenken den Blick darauf, dass (im Unterschied zu Leitung, die auf Positionsmacht beruht) Führung nicht objektiv gegeben ist, sondern sozial konstruiert wird: Basierend auf so genannten Führungsprototypen, d.h. Merkmalen, die aufgrund von Normen und Erfahrungen als repräsentativ oder typisch für eine Führungsperson gelten, wird eine Person als Führungskraft wahrgenommen und anerkannt. Aus einer diskursanalytischen Perspektive kann man deshalb sagen, dass Führungsprototypen, und damit Führung bzw. Führende, diskursiv hervorgebracht sind – u.a. durch den Diskurs über Führungseigenschaften.

Gegenstand der Attributionstheorie können die gleichen Merkmale sein wie bei der Eigenschaftstheorie. Aber im Rahmen der Eigenschaftstheorie gelten diese als etwas, das jemand „hat" (mehr, weniger oder auch gar nicht) – und zwar objektiv feststellbar, sei es in der Forschung oder im Prozess der Auswahl von Führungskräften in der Praxis. Im Rahmen der Attributionstheorie geht es dagegen um etwas, das jemandem (mehr, weniger oder auch gar nicht) zugeschrieben wird – und zwar sowohl von Führenden (z.B. im Prozess der Auswahl und Beurteilung von MitarbeiterInnen), als auch von Geführten (z.B. bei der Beurteilung ihrer Vorgesetzten im Rahmen von Mitarbeiterbefragungen).

7.5.3 Führung und Geschlecht im Zusammenspiel

Orientiert an der Eigenschaftstheorie wird in unzähligen Studien erforscht, ob es zwischen Frauen und Männern Unterschiede bezüglich Führungseigenschaften und/oder -verhalten gibt. Wie erwähnt, lautet die Frage in der Regel, ob Frauen anders führen als Männer. Die Antworten lauten überwiegend „nein", aber auch „ja, besser" oder „ja, schlechter". Diese Widersprüchlichkeit der Ergebnisse ist

41 Die fünf Merkmale Extraversion, Verträglichkeit, Gewissenhaftigkeit, Emotionale Stabilität und Offenheit gelten als Grunddimensionen der Persönlichkeitsdiagnostik (vgl. Neuberger 2002, S. 230ff. und die dort angegebenen Quellen).

42 Zur Darstellung und Kritik vgl. Sieben (2007).

bedingt durch Stereotype und durch Interessen geleitete Wahrnehmungen und Bewertungen (zusammenfassend: Krell 2008a).

Orientiert an der Attributionstheorie kommen zahlreiche Studien zu dem – wenig überraschenden – Ergebnis, dass die prototypische („gute“) Führungskraft eine Person mit als maskulin geltenden Eigenschaften bzw. ein Mann ist. Davon zeugen auch Titel wie „Think Manager, think male“ (Schein/Davidson 1993). Gmür (2004) gibt nicht nur einen Überblick über diese Studien, sondern berichtet auch über eigene Befragungen dazu. Diese zeigen zum einen die Tendenz, männliche Stereotype sogar wieder stärker zu betonen (ebd., S. 414). Zum anderen sollten weibliche Führungskräfte sogar „mehr stereotyp männliche Attribute aufweisen“ (ebd., S. 412) als männliche. Daraus folgert der Autor, dass Frauen bei der Beurteilung ihrer Eignung für Führungspositionen mit einem „doppelten Benachteiligungsmechanismus“ konfrontiert sind (ebd., S. 414).

Des Weiteren erzeugen diese Zuschreibungen einen Rollenkonflikt: „Die Karrierefrau ist also eine zweifache Abweichlerin, sie ist keine richtige Frau und keine richtige Führungskraft, sie kann nicht gleichzeitig der weiblichen Rolle und der männlich geprägten Führungsrolle gerecht werden“ (Rastetter 2006, S. 224f.).[43]

7.5.4 Eigen- und Fremdgruppe

Die Unterscheidung zwischen Eigengruppe („wir“) und Fremdgruppe („die“ bzw. „die anderen“) gilt als elementare Kategorisierung (zusammenfassend: Mayrhofer et al. 2003, S. 200ff.; Aronson et al. 2004, S. 492f.). Labor-Experimente zeigen: Allein die Einteilung von Versuchspersonen in zwei Gruppen bewirkt, dass die Mitglieder der Eigengruppe als besser bewertet und bei der Verteilung imaginärer Geldbeträge bevorzugt werden, während die Mitglieder der Fremdgruppe als schlechter gelten und auch benachteiligt werden. Dieses Phänomen wird auch als Eigengruppenfavorisierung bezeichnet. Als Erklärung dafür wird angeführt, dass Menschen ihre Identitäten und ihr Selbstwertgefühl vor allem über Gruppenzugehörigkeiten definieren. Dabei nehmen sie Vergleiche mit anderen Gruppen vor, geleitet vom Wunsch nach wertender Unterscheidung (Distinktion). Bemerkenswert daran ist, dass diese Effekte bereits auf Grundlage minimaler und vergleichsweise bedeutungsloser Unterscheidungen, ohne Kennt-

---

43 Von Müller (1995, S. 104) stammt der wichtige Hinweis, dass der rollentheoretische Zugang sein kritisches Potenzial verliert, wenn die weibliche Geschlechtsrolle gleichgesetzt wird mit dem „Selbstempfinden der Frau“. Vor diesem Hintergrund ist es wichtig zu betonen, dass hier nicht von einem Person-Rollen-Konflikt die Rede ist, sondern von einem Inter-Rollen-Konflikt als Konflikt zwischen zwei Rollen – zu denen eine Person auch eine gewisse Rollen-Distanz haben kann, die aber dennoch die Erwartungen an sie prägen.

nis der Mitglieder der anderen Gruppe, ohne Interaktion und ohne Interessenkonflikte mit ihnen zustande kommen.

Eigengruppenfavorisierung findet bekanntlich auch außerhalb der Labore statt. Für Geschlechterverhältnisse in Führungspositionen besonders bedeutsam ist das Konstrukt der Homosozialität, das – neben dem der hegemonialen Männlichkeit – in der kritischen Männerforschung eine zentrale Rolle spielt (Meuser 2005, S. 274ff.): Homosozialität hat sowohl eine symbolische Funktion (Identitäten, Werte, Einstellungen usw. werden an den Geschlechtsgenossen orientiert ausgebildet) als auch, und damit zusammenhängend, eine physische Dimension (Bereiche werden geschaffen, wo Männer unter sich sein können, d.h. Frauen ausgeschlossen sind). Damit verbunden sind auch Phänomene bzw. Mechanismen wie „homosoziale Reproduktion", d.h. die bevorzugte Auswahl von Personen, die das gleiche Geschlecht wie die Auswählenden haben (Kanter 1977, S. 48, 63), und der „Similar-to-me-Effekt", d.h. die bessere Beurteilung von Personen, die den Beurteilenden ähnlich sind (z.B. Rastetter 1996, S. 292). Aus alledem folgt: Wenn Führungskräfte überwiegend Männer sind, dann wirkt sich Eigengruppenfavorisierung zu ungunsten von Frauen aus.

7.5.5 Soziale Majoritäten und Minoritäten

Eine Majorität im sozialen Sinn ist eine dominierende Gruppe, die sich (als Eigengruppe) abgrenzt von einer (Fremd-)Gruppe, die von ihr als soziale Minorität oder Minderheit, d.h. als minderwertiger, kategorisiert wird[44] (z.B. Thomas 2003, S. 72). Das verdeutlicht schon, dass die kategoriale Unterscheidung zwischen Majoritäten und Minoritäten dazu dient, die Vorherrschaft der Majorität zu rechtfertigen und aufrechtzuerhalten. Im Folgenden geht es um Begriffe und Konzepte zur Beschreibung und Erklärung der Dynamiken von Majoritäts-Minoritäts-Verhältnissen.

Soziale Schließung

Max Weber (1922, S. 183ff.) spricht von der „Schließung" der „(sozialen und ökonomischen) Chancen gegen Außenstehende" und betont: Erstens wachse das Interesse an sozialer Schließung in dem Maße, in dem der Wettbewerb durch eine wachsende Zahl an Konkurrierenden verstärkt werde. Zweitens werde irgendein sichtbares Merkmal (welches, sei relativ gleichgültig) der aktuell oder potenziell Konkurrierenden zum Anlass genommen, ihren Ausschluss als Mit-

---

44 ... aber statistisch nicht in der Minderzahl sein muss, sondern sogar in der Mehrheit sein können, was ja gerade bei „Frauen als Minoritäten" der Fall sein kann. Und: Es kann sich auch um mehrere Fremd-Gruppen handeln.

bewerbende zu fordern oder zu betreiben. Als Beispiele für solche Merkmale nennt er u.a. Sprache und Herkunft. Durch die Schließung(sversuche) entsteht trotz fortbestehender Konkurrenz untereinander „doch nach außen eine ‚Interessengemeinschaft'" (ebd., S. 183). Webers Beschreibung des Prozesses der sozialen Schließung verdeutlicht, dass eine dominierende Gruppe einerseits vorausgesetzt ist (sonst hätte sie nicht die Definitionsmacht über die Ausschlusskriterien) und andererseits durch die Grenzziehungen und Abgrenzungen als (Interessen-)Gemeinschaft hervorgebracht wird. Geschlecht wird zwar bei Weber selbst nicht angeführt, passt aber grundsätzlich in dieses Muster (z.B. Cyba 1995; Gisler/Emmenegger 1998). Mit Blick auf Führungspositionen muss das formulierte Ausschlusskriterium nicht „Frau" sein, sondern kann auch „Frau mit Kind(ern)" oder „Teilzeit" lauten (siehe unten).

Distinktion

Bourdieu (1982) verweist zunächst darauf, dass Kategorisierungen als Klassifikationsschemata immer *„inkorporierte soziale Strukturen"* sind (ebd., S. 730; Hervorhebung G.K.) – und eben das unterscheidet die hier betrachteten von den im Labor vorgenommenen Kategorisierungen in Eigen- und Fremdgruppe. Der Autor arbeitet heraus, wie soziale Strukturen durch „Distinktion" als das Her(aus)stellen von Differenzen reproduziert werden („Wir als Majorität haben etwas, das die Minorität nicht hat"). Wenn eine Differenz nicht mehr exklusiv ist und deshalb nicht mehr als Distinktionsmerkmal angeführt werden kann, dann wird nach neuen distinktiven Merkmalen gesucht. Dafür steht auch der Titel des Buches: „Die feinen Unterschiede". Mit Blick auf das Geschlechterverhältnis[45] erläutert Hofbauer (2004), von der auch das oben genannte Beispiel der Betonung der überlangen Arbeitszeiten von Männern als Distinktionsmerkmal stammt:

> „Indem etwa Arbeitskollegen ihren Mitkonkurrentinnen grundsätzlich gleiche Fähigkeiten zugestehen, markieren sie jedoch den sozialen Abstand durch die Einschränkung, es fehle ihnen ein bzw. *das* entscheidende Quäntchen einer relevanten Eigenschaft oder Ressource, seien es Durchsetzungsfähigkeit oder Kontakte, Flexibilität oder Mobilität, Talent oder Charisma." (Ebd., S. 54)

So kann es als Distinktion interpretiert werden, wenn die von der German Consulting Group (2005) befragten männlichen Führungskräfte Frauen bescheinigen, sie seien geeignet für das mittlere Management, aber nicht für das Top-Management.

45 Für Verwendungen weiterer Konzepte Bourdieus in der Geschlechterforschung vgl. z.B. mit Blick auf Management Hermann (2004) und zusammenfassend Engler (2008).

Vorurteile

Die schon angesprochene Vorurteilsforschung verweist hier auf die wichtige Rolle von Vorurteilen gegenüber der Minorität. Diese dienen einem positiven Selbstwertgefühl und der positiven Selbstdarstellung der Majorität und der Abwertung der Minorität bzw. der Abgrenzung von der Minorität – und damit auch der Abwehr von Schuldgefühlen (zusammenfassend: Thomas 2003, S. 73).

Stigmatisierung

Damit eng zusammen hängt das Konzept der Stigmatisierung (Goffman 1975). Stigma steht im ursprünglichen Wortsinn für ein körperlich sichtbares „Schandmal“ (ebd., S. 9) und wird von Goffman für die *Zuschreibung* eines negativ belegten Attributs verwendet, „besonders dann, wenn seine diskreditierende Wirkung sehr extensiv ist; manchmal wird es auch ein Fehler genannt, eine Unzulänglichkeit, ein Handikap“ (ebd., S. 11). Stigmatisierung bedeutet, dass ein Individuum „in unerwünschter Weise anders ist, als wir es antizipiert hatten“ (ebd., S. 13). Stigmatisierung bewirkt mangelnde Akzeptanz seitens der so genannten „Normalen“ (ebd., S. 18). Als ein Beispiel werden Frauen genannt, die in männerdominierte Berufe eintreten (ebd., S. 23f.). Auch hier können ergänzend *Kinder als zugeschriebenes Handikap* für weibliche Führungs(nachwuchs)-kräfte angeführt werden.

Bedeutsam mit Blick auf weibliche Führungskräfte ist auch Goffmans Feststellung, dass einer stigmatisierten Person, die eine hohe Position erreicht hat, „wahrscheinlich eine neue Laufbahn aufgebürdet wird, nämlich die, ihre Kategorie zu repräsentieren“ bzw. zu beweisen, „daß ein Individuum dieser Art seinen Mann stehen kann“ (ebd., S. 38, 36). Und schließlich thematisiert der Autor Techniken und Strategien, mittels derer Stigmatisierte die Beschädigung ihrer Identität „managen“ können (ebd., S. 160ff.). Dass dies nicht nur Frauen,[46] sondern auch nicht-hegemoniale Männer betrifft, zeigt eine Studie zu „Identität und Stigma-Management von homosexuellen Führungskräften“ (Maas 1999).

Sozio-Dynamiken zwischen Etablierten und Außenseitern

Ein weiteres Glied in dieser Kette ist die empirisch begründete[47] Analyse der Sozio-Dynamik von Etablierten-Außenseiter-Beziehungen durch Elias und Scot-

46 Abgesehen von dem zitierten Verweis spielen Frauen – im Unterschied zu Behinderten und Homosexuellen – in diesem Buch Goffmans keine Rolle.

47 Es handelt sich um eine Fallstudie über eine britische Vorstadtgemeinde, in der die Grenzziehung zwischen schon länger in einer Mittelklasse- und einer Arbeitersiedlung Ansässigen (Etablierten) und einem neueren Arbeiterviertel (Außenseiter) vorgenommen wurde (Elias/Scotson 1993, S. 63f.).

son (1993): „Ausschluss und Stigmatisierung der Außenseiter waren *per se* mächtige Waffen, mit deren Hilfe die Etabliertengruppe ihre Identität behauptete, ihren Vorrang sicherte und die anderen an ihrem Platz bannte" (ebd., S. 12). Dies geschah u.a. dadurch, dass die Alteingesessenen sich „Gruppencharisma" zuwiesen (durch „‚Lobklatsch' mit der Tendenz zur Idealisierung") und den später Zugezogenen „Gruppenschande" (durch „‚Schimpfklatsch' mit der Tendenz zur stereotypen Herabsetzung") (ebd., S. 185). Übertragen auf die Situation von Frauen in Führungspositionen als Außenseiterinnen[48] drängen sich als Beispiele für „Schimpfklatsch" geradezu die Unterstellungen auf, Frauen hätten ihren Karriereerfolg nicht erbrachter Leistung, sondern Quoten oder dem Einsatz „weiblicher Waffen" zu verdanken.

Zwei weitere Aspekte sind für das Verständnis von Geschlechterverhältnissen in Führungspositionen bedeutsam: Erstens unterstreichen die Autoren, dass ein Mitglied der Etabliertengruppe nur an deren Gruppencharisma teilhaben konnte, wenn es sich einem hohen Konformitätsdruck unterwarf und sich nicht mit Mitgliedern der Außenseitergruppe gemein machte. Ein Etablierter, „der mit ihnen verkehrt, (riskiert), daß sein Status in der Etabliertengruppe sinkt" (ebd., S. 19). Daraus folgt, dass eine männliche Führungskraft eben dieses Risiko eingeht, wenn sie eine Frau fördert. Zweitens kann die Stigmatisierung anderer als Außenseiter bewirken, „daß eine Gruppe, deren Machtüberlegenheit im Schwinden (...) ist, noch eine Zeitlang ihre Statusüberlegenheit bewahrt" (ebd., S. 20).

7.5.6 Kein Exkurs: Männerbündisch strukturierte Gemeinschaften

Im Konzept des Männerbundes findet sich vieles von dem zuvor Angesprochenen wieder, und zwar in zugespitzter Form. Als Männerbünde im engeren Sinn gelten Vereinigungen, die gemeinsamen Normen und Zielen verpflichtet sind, insbesondere der Aufrechterhaltung männlicher Vorherrschaft generell und speziell der Sicherung der Privilegien ihrer – auserwählten – Mitglieder als gesellschaftliche Elite. Deshalb werden Frauen (und auch nicht-konforme Männer) abgewertet und ausgeschlossen. Die Mitglieder werden umfangreichen Prüfungs- und Aufnahmeverfahren (so genannten Initiationsriten) unterworfen, in denen sie auch in das geheime Wissen der Gemeinschaft eingeweiht werden, was zugleich die Exklusivität der Zugehörigkeit symbolisiert (zusammenfassend: Blazek 1999; Doppler 2005).

Zur Charakterisierung von Männerbünden im weiteren Sinn werden in der Literatur Bezeichnungen wie „Männerbund-Mentalitität" (Blazek 1999, S. 16), „männerbündische Arbeits- und Organisationskulturen" (Höyng/Lange 2004; vgl. auch Höyng/Puchert 1998) oder „männerbündisch strukturierte Gemein-

48 Vgl. dazu auch Ernst (1999).

schaften“ (Meuser 2005, S. 275) verwendet. Und als ein Beispiel werden, was wir schon ahnten, die Führungsetagen (nicht nur) in der Privatwirtschaft genannt und analysiert (Doppler 2005; Meuser 2005; Rastetter 2005).

Mit Blick auf Führungspositionen leistet das Konzept der männerbündischen Strukturen und Praktiken zunächst einen wichtigen Erklärungsbeitrag dazu, warum es Frauen beim Zugang zu Führungspositionen schwerer haben als Männer (Stichwort: homosoziale Reproduktion). Als Extrembeispiel sei hier an die mittelständischen Unternehmen erinnert, die im Aufsichtsrat erklärtermaßen „keine Frau“ wollen. Zur Abwertung und Ausgrenzung weiblicher Führungskräfte (generell oder im Einzelfall) seien hier auf Basis meiner Expertinnengespräche noch einige Ergänzungen vorgenommen, die zugleich Beispiele für Distinktion, Stigmatisierung und Vorurteile sind: Die Fähigkeiten weiblicher Führungskräfte seien ausreichend für den Mittelstand, aber nicht für die großen Konzerne. Generell hätten Frauen ja Führungsqualitäten, aber jetzt in der Krise? Eine weitere Spielart besteht darin, die – tatsächliche oder vermeintliche – mangelnde Akzeptanz durch andere (ausländische Kunden[49], insbesondere aus „dem Osten“[50] oder „dem arabischen Raum“, Mitarbeiter aus dem technischen Bereich, männliche Mitarbeiter[51] oder auch die Interessenvertretung als Verhandlungspartner) als Handikap oder Ausschlusskriterium anzuführen.

Des Weiteren trägt das Männerbund-Konzept dazu bei, den „internen Ausschluss“ weiblicher Führungskräfte zu erklären. Das beginnt damit, dass sich ihre Eingliederung schwieriger gestaltet als die der männlichen, weil sie „fremder“ sind (Doppler 2005, S. 250). Das betrifft weiterhin Netzwerke der Männer und „soziale Events“ (insbesondere gemeinschaftliche Sauna-, Bar- oder Bordellbesuche) und die damit verbundenen wichtigen Informationsflüsse. Auch durch Bemerkungen (von sexistischen Witzen bis zu Komplimenten), die sie immer wieder auf ihr Frausein verweisen, können Frauen intern ausgeschlossen werden (ebd., S. 242ff.; Rastetter 2005, S. 258f.). Eine meiner Interviewpartnerinnen ergänzte noch Folgendes: erstens freundschaftlicher Körperkontakt unter den Männern; zweitens: Die Männer unterhalten sich angeregt, die Kollegin kommt dazu und das Gespräch bricht ab. All das erklärt, warum Frauen in Führungspositionen das Gefühl haben (können), irgendwie nicht richtig dazu zu gehören.

Bedeutsam ist auch, dass Männerbünde versuchen, eine glanzvolle Außendarstellung zu inszenieren (Höyng/Puchert 1998, S. 163f.) und „sich in vielfälti-

49 ... bei Unternehmensberatungen auch inländische (Rudolph 2007, S. 113).

50 ... die auch mal erwarteten, dass man(n) mit ihnen ins Bordell gehe.

51 In einem österreichischen (Extrem-)Beispiel sollte die Position der Stellvertretung der weiblichen Führungskraft, die eine Filiale aufgebaut hatte, mit einem Mann besetzt werden. Nachdem dieser verkündet hatte, er „arbeite nicht unter einer Frau“, wurde die Frau gebeten, den Platz für ihn freizumachen und selbst die Stellvertretung zu übernehmen.

ger Weise vom profanen Alltagsleben abzuheben" (Doppler 2005, S. 210). Doppler nennt hier Aspekte wie Kleiderordnungen, Sprachcodes, und Statussymbole (ebd., S. 256ff.). Ich möchte hier auch den – bei ihr an anderer Stelle (ebd., S. 263ff.) angesprochenen – „Gegensatz von Männerbund und Familie" thematisieren, denn familiäre Verpflichtungen sind ein Teil des „profanen Alltaglebens". Deshalb ist das

> „Leitbild der männerbündischen Arbeitskultur (...) ein Mitarbeiter, dessen Leben um die Berufsarbeit und die berufliche Karriere zentriert ist, der alle anderen Lebensbereiche dem Beruf unterordnet." (Meuser 2005, S. 278)

Indem sich der „Männerbund Management" (so der Titel von Doppler 2005) von allem, was mit Alltag zu tun hat, abhebt und abschottet, schottet er sich zugleich von denjenigen ab, die für dieses „profane Alltagsleben" zuständig sind bzw. gemacht werden. Ihnen wird unterstellt, dass sie deshalb die Anforderung an unbedingte und ungeteilte Loyalität (verstanden als Verfügbarkeit) nicht erfüllen können.

Um Missverständnissen vorzubeugen, soll abschließend mit Doppler (2005, S. 108) einer „einseitigen herrschaftstheoretischen Interpretation" von Männerbünden entgegen getreten werden. Die Autorin betont:

> „Der ‚Männerbund Management' ist keine auf dem Reißbrett entworfene Verschwörung. Er ergibt sich aus Zwängen, Einflüssen und Bedürfnissen, die auf eine patriarchale (Organisations-)Kultur verweisen und die den Männern nur teilweise bewusst sind." (Ebd., S. 217)

Zu diesen Einflüssen gehören auch *Gefühle* wie Vertrauen bzw. Verunsicherung durch weibliche Führungskräfte als weniger Vertraute (Rastetter 2006), „Angst vor den nachdrängenden Frauen und deren Potentialen" (Nickel et al. 2008, S. 168),[52] Angst, dass die geförderte Frau mit Kind es nicht schafft (siehe oben), was dann auch auf den Förderer zurückfällt und schließlich bei den Männern, deren Ehefrau „ihnen den Rücken freihält", auch Neid auf den Lebensstandard, den die „Doppelverdienerin" sich und ihrem Ehemann ermöglicht,[53] um nur einige zu nennen.

7.5.7 Weibliche Führungskräfte als „Token"

Insbesondere Kanter (1977) hat herausgearbeitet, dass und wie die Situation weiblicher Führungskräfte durch deren Status als „Token", d.h. als Minderheit im numerischen Sinn oder gar einzige Frau unter Männern, beeinflusst wird

---

52 Ängste der Männer wurden auch von meinen Interviewpartnerinnen verschiedentlich angesprochen.

53 Das Beispiel stammt ebenfalls aus einem meiner Interviews.

(ebd., S. 210f; Kanter/Stein 1980). So werden in der Wahrnehmung der Männer Unterschiede innerhalb ihrer (Mehrheits-)Gruppe verkleinert, Unterschiede zwischen ihnen und der Frau als Minderheit dagegen vergrößert. Und: Die Kollegin wird nicht als Individuum wahrgenommen, sondern als typisch für die Gruppe der Frauen, d.h. ihr Führungsverhalten z.B. wird nicht als das von Frau XY kategorisiert, sondern als das „einer Frau", d.h. eine durch Stereotype geleitete Wahrnehmung wird verstärkt.

Weitere Effekte sind: Sie steht als einzige Frau im „Rampenlicht" (beginnend mit der Begrüßung „Sehr geehrte Dame, sehr geehrte Herren") und wird zum „Testfall" gemacht („Ist eine Frau der Führungsaufgabe überhaupt gewachsen?"), was einen großen Leistungsdruck produziert. Meine Gesprächspartnerinnen erwähnten in diesem Kontext mehrfach eine „überkritische Haltung"[54] oder auch ein „höheres Kontrollbedürfnis" gegenüber Frauen. Und weil sie „unter Beobachtung" und „unter Verdacht" (dass sie „es nicht richtig können") stehen, haben für weibliche Führungskräfte Regelverletzungen oder Fehler dramatischere Konsequenzen als für männliche. Auch dafür wurden in den Interviews gleich mehrere Beispiele angeführt. Und schließlich, so Kanter und Stein (1980, S. 40), soll die Token-Frau bei allen möglichen Gelegenheiten für ihre Gruppe sprechen („Was sagen Sie als Frau dazu?") oder diese repräsentieren („Wir brauchen in diesem Gremium [oder jener Projektgruppe] eine Frau" – und es gibt ja nicht so viele).

Der Token-Status ist demnach für weibliche Führungskräfte[55] mit besonderen Risiken und erheblichen Belastungen verbunden.[56]

7.6 Die Rolle der Personalpolitik

Anknüpfend an das bislang Erarbeitete werden nun mögliche Beiträge der Personalpolitik zur Benachteiligung von Frauen beim Zugang zu und in Führungs-

54 Eine fügte hinzu, insbesondere, wenn es um „betriebswirtschaftliche Ausarbeitungen" gehe.

55 Im Unterschied zu Kanter selbst, die davon ausgeht, dass diese Effekte unabhängig davon existieren, ob es sich bei dem „Token" um eine Frau oder einen Mann handelt, ist zahlreichen Studien zufolge „das zahlenmäßige Verhältnis von Frauen und Männern kein geschlechtsneutraler Faktor, sondern wird gebrochen durch den Status, den das jeweilige Geschlecht hat" (Rastetter 1994, S. 245).

56 Beschrieben werden auch Reaktionsmöglichkeiten der „Token": Sie können sich besonders anstrengen bzw. besonders viel leisten, wodurch die Belastung noch größer wird. Sie können sich aus der exponierten Position zurückziehen. Sie können versuchen, sich an die Mehrheit anzupassen, um weniger sichtbar zu sein, d.h. „one of the boys" zu werden (Kanter/Stein 1980, S. 50ff.; Meuser 2005, S. 277).

positionen analysiert. In Verbindung mit den geltenden Rechtsnormen lassen sich daraus auch Ansatzpunkte für Veränderungen gewinnen. Da ein „Streifzug“ durch die gesamte Personalpolitik den Rahmen dieses Kapitels sprengen würde, erfolgt eine Beschränkung auf vier zentrale Handlungsfelder:

- die Auswahl von Führungs(nachwuchs)kräften,
- die Beurteilung von Führungs(nachwuchs)kräften,
- die Entwicklung zu und von Führungskräften und
- die Vergütung von Führungskräften.

Abbildung 7.2 verdeutlicht die Zusammenhänge zwischen diesen Handlungsfeldern.

Abb. 7.2: Der Human Resource Cycle

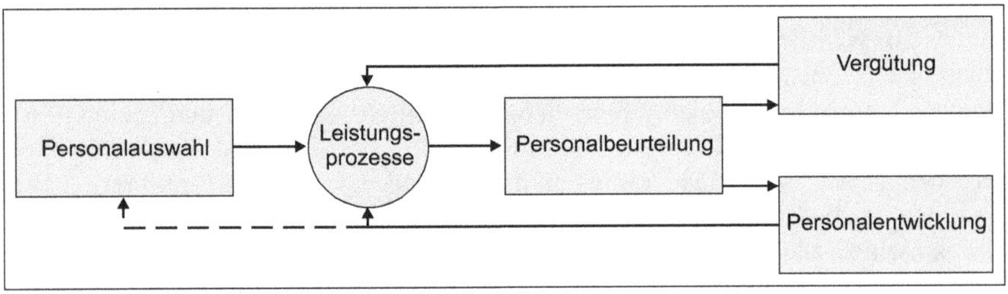

Quelle: Tichy et al. (1982, S. 50).

7.6.1 Auswahl von Führungs(nachwuchs)kräften

Weichen stellend für die Auswahl sind zwei vorausgehende Schritte: die Erstellung eines Anforderungskatalogs oder -profils und die Gewinnung bzw. „Beschaffung“ potenzieller BewerberInnen.

Wenn gar kein *Anforderungskatalog oder -profil* ausgearbeitet wird, dann ist die Gefahr besonders groß, dass sich die prototypischen Vorstellungen von einer (guten) Führungskraft zu ungunsten von Frauen auswirken (Kay 2008, S. 181).[57] Den von mir interviewten Expertinnen zufolge ist das vor allem bei der Besetzung von Stellen im Top-Management der Fall. Allerdings gibt es hier auch eine Art „heimlichen Anforderungskatalog“: Wer es in der deutschen Wirtschaft nach „ganz oben“ schaffen will, „sollte von seiner Persönlichkeitsstruktur der derjenigen ähneln, die bereits in solchen Positionen sitzen“ (Hartmann 2002, S. 119).

57 Das gilt auch, wenn die Anforderungen nicht auf Basis einer systematischen Arbeitsplatz- bzw. Tätigkeitsanalyse oder aktuellen Stellenbeschreibung ermittelt werden, sondern auf Basis von Erfahrung und Intuition – manchmal auch unterstützt durch mehr oder weniger beliebig zusammengestellte Merkmalslisten.

Das erleichtere Vertrauen, und dafür gelte die soziale Herkunft als die „sicherste Grundlage" (ebd., S. 120). Weitere – empirisch gestützt – angeführte Kriterien sind: „gleiche Wellenlänge" und „richtige Chemie" (ebd., S. 121f.) sowie:

- Vertrautheit mit den in den Vorstandsetagen gültigen Dress- und Verhaltenscodes;
- eine breite bildungsbürgerlich ausgerichtete Allgemeinbildung;
- eine ausgeprägte unternehmerische Einstellung (inklusive Optimismus);
- „und als wichtigstes Element persönliche Souveränität und Selbstsicherheit" (ebd., S. 122) bzw. die „Selbstverständlichkeit, mit der sich jemand in den Chefetagen eines großen Unternehmens bewegt. Sie macht den Unterschied aus zwischen denen, die qua Geburt dazugehören und denen, die nur dazugehören wollen" (ebd., S. 125).

Der Autor schreibt zwar nur über Männer, denn „Frauen gibt es in den oberen Etagen der deutschen Wirtschaft so gut wie nicht" (ebd., S. 120). Der dargestellte „Anforderungskatalog" verdeutlicht aber auch, warum Frauen es nicht oder kaum schaffen, in die Vorstandsetagen vorzudringen: Da sie eben nicht „qua Geburt dazugehören", ist die Wahrscheinlichkeit eher gering, dass sie sich dort mit großer Sicherheit und Selbstverständlichkeit bewegen und die dort gültigen Codes beherrschen. Sie sind auf jeden Fall „anders" – und das erschwert das Vertrauen, die gleiche Wellenlänge und die stimmige Chemie.

Mit Blick auf die *Beschaffungswege* wird unterschieden zwischen externer Beschaffung (von Personen, die sich noch nicht im Unternehmen befinden), interner Beschaffung (von Personen, die bereits im Unternehmen tätig sind) und Netzwerkrekrutierung (im engeren Sinn: Beschaffung vom erweiterten internen Arbeitsmarkt; d.h. von Personen, die zwar nicht selbst im Unternehmen tätig sind, aber verwandt oder bekannt mit dort Tätigen sind;[58] im weiteren Sinn: alle Fälle, wo soziale Netzwerke eine Rolle spielen[59]). Besonders diskriminierungsanfällig ist hier die Netzwerkrekrutierung (Kay 2008, S. 183; vgl. auch das Kapitel „Berufliche Segregation"), was nach den skizzierten Erkenntnissen über männerbündische Strukturen und Praktiken nicht überrascht.

Bei größeren Zahlen an BewerberInnen (z.B. für Traineeprogramme) ist der nächste Schritt die *Vorauswahl.* Insbesondere bei externer Beschaffung besteht hier (noch) kein persönlicher Kontakt zu den BewerberInnen, sondern die Selektionsentscheidung wird auf Basis der vorliegenden *Bewerbungsunterlagen*[60] vor-

---

58 Klassische Beispiele sind Kinder von MitarbeiterInnen und KundInnen.

59 ... z.B. auch, wenn bei der Beschaffung von Führungsnachwuchskräften ProfessorInnen um die Empfehlung und eventuell auch Ansprache geeigneter AbsolventInnen gebeten werden.

60 In Deutschland: Anschreiben, Lebenslauf mit Foto, Zeugnisse über (Aus-)Bildungsabschlüsse, Arbeitszeugnisse und eventuell auch Referenzen.

genommen. Dabei spielen „Alltagsannahmen“ über die KandidatInnen (Rastetter 1996, S. 172f.), die wiederum durch die Bewerbungsunterlagen aktiviert werden, eine nicht geringe Rolle: Für Frauen kritische Faktoren sind u.a. Familienstand, Kinder sowie damit verbundene (dis-)kontinuierliche Erwerbsbiographien oder auch (Stichwort: statistische Diskriminierung) diesbezügliche Erwartungen der Auswählenden (so auch Kay 2008, S. 184ff.).

Für die BewerberInnen um Führungs(nachwuchs)positionen, die diese Hürde genommen haben, schließen sich Auswahlgespräche bzw. -interviews und häufig Assessment Center an. Mit Blick auf *Auswahlinterviews* kommen empirische Studien zu uneinheitlichen Ergebnissen – und stoßen hinsichtlich der Beobachtbarkeit diskriminierender Praktiken auch an ihre Grenzen. Grundsätzlich lässt sich festhalten: Je weniger strukturiert das Interview ist, desto größer ist der Spielraum für unbewusste Wahrnehmungsverzerrungen durch Stereotype oder bewusste Benachteiligungen von Frauen (Kay 2008, S. 189; Rastetter 1996, S. 319).[61] Das *Assessment Center* (AC) ist das aufwändigste Verfahren für die Auswahl von Führungskräften (auch bei interner Beschaffung). Es umfasst Gruppenübungen, Rollenspiele, Arbeitsproben (inklusive Vorträge und Präsentationen) sowie Interviews und Tests, die durch mehrere Personen beobachtet und beurteilt werden. Das AC gilt als relativ wenig diskriminierungsanfällig, weil die hohe Standardisierung und die Bewertung der KandidatInnen durch mehrere Personen (insbesondere, wenn Frauen bei den BewerterInnen angemessen beteiligt und die Beobachtenden gering ausgeprägte Geschlechterstereotypen haben – z.B. durch Schulungen) der Gefahr von Urteilsverzerrungen entgegenwirken (Kay 2008, S. 191). Allerdings – das betonten auch einige meiner InterviewpartnerInnen – wird das AC eher für die Auswahl von Führungsnachwuchskräften und in den „unteren Führungsetagen“ eingesetzt.

Generell gilt: Je höher die Spielräume derjenigen sind, die die Eignung der BewerberInnen beurteilen, desto größer ist die Gefahr der Urteilsverzerrung durch Geschlechterstereotype bzw. eines „prototype bias“ (so auch Rastetter 1996, S. 289, 319) sowie von bewusster Diskriminierung.

> „Der naheliegende Ruf nach mehr *Formalisierung* der Auswahlprozedur führt aber nicht automatisch zu mehr Gerechtigkeit und Fairness (...) weil (...) Interpretationen und Gesamturteile trotzdem meist von Menschen gemacht werden.“ (Ebd., S. 319)

---

61 Hinzuzufügen ist, dass im Auswahlgespräch die Interviewenden ja nicht nur die Eignung feststellen, sondern durch ihr Verhalten die Selbstdarstellung der BewerberInnen maßgeblich beeinflussen können, sei es bewusst oder unbewusst – z.B. durch den Similar-to-me-Effekt, den Sympathieeffekt, Vorinformationen aus den Bewerbungsunterlagen und damit verbundene Kategorisierungen oder sich selbst erfüllende Prophezeihungen (zusammenfassend: Rastetter 1996, S. 292ff.).

Mit anderen Worten: Bei der eigentlichen Auswahlentscheidung bleibt immer Raum für politische Prozesse und unbewusste Urteilsverzerrungen. Dass hier auch das Geschlecht der Entscheidenden einen Einfluss darauf hat, ob eine Frau oder ein Mann ausgewählt wird, belegt die Studie von Kay (2007, S. 87f., 95).

Simulationen von Stellenbesetzungsverfahren im Rahmen von Lehrveranstaltungen[62] zeigen, dass – trotz systematisch ermittelter Anforderungsprofile und standardisierter Auswahlverfahren – bei der schlussendlichen Entscheidung für (oder gegen) bestimmte BewerberInnen Kriterien eine Rolle spielen oder sogar Ausschlag gebend sind, die nicht in dem zuvor festgelegten Anforderungsprofil enthalten sind, sondern aus anderen Quellen stammen, nämlich den prototypischen Vorstellungen von „IdealkandidatInnen". Begründungen wie „Der hat mich einfach mehr überzeugt" werden nicht nur bei simulierten Besetzungsverfahren angeführt: Wenn die Suche und (Vor-)Auswahl von Führungskräften von *Personalberatungen* in Form von Direktansprache bzw. Headhunting vorgenommen wird, erfolgt in der Regel keine systematische Eignungsprüfung. Vielmehr ist der – im Rahmen von informellen Treffen gewonnene – persönliche Eindruck der Vertreter der Personalberatung und des suchenden Unternehmens entscheidend (Oesterle 2004, Sp. 793 mit Bezug auf Murmann 1999). In einer Befragung zu dieser Thematik gaben Berater und Führungskräfte des Klientenunternehmens den Anteil des „intuitiven Wissens" bzw. der „Menschenkenntnis" an der Auswahlentscheidung mit 80 bis 90% an (Kleebaur 2004, S. 59). Hartmann (2002, S. 119) zitiert dazu einen Personalberater:

> „Es ist immer wieder erstaunlich, dass letztlich Besetzungen deutlich aus dem Bauch heraus erfolgen. Der Mann wird analysiert, das Anforderungsprofil erstellt, doch letztendlich läuft es unglaublich stark über den Bauch."

Mit einer Ausnahme waren die von mir befragten Expertinnen für Chancengleichheit und/oder Diversity in diese Prozesse gar nicht involviert. Die Befragte, die diesbezüglich Erfahrungen hatte, betonte, es sei wichtig, Einfluss auf die Auswahl der Beratungsunternehmen zu nehmen, denn wer Vorurteile gegenüber weiblichen Führungskräften habe, finde auch keine.

Als besonders diskriminierungsanfällig wurde seitens der von mir Interviewten auch folgende weit verbreitete Praktik genannt: Eine ältere männliche Führungskraft sucht sich einen Nachfolger aus, der ihr ähnlich ist, und baut ihn systematisch auf. Wenn sich dann auf die – pro forma – ausgeschriebene Stelle eine geeignete Frau bewirbt, wird dies bzw. wird sie von den Verantwortlichen

---

62 Es handelt sich um eine – mehrfach durchgeführte – Übung, die ich mit meiner damaligen Mitarbeiterin Rosemarie Kay konzipiert habe. Simuliert wurde die Besetzung der Stelle eines/r wissenschaftlichen Mitarbeiters/in im Fach Personalpolitik am Institut für Management der Freien Universität Berlin.

als „Störfaktor für eine sinnvolle Karriereplanung" betrachtet.[63] Die Gleichbehandlungsanwältinnen schilderten als extreme Reaktionen auf solche „Störerinnen" Mobbing und „Rauskaufen in den Vorruhestand".

7.6.2 Beurteilung von Führungs(nachwuchs)kräften

Bei der Personalauswahl handelt es sich um die Eignungsbeurteilung von BewerberInnen. Mit Blick auf die bereits Beschäftigten wird in der Fachliteratur zwischen der vorwärts gerichteten Potenzial- oder Verwendungsbeurteilung und der rückwärts gerichteten Leistungsbeurteilung unterschieden (Becker 2003, S. 160f.). Da die erstgenannte „eng verwandt" ist mit der Eignungsbeurteilung im Rahmen der Personalauswahl (z.B. werden auch Assessment Center verwendet), erfolgt hier eine Beschränkung auf die Leistungsbeurteilung, und zwar durch Vorgesetzte.[64] Diese ist zunächst (unter Umständen in Kombination mit der Potenzialbeurteilung) maßgeblich dafür, ob jemand überhaupt als Führungsnachwuchskraft angesehen und „gehandelt" wird. Bei denen, die bereits Führungskräfte sind, beeinflusst sie sowohl die weitere Entwicklung als auch die leistungsabhängige Vergütung.[65]

Mit Blick auf Geschlechterverhältnisse in Führungspositionen sind zwei der drei[66] Beschäftigtengruppen relevant, die in empirischen Studien zu Leistungsbeurteilungen als potenziell Diskriminierte identifiziert werden (zusammenfassend: Krell 2008b):

– Frauen in männerdominierten Tätigkeiten/Bereichen: Eine Metaanalyse von Studien aus den USA ergab, dass weibliche Führungskräfte generell etwas schlechter beurteilt werden als äquivalente männliche; dieser Effekt wird noch verstärkt, wenn die Beurteilenden Männer sind und wenn die beurteil-

63 In diesem Fall, von dem die österreichische Gleichbehandlungsanwaltschaft berichtete, handelte es sich sogar um ein großes Unternehmen mit Chancengleichheitsprogramm, das in Stellenanzeigen Frauen ausdrücklich zur Bewerbung aufforderte. Das bewirkte aber bei der männlichen Führungskraft „keinerlei Unrechtsbewusstsein", da diese Regelungen – so meine Interviewpartnerinnen – offensichtlich mental nicht mit der eigenen Praktik in Verbindung gebracht worden waren. Auch einige der Befragten aus deutschen Unternehmen nannten dieses „Kronprinzen-Modell" als Hindernis für aufstiegswillige Frauen.

64 Weitere Beurteilende können sein: MitarbeiterInnen, aber auch Gleichgestellte und unter Umständen auch Externe (z.B. KundInnen oder Personalberatungen). Werden mehrere Beurteilungsrichtungen kombiniert, spricht man auch von einer 360-Grad-Beurteilung.

65 Generell zu den Einflüssen von Beurteilungen auf die leistungsabhängige Vergütung vgl. Kapitel 5 in diesem Band.

66 Die dritte Gruppe sind Frauen und Männer in frauendominierten Berufen.

ten Frauen in als typisch männlich geltenden Funktionen bzw. Branchen tätig sind (Eagly et al. 1992).

- Teilzeitbeschäftigte: Dass Teilzeitbeschäftigte tendenziell relativ schlechter beurteilt werden als Vollzeitbeschäftigte, belegen z.B. eine britische Studie, die sich auch auf die Privatwirtschaft bezieht (Bevan/Thompson 1994), sowie eine neuere Untersuchung zu verschiedenen Bereichen der Privatwirtschaft und des öffentlichen Dienstes in Deutschland (Tondorf/Jochmann-Döll 2005).

Insofern unterliegen weibliche Teilzeit-Führungskräfte einem „doppelten Benachteiligungsmechanismus", um die von Gmür (2004) gebrauchte Bezeichnung zu übertragen. Als „einfacher Benachteiligungsmechanismus" (be-)trifft das auch männliche Führungskräfte, die ihre Arbeitszeit reduzieren. Und schließlich kann die schlechtere Beurteilung auch bewirken, dass Teilzeitbeschäftigte gar nicht erst als Führungsnachwuchs in den Blick geraten.

Mit Blick auf beide Gruppen liegt die Vermutung nahe, dass hier einmal mehr der „prototype bias" bedeutsam ist: im ersten Fall, weil Frauen dem männlich geprägten Prototyp der erfolgreichen Führungskraft weniger entsprechen (und Gmür 2004 zufolge die Erwartungen und Maßstäbe sogar noch höher sind als bei Männern), im zweiten Fall, weil Teilzeitkräften pauschal unterstellt wird, sie seien eher familien- und freizeit- als berufs- und karriereorientiert und deshalb weniger motiviert, engagiert, einsatzbereit und -fähig, flexibel usw. Jochmann-Döll und Tondorf (2008, S. 290f.), von denen diese „Mängelliste" stammt, sprechen deshalb von einem „Teilzeiteffekt" (vgl. dazu auch die Kapitel „Arbeitszeiten" sowie „Entgeltdifferenzierung und Vergütungspraxen" in diesem Band).

Weitere Beurteilungs-Verzerrungen oder -Fehler, die zur Unterbewertung der Leistungen weiblicher Führungs(nachwuchs)kräfte beitragen können, sind (Hennersdorf 1998, S. 80ff.; Fried et al. 2000):

- der bereits erwähnte Similar-to-me-Effekt, der bewirkt, dass Personen, die als ähnlich wahrgenommen werden, besser beurteilt werden als solche, bei denen dies nicht der Fall ist. Wenn bzw. weil die beurteilenden Führungskräfte überwiegend männlich sind, wirkt sich dieser Effekt zum Nachteil von Frauen als Beurteilten aus;
- der Kleber-Effekt, der bewirkt, dass Personen, die länger nicht befördert worden sind, schlechter beurteilt werden. Wenn Frauen – ungerechtfertigt – nicht befördert worden sind, kann das durch diesen Effekt im Nachhinein legitimiert werden; so kann für die Betroffenen ein Teufelskreis entstehen.

Eine weitere Diskriminierungsquelle können Beurteilungsverfahren und -kriterien sein: Auch hier gelten unstrukturierte Verfahren als besonders diskriminierungsanfällig. Das trifft zunächst für freie Beurteilungen und summarische Rangordnungsverfahren zu. Es gilt auch für die in der Praxis dominierenden (Becker

2003, S. 261) merkmalsorientierten Einstufungsverfahren mit überwiegend eigenschaftsbezogenen Kriterien, denn solche Kriterien sind Einfallstore für Beurteilungsverzerrungen durch Geschlechter(rollen)stereotype (so z.B. auch Oechsler/Klarmann 2008, S. 30). Tabelle 7.6 enthält eine Zusammenstellung von Beurteilungskriterien, die als besonders anfällig für Geschlechterstereotypisierung gelten.

Tab. 7.6: Prägung von Leistungskriterien durch Geschlechterstereotype

Kriterium	Geschlechterstereotype
Belastbarkeit	Männer sind nervenstärker und belastbarer. Vor allem doppelt belastete Frauen können ,nicht ihren Mann stehen'.
Intellektuelle Fähigkeiten	Männer sind rationaler und weisen eine höhere theoretische und technische Intelligenz auf.
Durchsetzungsfähigkeit	Frauen sind konfliktscheuer und nachgiebiger, während Männer eher zäh, hartnäckig und konsequent ihr Ziel verfolgen.
Entscheidungsfähigkeit	Frauen entscheiden emotional und intuitiv, Männer rational. Frauen benötigen unangemessen viel Zeit und Abstimmung.
Soziale Kompetenz	Frauen haben mehr Einfühlungsvermögen und kommunikative Fähigkeiten, sie sind kooperativer.

Quelle: Jochmann-Döll/Tondorf (2008, S. 292; basierend auf Tondorf/Jochmann-Döll 2005, S. 90f.).

Welche paradoxen Effekte es haben kann, wenn Beurteilten diese Geschlechterstereotypisierung bewusst ist, verdeutlichten zwei meiner Gesprächspartnerinnen aus Unternehmen: Junge karriereorientierte Frauen antizipierten die Zuschreibung (nur) „sozialer Kompetenz" und verhielten sich deshalb besonders sachlich und „tough", um „nicht gelabelt zu werden". Das bewirke, dass sie – explizit oder implizit – als „zu sachlich" oder „zu analytisch" beurteilt werden.

Dass nicht nur schlechtere Beurteilungen ein Problem für das berufliche Fortkommen von Frauen sein können, zeigt das folgende Beispiel: Eine männliche und eine weibliche Führungsnachwuchskraft werden gleichzeitig eingestellt. Die Frau wird immer positiv beurteilt. Der Mann erhält deutlich mehr kritische Rückmeldungen – verbunden mit der Botschaft „er könne es doch besser" und mit konkreten Verbesserungsvorschlägen. Als nach drei Jahren entschieden wird, wer von den beiden befördert werden soll, fällt die Wahl auf den Mann, weil dieser sich entwickelt habe, während dies bei der Frau nicht der Fall gewesen sei. Das Beispiel stammt aus einem Führungskräftetraining. Die Expertin, die mir davon berichtete, erläuterte, viele männliche Führungskräfte würden (sich) eingestehen, das könne ihnen auch passieren oder sei es auch schon. Als Begründung für die „Schonstrategie" der Mitarbeiterin gegenüber werde immer wieder die Angst vor einer emotionalen Überreaktion der Mitarbeiterin auf Kritik angeführt. Eine weitere mögliche Interpretation, die ich anbieten möchte, ist, dass davon ausgegangen wird, sie mache es „für eine Frau" schon gut, während von ihm als Mann mehr erwartet und gefordert wird.

Dass an der Schnittstelle von Beurteilung und Beförderung mit zweierlei Maß gemessen wird, verdeutlicht auch die Beobachtung einer anderen Expertin: Wenn eine Person auf ihrer jetzigen Position gut beurteilt werde, dann werde bei einer Frau daraus der Schluss gezogen, sie sei dort genau richtig, bei einem Mann dagegen, er sei zu befördern.

7.6.3 Entwicklung zu und von Führungskräften

Zu Maßnahmen der Personalentwicklung (PE) werden sowohl die Weiterbildung (hier interessiert insbesondere die Aufstiegsweiterbildung) als auch die Karriereplanung gezählt. Für beides sind wiederum die Ergebnisse von Beurteilungen relevant. Damit ist skizziert, was sich auf der „Vorderbühne" abspielt. Dass – auf der „Hinterbühne" – für Führungskarrieren auch „leistungsfremde Mechanismen" eine Rolle spielen, nämlich Konformität mit den Normen der dominanten Gruppe (Konformitäts-These), und dass die Elite in Organisationen ihren eigenen Nachwuchs kooptiert (Kooptations-These), wird in der Fachliteratur zur Personalpolitik durchaus thematisiert (zusammenfassend: Becker 2004, Sp. 583) – allerdings in der Regel ohne Bezug auf Geschlecht.

Mit Blick auf Erklärungen für Geschlechterungleichheiten bei der Entwicklung zu und von Führungskräften generell und speziell für die „Gläserne Decke" zeigt sich zweierlei: Erstens scheint hier die „Hinterbühne" besonders bedeutsam zu sein. Zweitens vermischen sich hier ökonomisch gestützte Argumente mit solchen, die von der Lebenssituation und den Eigeninteressen der Beteiligten beeinflusst sind. Das soll nun genauer beleuchtet werden.

Zum Auftakt sollen die 501 Managerinnen zu Wort kommen, die durch das forsa-Institut im Auftrag der Initiative Generation CEO dazu befragt wurden, was Frauen den Aufstieg in das Top-Management erschwert (Generation CEO/ forsa 2007; Kahlen 2007). Sie nannten fünf Hauptgründe:

(1) die Dominanz männlicher Netzwerke (70%),
(2) die Sorge der Vorgesetzten vor familienbedingten Auszeiten und eingeschränkter Verfügbarkeit von Frauen (63%),
(3) die ausgeprägte Ellenbogenmentalität männlicher Kollegen (54%),
(4) die Vorbehalte der Geschäftsleitungen oder Inhaber gegen Frauen in Top-Führungspositionen (33%) und
(5) den mangelnden Ehrgeiz der Frauen[67] (22%).

---

67 Dahinter kann sich allerdings auch verbergen, dass manche Frauen unter den herrschenden Bedingungen nicht aufsteigen wollen.

Drei dieser Gründe (1, 2 und 4) verweisen auf Vorgesetzte bzw. Führungskräfte als wichtige Akteure. Zahlreiche Studien belegen, dass die Abhängigkeit des Zugangs zu PE-Maßnahmen von subjektiven Einschätzungen und Empfehlungen durch Vorgesetzte eine Diskriminierungsquelle ist (Küpper 1994, S. 121). Es ist nachgewiesen, dass in Sachen Aufstieg Männer eher angesprochen bzw. aufgefordert werden als Frauen (z.B. Ruppert/Voigt 2009; vgl. auch das Kapitel „Berufliche Segregation“ in diesem Band). Das kann wiederum verschiedene Ursachen haben.

Männliche Vorgesetzte schätzen häufig die Karrieremotivation und -eignung von Frauen generell geringer ein und investieren deshalb weniger in deren Weiterbildung und Aufstieg (so z.B. auch Osterloh/Littmann-Wernli 2002, S. 263). Das gilt, wie auch meine Interviewpartnerinnen betonten, verstärkt, wenn die Frauen tatsächlich Kinder haben oder bekommen: „Kinder sind der Karrierekiller Nr. 1“. Hier ist jedoch einmal mehr anzumerken, dass es weniger um die tatsächlichen Vereinbarkeitsprobleme bzw. die dadurch bedingten organisatorischen Probleme im Unternehmen geht als um die damit verbundenen Vorurteile bzw. den Verstoß gegen das Konformitätsgebot. Das zeigt nicht nur die forsa-Studie, wo im Kontext von Vereinbarkeit „die Sorge der Vorgesetzten“ als das Problem benannt wird. Auch die bei der Deutschen Bahn durchgeführte Fallstudie ergab, dass es vor allem männliche Führungskräfte sind, und insbesondere solche, denen die eigene Frau „den Rücken freihält“, für die bei ihren Kolleginnen Kinder „als objektiver ‚Karrierekiller'“ gelten:

> „Und die meisten Männer, die in diesen Positionen sind, die haben natürlich im Kopf, ich hätte diese Karriere nie machen können, wenn meine Frau nicht zu Hause geblieben wäre. (...) Und das ist in den Köpfen drin, so diese latente Angst, wie wollen die Frauen das denn schaffen.“ (Nickel et al. 2008, S. 168)

Weibliche Führungskräfte betonen dagegen, dass auch Frauen mit Kindern und in Teilzeit Führungskräfte sein können (ebd., S. 155). Auch von den fast ausschließlich männlichen Führungskräften großer und renommierter Unternehmensberatungen wurden als „härtestes Hindernis für ‚Frauenkarrieren'“ lange Arbeitszeiten und häufige Reisen „facettenreich beschrieben“ (Rudolph 2007, S. 111).

Einer aktuellen Befragung von Personalverantwortlichen zufolge steht für diese mit wenigen Ausnahmen fest, dass Teilzeit ein Ausschlusskriterium für die Beförderung in eine Führungsposition oder den weiteren Aufstieg ist. Das ist nicht durch „ökonomische Effizienzkalküle“ oder organisatorische Probleme bedingt, sondern durch das eigene Arbeits- und Lebensmodell der Befragten (Koch 2008, S. 615). Dass es sich hier nicht um „objektiv gegebene“ Barrieren oder gar Ausschlusskriterien handelt, sondern um subjektiv konstruierte, zeigen mit Blick auf Teilzeit in Führungspositionen zusammenfassend Vedder und Vedder (2008) und mit Blick auf ständige (Auslands-)Reisen Mayerhofer et al. (2006).

Ein weiteres Argument bzw. Vorurteil ist, es lohne sich nicht, in (das Humankapital von) Frauen zu investieren, weil diese höhere Fluktuationsraten hätten. Hier verweisen Osterloh und Littmann-Wernli (2002) auf Basis einer eigenen Erhebung in der Schweiz darauf, dass erstens sich die Fluktuationsraten von Frauen und Männern kaum unterscheiden, und zweitens die der Frauen sehr stark von der betrieblichen Personalpolitik abhängen. Davon zeugen auch die von weiblichen Führungskräften häufig genannten Kündigungsgründe: das Betriebsklima oder mangelnde Anerkennung, weil sie Frauen sind. Auch einer Fallstudie von Domsch (2005, S. 223) zufolge führen Frauen oft mangelnde Karrieremöglichkeiten und wenig Flexibilität des Unternehmens in Sachen Vereinbarkeit als Fluktuationsgrund an. Hier handelt es sich demnach um sich selbst erfüllende Prophezeiungen.

Neben den Vorurteilen der unmittelbaren Vorgesetzten bzw. der Führungskräfte an der Spitze – oder auch damit zusammenhängend – sind es Netzwerkbeziehungen, die „Einfallstore für einen männerbezogenen *bias*" bei der Entwicklung zu und von Führungskräften bieten, wie Rudolph (2007) mit Blick auf Unternehmensberatungen feststellt, die auf der „Vorderbühne" eine „hart getestete Bestenauslese" inszenieren (ebd., S. 114). In einer Fallstudie zur industriellen Forschung (Matthies 2006) wird ebenfalls unterstrichen, dass jenseits der formalisierten Karriereplanung, also auf der „Hinterbühne", eine „informelle Substruktur" oder „zweite ‚Personalentwicklungskultur'" existiert: Fast alle Befragten nennen ein gutes Verhältnis zum Chef (Chefinnen gibt es kaum) oder anderen wichtigen Personen im Unternehmen „als eigentlich entscheidende Voraussetzung für das berufliche Fortkommen in Unternehmen" (ebd., S. 73f.).

Auf Basis von Erkenntnissen der Netzwerkforschung postulieren Scheidegger und Osterloh (2005): Um Karriere machen zu können, benötigen Frauen ein „redundantes hierarchisches Netzwerk bestehend aus ‚strong ties'[68]" (ebd., S. 149). Das ist wiederum – angesichts männerbündischer Strukturen (hier sei noch einmal an die oben genannte „Dominanz männlicher Netzwerke" erinnert) und der Tendenz zur Homosozialität bzw. „Homophilie", die hier für Frauen und Männer angenommen wird – schwieriger zu knüpfen. Und Frauennetzwerke könnten zwar „expressive Ressourcen" (wie emotionale Unterstützung) bieten, aber nicht die für die Karriere wichtigen „instrumentellen Ressourcen". Letztere seien nur über die Teilhabe an Männernetzwerken zugänglich (ebd., S. 150). Dass Frauen oft „zu wenig" oder „falsch" netzwerken, konstatierten auch meine Interviewpartnerinnen.

68 Gemeint sind damit so genannte multiplexe Beziehungen, in denen sich verschiedene Austauschbeziehungen (wie z.B. Austausch von Arbeitsergebnissen, Beratung und Freundschaft) überlappen, was zu starken Beziehungen bzw. Bindungen führt.

Ein weiterer aufstiegsrelevanter Faktor, der mit der Betonung der (über-) langen Arbeitszeiten schon angesprochen wurde, ist die *Leistungsinszenierung*. Zahlreichen Studien zufolge gelingt es Männern besser als Frauen, ihre Leistung – und damit sich selbst – als förderungswürdiges „High Potential" sichtbar zu machen (z.B. Rudolph 2007, S. 112). Hinzuzufügen ist, dass „Sichtbarkeit" aber auch eine Frage der Wahrnehmung der Adressaten ist.

Das Zusammenspiel all dieser (und weiterer) Faktoren bewirkt, dass auch bei gleichen Einstiegsvoraussetzungen die Karrieren von Frauen und Männern unterschiedlich verlaufen. Das belegen bereits die unter 7.3.3 angeführten Studien. Ergänzend genannt sei hier noch eine aufschlussreiche Fallstudie von Domsch (2005), der in einem großen Chemie- und Pharmakonzern die Karriereentwicklung von je 100 weiblichen und männlichen Ende der 1980er Jahre als Trainees eingestiegenen „High Potentials" mit wirtschaftswissenschaftlichen Universitätsabschlüssen über einen Zeitraum von etwa zwölf Jahren untersucht hat. Die Studie fördert nicht nur erhebliche Unterschiede im Auslandseinsatz (als Einflussfaktor auf die Karrierechancen[69]) zu Tage. Am Ende des Beobachtungszeitraums sind von 40 Positionen „Sachbearbeitung Inland" 85% von Frauen besetzt, d.h. dass 34% der Frauen im Vergleich zu 6% der Männer in den zwölf Jahren nicht aufgestiegen sind. Das legt bereits nahe, dass hier Benachteiligungen stattgefunden haben. Diese Vermutung wird auch in Interviews bestätigt: Die Frauen sprechen explizit von Benachteiligungen bei Versetzungen und Beförderungen; die Männer mögen das zumindest „nicht ausschließen". Die ebenfalls befragten Personalverantwortlichen betonen einerseits Chancengleichheit als Handlungsmaxime, verwiesen aber andererseits darauf, Frauen in Führungspositionen würden in vielen Ländern nicht akzeptiert oder es liege „‚in der Natur der Sache, eher Männer zu berücksichtigen', da ja Personalentwicklung auch ‚eine hohe Investition' darstelle" (ebd., S. 220f.).

7.6.4 Vergütung von Führungskräften

Einleitend sei darauf hingewiesen, dass die arbeitsvertragliche Verpflichtung, Stillschweigen über das Gehalt zu bewahren, eine Barriere für Geschlechtervergleiche und damit für das Erkennen von Diskriminierungen auf der betrieblichen Ebene ist. Insofern wäre hier die Frage nach der rechtlichen Zulässigkeit dieser Regelungen zu klären.

Hinsichtlich der Vergütung von Führungskräften wird zwischen vier Hauptkomponenten unterschieden (Becker/Kramarsch 2004, Sp. 1953), wobei die ersten beiden obligatorisch sind:

69 Vgl. dazu auch Oesterle (2004, Sp. 799).

(1) Grundgehalt (inkl. Urlaubs- und Weihnachtsgeld),
(2) Zusatz- und Nebenleistungen (z.B. Altersvorsorge oder Dienstwagen),
(3) variable Bar-Vergütungen (z.B. Boni oder Tantiemen) und
(4) variable Langfrist-Vergütungen (z.B. Aktien oder Aktienoptionen).

Im Unterschied zum Entgelt der übrigen Beschäftigten ist die Vergütung von Führungskräften häufig nicht tariflich geregelt. Ein weiterer Unterschied besteht darin, dass bei der Vergütung von Führungskräften der Anreizwirkung – und damit den variablen Vergütungsbestandteilen – eine besondere Bedeutung zukommt.

Im Folgenden werden die einzelnen Komponenten und deren Ausgestaltung in Hinblick auf mögliche Beiträge zur Entgeltungleichheit zwischen weiblichen und männlichen Führungskräften untersucht. Aufgrund der Datenlage werden die dritte und die vierte Komponente als variable Vergütung zusammengefasst betrachtet.

Grundgehalt

Für die Differenzierung der Grundgehälter von Führungskräften sind verschiedene Faktoren bedeutsam, die allesamt Diskriminierungsquellen sind bzw. sein können.

Mit Blick auf die *anforderungsorientierte* Differenzierung des Grundgehaltes von AT-Angestellten (vgl. Abschnitt 7.2.1) besteht, wie auch im tariflichen Bereich, die Gefahr der mittelbaren Entgeltdiskriminierung durch die Kriterien und Verfahren der Arbeitsbewertung. Besonders problematisch erscheint in diesem Zusammenhang die von Becker und Kramarsch (2004, Sp. 1954) konstatierte Entwicklung weg von analytischen und hin zu summarischen Verfahren, denn diese sind erheblich diskriminierungsanfälliger. Hinzu kommt, dass hinsichtlich der Diskriminierung durch die Arbeitsbewertung generell wenig Problembewusstsein besteht (zusammenfassend: Krell/Winter 2008 und das Kapitel „Entgeltdifferenzierung und Vergütungspraxen“ in diesem Band).

Ein weiterer Maßstab für die Höhe der (Grund-)Vergütung ist der so genannte *„Marktwert“*, der auf Basis von Vergütungsstudien von Fachzeitschriften und Beratungsunternehmen ermittelt wird. Noch im vorigen Jahrzehnt konstatierten Assig und Beck (1996, S. 142), dass diese Vergütungsstudien zur Reproduktion der Entgeltungleichheit männlicher und weiblicher Führungskräfte beitragen, weil sie zwischen den Gehältern von Frauen und Männern differenzieren, woran sich die Unternehmen orientieren. Offen bleiben muss hier, ob das Herausstellen der Entgeltdifferenzen zwischen Frauen und Männern als potenzielle Benachteiligung in aktuellen Vergütungsstudien (z.B. Kienbaum 2008a, b, c) nicht den gleichen – paradoxen – Effekt haben kann.

Als Erklärung wird auch häufig angeführt, dass die (Grund-)Gehälter von Führungskräften in hohem Maße *verhandlungsabhängig* sind – und Frauen sich weniger trauten, ein höheres Gehalt zu verhandeln. Hier betonen die von Bischoff (1990) interviewten männlichen und weiblichen Führungskräfte, dass junge Frauen beim Einsteig in eine Führungsposition „*gezwungen* (sind), eher Kompromisse beim Gehalt zu machen“, um die Position überhaupt zu bekommen.[70] Da ist die Rede von „Risikoprämie“ oder „Mütterrabatt“. Und eine Geschäftsführerin ergänzt, die Frauen „hoffen dann auf späteren Ausgleich, der natürlich nie erfolgt“ (ebd., S. 185; Hervorhebung G.K.). Einer aktuellen Befragung von 810 Führungskräften (davon 57% Frauen) zufolge ist der Anteil derer, die angeben, in den letzten fünf Jahren nach mehr Gehalt[71] gefragt zu haben, bei den Frauen mit 59% fast genau so hoch wie bei den Männern mit 62%. Werden nicht alle, sondern nur die Führungskräfte mit Personalverantwortung betrachtet, wurden sogar relativ mehr Frauen (65%) als Männer (59%) aktiv. Die Autorinnen schlussfolgern: „Der Mythos der ängstlichen weiblichen Führungskraft, die sich ganz generell nicht traut, ist damit zunächst einmal widerlegt!“ (Ruppert/Voigt 2009, S. 41). Dafür, dass dennoch fast ein Drittel der Frauen im Vergleich zu einem Fünftel der Männer in den letzten fünf Jahren keine Gehaltsverbesserung erzielen konnte (ebd., S. 38), gibt es andere Erklärungen: Erstens berichten 16% aller Frauen und 19% aller Männer bzw. 16% der Frauen und 25% der Männer mit Personalverantwortung, sie hätten gar nicht nachfragen müssen, sondern seien angesprochen worden (ebd.). Zweitens waren Vollzeitbeschäftigte deutlich öfter erfolgreich Verhandelnde als Teilzeitbeschäftigte. Überhaupt keinen Verhandlungserfolg erzielen konnten die sieben teilzeitbeschäftigten Männer (ebd., S. 112); hier wird vermutlich Nicht-Konformität sanktioniert (vgl. dazu auch das Kapitel „Arbeitszeiten“ in diesem Band).

Zusatz- und Nebenleistungen

Hinsichtlich der Verteilung von Zusatz- und Nebenleistungen auf weibliche und männliche Führungskräfte bestehen noch erhebliche Forschungslücken. Bei Führungskräften gilt die *Altersvorsorge* als besonders wichtig (Witt 2004, Sp. 1578) – wenn auch mit rückläufiger Tendenz (Kienbaum 2008d). Dazu gibt es zwar keine empirischen Befunde speziell zu Führungskräften, aber generell ist eine Benachteiligung von Frauen feststellbar (zusammenfassend: Blaufus/Ortlieb 2008). Holst (2009, S. 107ff.) zufolge kommen – mit Ausnahme von Firmenwagen und Computern für zu Hause – weibliche Führungskräfte insgesamt relativ seltener in den Genuss von „monetären und nichtmonetären Sondervergütungen“ als männliche. Deutliche Unterschiede zu ungunsten von Frauen gibt es

70 Den oben genannten Analysen auf Basis des ViCaPP zufolge entstehen die Gehaltsunterschiede zwischen Frauen und Männern nicht schon beim Einstieg in den Beruf, sondern erst später.

71 ... und/oder einer besseren Position

auch hinsichtlich der Höhe der monetären Sondervergütungen (ebd., S. 113). Welche Faktoren dafür Ausschlag gebend sind, bleibt zu klären.

Variable Vergütung

Hier ist zunächst festzuhalten, dass das Vorhandensein variabler Vergütung das Einkommen erhöht: Nach Kienbaum (2008e) erhalten Führungskräfte, deren Arbeitsvertrag keine variable Vergütung vorsieht, etwa 30% weniger Gehalt. Bischoff (2005) verdeutlicht diesen Effekt ebenfalls (vgl. Tab. 7.7).

Tab. 7.7: Bruttojahresgehälter von Führungskräften 2003 nach Vergütungsbestandteilen und Geschlecht (in %)

	nur Fixgehalt		Fixgehalt + variable Vergütung	
	Frauen	Männer	Frauen	Männer
bis 50.000 €	68	39	37	15
über 75.000 €	11	13	35	54

Quelle: Eigene Darstellung nach Bischoff (2005, S. 160f.).

Tabelle 7.7 zeigt zudem, dass nicht nur Männer, sondern „auch Frauen ihre Einkommen deutlich verbessern können, wenn diese auch variable Bestandteile enthalten“ (ebd., S. 160): In der Gruppe der Führungskräfte, die ausschließlich Fixgehälter beziehen (2. Spalte) erhalten nur 11% aller Frauen dieser Gruppe Bruttojahresgehälter von mehr als 75.000 Euro. In der Gruppe der Führungskräfte, deren Gehälter auch variable Bestandteile enthalten (3. Spalte) finden sich dagegen 35% aller Frauen dieser Gruppe in der höchsten Verdienstufe – allerdings im Vergleich zu 54% aller Männer dieser Gruppe. Frauen können also durch variable Vergütungsbestandteile ihr Einkommen verbessern, aber nicht im gleichen Maße wie Männer.

Hinzu kommt (und das ist aus Tabelle 7.7 nicht ersichtlich): Nur ein Drittel der Frauen im Vergleich zur Hälfte der Männer hatte überhaupt variable Gehaltsbestandteile (ebd., S. 159). Dafür gibt es wiederum verschiedene Erklärungen: Einer (Labor-)Studie des Instituts zur Zukunft der Arbeit und der Universität Bonn (o.V. 2006) zufolge wählen Frauen eher Fixgehälter. Ob das auch jenseits der Labore eine Frage der Wahl ist, muss hier offen bleiben. Auf jeden Fall gibt es auch Hinweise auf strukturelle Einflussfaktoren: Nach Kienbaum (2008e) ist der entscheidende Faktor dafür, ob jemand in den Vorzug variabler Vergütung kommt, die *Hierarchiestufe*. Bischoffs (2005) nach Geschlecht differenzierende Analyse zeigt allerdings, dass es auf der gleichen Stufe erhebliche Geschlechtsunterschiede gibt: So haben in ihrem Sample von den Männern auf der ersten Führungsebene 61% variable Gehaltsbestandteile, bei den Frauen sind es dagegen nur 39%. Eine weitere Erklärung bietet die *Funktion:* Kienbaum

(2008e) zufolge findet sich variable Vergütung am häufigsten im Bereich Forschung und Entwicklung (dort ist der Anteil weiblicher Führungskräfte besonders niedrig; vgl. Kleinert et al. 2007, S. 87), während das „Schlusslicht", was wir schon ahnten, der Personalbereich ist – also der Bereich, in dem die Frauenanteile relativ hoch sind (vgl. Abschnitt 7.4).

Für eine Diskriminierungsprüfung relevant ist nicht nur die Frage, wer überhaupt variabel vergütet wird und wer nicht, und wie dies begründet wird, sondern auch die Frage, wie gegebenenfalls die Höhe der variablen Vergütung ermittelt wird. Bei der *variablen Bar-Vergütung* können dies die folgenden Kriterien – und Verfahren – sein:

– messbare Erfolge (Output) der einzelnen Führungskraft, ihrer Abteilung oder des gesamten Unternehmens, was als weniger diskriminierungsanfällig gilt, und insofern erklären kann, dass variable Vergütungsbestandteile die Gehaltssituation von Frauen verbessern, und/oder
– Eigenschaften und Verhalten der einzelnen Führungskraft, beurteilt durch deren Vorgesetzte,[72] was unter 7.6.2 schon problematisiert wurde.

Bei der *variablen Langfristvergütung* durch materielle Beteiligung (z.B. in Form von Aktien) fehlen Studien, die sowohl nach Führungskräften und Nicht-Führungskräften als auch nach Frauen und Männern (plus weiteren Faktoren wie z.B. Teilzeit/Vollzeit) differenzieren, um zunächst einmal ein Bild davon zu gewinnen, wie diese Vergütungsbestandteile auf weibliche und männliche Führungskräfte verteilt sind – und ob die Kriterien, nach denen dieser Vergütungsbestandteil gewährt und gegebenenfalls dessen Höhe ermittelt wird, diskriminierend sind.

Zusammenfassend ist festzuhalten: Hinsichtlich der Fragen, wie die Entgeltdifferenzen zwischen männlichen und weiblichen Führungskräften zustande kommen und welchen Beitrag die einzelnen Vergütungs-Komponenten dazu leisten, gibt es noch Forschungsbedarf.

7.7 Konsequenzen für die Gleichstellungspolitik

Die Darstellung des Ist-Zustandes hat gezeigt, dass hinsichtlich der Chancengleichheit von Frauen und Männern beim Zugang zu und in Führungspositionen erheblicher Handlungsbedarf besteht. Das gilt nicht nur nach wie vor, sondern sogar wieder verstärkt. Expertinnen zufolge wird „der Schulterschluss der Männer" gegenüber weiblichen Führungs(nachwuchs)kräften seit einiger Zeit wieder fester – so Martina Rost, die Vorstandsbeauftragte für Chancengleichheit der

72 Eventuell ergänzt durch andere Beurteilungsquellen bzw. -richtungen (Stichwort: 360-Grad-Feedback).

Fraport AG, in einem Diskussionsbeitrag zur Tagung „Gute Arbeit aus der Gleichstellungs- und Geschlechterperspektive", die von der Hans-Böckler-Stiftung Ende September 2008 in Berlin durchgeführt wurde. Rosts Diagnose wurde von den für dieses Kapitel interviewten Expertinnen bestätigt.

Auf der gleichen Tagung konstatierte Eva Maria Welskop-Deffaa als Vertreterin des Bundesministeriums für Familie, Senioren, Frauen und Jugend (BMFSFJ), dass die 2001 zwischen der Bundesregierung und Spitzenverbänden der Deutschen Wirtschaft abgeschlossene freiwillige Vereinbarung mit Blick auf Führungspositionen (und auf Entgelt) als nicht erfolgreich einzuschätzen ist (so auch Menne 2008). Das legt den Schluss nahe, dass es hier noch weiterer gesetzlicher Regelungen – auch mit Quotierungen – bedarf. Für Aufsichtsräte konnte am Beispiel Norwegen gezeigt werden, dass diese durchaus eine Erhöhung der Frauenanteile bewirken.

Gesetzliche Regelungen allein – so die Überzeugung (nicht nur) der Verfasserin dieses Kapitels – können den notwendigen Wandel der Unternehmens- und Führungskulturen allerdings nicht bewirken. Dazu sind „flankierende Maßnahmen" erforderlich. Zunächst ist es wichtig, die hier angesprochene Thematik in der Aus- und Weiterbildung von Führungskräften zu verankern, wobei auch ein stärkeres gewerkschaftliches Engagement denkbar wäre. Vor allem muss es hier darum gehen, die Gleichstellungsmotivation und -kompetenz männlicher Führungskräfte zu erhöhen, d.h. sie zunächst einmal dafür zu sensibilisieren, dass und wie die beschriebenen Geschlechterungleichheiten in Führungspositionen (re-)produziert werden. Aber auch das genügt nicht, um männerbündische Strukturen und Praktiken nachhaltig zu verändern. Vielmehr braucht es auf der Ebene des Betriebes bzw. des Unternehmens klare (Ziel-)Vorgaben und Anreize (im Rahmen ihrer eigenen Beurteilung und leistungsabhängigen Vergütung), um Führungskräfte in Sachen Chancengleichheit (nicht nur) beim Zugang zu und in Führungspositionen „auf Kurs zu bringen".

Letztlich handelt es sich bei der Realisierung gleichstellungspolitischer Konzepte immer um eine Gratwanderung: Einerseits geht es darum, die herrschenden Verhältnisse zu verändern. Andererseits sind es ausgerechnet die von den herrschenden Verhältnissen überwiegend Profitierenden, die den Wandel „Top down" initiieren und steuern sollen. Auch um die übrigen Organisationsmitglieder „ins Boot zu bekommen", muss dem bzw. deren Ist-Zustand, d.h. ihren Interessen, Befindlichkeiten und vor allem Befürchtungen Rechnung getragen werden (vgl. dazu auch Jüngling/Rastetter 2008). Wenn diese nicht berücksichtigt und „bearbeitet" werden, dann besteht die Gefahr, dass die Veränderungen nur auf der „Vorderbühne" stattfinden oder Gleichstellungspolitik als Legitimationsfassade nach außen inszeniert wird, während auf der „Hinterbühne" alles beim Alten bleibt – oder die Gegenwehr sogar erstarkt.

Literatur

Andresen, S./Koreuber, M./Lüdke, D. (Hg.) 2009: Gender und Diversity: Albtraum oder Traumpaar? Wiesbaden

Aronson, E./Wilson, T. D./Akert, R. M. 2004: Sozialpsychologie. (4. Auflage). München u.a.O.

Assig, D./Beck, A. 1996: Frauen revolutionieren die Arbeitswelt. Das Handbuch zur Chancengerechtigkeit. München

Becker, F. G. 2003: Grundlagen betrieblicher Leistungsbeurteilungen (4. Auflage). Stuttgart

Becker, F. G. 2004: Karrieren und Laufbahnen. In: Schreyögg/von Werder 2004, Sp. 576-586

Becker, F. G./Kramarsch, M. 2004: Vergütung außertariflicher Mitarbeiter. In: Gaugler et al. 2004, Sp. 1949-1957

Bendl, R. (Hg.) 2006a: Betriebswirtschaftslehre und Frauen- und Geschlechterforschung. Teil 1: Verortung geschlechterkonstituierender (Re-)Produktionsprozesse. Frankfurt/M. u.a.O.

Bendl, R. (Hg.) 2006b: Betriebswirtschaftslehre und Frauen- und Geschlechterforschung. Teil 2: Empirische Ergebnisse zur Standortbestimmung. Frankfurt/M. u.a.O.

Bevan, St./Thompson, M. 1994: Merit Pay, Performance Appraisal and Attitudes to Woman's Work. Final Report of a Study by the Institute for Employment Studies for the Equal Opportunities Commission. Brighton

Bischoff, S. 1990: Frauen zwischen Macht und Mann. Männer in der Defensive. Führungskräfte in Zeiten des Umbruchs. Reinbek

Bischoff, S. 2005: Wer führt in (die) Zukunft? Männer und Frauen in Führungspositionen der Wirtschaft in Deutschland – die 4. Studie. Schriftenreihe der Deutschen Gesellschaft für Personalführung e.V. (DGFP), Band 77. Bielefeld

Blaufus, K./Ortlieb, R. 2008: Betriebliche Zusatzleistungen: Analyse und Gestaltungsmöglichkeiten am Beispiel der betrieblichen Altersversorgung. In: Krell 2008d, S. 305-316

Blazek, H. 1999: Männerbünde. Eine Geschichte von Faszination und Macht. Berlin

Bourdieu, P. 1982: Die feinen Unterschiede. Frankfurt/M.

Bronner, R. 2004: Leitende Angestellte. In: Gaugler at al. 2004, Sp. 1089-1096

Bundesregierung 2006: 2. Bilanz Chancengleichheit: Frauen in Führungspositionen. Berlin

Bundesregierung 2008: 3. Bilanz Chancengleichheit: Europa im Blick. Berlin

Busch, A./Holst, E. 2008: Verdienstdifferenzen zwischen Frauen und Männern nur teilweise durch Strukturmerkmale zu erklären. In: DIW-Wochenbericht, Jg. 75/Nr. 15, S. 184-190

Butler, J. 1991: Das Unbehagen der Geschlechter. Frankfurt/M.

Carl, A.-H./Maier, F./Schmidt, D. 2008: Auf halbem Weg. Die Studien- und Arbeitsmarktsituation von Ökonominnen im Wandel. Berlin

Cyba, E. 1995: Grenzen der Theorie sozialer Schließung? Die Erklärung von Ungleichheiten zwischen den Geschlechtern. In: Wetterer 1995, S. 51-70

Connell, R. W. 2000: Der gemachte Mann. Konstruktion und Krise von Männlichkeiten (2. Auflage). Opladen

Delhees, K. H. 1995: Führungstheorien – Eigenschaftstheorie. In: Kieser et al. 1995, Sp. 897-906

Domsch, M. E. 2005: Auslandseinsatz von weiblichen Fach- und Führungskräften. Präsentation eines Fallbeispiels. In: Krell 2005, S. 205-228

Doppler, D. 2005: Männerbund Management. München, Mering

Eagly, A. H./Makhijani, M. G./Klonsky, B. G. 1992: Gender and the Evaluation of Leaders. A Meta-Analysis. In: Psychological Bulletin, Vol. 111/No. 1, S. 3-22

Elias, N./Scotson, J. L. 1993: Etablierte und Außenseiter. Frankfurt/M.

Engler, St. 2008: Habitus und sozialer Raum: Zur Nutzung der Konzepte Pierre Bourdieus in der Frauen- und Geschlechterforschung. In: Becker, R./Kortendiek, B. (Hg.): Handbuch Frauen- und Geschlechterforschung (2. Auflage). Wiesbaden, S. 250-261

Ernst, St. 1999: Geschlechterverhältnisse in Führungspositionen. Eine figurationssoziologische Analyse der Stereotypenkonstruktion. Opladen, Wiesbaden

Foroohar, R. 2002: Race in the Boardroom. In: Newsweek, 18. Februar 2002, S. 34-38

Foucault, M. 1981: Archäologie des Wissens. Frankfurt/M.

Fried, A./Wetzel, R./Baitsch, Chr. 2000: Wenn zwei das Gleiche tun ... – Diskriminierungsfreie Personalbeurteilung (hrsg. vom Eidgenössischen Büro für die Gleichstellung von Frau und Mann [EBG]). Zürich

Funder, M./Dörhöfer, St./Rauch, Chr. 2006: Geschlechteregalität – mehr Schein als Sein. Geschlecht, Arbeit und Interessenvertretung in der Informations- und Telekommunikationsindustrie. Berlin

Gaugler, E./Oechsler, W. A./Weber, W. (Hg.) 2004: Handwörterbuch des Personalwesens (3. Auflage). Stuttgart

Generation CEO/Forsa 2007: Frauen in Führungspositionen: Erfahrungen, Einschätzungen, Erwartungen, Wünsche. PowerPointPräsentation (http://www.heinerthorborg.com/generation_ceo/Praesentation%20Forsa%20gekuerzt.pdf; 10.4.2009)

German Consulting Group 2005: Studie beweist: Weibliche Eigenschaften sind in Chefetagen unerwünscht! „Männer bleiben lieber unter sich" (http://www.gcg.ag/gcg_sharedpages/pdf/artikel_frauen.pdf; 4.4.2009)

Gildemeister, R./Wetterer, A. (Hg.) 2007: Erosion oder Reproduktion geschlechtlicher Differenzierungen? Widersprüchliche Entwicklungen in professionalisierten Berufsfeldern und Organisationen. Münster

Gisler, P./Emmenegger, B. 1998: „Die Grenze ist ja, wie wir wissen, furchtbar schwer zu ziehen ..." Geschlechtsspezifische Schließungsprozesse und Sexualität am Beispiel zweier Organisationen der höheren Ausbildung. In: Zeitschrift für Personalforschung, Jg. 12/Heft 2, S. 143-166

Gmür, M. 2004: Was ist ein ‚idealer Manager' und was ist eine ‚ideale Managerin'? Geschlechtsrollenstereotypen und ihre Bedeutung für die Eignungsbeurteilung von Männern und Frauen in Führungspositionen. In: Zeitschrift für Personalforschung, Jg. 18/Heft 4, S. 396-417

Goffman, E. 1975: Stigma. Über Techniken der Bewältigung beschädigter Identität. Frankfurt/M.

Goffman, E. 1994: Die Interaktionsordnung. In: Goffman, E.: Interaktion und Geschlecht. Frankfurt/M., New York, S. 50-104

Goos, G./Hansen, K. 1999: Frauen in Führungspositionen. Erfahrungen, Ziele, Strategien. Münster u.a.O.

Haffner, Y. 2007: Mythen um männliche Karrieren und weibliche Leistung. Opladen, Farmington Hills

Hartmann, M. 2002: Der Mythos von den Leistungseliten. Spitzenkarrieren und soziale Herkunft in Wirtschaft, Politik, Justiz und Wissenschaft. Frankfurt/M., New York

Hennersdorf, S. 1998: Aufstiegsdiskriminierung von Frauen durch Mitarbeiterbeurteilungen. Wiesbaden

Hermann, A. 2004: Karrieremuster im Management. Pierre Bourdieus Sozialtheorie als Ausgangspunkt für eine genderspezifische Betrachtung. Wiesbaden

Hofbauer, J. 2004: Distinktion – Bewegung an betrieblichen Geschlechtergrenzen. In: Pasero, U./Priddat, B. P. (Hg.): Organisationen und Netzwerke: Der Fall Gender. Wiesbaden, S. 45-64

Holst, E./Stahn, A.-K. 2007: Spitzenpositionen in großen Unternehmen fest in der Hand von Männern. In: DIW-Wochenbericht, Jg. 74/Nr. 7, S. 89-93

Holst, E. unter Mitarbeit von Busch, A./Fietze, S./Schäfer, A./Schmidt, T./Tobsch, V./Tucci, I. 2009: Führungskräftemonitor 2001-2006. Forschungsreihe des Bundesministeriums für Familie, Senioren, Frauen und Jugend, Band 7. Baden-Baden

Hoppenstedt 2008: Auswertung Frauen im Management 2008 (http://www.hoppenstedt.de/xist4c/download/web/Auswertung+Frauen+im+Management+2008_uplId_421__coId_567_.xls; 29.3.2009)

Höyng, St./Lange, R. 2004: Gender Mainstreaming – ein Ansatz zur Auflösung männerbündischer Arbeits- und Organisationskultur? In: Meuser, M./Neusüß, C. (Hg.): Gender Mainstreaming: Konzepte, Handlungsfelder, Instrumente. Bonn, S. 103-119

Höyng, St./Puchert, R. 1998: Die Verhinderung beruflicher Gleichstellung: Männliche Verhaltensweisen und männerbündische Kultur. Bielefeld

Innreiter-Moser, C. 2005: Feministische Theorien und Organisationsforschung. In: Krell 2005, S. 83-103

Jochmann-Döll, A./Tondorf, K. 2008: Leistungsabhängige Entgeltdifferenzierung auf dem gleichstellungspolitischen Prüfstand. In: Krell 2008d, S. 283-298

Jüngling, Chr./Rastetter, D. 2008: Die Implementierung von Gleichstellungsmaßnahmen: Optionen, Widerstände und Erfolgsstrategien. In: Krell 2008d, S. 127-140

Kahlen, R. 2007: Managerinnen. Generation CEO. Capital.de vom 22.5.2007 (http://www.capital.de/unternehmen/management/100006712.html?p=2&p=3; 17.4.2009)

Kanter, R. M. 1977: Men and Women of the Corporation. New York

Kanter, R. M./Stein, B. A. 1980: A Tale of „O“. On Being Different in an Organization. New York

Kay, R. 2007: Auf dem Weg in die Chefetage. Betriebliche Entscheidungsprozesse bei der Besetzung von Führungspositionen. Untersuchung im Auftrag des Ministeriums für Generationen, Familie, Frauen und Integration des Landes Nordrhein-Westfalen. IfM-Materialien Nr. 170. Bonn

Kay, R. 2008: Gewinnung und Auswahl von MitarbeiterInnen. In: Krell 2008d, S. 175-194

Kienbaum 2008a: Kienbaum-Studien zur Vergütung von Geschäftsführern und Leitenden Angestellten, Frauen im Management: Schlecht bezahlt und selten vertreten, Pressemitteilung vom 8. Mai 2008 (http://www.kienbaum.de/desktopdefault.aspx/tabid-502/650_read-1174/; 27.2.2009)

Kienbaum 2008b: Vergütungsstudie 2008. Band 1: Leitende Angestellte (46. Ausgabe). Gummersbach

Kienbaum 2008c: Vergütungsstudie 2008. Band 2: Geschäftsführer (38. Ausgabe). Gummersbach

Kienbaum 2008d: Betriebliche Altersversorgung weniger verbreitet als noch vor zehn Jahren, Unternehmen sparen an betrieblichen Zusatzleistungen, Pressemitteilung vom 2. September 2008 (http://www.kienbaum.de/desktopdefault.aspx/tabid-502/650_read-1215/; 27.2.2009)

Kienbaum 2008e: Kienbaum-Analyse zur variablen Vergütung, 30 Prozent weniger Gehalt ohne variable Vergütung, Pressemitteilung vom 19. August 2008 (http://www.kienbaum.de/desktopdefault.aspx/tabid-502/650_read-1213/; 27.2.2009)

Kieser, A./Reber, G./Wunderer, R. (Hg.) 1995: Handwörterbuch der Führung (2. Auflage). Stuttgart

Kleebaur, C. 2004: Erfahrung ist Trumpf. In: Personal, Jg. 56/Heft 7+8, S. 57-59

Kleinert, C./Kohaut, S./Brader, D./Lewerenz, J. 2007: Frauen an der Spitze. Arbeitsbedingungen und Lebenslagen weiblicher Führungskräfte (hrsg. vom Institut für Arbeitsmarkt und Berufsforschung [IAB]). Frankfurt/M., New York

Knapp, G.-A. 2008: Gleichheit, Differenz, Dekonstruktion: Vom Nutzen theoretischer Ansätze der Frauen- und Geschlechterforschung für die Praxis. In: Krell 2008d, S. 163-172

Koch, A. 2008: Elternzeit – Teilzeit – Aus(zeit)? Teilzeitrechte in Führungspositionen. In: WSI-Mitteilungen, Jg. 61/Heft 11+12, S. 612-618

Krell, G. 2003: Die Ordnung der „Humanressourcen" als Ordnung der Geschlechter. In: Weiskopf, R. (Hg.): Menschenregierungskünste. Anwendungen poststrukturalistischer Analyse auf Management und Organisation. Wiesbaden, S. 63-90

Krell, G. (Hg.) 2005: Betriebswirtschaftslehre und Gender Studies. Analysen aus Organisation, Personal, Marketing und Controlling. Wiesbaden

Krell, G. 2008a: „Vorteile eines neuen, weiblichen Führungsstils": Ideologiekritik und Diskursanalyse. In: Krell 2008d, S. 319-330

Krell, G. 2008b: Diskriminierungs- und Gleichstellungspotenzial von Leistungsbeurteilungen. In: Krell 2008d, S. 195-206

Krell, G. 2008c: Diversity Management: Chancengleichheit für alle und auch als Wettbewerbsfaktor. In: Krell 2008d, S. 63-80

Krell, G. (Hg.) 2008d: Chancengleichheit durch Personalpolitik. Gleichstellung von Frauen und Männern in Unternehmen und Verwaltungen. Rechtliche Regelungen – Problemanalysen – Lösungen (5. Auflage). Wiesbaden

Krell, G./Ortlieb, R. 2004: Chancengleichheit von Frauen und Männern in der Privatwirtschaft. Eine Befragung des Managements von 500 Unternehmen zur Umsetzung der Vereinbarung zur Förderung der Chancengleichheit. Im Auftrag des Deutschen Gewerkschaftsbundes (DGB) und der Hans-Böckler-Stiftung. Positionen + Hintergründe N° 2, Februar 2004 (hrsg. vom DGB, Abteilung Gleichstellungs- und Frauenpolitik). Berlin

Krell, G./Weiskopf, R. 2006: Die Anordnung der Leidenschaften. Wien

Krell, G./Winter, R. 2008: Anforderungsabhängige Entgeltdifferenzierung: Orientierungshilfen auf dem Weg zu einer diskriminierungsfreieren Arbeitsbewertung. In: Krell 2008d, S. 263-282

Küpper, G. 1994: Personalentwicklung für weibliche Führungskräfte. In: Zeitschrift für Personalforschung, Jg. 8/Heft 2, S. 107-123

Lenderstse, J. 2000: Deutsche Gemütlichkeit. In: WirtschaftsWoche, Jg. 54/Heft 20, S. 116-119

Maas, J. 1999: Identität und Stigma-Management von homosexuellen Führungskräften. Wiesbaden

Matthies, H. 2006: Mehr Chancengleichheit durch Personalentwicklung? Das Beispiel Wissenschaft und Forschung. In: Bendl 2006b, S. 61-80

Mayerhofer, H./Hartmann, L./Herbert, A. 2006: ‚Neue' Formen internationalen Personaleinsatzes und deren geschlechtsspezifische Implikationen. In: Bendl 2006b, S. 211-235

Mayrhofer, W./Meyer, M./Steyrer, J. (Hg.) 2005: Macht? Erfolg? Reich? Glücklich? Einflussfaktoren auf Karrieren. Wien

Mayrhofer, W./Strunk, G./Meyer, M. 2003: Gruppenidentität. In: Martin, A. (Hg.): Organizational Behavior – Verhalten in Organisationen. Stuttgart, S. 197-209

McKinsey&Company 2007: A Wake-Up Call for Female Leadership in Europe. o.O.

Menne, C. 2008: Mehr Frauen in Führung. Über das Märchen einer positiven Bilanz. In: Frau geht vor, Infobrief des DGB Nr. 5, Dezember 2008, S. 4

Meuser, M. 2005: Men's Studies – Entwicklung, Konzepte, Diagnosen. In: Krell 2005, S. 267-286

Meyer, M./Iellatschitsch, A. 2005: Über den Stallgeruch: soziale Herkunft, Lebensstil und Karriereerfolg. In: Mayrhofer et al. 2005, S. 100-131

Mielke, B. K. 2005: Frauenanteil in Führungsgremien: Frauen in die Aufsichtsräte. In: Mitbestimmung, Jg. 51/Heft 10, S. 32-36

Mitchell, T. R. 1995: Führungstheorien – Attributionstheorie. In: Kieser et al. 1995, Sp. 847-861

Müller, U. 1995: Frauen und Führung. Fakten, Fabeln und Stereotypisierungen in der Frauenforschung. In: Wetterer 1995, S. 101-117

Murmann, J. 1999: Direktansprache – ein effektiver Weg der Personalsuche. In: Sattelberger, Th. (Hg.): Handbuch der Personalberatung. München, S. 126-135

Neuberger, O. 2002: Führen und führen lassen. Ansätze, Ergebnisse und Kritik der Führungsforschung (6. Auflage). Stuttgart

Nickel, H. M./Hüning, H./Frey, M. 2008: Subjektivierung, Verunsicherung, Eigensinn. Auf der Suche nach Gestaltungspotenzialen für eine neue Arbeits- und Geschlechterpolitik. Berlin

Oechsler, W. A./Klarmann, Ph. 2008: Implikationen des Allgemeinen Gleichbehandlungsgesetzes (AGG) für das Personalmanagement: Wie diskriminierungsfrei sind die personalpolitischen Instrumente? In: Krell 2008d, S. 23-38

Oesterle, M.-J. 2004: Führungskräfte. In: Gaugler et al. 2004, Sp. 790-801

Osterloh, M./Littmann-Wernli, S. 2002: Die „gläserne Decke" – Realität und Widersprüche. In: Peters, S./Bensel, N. (Hg.): Frauen und Männer im Management (2. Auflage). Wiesbaden, S. 259-275

o.V. 2006: Lohnunterschiede zwischen den Geschlechtern. Fixgehalt oder Bezahlung nach Leistung? In: Personalführung, Jg. 39/Heft 5, S. 18-19

Rastetter, D. 1994: Sexualität und Herrschaft in Organisationen. Eine geschlechtervergleichende Analyse. Opladen

Rastetter, D. 1996: Personalmarketing, Bewerberauswahl und Arbeitsplatzsuche. Stuttgart

Rastetter, D. 2005: Gleichstellung contra Vergemeinschaftung. Das Management als Männerbund. In: Krell 2005, S. 247-266

Rastetter, D. 2006: Vertrauen in weibliche Führungskräfte. In: Bendl 2006a, S. 217-241

Rudolph, H. 2007: Unternehmensberatungen als männliche Eliteorganisationen. In: Gildemeister/Wetterer 2007, S. 99-121

Rudolph, H./Okech, J. 2004: Wer anderen einen Rat erteilt ... Wettbewerbsstrategien und Personalpolitiken von Unternehmensberatungen in Deutschland. Berlin

Ruppert, A./Voigt, M. 2009: Gehalt und Aufstieg: Mythen – Fakten – Modelle erfolgreichen Verhandelns. Aachen

Scheidegger, N./Osterloh, M. 2005: Organisation und Geschlecht – Eine Netzwerkperspektive. Welche Netzwerkstruktur fördert die Karrieremobilität? In: Krell 2005, S. 139-156

Schein, V. E./Davidson, M. 1993: Think manager, think male. In: Management Development Review, Vol. 6/No. 3, S. 24-28

Schmitz, S. 2009: Gender und Diversity treffen Naturwissenschaften und Technik. In: Andresen et al. 2009, S. 175-190

Schreyögg, G./Koch, J. 2007: Grundlagen des Managements. Basiswissen für Studium und Praxis. Wiesbaden

Schreyögg, G./von Werder, A. (Hg.) 2004: Handwörterbuch Unternehmensführung und Organisation (4. Auflage). Stuttgart

Sieben, B. 2007: Management und Emotionen. Analyse einer ambivalenten Verknüpfung. Frankfurt/M., New York

Staehle, W. H. (Hg.) 1991: Handbuch Management. Die 24 Rollen der exzellenten Führungskraft. Wiesbaden

Straumann, L. D./Hirt, M./Müller, W. R. 1996: Teilzeitarbeit in der Führung. Perspektiven für Frauen und Männer in qualifizierten Berufen. Zürich

Strunk, G./Hermann, A./Praschak, S. 2005: Eine Frau muss ein Mann sein, um Karriere zu machen. In: Mayrhofer et al. 2005, S. 211-242

Theisen, M. R. 2004: Aufsichtsrat. In: Schreyögg/von Werder 2004, Sp. 62-70

Thomas, A. 2003: Zum Verhältnis von Minderheiten und Mehrheiten in Organisationen – aus psychologischer Sicht. In: Wächter, H./Vedder, G./Führing, M. (Hg.): Personelle Vielfalt in Organisationen. München, Mering, S. 71-86

Tichy, N. M./Fombrun, C. J./Devanna, M. A. 1982: Strategic Human Resource Management. In: Sloan Management Review, Vol. 23/No. 2, S. 47-61

Tisdale, T. 2004: Führungstheorien. In: Gaugler et al. 2004, Sp. 824-836

Tondorf, K./Jochmann-Döll, A. 2005: (Geschlechter-)Gerechte Leistungsvergütung? Vom (Durch-)Bruch des Leistungsprinzips in der Entlohnung. Hamburg

Vedder, G./Vedder, M. 2008: Wenn Managerinnen und Manager ihre Arbeitszeit reduzieren (wollen) ... In: Krell 2008d, S. 427-442

Villa, P.-I. 2006: Sexy Bodies. Eine soziologische Reise durch den Geschlechtskörper (3. Auflage). Wiesbaden

Weber, M. 1922: Wirtschaft und Gesellschaft. Tübingen

Weckes, M. 2009: Geschlechterverteilung in Vorständen und Aufsichtsräten. PowerPointPräsentation vom 24.3.2009. Hans Böckler Stiftung, Abt. Mitbestimmungsförderung (unveröffentlicht)

Weibler, J. 2004: Führung und Führungstheorien. In: Schreyögg/von Werder 2004, Sp. 294-308

West, C./Zimmerman, D.H. 1991: Doing Gender. In: Lorber, J./Farrell, S. A. (Hg.): The Social Construction of Gender. Newbury Park u.a.O., S. 13-37

Wetterer, A. (Hg.) 1995: Die soziale Konstruktion von Geschlecht in Professionalisierungsprozessen. Frankfurt/M.

Wetterer, A. 1999: Ausschließende Einschließung – marginalisierende Integration: Geschlechterkonstruktionen in Professionalisierungsprozessen. In: Neusel, A./Wetterer, A. (Hg.): Vielfältige Verschiedenheiten, Frankfurt/M., New York, S. 15-34

Wimbauer, Chr./Henninger, A./Gottwald, M./Künzel, A. 2007: Gemeinsam an die Spitze – oder der Mann geht voran? (Un-)Gleichheit in Doppelkarrierepaaren. In: Dackweiler, R.-M. (Hg.): Willkommen im Club? Frauen und Männer in Eliten. Münster, S. 87-105

Witt, P. 2004: Vergütung von Führungskräften. In: Schreyögg/von Werder 2004, Sp. 1573-1581

8. Instrumente und Akteure betrieblicher Gleichstellungsförderung

Manuela Maschke unter Mitarbeit von
Elke Wiechmann

Kapitel 8 **Das Wichtigste in Kürze**

- ➲ Seit der Novellierung des Betriebsverfassungsgesetzes (BetrVG) im Jahr 2001 sind Betriebsräte (BR) stärker gefordert, Gleichstellung und Chancengleichheit aktiv zu fördern. Aber weder Betriebsräte noch Arbeitgeber behandeln das Thema vordringlich. Und ebenso wenig zeichnen sich die Tarifpartner durch besondere Aktivitäten aus. Es besteht Handlungsbedarf, was die Verbreitung und Verbindlichkeit von Maßnahmen angeht.
- ➲ Im August 2006 trat das Allgemeine Gleichbehandlungsgesetz (AGG) in Kraft. Über die Wirkungen ist noch wenig bekannt. Es liegen nur wenige betriebliche Vereinbarungen vor, die sich auf das AGG beziehen. Die Existenz einer gleichstellungsorientierten Betriebsvereinbarung setzt das Vorhandensein eines Betriebsrates und sein Engagement voraus. In der Privatwirtschaft gibt es für die vielen Beschäftigten in kleinen Betrieben ohne Betriebsrat derzeit nur das AGG als Grundlage.
- ➲ Die Verbreitung betrieblicher Vereinbarungen ist in den vergangenen zehn Jahren zwar gewachsen, aber sie existieren nur in der Minderheit der Unternehmen. Im Durchschnitt haben zwölf Prozent der Betriebe ab 20 Beschäftigten mit Betriebsrat eine Betriebsvereinbarung zum Thema Gleichstellung der Geschlechter vereinbart, rund zehn Prozent zum Thema Familienfreundlichkeit. Häufig werden beide Themen miteinander verbunden oder auch vermischt. Chancengleichheit, bezogen auf das Geschlecht, lässt sich aber nur bedingt mit Vereinbarkeitsregelungen lösen. Eher selten knüpfen die Regelungen an weitere betriebliche Themen an (z.B. Entgelt, Gesundheitsförderung, Sozialpläne etc.) oder berücksichtigen besondere Personengruppen wie z.B. Alleinerziehende.
- ➲ Systematische Personalstatistiken, Bedarfserhebungen und Monitoring-Instrumente als notwendige Voraussetzung betrieblicher Gleichstellungspolitik fehlen weitgehend. Beispiele auf betrieblicher Ebene zeigen, dass das Engagement von Arbeitgebern und Betriebsräten eine wichtige Bedingung ist. Für mehr Chancengleichheit sind verhandlungsstarke gleichstellungsorientierte betriebliche Akteure erforderlich.
- ➲ Erfahrungen mit Gender Mainstreaming (GM) in der Privatwirtschaft sind rar. Über die Wirkungen der Personalstrategie Diversity Management (DiM) ist wenig bekannt. Ca. 30 der 600 größten deutschen Unternehmen haben DiM eingeführt. In diesen Unternehmen haben sich die inhaltlichen Schwerpunkte tendenziell von Geschlechtergleichstellung hin zu weiteren Aspek-

ten personeller Vielfalt verschoben, wobei jedoch geschlechtsbezogene Aspekte immer noch einen großen Stellenwert haben. Ob sich DiM als Management-Strategie langfristig durchsetzen kann, ist offen.

- Gerade weil Gleichstellungsförderung in der Privatwirtschaft weniger formalisiert ist, kommt einer institutionalisierten, transparenten und an Chancengleichheit ausgerichteten Personalpolitik eine besondere Bedeutung zu.
- Die Lücke zwischen Anspruch und Wirklichkeit in der betrieblichen Gleichstellungsförderung existiert besonders dort, wo zwar egalitäre Unternehmensleitbilder entwickelt werden, diese aber nicht strukturell und tatsächlich als Chancengleichheit im Unternehmen verankert sind.
- Aufgabe der betrieblichen Gleichstellungsförderung muss es sein, sowohl hoch qualifizierte Frauen zu unterstützen als auch breit ausgerichtete Chancengleichheitspolitik in Bezug auf Entgelt und Qualifizierung zu betreiben. Und sie muss die sehr unterschiedlichen Erwerbs- und Lebenslagen auch innerhalb der Gruppen der Frauen und Männer stärker berücksichtigen.
- Der Betriebsrat hat aufgrund seiner Aufgaben nach dem BetrVG eine besondere Rolle bei der Förderung der Gleichstellung im Betrieb. Rund 46% der westdeutschen Beschäftigten (39% in Ostdeutschland) haben einen Betriebsrat. In Kleinbetrieben bis 50 Beschäftigten liegt die BR-Quote bei nur 6%, ab 500 Beschäftigten liegt die BR-Quote bei rund 90%. 54% der Beschäftigten im Westen und 61% der Beschäftigten in Ostdeutschland haben keinen BR.
- Der Frauenanteil in BR-Gremien liegt je nach Befragung zwischen 26% und 35%, in anderen nicht gesetzlich geregelten betrieblichen Vertretungsorganen wie den so genannten Runden Tischen etc. liegt er bei 34%.
- In 72,5 % der Betriebe spiegelt sich das zahlenmäßige Verhältnis der beschäftigten Frauen und Männer auch im BR wider (Geschlechterquote). Übererfüllt wird die Quote häufiger in solchen Betrieben, wo Männer in der Minderheit sind.
- Es existieren zu wenig kollektive Vereinbarungen, die auf Unternehmens- und Branchenebene Kompromisse zur Förderung der Geschlechtergleichstellung und Chancengleichheit aushandeln und Rahmenbedingungen im deutschen System industrieller Beziehungen setzen. Zudem muss gewährleistet sein, dass Tarifverträge diskriminierungsfrei sind.
- Das Zusammenwirken verbesserter gesetzlicher Vorgaben, verhandlungsstarker handelnder Akteure sowie verbesserter Datengrundlagen und Evaluationen sind wesentliche Elemente, um Diskriminierungen abzubauen und Gleichstellung in der deutschen Privatwirtschaft voranzubringen.

8.1 Einleitung

Die vorangehenden Kapitel in diesem Band betrachten zentrale Handlungs- und Politikfelder für die Gleichstellung der Geschlechter im Betrieb: berufliche Segregation, Beschäftigungsverhältnisse, Arbeitszeit, Entgelt, Arbeitsqualität, und Führungspositionen. In diesem Kapitel wird es quer zu den behandelten Themen um Akteure und Konzepte gehen, die auf betrieblicher Ebene eine Rolle spielen oder spielen können. Vor allem werden Betriebsräte in den Blick genommen. Die Frage ist, ob und inwieweit die öffentlichen Debatten um Chancengleichheit und Familienfreundlichkeit ihren Niederschlag in den Betrieben finden.

Es gibt eine wachsende Zahl von Strategien und Ansätzen zur betrieblichen Chancengleichheit und Gleichstellungsförderung. Dazu gehören einerseits relativ klar definierte Ansätze wie Gender Mainstreaming (GM) oder Diversity Management (DiM), wenngleich mit unterschiedlicher Wirkung in der betrieblichen Umsetzungspraxis. Und es existieren weniger klar umrissene Ansätze wie Chancengleichheit oder familienfreundliche Personalpolitik. Ob mit der breiten öffentlichen Diskussion zum Thema Vereinbarkeit von Familie und Beruf auch Geschlechtergleichstellung in den Betrieben angekommen ist, muss bezweifelt werden. Selten geht es um Weiterbildung und Aufstieg, um die Verringerung beruflicher Segregation und um differenzierte Berufswahl – Entgeltgleichheit entwickelt sich neuerdings wieder zu einem öffentlichen Thema.[1]

Betrachtet man die Entwicklungen in den vergangenen Jahren in privatwirtschaftlichen Unternehmen, wie sie in diesem Band gezeigt werden, dann stellt sich immer noch die Frage, was sich verändert hat oder ob mit neuen Konzepten alter Wein in neuen Schläuchen präsentiert wird. Tatsächliche Gleichstellung ist in der betrieblichen Realität relativ selten vorhanden. Sie wird dann entdeckt, wenn damit komparative Kosten- und Wettbewerbsvorteile zu erreichen sind. Die Beiträge in diesem Band belegen große Lücken zwischen den propagierten und den tatsächlich unternommenen, ernsthaften Anstrengungen.

Auch wenn Schnittmengen zwischen Vereinbarkeit von Familie und Beruf und der Förderung von Gleichstellung/Chancengleichheit existieren, ist beides nicht dasselbe. Zwar überlappen sich beide Gebiete, sie sind aber nicht deckungsgleich. Verkürzt formuliert setzt Gleichstellung am Arbeitsplatz auf Gerechtigkeit und gleiche Chancen zwischen den Geschlechtern. Vereinbarkeit von Beruf und Familie setzt vor allem auf Würdigung und Entlastung von Sorge-

---

1 Der erste „Equal Pay Day" 2008 in Deutschland wurde von dem Business and Professional Women Germany e.V. initiiert. Dem schlossen sich die Bundesarbeitsgemeinschaft kommunaler Frauenbüros, Gleichstellungsstellen und der Deutsche Frauenrat mit seinen Mitgliedsverbänden, darunter auch der Deutsche Gewerkschaftsbund (DGB), an. Inzwischen gibt es ein breites Bündnis zwischen Frauen- und Wirtschaftsverbänden.

und Pflegearbeit. Das Thema Work-Life-Balance bringt weitere Aspekte wie das Ehrenamt und kulturelles Engagement ins Gespräch. Hinzu kommt, dass die Themen Vereinbarkeit und familienfreundlicher Betrieb sich nicht unbedingt an alle Beschäftigten wenden. Zwar sind „alle Mütter Frauen, aber nicht jede Frau ist Mutter“ (Wilke 2006). In Maßnahmen, Programmen und Vereinbarungen wird nicht immer trennscharf zwischen Gleichstellungs- und Familienförderung unterschieden; aber Familienpolitik muss nicht unbedingt auch Gleichstellungspolitik sein.

Zunächst werden im nächsten Abschnitt (8.2) der verbindliche Handlungsrahmen und die damit verbundenen Möglichkeiten erläutert, um betriebliche Geschlechtergleichstellung zu fördern und Ungleichheiten abzubauen: Allgemeines Gleichbehandlungsgesetz (AGG), Betriebsverfassungsgesetz (BetrVG), Tarifverträge (TV) und Betriebsvereinbarungen (BV) sind die Instrumente. Anschließend wird die Situation der betrieblichen Interessenvertretungen diskutiert und der Frage nachgegangen, wer sich im Unternehmen um Fragen der Geschlechtergleichstellung kümmert, d.h. wer die konkreten Akteure betrieblicher Gleichstellungspolitik sind (Abschnitt 8.3). Konzepte, Strategien und Initiativen zur Förderung der Gleichstellung werden im Abschnitt 8.4 vorgestellt sowie ihre Umsetzung im Betrieb diskutiert. Im letzten Abschnitt (8.5) werden das Verständnis der betrieblichen Akteure und die gegenwärtigen Entwicklungen in Organisationen noch einmal genauer betrachtet.

8.2 Handlungsrahmen und Möglichkeiten im Betrieb

8.2.1 Allgemeines Gleichbehandlungsgesetz und Betriebsverfassungsgesetz: Rechtlicher Rahmen und praktischer Nutzen

Im August 2006 trat das AGG in Kraft. Damit wurden vier EU-Richtlinien zur Antidiskriminierung in deutsches Recht umgesetzt.[2] Das AGG verbietet Benach-

2 Richtlinie 2000/43/EG aus dem Jahr 2000 zur Anwendung des Gleichbehandlungsgrundsatzes ohne Unterschied der Rasse oder der ethnischen Herkunft (so genannte Antirassismus-Richtlinie); Richtlinie 2000/78/EG aus dem Jahr 2000 zur Festlegung eines allgemeinen Rahmens für die Verwirklichung der Gleichbehandlung in Beschäftigung und Beruf (so genannte Rahmenrichtlinie Beschäftigung); Richtlinie 2002/73/EG aus dem Jahr 2002 zur Verwirklichung des Grundsatzes der Gleichbehandlung von Männern und Frauen hinsichtlich des Zugangs zur Beschäftigung, zur Berufsbildung und zum beruflichen Aufstieg sowie in Bezug auf die Arbeitsbedingungen (so genannte Gender-Richtlinie); Richtlinie 2004/113/EG aus dem Jahr 2004 zur Verwirklichung des Grundsatzes der Gleichbehandlung von Männern und Frauen beim Zugang zu und bei der Versorgung mit Gütern und Dienstleistungen.

teiligungen nach den Merkmalen „Rasse"/ethnische Herkunft, Geschlecht, Religion, Weltanschauung, Behinderung, Alter und sexuelle Identität. Ziel ist, Diskriminierungen aufgrund dieser Merkmale zu verhindern bzw. zu beseitigen (vgl. Nollert-Borasio/Perreng 2006; vgl. auch Kapitel 1).

Das Gesetz sieht bei der Umsetzung die Beteiligung der Tarifvertragsparteien sowie der Arbeitgeber, Beschäftigten und Betriebsräte vor. Instrumente im AGG, jedoch ohne verbindliche Vorgaben, sind der soziale Dialog und die soziale Verantwortung der Sozialpartner zur Selbstregulierung. Es ist möglich, Personalprozesse in Gang zu setzen, um Diskriminierung zu prüfen, Betriebsanalysen zu erstellen und z.B. Verhaltenskodizes zu entwickeln. Möglich ist auch der Abschluss freiwilliger Betriebsvereinbarungen. Insgesamt geht dieser soziale Dialog im AGG zwar nicht über das im Betriebsverfassungsgesetz Vorgesehene hinaus, aber das AGG kann zumindest die betriebsverfassungsrechtliche Ebene mit zusätzlicher Legitimation stärken (vgl. Graue 2007). Die Arbeitnehmerseite kritisiert vor allem die zögerliche und unzureichende Umsetzung der europäischen Richtlinien in ein deutsches Antidiskriminierungsgesetz (vgl. Hayen 2007; Kapitel 5).

Im Unternehmen wird das AGG vor allem für das betriebliche Personalmanagement relevant (vgl. Oechsler/Klarmann 2008):

- beim Zugang zur Erwerbstätigkeit (Stellenausschreibung, Bewerbungsverfahren, Auswahlkriterien),
- bei der Vertragsgestaltung (Beschäftigungs- und Arbeitsbedingungen, Arbeitsentgelt, Zusatzleistungen, Sozialleistungen),
- bei der beruflichen Aus- und Weiterbildung (Umschulung, Aus- und Weiterbildung),
- bei Fragen des beruflichen Aufstiegs (Beförderungen, Versetzungen oder Umsetzungen, Weisungen über Aus-, Fort- und Weiterbildung) und
- bei der Entgeltgleichheit.

Über die Wirkungen des Gesetzes in Unternehmen kann nach einer noch relativ kurzen Laufzeit bislang wenig ausgesagt werden. Die von Arbeitgeberseite befürchtete Klageflut infolge des AGG ist aber bislang weitgehend ausgeblieben. Der gefürchtete Bürokratiezuwachs und die Höhe der Gesetzesfolgekosten sind umstritten.[3]

---

3 Hoffjan/Bramann (2007) ermittelten im Auftrag der arbeitgebernahen Initiative Neue Soziale Marktwirtschaft (INSM) Gesetzesfolgekosten durch das AGG in Höhe von 1,73 Mrd. Euro für zusätzliche Schulungen und für die Einführung neuer Standards. Diese Kostenrechnung wurde von der inzwischen eingerichteten Antidiskriminierungsstelle des Bundes mit einer eigenen Studie entkräftet. Die Kostenrechnung sei daher eine „rein

Nach ersten Erfahrungen liegt in Berlin die Quote für AGG-Fälle beim Arbeitsgericht bei geschätzten 0,15% (vgl. DGB-Rechtsschutz 2007). In Baden-Württemberg ergibt die Erhebung des Landesarbeitsgerichts eine Quote von 0,3% für AGG-Fälle in den ersten acht Monaten seit dem Inkrafttreten. Nur zwölf abgeschlossene AGG-Fälle endeten mit einem Urteil. Die meisten Fälle betrafen das Merkmal Alter (36%), gefolgt von Geschlecht (28%), Behinderung (18%) und ethnischer Herkunft (11%). Diskriminierung wurde am häufigsten in Bewerbungsverfahren (38%) geltend gemacht, danach folgten Kündigungen (36%) und Vorfälle in bestehenden Arbeitsverhältnissen (26%). Die KlägerInnen wollten in drei von vier Fällen eine Entschädigung oder einen Schadensersatz erwirken (Francken 2007).[4] Über die Einrichtung und Verbreitung betrieblicher Beschwerdestellen nach dem AGG ist noch wenig bekannt. Es liegen nur wenige betriebliche Vereinbarungen vor, die sich auf das AGG beziehen (vgl. Abschnitt 8.2.3). Vermutlich braucht es noch mehr Zeit, bis sich die Instrumente des AGG in der betrieblichen Realität nach und nach etablieren, bis die notwendigen Beschwerdestellen und AnsprechpartnerInnen vorhanden sind und ihre Informationsleistungen erbringen. Abgesehen davon gibt es u.a. aufgrund des fehlenden Verbandsklagerechtes auch persönliche Hemmnisse und Ängste, eine individuelle Diskriminierung anzuzeigen. Und gerade Fälle mittelbarer Diskriminierung, d.h. insbesondere Bewertungsverfahren, die ausgrenzend wirken können, existieren nach wie vor (vgl. z.B. Kapitel 5; Schiek 2008). Hinzu kommt, dass vermutlich Streitigkeiten mit Diskriminierungsrelevanz im Vorfeld einer Klage beigelegt und daher statistisch nicht erfasst werden.

Mehr Erfahrungen liegen mit der Neuregelung des Betriebsverfassungsgesetzes vor. Seit dessen Novellierung im Jahr 2001 sind Betriebsräte stärker gefordert, Gleichstellung und Chancengleichheit aktiv zu fördern. § 75 Absatz 1 BetrVG enthielt schon vorher den Grundsatz, dass jede unterschiedliche Behandlung von Personen aufgrund des Geschlechts unterbleiben muss, doch die Bandbreite der Aktivitäten hing stärker vom Problembewusstsein der Akteure ab. Der Aufgabenkatalog für Betriebsräte in § 80 BetrVG wurde im Jahr 2001 erweitert (vgl. Gantenberg/Schneider 2003; siehe auch Kapitel 1). Zu deren allgemeinen Aufgaben gehört nun, die Durchsetzung der tatsächlichen Gleichstel-

---

politische, aber keine ökonomische Größe“ (Antidiskriminierungsstelle 2009). Das wird von den Autoren der INSM-Studie zurückgewiesen.

4 Eine Umfrage unter 200 Rechtsanwälten und 1.062 Betrieben im Auftrag der Zeitschrift Personalmagazin und des Deutschen Anwaltvereins ermittelte für den Zeitraum August 2006 bis November 2007 insgesamt 30.000 arbeitsrechtliche Beratungen. Von diesen betrafen rund 1,3% (398 Fälle) das AGG, eine finanzielle Entschädigung wurde bei weniger als 9% der Fälle notwendig. 1.001 Betriebe hätten keinen Diskriminierungsstreit erlebt und 60% der Anwälte gaben an, einen bis zwei AGG-Fälle betreut zu haben (vgl. FAZ.NET vom 22.1.2008).

lung, insbesondere bei Einstellung, Beschäftigung, Aus- und Weiterbildung und dem beruflichen Aufstieg, sowie die Vereinbarkeit von Familie und Beruf zu fördern. Der Betriebsrat (BR) hat ein Initiativrecht bei der Personalplanung, insbesondere wenn es um Frauenförderung und Vereinbarkeit geht. Im BR-Gremium selbst muss das Minderheitsgeschlecht entsprechend seinem Anteil in der Belegschaft vertreten sein (§ 15 Absatz 2 BetrVG). Die Möglichkeiten zu Teilfreistellungen für Betriebsräte (§ 38 Absatz 1 BetrVG) wurden verbessert, so dass z.B. Teilzeit-Beschäftigte besser in den Betriebsrat integriert werden können.

Einige weitere Ansätze ermöglichen es BetriebsrätInnen, in der Praxis Gleichstellung zu fördern. So können z.B. Gleichstellungsausschüsse bereits in Betrieben mit mehr als 100 Beschäftigten gebildet werden. Die Begründung von BR-Schulungsmaßnahmen zur Gleichstellung nach § 37 Absatz 6 BetrVG ist aufgrund der Verankerung der Gleichstellungsförderung im § 80 Absatz 2 BetrVG und aufgrund des AGG nun wesentlich leichter (vgl. Schön 2002). Die jährliche Berichterstattung des Arbeitgebers über den Stand der Gleichstellung kann zum Anlass genommen werden, gleichstellungsrelevante Personaldaten zu erheben.

Das Instrumentarium der Betriebsräte für gleichstellungsförderliche Maßnahmen im Unternehmen ist mit der Novellierung erweitert worden. Entscheidend für eine Umsetzung in der Praxis ist, ob das Thema überhaupt einen Stellenwert bekommt und wie das vorhandene Instrumentarium dann konkret zur Anwendung kommt, d.h. ob die betrieblichen Akteure selbst regulierend eingreifen (vgl. Abschnitt 8.3.1; Kapitel 1).

Nach der WSI-Betriebsrätesonderbefragung zur Chancengleichheit im Jahr 2003[5] hatten 8% der befragten Betriebsräte Arbeitsgruppen zum Thema Chancengleichheit und 11% zu Vereinbarkeitsfragen eingerichtet (vgl. Lindecke/ Klenner 2005).[6] Arbeitsgruppen, in denen Arbeitgeber oder Beschäftigte beteiligt waren, sind von sehr geringer Anzahl (vgl. hierzu Tab. 8.1).

In den Betrieben, die sich überhaupt mit Chancengleichheit befassten, nutzten die Betriebsräte vor allem Betriebsratssitzungen (73%) oder Betriebsversammlungen (30%) als Möglichkeit zur Thematisierung. In vier von 999 sensibilisierten Betrieben gab es Gespräche zwischen BR und der Geschäftsführung (vgl. Klenner 2004b).

---

5 Neben den regelmäßigen WSI-BR-Befragungen, die nur wenige Fragen zur Gleichstellung enthalten, wurde 2003 diese Sonderbefragung durchgeführt. Neuere Ergebnisse liegen hierzu nicht vor.

6 Nicht ausgeschlossen werden kann, dass bei den Befragten die thematische Abgrenzung nicht immer erfolgte und daher die Themen ineinandergreifen.

Tab. 8.1: Arbeitsgruppen in Unternehmen zu Chancengleichheit und Vereinbarkeit (Mehrfachantworten)

Arbeitsgruppe	Thema Chancengleichheit von Frauen und Männern[a] Zahl der Betriebe	Thema Chancengleichheit von Frauen und Männern[a] Anteil an 2.477 Betrieben (in %)	Thema Vereinbarkeit Familie und Beruf[b] Zahl der Betriebe	Thema Vereinbarkeit Familie und Beruf[b] Anteil an 2.477 Betrieben (in %)
... des BR	207	8,4	277	11,2
... gemeinsam von BR/Arbeitgeber	55	2,2	79	3,2
... interessierter KollegInnen	57	2,3	49	2,0
... der Personalabteilung	25	(1,0)	24	(1,0)

( ) Fallzahl kleiner als 30; a: n = 311; b: n = 414

Quelle: Lindecke/Klenner 2005, S. 7

Die inhaltlichen Schwerpunkte der Maßnahmen sind nach Branchen durchaus verschieden (vgl. hierzu Abb. 8.1). Es fällt auf, dass in Dienstleistungsbereichen an erster Stelle die Förderung des weiblichen Führungskräftenachwuchses und Weiterbildungsangebote stehen, während im produzierenden Gewerbe die Arbeitszeitgestaltung und Weiterbildungsangebote vorn liegen (vgl. Klenner 2004b). Auch bei den Themen Verbesserung der Arbeitsbedingungen von Frauenarbeitsplätzen und Teilzeitarbeit für Väter lag 2003 das produzierende Gewerbe deutlich vor dem Dienstleistungssektor. Maßnahmen zur Personalentwicklung beziehen sich vor allem darauf, Frauen aufzufordern, sich auf freie Stellen bzw. auf Ausbildungsplätze in technischen Berufen zu bewerben (ebd.). Über die Wirksamkeit oder Nachhaltigkeit der Maßnahmen ist nichts bekannt.

Über aussagekräftige Personalstatistiken, eine wesentliche Voraussetzung, um Aktivitäten gezielt anzuregen, verfügte 2003 nur eine Minderheit der Unternehmen (vgl. Krell/Ortlieb 2004). Betriebliche Vereinbarungen, mit denen Maßnahmen auf eine verbindliche Grundlage gestellt werden, haben sich in den vergangenen zehn Jahren zwar verbreitet. Insgesamt existieren sie aber bislang immer noch in der Minderheit der Unternehmen. Vereinbarungen zum Thema Chancengleichheit werden meist mit Regelungen für mehr Familienfreundlichkeit verbunden. Gezielte Frauenförderung z.B. durch Personalentwicklung wird seltener explizit in den Blick genommen (vgl. hierzu ausführlicher Abschnitte 8.2.3, 8.4.4). Insgesamt zeigen Beispiele guter Praxis und betriebliche Lösungen einzelner Unternehmen, dass eine an Gleichstellung orientierte breite Frauenförderung erreicht werden kann (vgl. Abschnitt 8.4.4; IG Metall 2007d; ver.di 2007).

Abb. 8.1: Inhaltliche Schwerpunkte in Vereinbarungen und Programmen zur Chancengleichheit

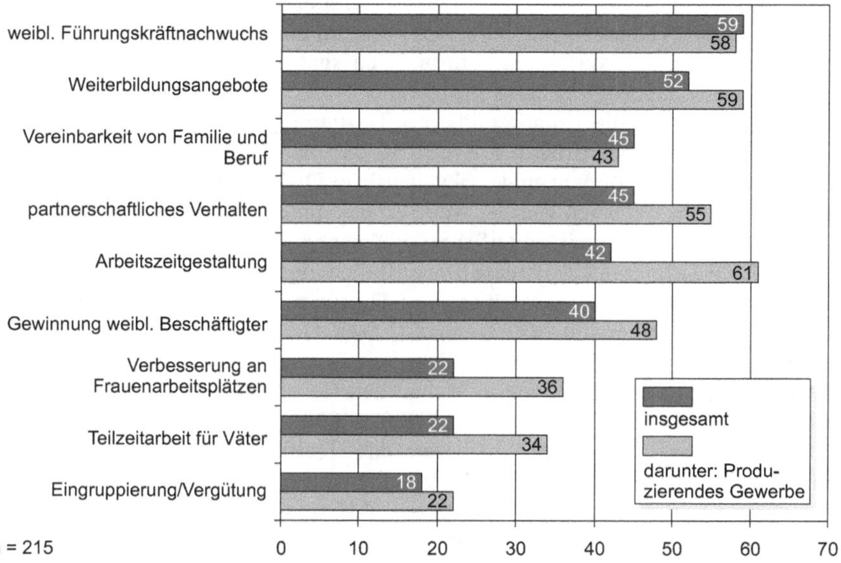

Quelle: Klenner 2004b – mit Zustimmung der Redaktion der WSI-Mitteilungen

8.2.2 Bedeutung von Tarifverträgen

Die direkte Bindung von Unternehmen an einen Branchentarifvertrag (Branchen-TV) in der westdeutschen Privatwirtschaft lag im Jahr 2007 bei 39%, in Ostdeutschland bei 24%, wobei Größen- und Branchenunterschiede teilweise erheblich sind. Damit fallen 63% der westdeutschen und 54% der ostdeutschen Beschäftigten in der Privatwirtschaft in den Regulierungsbereich eines Flächen- oder Firmen-TV (vgl. Ellguth/Kohaut 2008).[7] Umgekehrt bedeutet das auch, dass 37% der Beschäftigten im Westen und 47% der Beschäftigten im Osten ohne TV auskommen müssen, wobei sich sowohl im Westen wie im Osten ungefähr die Hälfte der nicht tarifgebundenen Betriebe zumindest an tarifvertraglichen Regelungen orientieren. Neu gegründete Betriebe sind seltener tarifgebunden (vgl. Ellguth/Kohaut 2008; vgl. Abschnitte 8.2.3, 8.3.1). Differenzierte Aussagen über die Verteilung nach dem Geschlecht sind jedoch nicht möglich.

7 56% Flächen-TV + 7% Firmen-TV im Westen, 41% Flächen-TV + 13% Firmen-TV im Osten (vgl. Ellguth/Kohaut 2008).

Tarifpolitik und insbesondere Tarifverträge können wichtige Beiträge leisten, um betriebliche Gleichstellung mit Regelungen zur Geschlechtergleichstellung und zur besseren Vereinbarkeit von Privatleben und Beruf (z.B. Arbeitszeit, Elternzeit, Telearbeit) aktiv zu fördern. Zum einen betrifft das Entgeltdifferenzierungen in Tarifverträgen, zum anderen sind es Regelungen zur direkten Frauen- oder Chancengleichheitsförderung.

Zudem können diskriminierungsfreie Tarifverträge dazu beitragen, Benachteiligungen insbesondere beim Entgelt erst gar nicht aufkommen zu lassen. In Tarifverträgen sind direkte und offensichtliche Diskriminierungen heute kaum noch vorhanden. Weit schwieriger ist es, so genannte mittelbare Diskriminierungen zu identifizieren, weil sie auf subtile Weise wirken und aufgrund scheinbar sachlicher Begründungen nicht sofort auffallen (vgl. Kapitel 5; Schiek 2008). Die diskriminierungsfreie Gestaltung von Tarifverträgen ist daher komplex (vgl. Tondorf 2008; Jochmann-Döll/Tondorf 2004). Gewerkschaften bemühen sich schrittweise, diskriminierungsfreie Tarifverträge zu erreichen, aber explizite Vorgaben zur Entgeltgleichheit zwischen den Geschlechtern gibt es nicht (vgl. Jochmann-Döll/Ranftl 2009; u.a. ver.di 2002, 2009).

Der Europäische Gerichtshof fordert, dass Tarifverträge durchschaubar sind, objektive Differenzierungsmerkmale enthalten und, dass Differenzierungskriterien diskriminierungsfrei ausgelegt werden. Zudem dürfen für die Bewertung von Frauentätigkeiten keine anderen Kriterien verwendet werden als für die Bewertung von Männertätigkeiten. Die Arbeit sollte ihrem Wesen nach bewertet und alle für sie wesentlichen Anforderungen berücksichtigt werden (vgl. Tondorf 2008).

Eine Sonderauswertung des IAB-Betriebspanels im Jahr 2002 ergab, dass für rund 10,3% aller Betriebe (10,7% West, 8,3% Ost) mit mehr als zehn Beschäftigten tarifvertragliche oder betriebliche Regelungen zur Chancengleichheit von Männern und Frauen existieren (Möller/Allmendinger 2003).[8] Das entspricht rund 30% aller Beschäftigten. Rein tarifvertragliche Vereinbarungen zur Chancengleichheit galten für 5,5% der Betriebe (5,7% West, 4,5% Ost) und damit für 10,3% der Beschäftigten. Für 86,7% der Betriebe (70,4% der Beschäftigten) galten weder ein TV noch eine Betriebsvereinbarung oder eine freiwillige Initiative zur Chancengleichheit (ebd.). Eine erneute IAB-Befragung im Jahr 2008, deren Ergebnisse erst kurz vor Drucklegung erschienen, weist im Verlauf von zehn Jahren keine Veränderungen auf (vgl. Kohaut/Möller 2009). Die Anzahl der betrieblichen Vereinbarungen ist inzwischen leicht angewachsen (vgl. Abschnitt 8.2.3).

Eine Analyse von 115 Tarifverträgen aus 30 Branchen ergab: 13 Flächen- und elf Firmentarifverträge enthalten Regelungen zur Gleichstellung von Frauen

8 In der Befragung wurden jedoch überwiegend Maßnahmen zur besseren Vereinbarkeit von Beruf und Familie abgefragt. Auch hier vermischen sich Chancengleichheit und Familienfreundlichkeit.

und Männern sowie zur Vereinbarkeit von Familie und Beruf (vgl. Klenner 2005), 24 Tarifverträge beziehen sich demnach auf geschlechterrelevante Themen.

Die Regelungsbereiche zur Gleichstellung von Frauen und Männern in Tarifverträgen umfassen (vgl. Klenner 2005, S. 62):

- geschlechtsneutrale Stellenausschreibung und gleiche Chancen bei der Stellenbesetzung,
- gleiche Chancen beim innerbetrieblichen Aufstieg/Frauenförderplan,
- gleichberechtigte Einbeziehung von Frauen und Männern in Weiterbildung,
- partnerschaftliches Verhalten am Arbeitsplatz,
- Analyse des betrieblichen Ist-Zustandes bezüglich Eingruppierung und Position,
- Sensibilisierung von Führungskräften für Gleichstellungsthemen,
- Berufung von Frauenbeauftragten.

Wenn es um den Abschluss von Tarifverträgen geht, sind demnach Chancengleichheit und Vereinbarkeitsfragen nach wie vor nicht zentral. Es besteht Handlungsbedarf, was die Verbreitung und Verbindlichkeit von Tarifverträgen zur Förderung der Gleichstellung angeht. Darüber hinaus muss gewährleistet sein, dass geltende Tarifverträge diskriminierungsfrei sind. Die Mehrzahl der Regelungen wurde bereits in den 1990er Jahren vereinbart, relevante Regelungsgegenstände waren seinerzeit flexible Arbeitszeiten und Teilzeitarbeit (vgl. Weiler 1998). Einige ältere tarifliche Regelungen sind inzwischen in gesetzliche Neuregelungen eingemündet (z.B. Teilzeit). Vor allem in den Branchen, wo mehrheitlich Frauen arbeiten, lassen sich tarifliche Regelungen finden, die Arbeitsplätze für qualifizierte Arbeitnehmerinnen attraktiv machen bzw. akute bestehende Vereinbarkeitsprobleme lösen sollen. In einzelnen Haustarifverträgen sind sogar recht weit reichende Regelungen vereinbart, wie folgender Auszug aus dem Tarifvertrag zur Gleichstellung von Frauen und Männern der Gesellschaft für Bremer Immobilien mbH vom 1.9.2002 zeigt:

> „Zum Abbau der Unterrepräsentation der Frauen sind Frauenförderpläne in den Betrieben aufzustellen, die Zielvorgaben und einen Zeitrahmen enthalten sollen. Eine Unterrepräsentation liegt vor, wenn in den einzelnen Lohn- und Vergütungsgruppen nicht mindestens zur Hälfte Frauen vertreten sind." (Zitiert nach Klenner 2005, S. 46)

Allerdings bleibt die Frage nach den Konsequenzen, wenn die Vorgaben nicht eingehalten werden, offen.

Interessant ist, dass einige privatisierte Unternehmen Regelungen aus Tarifverträgen für den öffentlichen Dienst übernommen haben. Dies betrifft z.B. Frauenförderpläne und Gleichstellungsbeauftragte. Zu den familienfreundlichen Regelungen zählen vor allem die Gestaltung der Elternzeit, Mindestarbeitszeiten für Teilzeit, Schutzregeln für Eltern und Telearbeit (vgl. ebd.; auch Flüter-Hoffmann 2005).

In einer Zusammenstellung familienpolitischer Regelungen aus Tarifverträgen der Industriegewerkschaft Metall (IG Metall 2007a) wurden folgende Schwerpunktthemen ermittelt: Arbeitszeit, Pflege, Qualifizierung und Kündigungsschutz, außerdem einige wenige Regelungen zu Altersvorsorge und Zulagen. Die Autorinnen räumen kritisch ein, dass es in einigen Tarifverträgen wegen unklarer Formulierungen besonders auf die Gestaltung von Betriebsvereinbarungen und auf die Stärke der Betriebsräte ankommt. Sie stellen weiter fest, dass alle Regelungen lediglich positive Einzelregelungen zur besseren Vereinbarkeit von Familie und Beruf sind (ebd., S. 2). Außerdem widersprechen einige Verträge geltenden Gesetzen. Ein Mantel-TV stellt lediglich Mütter von der Mehrarbeit frei (ebd., S. 5f.): Eine solche Regelung diskriminiert Väter und verstößt damit gegen das Grundgesetz und das AGG. Besonders bezeichnend ist allerdings die Feststellung: „Regelungen zur Frauenförderung oder Vergleichbares lassen sich leider in keinem unserer Tarifverträge finden“ (ebd., S. 2; vgl. auch Koch 2007).

Eine ExpertInnenbefragung im Auftrag des Bundesministeriums für Familie, Senioren, Frauen und Jugend (BMFSFJ) ergab vier Kernpunkte, wie Tarifverträge und Betriebsvereinbarungen das Vereinbarkeitsthema regulieren (vgl. Flüter-Hoffmann 2005). Erstens: Besonders bewährt hätten sich Regelungen zu Qualifizierung und Vertretungseinsätzen in der Elternzeit, flexible Arbeitszeiten und Telearbeit sowie Unterstützung bei der Kinderbetreuung und der Pflege Angehöriger. Zweitens: Weniger bewährt und teilweise zu kostenintensiv seien Regelungen wie Familienzulagen, Geburtsprämien oder Erstausstattungen für Babys. Drittens: Kleine und mittelständische Unternehmen ohne Tarifbindung oder Betriebsvereinbarungen unterstützten ebenfalls Familien durch Maßnahmen. Hier sind es eher „unternehmerische Leitlinien“. Viertens: Kollektive Regelungen sollten den Rahmen schaffen, wobei die Ausgestaltung auf betrieblicher oder sogar auf individueller Ebene den einzelnen Beschäftigten überlassen werden sollte.

Insgesamt nutzen Gewerkschaften ihre Gestaltungs- und Verhandlungspotenziale keineswegs aus (vgl. auch Dettling 2004). Bispinck (2005b) stellt zudem für die letzten Jahre einen „beunruhigenden tarifpolitischen Stillstand“ in Sachen Gleichstellung und auch Vereinbarkeit fest: Die meisten Regelungen stammten aus den 1990er Jahren. Auch sei eine höhere Rechtsverbindlichkeit notwendig.

Der neue erste Vorsitzende der IG Metall, Berthold Huber, betonte 2007 in diesem Zusammenhang in seinem Zukunftsreferat:

> „Wir selbst müssen in unserer Organisation, in unserer Tarif- und Betriebspolitik den Fokus stärker auf Gleichstellung und Gerechtigkeit ausrichten! Wir brauchen zeitgemäße Lösungen bei Aufstiegschancen und Einkommen. Sie sind überfällig! Ohne Geschlechtergerechtigkeit gibt es letztlich keine gerechten Verhältnisse!“ (Huber 2007, S. 14).

Nicht unwichtig ist in diesem Zusammenhang, den Blick auf die handelnden Akteure zu richten. Das heißt hier: Wie viele Frauen arbeiten in Tarif- und Verhandlungskommissionen mit? Im Jahr 2003 erreichte der durchschnittliche Frauenanteil in den Kommissionen auf Gewerkschaftsseite nahezu den Anteil weiblicher DGB-Gewerkschaftsmitglieder von 31,8%. In den direkten Verhandlungskommissionen ist dieser Anteil bei ver.di und der IG Metall etwas niedriger als in den Tarifkommissionen (Jochmann-Döll/Tondorf 2004, S. 46f.).

Tab. 8.2: Frauenanteile in Tarif- und Verhandlungskommissionen

Gewerkschaft	Frauenanteil in % an Tarifkommission 2003	 Verhandlungs-kommission 2003	 Mitgliedern 2003
Ver.di	57,0	51,6	49,7
IG Metall	19,3[a]	15,9[a]	14,1[a]
IG BCE	23,9		19,2
IG BAU	12,0	13,0	14,3
Transnet	23,5		20,6
GEW	36,9		66,8
NGG	34,4		39,9
GdP	30,4		16,5

a Stichtag 31.12.2006, nur Metall- und Elektroindustrie

Quelle: Jochmann-Döll/Tondorf 2004, S. 46f.; IG Metall 2007b

Es besteht noch Spielraum, und die inhaltliche Orientierung der Tarifpolitik am traditionellen, männlich geprägten Normalarbeitsverhältnis ist vermutlich noch nicht überwunden. Wenn zwischen 37% und 47% der Beschäftigten in West- bzw. Ostdeutschland nicht direkt von Tarifverträgen abgedeckt sind, besteht Bedarf, dass die betrieblichen Akteure kollektive Regelungen in Form von Betriebsvereinbarungen treffen.

8.2.3 Rolle von Betriebsvereinbarungen

Bedeutung und Verbreitung

Betriebliche Vereinbarungen sind geeignete Mittel, um Grundsätze und Inhalte von Gleichstellung und Chancengleichheit zu verankern und vor allem um einen verbindlichen Handlungsrahmen im Betrieb zu schaffen. Wenn betriebliche Vereinbarungen vorliegen, was zunächst die Existenz eines Betriebsrates voraussetzt,[9] dann sagt das noch nichts über die tatsächliche Realisierung der beschlos-

9 Nach dem IAB-Betriebspanel fielen 2007 insgesamt 31% der Beschäftigten im Westen und 42% der Beschäftigten im Osten in die so genannte Vertretungslücke, d.h. ihre Be-

senen Maßnahmen aus. Das bedruckte Papier ist kein Garant für die Umsetzung. Ebenso kann es umgekehrt sein, dass nicht jede eingeführte Maßnahme in betrieblichen Vereinbarungen festgehalten wird, sondern als informelle Absprache vorliegt. Die rechtliche Durchsetzbarkeit im Konfliktfall ist dann jedoch gering.

Statistisch betrachtet haben 99% aller Betriebe ab 100 Beschäftigten mindestens eine Betriebsvereinbarung abgeschlossen, meist zu Fragen der Arbeitszeitgestaltung (Nienhüser/Hoßfeld 2008, S. 24): Mit wachsender Betriebs- bzw. Unternehmensgröße steigt die Anzahl abgeschlossener Vereinbarungen, wobei die genaue Anzahl der Vereinbarungen je nach Studie zwischen durchschnittlich 13 Vereinbarungen (in Betrieben ab 2.000 Beschäftigten; vgl. Schäfer 2008) und 48 Vereinbarungen (in Unternehmen mit 1.000 und mehr Beschäftigten; vgl. Nienhüser/Hoßfeld 2008) schwankt. Unternehmen von 100 bis zu 140 Beschäftigten haben danach etwa zwölf Vereinbarungen (ebd., S. 25). Die WSI-Betriebsrätebefragung 2007 ergab in kleinen Betrieben mit 20 bis 49 Beschäftigten durchschnittlich sieben Vereinbarungen.

Auf Grundlage der repräsentativen WSI-Betriebsrätebefragung von 2007 stellt Klenner (2008, S. 343) fest, dass im Durchschnitt zwölf Prozent der Betriebe ab 20 Beschäftigten mit Betriebsrat eine Betriebsvereinbarung zum Thema Gleichstellung der Geschlechter abgeschlossen haben, rund zehn Prozent zum Thema Familienfreundlichkeit. Abbildung 8.2 veranschaulicht, dass in Großbetrieben deutlich häufiger Vereinbarungen als in kleineren Einheiten vorhanden sind.

Dass es im Verlauf der letzten zehn Jahre leicht positive Entwicklungen gab, kann vermutet werden, weil 45% der Betriebsvereinbarungen zwischen 2005 und 2007 abgeschlossen wurden (vgl. Klenner 2008, S. 344). Die jüngst veröffentlichten Ergebnisse des IAB-Betriebspanels 2008 zeigen aber, dass die Zahlen insgesamt eher konstant sind. 1998 hatten laut IAB-Betriebspanel 3% aller westdeutschen und 3,3% der ostdeutschen Unternehmen betriebliche Vereinbarungen zur Gleichstellung abgeschlossen (Beckmann/Möller 2001, S. 1331ff.). Im Jahr 2008 waren es immer noch 3% (vgl. Kohaut/Möller 2009). Die Unterschiede zwischen den Branchen sind erheblich: Kreditinstitute mit höherem Frauenanteil sowie öffentlicher Dienst, Nachrichtenübermittlung und Versicherungsbranche überwiegen. Die Tarifbindung korreliert positiv mit abgeschlossenen Vereinbarungen, d.h. dort, wo ein TV vorliegt, ist die Wahrscheinlichkeit für die Existenz einer Betriebsvereinbarung generell höher (vgl. Nienhüser/Hoßfeld 2008, S. 25ff.; Möller/Allmendinger 2003).

triebe hatten keinen Betriebsrat und unterlagen keiner Tarifbindung. 24% der Beschäftigten im Westen und 19% der Beschäftigten im Osten arbeiteten hingegen in Betrieben, die keinen Betriebsrat hatten, aber unter Tarifbindung standen (vgl. Ellguth/Kohaut 2008). Geschlechtsspezifische Aussagen können leider nicht gemacht werden.

Abb. 8.2: Betriebe mit Betriebsvereinbarungen zu Gleichstellung und Familienfreundlichkeit nach Betriebsgröße

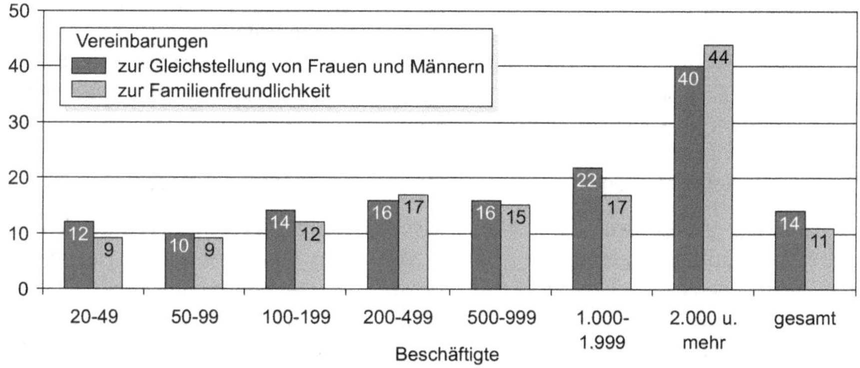

Quelle: Klenner 2008, S. 344 – mit Zustimmung der Redaktion der WSI-Mitteilungen

Inwiefern in diesen Untersuchungen die Befragten deutlich zwischen Gleichstellungsförderung und besserer Vereinbarkeit differenzieren, ist offen. Wie eingangs erläutert, vermischen sich beide Themen in der betrieblichen Regulierung bzw. werden von den Akteuren zusammen behandelt (vgl. Abschnitt 8.4.4). Im Jahr 2003 hatten 4,4% der Betriebe Vereinbarungen zur Gleichstellung und 8,3% der Betriebe zur besseren Vereinbarkeit von Familie und Beruf getroffen (vgl. Klenner 2004b; Lindecke 2005). Auch die IAB-Befragung aus dem Jahr 2003 zeigte, dass sich die Maßnahmen schwerpunktmäßig auf Vereinbarkeitsfragen konzentrierten. 40% der befragten Betriebe mit betrieblichen Vereinbarungen bestätigten gezielte Maßnahmen zur Verbesserung der Chancengleichheit, wie z.B. die Einrichtung von Frauenbeauftragten; Förderung weiblicher Nachwuchskräfte war lediglich in 17% dieser Betriebe ein Thema (vgl. Möller/ Allmendinger 2003).

Der Zusammenhang von Gleichstellungsmaßnahmen und Frauenanteil in der Belegschaft ist nicht eindeutig. Inwiefern der Anteil weiblicher Beschäftigter sich förderlich auf Vereinbarungen auswirkt, bleibt unklar. Einerseits könnte man annehmen, dass in einer von Männern dominierten Branche wenige Betriebsvereinbarungen zur Geschlechtergleichstellung mit Schwerpunkten zur Frauenförderung existieren, andererseits steigt nach dieser Logik aber das Erklärungsbedürfnis für das Fehlen von Vereinbarungen in frauendominierten Branchen wie etwa dem Handel (vgl. Klenner/Lindecke 2003, S. 182). Man kann auch genau umgekehrt argumentieren. Hohe Frauenanteile ziehen offenbar nicht unbedingt eine geschlechtersensible Personalpolitik nach sich, es sei denn, man möchte z.B. bestimmte Gruppen wie hoch qualifizierte Frauen für das Unternehmen interessieren. Ein solcher Fall tritt ein, wenn der Bedarf nach Arbeitskräften nicht mit den üblichen Ressourcen vom Unternehmen gedeckt werden kann und z.B. hoch qualifizierte Frauen mit besonderen Sozialleistungen umworben werden. Insofern besteht ein positiver Zusammenhang vermutlich eher zwischen Vereinbarungen zur Gleichstellungsförderung und dem Qualifikationsniveau der in diesen Unternehmen und Branchen arbeitenden Frauen (vgl. Möller/Allmendinger 2003; vgl. Abschnitt 8.3.5).

Themen in betrieblichen Vereinbarungen: Was sind Schwerpunkte?

Betriebliche Vereinbarungen werden zwischen dem Betriebsrat und dem Arbeitgeber verbindlich abgeschlossen.[10] Das gilt in der Privatwirtschaft wie im öffentlichen Dienst, wenngleich die gesetzlichen Grundlagen unterschiedlich weit reichend sind. Häufig unterscheiden sich Dienstvereinbarungen des öffentlichen Dienstes von Betriebsvereinbarungen in der Privatwirtschaft dahingehend, dass erstere eine größere thematische Bandbreite regeln. Im öffentlichen Dienst werden Regelungen von der Frauenförderung bis zur Vereinbarkeit von Beruf und Familie ausgearbeitet, während privatwirtschaftliche Unternehmen häufiger den Fokus auf Vereinbarkeitsfragen richten und darin gegebenenfalls auch Fragen der Chancengleichheit berücksichtigen (vgl. Maschke/Zurholt 2006).

In betrieblichen Vereinbarungen zur Chancengleichheit und Gleichstellungsförderung geht es vor allem um Themen der Personalbeschaffung (Erhöhung des Frauenanteils, Auswahlverfahren, -richtlinien und Ausbildung) und Personalentwicklung (weiblicher Führungskräftenachwuchs, Qualifizierung). Vereinbarungen zur Familienfreundlichkeit und besseren Vereinbarkeit regeln eher Fragen der Arbeitszeitgestaltung, Elternzeit sowie den beruflichen Wiedereinstieg und Kinderbetreuung.

Die folgenden Auszüge betrieblicher Vereinbarungen dokumentieren, wie einzelne Unternehmen Fragen der Gleichstellung und auch der Vereinbarkeit regeln. Die Hintergründe und Akteurskonstellationen für den Abschluss der Vereinbarungen sind unbekannt. Der Wert und die Qualität der Vereinbarung für die betriebliche Realität der Gleichstellung können daher nicht beurteilt werden. Aber diese Vereinbarungen belegen beispielhaft, dass eine betriebliche Praxis existiert, und zeigen, wie diese aussehen kann (ausführlich vgl. Maschke/Zurholt 2006).

---

10 Grundlage dieser Ausführungen und Dokumentation sind 141 betriebliche Vereinbarungen, darunter u.a. 86 Betriebsvereinbarungen und 47 Vereinbarungen aus dem öffentlichen Dienst (Dienstvereinbarungen, Richtlinien und Frauenförderpläne). Alle Vereinbarungen sind im Archiv Betriebliche Vereinbarungen der Hans-Böckler-Stiftung aufbewahrt. Die Nummern hinter den Zitaten geben die Standorte wieder.

Vereinbarungen zur Chancengleichheit

Gleichstellung und Frauenförderung als strategische Ziele können z.B. als Grundsatzentscheidung mit der Personalpolitik verbunden sein, wie ein Auszug exemplarisch verdeutlicht:

> „Wir verstehen Frauenförderung als die Gewährleistung von Chancengleichheit von Frauen und Männern im Beruf. Sie ist nicht nur ein Imagethema, sondern zählt mit zu den Aufgaben der Personalpolitik, in der es bewusst nicht um die ausschließliche Förderung von Frauen geht, sondern vielmehr um die Schaffung von Rahmenbedingungen, damit Frauen tatsächlich die gleichen Einstiegs-, Entwicklungs- und Aufstiegschancen haben wie Männer.“ (Grundstücks- und Wohnungswesen, 010303/28/1999)

Ein Metall verarbeitender Betrieb nennt als Ziel einer Betriebsvereinbarung

> „(...) das fachliche und persönliche Potenzial von Frauen sowohl zu deren beruflicher Weiterentwicklung als auch zum Nutzen des Unternehmens einzusetzen. Ebenso sollen Frauen auch mit ihrer Qualifikation und Erfahrung verstärkt in Veränderungsprozesse (z.B. Einbindung in Projekte, Teams, etc.) einbezogen werden.“ (Metallverarbeitung, 010303/129/2004)

Die Analyse der Beschäftigtenstruktur als wichtiger Regelungspunkt und als wesentliche Voraussetzung für Handlungsmöglichkeiten wird leider nur sehr vereinzelt von Unternehmen durchgeführt (vgl. Abschnitt 8.2.1). Zwei positive Beispiele sollen hier hervorgehoben werden:

> „Unternehmensbezogen werden Strukturdaten ermittelt und jährlich fortgeschrieben, die geeignet sind, Aufschluss über die Entwicklung der Chancengleichheit zu geben. Den Betriebsräten sind zu ihrer Aufgabenerfüllung die gewonnenen Informationen zur Verfügung zu stellen. Diese Daten münden in einen Gleichstellungsreport (...).
>
> Periodische statistische Erhebungen und Analysen zur geschlechtsspezifischen Betrachtung der Beschäftigtensituation bilden die Grundlage für die Festsetzung von Zielen und Aufgabenschwerpunkten.“ (Telekommunikationsdienstleister, 010303/46/2001)

In einem Betrieb aus dem Bereich unternehmensbezogener Dienstleistungen ist die Betriebsvereinbarung zur Analyse der Beschäftigtenstruktur folgendermaßen ausgestaltet:

> „Um geeignete Kriterien und Handlungsfelder für eine geschlechterdemokratische Organisation entwickeln zu können, wird im Unternehmen eine Genderanalyse durchgeführt. Erhoben werden geschlechtsspezifisch differenzierte anonymisierte Daten über die Beschäftigtenstruktur (Alter, Arbeitszeit, Eingruppierung, Funktion), innerbetriebliche Beteiligungsstrukturen sowie relevante Daten zur Ver-

einbarkeitsproblematik (Betreuungsaufgaben, außerberufliches Engagement). Die Analyse ist jährlich fortzuschreiben. (...) Daraus entwickelt (...) geeignete Handlungsfelder, um die Chancengleichheit der Beschäftigten zu verbessern." (Unternehmensbezogene Dienstleistungen, 010303/106/2004)

Verschiedene Regelungen zur Personalauswahl betonen meist eine grundsätzlich geschlechtsneutrale Haltung oder Vorgehensweise, wie es auch im AGG vorgesehen ist. Problematisch ist, wenn die Definition von Eignung und somit auch der potenzielle individuelle Ermessensspielraum unklar bleiben. Ein Beispiel:

> „Unter Berücksichtigung der fachlichen und persönlichen Eignung ist die möglichst gleichmäßige Besetzung der Arbeitsplätze in allen Lohn- und Gehaltsgruppen mit weiblichen und männlichen Beschäftigten zu erstreben." (Forschung und Entwicklung, 010601/74/1998)

In der folgenden Vereinbarung werden Regelungen zur Personalauswahl und Stellenbesetzung klar genannt.

> „Bei der Besetzung von Arbeitsplätzen (...) in denen Frauen unterrepräsentiert sind, sind zu den Auswahlverfahren/Bewerbungsgesprächen mindestens ebenso viele Frauen wie Männer einzuladen, die die in der Ausschreibung vorgegebene Qualifikation ausweisen, sofern Bewerbungen von Frauen in ausreichender Zahl vorliegen. (...) Sind Frauen (...) unterrepräsentiert, werden sie bei Einstellungen und hinsichtlich ihres beruflichen Aufstiegs bei gleicher Eignung, Befähigung und fachlicher Leistung grundsätzlich bevorzugt berücksichtigt, sofern nicht in der Person eines Mitbewerbers liegende Gründe überwiegen." (Verbände, 010303/139/2007)

Ob außerberufliche Bedingungen und Situationen eher eine Qualifikation oder Belastung darstellen und ob diese Merkmale berücksichtigt werden sollten, ist durchaus umstritten. Das folgende Beispiel regelt recht präzise die Nichtberücksichtigung:

> „Die Feststellung der Qualifikation bestimmt sich ausschließlich nach den Anforderungen der zu besetzenden Arbeitsplätze, vor allem nach den Ausbildungsvoraussetzungen und den beruflichen Erfahrungen. Insbesondere sind folgende Gründe bei der vergleichenden Bewertung nicht zu berücksichtigten:
>
> – Unterbrechungen der Erwerbstätigkeit, Reduzierung der Arbeitszeit oder die Absicht, die Arbeitszeit zu reduzieren,
> – die Einkommenssituation des Ehepartners oder der Ehepartnerin, des Lebenspartners oder der Lebenspartnerin, des Lebensgefährten oder der Lebensgefährtin,
> – zeitliche Belastungen durch die Betreuung von Kindern oder pflegebedürftigen Angehörigen." (Verbände, 010303/139/2007)

In folgender Regelung geht es um die Förderung des Interesses von Frauen an technischen Berufen:

> „Das Interesse junger Frauen an Ausbildungsgängen (z.B. Ausbildungen in technischen Bereichen) soll im Rahmen der allgemeinen Informationsveranstaltungen mit Arbeitsämtern, Kammern, Schulen, Betriebsbesichtigungen und -praktika für Jugendliche, durch gezielte Öffentlichkeitsarbeit (...) durch Einsatz von Werkstudentinnen, Betreuung von Diplomarbeiten gefördert werden." (Papiergewerbe, 010303/90/1995)

In einer Betriebsvereinbarung eines Fahrzeugherstellers werden weitere gezielte Maßnahmen zur Gewinnung weiblicher Auszubildender genannt:

> „Berufsausbildung: Hier werden jährlich Zielvereinbarungen getroffen. Diese sollten den bereits erreichten Frauenanteil nicht unterschreiten. (...) unterstützen die Realisierung im Rahmen ihrer Möglichkeiten gezielt durch (...) z.B.:
>
> - jährlich zwei Schnupperkurse
> - Tag der offenen Tür
> - Personalmarketing an Schulen." (Fahrzeughersteller Kraftwagen, 010303/92/2002)

Beim Thema Personalentwicklung finden sich Regelungen, die Qualifizierungsangebote speziell für Frauen anbieten, z.B. erklärt ein Telekommunikationsdienstleister:

> „Die Unternehmen halten unterschiedliche Qualifizierungsangebote für Frauen bereit, z.B. Führungsseminare für Managerinnen, berufsbegleitendes Training und Coaching.
>
> Die Unternehmen bieten spezielle Konzepte an, die Frauen dazu ermutigen, Führungsaufgaben wahrzunehmen, z.B. Coaching-Programme.
>
> Die Unternehmen halten unterschiedliche Angebote zur Förderung des Dialoges zwischen den Geschlechtern bereit, z.B. Mentoring-Programme." (Telekommunikationsdienstleister, 010303/68/2001)

Folgende Regelung dient nicht dem Ziel, besondere Angebote für Frauen zu schaffen, sondern generell mehr Frauen für Weiterbildung zu gewinnen, also eher eine breite Förderung und weniger Spitzenförderung zu betreiben:

> „Frauen sind mindestens in der Höhe des Anteils an den Zielgruppen in dem betroffenen Bereich in Qualifizierungsmaßnahmen einzubeziehen." (Fahrzeughersteller Kraftwagen, 010303/92/2002)

In diesem Zusammenhang werden in solchen Vereinbarungen auch gezielt Weiterbildungsangebote zur Sensibilisierung von Führungskräften für die Belange von Chancengleichheit geregelt.

Vereinbarungen nach dem AGG

Ein auf Chancengleichheit beruhender Umgang miteinander und ein entsprechendes Betriebsklima werden häufig in Vereinbarungen oder auch in Leitlinien genannt, die einen partnerschaftlichen Umgang miteinander fördern und Diskriminierung entlang des AGG-Kriterien verhindern sollen. Ein Beispiel:

> „Nicht statthaft ist jede Art von Diskriminierung in Form der
>
> – Benachteiligung oder Anweisung zur Benachteiligung,
> – Belästigung bis hin zum Mobbing sowie
> – sexuellen Belästigung
>
> zum Beispiel aus Gründen der Rasse, der ethnischen Herkunft, des Geschlechts, der Religion, der Weltanschauung, einer Behinderung, des Alters oder der sexuellen Identität. (...).“ (Fahrzeughersteller Kraftwagen, 050303/71/2007)

Begründet wird der Abschluss dieser betrieblichen Vereinbarungen auf verschiedene Weise. Eher ökonomisch orientierte Begründungen betonen, die Vielfalt der Beschäftigten als Potenzial nutzen (z.B. Diversity-Management-Ansätze) und Kosten durch schlechtes Betriebsklima vermeiden zu wollen (z.B. Fluktuation, Imageschaden etc.). Andere Unternehmen stellen Gleichbehandlung und Interkulturalität in den Mittelpunkt. Ethisch-moralisch orientierte Begründungen verweisen neben dem Schutz der Beschäftigten darauf, ein Signal nach außen und innen setzen zu wollen. Sie haben vor allem eine hohe Symbolkraft (z.B. im Falle von Rassismus und Fremdenfeindlichkeit).

Im Zentrum stehen meist die Verfahrensweisen für Beschwerden und Konfliktlösungen. Die betriebliche Beschwerdestelle wird durchaus unterschiedlich eingerichtet. Einige Unternehmen siedeln sie direkt in der Personalabteilung an, andere beim Betriebsrat und wieder andere schaffen eine dritte Anlaufstelle unabhängig von Personalabteilung und Interessenvertretung. Die Beschwerdestelle kann entweder als eine ständige Einrichtung mit abgestellten Beschäftigten arbeiten oder sie tritt nach Bedarf zusammen. Vielfach handelt es sich um ein paritätisch besetztes Gremium, in dem auch Fachkräfte (Werksarzt, Sozialberaterin etc.) vertreten sind. Je nach Zuschnitt gestalten sich die Aufgaben der Beschwerdestelle verschieden: Sie empfehlen Maßnahmen, sie beraten Betroffene, sie nehmen Beschwerden entgegen und bearbeiten diese, sie initiieren Maßnahmen, Schulungen etc.

> „Jeder Beschäftigte kann sich bei der zuständigen Stelle im Personalwesen beschweren, wenn er sich diskriminiert fühlt. Die Beschwerde ist zu prüfen und das Ergebnis dem Beschäftigten mitzuteilen. Soweit dies notwendig ist, leitet das Personalwesen erforderliche Maßnahmen ein. (...) Die Beschwerde darf nicht zu Benachteiligungen führen.“ (Fahrzeughersteller Kraftwagen, 050303/71/2007)

Darüber hinaus vereinbaren Unternehmen dauerhafte Ansprechpartner. Das können Mobbingbeauftragte, der/die unmittelbare bzw. nächst höhere Vorgesetzte, die Personalabteilung, der Betriebs- und Personalrat, die Schwerbehindertenvertretung, die/der Gleichstellungsbeauftragte, der psychologische oder betriebsärztliche Dienst sein. Allen Akteuren ist gemeinsam, dass sie Stillschweigen bewahren und Vertraulichkeit zusichern müssen.

Bevor dem Schädiger Sanktionen wie Abmahnung, Versetzung oder Kündigung drohen, sind in vielen Fällen und abhängig von der Schwere des Vergehens Verfahren zur Konfliktbeilegung vorgesehen. Diese Verfahren können unterschiedlich sein: Meist sehen sie ein oder zwei Vermittlungsgespräche der Betroffenen mit Verabredungen oder Vereinbarungen vor. Bleiben diese Vermittlungsversuche erfolglos, greifen Sanktionen. Im folgenden Beispiel ist eine Stufenregelung vorgesehen.

> „Ein Betroffener kann zunächst ein Gespräch mit dem Konfliktgegner unter Hinzuziehen eines betrieblichen Vertrauensmannes, einer anderen internen Vertrauensperson oder des örtlichen Betriebsrates/JAV verlangen. Der Betroffene hat das Recht, dass dieses Gespräch schnellstmöglich, spätestens innerhalb von vier Wochen nach seiner Beschwerde stattfindet. Daneben wird ein Coaching Team, bestehend aus drei kompetenten Mitgliedern (Werksarzt, Personalabteilung, Betriebsrat) gebildet, welches angesprochen werden kann.
>
> Ergibt sich bei diesem Gespräch keine freiwillige Einigung, so muss innerhalb von weiteren zwei Wochen ein Vermittlungsgespräch stattfinden. Der örtliche Betriebsrat ist über den Vorgang zu informieren. Als Vermittler wird der nächst höhere Vorgesetzte eingesetzt. Auf Wunsch des Betroffenen kann der örtliche Betriebsrat hinzugezogen werden.
>
> Kommen beide Konfliktgegner in diesem Gespräch nicht zu einer Einigung oder besteht der ursprüngliche Missstand, der Anlass zur Beschwerde gab, weiter, so kommt die Angelegenheit innerhalb von weiteren zwei Wochen vor das Coaching Team.“ (Chemische Industrie, 050330/11/2000)

Eher selten wird vereinbart, dass nicht nur die individuelle Ebene der Handlung und Kommunikation, sondern auch gezielt die vorhandenen Organisationsstrukturen auf bestehende Diskriminierungspotenziale geprüft werden. Das betrifft z.B. die Themen Personalentwicklung, Entgelt und Aufstiegsmöglichkeiten für Beschäftigte. Ein möglicher Ansatz könnte z.B. sein, zunächst betriebliche Personalstatistiken zu erstellen, die Auskunft über die Zusammensetzung des Personals nach AGG-relevanten Kriterien Geschlecht, Alter, Behinderung, Migrationshintergrund geben. Außerdem könnten schon bestehende Regelungen und Vereinbarungen im Hinblick auf versteckte Diskriminierungspotenziale geprüft werden.

Vereinbarungen zur besseren Vereinbarkeit von Beruf und Familie bzw. Work-Life-Balance

Betriebliche Vereinbarungen mit Regelungen zur Vereinbarkeit von Beruf und Familie gliedern sich thematisch häufig wie folgt (ausführlich vgl. Maschke/Zurholt 2006): An erster Stelle regeln Vereinbarungen flexible Arbeitszeiten besonders für Beschäftigte mit Betreuungspflichten. Häufig finden sich zeitlich gestufte Teilzeitmodelle. Eher selten wird herausgestellt, dass für Väter und Führungskräfte auch Teilzeitregelungen möglich sind. Generell werden Männer und Väter selten explizit und gezielt angesprochen, obwohl der Bedarf vorhanden ist (vgl. Kapitel 4).

Zentral widmen sich nahezu alle Vereinbarungen zur Vereinbarkeit den Möglichkeiten, während der familienbedingten Unterbrechung in Teilzeit arbeiten zu können, die Qualifikationen zu erhalten und im betrieblichen Kontakt zu bleiben: Durch das Angebot, während der Elternzeit als Urlaubs- oder Krankheitsvertretung zu arbeiten, werden Beschäftigte unterstützt und vereinzelt sogar durch spezielle betriebliche „Paten“ auf dem Laufenden gehalten. Garantiert wird häufig der gleichwertige Arbeitsplatz beim Wiedereinstieg nach der Familienphase, der gleiche Arbeitsplatz wird hingegen nicht überall vorgehalten. Betriebe, die eine längere als die gesetzlich mögliche Elternzeitfreistellung anbieten, sind zunehmend seltener zu finden. Nicht so häufig werden Fragen des Arbeitsortes, d.h. Telearbeitsplätze und flexible Anpassungen an familiäre Situationen vorgesehen.

Die Kinderbetreuung ist ein weiteres zentrales Feld der Familienfreundlichkeit. Unternehmen unterstützen Tagespflege und Elterninitiativen, haben Belegrecht in Kindertagesstätten (Kitas) oder richten selbst welche ein. Vereinzelt werden Eltern-Kind-Zimmer bereitgestellt, um Kinder im Notfall mit in den Betrieb zu bringen. Andere halten eigene Kontakte zu Notfall-Kitas, organisieren den Kontakt oder stellen Beschäftigte für einige Tage über das gesetzliche Maß hinaus frei. Vor allem größere Unternehmen bieten vereinzelt auch Ferienprogramme für Kinder von Beschäftigten an.

Vereinbarungen zur Pflege Angehöriger knüpfen an die Freistellungsregelungen zur Kinderbetreuung an. Wann und für wie lange Freistellungen möglich sind, wird vom Bedarf im Einzelfall abhängig gemacht: Dese reichen von wenigen Tagen bis zu mehreren Monaten oder auch Jahren. Obwohl die Pflegeverpflichtungen in absehbarer Zeit wichtiger werden dürften, sind sie in der Vereinbarungspraxis bisher noch nicht die Regel. Eher sporadisch werden Freistellungen aus familiären Gründen auch in den Kontext von möglichen Anwartschaften aufgrund der Betriebszugehörigkeit gestellt. In den meisten Vereinbarungen wird keine Regelung formuliert.

Controlling, Begleitung und die Verbindung zu anderen Themen

Zur kritischen Begleitung der vereinbarten Regelungen werden häufig paritätisch besetzte Arbeitsgruppen und Testphasen eingesetzt:

> „Es wird eine paritätische Kommission aus je drei Vertretern der Firmen und des Betriebsrates gebildet, um die Umsetzung der Betriebsvereinbarung zu begleiten.“ (Fahrzeughersteller von Kraftwagenteilen, 050330/56/2002).

Leider sind systematische Bedarfserhebungen und Controlling in den vorliegenden Vereinbarungen selten geregelt. Ohne Controlling vergrößert sich jedoch das Problem, nicht zu wissen, ob und wie die getroffenen Regelungen eine Wirkung entfalten. Ein positives Beispiel:

> „Zur Unterstützung und Weiterentwicklung der Regelungen dieser Betriebsvereinbarung finden in den Betrieben (...) regelmäßige Beratungen zwischen Betriebsräten und Personalbereichen statt. Vorrangige Ziele sind dabei
>
> – umfassende Information und Erörterung der Ziele dieser Betriebsvereinbarung mit Vorgesetzten bis hin zur Leitungsebene;
> – regelmäßige Information der Mitarbeiterinnen/Mitarbeiter über die mit dieser Betriebsvereinbarung eröffneten Möglichkeiten;
> – Erörterung der Maßnahmen zur Familienförderung durch regelmäßige Bestandsaufnahme." (Gummi- und Kunststoffherstellung, 010303/82/1991)

In allen vorliegenden Vereinbarungen werden Fragen der Vereinbarkeit und Chancengleichheit mit anderen wichtigen Themen, wie Weiterbildung, Entgeltgleichheit oder Gesundheitsförderung (vgl. Kapitel 6), nur selten direkt verknüpft. Auch besondere Personengruppen wie Auszubildende oder Alleinerziehende werden nicht immer explizit berücksichtigt. In jüngerer Zeit ändert sich das ein wenig.

In einigen Sozialplänen werden Kinderbetreuungsmöglichkeiten und die Situation von Alleinerziehenden besonders berücksichtigt, wenn infolge einer Betriebsänderung z.B. Arbeitsortwechsel anstehen und die Zumutbarkeit für Alleinerziehende in den Blickwinkel gerät. Vereinzelt werden in Sozialplänen Alleinerziehenden zusätzliche Geldbeträge zugesprochen. Die strukturelle Benachteiligung von Frauen wird in Sozialplänen selten systematisch berücksichtigt. Denkbar wären hier z.B. speziell für Frauen ausgelegte Qualifizierungsmöglichkeiten oder ein langsameres Abschmelzen von Zulagen in ohnehin niedrigen Tarifgruppen (vgl. Göritz et al. 2005).

Insgesamt finden sich einige kreative Ideen, besonders für Fragen der Vereinbarkeit von Beruf und Familie. Weit verbreitet sind sie aber noch nicht. Weder für das Machbare noch für das Wünschbare sind die Spielräume bisher ausgeschöpft. Es liegt nahe, diesen Befund so zu interpretieren, dass vor allem solche Themen leichter zu befördern sind, die weniger Widerstand erzeugen und von vorn herein positiv besetzt sind. Die Herstellung von Entgeltgleichheit und die Erhöhung des Frauenanteils in Führungspositionen geht hingegen mit Veränderungen von Ressourcen, Macht und Arbeits- und Organisationskulturen einher.

Einige Autoren plädieren für die Schaffung von Rahmenbedingungen, wonach die Gestaltungsspielräume auf betrieblicher Ebene oder individuell genutzt werden sollten (vgl. Flüter-Hoffmann 2005, S. 61). Sofern ein Betriebsrat als betriebliche Interessenvertretung nicht vorhanden ist, setzt ein solches Modell voraus, dass Beschäftigte über ausreichend Verhandlungspotenziale verfügen (können), um individuelle Regeln in ihrem Sinne auszuhandeln (vgl. etwa Nickel 2007, S. 27ff.; Frey 2007, S. 165ff.). Die Frage ist dann, wie weniger gut qualifizierte Beschäftigte ihre Interessen wahren können, wenn ihnen ein BR und die nötigen Verhandlungspotenziale und -kompetenzen fehlen und wie Chancengleichheit dann gestaltet wird. Betriebliche Vereinbarungen sind in Unternehmen wesentliche Voraussetzungen für die Schaffung von Gleichstellung. Für die Existenz einer gleichstellungsorientierten Betriebsvereinbarung ist wiederum zunächst die Existenz und dann vor allem das Engagement des Betriebsrats Voraussetzung. In der Privatwirtschaft gibt es für die vielen Beschäftigten in kleinen Betrieben ohne Betriebsrat derzeit nur das AGG als Grundlage.

8.3 InteressenvertreterInnen und Beauftragte für Gleichstellung

Wer kümmert sich in Unternehmen um Fragen der Geschlechtergleichstellung? Neben dem Arbeitgeber ist es der Betriebsrat, sofern diese gewählte Interessenvertretung existiert (bzw. der Personalrat im öffentlichen Dienst), und soweit vorhanden die oder der Gleichstellungsbeauftragte. Die/der Gleichstellungsbeauftragte wird i.d.R. vom Arbeitgeber einvernehmlich mit dem Betriebs- bzw. Personalrat eingesetzt. In der Privatwirtschaft existieren Gleichstellungsbeauftragte mit gleicher Funktion wie im öffentlichen Dienst oder explizit für Gleichstellungsfragen verantwortliche Stellen selten, und wenn, dann meist in großen, ehemals staatlichen Unternehmungen. Gelegentlich werden explizit Frauenvertretungen von den Beschäftigten direkt gewählt.

Belastbare Zahlen über die Verbreitung dieser Vertretungsgremien in der Privatwirtschaft stehen nicht zur Verfügung. Nach der WSI-Betriebsrätebefragung 2003 sind in 11,4% der Betriebe zuständige Stellen vorhanden, wobei hier jedoch nicht immer institutionalisierte Gleichstellungsbeauftragte, sondern auch einzelne für Chancengleichheit zuständige Betriebsratsmitglieder gemeint sind (vgl. Lindecke/Klenner 2005). Eine andere Befragung von 500 Unternehmen im Jahr 2003 ergab, dass 7% der Unternehmen eine zuständige Stelle oder einen Arbeitskreis eingerichtet haben und weitere 1,4% etwas Ähnliches planten (vgl. Krell/Ortlieb 2004).

8.3.1 Betriebsräte

Wie viele Betriebsräte in Deutschland exakt existieren, ist unbekannt. Die vorhandenen Schätzungen weichen teilweise deutlich voneinander ab. Die verbandsnahen Befragungen des Deutschen Gewerkschaftsbundes (DGB) und des Instituts der deutschen Wirtschaft (IW) erfassen vermutlich vor allem die organisierten Betriebsräte und Unternehmen. Diejenigen ohne Gewerkschafts- bzw. Verbandszugehörigkeit werden dann in der Statistik nur unzureichend abgebildet.

Aktuelle repräsentative und unabhängige Schätzungen kommen auf eine bundesweit durchschnittliche BR-Quote von 10% (IAB-Betriebspanel: Betriebsbefragung ab fünf Beschäftigte; vgl. Ellguth/Kohaut 2008) bzw. auf 21% (Befragung ab zehn Beschäftigte; vgl. Hauser-Ditz et al. 2008, S. 104f.). Mit wachsender Größe des Unternehmens wird die Existenz eines Betriebsrates wahrscheinlicher. Unternehmen mit mehr als 500 Beschäftigten haben in 90% der Fälle einen Betriebsrat (vgl. Hauser-Ditz et al. 2008).[11] Ein Prozent der Kleinbetriebe und drei Prozent der Großbetriebe haben kirchliche Mitarbeitervertretungen (MAV). Rund 57% der Beschäftigten arbeiten demnach in Betrieben mit einem Betriebsrat oder einer MAV (ebd., S. 104f.). Für 31% der Beschäftigten im Westen und 42% der Beschäftigten im Osten gilt jedoch weder ein TV noch ist ein Betriebsrat zuständig (vgl. Ellguth/Kohaut 2008; Abschnitte 8.2.2, 8.2.3).

Betriebsräte existieren vor allem in traditionell mitbestimmten Branchen wie Bergbau/Energie, Kredit- und Versicherungsgewerbe, Produktionsgüter und Verkehr/Nachrichtenübermittlung. Dienstleistungsbereiche, Handel und Baugewerbe mit vorwiegend kleinbetrieblichen Strukturen haben seltener Betriebsräte (vgl. Ellguth/Kohaut 2008). Teilzeitbeschäftigte Frauen in Handels- und Dienstleistungsbetrieben werden seltener von Betriebsräten vertreten (vgl. Kapitel 3).

In den wenigen Unternehmen, in denen Chancengleichheit thematisiert wird, sehen sich in 80% der Fälle die Betriebsräte selbst neben den Betroffenen als Anstoß gebende Akteure (vgl. Klenner 2004b; Lindecke/Klenner 2005). In 42% der befragten Betriebe geben die Beschäftigten den Anstoß, sich mit Chancengleichheit bzw. Vereinbarkeitsfragen auseinanderzusetzen (ebd.). Eine Befragung von Betriebs- und Personalräten in 59 auditierten[12] Unternehmen ergab, dass dort mehrheitlich die beschäftigten Frauen Probleme zur Vereinbarkeit äußerten, das Vereinbarkeitsproblem daher überwiegend als ein „Frauenproblem“ interpretiert wird (Döge/Behnke 2006, S. 10ff.; Krell/Ortlieb 2004).

Im Themenranking der WSI-Betriebrätebefragung von 2007 wird Gleichstellungsförderung als relevantes Problem der Betriebsratsarbeit auf Rang 24 von 26 möglichen Themen genannt (Schäfer 2008, S. 293). Familienfreundliche Arbeitsbedingungen liegen auf Rang 15. Beide Themen stehen in den Augen der BR hinter anderen Themen wie Beschäftigungssicherung und flexible Arbeitszeitgestaltung deutlich zurück. Auch in den voran gegangenen Befragungen lagen familienfreundliche Arbeitsbedingungen als Problembereich von Betriebs-

11 In Kleinbetrieben von fünf bis 50 Beschäftigten haben nach IAB-Panel 6% der west- und ostdeutschen Betriebe einen BR. Bei über 500 Beschäftigten liegt auch hier die BR-Quote bei 90% (Ostdeutschland 85%; vgl. Ellguth/Kohaut 2008).

12 Gemeint ist das Audit „berufundfamilie“ der Hertie-Stiftung.

räten im Mittelfeld, Gleichstellung im unteren Fünftel (vgl. Schäfer 2005, S. 295). Insgesamt haben sich im Zeitraum 2005-2007 rund 41% der Betriebsräte mit Fragen familienfreundlicher Arbeitsbedingungen befasst, mit Gleichstellung noch 27%, das neue Elterngeldgesetz beschäftigte 26%. Über die Intensität und die Folgen dieser Befassung ist nichts bekannt (vgl. Klenner 2008, S. 345).

Interessant ist, dass im öffentlichen Dienst befragte Personalräte die Themen Gleichstellung und Gender Mainstreaming stärker als Problembereiche ihrer Arbeit benennen (Schäfer 2005, S. 297). Ist es die gesetzliche Pflicht, die einen stärkeren Handlungs- und Problemdruck erzeugt (vgl. Bednarz-Braun 2000)? Gesetzliche Regulierungen durch Landesgleichstellungsgesetze und auch institutionalisierte Gleichstellungspolitik durch Gleichstellungsbeauftragte sind im öffentlichen Dienst etabliert. Gleichstellungskompetenz ist hier ggf. eher gebündelt verfügbar, was in der Privatwirtschaft, von Ausnahmen und Großbetrieben abgesehen, nicht der Fall ist.

Abbildung 8.3 verdeutlicht, dass Betriebsräte verschiedene Begründungen dafür geben, warum Chancengleichheit aus ihrer Sicht als Thema keine herausgehobene Rolle spielt.

Bei Fragen der Vereinbarkeit kommen weitere Antworten hinzu: Beschäftigte lösen ihr Vereinbarkeitsproblem privat, oder es werden im Betrieb individuelle Lösungen gefunden (vgl. ebd.).

Bezogen auf familienfreundliche Regelungen können drei Unternehmenstypen unterschieden werden:

1) Vereinbarkeitsfragen werden als Privatsache der Beschäftigten betrachtet, ohne Handlungsbedarf für das Unternehmen.
2) Familienfreundlichkeit wird den Beschäftigten in dieser besonderen Lebenslage als kompensatorische Maßnahme und aus einer Fürsorgeverantwortung heraus zuteil.
3) Familienfreundliche Maßnahmen werden als Element zur Förderung der Geschlechtergleichstellung betrachtet und daher realisiert (vgl. Botsch et al. 2007).

Wenn Unternehmen ein Zertifikat erwerben wollen, dann geht die Initiative zur Auditierung im Hinblick auf familienfreundliche Personalpolitik häufiger von der Arbeitgeberseite sowie von Gleichstellungsbeauftragten als von der Interessenvertretung aus, wobei sich die Interessenvertretung in den Prozess als unterstützender Akteur einbringt, wenn auch nicht unbedingt mit viel Energie. Es zeigt sich, dass Betriebs- und Personalräte nachhaltige Effekte der Auditierung im Hinblick auf eine Beförderung von Familienfreundlichkeit im Unternehmen skeptisch bewerten; der Verdacht, die Auditierung würde für PR-Zwecke genutzt, scheint die Skepsis zu untermauern (Döge/Behnke 2006, S. 14ff.). Möglicherweise verwenden Betriebsräte daher von vornherein weniger Energie, als möglich wäre, um speziell Auditierungen in Gang zu bringen.

Abb. 8.3: Gründe für die Nichtberücksichtigung des Themas Chancengleichheit

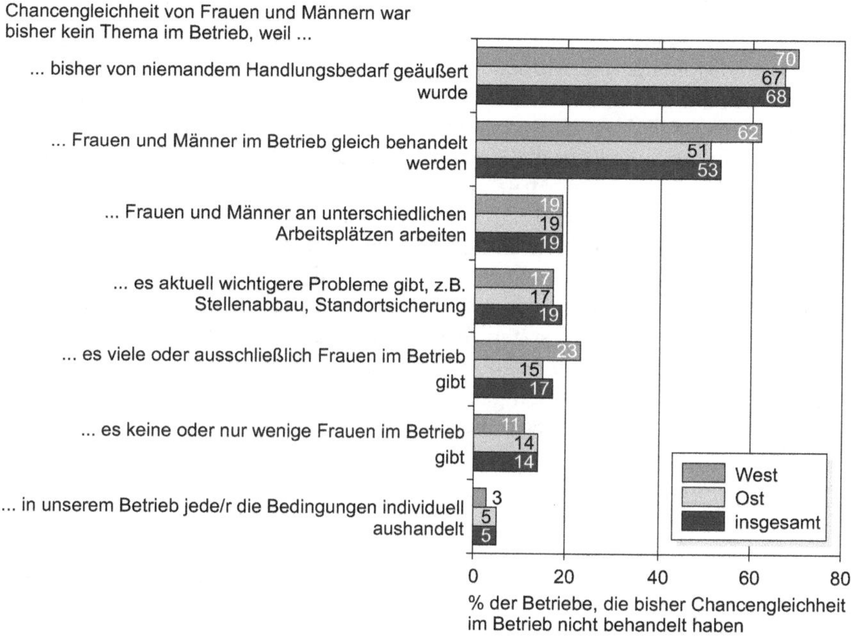

Quelle: Klenner 2004b, S. 280 – mit Zustimmung der Redaktion der WSI-Mitteilungen

Es kann aber durchaus auch Dissens über die Inhalte und Erfolgsbewertungen von betrieblicher Geschlechterpolitik im Betriebsrat selbst geben (vgl. Bednarz-Braun 2000, S. 161ff.; Riegraf 1996), wie z.B. in einem großen Einzelhandelskonzern festgestellt wurde. Dort waren Interessengegensätze deutlich zwischen weiblichen und männlichen Beschäftigten und Betriebsräten vorhanden und nicht nur entlang der Konfliktlinie Arbeitnehmer und Arbeitgeber. Ein Argument ist, dass z.B. das Engagement der Arbeitgeber für Frauenförderung in Führungspositionen gerade von freigestellten männlichen Betriebsratsmitgliedern als Strategie des Arbeitgebers gesehen wird, um den Betriebsrat in seiner Position zu schwächen und ihn als frauenfeindlich zu diffamieren. Betriebsräte argumentieren ihrerseits aufgrund von Defiziten in ihrer eigenen BR-Gleichstellungspolitik gegen diese Politik der Arbeitgeberseite (ebd.). Das Thema wird quasi instrumentalisiert.

Die verschiedenen Akteure oder Akteursgruppen können unterschiedliche Koalitionen bilden: „lagerüberschreitende“ Allianzen sind z.B. vorhanden, wenn Manager in weiblichen Beschäftigten aufgrund ihrer Reproduktionsaufgaben im Prinzip ein ökonomisches Risiko sehen und männliche Betriebsräte vorzugsweise die Berufspositionen von Männern unterstützen, da diese schließlich die Familienernährer seien (vgl. Bednarz-Braun 2000, S. 164ff.).

Die traditionellen Rollenmodelle werden mittlerweile zunehmend brüchig. Dennoch rücken sie als traditionelle betriebliche Sichtweisen stärker in den Vordergrund, wenn z.B. Restrukturierung und gegebenenfalls Arbeitsplatzabbau drohen und es in der Folge um die Neuverteilung bzw. auch den Verlust von Ressourcen geht. Gleichstellung tritt dann wieder in Konkurrenz zu anderen Themen (vgl. Funder et al. 2006; Liebig 2000; Schön 1999; Abschnitt 8.5.2).

Offenbar besteht für die Mehrheit der Betriebsräte Entscheidungsspielraum, sich aktiv für Gleichstellung einzusetzen. Ein Indiz ist das wachsende Engagement für Fragen der Vereinbarkeit von Beruf und Privatleben. Daher sollte die mögliche Rolle von Betriebsräten nicht unterschätzt werden. Erfolgreich kann „betriebliche Chancengleichheitspolitik allerdings nur sein, wenn das Thema in der täglichen Betriebsratsarbeit eine Rolle spielt und engagierte Kolleginnen durch ebenso engagierte Kollegen unterstützt werden.“ (Hämmerle/Knüttel 2006, S. 177).

8.3.2 Frauen im Betriebsrat

Die Novellierung des Betriebsverfassungsgesetzes im Jahr 2001 brachte eine Quotierungsregel für den Betriebsrat mit sich, nach der die Geschlechter im Betriebsrat mindestens entsprechend ihrem Anteil an der Belegschaft vertreten sein müssen.

Der Frauenanteil in BR-Gremien liegt bei durchschnittlich 35% (Betriebe ab zehn Beschäftigte; vgl. Hauser-Ditz et al. 2008). Der Anteil von Frauen in anderen nicht gesetzlich geregelten betrieblichen Vertretungsorganen wie Runde Tische etc. liegt bei 34% (ebd., S. 147ff.). Detaillierte Auswertungen zu Branchen und Geschlechterverteilungen wurden in dieser Befragung leider nicht vorgenommen. Die WSI-Betriebsrätebefragung 2007 (Betriebe ab 20 Beschäftigte) kommt auf einen Frauenanteil im Betriebsrat von 36,7% (vgl. Schäfer 2008).

Untersuchungen auf Grundlage der DGB-Befragung (vgl. Abschnitt 8.3.1) weisen insgesamt einen geringeren Frauenanteil in Betriebsräten als den gerade genannten auf. Ein generell geringerer Frauenanteil in gewerkschaftsnahen BR kann daraus jedoch nicht abgeleitet werden. Vermutlich liegen eher Verzerrungen durch Branchen- und Größeneffekte vor (vgl. Abschnitt 8.3.1): So werden kleinere Betriebe in Handel und Dienstleistung ohne Gewerkschaftszugang und mit tendenziell höherem Frauenanteil nicht erfasst.

Der DGB-Befragung zufolge stieg der Anteil von Frauen im Betriebsrat insgesamt von 22,9% im Jahr 1998 auf 25,9% im Jahr 2006 (vgl. Rudolph/Wassermann 2007, S. 20f.). Es ist eine leichte kontinuierliche Steigerung zu verzeichnen. Der Anteil der Betriebe, in denen die Geschlechterquote erfüllt wurde, lag 2006 insgesamt bei 72,5%. Im Vergleich zwischen kleineren und großen Unternehmen stellt man fest, dass in Betrieben mit freigestellten Betriebsräten (in der Regel ab 200 Beschäftigte) die Geschlechterquote in höherem Maß erfüllt wird: Sie liegt bei 82%. In Betrieben mit weniger als 200 Beschäftigten liegt die Quote hingegen bei 67,9% (ebd.).

Eine Auswertung der Betriebsratswahlen der IG Metall ergibt einen durchschnittlichen Frauenanteil in den Betriebsräten von 22,8% (vgl. IG Metall 2007b). Das entspricht einem Anteil oberhalb der durchschnittlichen weiblichen Beschäftigtenquote von 20,6%. Von den Betriebsrätinnen kommen jeweils zehn Prozent aus dem gewerblichen bzw. kaufmännischen Bereich, und rund drei Prozent sind technische Angestellte. Die Mindestquote wird auch hier in kleineren Unternehmen mit bis zu 100 Beschäftigten seltener erfüllt. Eine Branchenauswertung im Organisationsbereich der IG Metall belegt diese Größentendenz ebenfalls. Nach Branchen betrachtet, wird besonders in der Elektroindustrie und im Luftfahrzeugbau die Mindestquote häufig erfüllt. Schlusslichter sind die Stahlindustrie (64%), das Metall- und Elektrohandwerk (57%) sowie der Schiffbau (50%) (IG Metall 2007c).

Als mögliche Gründe für die Nichteinhaltung der Quote werden u.a. genannt, dass keine Vertreter des Minderheitengeschlechts zur Wahl bereit stünden und dass der Anteil von Frauen an den Beschäftigten zu gering sei (vgl. Klenner/Lindecke 2003, S. 178f.). Bemerkenswert ist, dass die Übererfüllung der Quote häufiger in solchen Betrieben existiert, wo Männer das Minderheitsgeschlecht bilden (ebd.).

Möglicherweise ist auch von Bedeutung, ob die Zusammensetzung des Betriebsrats nach Geschlecht und die Berufsfelder miteinander korrespondieren, sowie aus welchen Abteilungen der Betriebsrat die Kandidatinnen und Kandidaten mehrheitlich rekrutiert, ob z.B. mehrheitlich Frauen in der Verwaltung und Männer mehrheitlich in der Produktion arbeiten. Denkbar ist auch, dass zwischen „Frauen in führungsnahen Positionen" und dem Betriebsrat in kleineren Unternehmen eine Art beiderseitiges Misstrauen besteht, das letztlich die Kandidatur verhindert bzw. eine grundsätzliche Annäherung erschwert (vgl. Wassermann/Rudolph 2007, S. 47ff.; 2005).

Betriebsratsvorsitzende sind im Durchschnitt in 23,7% der Fälle weiblich (vgl. Schäfer 2008). Besonders dort, wo viele Frauen arbeiten, sind sie auch häufiger Vorsitzende des Gremiums. Dennoch: 2003 war in 67% der Betriebe, die unter den Beschäftigten einen Frauenanteil von 61 bis 80% aufweisen, ein Mann BR-Vorsitzender. Erst mit einem Frauenanteil in der Belegschaft von 81 bis

100% waren 60% der Vorsitzenden weiblich (vgl. Klenner/Lindecke 2003). Im Organisationsbereich der IG Metall waren im Jahr 2006 13,2% der BR-Vorsitzenden und 18,4% der stellvertretenden Vorsitzenden Frauen (vgl. IG Metall 2007b). Diese Frauen kamen mehrheitlich aus Angestelltenbereichen (58,5% BR-Vorsitzende bzw. 60,2% Stellvertreterinnen).

Ob eine Frau oder ein Mann den Vorsitz des Betriebsrates wahrnimmt, spielt jedoch für den Abschluss einer Betriebsvereinbarung zur Gleichstellung keine Rolle. Mehr Betriebsvereinbarungen (10% im Vergleich zu 7%) gibt es sogar in Betrieben mit einem männlichen Betriebsratsvorsitzenden (Klenner/Lindecke 2003). Eine Erklärung könnte sein, dass weibliche Betriebsratsvorsitzende eher in solchen frauendominierten Betrieben existieren, wo Gleichstellungsfragen seltener betrieblich geregelt werden (ebd., S. 183). Denkbar ist auch, dass sich gerade weibliche Betriebsratsvorsitzende in ihrer Machtstellung keine Klientelpolitik vorwerfen lassen wollen, sondern ihren Job genauso erledigen wollen wie ihre männlichen Kollegen (vgl. auch Wassermann/Rudolph 2007). Wann Gleichstellung und Vereinbarkeit zu betrieblichen Themen werden, hängt vermutlich mit dem persönlichen Engagement einzelner Personen (Botsch et al. 2007) und sehr wahrscheinlich auch mit der Größe des Unternehmens zusammen (vgl. Abschnitt 8.3.5).

8.3.3 Das Verhältnis zwischen Beauftragten für Gleichstellungsfragen und Betriebsräten

Das Verhältnis zwischen Beauftragten für Fragen der Gleichstellung[13] und gewählten Interessenvertretungen ist ambivalent. Das gilt für den öffentlichen Dienst wie auch für die Privatwirtschaft. Organisatorisch betrachtet, arbeiten die Beauftragten im privaten als auch in öffentlichen Wirtschaftssektoren meist als Stabstelle der Geschäftsführung bzw. Dienststelle, als BeraterIn und ControllerIn. Sie stehen daher im Prinzip auf der Arbeitgeberseite, selbst wenn diese Stelle einvernehmlich von Arbeitgeber und Betriebs- bzw. Personalrat eingesetzt sein sollte. In der Privatwirtschaft existieren vor allem in privatisierten ehemaligen Unternehmen des öffentlichen Dienstes Gleichstellungsbeauftragte (o.Ä.) mit analogen Befugnissen. In Großkonzernen sind Beauftragte für Gleichstellungsfragen und Stabstellen ebenfalls häufiger eingerichtet. Vereinzelt gibt es eine weitere Form der Institutionalisierung: Die (weiblichen) Beschäftigen können eine Frauenvertretung bzw. eine/n Gleichstellungsbeauftragte/n selbst wählen.

13 Im öffentlichen Dienst lautet die Bezeichnung meist Gleichstellungsbeauftragte, in der Privatwirtschaft eher Beauftragte für Chancengleichheit oder im erweiterten Kontext auch Diversity Managerin o.Ä.

Auch wenn die Befugnisse verschieden weit reichen, sind Betriebsrat, Beauftragte und andere gewählte Vertretungen durchaus für Gleichstellung als identisches Handlungsfeld zuständig. Sie stehen daher nicht zwangsläufig, aber potenziell in Konkurrenz zueinander. Die Regelungen dieser Betriebsvereinbarung verdeutlichen das:

> „Die Frauenvertretung ist von der Geschäftsführung an allen Angelegenheiten, in denen das BetrVG ein Mitwirkungs- und Mitbestimmungs- sowie ein Informationsrecht des Betriebsrates vorsieht, von der Geschäftsführung rechtzeitig, spätestens gleichzeitig mit dem Betriebsrat, unter Vorlage der erforderlichen Unterlagen zu informieren. (...) Die Frauenvertretung genießt Weisungsfreiheit und unmittelbares Vortragsrecht bei der Geschäftsführung." (Gesundheit und Soziales, 010303/102/2005).

Die Förderung der Geschlechtergleichstellung einerseits und die Vertretung der Interessen der Beschäftigten andererseits können z.B. in Personalauswahlverfahren miteinander konkurrieren, wenn beispielsweise BR und Gleichstellungsbeauftragte unterschiedliche Auswahlkriterien ansetzen. Als Argumente stehen sich nicht selten die Stärkung des Frauenanteils in bestimmten Positionen und die potenzielle Benachteiligung von Männern gegenüber. In solchen Situationen wird es wahrscheinlich darauf ankommen, ob der BR einen Zielkonflikt sieht oder ob eine eher nicht traditionelle und auf Geschlechterfragen sensibilisierte Prüfung der Sachlage erfolgt (vgl. Bednarz-Braun 2000; Horstkötter 2008; Wiechmann 2006). Aber selbst ohne die Beauftragten bleibt für den Betriebsrat das Spannungsfeld von der Gleichstellungsförderung bis hin zur Vertretung klassisch tradierter Interessen bestehen (vgl. Abschnitt 8.3.1).

Hinzu kommt, dass Interessenvertretungen hinsichtlich eines Typs von Arbeitnehmerinnen eher eingeschränkt handlungsfähig sind: hoch qualifizierte Beschäftigte. Sie kommen oftmals aus wissensbasierten Bereichen und verfügen anscheinend über ausreichend Verhandlungspotenzial und -kompetenzen, um ihre eigenen Interessen gegenüber dem Arbeitgeber direkt zu vertreten, nicht zuletzt, weil sie besonders begehrte Arbeitskräfte sind, die von vornherein gute Verhandlungspositionen innehaben. Zu diesen Beschäftigtengruppen finden die Interessenvertretungen wie auch Gewerkschaften erst langsam Zugang (vgl. Funder et al. 2006, S. 216ff.). Betriebsräte und Gewerkschaften sind dann möglicherweise nicht die AnsprechpartnerInnen und Interessenvertretungen dieser Beschäftigten und werden insofern auch nicht als ExpertInnen für mehr Chancengleichheit gesehen.

In betrieblichen Veränderungs- bzw. Restrukturierungsprozessen konnte gezeigt werden, dass sich besonders dann Chancen für mehr Gleichstellung eröffnen, wenn die GleichstellungsexpertInnen rechtzeitig und damit früh in die Entscheidungsprozesse miteingebunden werden und Einfluss nehmen können (vgl. Schön 1999, S. 279). Insofern kann das gemeinsame Ziel Beauftragte und Interessenvertretungen verbinden.

8.3.4 Frauen im Aufsichtsrat und Corporate Governance

Die betriebliche Mitbestimmung durch Betriebsräte wird durch die Unternehmensmitbestimmung im Aufsichtsrat ergänzt. Auf diese Weise können ArbeitnehmerInnen an den Entscheidungen über die Arbeitsbedingungen auf betrieblicher Ebene beteiligt werden und im Aufsichtsrat auf die Unternehmenspolitik Einfluss nehmen. Die VertreterInnen der Arbeitnehmerseite in Aufsichtsräten deutscher Unternehmen werden von den Belegschaften gewählt.

Eine personelle Ausgewogenheit bezogen auf das Geschlecht existiert in den (Vorständen und) Aufsichtsräten deutscher Konzerne nicht (vgl. ausführlich Kapitel 7; Holst/Schimeta 2009). In den 160 Aktiengesellschaften der wichtigsten deutschen Börsenindizes waren zu Beginn des Jahres 2009 168 Frauen im Aufsichtsrat vertreten, was einem Anteil von 10,2% entspricht, wobei drei Viertel dieser Frauen von der Arbeitnehmerseite entsandt wurden (vgl. Weckes 2009). In den 103 Unternehmen, die der gesetzlichen paritätischen Mitbestimmung bzw. der Drittelbeteiligung im Aufsichtsrat[14] unterliegen, beträgt die Quote 11,7%, in den 57 nicht mitbestimmten Unternehmen, d.h. ohne Arbeitnehmerbeteiligung im Aufsichtsrat, sind nur 2,6% der Aufsichtsräte weiblich (ebd.).

Im deutschen Aktiengesetz und im deutschen Corporate Governance Kodex[15] gibt es noch keine geschlechtsbezogenen Besetzungsregelungen. Vorschläge für eine größere Diversität in der Zusammensetzung der deutschen Aufsichtsratsgremien werden derzeit erarbeitet, d.h. „mehr Frauen und mehr Ausländer sollen in die Aufsichtsräte" (FAZ v. 27.5.2009, S. 12). In § 4 Absatz 4 Drittelbeteiligungsgesetz gibt es lediglich eine Soll-Vorschrift, wonach unter Aufsichtsratsmitgliedern der Arbeitnehmerseite Frauen und Männer entsprechend ihrem zahlenmäßigen Verhältnis im Unternehmen beteiligt sein sollen. Vergegenwärtigt man sich die eingangs genannten Zahlen, dann wird von der Arbeitnehmerseite offenbar diese Soll-Quotenregelung eher berücksichtigt.

---

14 Man unterscheidet zwischen dem Mitbestimmungsgesetz von 1976 (Quasi-Parität gilt für diverse Unternehmensformen ab 2.000 Beschäftigte), Montanmitbestimmungsgesetz von 1951 (Parität gilt für Unternehmen der Montanindustrie ab 1.000 Beschäftigte), Drittelbeteiligungsgesetz von 2004, ehemals BetrVG von 1952 (gilt für diverse Unternehmensformen mit einer Beschäftigtenzahl zwischen 500 und 2.000 Beschäftigten).

15 Der deutsche Corporate Governance Kodex soll die in Deutschland geltenden Regeln für Unternehmensleitung und -überwachung für nationale und internationale Investoren transparent machen, um Vertrauen in die Unternehmensführung zu stärken. Die Bestimmungen und Regelungen beziehen sich z.B. auf die Transparenz der Unternehmensführung, Unabhängigkeit der Aufsichtsräte etc.

Im Gegensatz dazu unterliegen die vom Bund vergebenen Aufsichtsratsmandate den geschlechtsspezifischen Regelungen des Bundesgremienbesetzungsgesetzes von 1994. Von 1990 bis 2005 stieg der Frauenanteil dort von 7,7 auf 20,5% (vgl. Frost/Linnainmaa 2007). In einigen anderen europäischen Staaten existieren auch für die Privatwirtschaft Regelungen, allen voran Norwegen (vgl. Teigen 2006). Dort existiert eine Geschlechterquote von 40% für die Besetzung von Vorstands- und Aufsichtsgremien in Aktiengesellschaften.[16]

8.3.5 Günstige Umstände?

Welche betrieblichen Merkmale fördern oder hemmen Maßnahmen zur Chancengleichheit oder zur besseren Vereinbarkeit von Arbeit und Leben? Auf Basis des IAB-Betriebspanels 2002 wird deutlich, dass Maßnahmen zur Förderung von Chancengleichheit und Vereinbarkeit vor allem in Großbetrieben und öffentlichen Verwaltungen etabliert sind (vgl. Beblo/Wolf 2004). Das geht häufig mit einem höheren Anteil Teilzeitbeschäftigter sowie qualifizierter Angestellter oder Beamter an den Beschäftigten einher. Ein hoher Frauenanteil im Betrieb ist jedoch kein Garant, es kommt vermutlich auf die Branche und das Qualifikationsniveau der dort Beschäftigten an. Besonders auffällig ist dieser Untersuchung zufolge, dass mit der Existenz eines Betriebsrats auch die Wahrscheinlichkeit für familienfreundliche Maßnahmen steigt. Eine weitere Studie auf Basis des IAB-Betriebspanels 2002 belegt für Westdeutschland, dass in großen und jüngeren Unternehmen mit Betriebsrat die Wahrscheinlichkeit für familienfreundliche Maßnahmen (flexible Arbeitszeit/Teilzeit, Kinderbetreuung, Elternzeit) größer ist (vgl. Heywood/Jirjahn 2009). Diese Maßnahmen müssen jedoch nicht unbedingt auch gleichstellungsfördernd sein, sondern können z.B. auch Stereotype bedienen. Die Stärke des Betriebsrats steht dabei offenbar im positiven Zusammenhang zum Vorhandensein eines Tarifvertrages. Die Autoren finden auch heraus, dass familienfreundliche Maßnahmen wahrscheinlicher sind, wenn in der Geschäftsführung eine Frau arbeitet.

Wahrscheinlich ist die Beteiligung von generell strategisch wichtigen Akteuren im Unternehmen bei der Umsetzung sehr wichtig, ergänzt durch „Druck von unten" (Riegraf 1996, S. 56). Besonders für Beschäftigte mit Pflegepflichten kann der Betriebsrat ein wichtiger Kooperationspartner zur Durchsetzung entsprechender Regelungen sein (vgl. Funder et al. 2006). Sind entscheidungsbefugte Akteure nicht beteiligt, kann eine Implementierung aus der Unternehmensspitze heraus nicht funktionieren.

---

16 Jüngst wurde der Antrag von Bündnis90/Die Grünen für eine 40%-Quotierung der Aufsichtsratssitze zugunsten von Frauen von Union, SPD und FDP im Bundestag abgelehnt (vgl. Taz vom 6.3.2009).

8.4 Strategien und Initiativen für betriebliche Gleichstellungsförderung

Gleichstellungspolitik soll Diskriminierung beseitigen, gleiche Lebenschancen und geschlechtergerechte Teilhabe an gesellschaftlichen Ressourcen wie Geld, Macht, Zeit und Wissen ermöglichen (vgl. Stiegler 2005a). Inzwischen wurden verschiedene Konzepte für Gleichstellungspolitik entwickelt und auch erprobt. Gender gelangte so deutlicher in die gesellschaftliche Mitte. In den Unternehmen änderten sich die Programmbezeichnungen, aus Frauenförderung wurde Chancengleichheit bzw. Diversity Management (DiM), und die angebotenen Maßnahmen und Programme erweiterten den Blickwinkel und die Zielgruppen (vgl. Krell 2008b).

Dabei kommt es in der praktischen Umsetzung häufig zu Vermischungen unterschiedlicher Ebenen. Frauenförderung wird quasi zur praktischen Umsetzung einer dahinter liegenden Philosophie, die Diversity Management, Gender Mainstreaming (GM), chancengleiche Personalpolitik, Gleichstellung oder sogar Familienfreundlichkeit oder ähnlich lautet.

Zugleich bewegen sich die Debatten über (betriebliche) Frauen- und Gleichstellungspolitik zwischen den Polen „Differenz“ und „Gleichheit“ (vgl. Wetterer 2002, 1992). Orientiert sich das jeweilige Konzept an der Differenz, dann werden vor allem die Unterschiede zwischen den Geschlechtern betont (vgl. Knapp 2008). Differenzen und Abweichung werden auf diese Weise womöglich fortgeschrieben. Orientiert sich das Konzept an der Gleichheit, werden vorhandene Differenzen und Besonderheiten als Begründungszusammenhang womöglich ausgeblendet (vgl. ausführlicher Kapitel 7).[17]

Denkbar sind drei Perspektiven, die Gleichstellung und Frauenförderung miteinander verbinden: Erstens die Herstellung von Chancengleichheit und strikte Gleichbehandlung in jedem individuellen Fall ohne Berücksichtigung des Geschlechts, zweitens Programme als kollektive Frauenförderung, um Strukturdefizite zu verändern, drittens die Vermeidung von Stereotypen und Identitätskategorien (vgl. Knapp 2008).

In den folgenden Abschnitten werden die häufig vorkommenden Konzepte betriebliche Frauenförderung, DiM, GM und chancengleiche Personalpolitik skizziert. Diese Konzepte und Strategien werden hier nicht als sich gegenseitig ausschließende Alternativen verstanden. Vielmehr sind sie in der betrieblichen Praxis nicht streng abgegrenzt und durchaus miteinander verbunden. Insofern ist die Umsetzung gleichstellungs- bzw. frauenförderlicher Strategien häufig nicht eindeutig.

---

17 Die (akademische) Debatte um Gleichheit und Differenz in der Frauen- und Geschlechterforschung bzw. -politik kann hier jedoch nicht ausgeführt werden.

8.4.1 Betriebliche Frauenförderung

Betriebliche Frauenförderung in der Privatwirtschaft hat als Konzept die Idee verfolgt, Frauen als Genusgruppe kollektiv zu fördern, um die Bedingungen speziell für diese historisch benachteiligte Gruppe zu verbessern. Sie wird von Abteilungen oder Einheiten betrieben, die für Gleichstellungspolitik zuständig sind. Meist ist eine konkrete Situation der Anlass, z.B. die gezielte Erhöhung des Frauenanteils in einer Abteilung. Diese Form der Frauenförderung ist inzwischen selten geworden und wird, als eine Einzelmaßnahme ohne Einbindung in ein Gesamtkonzept, häufig als Störfaktor und Programm für „gute Zeiten" gesehen (vgl. Jüngling/Rastetter 2008, Riegraf 1996).

Männer bleiben als gleichstellungspolitische Akteure mit ihren unterschiedlichen Macht-, Einfluss- und Interessenhorizonten weitgehend unberücksichtigt. Dies ist kritisch, u.a. wenn sie eine Gleichstellungspolitik mit dem Ziel der Umverteilung mit tragen und mit umsetzen müssten und auch selbst ein Interesse für sich haben könnten (vgl. Kapitel 4; Höyng 2002, S. 211).

Maßnahmen, die ausschließlich auf Frauen abzielen, können auf ein berufliches Neben- oder Abstellgleis führen und das Frauenbild als defizitäre Arbeitskraft (re)produzieren und verfestigen (vgl. Riegraf 1996, S. 31). Höyng sieht in ihnen sogar die Behinderung der Gleichstellung, weil sie überholte Geschlechterrollen verstärken, wenn etwa die bestehende Zuordnung der Kinderbetreuung zu Müttern als gegeben vorausgesetzt wird, hingegen weder Arbeitskultur noch Männlichkeit thematisiert werden (vgl. Kapitel 4; Höyng 2002, S. 211).

Eine Politik, die sich vor allem an ein Geschlecht ausrichtet, muss sich daher die Frage gefallen lassen, ob sie strukturelle Diskriminierung und Machtzonen grundsätzlich antasten kann. Das wirksame Instrument der Frauenquote berührt mehr als andere Instrumente diese Machtbereiche, wird aber leider selten als pragmatisches Instrument aufgefasst und ist bei Frauen und Männern hochgradig umstritten.

Ein Beispiel für den sensiblen Umgang mit Begriffen zeigt der Vergleich von Banken im öffentlichen Dienst und in der Privatwirtschaft (vgl. Schön 1999, S. 302ff.). Der Begriff Frauenförderung wird in diesem Fall von den privaten Geldinstituten nicht verwendet, sondern man betreibt Chancengleichheitspolitik, weil „Frauenförderung" als emotional besetzt gilt und „Defizitäres" signalisiert. Anerkennung durch Qualifikation und Leistung werden dann in Frage gestellt. Dennoch ist die Politik zur Förderung der Chancengleichheit auch eine Politik zur Förderung von Frauen.

8.4.2 Diversity Management

Der aus den USA stammende Ansatz Diversity Management (DiM) folgt wesentlich der Idee, dass es für Unternehmen und Verwaltungen ökonomisch vorteilhaft ist, wenn sie die Potenziale von Vielfalt[18] ihrer Beschäftigten nutzen (vgl. Krell 2008a; Krell/Sieben 2007; Aretz/Hansen 2003). DiM zielt auf den Wandel der Organisationskultur und ist eher eine Philosophie als ein klar umrissenes Konzept.

> „Der kleinste gemeinsame Nenner besteht in der Überzeugung, dass Vielfalt, bezogen auf die Organisationsmitglieder, vor allem die Mitarbeiter/innen, aber auch auf potenzielle Beschäftigte, Kund/inn/en oder Investor/inn/en einen Wettbewerbsvorteil darstellt, wenn sie richtig gemanagt wird." (Krell/Sieben 2007, S. 236)

Die ökonomischen oder wertschöpfungsorientierten Argumente sind zugleich zentrale Kritikpunkte am Konzept: Aus Gerechtigkeitsfragen wird quasi ein betriebswirtschaftlicher Diskurs (vgl. Meuser 2005, S. 66; Pasero 2004, S. 153ff.). Hinzu kommt, dass Frauenförderziele dann lediglich noch ein Wert unter anderen sind und der Stellenwert von Gender sich womöglich relativiert. Andererseits wird argumentiert, dass eine bessere Erreichbarkeit von Gleichstellungszielen für DiM spreche, weil „Unternehmen ein betriebswirtschaftliches Konzept bereitwilliger unterstützen als eine eher ethisch-rechtlich orientierte Frauenpolitik" (Rastetter 2007). Krell (2009) plädiert für die pragmatische Verbindung von Gender und Diversity (siehe unten).

Über die ökonomischen Wirkungen von DiM ist gegenwärtig wenig bekannt, weil meist der Nutzen unklar definiert ist und Kosten schwer zu messen sind (vgl. Süß 2008, S. 421ff.). Hinzu kommt, dass die Wirkungen von Diversity umstritten sind und es nicht belegt ist, ob eher ökonomische Ressourcen aus der Vielfalt entstehen oder negative Folgen für die Leistungserbringung zu erwarten sind (vgl. Lederle 2007). Die Förderer von DiM im Unternehmen sind möglicherweise nicht diejenigen, die auch Entscheidungsbefugnisse haben. Insofern sollte nicht ausgeblendet werden, dass womöglich auch symbolische und rhetorische Politik betrieben wird (vgl. Abschnitt 8.5.2; Kapitel 7).

DiM ist in Deutschland vor allem in der Privatwirtschaft anzutreffen, aber insgesamt viel weniger verbreitet als im angloamerikanischen Raum. Gründe sind die ethnisch vielfältigeren Belegschaften sowie gesetzliche Vorschriften zur

---

18 Eine Gesamtübersicht aller Aspekte personeller Vielfalt, auf die sich DiM bezieht, gibt es zwar nicht, einige Dimensionen werden jedoch besonders häufig von Unternehmen genannt: Geschlecht, Sprache, Alter, Behinderung, Beschäftigtenstatus, Nationalität, Werte, Familienstand, ethnische Herkunft, Hautfarbe, Religion und sexuelle Orientierung.

Einführung von DiM in den USA. Bei den deutschen Unternehmen führen auch eher solche mit amerikanischer Konzernmutter DiM ein (vgl. Süß 2008). Köppel et al. (2007) konnten unter den 600 größten deutschen Unternehmen rund 30 ermitteln, die DiM-Strategien implementiert haben.[19] Eine weitere Untersuchung befragte 26 Unternehmen[20] und nennt die Zahl von insgesamt rund 50 Organisationen, die in Deutschland DiM eingeführt haben (vgl. Süß 2008). Im Jahr 2004 bestätigten 16 der DAX-30-Unternehmen, Diversity Management zu praktizieren (Lederle 2007, S. 27).

In deutschen Unternehmen ist vor allem der „strategisch forcierte Marktzugangsaspekt" eine offenbar stärkere Motivation für DiM als in anderen Staaten (Köppel et al. 2007, S. 14). Die erwarteten Wirkungen sind weniger der Gewinn oder Shareholder Value, sondern vielmehr eine größere Kundenzufriedenheit und eine Verbesserung des Image. Vor allem Unternehmen, die sich aufgrund demographischer Entwicklungen gezwungen sehen, DiM einzuführen, erkennen keine Wirkungen auf den Unternehmenserfolg (ebd. S. 18).

Unter den Aspekten personeller Vielfalt in deutschen Unternehmen hat das Geschlecht gegenwärtig den größten Stellenwert, gefolgt von Sprache, Behinderung und Alter (vgl. Süß 2008, S. 417). Das könnte ein Hinweis darauf sein, dass momentan DiM „als Nachfolgekonzept oder Erweiterung der Frauenförderung gesehen wird" (ebd.). Dazu würde der Befund passen, wonach die Mehrheit der Diversity-Beauftragten vorher Beauftragte für Gleichstellung, Chancengleichheit oder für Frauen waren (vgl. Lederle 2007). Wiederholte Befragungen des „Forums Frauen in der Wirtschaft"[21] bestätigen ebenfalls diese Entwicklungen, wonach Bezeichnungen und inhaltliche Schwerpunkte sich über die Jahre hin zu DiM verschoben haben (vgl. Krell 2008b).

Im Unternehmen Procter & Gamble etwa konzentriert man sich nach Aussage der Diversity-Beauftragten auf Gender, „weil die Probleme dort noch am größten sind" (Belinszki 2003, S. 343). Es wird jedoch eine Schwerpunktverlagerung erwartet hinsichtlich „Alter" und „Familienstand" (ebd.).[22] Auch beim Automobilhersteller Ford hat Gender einen deutlichen Schwerpunkt im Diversity-Konzept, es geht vor allem um das weibliche Arbeitskräftepotenzial u.a. in technischen Berufen. Ein weiterer Schwerpunkt ist der demographische Wandel

---

19 Befragt wurden die Top-600 aus Deutschland und die Top-600-International. Der Rücklauf ergab 78 Fragebögen, wovon 39% aus Deutschland kamen.

20 Befragt wurden 160 börsennotierte Unternehmen in Deutschland sowie deutsche Niederlassungen der Top-50 aus den USA. Der Rücklauf umfasste 79 Fragebögen.

21 Es handelt sich um einen Zusammenschluss von Expertinnen für Chancengleichheit in deutschen Großunternehmen (vgl. Krell 2008b).

22 Süß/Kleiner befragten 2005 Großunternehmen nach ihren Motivationen und Einschätzungen zu „Diversity-Management in Deutschland" (vgl. Süß/Kleiner 2005; Süß 2008).

mit neuen und zusätzlichen Herausforderungen, wie z.B. Pflege von Angehörigen (vgl. Alvarez 2008).[23]

Ob sich DiM als Management-Strategie langfristig auch in Deutschland durchsetzen kann, ist derzeit offen. Dafür sprechen Entwicklungen wie der demographische Wandel, die zu einer stärkeren personellen Vielfalt in Unternehmen führen, wenn z.B. mehr Frauen und mehr Beschäftigte mit Migrationshintergrund in Deutschland arbeiten werden. Auch die zunehmenden europäischen und globalen Verflechtungen deutscher Unternehmen könnten das positiv beeinflussen. Nicht zuletzt ist mit dem AGG eine gesetzliche Grundlage zum Schutz der personellen Vielfalt geschaffen worden.

Dagegen spricht allerdings, dass die Strategie bislang wenig strukturell verankert und institutionalisiert ist. Zum Tragen kommen eher „virtuelle Diversity-Abteilungen", die lose und temporär angelegt sind und relativ leicht aufgelöst werden können (Süß 2008, S. 426).

Erwähnt werden sollte in diesem Zusammenhang auch die Initiative „Charta der Vielfalt". Es handelt sich um eine Selbstverpflichtungserklärung zu Fairness und Wertschätzung der Vielfalt von Beschäftigten (vgl. Jablonski/Schwarzenbart 2008). Die Charta der Vielfalt (www.chartadervielfalt.de) haben inzwischen mehr als 500 Unternehmen unterzeichnet, darunter auch öffentliche Verwaltungen. Über die Wirkungen ist wenig bekannt.

Für Betriebsräte könnte es zunehmend relevant sein, sich mit DiM zu befassen, weil Interessen- und Zielkonflikte unterschiedlicher Beschäftigtengruppen einen sensibilisierten Umgang erfordern (vgl. Schröder 2003). Betriebliche Vereinbarungen zum partnerschaftlichen Umgang nehmen die vielfältigen Merkmale und Kriterien des AGG auf (vgl. Abschnitt 8.2.3). Sie sind nicht sehr verbreitet.

8.4.3 Gender Mainstreaming

Gender Mainstreaming[24] (GM) besteht „in der (Re-)Organisation, Verbesserung, Entwicklung und Evaluierung der Entscheidungsprozesse, mit dem Ziel, dass die an politischer Gestaltung beteiligten Akteure und Akteurinnen den Blickwinkel der Gleichstellung zwischen Frauen und Männern in allen Bereichen und auf allen Ebenen einnehmen" (Krell et al. 2008, S. 100). Gleichstellung soll auf allen Ebenen als substanzielles Teilziel von Politik und Verwaltung integriert werden. GM setzt auf die Beteiligung aller an der Entscheidung beteiligten Akteure bei allen politischen Entscheidungen und Prozessen. Berücksichtigt werden

---

23 Weitere Unternehmensbeispiele: Lufthansa (Rühl 2008), Telekom (Pagel/Mauz 2008), Daimler/Chrysler, Deutsche Bank, Procter & Gamble (Belinszki 2003).

24 Einen Überblick bieten etwa Stiegler (2000), Bothfeld et al. (2002), Jansen et al. (2003), Meuser/Neusüß (2004). Eine kritische Analyse zu den Umsetzungsdefiziten von Gender Mainstreaming findet sich u.a. bei Englert et al. (2002), Hofbauer/Ludwig (2005).

grundsätzlich beide Geschlechter, so dass der Ansatz wegführt von einer reduzierten „Frauenfrage“ hin zu der Prüfung der unterschiedlichen Auswirkungen von Vorhaben auf die Lebens- und Arbeitssituation von Männern und Frauen.

Für diese Strategie trifft zu, was für andere Gleichstellungsinstrumente ebenso gilt: Auch wenn die Entscheidung für GM fällt, so ist kein Automatismus damit verbunden. Gestalt nimmt GM in der Praxis erst an, wenn es unter den Akteuren der Organisation verhandelt wird. KritikerInnen erkennen im Konzept u.a. einen (neoliberalen) top-down-Ansatz und sehen GM wie auch DiM als Managementstrategie (vgl. Wetterer 2002). Dem wird entgegnet, dass der Ursprung eine bottom-up-Politik der Frauenbewegung sei (Stiegler 2005b). Ein Mangel an Bewusstsein, Kenntnis und Geld verhindert häufig, dass GM wirksam werden kann, wobei vor allem individuelle Erfahrungen und subjektive Sichtweisen die Debatten prägen (ebd.).

GM ist in der Privatwirtschaft keine weit verbreitete Strategie. Vereinzelt hatten privatisierte ehemalige Staatsunternehmen wie z.B. die Deutsche Telekom Gender Mainstreaming eingeführt; heute orientiert man sich dort am Konzept Diversity Management. In Unternehmensberichten und -darstellungen werden Frauenförderung für Führungspositionen, weiblicher Fachkräftenachwuchs und Vereinbarkeit von Beruf und Familie unter „Diversity“ subsumiert (vgl. Telekom 2009, 2008).

Um einzelne Ergebnisse aus der GM-Praxis aufzuzeigen, werden im Folgenden Einzelgewerkschaften beispielhaft aufgeführt. Weil Gewerkschaften als kollektive Akteure in die Privatwirtschaft hineinwirken und über diesen Weg Einfluss ausüben, sind diese Beispiele im Kontext der Diskussionen in diesem Band zu sehen.

Die IG Metall hat sich seit 1999 „zur Mindestbeteilung von Frauen entsprechend ihres Mitgliederanteiles in allen Gremien und Organisationen verpflichtet“ (Banos/Göbel 2008, S. 121). GM soll sowohl die interne Personal- und Organisationspolitik als auch die Tarifpolitik beeinflussen. Nicht zuletzt für potenzielle weibliche Mitglieder kann eine Gewerkschaft mit Gender-Strategien an Attraktivität gewinnen. Genderberichte weisen die quantitativen Entwicklungen über die Verteilung von Frauen und Männern auf den verschiedenen Funktions- und Entscheidungsebenen aus (vgl. IG Metall 2003; 2007b). Vor allem im Berufsfeld politischeR SekretärIn und bei Führungskräften haben sich Veränderungen ergeben.

Die Vereinte Dienstleistungsgewerkschaft (ver.di) führte GM ebenfalls in der eigenen Organisation ein und unterstützt die betrieblichen Interessenvertretungen durch Projekte oder Tagungen etc. Schwerpunktthemen sind Vereinbarkeitsfragen, Arbeits- und Gesundheitsschutz, Mobilisierung von Vätern und Männern. Darüber hinaus geht es um Qualifizierung, Arbeitszeit und Entgelt (vgl. ver.di 2007).

In der Bestandsaufnahme zur eigenen Organisationsentwicklung durch GM werden wesentliche Tätigkeitsfelder und Arbeitsschwerpunkte der letzten Jahre genannt. Erfolge lassen sich vor allem an folgenden Qualitätskriterien messen (vgl. ver.di 2006, S. 39; Döge/Stiegler 2004, S. 136ff.; Kassner 2006):

- Verbindlichkeit der Idee von GM in der Organisation,
- Verankerung der Verantwortlichkeit in den Führungsaufgaben und der Facharbeit,
- Existenz von Genderressourcen (Zeit und Geld),
- Existenz von Genderkompetenz der Organisationsmitglieder als Teil der Facharbeit.

Auch in anderen Einzelgewerkschaften sind Programme und Maßnahmen in großer thematischer Breite entwickelt worden. Als einen wichtigen Erfolg dieser Maßnahmen werten Expertinnen in einer Befragung die Erhöhung des Frauenanteils insgesamt und in den von Männern dominierten Tätigkeitsbereichen insbesondere (vgl. Apeloig/Krell 2005). Auch der erhöhte Stellenwert und die Berücksichtigung von GM, Gleichstellung und Frauenförderung werden als positive Ergebnisse genannt. Für wichtig gehalten werden außerdem Regelungen zu Quotierungen, Frauenförderplänen und Vereinbarkeitsfragen, wobei die Realisierung und Akzeptanz dieser Maßnahmen in der Praxis nicht von allen Befragten als Erfolge gewertet werden. Als besonders förderlich haben sich die gesellschaftliche Diskussion zum Thema Gleichstellung, ein einsetzender Bewusstseinswandel und die EU-Gesetzgebung für GM und Gleichstellungsförderung erwiesen.

8.4.4 Chancengleiche und familienfreundliche Personalpolitik

Chancengleichheit ist kein klar beschriebenes Konzept, es basiert auf Vorstellungen von Gerechtigkeit; diese Vorstellungen teilen auch Frauenförderung, GM und DiM. Eine klare Abgrenzung zu den bereits beschriebenen Konzepten ist nicht möglich, zumal sich in der Praxis betriebliche Personalpolitiken nicht unbedingt ausschließlich nach einem Konzept ausrichten. Gerade weil Gleichstellungsförderung in der Privatwirtschaft weniger formalisiert ist, kommt der betrieblichen Personalpolitik eine besondere Bedeutung zu. Eine institutionalisierte und transparente, an Chancengleichheit ausgerichtete Personalpolitik kann dazu beitragen, dass z.B. geschlechtersensibilisierte Führungskräfte gerade nicht auf tradierte Stereotype bei Auswahl, Beurteilung und Personalentwicklung zurückgreifen (vgl. Nickel 2007; vgl. Abschnitt 8.5.1 sowie Kapitel 7). Das ist zwar kein Garant, aber eine Chance für mehr Gleichstellung. Formalisierungen in Personalentwicklungsprozessen müssen nicht per se im Sinne der Gleichstellungsförderung erfolgreich sein (vgl. Kapitel 2). Aber je unklarer die Kriterien der Personalpolitik sind, desto größer ist vermutlich die Diskriminierungsgefahr.

Mit Blick auf die Personalauswahl liegen Diskriminierungspotenziale wahrscheinlich weniger in den einzelnen Maßnahmen an sich, sondern eher im Zusammenspiel verschiedener Faktoren. Kulturelle Überzeugungen, Stereotype, Kriterien, Zugangsbarrieren zur Beschäftigung, Auswahl und Präferenzen der Frauen selbst, familiäre Verpflichtungen und die Struktur beruflicher Möglichkeiten beeinflussen die Personalauswahl (vgl. Kay 2008, 1998 sowie Kapitel 7). Zwar können Diskriminierungen aufgrund des Geschlechts nicht per se z.B. durch Personalauswahlverfahren verändert werden, aber mehr Transparenz und objektivierte Vorgehensweisen können helfen, die individuellen Einflussmöglichkeiten der Auswählenden zu verringern.

Das Diskriminierungspotenzial bei Personalbeurteilungen ist z.B. für Frauen in männerdominierten Berufen, für Frauen und Männer in frauendominierten Bereichen und für Teilzeitbeschäftigte dokumentiert (vgl. Krell et al. 2008). Ist-Analysen, Weiterbildung für Führungskräfte und Veränderung der Kriterien und Verfahren können wirksame Maßnahmen sein. Gerade Personalauswahlkriterien werden oft nicht eng definiert, und daher entstehen Interpretationsspielräume (vgl. Bednarz-Braun 2000). Was Eignung ist, ist nur lose mit berufsfachlichen Qualifikationen verbunden (vgl. Abschnitt 8.2.3).

Eine Studie bei der Berliner Landesbank geht z.B. der Frage nach, warum in einem Unternehmen trotz siebzigprozentigem Frauenanteil und einem Total-E-Quality-Prädikat die Führung fest in männlicher Hand bleibt (Nickel et al. 2002). Die AutorInnen stellen eine Lücke zwischen Anspruch und Wirklichkeit fest und sprechen davon, dass „männliche“ Normen und Strukturen in der Unternehmensstruktur und -kultur fest verankert sind. „Reflexive Karriereorientierungen“ (ebd.), d.h. hohe inhaltliche Ansprüche an die berufliche Tätigkeit, Interesse an Karriere, aber auch an einem außerberuflichen Leben werden spätestens an der Schwelle zur zweiten Führungsebene mit den Anforderungen an die dort herrschende „männliche Normalkarriere“ kollidieren. Beurteilungsverfahren und Aufstiegswege sind kaum formalisiert und weitgehend subjektiv an die jeweilige Führungskraft gebunden. Die strukturellen Arbeitsbedingungen wie Arbeitszeit, Arbeitsorganisation und Unternehmenskultur sind vom Selbstverständnis der mehrheitlich dort arbeitenden Männer auf der Führungsebene geprägt (vgl. auch Höyng/Puchert 1998). So werden in der Organisation die Strukturen produziert und reproduzieren sich. Gleichstellungsmaßnahmen verfehlen dann ihre Wirkung, weil gerade diese Strukturen nicht hinterfragt werden (vgl. auch Kapitel 7).

Personalentwicklung und Qualifizierung sind für eine chancengleiche Personalpolitik wichtige Ansatzpunkte: Eine solche bedeutet z.B. einerseits eine „Spitzenförderung“, um den Anteil weiblicher Führungskräfte zu erhöhen, und andererseits parallel eine „Breitenförderung", um mehr Frauen für besser bezahlte Tätigkeiten zu qualifizieren bzw. sie auch stärker in technische und männerdominierte Bereiche zu integrieren (vgl. IG Metall 2007d, Fallbeispiele Siemens, Palla GmbH). Auch MentorInnenprogramme für weibliche Nachwuchsführungskräfte und Frauen-Netzwerke gehören dazu. Bosch unterstützt z.B. Programme zur Qualifizierung von angelernten Frauen (ebd.). Palla, ein Unternehmen der Textilbranche, entwickelte zusätzlich einen Qualifikationspass für solche Qualifikationen, für die kein Zertifikat vorhanden ist.[25]

Transparenz, als notwendige Voraussetzung zur Herstellung von Entgeltgleichheit, kann erreicht werden, wenn z.B. entsprechende Betriebsstatistiken geführt, Erhebungsbögen zu den einzelnen Tätigkeiten entwickelt und Arbeitsaufgabenbeschreibungen vorangebracht werden (ebd., Fallbeispiele Westfalia Separator AG, Vacuumschmelze Hanau).

Die Sammlung von Beispielen auf betrieblicher Ebene verdeutlicht auch, dass das Engagement der verantwortlichen Arbeitgeber und der Betriebsräte eine wichtige Bedingung für diese Vorhaben ist. Insofern sind zur Realisierung von Chancengleichheit starke gleichstellungsorientierte Akteure konstitutiv (vgl. Stiegler 2005a, S. 20).

Familienfreundliche Personalpolitik ist ein notwendiger Bestandteil von mehr Chancengleichheit, erschöpft das Thema Gleichstellung jedoch nicht. Vereinbarkeit von Beruf und Familie bezieht sich auf Eltern und nimmt stärker erwerbstätige Mütter, Väter und zunehmend auch Menschen mit Pflegeverantwortung in den Blick. Leider werden weitere Betätigungen neben der Erwerbsarbeit, wie z.B. Ehrenamt und kulturelle Freizeitgestaltungen (d.h. Work-Life-Balance), seltener in diesen Zusammenhängen angesprochen bzw. berücksichtigt. In vielen Programmen und Maßnahmen vermengen sich die Themen Gleichstellungsförderung bzw. Chancengleichheit und Familienfreundlichkeit miteinander oder werden miteinander verknüpft, häufig zugunsten der betrieblichen Familienförderung (vgl. Krell 2008b). Was ein familienfreundlicher Betrieb ist und wie man sich gute Praxis vorstellen kann, lässt sich über die Einschätzung von Beschäftigten sowie aus Umsetzungsstrategien und abgeschlossenen Vereinbarungen ableiten (vgl. Abschnitt 8.2.3).

Arbeitszeit und Arbeitsklima sind die beiden herausragenden Aspekte, an denen beschäftigte Eltern einen familienfreundlichen Betrieb messen (Klenner/Schmidt 2007; Klenner 2004a). Dabei geht es mehr um planbare und kürzere Arbeitszeiten und weniger um die Flexibilität. Das Arbeitsklima ist das zweite große Vereinbarkeitsthema. Für Beschäftigte mit Pflegeaufgaben ist wichtig, ob eher Verständnis für ihre Situation erkennbar wird und man auch von betrieblicher Seite aus ein Klima schafft, das kollegialen Umgang fördert (vgl. Klenner/

25 Hier gilt der TV Qualifizierung der IG Metall.

Schmidt 2007; Klenner 2004a). Andere familienfreundliche Leistungen werden zwar gerne gesehen, sind allerdings weniger vorrangig für die eigene Entlastung.

Wie familienfreundlich deutsche Unternehmen sich selbst sehen, zeigt der „Unternehmensmonitor Familienfreundlichkeit", eine Befragung von 1.128 GeschäftsführerInnen und Personalverantwortlichen (Flüter-Hofmann/Seyda 2006).[26] Im Ergebnis hat sich von 2003 bis 2006 die Bedeutung des Themas in der Einschätzung der Unternehmen deutlich erhöht: 2006 hielten rund 72% (2003: 46,5%) der Unternehmen Familienfreundlichkeit für wichtig. Danach bieten inzwischen 95% der Unternehmen mindestens eine familienfreundliche Maßnahme an, wobei das vor allem flexible Arbeitszeiten und die Berücksichtigung von Belangen von Eltern (z.B. bei der Urlaubsplanung) betrifft. Über die Qualität der Maßnahmen werden keine Aussagen gemacht. Gerade flexible Arbeitszeitgestaltungen können, müssen aber nicht vereinbarkeitsförderlich sein (vgl. Abschnitt 8.4.5). Durchaus kritisch kann auch betrachtet werden, dass Vorhaben, die finanziellen Aufwand erfordern, in den befragten Unternehmen deutlich weniger verbreitet sind.

8.4.5 Einzelne Initiativen

Auf der Seite der Arbeitgeber ist in den letzten Jahren vor allem im Hinblick auf Familienfreundlichkeit im Betrieb Sensibilisierungsarbeit geleistet worden. Als Motivation für eine Beteiligung an Initiativen und Auditierungen wird häufig der demographische Wandel angeführt. Betriebswirtschaftliche Kosten-Nutzen-Rechnungen sollen die personalpolitischen Argumente untermauern (vgl. BMFSFJ 2006; Prognos 2003). Reichweite und Nutzen dieser und anderer Initiativen sind bislang weitgehend unbekannt.

Das Audit „berufundfamilie" der Hertie-Stiftung vergibt Zertifikate, wenn Unternehmen einen Kriterienkatalog in acht Handlungsfeldern erfüllen (vgl. Wollert 2008). Aktuell haben rund 320 Unternehmen sowie diverse staatliche Einrichtungen und Non-Profit-Organisationen ein Zertifikat erhalten (vgl. Audit berufundfamilie 2009).

Gerlach et al. (2007) untersuchten die betriebswirtschaftlichen Erfolge familienbewusster Personalpolitik in 75 auditierten Unternehmen und 72 Institutionen der Hertie-Stiftung anhand des Unternehmensimages, der Personalrekrutierung, der Personalfluktuation, der Mitarbeiterproduktivität, des Krankenstandes, der Dauer der Elternzeit, der Reintegration der Rückkehrer aus der Elternzeit in Betriebsabläufe und der Zeitsouveränität der Mitarbeiter. Sie ermittelten,

26 Die Unternehmensbefragung erfasste 26 familienfreundliche Indikatoren in vier Themenbereichen: Arbeitszeitflexibilisierung, Kinder- und Angehörigenbetreuung, Familienservice und Förderung von Eltern bzw. Frauen.

dass betriebliches Familienbewusstsein mit positiven Effekten verbunden ist. Die Untersuchung kommt zu dem Schluss, dass sich die Unternehmen in den letzten drei Jahren stärker in Richtung Familienfreundlichkeit bewegt haben.

Allerdings sind nicht alle aufgeführten Maßnahmen auch familienfreundlich. Ambivalenzen bestehen besonders bei der Gestaltung flexibler Arbeitszeiten. Die betrieblichen Flexibilitätserfordernisse dominieren häufig die individuellen Nutzungsmöglichkeiten (vgl. auch Spitzley 2007 sowie Kapitel 4).

Auch sind einige Regelungen tarifvertraglich oder in Gesetzen geregelt, die Unternehmen praktizierten diese Maßnahmen daher nicht originär aus eigenem Antrieb. „Originär familienpolitische“ Maßnahmen, wie Job-Sharing, Telearbeit, Wiedereinstieg nach der Elternzeit, Vaterförderung etc., machen einen relativ geringen Anteil aus (vgl. Althammer 2007). Eine bedeutende Rolle von Personal- und Betriebsräten in auditierten Unternehmen konnte nicht belegt werden, sie beschränkten sich weitgehend auf das formal Erforderliche (vgl. Döge/Behnke 2006). Ein Grund für ihr zögerliches Engagement könnte sein, dass die Unternehmen mit ihren Maßnahmen vor allem Imagepflege betreiben (vgl. auch Abschnitt 8.3.1).

Einige jüngere Initiativen widmen sich Gleichstellungsfragen, z.B. Genderdax, Total-E-Quality (vgl. u.a. Dilger et al. 2007). Genderdax ist eine Internetplattform für (hoch) qualifizierte Frauen, um Beschäftigungsmöglichkeiten und Entwicklungschancen bei Großunternehmen und im Mittelstand zu finden (vgl. Domsch/Ladwig 2008).

Der Verein Total-E-Quality Deutschland hat sich die Förderung von Chancengleichheit auf die Fahnen geschrieben und verleiht seit 1996 Prädikate an Organisationen. Insgesamt haben bisher 263 Organisationen das Prädikat erhalten, davon 94 Unternehmen (vgl. Total-E-Quality 2008; Schön 2002). Bei der Befragung von 50 Unternehmen stellte sich heraus, dass die meisten Unternehmen (über 65%) bei den Themen Weiterbildung, Vereinbarkeit, Personalbeschaffung, partnerschaftliches Verhalten und Bestandsaufnahmen zur Beschäftigungssituation Aktivitäten entwickeln. Die große Mehrheit der befragten Unternehmen sieht ihre Motivation darin, das Prädikat der Öffentlichkeit und den Beschäftigten zu präsentieren (über 85%) und im Unternehmen Diskussionsprozesse in Gang zu bringen. Das Prädikat als PR-Faktor diente 58% der Unternehmen, eine Image-Verbesserung sogar 64% der Unternehmen als Motivation. In 73% der Unternehmen konnten Führungskräfte sensibilisiert werden, wobei sich die Personalentwicklung jedoch nur bei knapp der Hälfte der Unternehmen (49%) verbessert hat. Die Institutionalisierung der Aktivitäten zur Chancengleichheit betreiben lediglich 45% (vgl. Total-E-Quality 2008). 66% der Befragten würden das Prädikat stärker in Richtung Diversity öffnen.

Zu den Initiativen mit selbstverpflichtendem Charakter gehört auch die „freiwillige Vereinbarung zur Förderung der Chancengleichheit von Frauen und

Männern in der Privatwirtschaft", die im Jahr 2001 zwischen den Spitzenverbänden der Deutschen Wirtschaft und der Bundesregierung getroffen wurde (vgl. Bundesregierung 2003; Kapitel 1), anstelle des seit langem geforderten Gleichstellungsgesetzes für die Privatwirtschaft (vgl. Pfarr 2001).

Krell/Ortlieb (2004) befragten hierzu Ende 2003 die Personal- oder Geschäftsleitungen von 500 Unternehmen mit mindestens fünf Beschäftigten. Im Ergebnis hatte gerade die Hälfte der befragten Unternehmen überhaupt Kenntnis von der Vereinbarung. Ein Viertel der befragten Unternehmen führte nach Geschlecht differenzierte Statistiken zur chancengleichheitsorientierten Personalsteuerung. Chancengleichheitsförderliche und familienfreundliche Maßnahmen wurden vor allem in Branchen mit einem hohen Frauenanteil durchgeführt sowie in großen Unternehmen, die von der Vereinbarung erfahren hatten, Mitglied in einem Arbeitgeberverband sind, deren Betriebsrat sich diesbezüglich engagiert und in denen es dazu (mindestens) eine Betriebsvereinbarung gibt. Väter sind auch hier kaum Thema und ebenso scheint Entgeltungleichheit keine Herausforderung für die befragten Unternehmen darzustellen (Krell/Ortlieb 2004, S. 28f.).

Die WSI-Betriebsrätebefragung zum Thema Chancengleichheit und Vereinbarkeit im Jahr 2003 ermittelte, dass 29,5% von 970 befragten Betriebsräten die freiwillige Vereinbarung kannten. Betriebliche Aktivitäten aufgrund der Vereinbarung gaben nur 60 Betriebe an (Lindecke/Klenner 2005, S. 9ff.). Hier wurden am häufigsten Gespräche zwischen Arbeitgeber und Betriebsrat und Betriebsversammlungen als durchgeführte Aktivitäten genannt. Ob sich daraus überwiegend dauerhafte Anstrengungen entwickelten, kann zumindest bezweifelt werden.

Die Begleitgruppe[27] kommt in ihren inzwischen vorliegenden drei „Bilanzen" zu dem Schluss: „Die Strategie der freiwilligen Vereinbarung zwischen den Spitzenverbänden der deutschen Wirtschaft und der Politik ist ein Erfolg" (Bundesregierung 2006, S. 57). Auch die dritte Bilanz aus dem Jahr 2008 schließt ihr Fazit identisch und kommt folglich zu dem Schluss, dass ein Gesetz zur Förderung der Gleichstellung in der Privatwirtschaft nicht erforderlich sei (Bundesregierung 2008, S. 76).

Die kritischen Einschätzungen unterschiedlicher Interessenverbände konstatieren, dass „mit der Vereinbarung keine wirklichen Fortschritte erzielt wurden" (Adams et al. 2008, S. 11). Kritisiert werden der nicht vorhandene Bezug der einzelnen Bilanzen zueinander, die geringe Zahl messbarer Indikatoren und

---

27 Ursprünglich bestehend aus den Bundesministerien für Familie, Senioren, Frauen und Jugend (BMFSFJ), für Bildung und Forschung (BMBF), für Wirtschaft und Arbeit (BMWA), für Verkehr, Bau und Wohnungswesen (BMVBW) sowie der Bundesvereinigung der deutschen Arbeitgeberverbände (BDA), dem Bundesverband der deutschen Industrie (BDI), dem Deutscher Industrie- und Handelskammertag (DIHK) und dem Zentralverband des deutschen Handwerks (ZDH).

die mangelhafte Datenlage. Es fehlen systematische Analysen und daraus folgende Schlussfolgerungen zu Wirkungen. Die Bilanzen sind als „Aktivitätenkatalog“ und „Handbuch guter Beispiele“ (vgl. DGB 2006) hilfreich, geben aber keine „Auskunft über den Stand der Gleichstellung in der Wirtschaft und erst recht nicht über einen Fortschritt“ (DGB 2008).

Die in diesem Band versammelten Beiträge lassen vermuten, dass die freiwillige Selbstverpflichtung der Privatwirtschaft weniger als gewünscht greift, eine Wirkung lässt sich bislang nicht eindeutig empirisch belegen. Insgesamt liegt keine ausreichend systematische Datengrundlage vor, um den Zustand und das Maß der Förderung der Chancengleichheit im Betrieb zu beurteilen oder sogar zu schlussfolgern, dass die Selbstverpflichtung genügen würde, um Geschlechtergleichstellung in Deutschland zu erreichen.

8.5 Das Verständnis von Gleichstellung bei betrieblichen Akteuren

Frauen und Männer sind je für sich keine homogenen Beschäftigtengruppen, sondern ihre Interessen sind je nach Lebenslagen, -phasen und -stilen vielfältig. Das erschwert ein geschlossenes und einheitliches Gleichstellungskonzept für alle, weibliche Beschäftigte sind keineswegs als *eine* Gruppe organisierbar (vgl. Pfarr 2001).

8.5.1 Mehr oder weniger Geschlechterungleichheiten?

Die vielfältigen Transformationsprozesse moderner Gesellschaften in Bezug auf Wissen, Information, Netzwerke etc. verändern die Industriegesellschaft nachhaltig. Auch ein Wandel der Geschlechterverhältnisse geht damit einher, mehr noch, dem Geschlecht wird heute eine besondere Aufmerksamkeit zuteil: „gender matters“ (Meuser 2005) insofern, als es in der Personalentwicklung, im Marketing und auch als Geschäftsfeld Gender-Beratung zumindest verbal und kundenorientiert einen Raum bekommt. Diese Tendenz lässt sich dahingehend weiter denken, dass Geschlechterdiskriminierungen womöglich bald keine Rolle mehr spielen.

Zugleich gibt es Anzeichen dafür, dass Geschlechterungleichheiten auch weiterhin (re)produziert werden.[28] Beides existiert gleichzeitig und parallel (vgl. Funder et al. 2006, 2005; Wetterer 2007). Hierarchien zwischen den Geschlech-

28 De-Thematisierung von Geschlecht, den Wandel und gleichzeitiges Verharren der Geschlechterasymmetrie stellen Funder et al. (2006) für IT-Unternehmen fest. Wetterer (2007) ermittelt Ähnliches: Eine gleichzeitige Erosion und Reproduktion von Geschlechterdifferenzen und Hierarchien für Berufs- und Führungspositionen.

tern lösen sich in einigen gesellschaftlichen Bereichen und in einigen Unternehmen auf. Positions- und Einkommensunterschiede in der Erwerbsarbeit insgesamt bestätigen jedoch Benachteiligungen und Asymmetrien als nach wie vor aktuell.

Die Logik des Marktes bestimmt zunehmend auch die betrieblichen Gestaltungsmöglichkeiten zur Geschlechtergleichstellung (vgl. Nickel 2007). Weitergehende Ökonomisierungen aller gesellschaftlichen Bereiche (so genannte Vermarktlichung und Subjektivierung von Arbeit[29]) führen dazu, dass Geschlecht zunehmend als Humanressource gewertet wird. Es findet quasi eine „Kapitalisierung der Geschlechterdifferenz" statt (Meuser 2009, S. 103), zugleich muss Gleichstellung individuell durchgesetzt werden. Der private Lebensbereich und seine geschlechtlichen Zuschreibungen haben dabei auf die betrieblichen Geschlechterverhältnisse Einfluss, z.B. inwiefern „familienfreundliche Politik als Anspruch und nicht als Vergünstigung" betrieben wird (Nickel 2007, S. 37). Die Beteiligung am Erwerbsleben wird einerseits von außerbetrieblichen Verpflichtungen bestimmt, umgekehrt haben z.B. das Einkommen und die berufliche Position Einfluss auf das außerbetriebliche Leben. Es besteht eine Wechselbeziehung mit geschlechtlichen Zuschreibungen.[30]

Bei der Deutschen Bahn AG z.B. führte die Entwicklung der betrieblichen Geschlechterpolitik seit der Privatisierung zu einer De-Thematisierung von Geschlecht, indem Geschlecht als Kategorie zwar in einen breiteren Ansatz integriert wurde, aber zugleich keine explizite Erwähnung mehr findet (vgl. Nickel 2008; Frey 2007). Zugleich wird der Ansatz stärker an der Wertschöpfung ausgerichtet. Das eröffnet einerseits Chancen für Frauen, wenn sie z.B. mit hohen individuellen Verhandlungspotenzialen ausgestattet und für das Unternehmen wertvoll sind, denn individuelle Lösungen für Vereinbarkeitsprobleme können dann gefunden werden. Frauen mit weniger Verhandlungsressourcen, gering Qualifizierte und/oder mit Sorgeverpflichtungen haben jedoch schlechtere Erfolgsaussichten, ihre Interessen einzubringen und gegebenenfalls durchzusetzen (vgl. Frey 2007, S. 174ff.). Im Ergebnis werden die meist an den Frauen „hängenden" außerbetrieblichen Sorgepflichten und -bedürfnisse entweder individualisiert oder weitgehend aus der allgemeinen Personalpolitik ausgeblendet. Orga-

29 Wachsende Selbstorganisation und Selbststeuerung der Beschäftigten, unternehmerisches Handeln und zugleich Ansprüche an eine Synchronisation ihres „ganzen Lebens" (Nickel 2007, S. 30).

30 Kurz-Scherf plädiert in diesem Zusammenhang für das Konzept der „Soziabilität". Arbeit und Leben sind heute weitgehend strukturell nicht vereinbar mit den Zielen einer modernen Gesellschaft wie z.B. Gleichberechtigung. Es geht u.a. darum, dass unterschiedliche Arbeits- und Lebenswelten Anschluss aneinander finden. Es geht um Vereinbarkeit von individueller Selbstverwirklichung, Verteilung und Bewertung von Arbeit sowie um soziale Gerechtigkeit und Geschlechterdemokratie (vgl. Kurz-Scherf 2007).

nisationen konstruieren so geschlechtliche Trennlinien und richten sich an eher stereotypen männlichen Realitäten aus (vgl. Acker 1990).

Funder et al. (2006) untersuchten, ob gerade in modernen, wissensbasierten Unternehmungen der IT-Industrie das Geschlecht tatsächlich keine Rolle mehr spielt, sondern nur noch Qualifikation, Kompetenz etc. relevant sind. Die De-Thematisierung von Geschlecht führt dazu, dass die vorhandenen Ungleichheiten gar nicht erst diskursfähig werden, die AutorInnen sprechen von einem „Egalitätsmythos".[31] Zwar zeigen sich durchaus Erfolge und einzelne Gegenbeispiele, aber die Mehrheit der untersuchten Unternehmen reproduziert nach wie vor Geschlechterungleichheiten.

Die Lücke klafft besonders dort, wo zwar egalitäre Unternehmensleitbilder entwickelt werden, diese aber nicht strukturell und tatsächlich als Chancengleichheit im Unternehmen verankert sind. Es gibt in den meisten untersuchten IT-Unternehmen keine Konzepte zur Überprüfung der Personalpolitik, Stellenbesetzung und Weiterbildung. Beschäftigte in Teilzeit bzw. Elternzeit werden häufig stigmatisiert. „Rund-um-die-Uhr-Bereitschaft" und „Anwesenheitskult" sind typische Indikatoren für wirksame Mechanismen und bestehende Kulturen. Das heißt, eine für Gender sensible Personalpolitik findet faktisch nicht statt, weil das Geschlecht ja keine Rolle zu spielen scheint. Horizontale und vertikale Segregation sowie asymmetrische Geschlechterordnungen werden zwar gesehen, Ursachen werden aber meist außerhalb der Organisation verortet, wie z.B. in der Berufswahl, was auch eine gewisse Plausibilität hat. Insgesamt hält man am Bild der geschlechtsneutralen Organisation fest bzw. ist davon überzeugt, in einer solchen zu arbeiten. Realisiert wird sie jedoch nicht, sie wird zur Rhetorik oder zum Mythos.

8.5.2 Spielräume in Organisationen

Organisationen sind eingebettet in einen gesellschaftlichen Rahmen, der ihnen nicht nur Strategien und Strukturen vorgibt, sondern auch Handlungsspielräume eröffnet. Die Art und Weise wie diese Spielräume genutzt werden sowie die Ergebnisse dieser Nutzungspraxen wirken wieder in die Gesellschaft zurück (vgl. Priddat 2005). Geschlechterungleichheit in Unternehmen kann hergestellt, verstärkt oder abgeschwächt werden. Dabei stehen Alltagshandeln und Kommunikation am Arbeitsplatz in wechselseitiger Verbindung mit Organisationsstrukturen, d.h. Strukturen und Handlungen werden wechselseitig (re)produziert. Existierende Grundüberzeugungen und das individuelle Verständnis von Geschlecht

31 Andere Studien mit ähnlichen Befunden nennen das „Semantik der Gleichberechtigung" (Wetterer 2007, S. 192), „Gleichstellungsfassaden" (Apelt et al. 2005), „virtuelle Abteilung" (Süß 2008).

fließen in Organisationskulturen und in kollektive Denk- und Handlungsmuster ein (vgl. die Kapitel 2 und 7). Werden auf der Handlungsebene z.B. geschlechtliche Zuweisungen nicht hinterfragt, können Stereotype, Polarisierungen, geschlechtsbezogene Kompetenzzuschreibungen wirksam und in Routinen und Strukturen eingepasst werden. Darüber werden sie erneut verfestigt, aktualisiert und reproduziert. So werden auch neue Hierarchisierungen zwischen und innerhalb der Geschlechter möglich (vgl. Riegraf 2008).

Unterschiedliche Motive und Interessen sowie daraus resultierende Strategien der Akteure spielen für die Realisierung von betrieblicher Gleichstellungsförderung eine Rolle. Motive und Interessen sind für jeden Akteur wichtige Ausgangspunkte, sich für eine Sache einzusetzen. Diese folgen nicht immer rationalen betrieblichen Interessen, sondern auch eigenen Partikularinteressen und subjektiven Sichtweisen. So können im individuellen Verhalten, bezogen auf Gleichstellungsmaßnahmen, Lücken zwischen der ernsthaften Bejahung, dem Gleichstellungsbewusstsein und dem konkreten Verhalten bestehen. Es gibt eine „interessengeleitete Nichtwahrnehmung", um die Diskrepanz aushaltbar zu machen (Höyng/Lange 2004).

Eine Befragung von 20 Personalverantwortlichen aus fünf Großunternehmen hatte zum Ergebnis, dass die eigene Erwerbsbiographie häufig zur Beurteilung herangezogen wird (vgl. Koch 2008): Familienfreundliche Arbeitsbedingungen und hoch qualifizierte Beschäftigung sind demnach nicht vereinbar, weil man dies als Führungskraft für sich selbst ausgeschlossen hat – und zwar als Frau wie Mann (vgl. auch Alemann 2007). Die angeführten Argumente reichen so weit, dass Geschlechterungleichheiten als „naturgegeben" und kaum veränderbar definiert werden (ebd., S. 492; Bednarz-Braun 2000, S. 255ff.). (Potenzielle) Mutterschaft ist unter Kostenaspekten dann ungünstig und führt zum Ausschluss aus Teilarbeitsmärkten und von Aufstiegspositionen für Frauen.

Unabhängig davon, dass im Top-Management und in Aufsichtsräten Frauen unterrepräsentiert sind, ist es vor allem das mittlere Management, das Widerstandspotenzial aufbietet (u.a. Bednarz-Braun 2000, S. 157ff.). Dabei fallen Frauen nicht unbedingt durch andere Handlungslogiken als Männer auf und auch nicht als herausragende Förderinnen einer betrieblichen Gleichstellungspraxis (vgl. Alemann 2007). Andererseits: Warum sollten Frauen qua Geschlecht solidarisch mit Frauen sein?

Bei Veränderungsprozessen und Restrukturierungen können sich neue Chancen für mehr Gleichstellung für qualifizierte Frauen eröffnen. Positive Wirkungen können dann eintreten, wenn die Veränderungsbereitschaft der Belegschaft nicht überstrapaziert wird. Es besteht auch die Gefahr, dass Unsicherheit und der Verlust von sozialen und kulturellen Ressourcen wachsen (vgl. Liebig 2001). Werden die Befürchtungen groß, kann das mit einer Stärkung traditioneller Denkmuster bei Männern und Frauen einhergehen. Selbst ein betriebliches Umfeld, „das über gezielte Maßnahmen zur Gleichstellung und Frauenförderung verfügt, kehrt sich dann gleichsam wieder in einen voremanzipierten Zustand" (ebd., S. 34). Für gering qualifizierte Frauen in Arbeitsbereichen technischer Rationalisierung steigt tendenziell die Gefahr des Arbeitsplatzverlustes (vgl. Schön 1999; auch Kurz 2006).

Den Zusammenhang von organisationskulturellen Bedingungen und Geschlechtersegregation veranschaulichen drei Organisationstypen, abgeleitet von sieben untersuchten IT-Unternehmen (Funder et al. 2006). Die AutorInnen definieren Geschlechterkulturen als „ein Ergebnis und Medium von Handlungen [...], sie werden durch das Handeln von Akteuren permanent (re-)produziert" (ebd., S. 191). Das kommt in Leitbildern, Gesten, Haltungen, Normen, Organisationsregeln und autoritativen und ökonomischen Machtmitteln zum Ausdruck. Akteure können dazu beitragen, dass sich diese Kulturen verändern oder so erhalten bleiben. Neben dieser symbolisch-normativen Ebene sind die Organisationsstrukturen gleichermaßen relevant.

Im Ergebnis hätten Unternehmen des ersten Typs zwar ein verlautbartes Leitbild, etwa „Geschlecht spielt keine Rolle", in den Strukturen sei dies jedoch nicht verankert (symbolisch-egalitäre Geschlechterkultur). Geschlechterungleichheiten existierten in den Wahrnehmungen der Akteure und in den Strukturen unverändert weiter. Unternehmen des zweiten Typus unterscheiden sich davon, weil sie erkennen, dass gegen die Geschlechterdifferenzen in den Strukturen etwas unternommen werden muss. Jedoch richten die ergriffenen Maßnahmen nur wenig aus (ambivalent-egalitäre Geschlechterkultur). Geringe Entscheidungsbefugnisse und Machtressourcen verantwortlicher Stellen sind dafür Beispiele. Unternehmen der dritten Gattung neutralisieren sowohl in den Strukturen als auch normativ und symbolisch Geschlechterdifferenzen (reflexiv-egalitäre Geschlechterkulturen). Im Unterschied zu den anderen Unternehmen ist Gleichstellungspolitik ein zentrales Element der Leitlinien und in der strategischen Unternehmenspolitik verankert. Dieser Typus konnte nur für ein Unternehmen abgeleitet werden (vgl. ebd., S. 189ff.).

Die Diskrepanz zwischen vordergründiger Rhetorik betrieblicher Gleichstellungspolitik und geringer Entsprechung auf struktureller Ebene wird bildhaft mit „Vorder- und Hinterbühne" bezeichnet (ebd.). Während auf der Vorderbühne Geschlecht keine Rolle spielt, wirken auf der Hinterbühne informelle Strukturen, Macht, Anerkennung etc. Diversity-Consultants bei der Deutschen Bank sehen daher ihre Aufgabe darin, „Diskrepanzen zwischen ‚Hochglanzbroschüren' und Umsetzung zu minimieren" (Belinszki et al. 2003, S. 308; vgl. Höyng/ Lange 2004).

Festzuhalten bleibt, dass Gleichstellung und Chancengleichheit in privatwirtschaftlichen Unternehmen machbar ist. Einige referierte Studien in diesem Band belegen das. Zu den Anforderungen an eine effektive Praxis gehört in jedem Fall, dass die handelnden Akteure sich ihrer eigenen Möglichkeiten bewusst sind, dass erkannt wird, wie die Vorder- und Hinterbühnen bespielt werden, und dass ernsthaft und verbindlich Strukturen verändert werden.

8.6 Fazit und Perspektiven

Die Evaluierung von Gleichstellungsmaßnahmen ist schwierig (vgl. Behning/ Sauer 2005). Effekte lassen sich nicht unbedingt isolieren, außerdem erschwert die Komplexität der Wirkungen auf Individuen, Prozesse, Strukturen und Systeme die Evaluationen (vgl. Jüngling/Rastetter 2008). Und nicht alles lässt sich in kausalen Zusammenhängen erklären. Einige betriebliche Beispiele zeigen, dass sich mit Zielvorgaben bzw. -korridoren Entwicklungen quantifizieren lassen. Zum Beispiel ermöglichen Beschäftigtenbefragungen Aussagen zum Betriebsklima (vgl. Belinszki et al. 2003). Auch kann z.B. GM zur „Auflösung männerbündischer Arbeitskulturen" beitragen, vorausgesetzt, Ziele und Wertorientierungen werden vorab geklärt (Höyng/Lange 2004, S. 111). Das gilt für andere Konzepte in ähnlicher Weise. Gegenwärtig boomen Maßnahmen für familienorientierte Personalpolitik im Rahmen der Vereinbarkeit von Familie und Beruf. Diese Maßnahmen können, müssen jedoch nicht gleichstellungsförderlich sein, sondern können z.B. Stereotypen folgen. Strategien wie GM richten sich vor allem an Politik und Verwaltung bzw. ähnliche Organisationen, die Durchsetzung erfolgt aber durchaus zögerlich. Auch die Wirkungen von DiM sind noch nicht überzeugend belegt, wenn bislang vor allem Großbetriebe oft mit Anstoß ihrer amerikanischen Muttergesellschaften diesem Ansatz folgen. Kontrovers diskutiert wird, ob diese Strategien langfristig tatsächlich zum Abbau von Geschlechterungleichheit in der Erwerbsarbeit führen, das ist keineswegs ausgemacht. Und nicht selten werden GM und DiM gegeneinander gestellt. Bei der Anwendung von GM und DiM bleiben womöglich die tatsächlich zugrunde liegenden Vorstellungen von Geschlecht bzw. weiteren Merkmalen personeller Vielfalt in der Organisation verborgen (vgl. Riegraf 2008). Organisationen können dann im Prinzip problemlos an unreflektierte (geschlechterbezogene) Stereotype anknüpfen, verändern wird sich so vermutlich wenig, egal welche Strategie zum Zug kommt. Krell (2009) plädiert in diesem Zusammenhang für eine pragmatische „Vernunftehe" von GM und DiM, bei der organisationsspezifisch die passende Schwerpunktsetzung erfolgen sollte. Es stellt sich daher für Organisationen die Frage, welche Vorstellungen von Geschlecht und personeller Vielfalt anerkannt und gefördert werden und welche eher nicht erwünscht sind. Insofern können langfristige Institutionalisierungen und reflektierte Prozesse Lernfortschritte für Organisationen bewirken.

Es ist inzwischen eine gängige Sichtweise, dass mehr erwerbstätige Frauen einen Teil der personalpolitischen Probleme der Zukunft lösen, wenn im Zuge des demographischen Wandels die Personalrekrutierung schwieriger wird. Aber betriebswirtschaftliche Handlungslogik und ein an Wertschöpfung ausgerichtetes Management der personellen Ressourcen orientieren sich kaum an Gerechtigkeitsnormen (vgl. Nickel 2007, S. 36). Die zunehmende Integration von Frauen in den Arbeitsmarkt bedeutet daher für sich noch nicht mehr Gleichstellung. Im Gegenteil, teilweise werden sie gerade über prekäre Beschäftigung im Niedriglohnbereich über besonders diskriminierungsanfällige, nicht existenzsichernde Minijobs in den Arbeitsmarkt einbezogen (vgl. Kapitel 3 und 4).

Werden Kosten-Nutzen-Betrachtungen angestellt, so stoßen diese häufig an ihre Grenzen, weil alle Kosten- und Nutzenarten nicht in Gänze bestimmt oder eindeutig zugeordnet werden können. Selbst belegbare offensichtliche ökonomische Vorteile führen nicht zu flächendeckender Verankerung und Implementierung von betrieblicher Gleichstellungsförderung. Eine ökonomische Analyse über Karrierewege von weiblichen und männlichen Trainees ergab, dass im Unternehmen Humankapital durch die auftretenden Fluktuationen verschenkt worden war, weil für einen Teil der Frauen Karrieremöglichkeiten und Vereinbarkeitsfragen nur unzureichend gelöst wurden (vgl. Domsch 2005). Prognos (2003) errechnete Einsparpotenziale aufgrund familienfreundlicher Maßnahmen, die sich für ein mittelständisches Unternehmen auf über 100.000 EUR belaufen können. Man kann argumentieren, dass für ein Unternehmen kein besonderer Grund besteht, z.B. auf Gleichstellung zu achten, es sei denn, daraus entstünden (ökonomische) Vorteile (vgl. Priddat 2005). Umgekehrt bedeutet das auch, dass es keinen Grund gibt, Geschlechtergleichstellung als Thema prinzipiell aus der Unternehmenspolitik herauszuhalten. Möglicherweise führt auch die Furcht vor etwaigen Reibungsverlusten zu suboptimalen Lösungen im Unternehmen (vgl. Kocyba 2005). Wenn bestehende Rollenverhältnisse und Arbeitsteilungen im Betrieb tendenziell mehr Vorteile für Männer bringen als für Frauen, sind die Kosten durch Veränderungen dieser Vorteilsverhältnisse dann gegebenenfalls zu hoch. Insofern könnte es sein, dass selbst eine „Effizienzüberlegenheit diversity-freundlicher Arrangements“ nicht zur Durchsetzung genügt (ebd, S. 153). Andererseits sollte auch berücksichtigt werden, dass die „Handlungskorridore“ (Bednarz-Braun 2000) betrieblicher Akteure auf Arbeitgeber- und Arbeitnehmerseite durchaus veränderbar sind. Kosten-Nutzen-Abwägungen betrieblicher Gleichstellungsförderung, der demographische Wandel, „Frauen als Kundinnen“ sind Argumente, die dazu beitragen, dass scheinbar feststehende betriebswirtschaftliche Logiken sich an veränderte Realitäten anpassen (müssen) und andere Prioritäten gesetzt werden. Insofern können mit einem gewissen Pragmatismus ökonomische Argumente nützlich sein, um gleiche Rechte durchzusetzen. „Zusammenzubringen [sind] somit das Primat der gleichen Rechte und das Primat der Ökonomie“ (Schön 1999, S. 301).

Auf dem Arbeitsmarkt eröffnen sich für gut ausgebildete Frauen Chancen. Am anderen Ende stehen Angestellte mit geringer Qualifikation und an- und ungelernte Arbeiterinnen, deren Perspektiven schrumpfen (z.B. Kurz 2006 für Automobil- und Elektrokonzerne; Kutzner 2005 für Call Center). In prekären Beschäftigungsverhältnissen sind Frauen überrepräsentiert und bekommen dort außerdem zunehmend Konkurrenz von Männern (vgl. Kapitel 3; Dörre 2007). Das Auseinanderdriften von hoch qualifizierten und gut bezahlten Tätigkeiten einerseits und gering qualifizierten bzw. niedrig bewerteten Tätigkeiten andererseits steht im Zusammenhang mit privaten Betreuungspflichten bzw. vorhandener Verfügbarkeit und der Berufswahl (vgl. Kapitel 2; Nickel 2007; Krüger 2003). Und es existieren geschlechtsbezogene subjektive Zuschreibungen. Beispielsweise werden die zunehmend geforderten soft skills oder sozialen Kompetenzen häufig fälschlicherweise und stereotyp mit „weiblichen Eigenschaften“ gleichgesetzt (vgl. die Kapitel 2 und 7). Ob in diesen Zuschreibungen neue Chancen für Frauen liegen, ist aber fraglich.[32] Eher setzen sich getrennte berufliche Segmente fort, horizontale und vertikale Segregationslinien bleiben bestehen. Während hoch qualifizierte Frauen für sich Spielräume auch in Bezug auf Vereinbarkeitsfragen erreichen können, ändert sich für andere Frauen, insbesondere für diejenigen in prekärer Beschäftigung vermutlich wenig, eher entstehen neue Gefahren. Für sie bleibt der Konflikt zwischen Fürsorge, Erwerbstätigkeit und Arbeitsqualität nahezu unverändert bestehen oder verschärft sich sogar. Eine Aufgabe der Gleichstellungsförderung müsste es daher sein, sowohl hoch qualifizierte Frauen zu unterstützen als auch breit ausgerichtete Chancengleichheitspolitik in Bezug auf Entgelt und Qualifizierung zu betreiben. Und betriebliche Gleichstellungspolitik muss die sehr unterschiedlichen Erwerbs- und Lebenslagen auch innerhalb der Gruppen der Frauen und Männer stärker berücksichtigen.

Der Handlungsrahmen für Gleichstellungsförderung im Betrieb ist nicht optimal und wird auch zu wenig von einer gleichstellungsfördernden Makropolitik unterstützt (vgl. Kapitel 1). Aber selbst die vorhandenen Instrumente und Spielräume auf betrieblicher Ebene werden bei Weitem nicht ausgeschöpft. Weder Arbeitgeber noch Betriebsräte behandeln die betriebliche Gleichstellungsförderung als ein vordringliches Thema. Die Tarifpartner zeichnen sich im Kampf um mehr Geschlechtergerechtigkeit ebenfalls nicht besonders aus.

---

32 Während die den Frauen zugeschriebenen Ressourcen geschlechtlich konnotiert bleiben, gilt das hinsichtlich relevanter Ressourcen für Managementfunktionen nicht unbedingt. Meuser (2005, S. 67) bemerkt daher, dass sich „die Gleichsetzung des Männlichen mit dem Allgemein-Menschlichen und des Weiblichen mit dem Besonderen in neuer Gestalt wiederholt.“

Die in diesem Band versammelten Beiträge lassen vermuten, dass die freiwillige Selbstverpflichtung der Privatwirtschaft weniger als gewünscht greift, eine Wirkung lässt sich bislang nicht eindeutig empirisch belegen. Insgesamt liegt keine ausreichend systematische Datengrundlage vor, um den Zustand und das Maß der Förderung der Chancengleichheit im Betrieb zu beurteilen oder sogar zu schlussfolgern, dass die Selbstverpflichtung genügen würde, um Geschlechtergleichstellung in Deutschland zu erreichen.

Auch wenn die Arbeitnehmerseite womöglich geschlechtersensibler als die Arbeitgeberseite ist, reicht auch ihre Überzeugung noch nicht so weit, dass sich dies in Tarifverhandlungen oder Betriebsvereinbarungen entsprechend in der Breite niederschlägt. Tradierte Vorstellungen über „klassische Normalarbeitsverhältnisse" dominieren im Verhandlungsfall vermutlich nach wie vor noch eher als gleichstellungspolitisch orientierte Leitbilder. Diverse betriebliche Beispiele in diesem Band verdeutlichen, dass eine wichtige Bedingung für mehr Gleichstellung das Engagement der verantwortlichen Arbeitgeber und der Betriebsräte bzw. das „Selbststeuerungspotenzial" der Akteure (Kapitel 1) ist. Insofern sind zur Realisierung von Chancengleichheit starke gleichstellungsorientierte Akteure eine notwendige Bedingung, um die Selbststeuerung gleichstellungsfördernder Prozesse in Gang zu bringen.

Ohne ein Gleichstellungsgesetz für die Privatwirtschaft ist gegenwärtig das Betriebsverfassungsgesetz in Verbindung mit dem AGG die größte handlungsleitende Verbindlichkeit in Unternehmen. Damit kommt den Betriebsräten eine gleichstellungspolitische Verantwortung zu, derer sich viele von ihnen vermutlich noch nicht bewusst sind. Betriebsräte können Motoren für mehr Gleichstellung sein, brauchen dafür aber auch Unterstützung und Anregung, zumal ihre Aufgaben stetig anwachsen. Um positive Anreize zu setzen und Überforderungen zu vermeiden, sind Beschäftigte auf der individuellen Ebene und Gewerkschaften als kollektive Akteure ebenso gefordert. Das gilt insbesondere dort, wo keine betrieblichen Interessenvertretungen existieren. Um Prozesse der Geschlechtergleichstellung anzuregen, Entwicklungen selbst voranzubringen und zu steuern, müssen Betriebsräte und Sozialpartner wiederum einen adäquaten Handlungsrahmen vorfinden (vgl. Kapitel 1). Nicht zuletzt kommt es daher auf die Zusammenarbeit der unterschiedlichen Ebenen und der dort handelnden Akteure an.

Es existieren Konzepte und Ansätze sowie gute Praxisbeispiele. Einzelbeispiele zeigen, dass und wie es gehen kann. Sie finden sich öfter in Großbetrieben, wo eher Gleichstellungskompetenz in Form von Anlaufstellen für Gleichstellung existiert. Das sind nicht immer gewählte Gleichstellungsbeauftragte, sondern z.B. auch beim Personalbereich angesiedelte Kräfte. Oft sind es Betriebsrätinnen, die gleichstellungspolitische Arbeit leisten.

Gleichstellungsförderung muss stärker in den Unternehmensstrukturen verankert bzw. verbindlich institutionalisiert sein, Führungskräfte müssen besser einbezogen und verpflichtet werden, Strategien umzusetzen. Es ist kaum realistisch, Veränderungsdruck auf der Basis von Selbstverpflichtungen aufzubauen.

Aber auch die Institutionalisierung ist kein Garant für uneingeschränktes Gelingen: Zwar haben sich Arbeit und Arbeitsverhältnisse gewandelt, wenig gewandelt haben sich hingegen Machtfragen und geschlechtlich besetzte Stereotype. Wenn zudem Geschlechterunterscheidungen unter dem Deckmantel der Gleichstellung existieren, also „Vorder- und Hinterbühnen" bespielt werden, ist es schwer, diese Mythen zu beseitigen und durch tatsächliche Gleichstellungspolitik zu ersetzen.

Für die handelnden Akteure, insbesondere Betriebsräte und Gewerkschaften, stellt sich die Frage, wie sie stärker aktiv und aktivierend Gleichstellung im Betrieb voranbringen können und welche Hilfestellung Unternehmen und Betriebe brauchen können. Die in Kapitel 1 vorgeschlagenen Wege eines Verbandsklagerechts beim AGG, niedrig schwellige Mediationsverfahren zur Konfliktlösung mit stärkerer Beteiligung der Tarifpartner sowie bessere Monitoring-Systeme sind auch aus der betrieblichen Perspektive dieses Kapitels heraus nachdrücklich wünschenswert und notwendig.

Auf betrieblicher bzw. Unternehmensebene fehlen zusätzlich Maßnahmen zur betrieblichen Gleichstellungsförderung insbesondere in den folgenden Punkten:

- Es werden verbindliche adäquate Personalstatistiken und Gleichstellungsberichte in den Unternehmen benötigt, die nach Geschlecht differenzieren und für die handelnden Akteure wesentliche Indikatoren für Gleichheit abbilden, um mehr Transparenz und Gleichstellungscontrolling auf Unternehmensebene zu erreichen (vgl. Kapitel 1, Beispiel Schweden, Frankreich, USA).
- Es werden mehr verbindliche Absprachen und konkrete Zielvereinbarungen zwischen den Interessenvertretungen (BR, MAVen etc.) und Arbeitgebervertretern auf Unternehmensebene benötigt, um Geschlechtergleichstellung in den unterschiedlichen Feldern im Unternehmen konkret voranzubringen, insbesondere um
  - Männer im Gleichstellungskontext häufiger als bisher anzusprechen und sie zur Verantwortungsübernahme zu motivieren,
  - gute Praxis in Bezug auf die Verringerung der Einkommensdifferenz mehr als bisher in den betrieblichen Handlungsfokus zu rücken,
  - Teilzeitarbeit zu entdiskriminieren und männlich geprägte Arbeitszeitkulturen mit Vollzeitorientierung und überlangen Arbeitszeiten zu überwinden,

  - mehr Frauen in Führungspositionen zu bringen, da hier weiterhin ein großer Handlungsbedarf besteht,
  - Programme anzubieten, die neben der gezielten „Spitzenförderung“ zugleich Qualifizierungsangebote für alle Frauen gewährleisten.
- Schließlich werden kollektive Vereinbarungen benötigt, die auf Unternehmens- und Branchenebene Kompromisse zur Förderung der Geschlechtergleichstellung und Chancengleichheit aushandeln und damit Rahmenbedingungen im deutschen System industrieller Beziehungen setzen. Zudem muss gewährleistet sein, dass Tarifverträge diskriminierungsfrei sind.

Verbesserte gesetzliche Vorgaben, stärkere Berichtspflichten, verhandlungsstarke handelnde Akteure sowie verbesserte Datengrundlagen sind wesentliche Elemente, um Diskriminierungen abzubauen, sowie geschlechtergerechte Teilhabe und Chancengleichheit in der deutschen Privatwirtschaft voranzubringen.

Literatur

Acker, J. 1990: Hierarchies, Jobs, Bodies: A Theory of Gendered Organizations. In: Gender and Society, 4/1990, S. 139-158

Adams, K./Böker, M./Botsch, E./Engels, H./Grieger, K./Rampf, R./Rodi, K. 2008: Alternativbericht der Allianz von Frauenorganisationen Deutschlands zum 6. Bericht der Bundesregierung Deutschland zum Übereinkommen der Vereinten Nationen zur Beseitigung jeder Form der Diskriminierung der Frau (CEDAW). Berlin

Alemann, A. 2007: Unterrepräsentanz ohne Ende? Geschlechterungleichheit bei Führungskräften in der deutschen Wirtschaft. In: WSI-Mitteilungen, Heft 9, S. 487-493

Althammer, J. 2007: Gesamtwirtschaftliche Effekte betrieblicher Familienpolitik. In: Dilger et al. 2007, S. 45-63

Alvarez, A. 2008: Praxisbeispiel Ford-Werke GmbH, Köln: Erfolgreiche Implementierung von Diversity. In: Krell 2008d, S. 81-88

Andresen, S./ Koreuber, M./ Lüdke, D. 2009: Gender und Diversity: Albtraum oder Traumpaar? Wiesbaden

Antidiskriminierungsstelle 2009: 1,73 Mrd. Euro Kostenbelastung für die Wirtschaft sind vom Tisch, Pressemitteilung vom 14.8.2008 (http://www.antidiskriminierungsstelle.de/bmfsfj/generator/ADS/pressemitteilungen,did=112532.html; 24.1.2009)

Apeloig, B./Krell, G. 2005: „Chancen!Gleich“ auch für die Beschäftigten der Gewerkschaften? In: Bresser, R./Krell, G./Schreyögg, G. (Hg.): Diskussionsbeiträge des Instituts für Management, FU Berlin, Folge 29/05

Apelt, M./Dittmer, C./Mangold, A. 2005: Die Bundeswehr auf dem Weg zur Gleichstellung der Geschlechter. In: Ahrens, J.-R./Apelt, M./Bender, C. (Hg.): Frauen im Militär. Wiesbaden, S. 108-132

Aretz, H.-J./Hansen, K. 2003: Erfolgreiches Management von Diversity. Die multikulturelle Organisation als Strategie zur Verbesserung einer nachhaltigen Wettbewerbsfähigkeit. In: Zeitschrift für Personalforschung, Jg. 17/Heft 1, S. 9-36

Audit berufundfamilie 2009: Zertifikatsträger (http://www.beruf-und-familie.de/index.php?c=46 &typ=1&qstr=&since=; 23.3.2009)

Aulenbacher, B./Funder, M./Jacobsen, H./Völker, S. (Hg.) 2007: Arbeit und Geschlecht im Umbruch der modernen Gesellschaft. Wiesbaden

Banos, S./Göbel, R. 2008: Praxisbeispiel IG Metall: Gender Mainstreaming in der Personalpolitik. In: Krell 2008d, S. 121-126

Beblo, M./Wolf, E. 2004: Chancengleichheit und Vereinbarkeit von Familie und Beruf – Faktoren des betrieblichen Engagements. In: WSI-Mitteilungen, Heft 10, S. 561-567

Beckmann, P./Möller, I. 2001: Die Verbreitung betrieblicher Vereinbarungen zur Förderung der Gleichstellung von Frauen und Männern Ende der 90er Jahre. In: Engelbrech, G. (Hg.): Arbeitsmarktchancen für Frauen, Beiträge zur Arbeitsmarkt- und Berufsforschung, 258. Nürnberg, S. 167-174

Bednarz-Braun, I. 2000: Gleichstellung im Konflikt mit Personalpolitik. Opladen

Behning, U./Sauer, B. (Hg.) 2005: Was bewirkt Gender Mainstreaming? Evaluierung durch Policy-Analysen. Frankfurt/M.

Belinszki, E. 2003: Die Praxis von Diversity Management. In: Belinszki et al. 2003, S. 280-360

Belinszki, E./Hansen, K./Müller, U. (Hg.) 2003: Diversity Management, Band 2. Münster

Bispinck, R. (Hg.) 2005a: WSI-Tarifhandbuch 2005. Frankfurt/M.

Bispinck, R. 2005b: Presseerklärung Hans-Böckler-Stiftung vom 17.5.2005 zum Tarifhandbuch 2005

Bundesministerium für Familie, Senioren, Frauen und Jugend (BMFSFJ) (Hg.) 2006: Familienfreundliche Maßnahmen im Handwerk. Potenziale, Kosten-Nutzen-Relationen, Best Practices. Berlin

Bothfeld, S./Gronbach, S./Riedmüller, B. (Hg.) 2002: Gender mainstreaming – eine Innovation in der Gleichstellungspolitik. Frankfurt/M.

Botsch, E./Lindecke, C./Wagner, A. 2007: Familienfreundlicher Betrieb. edition der Hans-Böckler-Stiftung Nr. 193. Düsseldorf

Bundesregierung 2003: Bilanz 2003 der Vereinbarung zwischen der Bundesregierung und den Spitzenverbänden der deutschen Wirtschaft zur Förderung der Chancengleichheit von Frauen und Männern in der Privatwirtschaft. Berlin

Bundesregierung 2006: 2. Bilanz Chancengleichheit. Frauen in Führungspositionen. Berlin

Bundesregierung 2008: 3. Bilanz Chancengleichheit. Berlin

Deutscher Gewerkschaftsbund (DGB) 2006: Chancengleiches Personalmanagement (hrsg. vom Bundesvorstand, Abteilung Gleichstellungs- und Frauenpolitik). Berlin

Deutscher Gewerkschaftsbund (DGB) 2008: Herbe Kritik an 3. Bilanz zur Chancengleichheit – Bundesregierung und Spitzenverbände lehnen Gleichstellungsgesetz ab. Newsletter Juli/August, Teil 1 (hrsg. vom Bundesvorstand, Abteilung Frauen- und Gleichstellungspolitik; www.dgb-frauen.de/themen/dokumente/newsletter-juli-august-2008-teil-1.pdf; 21.1.2009)

Deutscher Gewerkschaftsbund (DGB) Rechtsschutz GmbH 2007: Recht so!, Ausgabe 5/2007 (http://www.dgbrechtsschutz.de/uploads/media/Recht_so_5_07.pdf; 22.3.2009)

Dettling, W. 2004: Work-Life Balance als strategisches Handlungsfeld für die Gewerkschaften. Hans-Böckler-Stiftung, Arbeitspapier 90. Düsseldorf

Dilger, A./Gerlach, I./Schneider, H. (Hg.) 2007: Betriebliche Familienpolitik. Potenziale und Instrumente aus multidisziplinärer Sicht. Wiesbaden

Döge, P./Behnke, C. 2006: Betriebs- und Personalräte als Akteure familienbewusster Personalpolitik. Handlungsmuster von Personalvertretungen in Unternehmen und Organisationen mit dem audit berufundfamilie®, Endbericht

Döge, P./Stiegler, B. 2004: Gender Mainstreaming in Deutschland. In: Meuser/Neusüß 2004, S. 135-157

Dörre, K. 2007: Prekarisierung und Geschlecht. Ein Versuch über unsichere Beschäftigung und männliche Herrschaft in nachfordistischen Arbeitsgesellschaften. In: Aulenbacher et al. 2007, S. 285-301

Domsch, M./Ladwig, D. 2008: Genderdax – Top Unternehmen für hochqualifizierte Frauen. In: Krell 2008d, S. 479-482

Domsch, M. 2005: Auslandseinsatz von weiblichen Fach- und Führungskräften: Präsentation eines Fallbeispiels. In: Krell, G. (Hg.): Betriebswirtschaftslehre und Gender Studies. Wiesbaden, S. 205-228

Ellguth, P./Kohaut, S. 2008: Tarifbindung und betriebliche Interessenvertretung – Aktuelle Ergebnisse aus dem IAB-Betriebspanel 2007. In: WSI-Mitteilungen, Heft 9, S. 515-519

Englert, D./Kopel, M./Ziegler, A. 2002: Gender Mainstreaming im Europäischen Sozialfonds – das Beispiel Deutschland. In: WSI-Mitteilungen, Heft 8, S. 451-458

FAZ.NET 2008: Kaum Diskriminierung in der betrieblichen Praxis (www.faz.net/IN/INtemplates/faznet/default.asp?tpl=epaper/re.asp&msrv=/fn/ep, 21.1.2008

Flüter-Hoffmann, C. 2005: Familienfreundliche Regelungen in Tarifverträgen und Betriebsvereinbarungen (hrsg. vom BMFSFJ). Berlin

Flüter-Hoffmann, C./Seyda, S. 2006: Unternehmensmonitor Familienfreundlichkeit 2006 (hrsg. vom BMFSFJ). Berlin

Francken, J. P. 2007: Erste Erfahrungen in der Rechtsprechung mit dem Allgemeinen Gleichbehandlungsgesetz (AGG), Pressemitteilung Landesarbeitsgericht Baden-Württemberg vom 27.6.2007

Frey, M. 2007: Wandel betrieblicher Geschlechterpolitik durch Vermarktlichung und Subjektivierung von Arbeit – „Riskante Chancen“ für Frauen. In: Aulenbacher et al. 2007, S. 165-182

Frost, I. A./Linnainmaa, L. 2007: Corporate Governance: Frauen im Aufsichtsrat – Können wir von unseren skandinavischen Nachbarn lernen? In: Die Aktiengesellschaft, Heft 17, S. 601-610

Funder, M./Dörhöfer, S./Rauch, C. 2006: Geschlechteregalität – mehr Schein als Sein. Geschlecht, Arbeit und Interessenvertretung in der Informations- und Telekommunikationsindustrie. Berlin

Funder, M./Dörhöfer, S./Rauch, C. (Hg.) 2005: Jenseits der Geschlechterdifferenz? Geschlechterverhältnisse in der Informations- und Wissensgesellschaft. München, Mehring

Gantenberg, B./Schneider, B. 2003: Chancen für Frauen! Gleichstellung im novellierten BetrVG. Die novellierte Betriebsverfassung, Band 6 (hrsg. von der Hans-Böckler-Stiftung). Düsseldorf

Gerlach, I./Schneider, H./Juncke, D. 2007: Betriebliche Familiepolitik in auditierten Unternehmen und Institutionen. Forschungszentrum familienbewusste Personalpolitik, Arbeitspapier 3/2007

Gildemeister, R./Wetterer, A. (Hg) 2007: Erosion oder Reproduktion geschlechtlicher Differenzierungen, Widersprüchliche Entwicklungen in professionalisierten Berufsfeldern und Organisationen. Münster

Göritz, B./Hase, D./Krehnke, A./Rupp, R. 2005: Interessenausgleich und Sozialplan. Hans-Böckler-Stiftung (Hg.): Reihe Betriebs- und Dienstvereinbarungen. Frankfurt/M.

Graue, B. 2007: Aufgaben, Grenzen und Perspektiven des Gender-Gedankens im Betriebsverfassungsgesetz. edition der Hans-Böckler-Stiftung, Nr. 207. Düsseldorf

Hämmerle, C./Knüttel, A. 2006: Mitmischen und Verändern, Die Betriebsrätinnen bei Bosch. In: Rölke et al. 2006, S. 169-178

Hauser-Ditz, A./Hertwig, M./Pries, L. 2008: Betriebliche Interessenregulierung in Deutschland. Frankfurt/M.

Hayen, R.-P. 2007: Die Bedeutung des Allgemeinen Gleichbehandlungsgesetzes für die Interessenvertretungen. In: Schmidt, I. (Hg.): Jahrbuch des Arbeitsrechts, Band 44/2007, Berlin, S. 23-59

Heywood, J./Jirjahn, U. 2009: Familiy-friendly practices and worker representation in Germany. In: Industrial Relations, Vol. 48/No. 1, S. 121-145

Hofbauer, I./Ludwig, G. 2005: Gender Mainstreaming – Geschlechtergerechtigkeit limited? In: femina politica, Heft 2, S. 32-42

Hoffjan, A./Bramann, A. 2007: Gesetzesfolgekosten des Allgemeinen Gleichbehandlungsgesetz (AGG). In: Betriebs-Berater, 48, S. 2625-2629

Holst, E./Schimeta, J. (2009): Nach wie vor kaum Frauen in den Top-Gremien großer Unternehmen. In: DIW-Wochenbericht 18/2009, S. 302-209

Horstkötter, I. 2008: Freundin oder Feindin? Zur Zusammenarbeit von Frauen- und Gleichstellungsbeauftragter und dem Personalrat. In: Der Personalrat, 5, S. 191-194

Höyng, S. 2002: Gleichstellungspolitik als Klientelpolitik greift zu kurz. In: Bothfeld et al. 2002, S. 199-228

Höyng, S./Lange, R. 2004: Gender Mainstreaming – ein Ansatz zur Auflösung männerbündischer Arbeits- und Organisationskultur? In: Meuser/Neusüß 2004, S. 103-119

Höyng, S./Puchert, R. 1998: Die Verhinderung der beruflichen Gleichstellung: männliche Verhaltensweisen und männerbündische Kultur. Bielefeld

Huber, B. 2007: Zukunft braucht Gerechtigkeit. Zukunftsreferat gehalten auf dem 21. Ordentlichen Gewerkschaftstag der IG Metall in Leipzig (http://www.igmetall.de/cps/rde/xbcr/internet/docs_ig_metall_xcms_28993__2.pdf; 18.6.2009)

IG Metall 2007a: Übersicht über familienpolitische Regelungen in Tarifverträgen (hrsg. vom FB Frauen- und Gleichstellungspolitik). Frankfurt/M.

IG Metall 2007b: Gender-Bericht der IG Metall, Aktualisierung 2007 mit Tabellenanhang. Frankfurt/M.

IG Metall 2007c: Ergebnisse BR-Wahl 2006. FB Frauen- und Gleichstellungspolitik (unveröffentlicht)

IG Metall 2007d: Frauen- und Gleichstellungspolitik ... tut gut! Gute Praxis und betriebliche Lösungen. Hrsg. vom FB Frauen- und Gleichstellungspolitik. Frankfurt/M.

IG Metall 2003: Erster Gender-Bericht der IG Metall, Frauen und Männer in der IG Metall. Frankfurt/M.

Jablonski, H. W./Schwarzenbart, U. 2008: Unternehmen entdecken die Vielfalt in ihrer Belegschaft – Diversity als Chance. In: Krell 2008d, S. 471-474

Jansen, M./Röming, A./Rohde, M. 2003: Gender Mainstreaming. Herausforderungen für den Dialog der Geschlechter. München

Jochmann-Döll, A./Ranftl, E. 2009: Eine neue AERA für die Gleichstellung! Auch von Frau und Mann? In: WSI-Mitteilungen, Heft 4, S. 218-223

Jochmann-Döll, A./Tondorf, K. 2004: Diskriminierungsfreie Tarifverträge. Gutachten im Auftrag der Hans-Böckler-Stiftung (http://www.boeckler.de/pdf_fof/S-2004-660-2-1.pdf; 19.5.2009)

Jüngling, C./Rastetter, D. 2008: Die Implementierung von Gleichstellungsmaßnahmen: Optionen, Widerstände und Erfolgsstrategien. In: Krell 2008d, S. 127-140

Kassner, K. 2006: Gender Mainstreaming in der Praxis von ver.di. Bestandsaufnahme – Analyse – Erfahrungen – Einschätzungen – Perspektiven (hrsg. von ver.di). Berlin

Kay, R. 1998: Diskriminierung von Frauen bei der Personalauswahl. Problemanalyse und Gestaltungsempfehlungen. Wiesbaden

Kay, R. 2008: Gewinnung und Auswahl von MitarbeiterInnen. In: Krell 2008d, S. 175-194

Klenner, C. 2004a: Erwartungen an einen familienfreundlichen Betrieb (hrsg. vom BMFSFJ). Berlin

Klenner, C. 2004b: Gender – Ein Fremdwort für Betriebsräte? In: WSI-Mitteilungen, Heft 5, S. 277-286

Klenner, C. 2005: Gleichstellung von Frauen und Männern und Vereinbarkeit von Familie und Beruf. Eine Analyse von tariflichen Regelungen in ausgewählten Tarifbereichen. In: Bispinck 2005a, S. 41-65

Klenner, C. 2007: Gleichstellungspolitik vor alten und neuen Herausforderungen – Welchen Beitrag leistet die Familienpolitik? In: WSI-Mitteilungen, Heft 10, S. 523-529

Klenner, C. 2008: Gleichstellung und familienfreundliche Arbeitsbedingungen. In: WSI-Mitteilungen, Heft 6, S. 342-345

Klenner, C./Lindecke, C. 2003: Gleichstellung von Frauen und Männern in der betrieblichen Interessenvertretung. In: WSI-Mitteilungen, Heft 3, S. 177-184

Klenner, C./Schmidt, T. 2007: Familienfreundlicher Betrieb – Einflussfaktoren aus Beschäftigtensicht. In: WSI-Mitteilungen, Heft 9, S. 494-501

Knapp, G. 2008: Gleichheit, Differenz, Dekonstruktion: Vom Nutzen theoretischer Ansätze der Frauen und Geschlechterforschung für die Praxis. In: Krell 2008d, S. 163-172

Koch, A. 2007: Teilzeitregelung in Führungspositionen für Beschäftigte mit Kindern. In: APuZ, 7, S. 21-26

Koch, A. 2008: Allzeit verfügbar? Rechtsansprüche auf Teilzeit in der betrieblichen Praxis bei Hochqualifizierten mit Kindern. Münster

Kocyba, H. 2005: Selbstverwirklichung im Unternehmen – Chance oder Anerkennungsfalle? In: Funder et al. 2005, S. 139-153

Köppel, P./Yan, J./Lüdicke, J. 2007: Cultural Diversity Management in Deutschland hinkt hinterher (hrsg. von der Bertelsmann Stiftung). Gütersloh

Kohaut, S./Möller, I. 2009: Vereinbarungen zur Chancengleichheit. Kaum Fortschritte bei der betrieblichen Förderung. In: IAB-Kurzbericht 26/2009

Krell, G. 2008a: Diversity Management: Chancengleichheit für alle und auch als Wettbewerbsfaktor. In: Krell 2008d, S. 63-80

Krell, G. 2008b: Programme und Maßnahmen zur Realisierung von Chancengleichheit in deutschen Großunternehmen von Mitte der 1990er Jahre bis 2006 – Befragungen der Mitglieder des „Forum Frauen in der Wirtschaft". In: Krell 2008d, S. 57-62

Krell, G. 2008c: Diskriminierungs- und Gleichstellungspotenzial von Leistungsbeurteilungen. In: Krell 2008d, S. 195-206

Krell, G. (Hg.) 2008d: Chancengleichheit durch Personalpolitik (5. Auflage). Wiesbaden

Krell, G. 2009: Gender und Diversity: Eine ‚Vernunftehe' – Plädoyer für vielfältige Verbindungen. In: Andresen et al. 2009, S. 133-153

Krell, G./Mückenberger, U./Tondorf, K. 2008: Gender Mainstreaming: Chancengleichheit (nicht nur) für Politik und Verwaltung. In: Krell 2008d, S. 97-114

Krell, G./Ortlieb, R. 2004: Umsetzung der Vereinbarung zur Förderung der Chancengleichheit (hrsg. von der Hans-Böckler-Stiftung und vom DGB). Berlin

Krell, G./Riedmüller, B./Sieben, B./Vinz, D. (Hg.) 2007: Diversity Studies, Grundlagen und disziplinäre Ansätze. Frankfurt/M.

Krell, G./Sieben, B. 2007: Diversity Management und Personalforschung. In: Krell et al. 2007, S. 235-254

Krüger, H. 2003: Berufliche Bildung. Der deutsche Sonderweg und die Geschlechterfrage. In: Berliner Journal für Soziologie, Heft 4, S. 497-510

Kurz, C. 2006: Frauenbeschäftigung und Strukturierungsprozesse der Erwerbsarbeit in der Automobil- und Elektroindustrie. In: SOFI-Mitteilungen Nr. 30, S. 161-189

Kurz-Scherf, I. 2007: Soziabilität – auf der Suche nach neuen Leitbildern der Arbeits- und Geschlechterpolitik. In: Aulenbacher et al. 2007, S. 269-284

Kutzner, E. 2005: Arbeit in einem neuen Dienstleistungsbereich: Verändern Call Center traditionelle Arbeitsteilungen zwischen den Geschlechtern? In: Funder et al. 2005, S. 233-257

Lederle, S. 2007: Die Einführung von Diversity Management in deutschen Organisationen: Eine neoinstitutionalistische Perspektive. In: Zeitschrift für Personalforschung, 1, S. 22-41

Liebig, B. 2000: Organisationskultur und Geschlechtergleichstellung – Eine Typologie betrieblicher Geschlechterkulturen. In: Zeitschrift für Frauenforschung und Geschlechterstudien, Jg. 18/Heft 3, S. 47-66

Liebig, B. 2001: Katalysator des Wandels oder verschärfte Konkurrenz? Orientierungen zur Geschlechtergleichstellung im Kontext betrieblicher Transformationen. In: Zeitschrift für Personalforschung, 1, S. 18-38

Lindecke, C. 2005: Geschlechterpolitik im Betrieb. In: WSI-Mitteilungen, Heft 6, S. 322-328

Lindecke, C./Klenner, C. 2005: Untersuchung zur betrieblichen Gleichstellung. In: Bundesarbeitsblatt, 5, S. 4-11

Lukoschat, H./Walther, K. 2006: Karrierk(n)ick Kinder. Mütter in Führungspositionen – ein Gewinn für Unternehmen. Gütersloh

Maschke, M./Zurholt, G. 2006: Chancengleich und familienfreundlich. Reihe Betriebs- und Dienstvereinbarungen. Frankfurt/M.

Meuser, M. 2009: Humankapital Gender. Geschlechterpolitik zwischen Ungleichheitssemantik und ökonomischer Logik. In: Andresen et al. 2009, S. 95-109

Meuser, M. 2005: „Gender matters" Zur Entdeckung von Geschlecht als Organisationsressource. In: Zeitschrift für Frauenforschung und Geschlechterstudien, Jg. 23/Heft 3, S. 61-73

Meuser, M./Neusüß, C. (Hg.) 2004: Gender Mainstreaming. Konzepte – Handlungsfelder – Instrumente. Bonn

Möller, I./Allmendinger, J. 2003: Frauenförderung. Betrieb könnten noch mehr für die Chancengleichheit tun. In: IAB Kurzbericht, Nr. 3/2003. Nürnberg

Nickel, H. M. 2008: Transformation von Arbeit – Persistenz von betrieblichen Geschlechterverhältnissen? In: Zeitschrift für Frauen- und Geschlechterforschung, Jg. 26/Heft 3 und 4, S. 72-87

Nickel, H. M. 2007: Tertiarisierung, (Markt-)Individualisierung, soziale Polarisierung – neue Konfliktlagen im Geschlechterverhältnis? In: Aulenbacher et al. 2007, S. 27-44

Nickel, H./Fahrenholz, A./Meißner, H./Hüning, H. 2002: Forschungsprojekt Landesbank Berlin: Potenzialträgerinnen sichtbar machen (unveröffentlichter Projektbericht)

Nienhüser, W./Hoßfeld, H. 2008: Verbetrieblichung aus der Perspektive betrieblicher Akteure. Frankfurt/M.

Nollert-Borasio, C./Perreng, M. 2006: Allgemeines Gleichbehandlungsgesetz, Basiskommentar. Frankfurt/M.

Oechsler, W./Klarmann, P. 2008: Implikationen des Allgemeinen Gleichbehandlungsgesetzes (AGG) für das Personalmanagement: Wie diskriminierungsfrei sind die personalpolitischen Instrumente? In: Krell 2008d, S. 23-38

Pagel, M./Mauz, B. 2008: Praxisbeispiel Deutsche Telekom: Diversity als Strategie. In: Krell 2008d, S. 93-96

Pasero, U. 2004: Gender Trouble in Organisationen und die Erreichbarkeit von Führung. In: Pasero/Priddat 2004, S. 165-197

Pasero, U./Priddat, B. (Hg.) 2004: Organisationen und Netzwerke. Der Fall Gender. Wiesbaden

Pfarr, H. 2001: Voraussetzungen für ein effektives Gleichstellungsgesetz für die Privatwirtschaft. In: Arbeit und Recht, Heft 10, S. 433-436

Priddat, B. 2005: Umstellung von Geschlecht auf Kompetenz: Gender in Organisationen. In: Funder et al. 2005, S. 79-96

Prognos 2003: Betriebswirtschaftliche Effekte familienfreundlicher Maßnahmen (hrsg. vom BMFSFJ). Berlin

Rastetter, D. 2007: Managing Diversity: Eine für die Gleichstellung von Frauen gewinnbringende Strategie? In: djb aktuelle informationen, Heft 2, S. 23-25

Riegraf, B. 1996: Geschlecht und Mikropolitik. Das Beispiel betrieblicher Gleichstellung. Opladen

Riegraf, B. 2008: Geschlecht und Differenz in Organisationen: Von Gleichstellungspolitik und erfolgreichem Organisationslernen. In: WSI-Mitteilungen, Heft 7, S. 400-406

Rölke, K./Wilke, C./Kopel, M. (Hg.) 2006: Gleich gestellt: doppelt stark! Chancengleichheit im Unternehmen – die Praxis. Hamburg

Rudolph, W./Wassermann, W. 2007: Gestärkte Betriebsräte, Trendreport Betriebsratswahlen 2006. Hans-Böckler-Stiftung, Arbeitspapier 137. Düsseldorf

Rühl, M. 2008: Praxisbeispiel Lufthansa: Diversity – Argumente, Strategien, Maßnahmen. In: Krell 2008d, S. 89-92

Schäfer, C. 2005: Die WSI-Befragung von Betriebs- und Personalräten 2004/05 – Ein Überblick. In: WSI-Mitteilungen, Heft 6, S. 291-300

Schäfer, C. 2008: Die WSI-Betriebsrätebefragung 2007 – Methoden und ausgewählte Ergebnisse. In: WSI-Mitteilungen, Heft 6, S. 291-296

Schiek, D. 2008: Was Personalverantwortliche über das Verbot der mittelbaren Geschlechtsdiskriminierung wissen sollten. In: Krell 2008d, S. 39-56

Schön, C. 1999: Szenarien betrieblicher Gleichstellungspolitik. Königstein/Taunus

Schön, C. 2002: Betriebliche Gleichstellungspolitik. Konzepte, Strategien, Praxisbeispiele. edition der Hans-Böckler-Stiftung Nr. 76. Düsseldorf

Schröder, H. 2003: Managing Diversity – ein Feld für Betriebsräte. In: Belinszki et al. 2003, S. 121-127

Spitzley, H. (2007): Theorie und Empirie der Arbeitszeitflexibilisierung – Leitlinien zur Qualitätsverbesserung der betrieblichen Arbeitszeitgestaltung. In: Dilger et al. 2007, S. 125-140

Stiegler, B. 2000: Wie Gender in den Mainstream kommt, Konzepte, Argumente und Praxisbeispiele zur EU-Strategie des Gender Mainstreaming (hrsg. von der Friedrich-Ebert-Stiftung). Bonn

Stiegler, B. 2005a: Gender Mainstreaming, Frauenförderung, Diversity oder Antidiskriminierungspolitik – was führt wie zur Chancengleichheit? In: Zeitschrift für Frauenforschung und Geschlechterstudien, Jg. 23/Heft 3, S. 9-21

Stiegler, B. 2005b: Die Kontroversen um Gender Mainstreaming. In: Behning/Sauer 2005, S. 29-43

Süß, S. 2008: Diversity Management auf dem Vormarsch. In: Zeitschrift für betriebswirtschaftliche Forschung, 6, S. 406-430

Süß, S./Kleiner, M. 2005: Diversity Management in Deutschland. Fernuniversität Hagen, Fachbereich Wirtschaftswissenschaften, Arbeitspapier Nr. 15

Teigen, M. 2006: Die norwegische Gender-Politik: Quoten und aktive Förderung. In: WSI-Mitteilungen, Heft 3, S. 138-143

Telekom 2008: We change. You change. Der Personalbericht 2007 (www.download-telekom.de/dt/StaticPage/53/30/38/DTAG_Personalbericht_2007.pdf_533038.pdf; 25.5.2009)

Telekom 2009: Corporate Responsibility Bericht 2008 (www.download-telekom.de/dt/StaticPage/58/52/68/CR_Bericht_2008.pdf_585268.pdf; 25.5.2009)

Tondorf, K. 2008: Fair P(l)ay – Entgeltgleichheit für Frauen und Männer (hrsg. vom BMFSFJ). Berlin

Total-E-Quality 2008: Befragung der Prädikatsträger im Wirtschaftssektor 2008 (www.total-e-quality.de/index.php?id=169&tx_ttnews[tt_news]=32&tx_ttnews [backPid]= 1&cHash= 2dc2e9160e; 1.3.2009)

Vereinte Dienstleistungsgewerkschaft (ver.di) 2002: Checkliste für Tarifverträge zur Vermeidung geschlechtsspezifischer Diskriminierung (http://frauen.verdi.de/themen/tarifpolitik/auwertung_ftaetigkeiten/data/Checkliste-neu.pdf; 25.1.2009)

Vereinte Dienstleistungsgewerkschaft (ver.di) 2006: Gender Mainstreaming in der Praxis von ver.di. Bestandsaufnahme – Analyse – Erfahrungen – Einschätzungen – Perspektiven. Berlin

Vereinte Dienstleistungsgewerkschaft (ver.di) 2007: Mehr Gerechtigkeit im Betrieb – Gender Mainstreaming als Gestaltungselement für die Arbeit der betrieblichen Interessenvertretung. Berlin

Vereinte Dienstleistungsgewerkschaft (ver.di) 2009: Unser Ziel diskriminierungsfreie Tarifverträge (http://frauen.verdi.de/themen/tarifpolitik/auwertung_ftaetigkeiten/tarifvertraege, 25. 1.2009)

Wassermann, W./Rudolph, W. 2007: Zur Repräsentanz von Männern und Frauen in Betriebsräten kleiner Betriebe. Ergebnisse einer Befragung von Betriebsratsmitgliedern in Klein- und Mittelbetrieben aus dem Organisationsbereich der IG Metall. Abschlussbericht für die Hans-Böckler-Stiftung, Düsseldorf

Weckes, M. 2009: Geschlechterverteilung in Vorständen und Aufsichtsräten. Hans-Böckler-Stiftung. Düsseldorf (unveröffentlicht)

Weiler, A. 1998: Gleichstellung in Tarifverträgen und Betriebsvereinbarungen (hrsg. vom DGB). Düsseldorf

Wetterer, A. (Hg.) 1992: Profession und Geschlecht. Zur Marginalität von Frauen in hochqualifizierten Berufen. Frankfurt/M.

Wetterer, A. 2002: Strategien rhetorischer Modernisierung. Gender Mainstreaming, Managing Diversity und die Professionalisierung der Gender-Expertinnen. In: Zeitschrift für Frauen- und Geschlechterforschung, Jg. 20/Heft 3, S. 129-148

Wetterer, A. 2007: Erosion oder Reproduktion geschlechtlicher Differenzierungen? In: Gildemeister/Wetterer 2007, S. 189-214

Wiechmann, E. 2006: Zusammenarbeit zwischen Personalräten und Gleichstellungsbeauftragten. In: Der Personalrat, 5, S. 189-193

Wilke, C. 2006: Alle Mütter sind Frauen, aber nicht jede Frau ist Mutter. In: Rölke et al. 2006, S. 22-46

Wollert, A. 2008: Das audit berufundfamilie®. In: Krell 2008d, S. 483-486

Methodischer Anhang

Arbeitszeitberichterstattung des ISO

Erstmals 1987 wurden vom Institut zur Erforschung sozialer Chancen (ISO), Köln, im Auftrag des nordrhein-westfälischen Arbeitsministeriums repräsentative Befragungen zu Arbeitszeiten und Arbeitszeitwünschen durchgeführt. Befragt wurden deutsche abhängig Beschäftigte zwischen 15 und 65 Jahren. Seither wurde diese Befragung 1989, 1993, 1995, 1999 und 2003 wiederholt. Zu einer Reihe von Fragen ist eine Längsschnittbetrachtung möglich. Für den Befragungszeitpunkt sind detaillierte Angaben jeweils zu einem gesonderten Schwerpunkt verfügbar, z.B. für Reproduktionsarbeiten (1995), Arbeitszeitkonten (1999) sowie Arbeitsorganisation und Tätigkeitsprofile (2003).

Archiv Betriebliche Vereinbarungen der Hans-Böckler-Stiftung

Die Hans-Böckler-Stiftung verfügt über die bundesweit einzige bedeutsame Sammlung betrieblicher Vereinbarungen, die zwischen Unternehmensleitungen und Belegschaftsvertretungen abgeschlossen werden. Das Archiv enthält derzeit etwa 10.000 Vereinbarungen zu ausgewählten betrieblichen Gestaltungsfeldern. Die breite Materialgrundlage erlaubt Dokumentanalysen zu betrieblichen Gestaltungspolitiken und ermöglicht Aussagen zu Trendentwicklungen in deutschen Betrieben. Betriebliche Vereinbarungen in einzelnen Gebieten werden regelmäßig ausgewertet. Die Analysen betrieblicher Vereinbarungen zeigen, welche Regelungsweisen und -verfahren in Betrieben bestehen. Bei Auswertungen und Zitaten aus Vereinbarungen wird streng auf Anonymität geachtet. Die Kodierung am Ende eines Zitats bezeichnet den Standort der Vereinbarung im Archiv und das Jahr des Abschlusses. Zum Text der Vereinbarungen haben nur die Mitarbeiterinnen des Archivs und AutorInnen der Auswertungen Zugang.

BiBB-IAB-Erhebungen

Die BIBB/IAB-Erhebungen sind große erwerbsbevölkerungsbezogene Querschnittstudien, die seit 1979 im Abstand von ca. sieben Jahren vom Bundesinstitut für Berufsbildung (BIBB) und dem Institut für Arbeitsmarkt- und Berufsforschung (IAB) durchgeführt wurden. Die Repräsentativbefragungen umfassen Stichproben von rund 0,1% der Erwerbsbevölkerung (jeweils rund 30.000 Befragte). Seit 1998 wurde erstmals die Bundesanstalt für Arbeitsschutz und Arbeitsmedizin (BAuA) an der Erhebung beteiligt. Über zwanzig Jahre ist so eine umfangreiche Datenbasis geschaffen worden, die weit über die ursprüngliche Zielsetzung, nämlich die Erforschung der Qualifikation, des Berufsverlaufs und der aktuellen beruflichen Situation der deutschen Erwerbstätigen, hinaus Möglichkeiten zur Analyse bietet. Das liegt zum einen an der Fülle der abgefragten Themenkomplexe, die von einer detailreichen Erfassung der ausgeübten Berufe bis hin zu den hier behandelten Fragen von Arbeitsbelastungen reicht. Die methodische Gestaltung ist darüber hinaus dadurch charakterisiert, dass in einem Trenddesign mit vergleichbaren Instrumenten jeweils eine 0,1%-Stichprobe der deutschen Erwerbsbevölkerung durch professionelle Marktforschungsinstitute in persönlich-mündlichen Interviews mit geschultem Personal befragt wurde. Insgesamt liegen für alle Jahre zusammen Informationen über 123.963 Männer und Frauen vor.

BiBB-BAuA-Erhebungen

Seit 2006 werden die BIBB-IAB-Befragungen (siehe oben) durch eine neue Kooperation zwischen dem Bundesinstitut für Berufsbildung (BIBB) und der Bundesanstalt für Arbeitsschutz und Arbeitsmedizin (BAuA) unter dem Namen BiBB-BAuA-Erhebungen weitergeführt. Seitdem wird die Erfassung von arbeitsbezogenen Belastungen und Ressourcen noch stärker berücksichtigt.

DGB-Index „Gute Arbeit"

Seit 1997 haben die Einzelgewerkschaften des Deutschen Gewerkschaftsbundes (DGB) begonnen, eine repräsentative, jährliche Berichterstattung aufzubauen, in deren Fokus die Beschreibung der Arbeits- und Einkommensbedingungen der befragten ArbeitnehmerInnen steht. Die jährlichen Stichproben umfassen 6.000-7.000 Fälle. Das Befragungskonzept wurde in Kooperation mit dem Internationalen Institut für empirische Sozialökonomie (INIFES) entwickelt, die postalischen Fragebogenerhebungen werden durch TNS-Infratest-Sozialforschung durchgeführt. Im Zentrum der Befragungen steht der DGB-Index, der aus 31 unveränderlichen Einzelfragen gebildet wird. Dieser Kern wird ergänzt durch rund 60 weitere Fragen zu den Themen Arbeitszeit, Gesundheit, Arbeitszufriedenheit, Arbeitsfähigkeit sowie durch strukturelle Angaben zum Beschäftigungsverhältnis und zum Betrieb. Inhaltlich knüpft der DGB-Index an die INQA-Befragung „Was ist gute Arbeit? Anforderungen aus Sicht von Erwerbstätigen" an.

EU-Arbeitskräfteerhebung (EU Labour Force Survey)

Die europäische Erhebung über Arbeitskräfte ist eine jährlich durchgeführte, repräsentative Haushaltsbefragung in allen Mitgliedstaaten der EU. Sie wird vom Statistischen Amt der Europäischen Gemeinschaft (Eurostat) initiiert, organisiert und von den jeweiligen nationalen statistischen Ämtern durchgeführt. In Deutschland werden die Daten gemeinsam mit dem Mikrozensus erhoben bzw.

beruhen auf den Daten des Mikrozensus. Für die anschließende Harmonisierung der Daten auf europäischer Ebene ist Eurostat zuständig. Die EU-Arbeitskräfteerhebung erfasst u.a. Daten über den Arbeitsmarkt, Erwerbstätigkeit und Arbeitslosigkeit, Arbeitszeiten und Bildung. Eine Vielzahl der Daten sind mittlerweile kostenfrei über die Eurostat-Online-Datenbank erhältlich.

Frauenlohnspiegel

Der Frauenlohnspiegel (www.frauenlohnspiegel.de) des WSI in der Hans-Böckler-Stiftung ist eine nicht repräsentative Online-Befragung auf freiwilliger Basis in Form eines Internetfragebogens. Beteiligen können sich alle Erwerbstätigen, also neben ArbeitnehmerInnen auch Beamte und Selbstständige. Erfasst werden betriebliche, individuelle und Verdienstmerkmale. Bisher haben sich 130.000 Erwerbstätige an der Umfrage beteiligt (Stand: Oktober 2008). Obwohl es sich um keine repräsentative Umfrage handelt, gewährt die große Zahl an TeilnehmerInnen eine verlässliche Orientierungsgröße. Der Frauenlohnspiegel wird im Rahmen einer EU-weiten Studie durchgeführt.

IAB-Betriebspanel

Das IAB-Betriebspanel ist eine repräsentative Arbeitgeberbefragung zu betrieblichen Bestimmungsgrößen der Beschäftigung. Die Befragung wird in Westdeutschland seit 1993 und in Ostdeutschland seit 1996 jährlich bei denselben Betrieben im Auftrag des Instituts für Arbeitsmarkt- und Berufsforschung (IAB) durchgeführt. Mittlerweile werden bundesweit knapp 16.000 Betriebe aller Branchen und aller Größen zu einer Vielzahl beschäftigungspolitischer Themen befragt. Das Panel enthält Daten u.a. zur Beschäftigungsentwicklung, zur Personalstruktur und zu Beschäftigungsverhältnissen, zur betrieblichen Aus- und Weiterbildung sowie zu Löhnen und Gehältern. Die Befragung findet jeweils Mitte des Jahres statt. Da es sich bei dem IAB-Betriebspanel um eine Stichprobe handelt, gibt es durch die notwendige Hochrechnung eine gewisse Ungenauigkeit.

INQA-Befragung „Was ist Gute Arbeit? Anforderungen aus Sicht von Erwerbstätigen"

Diese repräsentative Erwerbstätigenbefragung wurde von der „Initiative Neue Qualität der Arbeit" (INQA) unter Federführung des Bundesministeriums für Arbeit in Deutschland beauftragt und 2004/2005 durch TNS-Infratest durchgeführt. Die Verantwortung für die Konzeption der Fragebogenerhebung und deren Auswertung lag beim Internationalen Institut für empirische Sozialökonomie (INIFES). Im Rahmen dieser umfangreichen repräsentativen Befragung

(N = 5.400) wurde zum einen die aktuelle Arbeits- und Lebenssituation von abhängig Beschäftigten und Selbständigen analysiert und dabei systematisch deren subjektive Bewertung berücksichtigt. Zum anderen wurden die befragten Erwerbstätigen gebeten, aus ihrer Sicht wichtige Aspekte guter Arbeit zu benennen sowie den vorrangigen Handlungsbedarf zu thematisieren. Aufbauend auf den Ergebnissen dieser Befragung werden seit 2007 die DGB-Index-Befragungen durchgeführt.

Linked-Employer-Employee-Daten des IAB (LIAB)

Die Linked-Employer-Employee-Daten des IAB (LIAB) bestehen aus Betriebsdaten der jährlichen Erhebungswellen des IAB-Betriebspanels sowie aus Personendaten aus den Prozessdaten der Bundesagentur für Arbeit und der Sozialversicherung. Durch die Verknüpfung beider Datenquellen entstehen Linked-Employer-Employee-Daten, die die simultane Analyse der Angebots- und Nachfrageseite des Arbeitsmarktes ermöglichen. Die enthaltenen Personendaten beziehen sich auf sozialversicherungspflichtig Beschäftigte und basieren auf den Pflichtmeldungen der Unternehmen an die Sozialversicherung, die mindestens einmal im Jahr getätigt werden müssen. Beamte, Selbstständige sowie mithelfende Familienangehörige sind nicht erfasst. Die Datenbasis enthält tagesgenaue Angaben zu Lohneinkommen, Alter, Geschlecht, Staatsangehörigkeit, Beruf, Wirtschaftszweig und Bildungsniveau in Verbindung mit der beruflichen Qualifikation sowie dem Beschäftigungsstatus jedes/jeder Beschäftigten.

Mikrozensus

Der Mikrozensus des Statistischen Bundesamtes ist eine laufende Repräsentativstatistik über die Bevölkerung und den Arbeitsmarkt in Deutschland. Die Mikrozensuserhebung wird auf der Basis einer 1%-Haushaltsstichprobe jährlich im April durchgeführt (Berichtswochenkonzept). Im früheren Bundesgebiet wird er seit 1957 erhoben, in den neuen Bundesländern seit 1991. Der Mikrozensus stellt u.a. Daten zur Bevölkerungsentwicklung, zu Haushalten und Familien, zur Erwerbstätigkeit und Arbeitszeit sowie zu Beruf, Ausbildung und Arbeitsbedingungen der Erwerbstätigen zur Verfügung. Seine Ergebnisse werden regelmäßig in den Fachserien des Statistischen Bundesamtes veröffentlicht.

Sozioökonomisches Panel (SOEP)

Das Sozioökonomische Panel (SOEP) wird seit 1984 jährlich vom Deutschen Institut für Wirtschaftsforschung (DIW) Berlin erhoben. Das SOEP ist eine repräsentative Wiederholungsbefragung, die die Informationen eines Panels von rund 20.000 erwachsenen Personen und 6.000 Kindern in 12.000 Privathaushalten (Stand 2003) erfasst. Seit 1990 wird die Befragung auch in Ostdeutschland durchgeführt. Erhoben werden neben grundlegenden sozio-demographischen Merkmalen Informationen über Umfang und Form der Erwerbstätigkeit, das Einkommen, die Arbeitszeit und Arbeitszeitwünsche. Das SOEP liefert so genannte Längsschnitt- bzw. Verlaufsdaten, die die Analyse von Erwerbs- oder Lebensverläufen von Individuen mit Hilfe besonderer statistischer Methoden (z.B. der Ereignisanalyse) ermöglichen. Eine weitere Besonderheit des SOEP, die sich insbesondere für die Untersuchung der Lebenssituation von Frauen als wertvoll erweist, besteht darin, dass durch die Befragung aller erwachsenen Haushaltsmitglieder der Haushaltskontext (z.B. das Einkommen oder das Erwerbsverhalten des Partners) mitberücksichtigt werden kann. Das Hauptziel der Institutionalisierung des SOEP war die Bereitstellung von Daten für die sozialwissenschaftliche Forschung; in Deutschland arbeiten rund 250 NutzerInnen mit den Daten des SOEP.

WSI-Betriebsrätebefragung

Das Wirtschafts- und Sozialwissenschaftliche Institut (WSI) in der Hans-Böckler-Stiftung befragt seit 1998 in regelmäßigen Abständen betriebliche Interessenvertretungen zu deren Arbeitsbedingungen, Arbeitsweisen und Rollenverständnis. Befragt werden Betriebs- und Personalräte in Betrieben mit über 20 Beschäftigten. Wichtige Themen sind dabei z.B. die betriebliche Umsetzung von Tarifverträgen, betriebliche Maßnahmen zur Beschäftigungssicherung, geschlechtsspezifische betriebliche Entwicklungen. Dem WSI liegen mittlerweile aus den fünf Befragungsjahren 1998, 2000, 2002, 2004/2005 und 2007 umfangreiche, repräsentative Datensätze vor. Neben der Hauptbefragung, die alle zwei Jahre stattfindet, gibt es in unregelmäßigen Abständen Sonderbefragungen zu speziellen betrieblichen Aspekten. Nachdem die Befragung ursprünglich schriftlich anhand von postalisch versandten Fragebogen erfolgte, wurde im Erhebungsjahr 2004/2005 auf Telefonbefragung umgestellt (siehe auch http://www.boeckler.de/projektlist_projekte_wsi_21088.html).

Zu den Autorinnen und Autoren

Dipl. Soz. *Juliane Achatz* ist wissenschaftliche Mitarbeiterin und Leiterin der Arbeitsgruppe Geschlechterforschung am Institut für Arbeitsmarkt- und Berufsforschung (IAB) der Bundesagentur für Arbeit in Nürnberg. Ihre Arbeitsschwerpunkte sind Perspektiven der Arbeitsmarktintegration von Frauen, insbesondere die berufliche Geschlechtersegregation und Lohnungleichheit zwischen Frauen und Männern, die Dynamik des Bezugs von Leistungen aus der Grundsicherung für Arbeitsuchende sowie die Lebensverhältnisse von Jugendlichen und jungen Erwachsenen im Rechtskreis des SGB II.

Prof. Dr. *Miriam Beblo* ist Professorin für Volkswirtschaftslehre an der Hochschule für Wirtschaft und Recht Berlin (HWR) und Mitglied des dortigen Harriet Taylor Mill Instituts für Ökonomie und Geschlechterforschung. Sie arbeitet auf den Gebieten der Institutionenökonomik und der Angewandten Mikroökonomik. Als empirisch forschende Mikroökonomin interessieren sie vor allem arbeitsmarkt- und familienpolitische Fragestellungen.

Prof. Dr. *Silke Bothfeld*, Politikwissenschaftlerin, ist Professorin für Politikmanagement an der Hochschule Bremen. Sie war bis Dezember 2008 wissenschaftliche Referentin für Arbeitsmarktpolitik am Wirtschafts- und Sozialwissenschaftlichen Institut (WSI) in der Hans-Böckler-Stiftung. Ihre Forschungs- und Lehrgebiete sind die Arbeitsmarkt-, Familien- und Gleichstellungspolitik, die vergleichende Sozialpolitikforschung und die Politikanalyse. Ihr besonderes Forschungsinteresse gilt dem Geschlechterverhältnis im Sozialstaat, dem Wandel der Sozialpolitik in den westlichen Wohlfahrtsstaaten und der interpretativen Politikanalyse, insbesondere Ansätzen politischen Lernens.

Dipl. Soz. *Tatjana Fuchs* arbeitet als Soziologin am Internationalen Institut für empirische Sozialökonomie (INIFES) in Stadtbergen und München. Schwerpunkte ihrer Arbeit sind die Erforschung von Arbeits- und Einkommensbedingungen sowie die Einstellungen zu guter Arbeit aus Beschäftigtensicht. In diesem Zusammenhang hat sie 2006 im Auftrag der Gewerkschaften den DGB-Index Gute Arbeit konzipiert.

Dr. *Hermann Gartner* ist wissenschaftlicher Mitarbeiter am Institut für Arbeitsmarkt- und Berufsforschung (IAB) der Bundesagentur für Arbeit in Nürnberg. Sein Arbeitsschwerpunkt ist die Arbeitsmarktökonomie, insbesondere die Analyse von Lohnstrukturen.

Prof. Dr. *Stephan Höyng* ist Professor für Jungen- und Männerarbeit an der Katholischen Hochschule für Sozialwesen Berlin. Aktuelle Forschungsschwerpunkte sind Männer in sozialen Berufen sowie Männlichkeit und die Vereinbarkeit von Beruf und privatem Leben.

Sebastian Hübers hat Politikwissenschaften, Soziologie und Neuere Englische Literatur an der Universität Tübingen studiert. Einen besonderen Schwerpunkt legte er dabei auf die Familien- und Gleichstellungspolitik in Deutschland und im internationalen Vergleich.

Dr. *Christina Klenner* ist Referatsleiterin für Frauen- und Geschlechterforschung im Wirtschafts- und Sozialwissenschaftlichen Institut (WSI) in der Hans-Böckler-Stiftung in Düsseldorf. Ihre Arbeitsschwerpunkte sind Frauenerwerbstätigkeit und Gleichstellung der Geschlechter, Geschlechtsspezifik von Arbeitszeiten, Work-Life-Balance und familiengerechte Arbeitswelt sowie Geschlechterverhältnisse im Ost-West-Vergleich.

Dr. *Susanne Kohaut* ist wissenschaftliche Mitarbeiterin am Institut für Arbeitsmarkt- und Berufsforschung (IAB) der Bundesagentur für Arbeit in Nürnberg. Ihre Arbeitsschwerpunkte sind industrielle Beziehungen, Frauen in Führungspositionen und Gründungsforschung.

Prof. Dr. *Gertraude Krell* war von 1991 bis 2007 Professorin für Betriebswirtschaftslehre mit dem Schwerpunkt Personalpolitik an der Freien Universität Berlin. Seither ist sie (aus gesundheitlichen Gründen vorzeitig) in Pension. Sie forscht, publiziert und referiert weiterhin zu den Arbeitsschwerpunkten Chancengleichheit durch Personalpolitik, insbesondere Führungspositionen, Entgelt-(un)gleichheit, Gender (Mainstreaming & Studies), Diversity (Management & Studies) sowie deren Verhältnis, Diskursanalysen modischer Managementthemen, Emotionen in Organisationen.

Dr. *Manuela Maschke*, Diplom-Volkswirtin, ist Referatsleiterin Archiv Betriebliche Vereinbarungen der Hans-Böckler-Stiftung in Düsseldorf. Ihre aktuellen Arbeitsschwerpunkte sind Fragen der betrieblichen Mitbestimmung, Interessenvertretung, betriebliche Regulierung und Dezentralisierung, Gleichstellungsfragen und betriebliche Geschlechterpolitik.

Sophie Rouault ist selbstständige Politikwissenschaftlerin in Frankfurt am Main. Ihre Arbeitsschwerpunkte sind die international vergleichende Analyse von Arbeitsmarkt- und Sozialpolitik sowie die begleitende Forschung im Rahmen von transnationalen Projekten u.a. zu neuen Formen der Arbeitsorganisation, Vereinbarkeit von Beruf und Familie und Fachkräftesicherung.

Dr. *Karin Tondorf* ist freiberufliche Wissenschaftlerin und Beraterin im Büro für „Forschung & Beratung zu Entgelt und Gleichstellungspolitik“ in Seddiner See bei Potsdam. Ihre Arbeitsschwerpunkte sind die Modernisierung von Entgeltsystemen, Entgeltgleichheit für Frauen und Männer, Gender Mainstreaming, Zielvereinbarungen.

Dr. *Elke Wiechmann* ist wissenschaftliche Angestellte am Institut für Politikwissenschaften der FernUniversität Hagen. Ihre Arbeitsschwerpunkte sind Gleichstellungspolitik, Lokale Politikforschung und Modernisierung des Öffentlichen Sektors.

Prof. Dr. *Elke Wolf* ist Professorin für Volkswirtschaftslehre an der Fakultät für Wirtschaftsingenieurwesen der Hochschule für angewandte Wissenschaften, FH München. Ihre Forschungsschwerpunkte liegen in der empirischen Arbeitsmarktforschung, insbesondere im Bereich der Arbeitszeit- und Geschlechterforschung und der Personalökonomik.

Dr. *Astrid Ziegler* ist Ressortleiterin für Industriepolitik beim IG Metall Vorstand in Frankfurt am Main. Bis Mai 2009 war sie Leiterin des Referats für Strukturpolitik im Wirtschafts- und Sozialwissenschaftlichen Institut (WSI) in der Hans-Böckler-Stiftung in Düsseldorf. Während ihrer WSI-Tätigkeit hat sie sich u.a. mit Fragen der Einkommensunterschiede zwischen Frauen und Männern beschäftigt.

Schlagwortregister

FSC
www.fsc.org
MIX
Papier | Fördert
gute Waldnutzung
FSC® C083411

Kolibri 360 GmbH
Ferdinand-Jühlke-Straße 7
99095 Erfurt, Deutschland
produktsicherheit@kolibri360.de